Library of Marxism Studies, Volume 2

马克思主义研究论库

第二辑

国家出版基金项目
NATIONAL PUBLICATION FOUNDATION

◎国家社会科学基金重点项目（08AKS001）研究成果
◎教育部人文社会科学重点研究基地（湖南师范大学道德文化研究中心）研究成果
◎中国特色社会主义道德文化协同创新中心研究成果

马克思主义伦理思想中国化最新成果研究

Research on the Latest Achievements
in the Sinicization of Marxist Ethics

王泽应　著

中国人民大学出版社
· 北京 ·

马克思主义研究论库

编委会名单

出版说明

马克思主义是我们立党立国的根本指导思想，是我们认识世界、改造世界的强大理论武器，加强和推进马克思主义理论研究和建设，具有十分重要的意义。当前，随着中国特色社会主义伟大实践深入推进，新情况、新问题层出不穷，迫切需要我们紧密结合我国国情和时代特征大力推进理论创新，在实践中检验真理、发展真理，研究新情况，分析新矛盾，解决新问题，用发展着的马克思主义指导新的实践。时代变迁呼唤理论创新，实践发展推动理论创新。当代中国的学者，特别是马克思主义学者，要想适应时代要求乃至引领思想潮流，就必须始终以高度的理论自觉与理论自信，不断推进马克思主义中国化、时代化、大众化，不断赋予马克思主义新的生机和活力，使马克思主义焕发出强大的生命力、创造力、感召力，放射出更加灿烂的真理光芒。

为深入推进马克思主义理论研究、马克思主义中国化研究，中国人民大学出版社组织策划了"马克思主义研究论库"丛书。作为一个开放性的论库，该套丛书计划在若干年内集中推出一批国内外有影响的马克思主义研究高端学术著作，通过大批马克思主义研究性著作的出版，回应时代变化提出的新挑战，抓住实践发展提出的新课题，推进国内马克思主义研究，促进国内哲学社会科学的繁荣发展。

我们希望"马克思主义研究论库"的出版，能够受到广大读者的欢迎，为推动国内马克思主义研究和教学作出更大贡献。

中国人民大学出版社

目　录

绪论　马克思主义伦理思想中国化
最新成果及其研究价值

在人类伦理文明发展史上，始终站在普通大众的立场，深入揭示人类伦理文明发展规律、道德建设规律，冀望建构一种新型的平等互助、和谐友好的人际关系和社会关系，建构一个"人人为我，我为人人"、既充满活力又有良好秩序的理想社会，是马克思主义伦理思想独特的本质和始终如一的价值追求。马克思主义伦理思想，特别是中国化的马克思主义伦理思想，是人类伦理文明中精深高远的财富，是真正意义上的"镇馆之宝"。徜徉并流连于人类伦理文明宝库的人们在阅尽千帆之后定会把目光久久地驻留于马克思主义伦理思想，特别是中国马克思主义伦理思想这一"镇馆之宝"上。中国马克思主义伦理思想是对马克思主义伦理思想的继承和发展，已经取得两大标志性成果，即毛泽东伦理思想和中国特色社会主义伦理理论体系。中国特色社会主义伦理理论体系作为马克思主义伦理思想中国化最新成果，在新的时代或历史条件下，既坚持马克思主义伦理思想的基本原理，又结合新的、变化了的时代和社会发展大势，与时俱进地发展马克思主义伦理思想，开辟了在世界范围内发展马克思主义伦理思想的新局面，极大地改变了中国社会的面貌，使中华民族迎来伟大复兴的光明前景，亦对世界伦理文明做出了日益显著的理论贡献。

一、马克思主义伦理思想的科学内涵和革命性变革

马克思主义伦理思想对善与正义的探求尤其是对无产阶级道德和共产主义道德的论述，成为其哲学体系中最具价值理性和精神指向的思想元素，也构成马克思主义改造世界之目标追求的价值核心。在马克思主义看来，道德是人类实践精神把握世界的独特方式，是人类主体精神的自律。无产阶级道德和共产主义道德作为人类道德文明的先进类型，在共产主义运动和整个社会主义社会、共产主义社会中发挥着十分重要的作用，成为人们创造人生价值、推动社会不断发展进步的动力源泉。马克思主义伦理思想的创立开辟了人类伦理思想史发展的新纪元，它不仅结束了旧的伦理思想以抽象的人性或神性来研究人类道德的神话，将伦理思想奠基于辩证唯物主义与历史唯物主义的基础之上，揭示了道德的社会本质和功能作用，使伦理学真正成为科学，而且抛弃了旧的伦理思想割裂主观与客观之关系的错谬，用唯物辩证法来研究道德现象，得出了人类道德一步一步跟随经济上的需要并对经济产生反作用的结论，使伦理学同人类的道德生活实践密切联系起来，获得了不断发展的广阔空间。① 马克思主义伦理思想在历史上破天荒地表达了广大劳动人民特别是无产阶级的利益和要求，揭示了无产阶级利益同全人类整体利益和未来利益的高度关联性，阐释了无产阶级集体主义、国际主义以及人的自由全面发展等伦理原则的内在价值，论述了人类道德文明发展的广阔前途。

马克思主义伦理思想是资本主义向社会主义转变时代的无产阶级人生观、价值观和道德观的集中反映，是 19 世纪资本主义机器大工业和无产阶级与资产阶级阶级斗争的产物，是马克思、恩格斯批判继承人类伦理思想特别是德国古典哲学伦理思想和英法唯物主义伦理思想，总结概括无产阶级道德品质和对社会主义道德、共产主义道德进行科学论述的结晶。马克思主义伦理思想是一种建立在唯物史观基础上，运用唯物辩证法和阶级分析方法研究道德现象，揭示道德运行发展规律，并以无产阶级道德和社会主义道德、共产主义道德为主要研究内容的先进而科

---

① 王泽应. 20 世纪中国马克思主义伦理思想研究. 北京：人民出版社，2008：2.

学的伦理思想。

马克思主义伦理思想的创立是人类伦理思想史上的革命性变革。首先，马克思主义伦理思想用唯物史观来研究道德现象，实现了伦理思想的革命性变革，使伦理学成为一门科学。以往的伦理思想整体上看都是非科学的，究其原因，是因为它们建立在唯心主义历史观的基础之上。以唯心主义历史观来研究道德现象和分析道德问题，把道德要么归结为神的意志或天赋的神性，要么归结为人性的善恶或个人的感官享受，每每陷入主观主义和道德永恒论的深渊而不能自拔，无法建构起真正科学的伦理思想。马克思主义伦理思想以唯物史观来研究道德现象，从社会存在决定社会意识、社会意识反作用于社会存在的既唯物又辩证的角度，肯定利益对道德的决定性和道德对利益的能动性，并自始至终将道德视为协调利益、促进个人利益与社会集体利益和谐发展的方式和力量，揭示了道德的社会本质、功能作用和发展规律，从而结束了旧的伦理思想以抽象的人性或神性来研究人类道德的神话，结束了道德具有超自然根源的神话，结束了道德规范与道德评价具有纯主观性质的、仿佛是从自由意志而来的神话，结束了想靠自由、平等、博爱的符咒来推翻世界，以所谓爱的力量来战胜一切的幻想和神话，并在此基础上理性而科学地确立了道德在个人生活和社会发展中的地位，从而使研究道德的伦理学真正成为一门科学。

其次，马克思主义伦理思想以维护无产阶级与人民大众的根本利益并为其论证辩护为职志，实现了伦理思想的革命性变革，使其从代表统治阶级或少数人之利益和愿望的学问变为代表无产阶级与人民大众之利益和愿望的学问。以往的伦理思想在精神实质和核心价值上总是代表一部分人特别是统治阶级的利益，只有马克思主义伦理思想真正把目光投向人民大众，并以为人民大众谋利益为根本价值目标，因而受到广大劳动者发自内心的拥戴，真正成为化理论为德性的伦理学说。马克思主义认为，工人阶级在反对资产阶级斗争中形成的团结互助、勤劳诚实、大公无私、富于反抗和斗争等高尚道德品质，是人类道德和社会进步的希望。只有工人阶级才能形成"个人利益和全人类利益相一致"的道德理想和原则，建立社会主义只有依靠在过去成长起来的、通过斗争成熟起来的工人阶级才有可能。马克思主义伦理思想自觉地站在为无产阶级和广大人民群众利益服务并为之论证与辩护的立场，公然宣称自己是无产阶级和广大人民群众的道德理论，将为人类谋福利的集体主义作为其道德的基本原则，把建设社会主义、实现共产主义作为最高的价值目标。

最后，马克思主义伦理思想以强调道德实践和改造世界为宗旨，实现了伦理思想的革命性变革，使伦理学从抽象的理论思辨变为无产阶级和广大劳动人民认识、改造自我与社会的思想武器。以往的伦理思想总是以不同的方式解释世界，每每只停留在对道德生活的认识方面，而马克思主义伦理思想则把思维的视角伸向道德生活的改造方面，将道德实践和现实的道德生活作为伦理学研究的出发点，强调道德必须植根于实践的基础并为现实的道德生活服务。马克思主义伦理思想直接来源于无产阶级的革命实践，是对无产阶级在反对封建地主阶级和资产阶级的伟大历史运动中所表现出来的崇高道德精神、崭新道德品质的理论概括。马克思主义伦理思想形成之后，又成为指导无产阶级和广大劳动人民消灭私有制、解放全人类的思想武器，促使无产阶级道德不断进步和完善。无产阶级道德与马克思主义伦理思想存在一种水乳交融的关系，可以说，无产阶级道德是马克思主义伦理思想得以形成和发展的物质武器与现实形态，马克思主义伦理思想是无产阶级道德得以发展和完善的思想武器与精神灵魂。

马克思主义伦理思想不仅具有科学性，而且具有先进性和人民性，是科学性、先进性和人民性的有机结合。马克思主义伦理思想具有科学性，它把客观实际作为价值根据，把实事求是作为价值前提，遵从社会发展的内在规律，证明着社会主义的历史价值。马克思主义伦理思想具有先进性，它是先进生产力的价值反映、先进文化的价值体现和先进社会制度的价值内核，承载着社会主义的先进价值。马克思主义伦理思想具有人民性，它来自人民的愿望，为人民的利益服务，维护着社会主义的主体价值。它既包含崇高的价值追求，显示出公正的价值判断，又包含进步的价值准则，同人类伦理文明发展趋势密切相关。马克思主义伦理思想揭示了人类道德生活发展的基本规律，从人类伦理文明发展史的角度结合社会主义道德生活的具体实践论述了社会主义道德的基本原则和规范，建构了一个社会主义的伦理价值体系，反映了广大人民群众道德实践的特点和性质。

马克思主义伦理思想形成后，随着无产阶级反对资产阶级的斗争和国际共产主义运动的发展而得以不断发展，随着社会主义制度的建立、改革和完善而得以不断发展，其中也包括随着回应资产阶级和各种非马克思主义的批评而得以不断发展。时代呼唤马克思主义伦理思想大发展，是因为时代提出和产生的诸多伦理问题，需要马克思主义伦理思想做出回答，也只有马克思主义伦理思想才能做出正确的回答。也许，其他的一些伦理思想也能在某些问题上做出略带正确性的回答，但是世界观、人生观、价值观和方法论的局限，决定了它们不可能在整体上做出正确和有效的回答，这是被时代和历史一再证明的真理。马克思主义伦理思想的形成与发展同时代有一种最为密切的关系，它总是能够全面聆听时代的声音，把握时代的脉搏，将根扎进时代的深处，并与时代同发展；不仅擅长总结时代精神，而且擅长通过时代精神来不断提升和发展自己，使自己具有一种"与时俱进"的优秀品质。一百多年来，马克思主义伦理思想能从众多伦理思想流派中上升为具有世界影响的伦理理论体系，并且指引着无产阶级和广大劳动人民前进，推动文明进步，根本原因就在于它自觉地植根于社会实践的丰厚土壤，不断地从现实生活中吮吸自己的生命营养，随着时代主题的转换而检验、丰富和发展自己，科学地回答了时代在不同阶段提出的根本性的伦理道德问题。

马克思主义伦理思想给世界贡献了真正科学而又颇具普遍价值的伦理思想，揭示出人类伦理文明发展的基本规律和趋势目标，故问世之后受到一切真正关心人类前途和命运的有识之士以及致力于追求真善美的人们的热烈欢迎，已经成为并将继续成为引领伦理革命和道德进步的灯塔与航标。马克思主义伦理思想的独特魅力和不朽价值总是在同各国各地具体的道德生活实践相结合的过程中得以展现或表现出来。马克思主义伦理思想只有在同各国各地具体的道德生活实践相结合的过程中，才能真正成为改造旧道德、建设新道德和推动人类道德进步的重要力量，才能不断为自己开辟发展道路、开拓发展空间，从而进入新的精神境界。

二、马克思主义伦理思想中国化的理论内涵和本质特征

马克思主义伦理思想中国化是马克思主义伦理思想在中国的创造性发展与中国伦理思想的马克思主义化发展的辩证统一。中国人民接受马

克思主义伦理思想并致力将其中国化，既是马克思主义伦理思想发展的内在必然，也是中国伦理思想现代化发展的内在必然。中国人民接受马克思主义伦理思想，既因为马克思主义伦理思想的创立是人类伦理思想史上的革命性变革，并昭示了一种代表无产阶级与广大劳动人民根本利益的社会主义道德和共产主义道德，也因为近代以来中国社会经历的古今中西之争昭示的封建主义道德无法引领中国社会走向现代化，西方资本主义道德无力带来中华道德的真正进步，中国社会和中国人民渴望一种既超越封建主义道德又超越资本主义道德的新型道德。马克思主义伦理思想的科学性、先进性和人民性与中国社会、中国人民寻求一种既超越中国传统伦理思想又超越西方近代伦理思想的新型伦理思想之价值追求的契合，造成了中国社会、中国人民对马克思主义伦理思想的理性选择以及致力使其中国化的行为努力。马克思主义伦理思想中国化是一个不断发展、不断前进的过程，是一个只有起点而没有终点的思想应用、思想创化的前进过程。马克思主义伦理思想中国化在中国已经形成两大杰出理论成果，即毛泽东伦理思想和中国特色社会主义伦理理论体系。如果说，毛泽东伦理思想是马克思主义伦理思想基本原理与中国新民主主义革命和社会主义革命以及社会主义建设初期中国社会具体道德生活实践相结合、与中华优秀传统伦理文化相结合的产物，是马克思主义伦理思想中国化的第一大杰出理论成果，那么包含着邓小平伦理思想、"三个代表"伦理思想、科学发展伦理思想以及习近平新时代中国特色社会主义伦理思想在内的中国特色社会主义伦理理论体系（即马克思主义伦理思想中国化最新理论成果），就是马克思主义伦理思想基本原理与改革开放和中国特色社会主义现代化建设新时期中国具体道德生活实践相结合、与中华优秀传统伦理文化相结合的产物，是马克思主义伦理思想中国化的最新理论成果，代表着马克思主义伦理思想在中国发展的新境界、新阶段和新水平。

（一）马克思主义伦理思想中国化的科学界定

马克思主义伦理思想中国化，是马克思主义中国化与马克思主义哲学中国化的集中体现和重要组成部分，是马克思主义伦理思想的基本原理、立场、观点和方法在中国具体道德生活实践中的创造性应用，意味着马克思主义伦理思想在与中国具体道德生活实践相结合、与中华优秀传统伦理文化相结合的过程中获得了新的发展形态，并形成了新的发展成果，不仅实现着马克思主义伦理思想的中国化发展，而且使中国伦理思想进化发展到马克思主义伦理思想阶段。

马克思主义中国化，内在地包含哲学思想和伦理思想的中国化。马克思主义伦理思想是马克思主义哲学思想中最能代表无产阶级和广大劳动人民的根本利益、长远利益，最能代表共产主义运动发展方向之价值的思想，是以善与正当的形式表现人的解放、自由全面发展之丰富内涵的人生观、价值观的综合体现，也是贯穿马克思主义哲学思想发展始终的人学主题和伦理价值观主题。马克思主义伦理思想是马克思主义哲学思想中始终着眼于人的解放和人类解放并以实现人的自由全面发展为价值目标和行为动力的、最富实践理性功能的思想，表现出马克思主义哲学思想的人民性、先进性、崇高性和文明性。

马克思主义中国化，从价值引领、价值导向和人格塑造等角度说，首先和最为重要的要求是马克思主义伦理思想中国化。马克思主义伦理思想只有成为中国人民改造自身与改造世界的行动指南，才能真正成为掌握群众的重要力量，才能凸显理论征服人心的品格。早在五四新文化运动时期，陈独秀就指出："伦理思想，影响于政治，各国皆然，吾华尤甚。……继今以往，国人所怀疑莫决者，当为伦理问题。此而不能觉悟，则前之所谓觉悟者，非彻底之觉悟，盖犹在倘恍迷离之境。吾敢断言曰：伦理的觉悟，为吾人最后觉悟之最后觉悟。"① 伦理思想是价值理性和实践理性的集结与积淀，表达着人们对社会秩序和价值目标、人生意义和道德行为、精神家园和目的追求等的认识把握，是人们认识世界和改造世界包括认识自己和改造自己的内在力量，指导和引领着人们对物质生活、政治生活、精神文化生活的认识与把握，是人之目的性和能动性乃至创造性的动力源泉。毛泽东在致黎锦熙的信中指出："欲动天下者，当动天下之心，而不徒在显见之迹。动其心者，当具有大本大源。……当今之世，宜有大气量人，从哲学、伦理学入手，改造哲学，改造伦理学，根本上变换全国之思想。此如大纛一张，万夫走集；雷电一震，阴曀皆开，则沛乎不可御矣！"② 改造伦理学，才能从根本上变换人们的思想，唤起理性的自觉，进而促成行为的发生，形成改造世界

---

① 陈独秀. 吾人最后之觉悟//陈独秀文章选编. 北京：三联书店，1984：108-109.
② 毛泽东. 致黎锦熙信//毛泽东早期文稿. 长沙：湖南出版社，1990：85-86.

和改造自己的强大力量。先进的伦理思想，是征战人生和社会的价值动力，也是改造人自身而造就健全社会的一种强大而独特的力量。"马克思列宁主义伦理学乃是新的、更崇高的道德关系的创造性伦理学。它不仅提出爱人、尊重人、保持人的尊严的原则，而且也开辟实际实现这一原则的现实途径——通过人们的相互活动，通过革命地、实践地改造生活环境。"① 马克思主义伦理思想既强调改造个人又强调改造社会，提倡通过社会的最高价值和目的来全面地、和谐地发展个人，通过个人的自我改造、自我修养、自我完善来打造建设新社会的种子。

马克思主义伦理思想中国化，亦即马克思主义伦理思想在中国的创造性应用和继承性发展，贯穿于中国马克思主义伦理思想形成和发展的全过程，其实质就是将马克思主义伦理思想基本原理与中国具体道德生活实践相结合，与中华优秀传统伦理文化相结合，并在这种结合中形成新理论、产生新成果的过程。它包括两个方面的内容：一是把马克思主义伦理思想基本原理与中国具体道德生活实践相结合，即运用马克思主义伦理思想基本原理来考察和分析中国社会道德生活的具体实践，从中提升出具有时代性和根本性的伦理道德问题，并通过对这些问题的创造性回答来指导中国社会的道德生活实践和推进马克思主义伦理思想的发展；一是把马克思主义伦理思想基本原理与中华优秀传统伦理文化相结合，即既运用马克思主义伦理思想基本原理来审视、反思和改造中华传统伦理文化，推动与促进中国先进伦理文化的形成和发展，又吸取中华传统伦理文化的精粹，用以丰富马克思主义伦理思想的内容和强化中国马克思主义伦理思想的民族特色。从上述内涵及其在不同历史时期的实际展开来看，马克思主义伦理思想中国化有理论和实践两个不同的层面：理论层面的马克思主义伦理思想中国化就是运用马克思主义伦理思想的基本原理来研究中国的伦理文化和社会道德生活实践，创造并不断发展具有鲜明时代特色的、中国化的马克思主义伦理思想；实践层面的马克思主义伦理思想中国化则是运用马克思主义伦理思想的基本原理来考察和解决不同时期中国社会道德生活发展所面临的实际问题，探索与确立中国特色的无产阶级革命道德和社会主义建设道德的发展路径，并使之既符合中国社会发展进步的要求又符合人类伦理文明发展的趋势。

---

① ［苏］季塔连科，主编. 马克思主义伦理学. 愚生，重耳，译. 上海：上海译文出版社，1981：50.

马克思主义伦理思想中国化，既是马克思主义伦理思想基本原理与中国革命、建设、改革的具体道德生活实践相结合，与中华优秀传统伦理文化相结合的产物，又是指导这种结合和实践这种结合的创造性活动，体现着中国马克思主义者对马克思主义伦理思想的实践性运用和创造性发展。这种实践性运用和创造性发展，不仅在马克思主义伦理思想发展史上具有独特的地位，而且对中国伦理思想的发展具有划时代的意义。①

马克思主义伦理思想中国化不是也不应当是对马克思主义伦理思想在中国的简单移植或教条主义对待，也不是中国传统伦理思想在马克思主义新框架中的修正延续或形式主义的发展，它在根本性质、价值追求和理论旨趣上是马克思主义的，在表达方式和精神风格上是中国的，具有中国特色、中国风格、中国气派。因此，马克思主义伦理思想中国化既非原封不动的马克思主义伦理思想，也不是背离马克思主义伦理思想实质的非马克思主义伦理思想，它是马克思主义伦理思想在现当代中国的科学运用和创造性发展，意味着马克思主义伦理思想结出了中国化的果实和中国伦理思想经由马克思主义的改造上升到中国马克思主义伦理思想阶段。或者从比较实际的方面说，马克思主义伦理思想中国化是马克思主义中国化在伦理思想和精神文明建设中的集中表现，代表着先进的中国共产党人和中国马克思主义者对精神文明建设与思想道德建设的深刻思索、不懈创造。对于中国这样一个拥有古老道德文明传统而在近代又深受西方伦理思想冲击并谋求着道德文明之革故鼎新的东方大国而言，精神文明建设与思想道德建设如何既能吸收古老文明的智慧和西方近现代伦理思想的合理成果，又能比较好地摆脱封建主义道德的纠缠和西方资本主义道德的腐蚀性影响，建设一种真正能立足本国而又面向世界、扎根于传统而又朝向未来的社会主义伦理文明，无疑是一个具有历史挑战性和伦理迎战性的重大课题或难题。它要求中国的马克思主义者和伦理学人从中国的特殊道德国情与具体道德生活实践出发，运用马克思主义伦理思想基本原理，总结中国革命、建设、改革的具体道德生活实践所形成的独创性经验，同时借鉴吸收中国传统伦理文化的精华，吸收西方伦理文化的优秀成果，提炼出符合中国道德生活实践和人类伦理

---

① 王泽应. 论中国马克思主义伦理思想的本质特征. 当代世界与社会主义，2009（4）.

文明发展趋势的马克思主义伦理思想命题、范畴、观点，并使之成为理论。马克思主义伦理思想中国化，就是马克思主义伦理思想在中国的具体化、民族化、时代化和大众化，它的实质是中国共产党人和中国马克思主义者既能坚持用马克思主义伦理思想基本原理来具体分析与解决现当代中国所面临的具体道德问题，借以推动中国社会和中国人民的道德生活与道德文化建设，又能对变化发展中的中国社会和中国人民的道德生活状况给予马克思主义的研究和理论总结，在坚持马克思主义伦理思想基本原理的基础上与时俱进地发展中国马克思主义伦理思想，把中国化马克思主义伦理思想推向新的发展阶段和发展水平。

（二）马克思主义伦理思想中国化的内在因由

马克思、恩格斯逝世后，马克思主义伦理思想一度在苏联获得发展，并产生了列宁主义和列宁伦理思想，斯大林对列宁伦理思想又做过一定程度的发展。但是斯大林之后，苏联马克思主义伦理思想遭遇教条主义和修正主义的双重夹击，苏联解体后马克思主义伦理思想被逐出主流意识形态领域，只在少数学者那里有一些研究。第一次世界大战后，在意大利、匈牙利等国出现了西方马克思主义伦理思想，第二次世界大战后还出现了人本主义的马克思主义、科学主义的马克思主义和法兰克福等学派，它们都不同程度地解释和传播了马克思主义伦理思想；但是从总体上看，西方马克思主义伦理思想已经在很大程度上背离了马克思主义伦理思想的真正本义和原有价值立场，实质上成为资产阶级伦理思想的有机组成部分。它们或者打着反对教条主义的幌子，在"重建马克思主义"的旗帜下干着阉割马克思主义伦理思想精神实质的勾当，或者对马克思主义伦理思想采取分割对立、制造马克思主义伦理思想内部矛盾的手法，用资产阶级伦理思想来修正、补充马克思主义伦理思想，从而悄悄地使马克思主义伦理思想西方化和资本主义化。因此，在第二次世界大战后的西方世界，马克思主义伦理思想遭遇了前所未有的修正、扭曲和危机，一些马克思主义伦理思想的所谓研究者和发展者放弃了马克思主义伦理思想的科学理论、阶级立场与精神原则。

只有在东亚大陆的中国，马克思主义伦理思想获得了名副其实的继承和发展。从比较的角度完全可以这样说，世界上没有哪一个国家像中国这样，既始终如一地坚持马克思主义伦理思想，又与时俱进地发展马克思主义伦理思想，并实现了马克思主义伦理思想基本原理与中国具体道德生活实践的有机结合、与中华优秀传统伦理文化的有机结合。马克思主义伦理思想中国化就是马克思主义伦理思想在中国的创造性应用和发展，它包含着两个密切相关的方面或环节：一方面，坚持用马克思主义伦理思想基本原理来解决中国具体的伦理道德问题，在实践中创新马克思主义伦理思想；另一方面，对中国丰富的道德实践和道德生活经验予以马克思主义的理论总结，对中华优秀传统伦理文化做出马克思主义的辩证分析和批判继承，使其成为马克思主义伦理思想的有机组成部分，以形成具有中国特色、中国风格、中国气派的中国化的马克思主义伦理思想。

　　马克思主义伦理思想中国化能够发生和成功开展，原因有二：一是马克思主义伦理思想本身的科学性、先进性和人民性，这是马克思主义伦理思想能够中国化的前提和理论价值之所在；二是中国社会和中国人民道德生活发展与建设的深刻需要，这是马克思主义伦理思想中国化的现实可能和实践基础。① 马克思主义伦理思想的形成创立了一个新的伦理思想传统，它既继承吸收了人类伦理文明的优秀成果，又用唯物史观来研究道德现象，将价值视角转到为劳动人民和无产阶级谋利益上来，"坚持实现人民解放、维护人民利益的立场，以实现人的自由而全面的发展和全人类解放为己任"②，从而实现了伟大的革命性变革。马克思主义伦理思想产生 80 年后经俄国十月革命而传入中国，中国人民接受马克思主义伦理思想是经历了对封建主义道德和资本主义道德的双重失望之后的一种理性选择，同时也是中国社会历史发展和伦理文明发展的必然。中国伦理文明的发展需要马克思主义伦理思想，马克思主义伦理思想恰好满足了中国社会和中国人民既反对封建主义道德又反对资本主义道德，而朝着建设一种高于并优于历史上一切道德类型的新道德即社会主义道德和共产主义道德方向发展的内在需要。这是马克思主义伦理思想在中国能够得到传播并获得发展的深刻因由。③

---

① 王泽应. 论中国马克思主义伦理思想的本质特征. 当代世界与社会主义，2009（4）.
② 中共中央文献研究室，编. 习近平关于社会主义文化建设论述摘编. 北京：中央文献出版社，2017：73-74.
③ 同①.

中国马克思主义伦理思想是中国共产党人的指导思想和行动指南，具有意识形态和主流伦理思想的崇高地位，并且深深地扎根于中国社会的丰沃土壤，同中国社会主义伦理文明密切联系，同中华传统伦理文化的优秀因素有机结合。这就使得中国马克思主义伦理思想在坚持马克思主义伦理思想之基本原理、精神实质和价值立场的同时，实现了自身的两个结合，即同中国社会主义伦理文明的有机结合、同中华优秀传统伦理文化的有机结合，这是马克思主义经典作家逝世后马克思主义伦理思想在中国获得大发展的重要原因。

（三）马克思主义伦理思想中国化最新成果的本质特征

从马克思主义伦理思想中国化的精神实质和理论内涵来看，马克思主义伦理思想基本原理同中国具体道德生活实践的结合是双向的、互动的。一方面，马克思主义伦理思想基本原理被中国马克思主义者应用于中国革命、建设、改革的具体道德生活实践，用来解决中国社会和中国人民的实际道德问题，并在这种应用中得到中国社会和中国人民的价值认同与思想认同，由此成为引领中国社会和中国人民道德生活变革的旗帜与先导。或许可以说，这种应用加深了中国社会和中国人民对马克思主义伦理思想的接受并将其内化为一种精神信仰，同时也使其成为中国社会和中国人民批判旧道德、建设新道德的行为指南。另一方面，中国马克思主义者能够自觉地总结中国革命、建设、改革的道德生活实践经验并使其上升为伦理理论，以丰富和发展马克思主义伦理思想。对丰富的道德生活实践经验予以马克思主义的理论总结，是发展马克思主义伦理思想的重要路径。马克思主义伦理思想来源于丰富而火热的道德生活实践，并在总结、归纳人们丰富而火热的道德生活实践经验的基础上得以发展和完善。中国马克思主义者既注重从实际的道德生活状况出发，灵活地应用马克思主义伦理思想基本原理于现实的道德生活并借以指导现实的道德生活，又善于用马克思主义伦理思想基本原理来总结人们丰富而火热的道德生活实践经验，不断将其上升为伦理理论，使马克思主义伦理思想不断在吸收实践经验的基础上实现自身的发展。这是中国化的马克思主义伦理思想得以创立并获得不断发展的重要原因。马克思主义伦理思想在同中国实际的道德生活实践相结合的过程中，使自己逐步中国化，成为中国化的马克思主义伦理思想。

从马克思主义伦理思想中国化的科学内涵和本质特征来看，马克思主义伦理思想中国化内含着既要实现它的民族化、本土化、特色化，也要实现它的时代化、当代化，以使其不断地向前发展。或者可以说，马克思主义伦理思想中国化凝聚并积淀为中国精神，这是一种将民族精神与时代精神结合起来的精神类型或范式。它既要弘扬伟大的民族精神，使其与中华民族源远流长的传统伦理文化相结合，又要应对当代道德生活的挑战，在改革创新中不断开拓道德生活新局面。因此，既要向历史扎根，更要向实际靠近，在贴近实际、贴近生活、贴近群众中回应时代的问题和人民的关切。马克思主义伦理思想中国化的内涵是丰富而具体的，其本质是不断发展、不断创新的。在新民主主义革命时期，马克思主义伦理思想中国化着重落在民族化、本土化上，当时没有特别提出时代化问题，这是因为当时战争与革命的主题没有改变。但是在第二次世界大战之后，世界的政治、经济、科技、文化、军事等都发生了深刻而巨大的变化，只强调马克思主义伦理思想的民族化和本土化已经显得不够，还需要与时俱进地推进其当代发展，因此时代化、当代化的要求得以凸显。邓小平伦理思想实现了马克思主义伦理思想同当代中国具体的道德生活实践的成功结合，"三个代表"伦理思想和科学发展伦理思想又在新的实践基础上推进了邓小平伦理思想的新发展，十八大以来，习近平新时代中国特色社会主义伦理思想整体上促进了中国特色社会主义伦理文明的进一步发展，促进了马克思主义伦理思想中国化最新成果的发展与完善。它们作为马克思主义伦理思想中国化的最新成果，都是马克思主义伦理思想基本原理同当代中国具体道德生活实践相结合的产物，包括了民族化和当代化或者说本土意识与时代意识两方面的内涵，并要求二者在辩证统一中不断向前发展。

从马克思主义伦理思想中国化的具体要求来看，既要真正掌握和运用马克思主义伦理思想基本原理，又要正确认识和联系当代中国与世界发展的道德生活实践，同时还要对中华传统伦理文化做出辩证的分析和科学的扬弃，或许还要加上吸收外国伦理思想的优秀成果。推进并较好地实现马克思主义伦理思想中国化，在某种意义上说并不是简单的理解与应用，并不意味着掌握和运用马克思主义伦理思想基本原理就可以而且能够将其中国化，也不等于能够正确认识和联系当代中国与世界发展的道德生活实践就可以将其中国化，也不等于能够对中华传统伦理文化做出辩证分析和科学扬弃就会将其中国化。马克思主义伦理思想中国化是复杂而繁难的应用过程和创新过程，对致力于将其中国化的马克思主义者来说是一种极大的考验和挑战。在中国共产党内，有人懂马克思主义伦理思想但却未必懂中国具体的道德国情，有人对中国具体的道德国情有一定的把握但却未真懂马克思主义伦理思想的精神实质，有人既懂马克思主义伦理思想又懂中国具体的道德国情但却未必懂源远流长的中华传统伦理文化，有人即便既懂马克思主义伦理思想又懂中国具体的道德国情还懂源远流长的中华传统伦理文化，但却未必能够对西方伦理思想和人类伦理文明有深度的把握。理想一点说，纵使有人对这四元要求都有比较好的把握和了解，但却未必能在具体的结合、怎样结合上取得真正的进步和创造性的建树。中国共产党和中国马克思主义者在马克思主义中国化这一创业维艰、筚路蓝缕的发展史上遭遇过教条主义与经验主义的双重夹击，有过深刻的经验教训。诚如毛泽东所说："错误和挫折教训了我们，使我们比较地聪明起来了"[①]。毛泽东伦理思想就是在总结马克思主义伦理思想中国化正反两方面经验教训的基础上形成和发展起来的，代表了以毛泽东为主要代表的中国共产党人和中国马克思主义者在致力于马克思主义伦理思想中国化的具体实践中的创造性智慧与创新性发展。当然，毛泽东伦理思想也在晚期遭遇过来自党内、国内包括毛泽东本人的一些扭曲，并产生了某些教条主义、绝对主义和权威主义的错误，其中包括对党内生活的非正常对待、对个人正当利益的否定等。这说明在某一段历史时期能够坚持马克思主义伦理思想基本原理，并不意味着总是能够坚持马克思主义伦理思想基本原理。坚持马克思主义伦理思想基本原理有一个与时俱进的问题，有一个在不断发展的实践中正确坚持和科学坚持的问题。改革开放40年来，我们党坚持运用马克思主义伦理思想基本原理，正确地认识和联系当代中国与世界发展的道德生活实践，辩证分析和科学扬弃中华传统伦理文化，并且能够放眼世界，着眼于马克思主义伦理思想中国化的最新发展，已经形成马克思主义伦理思想中国化最新理论成果，集结成中国特色社会主义伦理理论体系，极大地继承并发展了毛泽东伦理思想。在今后建设中国特色

---

① 毛泽东. 论人民民主专政//毛泽东选集：第4卷. 2版. 北京：人民出版社，1991：1480.

社会主义的历史进程中，中国共产党人和中国马克思主义者将一如既往地坚持马克思主义伦理思想中国化的基本精神与成功经验，不断促使马克思主义伦理思想中国化取得新的成就、开辟新的境界、进到新的阶段和水平，推动反映时代精神和实践要求的马克思主义伦理思想中国化理论不断向前发展。

三、马克思主义伦理思想中国化最新成果是一个内涵丰富的理论体系

马克思主义伦理思想中国化最新成果，与马克思主义中国化最新成果在理论体系和价值建构上具有一致性，准确地说是马克思主义中国化最新成果中伦理思想的集中体现。马克思主义中国化最新成果作为一个博大精深、内涵丰富的理论体系，涵盖或包括经济、政治、文化、军事、外交、党建等许多方面的内容，是一个已经形成并在不断发展和完善的理论体系。伦理思想既有在总体上属于思想文化领域的属性，又在本质上是渗透和贯穿的，它必然要渗透并贯穿到经济、政治、文化、军事、外交、党建等各个领域中。十一届三中全会以来，以邓小平、江泽民、胡锦涛、习近平为主要代表的几代中国共产党人和中国马克思主义者把坚持马克思主义基本原理与推进马克思主义中国化辩证地结合起来，解放思想、实事求是、与时俱进、求真务实，"自觉把思想认识从那些不合时宜的观念、做法、体制的束缚中解放出来，从对马克思主义的错误的和教条式的理解中解放出来，从主观主义和形而上学的桎梏中解放出来，以实践基础上的理论创新回答了一系列重大理论和实际问题"[1]，形成了马克思主义中国化最新成果。马克思主义中国化最新成果就是中国特色社会主义理论体系，就是包括邓小平理论、"三个代表"重要思想、科学发展观和习近平新时代中国特色社会主义思想等在内的科学理论体系。"这个理论体系，坚持和发展了马克思列宁主义、毛泽东思想，凝结了几代中国共产党人带领人民不懈探索实践的智慧和心

---

[1]　胡锦涛. 在纪念党的十一届三中全会召开三十周年大会上的讲话//胡锦涛文选：第3卷. 北京：人民出版社，2016：157.

血，是马克思主义中国化最新成果，是党最可宝贵的政治和精神财富，是全国各族人民团结奋斗的共同思想基础"①，也是扎根于当代中国社会的科学社会主义理论。中国特色社会主义理论不断探索与回答"什么是社会主义、怎样建设社会主义""建设什么样的党、怎样建设党""新形势下实现什么样的发展、怎样发展""新时代坚持和发展什么样的中国特色社会主义、怎样坚持和发展中国特色社会主义"等重大理论和实践问题，准确地阐明了中国特色社会主义理论的科学内容和本质特征，使社会主义和马克思主义在中国大地上焕发出勃勃生机，给中国人民带来更多福祉，使中华民族大踏步赶上时代前进潮流、迎来伟大复兴的光明前景。在当代中国，坚持中国特色社会主义理论，就是真正坚持马克思主义。

马克思主义伦理思想中国化最新成果，积淀着马克思主义中国化最新成果的价值理念、伦理特质以及关于精神文明、道德建设等的精神智慧，从价值追求、精神禀赋以及国民素质提升等方面彰显着马克思主义中国化最新成果的风采和神韵。在某种意义上说，马克思主义伦理思想中国化最新成果体现着马克思主义中国化最新成果的价值理念、文明意识、伦理气质和道德理想，同时渗透并贯穿在马克思主义中国化最新成果的其他方面，成为引领经济社会发展的价值引擎和动力源泉。马克思主义伦理思想中国化最新成果是包括邓小平伦理思想、"三个代表"伦理思想、科学发展伦理思想和习近平新时代中国特色社会主义伦理思想等在内的伦理理论体系，它是马克思主义伦理思想基本原理与改革开放和中国特色社会现代化建设新时期中国具体道德生活实践相结合、与中华优秀传统伦理文化相结合的产物，是中国共产党人、中华民族在改革开放与建设中国特色社会主义精神文明和先进伦理文明实践中集体智慧的结晶，体现着中国共产党人、中华民族不忘本来、吸收外来、开拓未来的精神文明和道德建设智慧，同时彰显出中国马克思主义者的文化自信和伦理精神自信，是一个已经在中华大地焕发出勃勃生机并将继续焕发生机的伦理理论体系。

邓小平伦理思想是马克思主义伦理思想中国化最新成果的理论起点或原点，代表着马克思主义伦理思想中国化最新成果的初步形成。作为邓小平理论重要组成部分的邓小平伦理思想，是在我国实施改革开放和

---

① 胡锦涛. 高举中国特色社会主义伟大旗帜，为夺取全面建设小康社会新胜利而奋斗//胡锦涛文选：第 2 卷. 北京：人民出版社，2016：621.

建设社会主义现代化的早期实践中，是在和平与发展成为时代主题的历史条件下，在总结我国社会主义建设正反两方面经验教训并借鉴其他社会主义国家兴衰成败之历史经验的基础上，逐步形成和发展起来的。邓小平伦理思想也是在既继承毛泽东伦理思想的精华，又与时俱进地发展毛泽东伦理思想，创设中国特色社会主义伦理思想的过程中形成和发展起来的。粉碎"四人帮"、结束"文化大革命"后，邓小平再度回到中央重要领导岗位，面对十年"文化大革命"给党和国家造成的严峻局面，他以丰富的政治经验和高超的领导艺术，在千头万绪中首先抓住决定性环节，从端正思想路线入手，开展正本清源、拨乱反正的工作，强调实事求是是毛泽东思想的精髓，支持和领导开展真理标准问题的讨论，旗帜鲜明地反对"两个凡是"的错误观点，并做出了把党和国家的工作重点转移到社会主义现代化建设上来、实行改革开放的重大战略决策，开辟了改革开放和集中力量进行社会主义现代化建设的新时期。邓小平以其深厚的马克思主义理论修养和高瞻远瞩的政治远见，在改革开放和社会主义现代化建设的新时期紧紧抓住"什么是社会主义、怎样建设社会主义"这一根本问题，深刻揭示了社会主义的本质，第一次比较系统地初步回答了在中国这样经济文化比较落后的东方大国"如何建设社会主义、如何巩固和发展社会主义"等一系列基本问题，提出了许多对党和国家事业发展具有开创意义的思想，创立了邓小平理论。邓小平伦理思想是邓小平理论的重要组成部分，集中体现着邓小平建设社会主义精神文明和伦理文明的思想与论述，也渗透在邓小平关于经济建设、政治建设、党的建设的思想和论述之中。邓小平根据中国改革开放和社会主义现代化建设新时期的特点与任务，强调"贫穷不是社会主义"，社会主义就是要消灭贫穷，彰显了富裕、富强对于国家和民族的伦理意义。与此相关，他肯定物质利益追求和人们正当利益的合理性，阐发了允许一部分地区、一部分人通过诚实劳动和合法经营先富起来，然后带动大家共同富裕，进而消灭贫穷的思想，主张通过经济体制改革把国家利益、企业利益和个人利益较好地结合起来；提出以是否有利于提高和改善人民生活，最后实现共同富裕作为判断真假社会主义的标准，凸显了社会主义初级阶段道德建设的现实性。在强调物质利益原则、承认和关心个人利益的基础上，邓小平还强调弘扬共产主义道德，发扬集体主义和爱国主义精神，教育全党重视党风和社会风气的建设，提出要纠正被林彪、"四人帮"严重损害的社会道德风气,建立适合现代化建设需要的新的社会主义道德风尚。他提出培养有理想、有道德、有文化、有纪律的社会主义"四有新人"的目标,强调建设高度的社会主义精神文明和道德文明。邓小平伦理思想注重满足人民群众的物质利益需求,同时又不否认道义精神的重要性,有着把物质利益与道义结合起来的鲜明特色。在邓小平看来,"不讲多劳多得,不重视物质利益,对少数先进分子可以,对广大群众不行,一段时间可以,长期不行。革命精神是非常宝贵的,没有革命精神就没有革命行动。但是,革命是在物质利益的基础上产生的,如果只讲牺牲精神,不讲物质利益,那就是唯心论"①。这一重要论述,展现出邓小平伦理思想的精神风貌、价值旨趣和理论特色。邓小平伦理思想凸显了马克思主义"利益是道德的基础"的观点,肯定了道德不能离开物质利益这一基础。邓小平伦理思想是马克思主义伦理思想中国化和中华传统伦理文化马克思主义化在新的历史时期的完整统一,是继毛泽东伦理思想之后我们党和人民又一重大的伦理思想成果与精神财富,是当代中国的马克思主义伦理思想,代表着马克思主义伦理思想在中国发展的新阶段、新水平,是全党全国人民集体道德智慧的结晶。

"三个代表"伦理思想是"三个代表"重要思想的有机组成部分,也是"三个代表"重要思想中关于精神文明和道德建设思想的集中呈现,反映着以江泽民为主要代表的中国共产党人和中国马克思主义者在20世纪90年代建设社会主义、建设执政党的伦理智慧。"三个代表"伦理思想继承毛泽东伦理思想的传统,高举邓小平伦理思想伟大旗帜,有着把毛泽东伦理思想基本精神和邓小平伦理思想有机结合起来的价值特质,特别凸显了"物质贫穷不是社会主义,精神贫穷也不是社会主义"的重要意义,强调有中国特色社会主义应该是高度物质文明和高度精神文明的辩证统一。它主张建立与社会主义市场经济相适应、与现代法律法规体系相协调、与传统美德相承接的社会主义思想道德体系;主张加强以为人民服务为核心,以集体主义为原则,以爱祖国、爱人民、爱劳动、爱科学、爱社会主义为基本要求,以社会公德、职业道德、家庭美德为落脚点的社会主义道德建设,引导人们树立建设有中国特色社

---

① 邓小平. 解放思想,实事求是,团结一致向前看//邓小平文选:第2卷. 2版. 北京:人民出版社,1994:146.

会主义的共同理想，在全社会形成健康良好的道德风尚；主张树立把国家人民利益放在首位同时又保护公民合法利益的社会主义义利观，倡导"富而思源""富而思进"的"富而好德"思想和财富伦理，把竞争与协作、先富与后富、公平与效率有机地结合起来；主张面向世界和未来进行社会主义道德建设，倡导全面继承中华优秀伦理道德传统、党和人民从五四运动以来形成的革命道德传统、社会主义现代化建设过程中形成的以开拓创新和与时俱进为主要内容的改革道德传统、人类社会所创造的一切先进伦理文明成果，把光大民族伦理精神和弘扬时代伦理精神有机地结合起来，为全面建设小康社会和实现中华民族伟大复兴提供有效的精神动能与伦理源泉。

科学发展伦理思想是科学发展观的集中体现和有机组成部分，是进入 21 世纪以来，以胡锦涛为总书记的党中央领导集体在全面推进社会主义经济建设、政治建设、文化建设、社会建设和党的建设的基础上形成并发展起来的马克思主义伦理思想中国化最新成果，是对邓小平伦理思想、"三个代表"伦理思想的全面继承和发展。"科学发展观，第一要义是发展，核心是以人为本，基本要求是全面协调可持续，根本方法是统筹兼顾。"① 这是对科学发展观的科学概述，也是对科学发展伦理思想的深刻揭示。科学发展伦理思想主张超越"神本论""物本论""权本论"，把人置于发展的核心并使发展从属于人和服务于人，这是对古今中外人本主义精神的全面继承和弘扬，表征着中国马克思主义者对人与物的关系、人与自然的关系、人与经济建设的关系等的正确认识。而且，科学发展伦理思想强调的以人为本实质上是以人民群众为根本、为目的、为动力，故而它有着超越一般人本主义的崇高性与先进性。在科学发展伦理思想中，人民始终是发展的根本、目的、动力。所以，中国共产党人应当"权为民所用、情为民所系、利为民所谋"，把实现好、维护好、发展好人民群众的根本利益作为根本的价值导向和价值追求。科学发展伦理思想从根本上解决了"为谁发展"和"怎样发展"的重大问题，它强调的"以人为本"不仅反映马克思主义人民伦理思想的基本精神，而且是马克思主义人民伦理思想的高度升华，它体现的科学发展、和谐发展、可持续发展代表着当代发展伦理和伦理文明发展的最高水平，

---

① 胡锦涛. 高举中国特色社会主义伟大旗帜，为夺取全面建设小康社会新胜利而奋斗//胡锦涛文选：第 2 卷. 北京：人民出版社，2016：623.

已经成为并将继续成为中国特色社会主义伦理文明建设的价值指南。

党的十八大以来，以习近平为核心的党中央基于全面建成小康社会和实现中华民族伟大复兴的愿景，形成了习近平新时代中国特色社会主义伦理思想。对共产党执政规律、社会主义建设规律、人类社会发展规律予以了系统的揭示和总结，对世界社会主义五百年和中国特色社会主义的形成与发展规律予以了深刻揭示。在习近平看来，中国特色社会主义，是科学社会主义理论逻辑和中国社会发展历史逻辑的辩证统一，是根植于中国大地、反映中国人民意愿、适应中国和时代发展进步要求的科学社会主义，是全面建成小康社会、加快推进社会主义现代化、实现中华民族伟大复兴的必由之路。内含于其中的伦理思想特别强调树立中华民族伟大复兴的理想信念，主张培育与践行社会主义核心价值观，并认为社会主义核心价值观就是当代中国的国之大德，是我们必须追求的高尚的道德理想。培育与践行社会主义核心价值观这一国之大德，是当代道德建设的铸魂工程，事关中华民族伟大复兴的中国梦的实现。为了更好地培育与践行社会主义核心价值观，应当认真汲取中华优秀传统文化的思想精华和道德精髓，大力弘扬以爱国主义为核心的民族精神和以改革创新为核心的时代精神，深入挖掘和阐发中华优秀传统文化讲仁爱、重民本、守诚信、崇正义、尚和合、求大同的时代价值，使中华优秀传统文化成为涵养社会主义核心价值观的重要源泉；同时引导人们向往和追求讲道德、尊道德、守道德的生活，夯实社会主义思想道德建设的基础。讲道德，就是要求全体社会成员凡事讲求道德并形成按道德原则规范办事的习惯，并使道德在全社会蔚然成风、家喻户晓、人人皆知。尊道德，就是要求全体社会成员将道德置于崇高的地位、神圣的地位，并产生礼敬道德、仰望道德的心理意识和道德信念，把道德作为知人论事的最高评价标准。守道德，就是要求全体社会成员坚守道德，使道德原则规范内化于心、外化于行，使之成为生活的标杆和行为的指南。道不可坐论，德不可空谈。守道德，重在道德实践和道德养成与践行。社会成员的讲道德、尊道德、守道德三者是辩证的统一，需要不断激发人们形成善良的道德意愿、道德情感，培育正确的道德判断和道德责任，以严实的务实作风创造幸福美好的新生活。

马克思主义伦理思想中国化最新成果，还包含当代中国一批马克思主义理论学人围绕学习与研究邓小平伦理思想、"三个代表"伦理思想、科学发展伦理思想、习近平新时代中国特色社会主义伦理思想等而形成的思想理论成果以及其对中国特色社会主义伦理理论体系的深刻思索，其中社会主义经济建设伦理思想、政治建设伦理思想、公民道德建设思想、和谐伦理建设思想、可持续发展伦理思想和执政党建设伦理思想，不断丰富着马克思主义伦理思想中国化最新成果，共同构成一个内涵丰富、思想深刻、逻辑严谨的马克思主义伦理思想中国化最新成果理论体系。

马克思主义伦理思想中国化最新成果，是坚持与发展马克思主义伦理思想的典范，体现了在坚持中发展与在发展中坚持的辩证立场和正确态度，充分显示了马克思主义伦理思想的生命力与活力，无疑是指导人们行为的思想武器。马克思主义伦理思想中国化，是继承坚持和发展创新马克思主义伦理基本原理的有机统一过程。这一过程要求以科学的态度对待马克思主义伦理思想，正确处理坚持和发展、一脉相承和与时俱进的辩证统一关系。能不能实现这个结合，结合得好不好，关键在于能不能真正掌握马克思主义伦理思想，能不能深刻认识中国具体的道德国情，并把二者正确地统一于革命、建设、改革的道德生活实践之中。坚持马克思主义伦理思想基本原理是前提，发展马克思主义伦理思想是关键，只有在坚持中发展、在发展中创新，才能创造既适应时代要求又符合中国实际的、生动活泼的马克思主义伦理思想，才能将马克思主义伦理思想中国化不断推向前进。

马克思主义伦理思想中国化最新成果，继承了中华优秀传统伦理文化，创造了马克思主义伦理思想的民族形式，形成了鲜明的中国特色、中国风格、中国气派。马克思主义伦理思想中国化，首先是民族化。这既是运用马克思主义伦理思想基本原理于各民族国家具体实际的必然要求，也是马克思主义伦理思想中国化的基本内涵。所谓民族化，就是要继承民族的优秀伦理文化，创造民族伦理的特殊形式，形成民族伦理的特色风格。民族的道德生活历史和道德生活现状是很难割裂的。马克思主义伦理思想中国化，需要将这两个方面有机地结合起来。

马克思主义伦理思想中国化最新成果，始终坚持世界眼光，与时俱进，不断吸收人类伦理文明的优秀成果。马克思主义伦理思想是人类创造的知识财富和价值体系的集大成者，马克思主义伦理思想的发展离不开人类伦理文明优秀成果的滋养。运用马克思主义伦理思想来研究中国具体的道德问题，绝不能没有科学的世界眼光，绝不能离开世界伦理文明发展的大背景。马克思主义伦理思想中国化，必须充分吸收人类文明的一切优秀成果。毛泽东伦理思想和马克思主义伦理思想中国化最新成果，都是扎根于中国大地、具有中国特色中国风格中国气派的马克思主义伦理思想，也是具有世界眼光和宽广胸怀的马克思主义伦理思想。今天，中国的前途命运更加紧密地同世界的前途命运联系在一起。面对大发展、大变革、大调整的世界局势，我们要善于分析和把握国内外形势的发展变化，深刻认识世界多极化、经济全球化、科技革命加速推进等发展趋势及其对我国发展的重大影响，从战略高度深入研究我国发展面临的机遇和挑战，科学回答当今世界伦理道德发展的重大问题，为建设中国特色社会主义伦理文明服务。

马克思主义伦理思想中国化最新成果，深入总结了人民群众道德生活实践的经验，让伦理理论掌握群众、改造中国。人民群众是马克思主义伦理思想中国化最新成果形成和发展的不竭源泉。人是生产力中最活跃的因素。人民群众是历史的创造者，是推动社会发展的决定性力量。中国特色社会主义事业是全国各族人民实现自己利益、创造美好生活的共同事业。改革开放以来的许多成功探索和新鲜经验都来自基层，来自人民群众。坚持从人民群众生动的道德生活实践中总结经验、汲取智慧，是马克思主义伦理思想中国化最新成果发展的重要途径。邓小平讲过，改革开放中许许多多的东西，都是由群众在实践中提出来的，是群众的智慧。我们的功劳是把这些新事物概括起来，加以提倡。江泽民说过，好办法不是从天上掉下来的，也不是我们头脑里固有的，归根到底来自人民群众的伟大实践。胡锦涛、习近平强调指出，尊重人民实践、从人民的伟大创造中汲取思想营养并使之上升为理论，是我们党进行理论创新的不竭源泉。坚持以人为本，尊重人民主体地位，尊重人民首创精神，深刻总结人民群众道德生活实践中产生的丰富经验，从中把握社会主义道德建设的规律，才能不断推进马克思主义伦理思想的中国化发展。可以说，马克思主义伦理思想中国化最新成果，是我们党紧紧依靠人民，最广泛地调动人民群众的积极性、主动性、创造性，从人民群众中凝聚力量、汲取智慧而形成和发展的。不断总结广大群众道德生活实践的经验，"实践，认识，再实践，再认识"，是推进马克思主义伦理思想中国化发展的成功路径。毛泽东思想、邓小平理论、"三个代表"重要思想、科学发展观、习近平新时代中国特色社会主义思想，都是以实践经验的马克思主义化作为自己的本源的。同时，又让理论掌握群众，使人民群众创造历史的活动由自发上升为自觉，从而使人民群众更具主动性和创造性，成为改变中国的强大力量。脱离实践需要，脱离人民群众的伟大创造，关起门来冥思苦想，或者从书本到书本，都不可能实现伦理思想的理论创新。现在，我国正处于全面建成小康社会的关键时期和深化改革开放、加快转变经济发展方式的攻坚时期，新情况、新矛盾、新问题不断涌现，迫切需要用马克思主义伦理思想中国化最新成果来加强指导。我们要自觉坚持以改革开放和社会主义现代化建设的实际问题、以我们正在做的事情为中心，时刻关注社会发展的客观要求和人民群众的实践创造，根据新鲜实践经验不断推进理论创新。这是马克思主义伦理思想不断中国化和与时俱进的不竭源泉。

四、研究马克思主义伦理思想中国化
最新成果的重大意义

马克思主义伦理思想中国化最新成果，代表着马克思主义伦理思想中国化发展的新阶段、新境界和新水平，是对马克思主义经典作家伦理思想特别是毛泽东伦理思想的全面继承和重大发展，是当代发展着的马克思主义伦理思想。它深刻地反映了我国社会主义伦理文明建设的客观规律，集中体现了中国共产党人和中国马克思主义者建设中国特色社会主义伦理文明的价值追求与实践智慧，集中表达了我国各族人民在改革开放和中国特色社会主义现代化建设新时期的道德意志与道德愿望，是中国共产党团结带领全国各族人民不断取得社会主义现代化建设新胜利的共同理想、精神支柱和强大思想武器的辩证统一。

马克思主义伦理思想中国化最新成果的理论内涵十分丰富、博大精深，涉及社会主义现代化建设的各个方面和领域，熔铸并渗透在社会主义物质文明、政治文明、精神文明、社会文明、生态文明和党的建设文明之中，表现为与此相关的社会主义经济建设伦理思想、政治建设伦理思想、公民道德建设思想、和谐伦理建设思想、可持续发展伦理思想和

执政党建设伦理思想等方面。马克思主义伦理思想中国化最新成果，始终坚持从中国具体的道德生活实践和道德国情出发，坚持实事求是的道德建设理念。十一届三中全会实现了拨乱反正，党对我国的基本国情有了明确的清醒认识——中国处于并将长期处于社会主义初级阶段。这是最大的客观实际，党的路线和一切方针政策都要从这个实际出发。在改革开放和中国特色社会主义现代化建设新时期，以邓小平、江泽民、胡锦涛、习近平为主要代表的中国共产党人坚持把马克思主义伦理思想基本原理与中国具体道德生活实践相结合，与中华优秀传统伦理文化相结合，提出了一系列新的道德命题、伦理观念和价值范畴，如消灭贫穷与共同富裕的社会主义本质论、"三个有利于"的评价标准、以德治国与依法治国相结合的治国方略、"立党为公、执政为民"的政党伦理、弘扬以"八荣八耻"为主要内容的社会主义荣辱观、以诚信建设为重点推进公民道德建设、表彰道德模范以弘扬社会正气、建设以公平正义为基本特征的社会主义和谐社会、建设持久和平的和谐世界等，这些都是对马克思主义伦理思想的新发展和新贡献，代表着马克思主义伦理思想中国化的最新理论成果和水平。马克思主义伦理思想中国化最新成果，由一系列关于马克思主义道德基本理论、社会主义道德原则规范、社会主义伦理文明建设以及当代道德生活实践等各个方面的紧密联系、相互贯通的新思想、新观念、新论断及其基本理论和原则构成，体现了马克思主义的唯物史观、人生观、价值观、道德观的智慧，吸收了当代世界经济、科技、社会管理等学科和应用伦理学的优秀成果，反映了我们党对道德建设规律和社会主义道德建设规律以及人类伦理文明发展规律的新认识，在马克思主义伦理思想严谨的科学性、鲜明的人民性、强烈的实践性的基础上融入了高度的开放性、强烈的前瞻性、不断的创新性等特点，成为一个立足本国而又放眼世界、立足传统而又面向未来的伦理理论体系。

马克思主义伦理思想中国化最新成果，是围绕解答改革开放和中国特色社会主义现代化建设所面临的重大伦理道德问题而展开的，是对中国特色社会主义现代化建设过程中一系列重大伦理道德问题的理性思考和科学解答。马克思主义伦理思想中国化最新成果，以我国改革开放和现代化建设的实际问题、以我们正在做的事情为中心，着眼于马克思主义伦理思想基本原理的运用，着眼于对实际道德问题的理论思考，着眼

于新的道德生活实践。根据道德实践的需要和时代的道德要求，自觉地
把思想认识从那些不合时宜的道德观念的束缚中解放出来，从对马克思
主义伦理思想错误的和教条式的理解中解放出来，从主观主义和形而上
学的桎梏中解放出来，解放思想、实事求是，与时俱进、求真务实，勇
于变革、勇于创新，不断赋予马克思主义伦理思想鲜明的中国特色、中
国风格、中国气派。马克思主义伦理思想中国化最新成果，是在回答我
国改革开放不同阶段遇到的若干重大伦理道德问题的过程中形成和发展
起来的。

马克思主义伦理思想中国化的实质是，用马克思主义伦理思想基本
原理来分析和解决当代中国面临的实际伦理道德问题，并在这个过程中
清理、改造、吸收中华传统伦理文化中具有现代价值的因素，从而使马
克思主义伦理思想具有中国特色、中国风格、中国气派。马克思主义伦
理思想中国化的理论品格表现在，始终坚持解放思想、实事求是、与时
俱进、求真务实的思想路线，坚持立足本国、面向世界和面向未来的伦
理文明建设思路，坚持以人为本、关注民生、和谐发展的伦理价值取
向，不断赋予中国马克思主义伦理思想鲜明的实践特色、民族特色、时
代特色。解放思想、实事求是、与时俱进、求真务实的思想路线，是马
克思主义所崇尚的思想道德素质和优秀品质，这种思想道德素质和优秀
品质对于推进中国特色社会主义道德文化的创新性发展具有极其重要的
意义与价值。立足本国、面向世界和面向未来的伦理文明建设思路，
是马克思主义者所推崇的伦理胸襟、伦理气度和战略胆识，反映着马
克思主义者"坐集千古之智"而又自成一家之言的伦理文明建设意识
和创新性眼光。以人为本、关注民生、和谐发展的伦理价值取向，是
马克思主义伦理思想活的灵魂与精髓。马克思主义伦理思想来源于人
民并代表人民利益，始终有着一种为人民谋福利的价值追求和伦理信
念，因此服务人民并以人民利益作为判断善恶是非的标尺是马克思主
义伦理思想的一贯立场，马克思主义伦理思想在此基础上彰显着以人
为本与关注民生的大爱情怀。马克思主义伦理思想有一种建设和谐社
会与和谐世界的和谐发展意识和伦理价值取向。唯其如此，才能不断
赋予中国马克思主义伦理思想鲜明的实践特色、民族特色、时代特
色，促进马克思主义伦理思想不断开拓新局面、创造新辉煌、取得新
成就、进入新境界。

马克思主义伦理思想中国化最新成果,推动了马克思主义伦理思想中国化和中国伦理思想马克思主义化的伟大历史进程与思想发展进程,并有效地改变了当代中国社会和中国人民的道德生活面貌,书写了中华民族道德生活史的崭新篇章。时代和理论已经发展到一个需要而且可以对马克思主义伦理思想中国化最新成果予以深度研究与整体推进的阶段。或许可以说,不对马克思主义伦理思想中国化最新成果予以系统研究与全面把握,就无法建构具有中国特色的伦理学学科体系、学术体系和话语体系,也就无法将当代中国的伦理学整体推向前进。所以,深度研究、系统把握马克思主义伦理思想中国化最新成果,就是立足当代中国伦理学理论前沿和学术高峰,从中吸取力量、获取理论营养,这无疑是加快建构中国特色、中国风格、中国气派的伦理学理论体系的迫切需要和内在要求。

21 世纪开拓马克思主义中国化研究新局面,也离不开对马克思主义伦理思想中国化最新成果的全面系统研究。对马克思主义伦理思想中国化最新成果进行全面系统的研究,不仅具有马克思主义伦理思想史和中国现当代伦理思想史研究的史学意义,而且具有马克思主义伦理思想研究的理论意义,有助于推动中国马克思主义伦理思想和世界马克思主义伦理思想的理论创新,有助于促进马克思主义伦理思想中国化最新成果和世界马克思主义伦理思想研究的发展与繁荣。

以马克思主义为指导建构具有中国特色、中国风格、中国气派的伦理学理论体系,首先需要总结并弘扬马克思主义伦理思想中国化最新成果,从中坚定理想信念,吸取理论营养,培育健全心态。马克思主义伦理思想中国化最新成果是当代伦理学理论创新的集中体现,表征着中国马克思主义者在改革开放、进行中国特色社会主义现代化建设背景下对伦理道德的认识智慧,其中涉及对人类伦理文明发展规律和社会主义伦理文明发展规律的深刻认识,对社会主义道德核心、原则、规范、范畴等的科学概括和论述,对社会主义公民道德建设的科学概括和论述,对社会主义"四有新人"及其培育等的阐释和论述,而这些既反映着伦理学理论认识的深化和拓展,也必然成为伦理学基础理论研究的标志性成果。伦理学基础理论要在体系、理论、观点和视角上实现新的突破,就必须而且应当认真研究马克思主义伦理思想中国化最新成果,并以马克思主义伦理思想中国化最新成果为旗帜,引领、涵摄和统贯其他方面的研究。只有这样，才能真正促成伦理学基础理论开辟新领域、产生新成果、进入新境界，实现伦理学的发展和繁荣。

马克思主义伦理思想中国化最新成果，具有以道德生活实践为基础的科学性和革命性高度统一的本质特征，这决定了它具有适应时代需要而不断发展的强大生命力。马克思主义伦理思想中国化最新成果，是时代伦理精神的反映；时代的飞速发展，要求马克思主义伦理思想中国化不能停下发展的脚步。它正是在不断吸取时代营养、回应时代挑战中赢得顽强生命力并获得发展的。每当社会发展遇到了新的道德难题，或是科学技术有了突破性进展以至产生了许多空前的伦理道德问题，马克思主义伦理思想中国化最新成果总是能显示它那不可压抑的发展生机。有了道德问题，才会有研究和探讨的需要；有了直面道德生活发展难题的深入研究，才会带来伦理思想的突破和创新。这是马克思主义伦理思想中国化发展的基本规律。时代道德主题转换提出的实践道德课题，恰恰为马克思主义伦理思想中国化的大发展大繁荣提供了新的生长点。马克思主义伦理思想只有与中国具体道德生活实践相结合，与中华优秀传统伦理文化相结合，才能不断推进自己中国化的发展历程，从而为马克思主义伦理思想的发展和中华优秀传统伦理文化的当代发展做出新的贡献。马克思主义伦理思想中国化最新成果，在改革开放和中国特色社会主义现代化建设新时期，坚持将马克思主义伦理思想基本原理与中国具体道德生活实践相结合，与中华优秀传统伦理文化相结合，所以既能坚持马克思主义伦理思想，又能发展马克思主义伦理思想，不断开辟马克思主义伦理思想发展的新局面，成为中国特色社会主义精神文明建设最可宝贵的伦理财富，指引着中国特色社会主义现代化建设不断迈向新台阶、进入新境界，成为中华民族伟大复兴的精神动能和价值支撑！

开辟马克思主义伦理学研究的新局面，需要也离不开对马克思主义伦理思想中国化最新成果的研究。我们的时代是一个呼唤马克思主义伦理思想大发展大繁荣的时代。马克思主义伦理思想的大发展大繁荣，必须而且应当认真研究马克思主义伦理思想中国化最新成果，并以最新成果为指导去研究新问题，促进马克思主义伦理思想大发展大繁荣。马克思主义伦理思想中国化最新成果，是我们党和人民最可宝贵的精神财富，是全党全国人民团结奋斗、不断进取、开拓创新的共同思想基础，是扎根于当代火热道德生活的、集真理与价值于一体的伦理智慧，代表着马克思主义伦理思想发展的最高水平。我们要始终坚持用马克思主义伦理思想中国化最新成果来指导公民道德建设，武装人们的精神和头脑，这样才能真正筑牢马克思主义伦理思想在精神文化领域的主体、主导以及主流的地位，推动马克思主义伦理思想的大发展大繁荣。研究马克思主义伦理思想中国化最新成果发生、发展的历史进程，是马克思主义伦理思想不断创新的迫切需要，也是进行社会主义伦理文明建设、推动人类伦理文明不断向前发展的必然要求。实践证明，在当代中国，只有马克思主义伦理思想中国化最新成果能够解决中国新型伦理文明建设中的一系列新问题，并为这种新型伦理文明建设提供价值引领和理论支撑。它是当代中国共产党人掌握马克思主义伦理思想且能与时俱进地发展马克思主义伦理思想的道德主动性、主体性的智慧集聚，标志着当代中国共产党人掌握和发展马克思主义伦理思想的精神主动以及文化自信、文化自觉、文化自强意识的全面树立，已经成为并将继续成为新型伦理文明建设的伟大旗帜，成为实现中华民族伟大复兴的中国梦的动力源泉。

我们现在正处在一个马克思主义伦理思想不断开拓创新和谱写伟大史诗的时代，马克思主义伦理思想中国化最新成果的研究必定会给我们提供许多伦理文明建设和伦理思想创新的智慧与营养，必定会更好地教会我们把坚持马克思主义伦理思想基本原理同推进马克思主义伦理思想中国化有机地结合起来，赋予马克思主义伦理思想鲜明的时代特色、民族特色和蓬勃生机，为社会主义伦理文明建设提供思想指导和价值引领，为中华民族伟大复兴提供道义支撑和精神支持。

第一章　马克思主义伦理思想中国化最新成果形成的历史背景与理论渊源

习近平在全国哲学社会科学座谈会上的讲话中指出："当代中国正经历着我国历史上最为广泛而深刻的社会变革，也正在进行着人类历史上最为宏大而独特的实践创新。这种前无古人的伟大实践，必将给理论创造、学术繁荣提供强大动力和广阔空间。这是一个需要理论而且一定能够产生理论的时代，这是一个需要思想而且一定能够产生思想的时代。"[①]马克思主义伦理思想中国化最新成果，作为兼具理论和思想的重大成果，不仅已经彰显出蓬勃发展的生机与活力，而且已经成为并将继续成为引领中国特色社会主义伦理文明建设的伟大旗帜。它是马克思主义伦理思想基本原理与改革开放和中国特色社会主义现代化建设新时期中国具体道德生活实践相结合、与中华优秀传统伦理文化相结合的产物，是对改革开放40年来社会主义现代化建设伟大实践特别是人民群众丰富的道德生活实践的理论总结。它既继承和坚持了科学社会主义和马克思主义伦理思想的基本原理，又开辟了科学社会主义和马克思主义伦理思想发展的新境界、新时代。马克思主义伦理思想中国化最新成果，秉承马克思主义伦理思想解放思想、实事求是、与时俱进、求真务实的理论品质，正确把握当今时代道德生活脉搏，着眼于当今时代伦理价值建设需要，既继承前人又开拓创新，在承前启后、继往开来中创造性地发展马克思主义伦理思想，并将马克思主义伦理思想推进到一个崭新的发展阶段。

---

① 中共中央文献研究室，编. 习近平关于社会主义文化建设论述摘编. 北京：中央文献出版社，2017：72-73.

一、马克思主义伦理思想中国化 最新成果形成的历史背景

理论成果总是时代精神的总结和升华。任何划时代的理论体系都是由于产生这个体系的那个时期的需要而形成的。一个理论体系的形成总是和当时的国际国内形势紧密相联的，或者说是时代的发展需要催生了理论的形成。一切理论创新既源于时代的发展与需要，又具有引领时代前进的价值功能，马克思主义伦理思想中国化最新成果，"是在和平与发展成为时代主题的历史条件下，在我国改革开放和社会主义现代化建设的实践过程中，在总结我国社会主义胜利和挫折的历史经验并借鉴其他国家社会主义兴衰成败历史经验的基础上，逐步形成和发展起来的"①，是在对社会主义道德建设规律进行深刻总结基础上的产物。

（一）和平与发展的时代主题

马克思主义伦理思想中国化最新成果，是在和平与发展成为时代主题的历史条件下逐步形成和不断发展起来的。以邓小平、江泽民、胡锦涛、习近平为主要代表的几代中国共产党人和中国马克思主义者深契和平与发展的时代主题，探讨在这一时代主题下的社会主义伦理文明建设和思想道德建设问题，回应时代的关切和人民的期盼，逐步形成并发展了马克思主义伦理思想中国化最新成果。

俄国十月革命开辟了从资本主义向社会主义过渡的时代，帝国主义战争与无产阶级革命、民族解放运动交错发展，战争与革命成为时代的主题。列宁把帝国主义与战争联系在一起，称帝国主义是无产阶级社会主义革命的前夜。斯大林继承了列宁的时代观，认为只要资本主义制度存在，战争就不可避免。不仅如此，他还认为战争将在资本主义国家之间首先爆发，然后无产阶级将在革命中夺取政权。

20 世纪下半叶尤其是 20 世纪 70 年代以后，世界形势发生了深刻变化，美苏关系开始缓和，整个世界形势出现了由对抗转为对话、由紧

---

① 江泽民. 加快改革开放和现代化建设步伐，夺取有中国特色社会主义事业的更大胜利//江泽民文选：第 1 卷. 北京：人民出版社，2006：221.

张转为缓和的大趋势，包括中国在内的第三世界国家以及美苏和其他发达国家的人民经过战争的摧残不希望再次被卷入战争，要和平不要战争成为时代的呼唤。冷战结束后，虽然世界上地区性冲突和局部战争不断，但新的世界大战在可预见的一个时期内是完全可以避免的，越来越多的国家采取谈判协商来解决争端。从总体上看，和平与发展成为时代的主题，世界多极化的趋势在进一步发展，世界范围内和平因素的增长超过战争因素的增长，国际力量对比朝着有利于维护世界和平的方向发展，世界和平与发展的大局总体稳定。邓小平根据长期领导中国革命和建设的实践，透彻分析二战后世界的变化，经过深思熟虑，于1985年3月4日在会见日本商工会议所访华团的讲话中明确指出："现在世界上真正大的问题，带全球性的战略问题，一个是和平问题，一个是经济问题或者说发展问题。和平问题是东西问题，发展问题是南北问题。"①他做出了"和平和发展是当代世界的两大问题"的著名论断。20世纪80年代以来，世界各国普遍追求和平、谋求发展，并使和平与发展成为时代的主题和主流。1992年10月，江泽民在中国共产党第十四次全国代表大会上所做的报告中指出："和平与发展仍然是当今世界两大主题。发展需要和平，和平离不开发展……世界要和平，国家要发展，社会要进步，经济要繁荣，生活要提高，已成为各国人民的普遍要求。"②整个90年代的主题仍然是和平与发展。尽管出现了苏联解体、东欧剧变，但是国际形势总体上继续趋向缓和，多极化趋势的发展有利于世界和平，各国人民要求平等相待、友好相处的呼声日益高涨，要和平、求合作、促发展成为时代的主流。世界和平是促进各国共同发展的前提条件，各国的共同发展则是维护世界和平的重要基础。在和平与发展成为时代主题的历史条件下，谋求经济的繁荣与发展是世界各国面临的普遍问题。国家间的较量不再以意识形态的较量为主，而主要体现在综合国力的较量，主要是经济实力（特别是人民生活水平）的较量。重视发展成为各国主要的政策取向，经济优先已成为世界潮流，发展已成为普遍的、全局性的重大问题。2003年6月1日，胡锦涛在法国埃维昂举行

---

① 邓小平. 和平和发展是当代世界的两大问题//邓小平文选：第3卷. 北京：人民出版社，1993：105.

② 江泽民. 加快改革开放和现代化建设步伐，夺取有中国特色社会主义事业的更大胜利//江泽民文选：第1卷. 北京：人民出版社，2006：242.

的南北领导人非正式对话会议上做了题为《推动全面合作，促进共同发展》的讲话，指出："和平与发展是当今时代的主题。但必须看到，实现人类社会的持久和平与普遍发展任重道远。……发展是人类文明进步的基础，是解决全球面临的各种矛盾和问题的关键所在。只有实现全球协调、平衡、普遍发展，才能实现世界的持久和平与稳定。"① 21 世纪以来，经济全球化加快了世界经济的发展，使更多的国家分享到经济增长的成果。以经济建设为中心，不断解放和发展生产力，不断增强经济实力和综合国力，才能在日趋激烈的国际竞争中占据有利的地位，才能为世界和平与人类共同发展做出重大贡献。

2013 年，习近平在莫斯科国际关系学院发表演讲，指出："这个世界，和平、发展、合作、共赢成为时代潮流，旧的殖民体系土崩瓦解，冷战时期的集团对抗不复存在，任何国家或国家集团都再也无法单独主宰世界事务。"② 要跟上和平发展的时代前进步伐，就不能身体已进入 21 世纪，而脑袋还停留在过去，停留在殖民扩张的旧时代里，停留在冷战思维、零和博弈的老框框内。和平与发展、合作与共赢的时代主题要求各国人民一起来维护世界和平、促进共同发展。

时代主题由"战争与革命"转向"和平与发展"，为我国的社会主义现代化建设提供了一个十分难得的、时间较长的和平发展的国际环境，这样有利的国际和平环境在 20 世纪五六十年代是根本不存在的。同时，由于世界各国经济文化联系的进一步加强，发展经济文化成为世界各国普遍关注的问题，这就为中国结束"闭关锁国"的局面，实行对外开放的基本国策，发展同世界各国的经济、文化、科学技术的交流与合作，创造了十分有利的国际环境，这样有利的国际环境在过去是没有过的。中国特色社会主义理论体系包括马克思主义伦理思想中国化最新成果，就是在这样的外部环境中产生和发展起来的。

马克思主义伦理思想中国化最新成果，产生于 20 世纪 70 年代末 80 年代初，形成于 20 世纪 90 年代，发展于 21 世纪。这前后 40 年的时间，是整个世界发生大变动大调整的时期，这种变动调整的剧烈和深刻

---

① 胡锦涛. 推动全面合作，促进共同发展//中共中央文献研究室，编. 十六大以来重要文献选编：上. 北京：中央文献出版社，2005：311.

② 习近平. 顺应时代前进潮流，促进世界和平发展//中共中央文献研究室，编. 十八大以来重要文献选编：上. 北京：中央文献出版社，2014：259.

程度远远超出人们的预料，最显著的变化就是和平与发展成为时代的主题。政治多极化、经济全球化、科技信息化的趋势加速发展，引起全球经济格局、利益格局和安全格局发生了前所未有的重大变化。与时代主题和时代变革相联系，20世纪70年代后期以来，在世界范围内兴起了以增强综合国力为中心目标的改革浪潮，其遍布国家之广泛、涉及领域之全面、改革程度之深刻、持续时间之长久都具有标志性的时代意义。和平与发展是中国特色社会主义理论体系包括马克思主义伦理思想中国化最新成果的大思路，在这一思路下形成的伦理文明建设思路、精神文明建设理念和举措，充分反映了和平与发展成为主题的时代特征以及发展要求。马克思主义伦理思想中国化最新成果，紧紧围绕和平与发展的时代主题而展开，将时代主题融入精神文明和道德建设，凸显了和平、发展、合作、共赢的精神因子。在邓小平、江泽民、胡锦涛、习近平关于中国特色社会主义文化建设的诸多论述中，和平、和谐、和睦、均衡、科学发展、和谐发展、持续发展成为基本的价值理念，成为中国特色社会主义伦理文明的核心价值理念和价值追求。从邓小平"发展是硬道理"到江泽民"发展是硬道理，解决中国所有问题的关键要靠自己的发展"[1]，到胡锦涛"必须坚持把发展作为党执政兴国的第一要务"[2]，再到习近平提出的"五大发展理念"，标明中国马克思主义者始终把发展置于中国特色社会主义现代化建设的重要地位，并在着力把握发展规律、创新发展理念、转变发展方式、破解发展难题、提高发展质量和效益、实现又好又快的发展等方面殚精竭虑，从而使得中国特色社会主义在东方大地上焕发出勃勃生机，取得了辉煌的成就和胜利。同时，中国马克思主义者所看重的发展是与和平、和谐、和睦紧密联系在一起的，主张把社会成员团结和睦的和谐发展与和谐社会建设、与世界和平建设有机地结合起来，通过维护世界和平来更好地发展中国特色社会主义事业，又通过发展中国特色社会主义事业来维护和促进世界和平，建设一个持久和平、共同繁荣的和谐世界。

---

① 江泽民. 在纪念党的十一届三中全会召开二十周年大会上的讲话//中共中央文献研究室, 编. 十五大以来重要文献选编: 上. 北京: 中央文献出版社, 2000: 689.
② 胡锦涛. 高举中国特色社会主义伟大旗帜, 为夺取全面建设小康社会新胜利而奋斗//胡锦涛文选: 第2卷. 北京: 人民出版社, 2016: 623.

（二）改革开放和社会主义现代化建设的伟大实践

改革开放和社会主义现代化建设的伟大实践，是马克思主义伦理思想中国化最新成果形成的实践基础。

恩格斯在致奥托·冯·伯尼克的信中指出："我认为，所谓'社会主义社会'不是一种一成不变的东西，而应当和任何其他社会制度一样，把它看成是经常变化和改革的社会。"① 社会主义社会以实现共产主义为最高目标，它从诞生之日起，就使自己的前途命运同创新、改革和变化熔铸在一起，始终要通过创新、改革为自己开辟通向更高境界的道路。这种创新、改革，并不是要超越生产力发展阶段搞生产关系"大跃进"，而是要从体制机制上变革不适应生产力发展要求的生产关系，不断完善和发展社会主义事业。社会主义改革的目的是不断解放生产力和发展生产力，促进经济文化不断发展。生产力的发展没有止境，为其发展扫除障碍的改革与创新同样没有止境。改革、创新贯穿于社会主义发展的全部历史过程。

社会主义中国是在"一穷二白"的基础上发展起来的。由于历史原因，中国建立社会主义制度也是在没有经过资本主义社会而直接由半殖民地半封建社会向社会主义过渡的，生产力发展水平落后且发展不平衡是其显著特点。为了在"一穷二白"的基础上建立社会主义制度，当时的中国共产党人和中国马克思主义者在学习借鉴"苏联模式"的基础上，建立了高度集中统一的计划经济体制。这种体制在当时确有其合理性，也曾取得了令世人瞩目的伟大成就，比如中国工业体系的初步建立，以及对农业、手工业和资本主义工商业的社会主义改造。但这种体制在经济上推行单一公有制和指令性计划经济，在政治上推行中央高度集权的管理体制，在文化上推行过于集中的管理体制，发展到后来弊端日趋明显，严重阻碍了经济社会发展，迫切需要改革。十一届三中全会以来，以邓小平为主要代表的中国共产党人在深刻总结社会主义建设经验教训的基础上，决意突破"苏联模式"对我国社会主义建设的影响，做出实行改革开放的历史性决策，开辟了中国特色社会主义道路，以社会主义市场经济取代计划经济，以社会主义民主法治取代高度集权的政

① ［德］恩格斯. 恩格斯致奥托·冯·伯尼克//马克思恩格斯文集：第10卷. 北京：人民出版社，2009：588.

治体制，以马克思主义指导下的文化多样性取代文化单一性。"改革开放是党在新的时代条件下带领人民进行的新的伟大革命，目的就是要解放和发展社会生产力，实现国家现代化，让中国人民富裕起来，振兴伟大的中华民族；就是要推动我国社会主义制度自我完善和发展，赋予社会主义新的生机活力，建设和发展中国特色社会主义"①。改革开放是决定当代中国命运的战略抉择，是发展中国特色社会主义、实现中华民族伟大复兴的必由之路，也是一场符合党心、民心，顺应时代潮流的新的历史性伟大革命。

　　新时期最鲜明的特点是改革开放。党的十一届三中全会以来，我国进入了改革开放和社会主义现代化建设的新的历史时期。中国共产党人带领全国各族人民坚持以经济建设为中心，坚持四项基本原则，推进改革开放，开始了中国历史上最为伟大而又波澜壮阔的变革。改革开放是立足中国国情所进行的新的伟大实践。这一从农村到城市、从经济领域到其他各个领域、从沿海到沿江沿边、从东部到中西部的深刻变革和全面开放，使我国成功地实现了从高度集中的计划经济体制到充满活力的社会主义市场经济体制、从封闭半封闭到全方位开放的伟大历史转折，使中国的社会生产力获得了新的巨大解放，使经济、政治、文化、社会取得了新的伟大进步。事实雄辩地证明：没有改革开放，就没有今天中国的一切。改革开放是中国一切发展进步的活力源泉。"只有改革开放才能发展中国、发展社会主义、发展马克思主义"②。改革开放极大地调动了我国亿万人民群众的积极性、主动性和创造性，使中国这块古老的土地焕发出无穷无尽的勃勃生机与创造力，经济从一度濒于崩溃的边缘发展到总量跃居世界第二，进出口总量位居世界第一，人民生活从不足温饱发展到总体小康，农村贫困人口减少到 2017 年末的 3 000 万。改革开放使得全党全国人民的思想得到大解放，进一步深化了对"什么是马克思主义、怎样发展马克思主义""什么是社会主义、怎样建设社会主义""建设什么样的党、怎样建设党""新形势下实现什么样的发展、怎样发展""新时代坚持和发展什么样的中国特色社会主义、怎样坚持和发展中国特色社会主义"等重大理论和实践问题的认识，使得社会主义在

---

　　① 胡锦涛. 高举中国特色社会主义伟大旗帜，为夺取全面建设小康社会新胜利而奋斗//胡锦涛文选：第 2 卷. 北京：人民出版社，2016：617.

　　② 同①619.

中国焕发出前所未有的强大生命力，马克思主义在中国焕发出前所未有的强大感召力，共产党在中国焕发出前所未有的强大创造力和战斗力。这些年来，我们之所以能够经受住来自经济、政治、社会和自然领域的一次次严峻考验，之所以能够战胜各种困难和风险，使社会主义现代化建设的航船始终沿着正确的方向破浪前进，取得一个又一个伟大的胜利，就在于改革开放所形成的有利局面，就在于凭借改革开放所积累起来的宝贵经验和社会财富，就在于伴随改革开放而得以全面提升的人们的思想道德素质和科学文化素质。

马克思主义伦理思想中国化最新成果，正是对改革开放和社会主义现代化建设伟大实践及其宝贵经验进行科学总结而形成的理论成果，同时又是指引改革开放和社会主义现代化建设伟大实践的行动指南。这一最新成果既来源于中国改革开放和社会主义现代化建设的伟大实践，又引领并助推着改革开放和社会主义现代化建设的伟大实践，所以这一最新成果同改革开放和社会主义现代化建设有着血肉联系与相辅相成的辩证关系。这一最新成果，不仅同改革开放有着密不可分的血肉联系，而且在价值追求和精神实质上是改革开放的。改革开放作为一种价值理念和行为品质，在这一最新成果中有着丰富而深刻的体现，也构成这一最新成果的理论特征和目标指向。改革开放作为符合党心、民心，顺应时代潮流的战略抉择和必由之路，本身就是当代中国的大道、大德，是具有高度的价值合理性、工具合理性的崇高道德品质和行为规范，也对中国原有道德体系甚至西方道德体系有着全面反思、革故鼎新的伦理意义。改革从经济体制开始向政治、文化、社会、生态和党的建设各个领域或方面推进，内在地包含对此前的伦理道德规范、道德类型等的变革和改造。因此，马克思主义伦理思想中国化最新成果充满着对旧道德的批判、对新道德的建设，建设具有中国特色、中国风格、中国气派的社会主义思想道德体系是其基本的价值追求，也是其基本的伦理品格和思想特性。改革开放的社会主义现代化建设事业，是一项充满艰辛、充满创造的壮丽事业。伟大的事业需要并将产生崇高的精神，崇高的精神支撑和推动着伟大的事业。改革开放集事业、行动和精神于一身，需要我们敢于担当、勇挑重担、攻坚克难，破除旧体制的束缚，为着建设充满活力、发展有序、持续协调的体制机制而奋力拼搏，胼手胝足，勇往直前。马克思主义伦理思想中国化最新成果与改革开放的历史进程相伴随，始终护卫着改革开放这一当代中国所最为需要的价值理念和伦理品质，从而掀开了人类伦理文明史的崭新一页。研究和把握马克思主义伦理思想中国化最新成果，如果缺失了对改革开放这一价值理念和伦理品质的研究与把握，就无法把握其时代精神的旋律，也无法理解其在马克思主义伦理思想发展史上的独特地位和贡献，无法理解其在中国伦理思想发展史上的革命性变革和卓越贡献。马克思主义伦理思想中国化最新成果，完全是建立在当代中国改革开放伟大实践基础之上并生动展示与深刻反映改革开放这一价值理念和伦理品质的，是改革开放这一实践所具有的开创性、丰富性、承前启后与继往开来等鲜明特性的能动反映、科学体现和创造性理论总结。

（三）国际国内社会主义曲折发展的经验教训

直面国际国内社会主义曲折发展的经验教训，不断回答与解决"什么是社会主义、怎样建设社会主义"这一重大历史和理论课题，无疑是中国特色社会主义理论体系包括马克思主义伦理思想中国化最新成果形成的经验借鉴。20 世纪下半叶发生的社会主义体制危机要求社会主义必须进行改革，在突破原有理论与实践的基础上予以全面的理论创新与实践创新。马克思主义伦理思想中国化最新成果，就是在总结国际国内社会主义曲折发展的经验教训的基础上产生的重大创新理论成果。

社会主义在人类历史上的形成和发展，无疑是一件具有世界历史意义的创化事业和理想社会建构的伟大实践。社会主义思想的形成、制度的建构以及建设的实践，都在某种意义上改写了人类社会的发展历史，昭示出全面的进步性、理想性和大多数人崇尚、青睐并为之奋斗不已的价值合理性。但是，社会主义建设事业有着繁重的建设任务，社会主义在世界各国的建立有着复杂的背景和历史条件，社会主义的建设实践在人类历史上是前无古人的创造性探索，特别在社会主义与资本主义同时并存且资本主义在某种意义上占优势地位、资本主义国家始终把瓦解社会主义当作自己的主要任务而社会主义国家阵营还缺乏有效合作、有机联动的情况下，社会主义经历暂时的低潮和曲折发展就是意料之中的事情。社会主义中国经历了自己曲折的发展历程，世界社会主义国家也在 20 世纪下半叶发生体制性危机，并导致苏联解体、东欧剧变。世界社会主义发生的危机包括两个部分：内部体制的危机，指各社会主义国家内部高度集中的经济政治体制的危机；外部体制的危机，即各社会主义国家、各马克思主义政党之间相互关系的危机，或称世界社会主义运动体制的危机。社会主义国家的内部体制与外部体制是一种互为表里、互相联系、互相作用的关系。这些关系的建构在早期具有一定的不可抗拒性与合理性。发展到后来，随着各个国家自身核心利益的形成而产生了一定的隔阂，并导致矛盾与危机。1948 年发生的苏南冲突，就是社会主义体制出现危机的最初征兆。此后，社会主义体制危机在各社会主义国家之间不断发展和深化，从时间方面看体现为三次大的危机：第一次危机发生于 20 世纪 50 年代至 60 年代中叶，标志性事件是中苏论战和波匈事件，最后导致世界社会主义阵营分裂；第二次危机发生于 20 世纪 60 年代下半叶至 80 年代中叶，标志性事件是中国的"文化大革命"和苏联入侵捷克斯洛伐克，最后导致世界社会主义体制改革陷入更严重的困境；第三次危机发生于 20 世纪 80 年代中叶至 90 年代初，标志性事件是苏联解体和东欧剧变，最后导致世界社会主义运动坠入发展的低谷。

20 世纪下半叶发生在世界社会主义阵营的体制危机从根本上来说，是一件坏事，危机的发展产生了十分严重的后果，造成了苏联解体、东欧剧变，社会主义事业遭受严重打击和巨大损失；但它在一定条件下又能变成好事，危机的发展促使各国共产党独立思考"苏联模式"的弊病，进行社会主义的经济政治体制改革，探索社会主义发展的新道路，并创新社会主义建设的理论。危机把人们从僵化固化的经济政治体制中解放出来，促使人们以批判的眼光重新审视传统社会主义发展道路或模式，有利于破除迷信、冲破教条主义的束缚、解放思想，有利于加深人们对社会主义本质、目的和优越性的认识。社会主义体制危机积累了深刻的教训，为改革和发展社会主义提供了有益的参照，特别是它集中地暴露了传统社会主义体制的弊病和难以解决的矛盾，为社会变革提供了比较明确的重点和突破口。社会主义体制危机为社会主义理论和制度的创新提供了新的途径与方法，因为解决社会矛盾的物质手段并不存在于社会生活之外，而是存在于社会生活的矛盾之中，危机发展得愈深刻，社会为解决矛盾提供的物质手段就愈成熟。

中国特色社会主义理论体系无疑是马克思主义基本原理与中国实际相结合的产物。中国特色社会主义理论体系包括马克思主义伦理思想中国化最新成果，是在深入总结国际国内社会主义建设正反两方面经验教训的基础上形成和发展起来的。也许可以说，社会主义体制危机的发展对中国特色社会主义理论的产生起到了直接推动的作用。其中，中国的"文化大革命"、苏联解体、东欧剧变对中国特色社会主义理论体系的产生和发展所起到的促进作用最为直接、巨大。

　　1966—1976年十年"文化大革命"的发生及其造成的严重后果深刻地表明，当时中国面临的危机十分严重，它对中国特色社会主义理论体系产生的催生作用特别明显。1986年9月2日，邓小平在《答美国记者迈克·华莱士问》中谈到"文化大革命"时指出："那件事，看起来是坏事，但归根到底也是好事，促使人们思考，促使人们认识我们的弊端在哪里。毛主席经常讲坏事转化为好事。善于总结'文化大革命'的经验，提出一些改革措施，从政治上、经济上改变我们的面貌，这样坏事就变成了好事。为什么我们能在七十年代末和八十年代提出了现行的一系列政策，就是总结了'文化大革命'的经验和教训。"① 正是"文化大革命""越穷越革命""宁要穷的社会主义，不要富的资本主义"的叫嚣对国家经济生活所导致的严重恶果，使得以邓小平为主要代表的中国共产党人深刻地认识到：没有什么穷的社会主义，社会主义虽然诞生在相对贫穷的国家，但社会主义在本质上要消灭贫穷，实现国家富强和人们富裕。"社会主义原则，第一是发展生产，第二是共同致富。我们允许一部分人先好起来，一部分地区先好起来，目的是更快地实现共同富裕。"② 此后，中国共产党人又从苏联解体的严酷事实中吸取了深刻的教训，在世界社会主义运动的发展处于极端困难的低潮时期，继续坚定不移地走改革开放的社会主义现代化建设道路，坚定不移地走社会主义市场经济道路，并强调要把我们自己的社会主义事业发展好，"以实际的最好的社会主义建设成果来回答人们对社会主义前途的忧虑"③。世界社会主义处于低潮虽然使不少共产党人对社会主义前途产生了怀疑，但也激发了中国共产党人建设中国特色社会主义的坚定信念。中国共产党人只要善于总结经验教训，"硬着头皮顶住"，把中国自己的事情

---

　　①② 邓小平. 答美国记者迈克·华莱士问//邓小平文选：第3卷. 北京：人民出版社，1993：172.

　　③ 江泽民. 把我们的社会主义事业发展好//江泽民文选：第1卷. 北京：人民出版社，2006：135.

办好，就一定能促使社会主义从低潮走向高潮。2001 年，江泽民在全国宣传部长会议上的讲话中指出："苏联解体，东欧剧变，以及最近南斯拉夫政局的演变等事件，除了政治、经济等方面的原因外，执政党内和群众中发生思想变化、思想混乱也是一个很重要的原因。历史和现实都表明，一个社会，没有共同的精神支柱及其以此为基础的思想上的稳定，是很难保持社会政治稳定的。"① 马克思主义诞生以来，社会主义在理论和实践上既取得了历史性伟大成就，也发生了严重性挫折，这表明关于如何建设、巩固和发展社会主义还需要进行长期而艰巨的探索。苏联解体、东欧剧变，使这一关乎社会主义命运的重大课题更加突出，也更加引人深思，促使我们党在理论和实践的结合上，对如何走出具有中国特色的社会主义建设和发展道路进行深入思考，从总结经验教训中得出正确的结论。我们党正是在对世界社会主义国家的兴衰成败进行正确分析、对我国社会主义建设的经验教训进行科学总结的基础上，得出规律性的认识并形成中国特色社会主义理论体系和马克思主义伦理思想中国化最新成果的。

马克思主义伦理思想中国化最新成果，充分汲取苏联和东欧一些社会主义国家兴衰成败的经验教训，对社会主义的本质、目的、价值追求予以深刻的反思和探讨，形成了社会主义就是要消灭贫穷、发展生产力和实现共同富裕的认识。我们党总结中国特色社会主义现代化建设的成功经验，其中重要的一条就是把坚持四项基本原则同坚持改革开放结合起来，牢牢抓住经济建设这个中心，始终保持改革开放的正确方向。社会主义社会是一个不断改革的社会，社会主义国家的改革最根本的是毫不动摇地坚持社会主义方向。苏联和东欧一些社会主义国家在 20 世纪 80 年代改革的过程中，脱离自己的国情，使改革背离了社会主义方向，从而导致了国家的分裂和这些国家的共产党丧失执政地位。吸取苏联解体、东欧剧变的教训，要求我们毫不动摇地坚持党的基本路线，既以四项基本原则保证改革开放的正确方向，又通过改革开放赋予四项基本原则新的时代内涵，坚持把以经济建设为中心同四项基本原则、改革开放这两个基本点统一于发展中国特色社会主义的伟大实践中，使中国特色社会主义在当今世界的深刻变化和当代中国的深刻变革中牢牢站稳脚跟，成为具有道

---

① 中共中央文献研究室，编. 江泽民论有中国特色社会主义（专题摘编）. 北京：中央文献出版社，2002：588.

路自信、理论自信、制度自信、文化自信的充满生机与活力的社会主义。

　　马克思主义伦理思想中国化最新成果，深刻反思苏联和东欧共产党执政以后严重脱离群众、脱离人民的教训，注意密切党同人民群众的血肉联系，不仅注意调动广大人民群众的积极性、创造性和能动性，而且注重加强党的执政伦理建设，提出了"权为民所用、情为民所系、利为民所谋"的政治伦理理念，始终把实现好、维护好、发展好人民群众的根本利益作为党执政兴国的价值目标。社会主义事业是人民的事业，人民群众是社会主义发展的力量之源和胜利之本。无产阶级政党执政以后，最大的危险就是脱离群众。我们必须看到，苏联和东欧共产党在领导人民夺取政权、建设国家的过程中，是受到人民群众高度拥护的，执政初期也比较注意密切党群、干群关系，注意发展生产力，满足人民群众的物质文化生活需要，取得了巨大的成就和辉煌的业绩。但是，随着时间的推移，执政党特别是党的高级干部就逐渐脱离群众，形式主义、享乐主义、官僚主义和腐败之风开始在党内蔓延、泛滥，使这些国家的共产党严重脱离群众，最终导致失败。以江泽民为核心的党的第三代中央领导集体坚持以邓小平理论指导改革和建设，明确提出了关于党的历史方位的科学判断和新时期执政党建设面临的"两大历史性课题"，主张以强烈的紧迫感加强党的执政伦理建设，丰富和发展了马克思主义伦理思想中国化最新成果。面对新的时代课题，以胡锦涛为总书记的党中央领导集体从党和国家事业发展的全局出发，总结我国社会主义发展实践，借鉴国外发展经验，适应新的发展要求，科学地回答了"新形势下实现什么样的发展、怎样发展"等重大问题，把以人为本作为科学发展观的核心，坚持科学发展、全面发展、协调发展、可持续发展、和谐发展、和平发展，不断推进中国特色社会主义经济建设、政治建设、文化建设和社会建设，把中国特色社会主义关于发展问题的认识提升到新的高度，表明我们党对发展的本质、目的和意义的认识更为深刻、更为科学。

　　党的十八大以来，以习近平为核心的党中央对中国特色社会主义予以全面系统的总结，认为中国特色社会主义是一个由道路、理论体系、制度和文化构成的四位一体的体系，其中中国特色社会主义道路是实现途径，中国特色社会主义理论体系是行动指南，中国特色社会主义制度是根本保障，中国特色社会主义文化是精神动力，四者统一于中国特色社会主义伟大实践。由此可见，中国特色社会主义是实践、理论、制度和文化的辩证结合。在建设中国特色社会主义的伟大实践中，我们既注重把成功的实践上升为理论，又以正确的理论指导新的实践，还把在实践中已见成效的方针政策及时上升为党和国家的制度。中国特色社会主义特就特在独特的道路、独特的理论体系、独特的制度建构和独特的文化建设，特就特在四者统一于中国特色社会主义伟大实践。中国共产党和中国人民对中国特色社会主义的道路自信、理论自信、制度自信和文化自信，彰显着当代中国的精神风貌和迎接伟大复兴的伦理品质，使人们看到了世界社会主义走出低谷的希望和力量，拥有了成功的经验并形成了特有的发展模式。

马克思主义伦理思想中国化最新成果是，马克思主义伦理思想基本原理与中国实际和当今时代条件相结合的产物。它是在和平与发展成为时代主题的历史条件下，在我国改革开放和社会主义现代化建设的实践过程中，在总结我国社会主义事业的成败得失和世界社会主义的兴衰成败的经验教训的基础上，形成和发展起来的。作为我国改革开放 40 年以来伟大实践的理论总结，马克思主义伦理思想中国化最新成果是马克思主义伦理思想在当代中国的创造性发展，是中国特色社会主义理论体系的重要组成部分，也是中国共产党和中国人民最可珍贵的精神财富。它的形成和发展，不仅在马克思主义伦理思想发展史上实现了从西方到东方的成功转化和创造性发展，而且在中国伦理思想发展史上实现了由传统到现代的历史性转型和创新性发展，其伦理建构意义和对现实道德生活的指导意义都是空前的，已经并必将继续指导当代中国伟大的社会变革和社会主义现代化建设事业！

二、马克思主义伦理思想中国化最新成果形成的主观条件

任何一种科学理论的形成，都既需要具备一定的客观条件，又需要具备一定的主观条件。历史环境、社会需要、时代特征只是为这种理论的产生创造了客观条件和可能，要使这种理论的产生从可能变为现实，还需要这种理论的创立者具备独特的主观条件。中国共产党具有把马克思主义伦理思想中国化和创新马克思主义伦理思想的优良传统，邓小平

及其后继者深厚的理论修养和创造性思维，是马克思主义伦理思想中国化最新成果产生并得以发展的主观条件。

（一）中国共产党具有创新马克思主义伦理思想的优良传统

马克思主义伦理思想中国化最新成果，是一个从邓小平伦理思想到"三个代表"伦理思想，再到科学发展伦理思想，再到习近平新时代中国特色社会主义伦理思想等的既一脉相承又有机联系的发展体系，是在我们党顺应世界伦理文明发展潮流，借鉴其他国家伦理文明建设的经验教训，吸收借鉴人类伦理文明一切优秀成果的基础上形成和发展起来的，体现了中国马克思主义者对马克思主义伦理思想基本原理的创造性运用，是对人类伦理文明发展规律、社会主义伦理文明建设规律等的探索和遵循，是对中华人民共和国成立以来特别是改革开放以来中国社会和中国人民道德生活实践经验的创造性总结与创新性发展。

中国共产党是一个善于将马克思主义伦理思想基本原理与中国社会和中国人民具体道德生活实践相结合的无产阶级政党，在 90 多年的发展历程中形成了既坚持马克思主义伦理思想基本原理，又与时俱进地发展马克思主义伦理思想的优良传统。将马克思主义伦理思想基本原理与中华优秀传统伦理文化有机结合起来，用中国人民喜闻乐见的形式来阐明、论说和宣传马克思主义伦理思想，使马克思主义伦理思想具有鲜明的中国特色、中国风格、中国气派，是中国共产党人至死不渝的精神和价值追求。

在中国革命早期，以毛泽东为主要代表的中国共产党人信仰马列主义，但是不迷信马列主义。井冈山斗争时期，毛泽东独立思考，基本上形成了适合中国革命特点的理论、路线和政策，开启了创新马克思主义伦理思想的传统。在延安，为了从根本上提高全党的马克思主义理论水平，清除教条主义和经验主义的双重影响，毛泽东提出，要善于运用马列主义的基本原理，认真研究中国历史实际和中国革命实际，从而做出合乎中国实际需要的理论上的创造，指导中国革命。为此，他提出发扬党员个性、打倒奴隶主义、埋葬教条主义，要求"共产党员对任何事情都要问一个为什么，都要经过自己头脑的周密思考，想一想它是否合乎实际，是否真有道理，绝对不应盲从，绝对不应提倡奴隶主义"[①]。在

---

① 毛泽东. 整顿党的作风//毛泽东选集：第 3 卷. 2 版. 北京：人民出版社，1991：827.

社会主义建设时期，毛泽东深刻地指出："马克思这些老祖宗的书，必须读，他们的基本原理必须遵守，这是第一。但是，任何国家的共产党，任何国家的思想界，都要创造新的理论，写出新的著作，产生自己的理论家，来为当前的政治服务，单靠老祖宗是不行的。……现在，我们已经进入社会主义时代，出现了一系列的新问题，如果单有《实践论》《矛盾论》，不适应新的需要，写出新的著作，形成新的理论，也是不行的。"① 毛泽东的这些论述，强化了党的思想理论创新的必要性以及培育创新品质、提倡独立思考、造就健全人格的极端重要性，为马克思主义伦理思想中国化奠定了基础、指明了方向。

改革开放以来，以邓小平、江泽民、胡锦涛、习近平为主要代表的几代中国共产党人始终坚持把马克思主义伦理思想基本原理与中国具体道德生活实践相结合，与中华优秀传统伦理文化相结合，坚持解放思想、实事求是，与时俱进、求真务实，勇于变革、勇于创新，不为任何风险所惧，不被任何干扰所惑，推动马克思主义伦理思想中国化不断发展，形成了马克思主义伦理思想中国化最新成果，即中国特色社会主义伦理理论体系。习近平充满深情地说："以毛泽东同志为核心的党的第一代中央领导集体，为新时期开创中国特色社会主义提供了宝贵经验、理论准备、物质基础。以邓小平同志为核心的党的第二代中央领导集体，成功开创了中国特色社会主义。以江泽民同志为核心的党的第三代中央领导集体，成功把中国特色社会主义推向二十一世纪。新世纪新阶段，以胡锦涛同志为总书记的党中央，成功在新的历史起点上坚持和发展了中国特色社会主义。可以看出，中国特色社会主义，承载着几代中国共产党人的理想和探索，寄托着无数仁人志士的夙愿和期盼，凝聚着亿万人民的奋斗和牺牲，是近代以来中国社会发展的必然选择，是发展中国、稳定中国的必由之路。"② 这一重要论述，是对马克思主义中国化最新成果发展历程的科学揭示，也是对马克思主义伦理思想中国化最新成果的科学总结和深刻阐释。

中国共产党在近一个世纪的光辉历程中，坚持将马克思主义伦理思

① 毛泽东. 读苏联《政治经济学教科书》的谈话（节选）//毛泽东文集：第8卷. 北京：人民出版社，1999：109.
② 习近平. 紧紧围绕坚持和发展中国特色社会主义学习宣传贯彻党的十八大精神//中共中央文献研究室，编. 十八大以来重要文献选编：上. 北京：中央文献出版社，2014：73-74.

想基本原理与中国革命、建设、改革的具体道德生活实践相结合，与中华优秀传统伦理文化相结合，形成了马克思主义伦理思想中国化的两大杰出理论成果，即毛泽东伦理思想和中国特色社会主义伦理理论体系。具有创新精神的中国共产党人，在把马克思主义伦理思想基本原理与中国革命、建设、改革的具体道德生活实践相结合的过程中，不仅培育了中国革命道德、社会主义建设道德，而且发展起了颇具中国特色的马克思主义伦理思想，极大地改变了中国伦理文明的发展方向，书写了人类伦理文明的新纪元。中国共产党人对马克思主义伦理思想的创新，是一脉相承和与时俱进的结合。离开了对马克思主义伦理思想基本原理的坚持和继承，马克思主义伦理思想中国化就会成为无源之水和无本之木，理论创新就会成为浪漫主义的空想，马克思主义伦理思想中国化就会偏离正确的方向。离开了对马克思主义伦理思想根据时代特征和中国国情而进行的与时俱进的发展，理论创新就会成为一句空话。中国共产党人对马克思主义伦理思想的创新，是解放思想与实事求是的结合。解放思想与实事求是的结合，为马克思主义伦理思想中国化的理论创新提供了基本的思维路径。中国共产党人对马克思主义伦理思想的创新，是历史必然性与历史主动性的结合。历史必然性与历史主动性相结合，为伦理思想的发展提供了一条指向未来的创新之路。对历史必然性的坚守，为理论创新提供了规律性和科学性的保证，确保了理论创新的真理性。同时，充分发挥历史主动性能够根据未来的实践和利益，为理论创新提供无限的空间和无穷的动力，引导理论创新不断向前发展。

（二）邓小平是马克思主义伦理思想中国化最新成果的开创者

20 世纪中国人民的伟大革命和社会主义建设实践造就了邓小平，使之成为马克思主义伦理思想中国化最新成果的开创者。长期的实践斗争、丰富的政治阅历和坚持不懈的自我修养，使邓小平具有了出类拔萃的性格品质、超群的胆识魄力和善于创新的科学思维方式，具备了进行科学理论包括伦理思想创新的主观条件。

突出的务实作风和坚持真理的精神。邓小平是坚持解放思想和实事求是的典范。他在长期的中国革命和社会主义建设实践中形成了不迷信古人、洋人和"圣人"，一切从实际出发、求真务实、实事求是的工作作风和坚持真理、捍卫真理的精神品质。他信仰马克思主义，但从不以教条主义的态度对待马克思主义，不从本本和个别词句出发，而是着重掌握马克思主义理论基本原理，着眼于理论联系实践，着眼于用马克思主义理论基本原理来解决中国革命和建设的实际问题。他在担任党政工作领导的工作中，总是强调根据实际情况和要求来制定政策，强调调查研究要实事求是，反对讲空话、讲套话。这为他创造性地以革命理论为指导解决中国的实际问题，打下了扎实的理论功底。解放思想、实事求是，是邓小平性格中重要的优秀品质。在中央苏区的时候，邓小平坚持毛泽东的正确路线，反对和抵制"左"倾教条主义，被打成"江西的罗明路线"、中央苏区的"毛派头子"，即使被撤职，他也不向"左"倾路线妥协。后来在长征途中，以及召开遵义会议时，他由会议前的被排挤、被打击转变为受到信任，他始终坚持原则，不向错误路线低头。粉碎"四人帮"后，他率先提出恢复毛泽东实事求是的思想路线，大力支持关于实践是检验真理的唯一标准的大讨论。在《解放思想，实事求是，团结一致向前看》一文中，邓小平明确指出："实事求是，是无产阶级世界观的基础，是马克思主义的思想基础。"① 他身体力行、率先垂范，认为自己是实事求是派，强调实践是检验真理的唯一标准。诚如胡锦涛《在邓小平同志诞辰一百周年纪念大会上的讲话》中所指出的，"解放思想、实事求是，是邓小平同志科学世界观最鲜明的特征"，"他最尊重实践，善于把握时代发展脉搏，善于从新的实践和新的条件中总结新经验、提出新观点、拓展新视野、开辟新道路"②。正是秉承解放思想、实事求是的思想品质，并以此为动力，邓小平才成为中国特色社会主义理论体系和马克思主义伦理思想中国化最新成果的开创者。

坚定的理想信念与坚忍的意志品质。邓小平 16 岁即为追求救国救民的真理而远渡重洋去法国勤工俭学。18 岁在巴黎加入中国社会主义青年团，20 岁加入中国共产党，从此献身于共产主义信念而至死不渝。风风雨雨 70 多年，他历经坎坷和曲折，一生中三落三起，波澜壮阔，但不论处境如何艰难，他从未动摇信念，始终具有坚定的理想信念和不

---

① 邓小平. 解放思想，实事求是，团结一致向前看//邓小平文选：第 2 卷. 2 版. 北京：人民出版社，1994：143.

② 胡锦涛. 在邓小平同志诞辰一百周年纪念大会上的讲话//胡锦涛文选：第 2 卷. 北京：人民出版社，2016：207.

屈不挠的意志。他说："对马克思主义的信仰，是中国革命胜利的一种精神动力。"① "我坚信，世界上赞成马克思主义的人会多起来的，因为马克思主义是科学。"② 为了国家和人民的利益，为了党的事业，他敢于坚持真理，敢于修正错误，无私无畏，敢冒风险。当毛泽东逐渐被神化，他说过的话、制定的政策不容置疑地成为中国人的思维定式之际，邓小平率先破除迷信，提出解放思想，重新客观地评价新中国成立以来党的各项工作和毛泽东的功过是非，恢复毛泽东思想的本来面目，纠正毛泽东晚年的错误。在马克思主义被教条化、模式化，稍越雷池便遭群起批判的"气候"下，邓小平认真思考与总结中国和国际共产主义运动的经验、教训，大胆地摒弃马克思主义经典作家的某些结论和社会主义的僵化模式，提出对社会主义进行再认识、再探索，对社会主义本质、社会主义社会的主要矛盾、社会主义发展阶段、社会主义社会的发展动力、经济体制和政治体制等重大的根本性问题，做出了既解放思想又实事求是的新论断，创立了有中国特色的社会主义理论和伦理思想。

崇高的党性人格和强烈的使命意识。邓小平有着很强的历史使命感、责任感和崇高的党性原则，始终把为党和人民的事业顽强奋斗作为执着的人生追求，把党和国家的前途命运放在自己心中最高的位置，从不计较个人得失。"在被错误打倒和蒙受冤屈时，他从不怨天尤人，从不心灰意冷，总是不屈不挠、沉着坚韧，对党和人民无限忠诚"③。"文化大革命"结束后，他出来工作，说过一段十分感人的话："出来工作，可以有两种态度，一个是做官，一个是做点工作。我想，谁叫你当共产党人呢，既然当了，就不能够做官，不能够有私心杂念，不能够有别的选择，应该老老实实地履行党员的责任，听从党的安排。"④ 这番话语真实地反映出邓小平作为领袖人物的个性风采和精神境界。邓小平从党

---

① 邓小平. 建设有中国特色的社会主义//邓小平文选：第3卷. 北京：人民出版社，1993：63.

② 邓小平. 在武昌、深圳、珠海、上海等地的谈话要点//邓小平文选：第3卷. 北京：人民出版社，1993：382.

③ 胡锦涛. 在邓小平同志诞辰一百周年纪念大会上的讲话//胡锦涛文选：第2卷. 北京：人民出版社，2016：212.

④ 中共中央文献研究室，编. 邓小平思想年编（一九七五——一九九七）. 北京：中央文献出版社，2011：52-53.

和人民的利益出发，坚决不当"太平官"，而是以共产党人强烈的历史责任感和紧迫感，抛弃个人的私心杂念和名利得失，在中国社会主义现代化建设的关键时刻，毅然决然地带领全党和全国人民，以经济建设为中心，坚持四项基本原则，坚持改革开放，成为中国特色社会主义理论体系和马克思主义伦理思想中国化最新成果的开创者。

丰富的政治阅历和深厚的理论修养。邓小平青年时代到巴黎公社的故乡学习马克思主义理论，回国后在白色恐怖的都市从事党的地下工作，参与领导广西百色武装起义，在抗日战争和解放战争中都是独当一面的指挥员，新中国成立后长期担任党和国家的重要领导职务。他参与了中国新民主主义革命和社会主义革命与建设的许多重大决策及行动，有着极为丰富的政治阅历，积累了丰富的实践经验。富于传奇的个人经历和十分全面的工作经验，不仅使邓小平在全党和全国人民中享有崇高的威望，而且使他具备了一般人难以企及的统揽全局、驾驭各方、审时度势、处事果断的非凡才能，同时也造就了他敏锐的政治洞察力和超群的政治胆识与魄力，使他始终保持清醒冷静的头脑，能够及时做出果断而正确的决策，牢牢把握正确的前进方向。他明确地批判"两个凡是"的错误方针，支持关于实践是检验真理的唯一标准的大讨论，扫除拨乱反正的思想障碍，为党的十一届三中全会的顺利召开做出了重大贡献，实现了新中国成立以来的伟大历史转折。20 世纪 80 年代末 90 年代初，在苏联解体、东欧剧变之后，世界社会主义运动走入低谷，西方资产阶级狂言社会主义在 21 世纪将陷入"大失败"，资本主义将"不战而胜"。面对这种严酷现实，不少人对社会主义发展前景感到迷惘、困惑和忧虑。1992 年春天，邓小平在南方谈话中指出："我坚信，世界上赞成马克思主义的人会多起来的，因为马克思主义是科学……一些国家出现严重曲折，社会主义好像被削弱了，但人民经受锻炼，从中吸收教训，将促使社会主义向着更加健康的方向发展。因此，不要惊慌失措，不要认为马克思主义就消失了，没用了，失败了。哪有这回事！"① 邓小平掷地有声的语言，表达了对马克思主义和社会主义必胜的坚定信念，维护了国家的安定团结，捍卫了社会主义的旗帜和阵地。

深刻的辩证思维和非凡的驾驭能力。毛泽东曾多次赞扬邓小平善于

---

① 邓小平. 在武昌、深圳、珠海、上海等地的谈话要点//邓小平文选：第 3 卷. 北京：人民出版社，1993：382-383.

"照辩证法办事"。周恩来曾说，邓小平"举重若轻"，善于抓大事，善于处理复杂矛盾。邓小平以清醒果断、坚韧不拔和善于处理复杂问题而著称于世。他善于识别并抓住大局，一切从大局着眼，统筹安排。他一贯强调服从大局是党的指导思想的重要方面。如涉及对毛泽东和毛泽东思想的评价与定位问题，他指出："对毛泽东同志的评价，对毛泽东思想的阐述，不是仅仅涉及毛泽东同志个人的问题，这同我们党、我们国家的整个历史是分不开的。要看到这个全局。"[1] 他眼光深远、胸怀开阔，决策处事表现出高瞻远瞩的思维特征，他提出的"三个面向"的思想和"三步走"战略目标就是证明。邓小平正是由于辩证思维能力达到了他人难以达到的高度和深度，所以才能形成比同时代其他人更深刻的见解，自己的实践经验才能升华为科学理论。

美国哈佛大学学者傅高义在《邓小平时代》一书中有言："他（邓小平）在最高层提供稳定的领导，使人们能够在经历巨变时保持信心"[2]，他不仅能坚定地推进改革，而且还能提出解决国内外有关难题的方案。邓小平还有一些令人难忘的个人品质，使他能够引领中国的社会转型和改革开放。"很难说除他之外还有哪个人能如此成功地把一系列特质组合在一起：权威、丰富的经验、战略意识、自信心、人脉关系和领导中国转型所需的政治判断力。"[3] 应该说，这一论断是比较切合邓小平领导能力和个人品质的实际的。

江泽民在党的十四大报告中指出："邓小平同志是我国社会主义改革开放和现代化建设的总设计师。他尊重实践，尊重群众，时刻关注最广大人民的利益和愿望，善于概括群众的经验和创造，敏锐地把握时代发展的脉搏和契机，既继承前人又突破陈规，表现出了开辟社会主义建设新道路的巨大政治勇气和开拓马克思主义新境界的巨大理论勇气，对建设有中国特色社会主义理论的创立做出了历史性的重大贡献。"[4] 胡锦涛在邓小平诞辰一百周年纪念大会上的讲话深情地回顾了邓小平波澜壮阔的一生，高度评价了邓小平的卓越品质和优秀精神，盛赞邓小平对

① 邓小平. 对起草《关于建国以来党的若干历史问题的决议》的意见//邓小平文选：第2卷. 2版. 北京：人民出版社，1994：299.
② ［美］傅高义. 邓小平时代. 冯克利，译. 北京：三联书店，2013：642.
③ 同②643.
④ 江泽民. 加快改革开放和现代化建设步伐，夺取有中国特色社会主义事业的更大胜利//江泽民文选：第1卷. 北京：人民出版社，2006：222.

中国特色社会主义理论体系的贡献。胡锦涛说："邓小平同志以其深厚的马克思主义理论修养和高瞻远瞩的政治远见，抓住什么是社会主义、怎样建设社会主义这个根本问题，深刻揭示了社会主义的本质，第一次比较系统地初步回答了在中国这样经济文化比较落后的国家如何建设社会主义、如何巩固和发展社会主义的一系列基本问题，实现了马克思主义同中国实际相结合的又一次历史性飞跃，提出了许多对党和人民事业发展具有开创意义的思想，创立了邓小平理论。"① 邓小平崇尚实干、英勇果敢，目光远大、襟怀宽广，始终站在国际大局与国内大局相互联系的高度来审视中国和世界的发展问题，思考和制定中国的发展战略，坚持用马克思主义的宽广眼界观察世界，深刻把握当今时代特征和国际大势，把对中国和人类前途命运的思考置于对国际格局、国际力量的科学分析之上，在关键时刻更是表现出非凡的胆略和勇气。邓小平所具有的崇高品德、博大胸怀、卓越胆识和革命风格，使得他能够成为中国特色社会主义理论体系和马克思主义伦理思想中国化最新成果的开创者。

（三）江泽民、胡锦涛、习近平对马克思主义伦理思想中国化最新成果的创造性发展

邓小平之后，以江泽民、胡锦涛、习近平为主要代表的几代中国共产党人继承并发展邓小平伦理思想，提出并论证了"三个代表"伦理思想、科学发展伦理思想和习近平新时代中国特色社会主义伦理思想，丰富并发展了马克思主义伦理思想中国化最新成果，推进了马克思主义伦理思想在当代中国的繁荣和发展。

十三届四中全会以来，以江泽民为核心的党的第三代中央领导集体，高举邓小平理论伟大旗帜，正确把握时代特征，科学判断我们党所处的历史方位，围绕建设有中国特色社会主义这一主题，集中全党智慧，以马克思主义的巨大理论勇气进行理论创新，逐步形成了"三个代表"伦理思想，丰富并发展了马克思主义伦理思想中国化最新成果。"三个代表"伦理思想的形成，"表明我们党对共产党执政规律、社会主义建设规律和人类社会发展规律的认识，达到了新的理论高度，开辟了

---

① 胡锦涛. 在邓小平同志诞辰一百周年纪念大会上的讲话//胡锦涛文选：第 2 卷. 北京：人民出版社，2016：207-208.

马克思主义发展的新境界"①。"三个代表"伦理思想紧紧抓住"建设什么样的党、怎样建设党"这一核心问题，凸显党的执政伦理建设这一事关中国特色社会主义现代化建设全局的重大问题，将执政党执政伦理建设和中国特色社会主义现代化建设有机地结合起来，从价值导向、理想信念和精神追求等方面揭示了中国特色社会主义应有的发展路径、价值特质和伦理指向，即应使领导中国社会主义现代化建设的执政党真正成为代表先进生产力的发展要求、代表先进文化的前进方向、代表最广大人民的根本利益的无产阶级政党。这是中国共产党的立党之本、执政之基和力量之源，也是中国共产党拥有先进性、崇高性和伟大性的价值基点。

党的十六大以来，以胡锦涛为总书记的党中央领导集体，一如既往地发扬中国共产党密切联系群众的优良作风，更加亲民、爱民，全面践行以人为本、执政为民的具体要求，体现了无比热爱人民的拳拳之心。胡锦涛上任伊始即赴西柏坡考察，回顾党带领人民进行伟大革命斗争的光辉历史，重温毛泽东在党的七届二中全会上的重要讲话，特别是其中关于"两个务必"的重要论述，号召全党同志特别是领导干部大力发扬艰苦奋斗的作风，为深入贯彻"三个代表"重要思想、全面落实党的十六大确定的目标和任务，开拓进取、团结奋斗。2003年以来，胡锦涛深入田间地头、企业煤矿，足迹踏遍雪域高原、长城内外，深入城市农村、工厂学校，走进百姓中间，亲密接触普通群众，嘘寒问暖，帮助困难群众解决实际问题，把党的温暖亲自送到人民心中。2006年12月31日，胡锦涛冒着零下十几度的严寒，踏雪来到国家扶贫开发工作重点县——河北省承德市最北部的满族蒙古族自治县，考察经济社会发展情况，看望慰问基层干部群众，向大家祝贺新年。十六大以来，以胡锦涛为总书记的党中央领导集体采取强有力措施抗击"非典"、解决农民工工资拖欠问题、规范征地和拆迁行为、取消农业税、连续提高社会保障基金发放标准、采取强有力措施控制房价、着手解决买房难和读书难的问题、严肃处理各种安全事故责任人、严厉查处腐败行为等，把人民群众的利益看得无比神圣，真正体现了"权为民所用、情为民所系、利为民所谋"的执政理念和高尚情操。胡锦涛提出的科学发展伦理思想既同邓小平伦理思想和"三个代表"伦理思想一脉相承，又与时俱进，从多

---

① 胡锦涛.在"三个代表"重要思想理论研讨会上的讲话//中共中央文献研究室，编.十六大以来重要文献选编：上.北京：中央文献出版社，2005：362.

方面丰富发展了马克思主义伦理思想中国化最新成果。"以人为本"价值理念的提出，全面协调可持续发展理念的推出与强化，关于构建社会主义和谐社会、树立社会主义荣辱观的论述，都在一定程度上丰富并发展了马克思主义伦理思想中国化最新成果。

党的十八大以来，以习近平为核心的党中央，一方面，坚持高举中国特色社会主义伟大旗帜不动摇，一以贯之地按照党的基本理论、基本路线、基本纲领、基本经验来指导新的实践；另一方面，又在团结带领全党全国各族人民全面建设小康社会、开创中国特色社会主义事业新局面的伟大实践中，面对新情况、研究新问题，总结新经验、形成新思路，进一步拓展了马克思主义理论的新境界，展现了马克思主义更加灿烂的真理光芒。"59岁的习近平2012年11月15日在中共十八届一中全会上当选为中共中央总书记，成为首位在新中国成立后出生的中共最高领导人。经历了以毛泽东、邓小平、江泽民为核心的三代中央领导集体和以胡锦涛为总书记的党中央领导集体后，走过91年历程的中国共产党迎来新的领航人。"①"从陕西到北京，从河北到福建，从浙江到上海，从西部贫困地区到国家政治文化中心，从东部欠发达地方到沿海发达地区，习近平从政经历遍及村、县、市（地）、省（直辖市）和中央党政军主要岗位。他常说，为'官'一任，就要造福一方，要'常怀忧患之思，常念人民之托'。为了实现国强民富的梦想，他在长期政治生涯中深入思考、反复实践，围绕中国特色社会主义事业五位一体总体布局，提出了一系列论述和主张"②，形成了习近平新时代中国特色社会主义伦理思想。习近平新时代中国特色社会主义伦理思想，内容丰富，境界高远，其中培育和践行社会主义核心价值观，形成讲道德、尊道德、守道德的社会风尚，弘扬中华传统美德和中华优秀传统文化，坚定崇高的理想信念，"四个全面"和"五大发展理念"，实现中华民族伟大复兴的中国梦等伦理思想，既是对邓小平伦理思想、"三个代表"伦理思想、科学发展伦理思想的全面继承和发展，又具有不忘本来、吸收外来、开拓未来的伦理文明建设思路与胆识，充满着对建设中国特色社会主义伦理文明的精神自信和价值自信，体现了继往与开来的最佳结合、

---

① "人民群众是我们力量的源泉"——记中共中央总书记习近平//习近平谈治国理政. 北京：外文出版社，2014：423.

② 同①425.

坚持与发展的有机统一，谱写着中国特色社会主义伦理思想理论创新的崭新篇章。

三、马克思主义伦理思想中国化
最新成果形成的理论来源

恩格斯在《社会主义从空想到科学的发展》一书中指出："现代社会主义……就其理论形式来说，它起初表现为18世纪法国伟大的启蒙学者们所提出的各种原则的进一步的、据称是更彻底的发展。同任何新的学说一样，它必须首先从已有的思想材料出发，虽然它的根子深深扎在物质的经济的事实中。"① 马克思主义伦理思想中国化最新成果，既是对马克思主义伦理思想、毛泽东伦理思想的继承和发展，又是对世界优秀伦理文明成果、中华优秀传统伦理文化的传承和创新。

（一）马克思主义伦理思想是马克思主义伦理思想中国化最新成果的主要理论来源

马克思主义伦理思想中国化最新成果的主要"思想材料"来源于马克思主义伦理思想。确切地讲，马克思主义伦理思想既是中国特色社会主义伦理思想的理论基础，又是中国特色社会主义伦理思想的主要理论来源。

马克思主义伦理思想是指以唯物史观来分析研究道德现象和道德问题，探讨道德及其发展规律，特别是关于社会主义道德和共产主义道德形成与发展规律的思想和学说，是马克思主义哲学的重要组成部分。马克思主义伦理思想是时代道德精神的精华，是无产阶级和广大劳动人民争取自身解放、追求进步光明的社会与人生的道德观和价值观的总汇，体现着科学性与革命性、理想性与现实性的有机统一。马克思主义伦理思想是资本主义向社会主义转变时代的无产阶级人生观、价值观和道德观的集中反映，是19世纪资本主义机器大工业和资产阶级与无产阶级阶级斗争的产物，是马克思、恩格斯批判继承人类伦理思想特别是德国古典哲学伦理思想和英法唯物主义伦理思想，总结概括无产阶级道德品

---

① ［德］恩格斯. 社会主义从空想到科学的发展//马克思恩格斯文集：第3卷. 北京：人民出版社，2009：523.

质和科学论述社会主义道德、共产主义道德的结晶。

马克思主义伦理思想萌生于《青年选择职业时的考虑》，形成于《德意志意识形态》。在《青年选择职业时的考虑》中，马克思表达了为全人类献身的崇高志向，提出了自己的幸福观和价值观。马克思、恩格斯合著的《神圣家族》批判了以布鲁诺·鲍威尔为代表的青年黑格尔派的伦理思想，用接近完整科学的历史唯物主义原理阐释了一系列重大伦理道德问题，第一次深刻地论述了个人利益与整体利益、阶级利益与全人类利益的辩证关系，初步表述了工人阶级的实际利益决定其道德观念的思想，揭示了道德的阶级性问题。该著作把无产阶级的道德问题与无产阶级的历史使命联系起来，全面发展了《1844 年经济学哲学手稿》中的伦理思想，已经开始用历史唯物主义的基本观点来分析伦理道德问题，是马克思主义伦理思想形成阶段的一部重要著作。《德意志意识形态》是马克思、恩格斯合著的一部十分重要的著作，标志着唯物史观的正式确立和马克思主义伦理思想的正式形成。在该著作中，马克思、恩格斯通过对费尔巴哈唯物主义的批判，以及对以鲍威尔、施蒂纳为代表的青年黑格尔派历史唯心主义的批判，阐述了道德作为社会意识形态是由社会存在决定的思想，只有从经济基础出发才能科学地说明道德的本质和变化，论述了个人利益与整体利益的辩证关系，揭示了集体主义的道德原则和基本内容。

马克思主义伦理思想以唯物史观来分析研究道德现象，揭示了道德的根源、实质和作用，具有严谨的科学性。马克思主义伦理思想从社会存在决定社会意识、社会意识反作用于社会存在的既唯物又辩证的角度肯定利益对道德的决定性和道德对利益的能动性，并自始至终将道德视为利益协调和促进个人利益与社会集体利益和谐发展的方式、力量，揭示了道德运行发展的基本规律，理性而科学地确立了道德在个人生活和社会发展中的地位。

马克思主义伦理思想自觉地站在为无产阶级和广大人民群众利益服务并为之论证与辩护的立场上，公然宣称自己是无产阶级和广大人民群众的道德理论，具有鲜明的人民性和先进性。马克思主义伦理思想崇尚古希腊神话中从天国盗火种给人类的伟大天神普罗米修斯，并以超越普罗米修斯的巨大爱心和伦理精神致力于从理论上为人民大众的根本利益、长远利益做科学性的论证与辩护，从实践上站在人民大众的前列为其根本利益、长远利益做不遗余力的奋斗，将为人类谋福利的集体主义作为道德的基本原则，把建设社会主义、实现共产主义作为最高的价值目标。正因如此，马克思主义伦理思想自诞生之日起就受到了无产阶级和广大人民群众发自内心的拥护与欢迎。

马克思主义伦理思想强调道德实践和在实践中运用理论、发展理论，使伦理思想成为无产阶级和广大劳动人民改造自我、发展完善自我的具体实践，实现了化理论为德性的功能，具有强烈的实践性和应用性。马克思主义伦理思想直接来源于无产阶级的革命实践，是对无产阶级在反对封建地主阶级和资产阶级的伟大历史运动中所表现出来的崇高道德精神和崭新道德品质的理论概括。马克思主义伦理思想形成之后，又成为指导无产阶级和广大劳动人民消灭私有制、解放全人类的思想武器，促使无产阶级道德不断进步和完善。无产阶级道德与马克思主义伦理思想存在一种水乳交融的关系，或者可以说，无产阶级道德是马克思主义伦理思想得以形成和发展的物质武器与现实形态，马克思主义伦理思想是无产阶级道德得以发展和完善的思想武器与精神灵魂。马克思主义伦理思想的全部理论和全部规范，归根到底是为了指导人们的道德实践活动，特别是指导人们践行共产主义道德的实践活动。

马克思主义伦理思想是人类伦理思想史上一种崭新的思想理论类型，它立于人类伦理文明的基础之上，深刻揭示了道德的起源、本质、作用以及发展规律，对无产阶级道德和社会主义道德、共产主义道德做出了全面系统的论述，指明了人类道德生活发展的目标和方向，给人类伦理思想宝库贡献了许多新的内容和理论，极大地丰富了人类的道德生活和道德观念，推动与促进着人类道德观念和道德实践不断向前发展。

马克思主义伦理思想基本原理，是马克思主义伦理思想中国化最新成果的理论基础。马克思主义伦理思想中国化最新成果，是坚持和发展马克思主义伦理思想的理论结晶，既坚持马克思主义伦理思想基本原理，又将其与当代中国改革开放和社会主义现代化建设的具体道德生活实践有机地结合起来，与中华优秀传统伦理文化有机地结合起来，并在这种结合中发展马克思主义伦理思想、创新马克思主义伦理思想理论。马克思主义伦理思想高度重视发展生产力，强调利益是道德的基础和核心，人们奋斗所争取的一切都同他们的利益相关。马克思主义伦理思想中国化最新成果坚持了马克思主义伦理思想的这一基本价值主张，把发展生产力作为社会主义的根本任务，强调贯彻社会主义物质利益原则，认为"不讲多劳多得，不重视物质利益，对少数先进分子可以，对广大群众不行，一段时间可以，长期不行。革命精神是非常宝贵的，没有革命精神就没有革命行动。但是，革命是在物质利益的基础上产生的，如果只讲牺牲精神，不讲物质利益，那就是唯心论"①。马克思主义伦理思想崇尚为大多数人的利益而劳动，主张无产阶级集体主义，并认为只有在集体中才能有个人自由。马克思主义伦理思想中国化最新成果，继承了这一思想传统，强调在社会主义制度下，个人利益应当服从集体利益，局部利益应当服从全局利益，眼前利益应当服从长远利益。马克思主义伦理思想强调人的自由全面发展，马克思主义伦理思想中国化最新成果继承并发展了这一思想传统，提出了以人为本，尊重人的尊严和价值，实现好、维护好、发展好人民群众的根本利益等主张，把关注与改善民生视为和谐社会的重要价值目标，促进着马克思主义伦理思想中国化最新成果的新发展。

（二）毛泽东伦理思想是马克思主义伦理思想中国化最新成果的直接理论来源

毛泽东伦理思想是马克思主义伦理思想中国化第一大杰出理论成果，是马克思主义伦理思想中国化最新成果的直接理论来源。

毛泽东在领导中国革命和社会主义建设的长期实践中，始终注意把马克思主义伦理思想基本原理与中国革命和社会主义建设的具体道德生活实践相结合，与中华优秀传统伦理文化相结合，创立了毛泽东伦理思想。毛泽东伦理思想是20世纪中华民族伦理文明发展史上最辉煌的理论成果，揭示出在半殖民地半封建的东方大国开展道德革命和道德建设的特殊路径，代表了中国共产党人在道德理论上的探索与创新，对于中国革命道德的形成和发展、对于中国社会主义道德的培育和建设，具有深刻的理论指导意义和现实价值。

毛泽东伦理思想科学地论述了道德的本质和道德遗产的批判继承问题，发展了马克思主义的道德基本理论。毛泽东认为道德是人类社会生

---

① 邓小平. 解放思想，实事求是，团结一致向前看//邓小平文选：第2卷. 2版. 北京：人民出版社，1994：146.

活的产物，"是人们经济生活与其他社会生活的要求的反映"①，指出在阶级社会里，人们总是在一定的阶级地位中生活，各种思想无不被打上阶级的烙印。"不同阶级有不同的道德观"②，他从道德的阶级性出发阐释了无产阶级的人性论，批判了抽象的人性论和人类之爱。为了把旧文化统治下愚昧落后的中国变为具有新文化的、文明先进的中国，就必须反对旧道德、提倡新道德。毛泽东始终把变革道德作为文化思想战线以至整个中国社会革命的重要任务来看，深刻地阐明了实现这种变革的基本方针。他认为，政治和经济的变革，是文化、道德变革的根据和基础。但是，这并不排除文化、道德发展过程中自身历史的继承性。他在给张闻天的信中就肯定儒家思想中也有一些真理性的因素，主张以马克思主义对之进行改造。他说："关于孔子的道德论，应给以唯物论的观察，加以更多的批判，以便与国民党的道德观（国民党在这方面最喜引孔子）有原则的区别。"③ 毛泽东还认为，中国的伦理文化是世界伦理文化的一部分，它的发展不能脱离整个人类文明发展的总进程，必须同别的民族、别的国家进步的伦理文化建立相互吸收和相互发展的关系。道德遗产批判继承的方针一是古为今用，二是洋为今用。向古人学习是为了现在的活人，向外国人学习是为了今天的中国人。对待道德文化遗产的正确态度是引导群众向前看而不是向后看，不能厚古薄今、崇洋媚外，应当自始至终着眼于新道德文化的建设。

　　毛泽东伦理思想科学地论述了为人民服务、无产阶级革命功利主义和革命人道主义，发展了马克思主义伦理思想关于无产阶级道德原则规范的理论。为人民服务是毛泽东伦理思想的核心命题，反映了共产党人的宗旨和中国革命的基本价值目标。"为什么人的问题，是一个根本的问题，原则的问题。"④ 封建主义道德和资本主义道德都是为少数人利益服务，因此，它们的道德性是十分有限的。只有无产阶级道德和社会主义道德才把为人民服务作为价值规范的核心，作为行动的指南，从而体现了广泛的进步性和价值的崇高性。在毛泽东看来，为人民服务就是

---

　　①② 毛泽东. 关于人的基本特性及其他//毛泽东文集：第 3 卷. 北京：人民出版社，1996：84.

　　③ 毛泽东. 关于《孔子的哲学思想》一文给张闻天的信//毛泽东文集：第 2 卷. 北京：人民出版社，1993：162.

　　④ 毛泽东. 在延安文艺座谈会上的讲话//毛泽东选集：第 3 卷. 2 版. 北京：人民出版社，1991：857.

要使我们的一切言论行动"必须以合乎最广大人民群众的最大利益，为最广大人民群众所拥护为最高标准"①；就是要密切联系群众，与群众打成一片，"一刻也不脱离群众；一切从人民的利益出发，而不是从个人或小集团的利益出发"②；就是要以革命利益为第一生命，使个人利益服从革命利益，关心党和群众比关心个人重要，关心他人比关心自己重要，勇于为人民的利益而献身。一个革命者或共产主义战士只有把自己的生死荣辱紧紧地和人民的利益、人民的解放事业结合在一起，才会使自己的人生有价值和意义。结合中国革命的实践和道德生活发展的要求，毛泽东对超阶级的功利主义做出了深刻的批判，提出并科学阐发了无产阶级革命的功利主义。他说："世界上没有什么超功利主义，在阶级社会里，不是这一阶级的功利主义，就是那一阶级的功利主义。"③唯物主义者并不一般地反对功利主义，但"反对封建阶级的、资产阶级的、小资产阶级的功利主义，反对那种口头上反对功利主义、实际上抱着最自私最短视的功利主义的伪善者"④。毛泽东主张坚持和奉行无产阶级革命的功利主义，认为这种功利主义"是以占全人口百分之九十以上的最广大群众的目前利益和将来利益的统一为出发点的"，所以中国共产党人"是以最广和最远为目标的革命的功利主义者，而不是只看到局部和目前的狭隘的功利主义者"⑤。无产阶级革命的功利主义主张把广大群众的目前利益与未来利益统一起来，既照顾广大群众的目前利益，也不损害广大群众的未来利益，同时主张把无产阶级集体利益与个人利益辩证统一起来，通过无产阶级的集体奋斗实现无产者个人的利益与解放。在社会主义建设时期，就是要实现国家利益、集体利益和个人利益的结合，"提倡以集体利益和个人利益相结合的原则为一切言论行动的标准的社会主义精神"⑥。社会主义精神就是集体利益和个人利益相结合的精神。

毛泽东伦理思想科学地论述了道德评价、道德品质和道德人格修养等问题，发展了马克思主义关于道德实践的理论。在进行道德评价

① 毛泽东. 论联合政府//毛泽东选集：第3卷. 2版. 北京：人民出版社，1991：1096.

② 同①1094-1095.

③④⑤ 毛泽东. 在延安文艺座谈会上的讲话//毛泽东选集：第3卷. 2版. 北京：人民出版社，1991：864.

⑥ 中共中央文献研究室，编. 毛泽东思想年编（一九二一——一九七五）. 北京：中央文献出版社，2011：793.

时究竟看一个人的行为动机还是看行为效果？对此中外伦理学史上存在着不同的看法，有的主张动机论，有的主张效果论，有的试图把二者调和起来。毛泽东从辩证唯物主义观点出发，论述了动机与效果之间的关系。他说："唯心论者是强调动机否认效果的，机械唯物论者是强调效果否认动机的，我们和这两者相反，我们是辩证唯物主义的动机和效果的统一论者。"① 毛泽东批评了动机和效果关系问题上的两种错误观点——动机论和效果论，主张动机和效果辩证统一论，坚持在道德评价上既要看动机又要看效果，要联系效果去看动机，结合动机去看效果，并且认为动机和效果统一于为人民大众谋利益的基础之上，必须使为大众的动机与被大众欢迎的效果统一起来。动机和效果辩证统一论是对马克思主义伦理思想的重大发展。结合新民主主义革命的伟大实践，毛泽东对共产党人的品质进行了概括和总结，认为共产党人"无论何时何地都不应以个人利益放在第一位，而应以个人利益服从于民族的和人民群众的利益。因此，自私自利，消极怠工，贪污腐化，风头主义等等，是最可鄙的；而大公无私，积极努力，克己奉公，埋头苦干的精神，才是可尊敬的"②。共产党人为共产主义事业奋斗终生，需要培养与共产主义事业相适应的种种品质，包括"以革命利益为第一生命，以个人利益服从革命利益"③ 的大公无私、克己奉公的品质，以及奋不顾身地投入党的事业，全心全意地为共产主义事业而奋斗的积极努力、埋头苦干的品质。与此相关，谦虚谨慎、团结合作、信用诚实、正直勇敢也是共产党人所需要的优秀品质。道德人格是道德品质的凝结和集中体现。共产党人的道德人格既是对历史上理想人格特质的合理继承，又反映着共产主义事业和运动的内在要求，它集"高尚的人""纯粹的人""有道德的人""脱离了低级趣味的人""有益于人民的人"于一体，其具体内容表现在"毫无自私自利之心"，"对技术精益求精"④，"对工作的极端的负责任，对同志对人民的极端

---

① 毛泽东. 在延安文艺座谈会上的讲话//毛泽东选集：第3卷. 2版. 北京：人民出版社，1991：868.

② 毛泽东. 中国共产党在民族战争中的地位//毛泽东选集：第2卷. 2版. 北京：人民出版社，1991：522.

③ 毛泽东. 反对自由主义//毛泽东选集：第2卷. 2版. 北京：人民出版社，1991：361.

④ 毛泽东. 纪念白求恩//毛泽东选集：第2卷. 2版. 北京：人民出版社，1991：660.

的热忱"① 等方面，张思德、白求恩、刘胡兰等表现了共产主义的道德人格。

马克思主义伦理思想中国化最新成果，继承并发展了毛泽东伦理思想的根本精神，把为人民服务提升为社会主义道德的核心，将无产阶级革命的功利主义发展为社会主义功利主义，将共产党人的革命美德发展为社会主义现代化建设时期的建设美德，从多方面丰富并发展了毛泽东伦理思想。马克思主义伦理思想中国化最新成果，始终以广大人民群众的根本利益为价值目标和终极目标。邓小平指出并反复强调，制定党的各项方针政策必须以"人民拥护不拥护、人民赞成不赞成、人民高兴不高兴、人民答应不答应"作为出发点和落脚点。中国特色社会主义伦理理论体系是与毛泽东伦理思想一脉相承的统一的科学体系，其基本依据之一就在于二者都站在人民群众的根本立场上，都主张全心全意为人民服务，把实现好、维护好、发展好人民群众的根本利益视为一切道义行为的最高标准和最终标准。

（三）人类伦理文明的优秀成果是马克思主义伦理思想中国化最新成果的重要借鉴

马克思主义伦理思想中国化最新成果，绝不是离开世界文明大道而凭空创造的学说，而是在综合人类伦理文明的优秀成果和总结当代道德生活实践经验的基础上形成的。善于吸收借鉴人类伦理文明的优秀成果，在已有的人类伦理文明优秀成果的基础上不断实现理论创新，是马克思主义伦理思想中国化最新成果的基本品格。

马克思主义伦理思想中国化最新成果，继承并吸收了当代世界崇尚科学精神、关注科技伦理的合理因素，特别强调弘扬科学精神和按科学规律办事，强调建设科技伦理，以保证科学技术成果被正当合理地利用。"科学知识、科学思想、科学方法和科学精神，可以引导人们奋发图强、积极向上，促进人们牢固地形成正确的世界观、人生观和价值观，促进人们实事求是地创造性地进行社会实践活动。"② 大力弘扬科学精神，积极引导人民群众学科学、用科学、爱科学、讲科学，培育科

---

① 毛泽东. 纪念白求恩//毛泽东选集：第 2 卷. 2 版. 北京：人民出版社，1991：659.
② 中共中央文献研究室，编. 江泽民论有中国特色社会主义（专题摘编）. 北京：中央文献出版社，2002：269.

学、文明、健康的生活方式，形成热爱科学、崇尚真理、善于思考、勇于创新的社会风气，是社会主义伦理文明建设的重要内容。"在二十一世纪，科技伦理的问题越来越突出。核心问题是，科学技术进步应服务于全人类，服务于世界和平、发展与进步的崇高事业，而不能危害人类自身。建立和完善高尚的科学伦理，尊重并合理保护知识产权，对科学技术的研究和利用实行符合各国人民共同利益的政策引导，是二十一世纪人们应该注重解决的一个重大问题。"①

马克思主义伦理思想中国化最新成果，继承并发展了当代世界崇尚开拓创新的合理成果，并结合中国特色予以创造性的发展，在不断致力于理论创新的同时大胆地进行制度创新，坚持认为闭目塞听、坐井观天、因循守旧、墨守成规，无视世界发展潮流，必然会被世界抛弃。只有应用当代世界先进的伦理文明成果武装自己，不断推进理论创新、体制创新和科技创新，才能不断形成新知识、开拓新局面。

马克思主义伦理思想中国化最新成果，对西方近代伦理文明提出的自由、平等、博爱等思想也有相当的借鉴和合理吸收，将其纳入社会主义和马克思主义理论体系予以创造性的转化与创新性的发展，使其成为社会主义伦理文明的重要组成部分。社会主义核心价值观还将自由、平等、公正纳入社会层面的价值目标，体现了当代中国共产党人兼收并蓄、开放包容的伦理品质和精神。在当代中国共产党人看来，自由、平等、公正并不是资产阶级的专利，它们作为人类伦理文明的优秀成果，也应当成为中国人民所信奉的核心价值观。资产阶级提出了自由、平等、博爱的口号并在实际中有一定的遵循，但是受其阶级意识以及政治立场等的局限，资产阶级对自由、平等、博爱在总体上践行远远低于宣说；一旦无产阶级向资产阶级要求自由、平等、博爱，它就马上翻脸，诚如马克思所说，一旦资产阶级统治受到威胁，它就会"把**共和国的'自由，平等，博爱'**这句格言代以毫不含糊的'**步兵，骑兵，炮兵**'!"② 只有马克思主义者和当代中国共产党人才真正地推崇与信奉自由、平等、博爱的价值理念，并为此做出不懈的奋斗和努力。马克思主

---

① 中共中央文献研究室，编. 江泽民论有中国特色社会主义（专题摘编）. 北京：中央文献出版社，2002：271.

② ［德］马克思. 路易·波拿巴的雾月十八日//马克思恩格斯选集：第 1 卷. 2 版. 北京：人民出版社，1995：622.

义者和当代中国共产党人为着民族的解放、国家的独立、人民的自由和社会的平等从事着艰苦卓绝的斗争，许多人献出了宝贵的生命。中华人民共和国的成立，社会主义现代化建设取得的成就，本质上都是自由、平等、公正的价值观念在中国大地上的逐步实现，也表征着中国共产党人对自由、平等、公正这些价值观念的高度认同。马克思主义伦理思想中国化最新成果在形成和发展过程中，吸收了当代世界注重公平正义和生态伦理建设的有益成果，并予以创造性的转化，提出了一系列促进公平正义实现的新观念、新思想，并把公平正义视为中国特色社会主义的内在要求，主张在全体人民共同奋斗、经济社会发展的基础上逐步建立以权利公平、机会公平、规则公平、分配公平为主要内容的社会公平体系，凡此等等都极大地丰富并发展了马克思主义伦理思想。

（四）中华优秀传统伦理文化是马克思主义伦理思想中国化最新成果的宝贵资源

马克思、恩格斯在《德意志意识形态》中指出，任何划时代的理论"都是以本国过去的整个发展为基础的，是以阶级关系的历史形式及其政治的、道德的、哲学的以及其他的后果为基础的"[①]。马克思主义伦理思想中国化最新成果，作为马克思主义伦理思想中国化的最新理论成果，与中华民族源远流长的优秀传统伦理文化是分不开的。

胡锦涛在耶鲁大学的讲话中提出："科学发展的理念，是在总结中国现代化建设经验、顺应时代潮流的基础上提出来的，也是在继承中华民族优秀文化传统的基础上提出来的。中华文明是世界古代文明中始终没有中断、连续五千多年发展至今的文明。中华民族在漫长历史发展中形成的独具特色的文化传统，深深影响了古代中国，也深深影响着当代中国。现时代中国强调的以人为本、与时俱进、社会和谐、和平发展，既有着中华文明的深厚根基，又体现了时代发展的进步精神。"[②] 胡锦涛在这里实际上肯定了中华传统文化是中国特色社会主义的重要思想来源之一。

---

① ［德］马克思，恩格斯. 德意志意识形态//马克思恩格斯全集：第3卷. 1版. 北京：人民出版社，1960：544.
② 胡锦涛. 在美国耶鲁大学的演讲//胡锦涛文选：第2卷. 北京：人民出版社，2016：437－438.

在五千多年的历史发展长河中，中华民族形成并发展起了亘古不绝、一脉相承的优秀伦理文化，凝聚起了以爱国主义为核心的民本、革新、义利合一、自强、融合、重德、和谐的优秀传统伦理文化。2014年2月，习近平在主持中央政治局集体学习时发表重要讲话，对如何在继承中华优秀传统文化基础上培育和践行社会主义核心价值观做出重要论述，指出："牢固的核心价值观，都有其固有的根本。抛弃传统、丢掉根本，就等于割断了自己的精神命脉。博大精深的中华优秀传统文化是我们在世界文化激荡中站稳脚跟的根基。中华文化源远流长，积淀着中华民族最深层的精神追求，代表着中华民族独特的精神标识，为中华民族生生不息、发展壮大提供了丰厚滋养。中华传统美德是中华文化精髓，蕴含着丰富的思想道德资源。"① 习近平主张培育和践行社会主义核心价值观，要认真汲取中华优秀传统文化的精华和道德精髓，深入挖掘和阐发中华优秀传统文化"讲仁爱、重民本、守诚信、崇正义、尚和合、求大同"的时代价值，使中华优秀传统文化成为涵养社会主义核心价值观的重要源泉。

中华优秀传统伦理文化和传统美德是五千多年来中国人民经验与智慧的结晶。中华优秀传统伦理文化善于接纳和吸收外来伦理文化，是马克思主义在当代中国赖以生存和发展的不可或缺的重要文化载体。从文化形态来看，马克思主义伦理思想中国化最新成果，是马克思主义伦理思想基本原理与中华优秀传统伦理文化有机融合的产物。这就决定了它在理论风格和表达形式上蕴含着浓郁的民族性。从这一内涵来讲，我们不断推进马克思主义伦理思想中国化的进程，就是将本土伦理文化，即中华优秀传统伦理文化，与马克思主义现阶段的表现形式中国特色社会主义不断融合的过程。这种民族性首先表现在马克思主义伦理思想中国化最新成果继承了中华优秀传统伦理文化。这些优秀传统伦理文化集中体现出来的以爱国主义为核心的，包含团结统一、爱好和平、勤劳勇敢、自强不息等精神在内的民族精神，为我们建设中国特色社会主义奠定了深厚的精神底蕴。

爱国主义是中华民族精神的核心，也是中华优秀传统伦理文化的核心。中华民族具有历久弥新、博大深厚的爱国主义传统。在世界历史发

---

① 习近平. 培育和弘扬社会主义核心价值观//习近平谈治国理政. 北京：外文出版社，2014：164.

展中，中华民族尤其把对祖国的忠、对民族的爱视为做人的根本与大节，以救国治国、兴邦兴国为人生奋斗的最高境界。中华民族的爱国主义是以文化统合、价值凝聚的方式来实现国家认同和民族凝聚的。中国本质上属于文明型国家，通过文明建构、道德教化、伦理传播而形成国家意志和民族精神。因此，爱国主义精神一直伴随着我们民族的生息、斗争与发展，是我们中华民族的光荣传统和崇高品德，也是中华民族生存和发展的重要精神支柱。建设中国特色社会主义时期的爱国主义思想，是对中华优秀传统伦理文化中爱国主义思想的历史传承和创新。

民本观念与革新精神是中华优秀传统伦理文化的重要内容。传统民本观念主张"民惟邦本，本固邦宁"①，要求"因民之所利而利之"②，既要"重民""亲民""爱民"，又要"富民""利民""教民"，并把"得民心"与"得道""得天下"联系起来，使"民心"获得与"天意"等值的道德意义。传统革新精神强调"苟日新，日日新，又日新"③，强调"作新民"④，主张革故鼎新、除旧布新、送旧迎新，并以"日新之谓盛德"⑤为职志来倡导变法改革，新故相资而新其故，推进理论创新、制度创新和实践创新。民本观念与革新精神，作为基本的价值理念，成为中国兴旺发达的不竭动力。马克思主义伦理思想中国化最新成果提出的"以人为本"与"革故鼎新"思想，有着对中华优秀传统伦理文化中民本观念与革新精神的历史传承和创新。

自强精神与融合观念是中华传统伦理文化源远流长的主要原因，也是中华优秀传统伦理文化的重要组成部分。"天行健，君子以自强不息"⑥。"士不可以不弘毅，任重而道远。仁以为己任，不亦重乎？死而后已，不亦远乎？"⑦ 中华民族依靠自己自强不息的奋斗，创设并不断推进着中华文明史。历史上许多仁人志士在非常艰难的条件下自强不息、不屈不挠、奋斗不已的精神，书写了中华文明史的不朽传奇。融合

① 尚书：五子之歌.
② 论语：尧曰.
③ 大学.
④ 周书：康诰.
⑤ 王夫之. 船山全书：第12册. 长沙：岳麓书社，1990：434.
⑥ 周易：乾.
⑦ 论语：泰伯.

观念亦即包容、宽容、善于学习的精神，也是中华文明的优良观念。"地势坤，君子以厚德载物"①、"善人者，不善人之师；不善人者，善人之资"②、"万物并育而不相害，道并行而不相悖"③ 等思想或格言，揭示出中华文明有着宽广的胸怀、高远的境界，有着博采广纳而又自成一家的学术气度。马克思主义伦理思想中国化最新成果，尽情地吸纳着中华民族的自强精神与融合观念，既强调自强不息、攻坚克难，又主张吸收当代世界伦理文明的优秀成果，推进中国特色社会主义伦理文明的大发展大繁荣。中华优秀传统伦理文化中的自强精神与融合观念，在马克思主义伦理思想中国化最新成果中得到了很好的传承和创新。

重德观念与和谐观念是中华传统伦理文化区别于世界其他文化的最鲜明的特征。在人与自然的关系上，它强调"道法自然"，推崇"天人合一"；在人与社会的关系上，它主张"中庸之道""群己合一"；在人与人的关系上，它突出仁爱礼让，讲求"己欲立而立人，己欲达而达人"④，"己所不欲，勿施于人"⑤，向往和推崇"人我合一"；在国与国的关系上，它重视"协和万邦"，欣赏并推崇"和平共处"。这些观念在马克思主义伦理思想中国化最新成果中都得到了很好的传承和创新，建设社会主义和谐社会，建设持久和平、共同繁荣的和谐世界等观点的提出及思想的完善，都说明它很好地吸收了中华传统伦理文化的优秀成果，并在新的时代情势和条件下予以创造性的发展。

中华优秀传统伦理文化是孕育马克思主义伦理思想中国化最新成果的深厚土壤，马克思主义伦理思想中国化最新成果，是在中华优秀传统伦理文化的丰沃土壤中绽放出来的一朵奇葩。中华优秀传统伦理文化为马克思主义伦理思想中国化最新成果的产生和发展提供了重要的理论生长点与直接结合点，发挥了巨大的、不可替代的作用。因此，建设与传统美德相承接的社会主义思想道德体系，是马克思主义伦理思想中国化最新成果的重要内容。

---

① 周易：乾.
② 道德经：第 27 章.
③ 中庸.
④ 论语：雍也.
⑤ 论语：颜渊.

"问渠那得清如许，为有源头活水来。"马克思主义伦理思想中国化最新成果，正因为有马克思主义伦理思想、毛泽东伦理思想的直接理论来源，有世界伦理文明优秀成果和中华优秀传统伦理文化的丰厚资源，才能博采广纳，"坐集千古之智"，并予以创造性的转化和创新，成就一彪炳史册的杰出伦理理论体系；它不仅贡献给中华民族以精深厚重的伦理理论成果，而且给予人类一种广大精微、博大精深的伦理理论成果；它的问世、发展与完善，无疑是人类伦理思想史上具有标杆性、标志性和重大理论创新性的事件，其历史意义和理论贡献随着道德生活实践的深度推进会愈加辉煌夺目！

第二章　马克思主义伦理思想中国化
最新成果的形成与发展

马克思主义伦理思想中国化最新成果，是一个由邓小平伦理思想、"三个代表"伦理思想、科学发展伦理思想和习近平新时代中国特色社会主义伦理思想等构成的中国特色社会主义伦理理论体系，凝结着几代中国共产党人带领人民不懈探索社会主义精神文明和道德生活实践的智慧与心血，是在改革开放和社会主义现代化建设过程中逐步形成与发展起来的，并对当代中国社会的道德生活产生巨大影响的、科学的伦理理论体系。邓小平伦理思想是这一最新成果的奠基形态，"三个代表"伦理思想、科学发展伦理思想和习近平新时代中国特色社会主义伦理思想是在邓小平伦理思想基础上形成与发展起来的，是对邓小平伦理思想的再发展、再提升。马克思主义伦理思想中国化最新成果，是承前启后、继往开来的伦理理论体系，推动着中国特色社会主义现代化建设事业不断向前发展。

一、邓小平伦理思想的形成与发展

邓小平伦理思想是在和平与发展成为时代主题的历史条件下，在我国改革开放和社会主义现代化建设的实践中，在总结我国社会主义胜利和挫折的历史经验教训并借鉴其他社会主义国家兴衰成败的历史经验教训的基础上，逐步形成与发展起来的，是在立足本国而又面向世界，在研究新情况、解决新问题的过程中逐步形成与发展起来的。马克思主义伦理思想基本原理，是邓小平伦理思想形成的理论基础；对新中国成立以来道德生活正反两方面经验教训的总结，是邓小平伦理思想形成的历史依据；改革开放和社会主义现代化建设的实践，是邓小平伦理思想形成的现实条件。

党的十一届三中全会至党的十二大，是邓小平伦理思想的形成阶段。邓小平伦理思想的形成是同总结新中国成立以来社会主义革命和建设的经验教训特别是"文化大革命"时期所犯的严重错误紧密联系在一起的，有着对毛泽东伦理思想的充分肯定和对毛泽东晚年所犯错误的深刻总结的双重意义。邓小平作为党的第一代中央领导集体中的重要一员，亲身经历了中国新民主主义革命、社会主义革命、社会主义建设的历程，对党的正确领导，对中国新民主主义革命、社会主义革命、社会主义建设事业的胜利，对党在思想路线、决策上的失误导致革命和建设事业的损失，有着比一般人更为深刻的认识与感悟，故而他在"文化大革命"结束后才能在实事求是的基础上做出改革开放和社会主义现代化建设的重大决策，引领整个国家和社会走出"两个凡是"的误区。党的十一届三中全会总结新中国成立以来正反两方面的经验教训，重新确立解放思想、实事求是的思想路线，实现全党工作中心向经济建设的转移，实行改革开放，开辟了社会主义事业发展的新时期。邓小平在此次全会前召开的中央工作会议上做的《解放思想，实事求是，团结一致向前看》的报告，标志着邓小平伦理思想的正式形成。该报告将坚持马克思主义伦理思想基本原理与发展马克思主义伦理思想有机地结合起来，纠正了过去相当长一段时间内无视人民群众的正当个人利益和物质利益而片面强调革命理想与斗争热忱的偏向，它既强调革命精神是非常宝贵的，又论述革命是在物质利益基础上产生的，指出"不讲多劳多得，不重视物质利益，对少数先进分子可以，对广大群众不行，一段时间可以，长期不行"，"如果只讲牺牲精神，不讲物质利益，那就是唯心论"[①]。这一重要论断是对社会主义义利观和社会主义物质利益原则之基本精神的深刻揭示，凸显了利益决定道德以及社会主义物质利益原则对道德的决定性作用，也承认牺牲精神和高尚理想是在物质利益基

---

① 邓小平. 解放思想，实事求是，团结一致向前看//邓小平文选：第2卷. 2版. 北京：人民出版社，1994：146.

础上产生的，不能只讲牺牲精神而不讲物质利益原则。在这次报告中，邓小平还提出允许一部分地区、一部分人通过辛勤劳动率先富裕起来，并带动左邻右舍和其他地区的人们也比较快地富裕起来。中国的改革开放，从伦理道德的层面上讲，是以肯定物质利益原则为突破口的。肯定物质利益原则是同发展生产力、建设四个现代化的社会发展目标有机地联系在一起的。基于"文化大革命"时期否定正当的个人利益，甚至将人们对个人利益的追求斥之为"封、资、修货色"等错误言论或现象，邓小平主张正本清源、拨乱反正，理直气壮地主张坚持社会主义物质利益原则，"为全体人民的物质利益奋斗"。同时，邓小平主张克服狭隘的功利主义，反对只顾个人利益而不顾他人利益、国家利益的利己主义和个人主义。他说："我们提倡按劳分配，承认物质利益，是要为全体人民的物质利益奋斗。每个人都应该有他一定的物质利益，但是这决不是提倡各人抛开国家、集体和别人，专门为自己的物质利益奋斗，决不是提倡各人都向'钱'看。"① 社会主义物质利益原则肯定的是全体人民的物质利益，着眼的是绝大多数人的最大幸福。因此，必须正确认识和解决社会整体利益与个人利益的关系，坚持个人利益服从集体利益、局部利益服从全局利益、眼前利益服从长远利益的集体主义原则。邓小平提出了要在建设高度物质文明的同时建设高度社会主义精神文明等重要思想。世界现代化发展正反两方面的经验教训启示我们，当代中国在道德价值观领域面临着双重的任务和挑战：一是要实现从传统的计划经济体制所形成的道德价值观向社会主义市场经济体制所要求的道德价值观的转型或过渡，二是要在肯定市场经济伦理道德价值取向的同时注意防范其负面影响以及有可能出现的各种弊病。邓小平以战略家的远见卓识和思想家的深刻智慧意识到了市场经济的双面效应，既主张发展社会主义市场经济伦理，又主张加强社会主义条件下的道德建设，形成并发展起了"两个文明一起抓"的战略思想和义利统一思想。面对市场经济在伦理道德上既有可能促进人的观念的解放和整个社会的道德进步，又有可能导致拜金主义、个人利益至上等道德风险的两难问题，邓小平"既没有把眼光投向过去，也没有把目光设定为对市场经济的跨越，而是选择了社会主义市场经济这一艰

① 邓小平. 党和国家领导制度的改革//邓小平文选：第2卷. 2版. 北京：人民出版社，1994：337.

巨的但却是唯一正确的道路"①。在邓小平看来，当代中国虽然超越了资本主义的"卡夫丁峡谷"，但却不能绕过市场经济这一通向现代化的发展之路。在发展市场经济的同时加强社会主义精神文明和道德建设，任务是全新的，目的和价值指向也不同于以往的道德建设。邓小平伦理思想既重视物质利益和改善人民生活，认为社会主义虽然诞生在贫穷的国家，但是社会主义的本质就是要消灭贫穷，使人民群众过上富裕幸福的新生活；又重视在物质条件改善的情况下追求高尚的精神生活，建构一种义利并重、义利统一的伦理价值观。为此，他主张批判剥削阶级思想和极端个人主义，恢复与发扬党和人民的优良革命传统，培养与树立良好的社会道德风尚，并主张以对社会主义现代化有利还是有害为判断一切是非善恶的根本标准；强调在社会主义现代化建设过程中加强社会主义道德教育，主张用共产主义道德来约束共产党员和先进分子，发扬革命和拼命的精神、严守纪律和自我牺牲的精神、大公无私和先人后己的精神、压倒一切敌人和压倒一切困难的精神，坚持革命乐观主义、排除万难去争取胜利的精神，指出："党和政府愈是实行各项经济改革和对外开放的政策，党员尤其是党的高级负责干部，就愈要高度重视、愈要身体力行共产主义思想和共产主义道德。"②

　　党的十二大至党的十三大，是邓小平伦理思想的发展阶段。这一时期，邓小平进一步深化了对社会主义义利观、社会主义物质利益原则特别是社会主义精神文明之重要内容、历史地位以及社会主义新时期道德建设和培育"四有新人"等的认识，提出了建设社会主义物质文明和精神文明的一系列新命题、新观点、新论述，将邓小平伦理思想发展到一个新的阶段和水平。在中国共产党第十二次全国代表大会上的开幕词中，邓小平第一次完整表述了建设有中国特色的社会主义的命题，强调独立自主、自力更生，依靠中国人自己来建设社会主义现代化，指出："中国人民有自己的民族自尊心和自豪感，以热爱祖国、贡献全部力量建设社会主义祖国为最大光荣，以损害社会主义祖国利益、尊严和荣誉为最大耻辱。"③

---

　　① 郑谦，主编. 毛泽东与邓小平. 2版. 长沙：湖南人民出版社，2003：64-65.

　　② 邓小平. 贯彻调整方针，保证安定团结//邓小平文选：第2卷. 2版. 北京：人民出版社，1994：367.

　　③ 邓小平. 中国共产党第十二次全国代表大会开幕词//邓小平文选：第3卷. 北京：人民出版社，1993：3.

1983 年在会见印度共产党中央代表团时，邓小平进一步强调，一个真正的马克思主义执政党必须在大力发展社会主义物质文明的同时建设社会主义精神文明，并认为建设社会主义精神文明"最根本的是要使广大人民有共产主义的理想，有道德，有文化，守纪律"①。这是"四有新人"的首次提出，是对马克思主义理想人格理论的创造性发展。1985 年在全国科技工作会议上的讲话中，邓小平指出："在建设具有中国特色的社会主义时，一定要坚持发展物质文明和精神文明，坚持五讲四美三热爱，教育全国人民做到有理想、有道德、有文化、有纪律"，并且认为"这四条里面，理想和纪律特别重要"。我们这么大一个国家怎样才能团结起来？邓小平的回答是："一靠理想二靠纪律才能团结起来"②。没有理想，没有纪律，就不能实现社会主义的现代化。1986 年，在邓小平的主持和领导下，党的十二届六中全会通过了《中共中央关于社会主义精神文明建设指导方针的决议》。《决议》对社会主义精神文明建设的根本任务、基本要求以及对策措施都做出了指导性的规定，认为"社会主义精神文明建设的根本任务，是适应社会主义现代化建设的需要，培育有理想、有道德、有文化、有纪律的社会主义公民，提高整个中华民族的思想道德素质和科学文化素质"③。"社会主义道德建设的基本要求，是爱祖国、爱人民、爱劳动、爱科学、爱社会主义"，并强调"要使'五爱'在社会生活的各个方面体现出来"④。在道德建设的具体措施和思路对策上，《决议》指出全社会范围内的道德建设既应当肯定人们在分配方面的合理差别，又要鼓励人们发扬国家利益、集体利益、个人利益相结合的社会主义集体主义精神，发扬顾全大局、诚实守信、互助友爱和扶贫济困的精神。社会主义道德所要反对的是一切损人利己、损公肥私、金钱至上、以权谋私、欺诈勒索的思想和行为，而绝不是否定按劳分配和商品经济，绝不能把平均主义当作我们社会的道德准则。《决议》提出了大力加强职业道德建设，大力发扬社会主义人道主

---

　　① 邓小平.建设社会主义的物质文明和精神文明//邓小平文选：第3卷.北京：人民出版社，1993：28.

　　② 邓小平.一靠理想二靠纪律才能团结起来//邓小平文选：第3卷.北京：人民出版社，1993：110.

　　③ 中共中央文献研究室，编.改革开放三十年重要文献选编：上册.北京：中央文献出版社，2008：431-432.

　　④ 同③434.

义精神，提倡文明、健康、科学的生活方式等任务，并就如何同各种腐朽思想做斗争提出了要求。

党的十三大至南方谈话，是邓小平伦理思想的完善阶段。这一时期，邓小平阐述了社会主义初级阶段的理论，以此为基础来指导社会主义精神文明建设和道德建设，并完善了此前提出的"三步走"战略目标。邓小平指出："我国经济发展分三步走，本世纪走两步，达到温饱和小康，下个世纪用三十年到五十年时间再走一步，达到中等发达国家的水平。这就是我们的战略目标，这就是我们的雄心壮志。要实现我们的雄心壮志，不改革不行，不开放不行。我们要走的路还很长，任务还很艰巨。我们要艰苦奋斗，一心一意搞建设，发展生产力。"① 社会主义初级阶段就是经济文化不发达、不平衡的阶段，我们要根据这个实际来制定规划，包括建设社会主义精神文明和道德文明。在南方谈话中，邓小平强调指出，社会主义的本质是解放生产力和发展生产力，消灭剥削，消除两极分化，最终达到共同富裕；并提出"三个有利于"的评价标准，即主要看是否有利于发展社会主义的生产力，是否有利于增强社会主义国家的综合国力，是否有利于提高人民的生活水平。"三个有利于"是邓小平判断社会主义的价值标准和道德标准，是对党领导社会主义现代化建设特别是改革开放以来的实践经验的科学总结，体现着社会主义功利主义的原则和精神。这一标准将道德标准置于生产力标准之下，同时又彰显人民群众利益的极端重要性，使国家利益与人民利益同发展社会生产力有机结合起来，实现了历史评价与道德评价的辩证统一。

邓小平伦理思想是邓小平建设有中国特色社会主义理论的重要组成部分，是马克思主义伦理思想基本原理与中国改革开放的道德实践有机结合起来并获得新的发展的产物，是对社会主义初级阶段党、国家和人民道德实践经验的科学总结，是党和人民集体智慧的结晶。邓小平坚持以实事求是的理论来指导中国的社会主义伦理道德建设，注意从左和右两个方面抵制各种错误思想的侵袭，既反对道德教条主义，也反对道德经验主义。他不固守定式成格，不拘泥成规，坚持解放思想、正本清源、纠偏改错。他的伦理思想为我们建设中国特色社会主义伦理理论体系提供了强有力的理论指导。邓小平"引导中国完成了从落后、封闭、

---

① 邓小平. 一切从社会主义初级阶段的实际出发//邓小平文选：第3卷. 北京：人民出版社，1993：251.

僵化的社会主义制度走向一个有国际影响的现代化经济强国的艰难过渡。假如中国人要感谢某一个领导人改善了他们的日常生活，这个人就是邓小平。在为改善如此之多的人民的生活做出的贡献方面，20 世纪是否还有其他领袖能够与他相比？20 世纪是否还有其他领袖对世界史产生了如此巨大而持久的影响？"① 邓小平伦理思想是继毛泽东伦理思想之后，对中国社会的道德实践产生了巨大作用并深刻地改变了人们的道德面貌和道德品格的伦理思想。邓小平伦理思想是当代中国的马克思主义伦理思想，代表着马克思主义伦理思想在中国发展的新阶段。

二、"三个代表"伦理思想的形成与发展

"三个代表"伦理思想的提出具有深刻的时代背景和历史条件，它是站在千年更替、世纪之交的历史高度，面对世界多极化趋势继续发展、经济全球化进程加快、现代科学技术迅猛发展的时代潮流，着眼于我国改革开放和社会主义现代化建设的全局，继承历史、立足现实、面向未来，对中国共产党的历史使命以及社会主义精神文明建设和道德建设所做出的科学把握与深刻关切，是在马克思主义伦理思想的基础上，将毛泽东伦理思想和邓小平伦理思想的科学因素有机地统一起来，结合新的时代形势和任务予以创造性发展的产物，是马克思主义伦理思想中国化的又一伟大成果。

"三个代表"伦理思想的形成与发展，大体可分为两个阶段：第一个阶段从 1989 年到 2000 年 2 月，可谓萌生孕育期；第二个阶段从 2000 年 2 月至党的十六大，可谓创立完善期。

1989 年江泽民在《求是》杂志发表文章，提出正确认识当前分配不公的两种表现，既反对平均主义，肯定勤劳致富，又反对贪污受贿、巧取豪夺，捞取不义之财，主张在促进效率提高的前提下解决分配不公的现象，"坚决保护合法收入、合理调节过高收入、严厉取缔非法收入"②，正确处理公平和效率的关系。在庆祝中华人民共和国成立四十周年大会上的讲话中，江泽民论述了爱国主义和社会主义的一致性，指出："在当代中国，爱国主义和社会主义本质上是统一的。历史证明，

---

① ［美］傅高义. 邓小平时代. 冯克利，译. 北京：三联书店，2013：637.

② 江泽民. 认真消除社会分配不公现象//江泽民文选：第 1 卷. 北京：人民出版社，2006：55.

坚定捍卫中华民族尊严、期望中国繁荣昌盛的爱国者，大都会成为忠诚的社会主义者或社会主义的可靠朋友。中国人民的爱国主义和自力更生精神，是社会主义现代化建设的强大力量。"① 讲话还特别强调坚定不移地坚持邓小平建设有中国特色社会主义理论，为把我国建设成富强、民主、文明的社会主义现代化国家而奋斗。同年12月，在中央党校举办的党建理论研究班上，江泽民谈到充分认识新形势下党的建设的重要性和紧迫性，强调把党建设成更加坚强的工人阶级先锋队，始终保持党同人民群众的血肉联系，提出全心全意依靠工人阶级，始终不渝地体现工人阶级和人民群众的意志与利益，把工人阶级锻炼成一支真正具有先进阶级理想、社会主义道德、现代科学文化知识、严格纪律的强大阶级队伍，"在全党形成坚决相信群众，紧紧依靠群众，一切以人民群众的利益为重，事事向人民负责，老老实实向人民群众学习的良好风尚"②。党的十四大报告强调，"物质文明和精神文明都搞好，才是有中国特色的社会主义"③；并认为改革开放和社会主义现代化建设对精神文明建设提出了更高要求，一定要大力加强爱国主义、集体主义和社会主义思想教育，增强民族自尊、自信和自强精神，加强职业道德和社会公德建设，培养一代又一代有理想、有道德、有文化、有纪律的新人。十四届六中全会通过的《中共中央关于加强社会主义精神文明建设若干重要问题的决议》，专门就新形势下的精神文明和道德建设做出了战略部署与安排，发展并完善了十二届六中全会的精神文明建设决议。

2000年2月，江泽民在广东视察工作时，第一次正式提出"三个代表"重要思想，指出"我们党所以赢得人民的拥护，是因为我们党在革命、建设、改革的各个历史时期，总是代表着中国先进生产力的发展要求，代表着中国先进文化的前进方向，代表着中国最广大人民的根本利益"④。在新的历史条件下，自觉践行"三个代表"，要求全

① 江泽民. 新中国四十年历史的基本结论//江泽民文选：第1卷. 北京：人民出版社，2006：68.
② 江泽民. 为把党建设成更加坚强的工人阶级先锋队而斗争//江泽民文选：第1卷. 北京：人民出版社，2006：99.
③ 江泽民. 加快改革开放和现代化建设步伐，夺取有中国特色社会主义事业的更大胜利//江泽民文选：第1卷. 北京：人民出版社，2006：238.
④ 江泽民. 在新的历史条件下更好地做到"三个代表"//江泽民文选：第3卷. 北京：人民出版社，2006：2.

党各级干部坚持讲学习、讲政治、讲正气，牢记全心全意为人民服务的宗旨，密切同人民群众的血肉联系，在推进改革开放和社会主义现代化建设的实践中不断提高自身素质，做到自重、自省、自警、自励，始终保持振奋的精神状态，为党和人民勤勤恳恳地工作。同年 5 月，在上海主持召开江苏、浙江、上海党建工作座谈会时，江泽民进一步阐发践行"三个代表"重要思想的重要意义，指出始终做到"三个代表"是中国共产党的立党之本、执政之基、力量之源，强调建立并完善思想道德建设和党纪国法约束两道防线，把加强思想道德教育与严格执纪执法有机地结合起来，在沿海地区广大干部群众中认真开展致富思源、富而思进的教育，激励他们在改革和建设中不断创造新的业绩。同年 6 月，在中央思想政治工作会议上，江泽民提出以德治国与依法治国相结合的命题，指出为了更好地建设有中国特色社会主义，必须建立与社会主义市场经济相适应的社会主义法律体系和思想道德体系，并认为法律和道德作为上层建筑的组成部分，都是维护社会秩序、规范人们思想和行为的重要手段，二者应该相互结合，统一发挥作用。社会主义道德建设要"以为人民服务为核心，以集体主义为原则，以爱祖国、爱人民、爱劳动、爱科学、爱社会主义为基本要求，以社会公德、职业道德和家庭美德的建设为落脚点"①，坚持正确处理公平和效率的关系，坚持先进性要求和广泛性要求相结合，坚持继承民族优秀传统文化与吸收外来文化优秀成果相结合，把个人利益与集体利益、局部利益与整体利益、眼前利益与长远利益有机地结合起来。2001 年在庆祝中国共产党成立八十周年大会上，江泽民代表党中央系统总结中国共产党 80 年的奋斗业绩和成功经验，强调立党为公、执政为民是中国共产党区别于一切剥削阶级政党的根本标志，指出"加强社会主义思想道德建设，是发展先进文化的重要内容和中心环节"，认为"如果只讲物质利益，只讲金钱，不讲理想，不讲道德，人们就会失去共同的奋斗目标，失去行为的正确规范"②。十六大报告提出，"贯彻'三个代表'重要思想，关键在坚持与时俱进，核心在坚持党的先进性，本质在坚持执

---

① 江泽民．在中央思想政治工作会议上的讲话//江泽民文选：第 3 卷．北京：人民出版社，2006：92.

② 江泽民．在庆祝中国共产党成立八十周年大会上的讲话//江泽民文选：第 3 卷．北京：人民出版社，2006：278.

政为民"①，并就如何进一步加强社会主义思想道德建设做出新的部署，提出"要建立与社会主义市场经济相适应、与社会主义法律规范相协调、与中华民族传统美德相承接的社会主义思想道德体系"，"引导人们在遵守基本行为准则的基础上，追求更高的思想道德目标"②。

"三个代表"伦理思想聚焦于"建设什么样的党、怎样建设党"这一政治伦理的中心问题，建构起一种以人民伦理为主体和核心的政治伦理，是一种以人民利益为最高价值取向的政党伦理和政府伦理。它坚持建设有中国特色社会主义的根本目的是实现好、维护好、发展好最广大人民群众的根本利益，反映着马克思主义政党伦理和政治伦理思想的基本精神与现时代政治伦理发展变化的新要求，是马克思主义政党伦理和政治伦理思想的当代发展。"三个代表"伦理思想依据中国共产党从革命党成为执政党所面临的新形势和新任务，从开创有中国特色社会主义事业新局面关键在党的认识出发，强调党的执政伦理和思想道德建设的极端重要性，提出一系列紧密联系、相互贯通的新思想、新观点和新论述，极大地促进了马克思主义伦理思想在中国的新发展。

三、科学发展伦理思想的形成与发展

科学发展伦理思想立足我国的基本国情，深刻总结与借鉴国外片面追求经济发展、忽视人的发展和社会进步的经验教训，旗帜鲜明地提出"以人为本"的理念和原则，把全面、协调、可持续视为发展的基本路径和要求，主张和谐发展、和平发展，在生态文明发展战略指引下实现人的全面发展和经济社会的健康永续发展。

党的十六大以来，以胡锦涛为总书记的党中央领导集体针对 21 世纪新阶段我国经济社会发展的新情况，紧密结合中国特色社会主义的伟大实践，吸收人类文明进步的新成果，站在历史和时代的高度，坚持用马克思主义的观点来指导新的实践，创造性地提出科学发展观这一重大战略思想，深刻而系统地回答了"什么是发展、为什么发展、怎样发展"等一系列

---

① 江泽民. 全面建设小康社会，开创中国特色社会主义事业新局面//江泽民文选：第3卷. 北京：人民出版社，2006：537.

② 同①560.

重大理论和实践问题，极大地推动了马克思主义在中国的当代发展。

面对 21 世纪新阶段的新形势，以胡锦涛为总书记的党中央领导集体深深感到，十一届三中全会以来，虽然我国的发展已经取得举世瞩目的成就，但要完成十六大提出的奋斗目标，可能还会遇到很多的困难和挑战。与此同时，国际国内环境的新变化、经济社会发展的新情况，迫切要求中国共产党进一步回答"新形势下实现什么样的发展、怎样发展"这一重大理论和实践问题。

2002 年党的十六大到 2003 年党的十六届三中全会，是科学发展伦理思想的最初提出阶段。2002 年 12 月，党的十六大闭幕不久，胡锦涛和中央书记处的同志到西柏坡考察，重温毛泽东在七届二中全会上提出的"两个务必"思想，提出必须长期坚持艰苦奋斗，始终坚持马克思主义政党的本色和宗旨，始终不渝地为最广大人民谋利益，要求党的领导干部时刻把人民群众的安危冷暖放在心上，做到权为民所用、情为民所系、利为民所谋，凸显了社会主义现代化建设应当坚持"以人为本"的思想。2003 年 2 月，在党的十六届二中全会上，胡锦涛汇报了新的中央领导集体就任三个多月的主要工作，强调发展是第一要务，主张统筹城乡经济社会发展，实现物质文明、政治文明、精神文明协调发展，并提出要加强与民生相关的社会建设。同年春天，我国部分地区遭遇了"非典"疫情，在疫情蔓延期间，胡锦涛到广东考察工作，提出要坚持全面的发展观，努力促进社会主义物质文明、政治文明、精神文明协调发展，要坚持执政为民，切实做好关心群众生产生活等各方面的工作。2003 年 7 月 28 日，在全国防治"非典"工作会议上，胡锦涛提出更好地坚持全面发展、协调发展、可持续发展的发展观。同年 10 月，党的十六届三中全会通过《中共中央关于完善社会主义市场经济体制若干问题的决定》，强调要"坚持以人为本，树立全面、协调、可持续的发展观，促进经济社会和人的全面发展"①。

党的十六届三中全会到党的十七大，是科学发展伦理思想正式形成和系统论证的阶段。2004 年 2 月，党中央主办了省部级主要领导干部树立和落实科学发展观专题研究班，深入学习研究科学发展观的理论基础、精神实质、指导意义和实践要求。温家宝在结业式上发表了《提高

---

① 中共中央文献研究室，编. 改革开放三十年重要文献选编：下册. 北京：中央文献出版社，2008：1349.

认识，统一思想，牢固树立和认真落实科学发展观》的讲话，指出科学发展观是中国共产党对社会主义现代化建设规律认识的进一步深化，是全面建设小康社会和实现现代化的根本指针，实质是要实现经济社会更快更好的发展。2004 年 3 月 10 日，胡锦涛在中央人口资源环境工作座谈会上发表重要讲话，指出坚持以人为本、全面协调可持续的发展观是"从新世纪新阶段党和国家事业发展全局出发提出的重大战略思想。科学发展观总结了二十多年来我国改革开放和现代化建设的成功经验，吸取了世界上其他国家在发展进程中的经验教训，概括了战胜非典疫情给我们的重要启示，揭示了经济社会发展的客观规律，反映了党对发展问题的新认识"①。2004 年 9 月，胡锦涛在党的十六届四中全会的报告中再次阐明科学发展观的定位和基本内涵，并提出构建社会主义和谐社会的重大战略任务。2005 年 2 月，在中央党校举办的省部级主要领导干部提高构建社会主义和谐社会能力专题研讨班上，胡锦涛强调指出："我们所要建设的社会主义和谐社会，应该是民主法治、公平正义、诚信友爱、充满活力、安定有序、人与自然和谐相处的社会"②，并主张在加强经济建设、政治建设、文化建设的同时加强社会建设。2005 年 10 月，党的十六届五中全会通过的《中共中央关于制定国民经济和社会发展第十一个五年规划的建议》明确要求"坚持以科学发展观统领经济社会发展全局"，强调"发展必须是科学发展，要坚持以人为本，转变发展观念、创新发展模式、提高发展质量，落实'五个统筹'，把经济社会发展切实转入全面协调可持续发展的轨道"③。2007 年 10 月，在党的十七大报告中，胡锦涛全面系统地阐述了科学发展观的基本内涵、主要特征以及贯彻落实科学发展观的要求，指出："科学发展观，第一要义是发展，核心是以人为本，基本要求是全面协调可持续，根本方法是统筹兼顾。"④ 十七大报告就推动社会主义文化大发展大繁荣做出战略

---

① 胡锦涛. 准确把握科学发展观的深刻内涵和基本要求//胡锦涛文选：第 2 卷. 北京：人民出版社，2016：166.

② 胡锦涛. 构建社会主义和谐社会//胡锦涛文选：第 2 卷. 北京：人民出版社，2016：285.

③ 中共中央关于制定国民经济和社会发展第十一个五年规划的建议//中共中央文献研究室，编. 十六大以来重要文献选编：中. 北京：中央文献出版社，2011：1063.

④ 胡锦涛. 高举中国特色社会主义伟大旗帜，为夺取全面建设小康社会新胜利而奋斗//胡锦涛文选：第 2 卷. 北京：人民出版社，2016：623.

部署，主张建设社会主义核心价值体系，增强社会主义意识形态的吸引力和凝聚力，主张用马克思主义中国化最新成果武装全党、教育人民，用中国特色社会主义共同理想凝聚力量，用以爱国主义为核心的民族精神和以改革创新为核心的时代精神鼓舞斗志，用社会主义荣辱观引领风尚，大力弘扬爱国主义、集体主义、社会主义思想，以增强诚实守信意识为重点，加强社会公德、职业道德、家庭美德、个人品德建设，引导人们自觉履行法定义务、社会责任、家庭责任，建设中华民族共有精神家园，建设社会主义和谐文化。

从党的十七大到 2012 年，是科学发展伦理思想不断发展完善和深化的阶段。2008 年 9 月 14 日，中共中央下发《关于在全党开展深入学习实践科学发展观活动的意见》，强调用一年半左右的时间，在全党分批开展深入学习实践科学发展观的活动，并对其重大现实意义和紧迫性、指导思想和目标要求、要把握的主要原则、要解决的重点问题以及开展学习实践活动的批次安排和步骤等做出全面部署。9 月 19 日，胡锦涛在全党深入学习实践科学发展观活动动员大会暨省部级主要领导干部专题研讨班上发表重要讲话，强调深入学习实践科学发展观，是在深刻变化的国际环境中推动我国发展的迫切需要，是落实实现全面建设小康社会奋斗目标新要求的迫切需要，是以改革创新精神全面推进党的建设新的伟大工程的迫切需要。2008 年 12 月 18 日，在纪念党的十一届三中全会召开三十周年大会上，胡锦涛发表重要讲话，对 30 年改革开放所积累的经验进行总结，强调必须把坚持马克思主义基本原理同推进马克思主义中国化结合起来，把坚持四项基本原则同坚持改革开放结合起来，把尊重人民首创精神同加强和改善党的领导结合起来，把坚持社会主义基本制度同发展市场经济结合起来，把推动经济基础变革同推动上层建筑改革结合起来，把发展社会生产力同提高全民族文明素质结合起来，把提高效率同促进社会公平结合起来，把坚持独立自主同参与经济全球化结合起来，把促进改革发展同保持社会稳定结合起来，把推进中国特色社会主义伟大事业同推进党的建设新的伟大工程结合起来。这"十个结合"是改革开放 30 年所积累的宝贵的历史经验，全党同志要倍加珍惜和自觉运用这些宝贵经验。2011 年 7 月 1 日，在庆祝中国共产党成立九十周年大会上，胡锦涛发表重要讲话，全面总结中国共产党成立 90 年走过的光辉历程和取得的辉煌成就，并对新时期如何加强社会主义现代化建设和党的建设做出新的战略部署。中国共产党的历史证明，只有以马克思主义这个科学理论为指导，才能把中国的事情办好。中国共产党正是由于把马克思主义基本原理与中国具体实际相结合，创立了马克思主义中国化的两大理论成果，即毛泽东思想和中国特色社会主义理论体系，才领导中国革命、建设、改革从胜利走向胜利。中国共产党的历史证明，只有依靠人民，关心群众利益，始终保持同人民群众的血肉联系，才能把中国的事情办好。中国共产党立党的目的就是救国救民，让老百姓过上幸福生活。人民群众是历史的主人，忘记了群众、脱离了群众、不依靠群众，就不可能把事情办好。中国共产党的历史证明，只有永远保持自身的先进性和纯洁性，才能把中国的事情办好。中国共产党是在中国众多政党中被历史选择的政党，之所以被历史选择、被人民选择，就因为它具有先进性和纯洁性。胡锦涛强调指出，我们必须横下一条心，排除一切干扰，紧紧抓住经济建设这个中心不动摇、不懈怠、不折腾，聚精会神搞建设、一心一意谋发展，不断夯实社会全面进步和人的全面发展的物质基础。坚定不移走科学发展之路，就是要以科学发展为主题，以加快转变经济发展方式为主线，更加注重以人为本，在经济不断发展的基础上，让发展的成果惠及全体人民，逐步实现全体人民的共同富裕。同时，既满足当代人的发展需要又考虑后代人的发展需要，既考虑眼前利益又考虑长远利益，既考虑局部利益又考虑全局利益，保证一代接一代地永续发展。

2012年11月，在中国共产党第十八次全国代表大会上，胡锦涛做了《坚定不移沿着中国特色社会主义道路前进，为全面建成小康社会而奋斗》的报告。报告回顾总结了十七大以来五年的工作和党的十六大以来的奋斗历程及取得的历史性成就，确立了科学发展观的历史地位，提出了夺取中国特色社会主义新胜利的基本要求，确定了全面建成小康社会和全面深化改革开放的目标，对新的时代条件下推进中国特色社会主义事业做出了全面部署。报告在许多方面进一步丰富发展了科学发展伦理思想，强调必须坚持维护社会公平正义，坚持走共同富裕道路，坚持促进社会和谐，坚持和平发展，提出建设社会主义文化强国，加强社会主义核心价值体系建设，积极培育和践行社会主义核心价值观，全面提高公民道德素质，大力推进生态文明建设，努力建设美丽中国，实现中华民族永续发展。十八大报告，标志着科学发展伦理思想进入一个成熟、圆润和体系化的阶段。

科学发展伦理思想，是以马克思主义世界观方法论为指导，在深刻总结和借鉴国外发展实践的经验教训的基础上，针对我国经济社会发展的现实所提出来的一种以科学发展、和谐发展、全面协调可持续发展为主要内容的发展伦理思想。科学发展伦理思想讲的发展不仅凸显出以经济建设为中心，不断解放和发展生产力的内涵，而且是同以人为本、全面协调可持续发展密切联系在一起的，实质上是一种既重视经济发展又重视人的发展和社会进步的、科学而崇高的发展伦理。以人为本是科学发展观的核心和本质，它是在对中西方发展伦理思想合理性继承的基础上发展起来的。当代美国发展伦理学代表人物古莱在《发展伦理学》一书中指出："虽然在某些方面，发展本身是追求的目的，但在更深层方面，发展从属于美好生活。"[1] 因此，对于"发展为了什么"的问题，古莱坚持认为，发展应该是"为所有人提供基本需要应优先于满足少数特权阶层的需要"[2]。科学发展伦理思想提出的以人为本比古莱的这一论述更加全面也更加高远，它具有丰富而深刻的内涵，可从"人是什么""为什么以人为本""以什么人为本""以人的什么为本""如何以人为本"等方面来界定和认识。其中，"人是什么"是根源论意义上的以人为本，"为什么以人为本"是目的论意义上的以人为本，"以什么人为本"是主体论意义上的以人为本，"以人的什么为本"是途径论意义上的以人为本，"如何以人为本"是保障论意义上的以人为本。"以人为本"与"以物为本""以钱为本""以官为本""以己为本"，乃至于与"以虚假的共同体为本"相对立，突出了在社会历史发展中人民群众是历史的创造者、是社会发展的价值主体，也突出了对人民群众包括每个个人的人文关怀和价值关怀。以人为本，以实现人的全面发展为目标，从人民群众的根本利益出发，谋发展、促发展，不断满足人民群众日益增长的物质文化需要，切实保障人民群众的经济、政治和文化权益，让发展的成果惠及全体人民。"以人为本"是对"以物为本"或"以神为本"的传统发展观的批判和超越，代表着社会主义先进伦理道德的发展要求，凸显着中国特色社会主义的发展理念、执政理念和价值观念。全

---

① ［美］德尼·古莱. 发展伦理学. 高铦，等译. 北京：社会科学文献出版社，2003：43.

② 同①45.

面发展、协调发展、可持续发展，是科学发展伦理思想的基石和特点。这种发展伦理主张破除重物轻人、片面追求经济增长的观念，坚持以人为本的伦理原则，实现经济发展与人口、资源、环境相协调，坚持走生产发展、生活富裕、生态良好的文明发展道路，以保证永续发展。统筹兼顾是科学发展伦理思想的根本方法，它本质上是"两点论"与"重点论"的有机统一，在具体工作中既要突出重点又要照顾其他，主次配合，协调一致，使各方面工作有重点、有秩序地向前发展。

科学发展伦理思想是当代发展伦理学的最新和最高成果，它深刻揭示了中国现代化建设的发展道路、发展模式、发展战略、发展目标和发展手段等，提出了"以人为本""民生幸福""和谐共生"等核心命题和观点，从"发展为了谁、发展依靠谁、发展惠及谁"等方面创造性地回答了"新形势下实现什么样的发展、怎样发展"的问题，将发展的合规律性与合目的性有机地统一起来，从而区别于其他一切"非科学"甚至"不科学"的发展伦理思想。科学发展伦理思想继承前人又超越前人的地方就在于，它强调发展的全面性，将发展从经济领域扩展到社会的各个领域，从量的发展扩展到质与量的统一发展，克服了以往某些方面存在的重经济指标轻社会进步、重物质财富轻精神财富、重当前利益轻长远利益的偏差。它强化了发展的人本性、协调性、持续性，凸显了统筹兼顾的伦理意义，赋予了马克思主义发展伦理思想新的时代内涵和实践要求，构建了一种全新的马克思主义发展伦理思想，是继邓小平伦理思想和"三个代表"伦理思想之后中国当代马克思主义伦理思想发展的最新成果，已经成为指导我国在21世纪新阶段发展先进伦理文化和社会主义道德建设的理论基础与行动指南。

四、习近平新时代中国特色社会主义伦理思想的形成与发展

十八大以来，以习近平为核心的党中央站在战略的高度来思考和筹划社会主义道德建设问题。在多次重要讲话中，习近平都谈到了道德建设问题，无论坚持道德建设的社会主义方向和借鉴中华优秀伦理文化，还是发挥领导干部、道德模范在道德建设中的模范带头作用，以及坚持

依法治国以德治国相结合、形成全民主动参与道德建设的良好氛围等，都为新时期的道德建设凝聚起了更强大的正能量。在习近平看来，道德是社会关系的基石，是人际和谐的基础，他强调要始终把弘扬中华民族传统美德、加强社会主义思想道德建设作为极其重要的战略任务来抓，为实现中华民族伟大复兴的中国梦提供强大的精神力量和有力的道德支撑。我们要传递真善美，传递向上向善的价值观，引导人们增强道德判断力和道德荣誉感，向往和追求讲道德、尊道德、守道德的生活。只要中华民族一代接一代地追求真善美的道德境界，我们的民族就永远健康向上、永远充满希望。

习近平在 2013 年十二届全国人大一次会议闭幕会上发表重要讲话，强调："实现中国梦必须弘扬中国精神。这就是以爱国主义为核心的民族精神，以改革创新为核心的时代精神。这种精神是凝心聚力的兴国之魂、强国之魂。"[1] 2013 年 9 月 26 日，习近平在北京会见第四届全国道德模范及提名奖获得者时指出："道德模范是社会道德建设的重要旗帜，要深入开展学习宣传道德模范活动，弘扬真善美，传播正能量，激励人民群众崇德向善、见贤思齐，鼓励全社会积善成德、明德惟馨，为实现中华民族伟大复兴的中国梦凝聚起强大的精神力量和有力的道德支撑。"[2] 2013 年 12 月，习近平在视察山东时发表重要讲话，他指出："国无德不兴，人无德不立。必须加强全社会的思想道德建设，激发人们形成善良的道德意愿、道德情感，培育正确的道德判断和道德责任，提高道德实践能力尤其是自觉践行能力，引导人们向往和追求讲道德、尊道德、守道德的生活，形成向上的力量、向善的力量。只要中华民族一代接着一代追求美好崇高的道德境界，我们的民族就永远充满希望。"[3] 2013 年 12 月 30 日，第十八届中央政治局就提高国家文化软实力研究进行第十二次集体学习，习近平发表讲话，强调："中国梦意味着中国人民和中华民族的价值体认和价值追求，意味着全面建成小康社会、实现中华民族伟大复兴，意味着每一个人都能在为中国梦的奋斗中

---

① 中共中央文献研究室，编. 习近平关于社会主义文化建设论述摘编. 北京：中央文献出版社，2017：3.

② 中共中央文献研究室，编. 习近平关于实现中华民族伟大复兴的中国梦论述摘编. 北京：中央文献出版社，2013：41.

③ 同①137.

实现自己的梦想，意味着中华民族团结奋斗的最大公约数，意味着中华民族为人类和平与发展作出更大贡献的真诚意愿。"① 2014 年 2 月 24 日在第十八届中央政治局第十三次集体学习时，习近平对如何在新的历史时期培育和践行社会主义核心价值观发表重要讲话，指出："博大精深的中华优秀传统文化是我们在世界文化激荡中站稳脚跟的根基。中华文化源远流长，积淀着中华民族最深层的精神追求，代表着中华民族独特的精神标识，为中华民族生生不息、发展壮大提供了丰厚滋养。中华传统美德是中华文化精髓，蕴含着丰富的思想道德资源。不忘本来才能开辟未来，善于继承才能更好创新。对历史文化特别是先人传承下来的价值理念和道德规范，要坚持古为今用、推陈出新，有鉴别地加以对待，有扬弃地予以继承，努力用中华民族创造的一切精神财富来以文化人、以文育人。"② 2014 年 5 月在与北京大学师生座谈时，习近平指出："一个人只有明大德、守公德、严私德，其才方能用得其所。修德，既要立意高远，又要立足平实。……踏踏实实修好公德、私德，学会劳动、学会勤俭、学会感恩、学会助人、学会谦让、学会宽容、学会自省、学会自律。"③ 2015 年在对全国道德模范表彰活动做出的批示中主张："持续深化社会主义思想道德建设……为中国特色社会主义事业提供源源不断的精神动力和道德滋养。"2016 年以来直至十九大报告，习近平发表了一系列关于社会主义道德建设的重要讲话，形成了习近平新时代中国特色社会主义伦理思想。

习近平新时代中国特色社会主义伦理思想涉及以下主要内容：

第一，坚定理想信念与实现中国梦。重视运用理想信念的力量凝聚人心、鼓舞力量，始终是中国共产党人的追求。习近平针对现实中一些党员干部理想信念迷茫的问题，重申"革命理想高于天"，形象地把理想信念比作共产党人精神上的"钙"，认为没有理想信念、理想信念不坚定，精神上就会"缺钙"，就会得"软骨病"，明确要求加强党员领导干部的理想信念教育，切实解决好世界观、人生观、价值观这个"总开

① 中共中央文献研究室，编. 习近平关于社会主义文化建设论述摘编. 北京：中央文献出版社，2017：200.

② 习近平. 培育和弘扬社会主义核心价值观//习近平谈治国理政. 北京：外文出版社，2014：164.

③ 习近平. 青年要自觉践行社会主义核心价值观//中共中央文献研究室，编. 十八大以来重要文献选编：中. 北京：人民出版社，2016：7.

关"问题。他主张将共产主义远大理想、中国特色社会主义共同理想与中华民族的历史命运结合起来，提出中华民族伟大复兴的中国梦，并强调要通过国家富强、民族振兴、人民幸福的中国梦的教育，激励与引导全体人民凝心聚神、为祖国建设事业奉献力量。他说："中国梦归根到底是人民的梦，必须紧紧依靠人民来实现，必须不断为人民造福。"①人民对美好生活的向往就是我们的奋斗目标，而我们的一切建设都必须紧紧依靠人民群众的大力支持、积极参与。我们的道德建设必须紧紧依靠人民，聚焦于那些遵守道德规范、追求阳光生活的普通百姓，注重挖掘人民群众身上最可宝贵的道德资源，创造条件形成全民主动参与道德建设、人人争做道德模范的良好氛围，在全社会形成易为人民接受、深受群众欢迎的道德建设的正能量和好风尚。

第二，培育和践行社会主义核心价值观。核心价值观承载着民族、国家的精神追求。"核心价值观，其实就是一种德，既是个人的德，也是一种大德，就是国家的德、社会的德。国无德不兴，人无德不立。"②习近平在第十八届中央政治局第十三次集体学习时提出："核心价值观是文化软实力的灵魂、文化软实力建设的重点。……培育和弘扬核心价值观，有效整合社会意识，是社会系统得以正常运转、社会秩序得以有效维护的重要途径……构建具有强大感召力的核心价值观，关系社会和谐稳定，关系国家长治久安。"③因此，要把培育和弘扬社会主义核心价值观作为凝魂聚气、强基固本的基础工程，使得培育和践行社会主义核心价值观成为当前思想政治教育的重要理论和现实问题。

第三，弘扬中华传统美德。近年来，一些历史虚无主义者否定中华传统文化的价值，主张借鉴西方的所谓普世价值观。对此，习近平强调中华传统文化在培育和践行社会主义核心价值观中的作用，提出要认真汲取中华优秀传统文化的思想精华和道德精髓，大力弘扬以爱国主义为核心的民族精神和以改革创新为核心的时代精神，深入挖掘和阐发中华

①　中共中央文献研究室，编．习近平关于实现中华民族伟大复兴的中国梦论述摘编．北京：中央文献出版社，2013：14.

②　中共中央文献研究室，编．习近平关于社会主义文化建设论述摘编．北京：中央文献出版社，2017：112.

③　习近平．培养和弘扬社会主义核心价值观//习近平谈治国理政．北京：外文出版社，2014：163.

优秀传统文化讲仁爱、重民本、守诚信、崇正义、尚和合、求大同的时代价值，使中华优秀传统文化成为涵养社会主义核心价值观的重要源泉。在习近平看来，中华传统美德是中华优秀文化的精髓，包含着许多值得我们批判继承的合理因素，比如古人"先天下之忧而忧，后天下之乐而乐"的政治抱负，"位卑未敢忘忧国""苟利国家生死以，岂因祸福避趋之"的报国情怀，"富贵不能淫，贫贱不能移，威武不能屈"的浩然正气，"人生自古谁无死，留取丹心照汗青""鞠躬尽瘁，死而后已"的献身精神等，都体现了中华优秀传统文化和民族精神，我们都应该继承和发扬。中华传统美德源远流长，孕育了中华民族的宝贵精神品格，培育了中国人民的崇高价值追求。自强不息、厚德载物的思想，支撑着中华民族生生不息、薪火相传，今天依然是我们推进改革开放和社会主义现代化建设的强大精神力量。

第四，把讲道德、尊道德、守道德有机地结合起来，积极引导人们追求高尚的道德理想，不断夯实中国特色社会主义的思想道德基础。习近平强调把弘扬中华民族传统美德、加强社会主义思想道德建设作为极为重要的战略任务来抓，推进社会公德、职业道德、家庭美德、个人品德教育，倡导爱国、敬业、诚信、友善等基本道德规范，培育知荣辱、讲正气、作奉献、促和谐的良好风尚，为实现中华民族伟大复兴的中国梦提供强大的精神力量和有力的道德支撑。

第五，肯定道德在国家建设和社会治理中的价值与功效。习近平明确在实施依法治国方略时不能忘记德治的力量，把法治建设和道德建设、把他律和自律紧密结合，做到法治和德治相辅相成、相互促进。他特别要求党员领导干部务必把加强道德修养作为重要的人生必修课，自觉从中华优秀传统文化中汲取营养，见贤思齐，以严格标准加强自律、接受他律，努力以道德的力量赢得人心、赢得事业成就。实现中华民族伟大复兴的中国梦，必须推进新时期的道德建设，建立一个同现代社会相匹配的公民道德规范体系，其意义已远远超出道德领域。公民道德素质的提高，既是建设现代文明的重要条件，又是现代文明的主要内容；崇高的道德，既是社会进步的精神引领，又是人生幸福的重要内容。在习近平的论述中，道德不仅是"立人"的根本，而且是兴国的基础和良策。国家兴旺发达需要道德的支撑和引领，人生幸福平安也离不开道德的规范和化育。习近平指出，伟大时代呼唤伟大精神，崇高事业需要榜样引领，并强调要高度重视和切实加强道德建设，推进道德教育，倡导基本道德规范，培育良好风尚。

习近平新时代中国特色社会主义伦理思想关于思想道德建设的一系列新的思想、新的论述，为新时期的思想道德和伦理文化建设工作指明了方向、奠定了基础。

第三章　物质文明与经济建设伦理思想

　　马克思主义伦理思想中国化最新成果，既是一个由邓小平伦理思想、"三个代表"伦理思想、科学发展伦理思想和习近平新时代中国特色社会主义伦理思想等组合起来的伦理理论体系，又是一个渗透和贯穿于中国特色社会主义现代化建设各个方面各个领域的伦理理论体系，涉及社会主义物质文明、政治文明、精神文明、社会文明、生态文明、党的建设文明等领域与方面。就社会主义物质文明与经济建设伦理思想而言，尤以消灭贫穷和实现共同富裕的社会主义本质论、建立和完善社会主义市场经济伦理、培育和树立社会主义义利观等最为突出，它们从整体精神和内在含蕴上彰显出社会主义经济现代化建设的伦理意蕴与精神，推动着马克思主义伦理思想中国化不断发展。

一、物质文明和社会主义现代化建设的伦理意义

　　中国特色社会主义是在社会主义现代化建设中逐渐明晰思路，逐步形成理论和探索出一条正确道路的。社会主义现代化凝聚着中华民族的理想追求和价值目标，凝结着无数仁人志士与中华儿女的精神渴盼和伦理信念，在以毛泽东为核心的党的第一代中央领导集体探讨的基础上，由邓小平开启大幕，江泽民、胡锦涛和习近平对之做进一步发展，从而不仅极大地改变了中国的面貌，而且迎来了国家富强和民族复兴的新曙光。

（一）社会主义物质文明的本质内涵

物质文明是指人类物质生活的进步状况和改造客观世界、创造物质生活成果的总和，内容包括社会生产力的发展、生产工具和技术的改进、生产规模的扩大、社会财富的积累，以及人的物质生活水平的改善、衣食住行水平的提高、生活方式的变化等。它与社会生产力发展水平相一致，并受生产关系、地理条件、人口因素的制约和影响。科学技术的发展对物质文明的发展起决定作用。物质文明的发展在整个社会文明和历史发展中处于基础地位。人类在原始社会的早期生产能力很弱，生活是非常困苦的。那时人们穴居野处，茹毛饮血。人们主要依靠双手，集体采集各种野生植物的果实、块根来维持生存。后来人们学会打制石器，发明弓箭，制作简单生产工具，加强了猎取动物的能力。人们由旧石器时代进入新石器时代后，又逐渐学会冶炼技术，能够使用金属工具，人类历史由此进入青铜时代和铁器时期。马克思说："各种经济时代的区别，不在于生产什么，而在于怎样生产，用什么劳动资料生产。劳动资料不仅是人类劳动力发展的测量器，而且是劳动借以进行的社会关系的指示器。"① 不同的生产方式区分了不同经济时代。蒸汽机的发明使人类进入了近代文明的时期。从此以后，人类社会的生产能力和科学技术更得到迅速发展。物质文明愈高，表明人类离开野蛮状态愈远，依赖自然的程度愈小，控制自然的能力愈强。物质文明的高度发展给人类改造自然、征服宇宙、推动人类社会本身的进步创造了优越的、必要的、先决的条件。

从渔猎时代开始，经过农业文明、工业文明，人类改造自然的能力越来越强大。特别是进入工业文明以后，人类改造自然的能力空前提高，通过获取资源创造了巨大的物质财富，推动了物质文明的发展。马克思、恩格斯在《共产党宣言》中写道："资产阶级在它的不到一百年的阶级统治中所创造的生产力，比过去一切世代创造的全部生产力还要多，还要大。自然力的征服，机器的采用，化学在工业和农业中的应用，轮船的行驶，铁路的通行，电报的使用，整个整个大陆的开垦，河川的通航，仿佛用法术从地下呼唤出来的大量人口——过去哪一个世纪

---

① ［德］马克思. 资本论：第1卷//马克思恩格斯文集：第5卷. 北京：人民出版社，2009：210.

料想到在社会劳动里蕴藏有这样的生产力呢?"① 但是，工业文明由于同资本家贪得无厌地追求剩余价值紧密地联系在一起，资产阶级的生产关系发展到后来已经不能容纳物质文明的健康发展，造成社会财富的大量破坏，产生了前所未有的经济危机、生态危机和社会危机。

社会主义物质文明是人类物质文明发展的新阶段和新境界，具有立于人类物质文明成就基础之上而又彰显社会主义制度合理性的诸多先进性和优越性。社会主义物质文明的基本特征表现在以下几个方面：一是社会主义能够克服生产社会化与生产资料私人占有的矛盾，创造比资本主义高得多的劳动生产率，因此能更有效、更迅速地发展社会生产力；二是物质财富以按劳分配的方式为全社会劳动者平等合理地共同享用，从制度层面解决了资本主义社会两极分化、贫富对立的问题，整体提升了全体社会成员的富裕水平；三是将发展社会生产力、最大限度地满足全体社会成员日益增长的物质生活需要视为生产目的，彻底扭转了资本主义社会以资本家个人发财致富为生产目的的观点和做法；四是将物质文明与精神文明统一起来，注重在发展物质文明的基础上发展精神文明，实现物质文明建设与精神文明建设的协调发展。社会主义物质文明与社会主义精神文明相互促进、协调发展。

社会主义物质文明是社会主义社会人们认识自然和改造自然的物质成果，表现为物质生产的进步和物质生活的改善。社会主义物质生产建设一般是指工业、农业、建筑业、运输业、公共饮食业以及从事管理、加工工作的那一部分服务性行业等各种物质生产行业的发展和劳动生产率的提高。社会主义物质生活建设是指人们吃穿住行等物质生活条件的改善、物质生活水平的提高以及物质生活方式的改进。物质生产建设是物质生活建设的基础和条件，物质生活建设是物质生产建设的依托和保障。同时，二者相辅相成，共同构成物质文明建设的主体内容和基本进步指标。

社会主义的根本任务是解放生产力和发展生产力，从而促进物质文明不断向前发展。生产力是社会发展最根本的决定性因素。处在社会主义初级阶段的当代中国，发展生产力的任务尤为突出。十一届三中全会以来，中国共产党人在总结新中国成立以来社会主义建设正反两方面经

---

① ［德］马克思，恩格斯. 共产党宣言//马克思恩格斯文集：第 2 卷. 北京：人民出版社，2009：36.

验教训的基础上，更加清醒地意识到发展生产力对于社会主义的重大意义，把集中力量发展社会生产力摆在首位，把经济建设作为党和国家工作的中心任务。发展生产力，必须遵循经济发展的客观规律，善于抓住机遇，利用各种有利条件，促进经济的发展，并坚持速度与效益的统一，使经济发展与人口、资源、环境相协调，走可持续发展之路。随着经济的发展，科学技术在生产力中的作用越来越重要，必须把加速发展科学技术放在十分重要的地位。在经济发展的基础上，促进社会的全面进步，逐步缩小地区之间、城乡之间发展水平的差距，不断提高人民的物质文化生活水平。生产关系一定要适应生产力的发展水平，要改革生产关系中不适应生产力发展的环节，促进社会主义市场经济体制不断完善。

加强物质文明建设是建设社会主义现代化强国的一项根本战略目标，对于实现向共产主义过渡具有提供物质基础的重大意义。我国的社会主义由半殖民地半封建社会过渡而来，生产力不发达且不平衡是其显著的特点。虽然社会主义可以跨越"卡夫丁峡谷"，但是也不能不解决生产力不发达的问题。社会主义社会建立后，必须把发展生产力作为重要任务，创造比资本主义更加先进的劳动生产率，这样才能真正彰显自己的合理性和进步性。目前，我国还处于社会主义初级阶段，生产力水平不高，社会主义物质文明还很不发达。要摆脱这种状态，必须充分发挥社会主义制度的优越性，尤其要把发展生产力作为党和国家全部工作的中心，坚定不移地大力进行社会主义物质文明建设，促进整个社会物质生产的进步和物质生活的改善。

加强物质文明建设是社会主义的根本任务，也是社会主义建设的基本价值目标，对于凸显社会主义的优越性具有极其重要的意义。社会主义革命归根到底是为了解放生产力、发展生产力。因此，社会主义社会必须注重生产力的发展，特别是处于社会主义初级阶段的当代中国，坚持以经济建设为中心，集中力量大力发展社会生产力，把社会主义物质文明建设好，是我们的根本任务。当今世界，经济政治格局正发生着深刻的变化，国与国之间的竞争乃至社会主义制度与资本主义制度之间谁胜谁负，集中地体现在经济实力和科技实力的较量上，社会主义要创造出高于资本主义的劳动生产率，并最终战胜资本主义，取决于它的发展速度和质量，取决于它的科技、教育。积极推进经济增长方式的转变，把提高经济效益作为经济工作的中心，是我们在今后经济和社会发展中必须贯彻的重要方针。

加强物质文明建设、大力发展社会主义经济，是参与国际竞争、提高综合国力的客观要求。当今世界，国家、民族间的竞争主要是以经济实力为后盾而进行的。我们只有坚持以经济建设为中心，大力发展社会生产力，才能增强综合国力，才能保证在经济全球化条件下的激烈国际竞争中处于主动地位，维护国家的主权和独立，为促进世界和平与人类共同发展做出应有的贡献，为基本实现现代化进一步奠定坚实的基础。

（二）中国现代化道路的艰辛探索

发展先进而丰裕的物质文明是现代化的重要内涵。中国原本是一个农业大国，在以自然经济和小商品经济为主的前现代社会一度领先世界。但是，封建主义后期的腐朽特别是清政府闭关锁国政策等因素叠加，致使中国社会生产力在康雍乾以后迅速落后于西方资本主义诸国。1840 年鸦片战争的失败，致使中国成为一个半殖民地半封建国家。自鸦片战争失败起，"先进的中国人，经过千辛万苦，向西方国家寻找真理"[1]，这凸显了富国强兵、富强文明等理念对中国社会和中国人民的价值，中国在西方国家的挑战和压力下开始了艰难的现代化进程，经历了世界上其他国家现代化不曾有过的痛苦。中国社会和中国历史走向现代化的进程遭遇了空前的困难与阻挠。原因在于，"帝国主义列强侵入中国的目的，决不是要把封建的中国变成资本主义的中国。帝国主义列强的目的和这相反，它们是要把中国变成它们的半殖民地和殖民地"[2]。西方列强通过发动多次战争，强迫中国签订一系列不平等条约，控制了中国一切重要的通商口岸和交通事业，它们还在中国开办企业，以便直接利用中国的原料和廉价劳动力，并以此对中国的民族工业进行直接的经济压迫，直接地阻碍中国生产力的发展。可见，帝国主义入侵中国并不是想让中国发展资本主义或帮助中国发展资本主义，而是想把中国变

---

① 毛泽东. 论人民民主专政//毛泽东选集：第 4 卷. 2 版. 北京：人民出版社，1991：1469.

② 毛泽东. 中国革命和中国共产党//毛泽东选集：第 2 卷. 2 版. 北京：人民出版社，1991：628.

成它们征服和控制的对象，变成它们的原料产地和商品市场。帝国主义入侵中国，一方面促使中国封建社会解体，把一个封建社会变成了一个半封建的社会，另一方面"又残酷地统治了中国，把一个独立的中国变成了一个半殖民地和殖民地的中国"①。与此同时，中国原有的封建主义统治腐朽且顽固守旧，很难促使中国社会走上富强、独立、文明的现代化发展道路。鸦片战争以后的封建主义统治者日趋同帝国主义侵略者结合，成为帝国主义侵略者"统治中国的支柱"②，致使中国社会走向现代化变得日趋艰难。就此而论，中国社会现代化进程不是一种平稳的自身演进，而是一个充满冲突的革命性变革过程。旧的社会制度、腐朽的体制和观念，严重地阻碍着中国社会现代化的发展，尤其是西方帝国主义列强对中国实施的政治经济侵略，极大地阻碍着中国社会的现代化进程。诚如毛泽东所说，"不是别的，就是帝国主义和封建主义，就是帝国主义国家的资产阶级和本国的地主阶级。因为，在现阶段的中国社会中，压迫和阻止中国社会向前发展的主要的东西，不是别的，正是它们二者。二者互相勾结以压迫中国人民，而以帝国主义的民族压迫为最大的压迫，因而帝国主义是中国人民的第一个和最凶恶的敌人"③。所以，中国社会的现代化在一个相当长的历史阶段里，不得不经历反帝反封建的民族民主革命，以扫除中国社会通向现代化道路上的巨大障碍，由此也使得中国社会的现代化变得异常艰难，所要解决的并不仅仅是经济文化的发展，首先是和主要是推翻帝国主义与封建主义两座大山的民族民主革命。"鸦片战争后，中国成为半殖民地半封建国家。中华民族面对着两大历史任务：一个是求得民族独立和人民解放；一个是实现国家繁荣富强和人民共同富裕。前一任务是为后一任务扫清障碍，创造必要的前提。"④ 没有反帝反封建的民族民主革命，就没有办法求得民族的独立和人民的解放，也就谈不上实现国家的繁荣富强和人民的共同富裕。从某种意义上说，中国人民进行的反帝反封建的民族民主革命具有为现代化铺平道路甚或奠基的历史性作用。

---

① 毛泽东. 中国革命和中国共产党//毛泽东选集：第 2 卷. 2 版. 北京：人民出版社，1991：630.

② 同①629.

③ 同①633.

④ 江泽民. 高举邓小平理论伟大旗帜，把建设有中国特色社会主义事业全面推向二十一世纪//江泽民文选：第 2 卷. 北京：人民出版社，2006：2.

中国共产党从诞生之日起，就把实现民族独立和解放，建设社会主义现代化强国作为自己的历史责任。以毛泽东为核心的党的第一代中央领导集体带领全党和全国人民，抛头颅、洒热血，经过 28 年的浴血奋战，推翻了压在中国人民头上的三座大山，建立了中华人民共和国，为中国建设现代化事业创造了基本条件。对于社会主义现代化道路的探索，第一代中央领导集体早在新中国成立前就开始了。在西柏坡召开的中国共产党第七届中央委员会第二次全体会议上，毛泽东做了重要报告，他在报告中不仅提出"在革命胜利以后，迅速地恢复和发展生产，对付国外的帝国主义，使中国稳步地由农业国转变为工业国，把中国建设成一个伟大的社会主义国家"① 的任务，而且向世界表明，中国共产党人不但善于破坏一个旧世界，还将善于建设一个新世界。"中国人民不但可以不要向帝国主义者讨乞也能活下去，而且还将活得比帝国主义国家要好些。"② 在新政治协商会议筹备会上的讲话中，毛泽东提出，要使我们伟大的祖国"走上独立、自由、和平、统一和强盛的道路"③，并且充满深情地说："中国的命运一经操在人民自己的手里，中国就将如太阳升起在东方那样，以自己的辉煌的光焰普照大地，迅速地荡涤反动政府留下来的污泥浊水，治好战争的创伤，建设起一个崭新的强盛的名副其实的人民共和国。"④ 新中国成立后，为建设一个社会主义现代化的新中国，中国共产党人带领全国人民开始了艰辛的探索实践，在短短的 3 年时间内就基本完成政权的巩固和经济的恢复，使整个社会的运行正常化。此后，又成功地进行了有中国特色的社会主义改造，实现了社会主义制度在中国的确立。1954 年毛泽东提出："我们的总目标，是为建设一个伟大的社会主义国家而奋斗。我们是一个六亿人口的大国，要实现社会主义工业化，要实现农业的社会主义化、机械化，要建成一个伟大的社会主义国家，究竟需要多少时间？现在不讲死，大概是三个五年计划，即十五年左右，可以打下一个基础。到那时，是不是就很伟大了呢？不一定。我看，我们要建成一个伟大的社会主义国家，大概经

---

① 毛泽东. 在中国共产党第七届中央委员会第二次全体会议上的报告//毛泽东选集：第 4 卷. 2 版. 北京：人民出版社，1991：1437.

② 同①1439.

③ 毛泽东. 在新政治协商会议筹备会上的讲话//毛泽东选集：第 4 卷. 2 版. 北京：人民出版社，1991：1464.

④ 同③1467.

过五十年即十个五年计划，就差不多了，就像个样子了，就同现在大不一样了。"① 周恩来1954年9月在一届全国人大一次会议的政府工作报告中提出："我国的经济原来是很落后的；如果我们不建设起强大的现代化的工业、现代化的农业、现代化的交通运输业和现代化的国防，我们就不能摆脱落后和贫困，我们的革命就不能达到目的。"② 这是对四个现代化的最早概括，这里没有把科学技术现代化概括在四个现代化之内。1959年12月，周恩来在提出"建成一个独立的经济体系"任务的同时提出，"需要加快建设我们的国家，使我们国家更快地成为具有现代工业、现代农业、现代科学文化和现代国防的社会主义强国"③。这较之五年前的提法有了明显的不同，交通运输业不再单列，而被归入工业，增加了科学文化一项。1960年1月4日，他明确指出："在社会主义经济建设方面，我们提出四个现代化的要求：现代化工业、现代化农业、现代化科学文化和现代化国防。这样才会建成一个既富且强的社会主义国家。"④ 这段话对现代化目标的表述没有变化，但却首次提出"四个现代化"这一概念。1964年12月，在三届全国人大一次会议上，周恩来正式提出，"要在不太长的历史时期内，把我国建设成为一个具有现代农业、现代工业、现代国防和现代科学技术的社会主义强国"⑤。必须指出的是，中国社会发展自1957年以后在战略指导上出现了较为严重的探索性失误。"苏联模式"导致的种种弊端使得中国共产党人急于从变革生产关系上去探寻中国社会主义现代化的新路子。在回答中国社会主义经济和社会现代化这一新的时代课题时，缺乏经济建设经验，特别是忽视经济规律的作用，片面夸大人的主观能动性等，犯了"大跃进"和人民公社化运动的错误。后来，又错误地估计了阶级斗争的形势，发生了"文化大革命"十年动乱，致使中国社会发展偏离了社会主

① 毛泽东. 关于中华人民共和国宪法草案//毛泽东文集：第6卷. 北京：人民出版社，1999：329.
② 中共中央文献研究室，编. 建国以来重要文献选编：第5册. 北京：中央文献出版社，1993：584.
③ 中共中央文献研究室，编. 周恩来经济文选. 北京：中央文献出版社，1993：408.
④ 周恩来. 在全国文化工作会议上的讲话（1960年1月4日）//曹应旺. 周恩来的四个现代化思想研究. 当代中国史研究，1996（1）.
⑤ 中共中央文献研究室，编. 建国以来重要文献选编：第19册. 北京：中央文献出版社，1998：483.

义现代化的主题，使中国现代化事业遭受了巨大损失，教训十分深刻。

中国的改革开放和社会主义现代化建设开始于对新中国成立以来社会主义革命和建设的全面回顾与反思。邓小平作为党的第一代中央领导集体的重要一员和第二代中央领导集体的核心，有着对改革开放以前历史经验教训的深刻总结，并在这一深刻总结的基础上开创了有中国特色的社会主义现代化建设道路。他对新中国成立后头8年中国社会的发展予以高度评价，指出这一时期"发展是健康的，政策是恰当的"①。对于社会主义改造，邓小平认为搞得很成功，很了不起，并说"这是毛泽东同志对马克思列宁主义的一个重大贡献"②。但对1958年直至1978年这段时间中国社会的发展，邓小平则持批评态度。他曾说："中国社会从一九五八年到一九七八年二十年时间，实际上处于停滞和徘徊的状态，国家的经济和人民的生活没有得到多大的发展和提高。"③主要原因在于脱离了发展生产力这一主题，片面强调"以阶级斗争为纲"，使全社会的注意力过度集中于"兴无灭资""斗私批修""反修防变"的主题上，因而导致了社会主义建设的停顿和发展机遇的丧失。比较而言，日本、韩国等国都是在此时期加快现代化建设步伐并促使自己国家迅速崛起的。

中国共产党第十一届三中全会的召开，是中国社会主义现代化发展史上一个极端重要的事件。它的成功召开"标志着我们党重新确立了马克思主义的思想路线、政治路线、组织路线，标志着中国共产党人在新的时代条件下的伟大觉醒，显示了我们党顺应时代潮流和人民愿望、勇敢开辟建设社会主义新路的坚强决心"④。十一届三中全会开始全面认真纠正"文化大革命"中及其以前的"左"倾错误，果断停止"以阶级斗争为纲"的做法，做出把党和国家的工作中心转移到经济建设上来、实行改革开放的历史性决策。在党的十一届三中全会的春风吹拂下，神州大地万物复苏、生机勃发，中国社会踏上社会主义现代化建设的伟大征程。

作为中国改革开放的总设计师，邓小平立足中国的现实国情，观察

---

① 邓小平. 我们干的事业是全新的事业//邓小平文选：第3卷. 北京：人民出版社，1993：253.

② 邓小平. 对起草《关于建国以来党的若干历史问题的决议》的意见//邓小平文选：第2卷. 2版. 北京：人民出版社，1994：302.

③ 邓小平. 改革的步子要加快//邓小平文选：第3卷. 北京：人民出版社，1993：237.

④ 胡锦涛. 在纪念党的十一届三中全会召开三十周年大会上的讲话//胡锦涛文选：第3卷. 北京：人民出版社，2016：149.

思考着中国的未来，深切感到中国社会和中华民族的前途与命运就在于
现代化能否实现。他坚持并发展了党的解放思想、实事求是的思想路线，
带领全党果断地将"以阶级斗争为纲"转移到以经济建设为中心上来，
将中国社会由封闭状态和墨守成规推向了全面改革开放，找到了一条在
中国这样一个人口多、底子薄、经济文化比较落后的东方大国建设社会
主义、进行现代化建设的道路，即一条建设有中国特色的社会主义的新
道路。改革开放是党在新的时代条件下带领人民进行的新的伟大革命，
"目的就是要解放和发展社会生产力，实现国家现代化，让中国人民富裕
起来，振兴伟大的中华民族；就是要推动我国社会主义制度自我完善和
发展，赋予社会主义新的生机活力，建设和发展中国特色社会主义"[1]。
1978 年 3 月 18 日，邓小平在全国科学大会开幕式上发表讲话，提出：
"在二十世纪内，全面实现农业、工业、国防和科学技术的现代化，把我
们的国家建设成为社会主义的现代化强国，是我国人民肩负的伟大历史
使命。"[2] 在这次讲话中，邓小平以一个马克思主义者的理论自觉，十分
清晰地论述了科学技术是生产力并在生产力中起着越来越重要的作用，
并主张大力发扬科学技术工作者的积极性和创造性。在邓小平看来，"四
个现代化，关键是科学技术的现代化。没有现代科学技术，就不可能建
设现代农业、现代工业、现代国防。没有科学技术的高速度发展，也就
不可能有国民经济的高速度发展"[3]。1978 年 12 月 13 日，在中共中央工
作会议闭幕会上，邓小平发表了《解放思想，实事求是，团结一致向前
看》的讲话，这一讲话为随即召开的十一届三中全会做了充分准备。在
这一讲话中，邓小平强调指出："实现四个现代化是一场深刻的伟大的革
命。在这场伟大的革命中，我们是在不断地解决新的矛盾中前进的。因
此，全党同志一定要善于学习，善于重新学习"[4]，"要努力把马克思主义
的普遍原则同我国实现四个现代化的具体实践结合起来"[5]，"为改变我国

---

① 胡锦涛. 在纪念党的十一届三中全会召开三十周年大会上的讲话//胡锦涛文选：第 3
卷. 北京：人民出版社，2016：150.

② 邓小平. 在全国科学大会开幕式上的讲话//邓小平文选：第 2 卷. 2 版. 北京：人民
出版社，1994：85-86.

③ 同②86.

④ 邓小平. 解放思想，实事求是，团结一致向前看//邓小平文选：第 2 卷. 2 版. 北
京：人民出版社，1994：152-153.

⑤ 同④153.

的落后面貌，把我国建成现代化的社会主义强国而奋勇前进！"① 实现四个现代化作为一场深刻的、伟大的革命，必然会出现许多预想不到的新情况、新问题，尤其是生产关系和上层建筑的改革也一定会出现各种各样的复杂情况、复杂问题，这就要求我们一定要有充分的思想准备，要有攻关夺隘、奋斗不息的精神武装。1979 年 3 月，在《坚持四项基本原则》一文中，邓小平明确提出："现在搞建设，也要适合中国情况，走出一条中国式的现代化道路。"② 要使中国实现四个现代化，至少有两个重要特点即"人口多""底子薄"是必须看到的。人口多特别是农民多，这种情况不是很容易改变的。由于底子太薄，当时的中国仍然是世界上很贫穷的国家之一。中国的科学技术力量很不足，科学技术水平从总体上看要比世界先进国家落后二三十年。因此，他提出："中国式的现代化，必须从中国的特点出发。"③ 党的十二大，邓小平在总结我国革命和建设经验的基础上，提出了"建设有中国特色的社会主义"的科学论断和现代化的基本方向。1984 年 10 月，邓小平强调"革命和建设都要走自己的路"④，"中国革命的成功，是毛泽东同志把马克思列宁主义同中国的实际相结合，走自己的路。现在中国搞建设，也要把马克思列宁主义同中国的实际相结合，走自己的路⑤。"走自己的路"，就是要建设有中国特色的社会主义，走出一条中国式的社会主义现代化建设道路。这是邓小平建设有中国特色社会主义理论的核心命题和理论精髓，意味着中国现代化虽然是后发的、以外生为主的，但是必须要在具体的建设过程中使之具有中国特色，彰显中国现代化的独特性，不能简单移植西方现代化的做法，更不能走西方现代化的老路，只能走符合中国国情的现代化道路。1985 年 8 月，邓小平指出："我们要实现工业、农业、国防和科技现代化，但在四个现代化前面有'社会主义'四个字，叫'社会主义四个现代化'。"⑥ 社会主义四

① 邓小平. 解放思想，实事求是，团结一致向前看//邓小平文选：第 2 卷. 2 版. 北京：人民出版社，1994：153.

② 邓小平. 坚持四项基本原则//邓小平文选：第 2 卷. 2 版. 北京：人民出版社，1994：163.

③ 同②164.

④ 邓小平. 革命和建设都要走自己的路//邓小平文选：第 3 卷. 北京：人民出版社，1993：94.

⑤ 同④95.

⑥ 邓小平. 改革是中国发展生产力的必由之路//邓小平文选：第 3 卷. 北京：人民出版社，1993：138.

个现代化不同于资本主义现代化，在于它是以社会主义基本价值为目标追求和以社会主义基本制度为依靠保障的，具体来说是 1987 年 10 月，党的十三大正式确认了邓小平提出的"三步走"战略目标：第一步，到 20 世纪 80 年代末，实现国民生产总值比 1980 年翻一番，解决人民的温饱问题；第二步，到 20 世纪末，使国民生产总值再增长一倍，人民生活达到小康水平；第三步，到 21 世纪中叶，人均国民生产总值达到中等发达国家水平，人民生活比较富裕，基本实现现代化。然后，在这个基础上继续前进。这个"三步走"战略目标，体现了中国共产党和中国人民实现中华民族伟大复兴的雄心，也反映了中国现代化建设目标的统一性和连续性。

邓小平从战略上注目现代化经济建设，主张把经济发展提到社会主义的本质高度来认识，认为只有经济的真正起飞才能为中国社会主义现代化的尽早实现奠定坚实的基础。从以乡村为主的农业社会转变为以城市为中心的工业社会，是现代化进程中的关键一步。其中，经济发展的程度是这一转变能否成功的决定性因素。邓小平强调加紧经济建设，就是加紧四个现代化建设，并认为四个现代化集中起来讲就是经济建设；他主张要硬着头皮、顶住一切压力把经济建设搞上去，因为这是一个关乎现代化建设大局或关键的问题。要坚持社会主义，首先就要摆脱贫穷落后状态，为此就需要大力发展社会生产力，只有创造出比资本主义更加先进、更加有效的劳动生产率，才能真正体现社会主义的优越性和先进性。"把建设四个现代化作为几十年的奋斗目标"①，既是社会主义的本质要求，也事关人民的共同富裕和幸福。关于改革开放，邓小平谈得最多的是有关发展生产力的问题。从 20 世纪 80 年代开始，他就不断强调，社会主义的任务很多，但最根本的任务是发展生产力，逐步摆脱贫困，使国家能够尽快地富强起来，使人民生活能够得到逐步改善。发展生产力事关国家的富强和人民的富裕，彰显的是富强的伦理意义。

邓小平现代化思想深化了对社会主义本质和建设规律的认识。在邓小平看来，社会主义的现代化和现代化的社会主义是高度统一、有机结合的。发展生产力与实现国家富强、人民富裕的价值目标也是高度吻合的，是鸦片战争后中国无数仁人志士孜孜以求、为之奋斗的目标，也是中国共产党人肩负的伟大使命。邓小平现代化思想为中国的现代化绘制

---

① 邓小平. 社会主义必须摆脱贫穷//邓小平文选：第 3 卷. 北京：人民出版社，1993：224.

了宏伟蓝图，是实现中华民族伟大复兴的强大思想武器。为了实现国家的富强，在邓小平现代化思想指引下，中国共产党领导全国人民经过20多年的艰苦奋斗，取得了现代化建设的辉煌成就，初步改变了中国贫穷落后的面貌，为实现中华民族的伟大复兴打牢了基础。

党的十三届四中全会以来，以江泽民为核心的党的第三代中央领导集体，面对复杂的国际国内形势，认真总结中国共产党80多年的历史经验特别是改革开放20多年的经验，科学地判断党所处的历史方位，运筹帷幄、从容应对，带领全党和全国人民，继续坚持以经济建设为中心不动摇，一心一意进行现代化建设，进一步深化改革、扩大开放，战胜了来自政治、经济、自然界的各种困难和风险，保证了改革开放和社会主义现代化建设的航船沿着正确的方向前进，使我国综合国力大幅度跃升，人民生活显著提高，社会长期保持了安定团结、政通人和的局面，国家从总体上进入了小康社会，胜利地实现了我国现代化建设的第二步战略目标。

党的十四大总结十一届三中全会以来社会主义现代化建设的实践经验，动员全党同志和全国各族人民，进一步解放思想，把握有利时机，加快改革开放和社会主义现代化建设步伐，夺取有中国特色社会主义事业的更大胜利。会议报告指出，以邓小平为核心的党的第二代中央领导集体，领导全党和全国各族人民开始的社会主义现代化建设是又一次伟大革命，是要进一步解放和发展生产力，经过长期奋斗，把中国由不发达的社会主义国家变成富强民主文明的社会主义现代化国家，使社会主义的优越性在中国充分体现出来。此次会议总结了邓小平建设有中国特色社会主义理论，将其主要内容概括为九个方面，主张加快改革开放和社会主义现代化建设步伐，把建设有中国特色社会主义事业推向新的阶段和水平。会议对20世纪90年代改革开放和社会主义现代化建设的主要任务做出明确的部署，明确主张建立社会主义市场经济体制，指出我国经济体制改革的目标是建立社会主义市场经济体制，以利于进一步解放和发展生产力，并对社会主义市场经济体制的性质、功能、作用以及市场体系的培育等做出科学的阐释与论述，吹响了社会主义现代化建设新的号角。

中国共产党第十五次全国代表大会对我国跨世纪发展做出战略部署，指出从十五大起到21世纪的前十年，是我国实现现代化建设第二步战略目标、向第三步战略目标迈进的关键时期。在这个时期，建立比较完善的社会主义市场经济体制，保持国民经济持续快速健康发展，是必须解决好的两大课题。为此，一定要牢牢抓住历史机遇，开拓前进，不断深化对社会主义现代化建设规律的认识和把握。只有深刻认识和全面把握社会主义现代化建设的规律，才能将有中国特色社会主义现代化建设推向新的阶段和水平。

党的十六大以来，以胡锦涛为总书记的党中央领导集体基于新时代、新形势、新任务，进一步阐发和论述社会主义现代化建设的有关思想，并做出重大战略部署。2003 年，胡锦涛在参加十届全国人大一次会议西藏代表团审议会议时指出，21 世纪头 20 年对我国来说是一个必须紧紧抓住并且可以大有作为的重要战略机遇期。这是党中央在科学分析国内外形势的基础上做出的一个重大战略判断。我们要正确把握并坚持这个重大战略判断，坚定不移地实现我们的奋斗目标和各项任务。①能否抓住机遇，加快发展，是关乎一个政党、一个国家、一个民族兴衰成败的重大问题。历史上，我国有过丧失机遇而落伍的深刻教训，也有过抓住机遇而实现快速发展的成功经验。现在，我们正处在又一个难得的有利发展时机。机不可失，时不再来，必须紧紧抓住机遇，只争朝夕地工作，根本目的是要把我们自己的事情办好，加快社会主义现代化建设步伐，确保实现十六大提出的宏伟目标。

全面建设小康社会，加快推进现代化，这是党和国家历史上空前伟大的事业，也是空前艰巨的事业。所谓空前伟大的事业，就是说它是中国特色社会主义经济、政治、文化全面发展的目标，是与加快推进现代化相统一的目标，是实现中华民族伟大复兴必经的重要阶段。这个新的目标，既包括实现经济总量的增长，也包括经济体制的完善；既着眼于提高人民的生活水平和生活质量，也着眼于促进人的素质的提高和人的全面发展；既涉及物质文明的发展，也涉及政治文明、精神文明的发展；既强调社会的和谐与全面进步，也强调人与自然的和谐、可持续发展的能力不断增强。

十八大以来，以习近平为核心的党中央提出实现中华民族伟大复兴的中国梦的战略目标，认为中国梦是国家的梦、民族的梦，也是每一个

①　胡锦涛在参加西藏代表团审议时指出紧紧抓住重要战略机遇期加快我国现代化建设步伐. 人民日报，2003-03-06.

中国人的梦，其本质不仅要实现国家的富强和人民的富裕，还要将社会主义现代化建设推向更高更新的发展阶段和水平，建设一个社会主义现代化国家，真正实现国家和民族的伟大复兴。习近平特别强调实干兴邦，认为全面建成小康社会要靠实干，基本实现现代化要靠实干，实现中华民族伟大复兴要靠实干。现在我们距离实现中华民族伟大复兴的中国梦的目标越来越近，尤其需要奋发有为、开拓进取、自强不息，不断夺取社会主义现代化建设事业的新胜利。

我国社会主义现代化事业是全国各族人民的共同事业，人民是实现我国社会主义现代化的根本力量。各级党委和政府要充分发挥人民首创精神，坚持发展为了人民、发展依靠人民、发展成果由人民共享，切实解决人民最关心、最直接、最现实的利益问题，使全体人民朝着共同富裕的方向稳步前进，进一步把全国各族人民的智慧和力量凝聚到全面建成小康社会、加快推进社会主义现代化建设的伟大事业上来。

（三）中国特色社会主义现代化建设的伦理意义

现代化是相对于传统社会而言的一种社会变革过程和"向经济富裕、政治稳定的社会的总体过渡"①，"经过这个过渡时期，人类进入一个取得技艺的现代理性阶段，达到主宰自然的新水平，从而将自己的社会环境建立在富足和合理的基础之上"，因此提出"现代化"这一概念的"目的在于把握、描述和评估从 16 世纪至今人类社会发生的种种深刻的质变和量变"②。这些变化开创了人类历史的一个新时代。现代化既是一个多层次、多元素、多侧面的发展过程，又是一种推动社会发展和人的观念变革的驱动力量，一种在人、物和社会各要素之间除旧布新，从而推动社会迅猛发展的巨大力量。W. 穆尔将现代化所引发的变化概括为四个方面：（1）价值观念上由传统社会的任人唯亲向任人唯贤转变；（2）"制度上，建立能够为经济生产而动员土地和资本的可转让的所有制，以及使劳动力能够自由流动的劳动市场制度和促进流通的商

---

① ［日］富永健一. "现代化理论"今日之课题——关于非西方后发展社会发展理论的探讨//［美］塞缪尔·亨廷顿，等. 现代化：理论与历史经验的再探讨. 上海：上海译文出版社，1993：112.

② ［印度］A. R. 德赛. 重新评价"现代化"概念//［美］塞缪尔·亨廷顿，等. 现代化：理论与历史经验的再探讨. 上海：上海译文出版社，1993：26.

品交换系统";(3)"组织上,建立专业化、金字塔式统制的科层制组织和得当的国家财政组织";(4)"个人的动机上,培养有创造精神的个性、业绩主义志向、向上的积极性以及对教育的渴望和活动热情"①。现代化的类型大体上可以分为内源型和后发型或者经典欧美型和非欧美型两大类。经典欧美型的现代化是指产生于西方的以理性主义、人文主义和工业革命、海外市场开辟以及城市化为主要内容的社会变革与发展过程。非欧美国家实现现代化有着不同于欧美国家的独特文化背景和路径依赖,美国经济史学家格尔申克隆提出,在工业化过程中,后进国家可以不必步先进国家后尘的观点,并认为后进国家有可能在"借用技术"的基础上比先进国家更快地实现工业化并赶上先进国家。

　　现代化是人类社会由传统社会向现代社会转变,并且发展为现代社会后不断建设现代社会的过程。不同国家、不同地区向现代社会的转变,都有自身的时间和过程。从宏观上说,到目前为止,人类经历了两次现代化:第一次现代化指的是从农业社会向工业社会、农业经济向工业经济、农业文明向工业文明的转变过程及其深刻的变化。第一次现代化的主要特点是工业化、专业化、城市化、民主化、法治化、理性化、世俗化等。在第一次现代化过程中,经济发展是第一位的,满足人类物质追求和经济利益的需要具有优先且重要的地位与价值。第一次现代化在世界各地转变得比较明显,发展得比较充分,也构成现代化发展史上比较成功的范例。第二次现代化是由工业社会向知识社会、工业经济向知识经济、工业文明向知识文明的转变过程及其深刻的变化。第二次现代化的主要特点是知识化、信息化、网络化、创新化、个性化、多样化、生态化。在第二次现代化过程中,生活质量是第一位的,第二次现代化已经开始但远未完成,正在发展的路上,具体的结论和结果还很难得出并说清。一般来说,它蕴含着知识和信息生产成了现代化发展的主要手段,人们在物质生活充裕的基础上有了幸福追求和自我表现的需要;物质生活质量可能日益趋同,但精神和文化生活呈现出多元化、多样化和丰富性。

　　从现代化赖以推进的现代物质基础和物质关系层面上看,现代化主

　　①　[日]富永健一."现代化理论"今日之课题——关于非西方后发展社会发展理论的探讨//[美]塞缪尔·亨廷顿,等.现代化:理论与历史经验的再探讨.上海:上海译文出版社,1993:112.

要以工业化和市场化作为两个重要的基础。工业化抛弃了落后的农业和手工业技术,通过其强大的工业生产能力,通过采用和消耗来自不同国家、不同地区的能源和材料,生产出丰富多样的物质产品,并把它们销往世界各地。市场化是以流动的资本作为前提,以追求利润最大化为目标的。在这一强大物质利益的推动下,各国不断打破地方的和国家的狭隘性,表现出一种外向的、突破国界和洲界的限制、走向全球的趋向。现代化带来或导致了全球化,由此也导致了现代化与全球化之间形成一种互动关系。一方面,现代性的培育和发展、现代化的实现,从来都是全球化中的现代化。也就是说,现代化从一开始就具有它的外延性,即现代化从来不把一个地方、一个地区作为它的疆界,而是把人类生活的星球作为它的活动区域。另一方面,全球化必然影响到一个国家现代化建设的格局和规模。全球化的发展是以不同国家之间广泛的经济关系为基础的。在广泛的经济交往中,国际间围绕贸易交换、经济交往形成了一整套的运行规则和机制。

现代化导致全球化,强化着现代化的普遍性。但现代化发展还有另一方面,即民族特色的现代化。在当代社会的发展条件下,全球化只是指全球不同民族、不同国家之间的联系得到了加强,任何一个国家经济社会的发展都不再是一种独立的现象。但不能由此得出结论说,全球相互联系加强了,作为全球化参与者的国家或民族就失去了独立地位。事实恰恰相反,随着全球化的加强,不同国家在选择自己现代化的发展道路上,都努力按照本民族的特色来发展自己,有的已经走出了一条具有自身特色的现代化发展道路。亚洲不少国家,它们在从原来宗主国的统治下解放出来后,就把确立民族特色和自身的文化属性作为走向现代化的基础,已经取得了相当的成功,积累了丰富的经验。

中国的现代化是一种后起外生的现代化,与英美国家原初内生的现代化颇为不同。中国置身于前现代和后现代夹缝间的特殊历史文化境遇里,要大力实施而不是放弃现代化工程,要充分参照而不是完全拒绝后现代主义已经展开的对现代主义之问题和弊端的批判,以保障中国现代化进程朝着合理完善的方向发展,亦即既要学习西方国家现代化建设的成功经验,又要超越西方国家高消费、高投入、高污染的现代化发展弊端,努力谋求人、自然、经济、文化、社会相互协调的可持续发展,走一条中国式的社会主义现代化道路。中国式的社会主义现代化的发展,既要始终坚持以经济建设为中心，始终把发展作为党执政兴国的第一要务，一心一意谋发展，聚精会神搞建设，又要在经济发展的基础上推进政治民主建设、精神文明建设、社会文明建设、生态文明建设和党的执政能力建设，除了不断满足人们的物质生活需要外，还应创造丰富多彩的精神文化生活。我们要塑造的主体是自由全面发展的主体，而不是片面和异化的主体。人的现代化是现代化发展的根本主题和目标。"一个国家，只有当它的人民是现代人，它的国民从心理和行为上都转变为现代的人格，它的现代政治、经济和文化管理机构中的工作人员都获得了某种与现代化发展相适应的现代性，这样的国家才可真正称之为现代化的国家。否则，高速稳定的经济发展和有效的管理，都不会得以实现。即使经济已经开始起飞，也不会持续长久。"① 邓小平提出培育有理想、有道德、有文化、有纪律的"四有新人"的命题和主张，强调社会主义现代化建设是一次伟大的长征和新的革命，我们的党和政府、我们的人民，必须解放思想、实事求是，团结一致向前看，以新的精神状态、新的人格要求投身于四个现代化建设的伟大事业，为振兴中华建功立业。

中国的社会主义现代化建设是在人口多、底子薄、发展很不平衡的基础上迈开步伐的。著名现代化理论研究专家罗荣渠在研究中国近代以来现代化建设坎坷历程时总结出中国现代化建设的四个特点：中国现代化建设是在一个幅员辽阔、人口众多、经济发展落后的农业大国中进行的，大国的变革比小国的变革更为艰难；中国现代化建设是在异乎寻常的内外环境中艰难进行的；中国现代化建设的过程是一个历史连续性的破坏与延续的深刻矛盾运动；中国走向现代化的过程是在世界现代化浪潮不断冲击与挑战之下，不断选择与变换发展模式的过程。② 应该说，罗荣渠教授对中国现代化建设之特点的这种判断是比较到位和准确的。亦即当代中国共产人领导的中国特色社会主义现代化建设事业，也面临着极其困难的内外环境。可以说，我们在推进改革开放和社会主义现代化建设中所肩负任务的艰巨性和繁重性世所罕见，我们在改革发展稳定中所面临的矛盾与问题的规模和复杂性世所罕见，我们在前进中所面对的困难和风险也世所罕见。当代中国共产党人创立的中国特色社会主义

① 殷陆君，编译. 人的现代化. 成都：四川人民出版社，1985：8.
② 罗荣渠. 现代化新论. 北京：北京大学出版社，1993：333-338.

现代化建设理论，吸收了各种现代化理论的精华，抓住了马克思主义的真谛，立足社会主义初级阶段的具体国情和中国社会的具体实际，坚持从实际出发，诚如邓小平所说："把马克思主义的普遍真理同我国的具体实际结合起来，走自己的道路，建设有中国特色的社会主义，这就是我们总结长期历史经验得出的基本结论。"[1] 只有把马克思主义同当代实践和时代特征结合起来的中国特色社会主义现代化建设理论，才能解决中国社会主义的前途和命运问题。中国的现代化是有中国特色的社会主义现代化，除了坚持从客观实际出发以外，更重要的是要坚持四项基本原则，并把四项基本原则与改革开放有机地结合起来。紧紧围绕经济建设这一中心，坚持改革开放，坚持四项基本原则，这就是"一个中心、两个基本点"的社会主义现代化建设理论的基本架构。这一基本架构凝聚着当代中国共产党人的创造智慧，日益成为全体中国人民的价值共识和行动导向，有着极其重要的伦理价值和理论引导价值。"能否实现四个现代化，决定着我们国家的命运、民族的命运。……社会主义现代化建设是我们当前最大的政治，因为它代表着人民的最大的利益、最根本的利益。"[2] 社会主义现代化，就是要改变中国贫穷落后的面貌，不但要使人民生活水平逐步提高，而且要使中国在国际上恢复符合自己实情的地位，对人类做出比较多的贡献。我们在一个有十几亿人口的、发展中的社会主义大国取得的摆脱贫困、加快现代化进程、巩固和发展社会主义的宝贵经验，闪耀着马克思主义的真理光芒，是辩证唯物主义和历史唯物主义的胜利。

中国特色社会主义现代化建设是一项全新的事业，也是一次新的长征和新的革命。现代不同于传统，一个突出的特点就是它超越了传统的束缚，完全按照它现在所面临的问题，以一种"新"的精神来安排未来的事业。现代性的精神气质是"新"，现代性表示的是某种注重当代与未来、超越过去与传统的向度。不断求新、开拓创新、革故鼎新，构成现代性的灵魂，成为现代性的伟大志业。现代性不仅仅是一个时间性的概念，它还是一项未竟的事业，造就的是一种注重现在的精神气质；同

---

① 邓小平. 中国共产党第十二次全国代表大会开幕词//邓小平文选：第3卷. 北京：人民出版社，1993：3.

② 邓小平. 坚持四项基本原则//邓小平文选：第2卷. 2版. 北京：人民出版社，1994：162-163.

时，现代性在某种意义上又与理性化密切相关。理性作为现代性主流的意识形态之一，通过一系列的制度安排建构起现代社会的政治结构、经济结构。现代性关涉的是现代社会生活中一个最抽象、最深刻的层面，那就是价值观念的层面。现代性是一种以实现商品价值和人的解放为核心、不断寻求发展和创新的精神状态。现代性与不断求新、开拓创新、革故鼎新有着一种密切的联系。不断求新、开拓创新、革故鼎新的主体是人。作为主体的人应当不断地认识新问题、把握新事物，不断地改造客观世界，进而不断地改造自身的主观世界，促进人自身的全面发展和进步，实现人自身的现代化。现代性凸显了理性之于人的意义，并使理性本身构成人的本质规定。现代性在把理性作为人的规定性的过程中呈现出两种意义：一种是人文理性。这种理性把维护和确定人的尊严作为主体内容，"人是目的、不是工具"堪称这一人文理性的真切表现。人文理性的确立，使人成为现代化建设过程中带根本性、决定性和终极性的存在，彰显了人本主义和人道主义的内在价值与合理性。另一种是工具理性。所谓工具理性，指的是一种我们在计算最经济地将手段应用于目的时所形成或呈现的合理性。最高的经济效益、最佳的支出收获比率、最方便有效的方法措施，是工具理性最为看重的度量尺度。工具理性在现代化发展过程中确实带来了"物化"和"人的异化"等负面影响，使功利主义、实用主义和利己主义盛行。但工具理性作为商品经济的必然产物，它在追求经济效益的同时也促进了社会现代化的发展与进步。

中国特色社会主义现代化建设不能被简单地看作为了中国的富强，它在本质上是中国寻求新的文明秩序的历史过程。能不能既实现现代化，又成功地避免现代化的弊端，这就是后现代主义给发展中国家提出的问题。在某种意义上，西方国家已实现了现代化，所以对我们来说，这一问题更多是现实意义，因为我们尚未实现现代化，可以西方为前车之鉴，少走弯路，避免重蹈覆辙，从而将实现现代化的代价降到最低限度。这是西方在为现代化付出沉重代价之后我们获得的一个重要启示。中国置身于前现代和后现代夹缝间的特殊历史文化境遇里，要大力实施而不是放弃现代化工程，要充分参照而不是完全拒绝后现代主义已经展开的对现代主义问题和弊端的批判，以保障中国现代化进程朝着合理健康且可持续的方向发展。

中国特色社会主义现代化建设理论，是马克思主义目的论与价值论的有机统一，明确肯定了中国现代化模式的社会主义性质和共产主义目的。邓小平多次强调，中国的现代化绝不能背弃社会主义，中国现代化的最终目标是实现共产主义。这样，他就坚持了中国现代化的马克思主义目的论与价值论。为了使全党坚定以社会主义为价值取向的现代化建设，邓小平从 20 世纪 80 年代中期起就在党内外反复强调："现在我们搞四个现代化，是搞社会主义的四个现代化，不是搞别的现代化。我们采取的所有开放、搞活、改革等方面的政策，目的都是为了发展社会主义经济。我们允许个体经济发展，还允许中外合资经营和外资独营的企业发展，但是始终以社会主义公有制为主体。社会主义的目的就是要全国人民共同富裕，不是两极分化。"① 邓小平还从中国所处的国际环境的角度论证了中国坚持社会主义道路的必然性。他指出，帝国主义西方世界企图使社会主义各国都放弃社会主义道路，并最终将其纳入国际垄断资本的轨道。在这样的背景下，"如果我们不坚持社会主义，最终发展起来也不过成为一个附庸国"，"不走社会主义道路中国就没有前途"②。他尖锐地指出，如果走资本主义道路，可能在某些局部地区少数人更快地富起来，形成一个新的资产阶级，产生一批百万富翁，但大量的人仍然摆脱不了贫穷，甚至连温饱都不可能解决。"只有社会主义制度才能从根本上解决摆脱贫穷的问题。"③ 中国之所以是一个独立自主的国家，就是因为坚持了中国特色社会主义道路。

追赶型现代化建设不像早发式现代化建设那样，可以有一定的随意性、试验性。追赶型现代化建设必须既考虑到既成的现代化经验、教训，又考虑到自己的特点；既要继承，又要创新；既要追赶，又不能过多地磕磕绊绊。这就要求追赶型现代化建设必须有一个可行性的战略计划，这个战略计划必须要从宏观上规定实现现代化战略目标大致经历的阶段。邓小平从宏观上勾画了中国现代化的初步发展目标。现代化水平的衡量当然要重视定量分析，但对其目标的确定只能从定性的角度

---

① 邓小平. 一靠理想二靠纪律才能团结起来//邓小平文选：第 3 卷. 北京：人民出版社，1993：110−111.

② 邓小平. 第三代领导集体的当务之急//邓小平文选：第 3 卷. 北京：人民出版社，1993：311.

③ 邓小平. 中国只能走社会主义道路//邓小平文选：第 3 卷. 北京：人民出版社，1993：208.

着手。邓小平从定性的角度对中国现代化做出了价值规定：富强、民主、文明。这一思想，在党的十三大报告中被规范地表述为："把我国建设成为富强、民主、文明的社会主义现代化国家"。邓小平之后，以江泽民、胡锦涛、习近平为主要代表的几代中国共产党人不断丰富这一思想，从而使得富强、民主、文明、和谐、美丽成为社会主义现代化建设的价值目标，找到了一条以经济建设为中心的全面现代化的发展道路，并使得建设社会主义现代化国家的价值目标日趋明确和成熟。

二、消灭贫穷和实现共同富裕的社会主义本质论

社会主义的本质是，解放生产力，发展生产力，消灭剥削，消除两极分化，最终达到共同富裕。对于"消灭剥削，消除两极分化"来说，"解放生产力，发展生产力"是手段和途径；而对"共同富裕"来说，"消灭剥削，消除两极分化"也只是手段和途径。只有把"解放生产力，发展生产力"同"消灭剥削，消除两极分化"结合起来，才能达到"共同富裕"这一最终目标。社会主义的本质是，既要消灭贫穷又要实现共同富裕，由此凸显出先富与共富辩证结合的财富伦理精神。在社会主义现阶段，既应当肯定人们的物质利益追求，又要使个人利益与集体利益有机地统一起来，坚持社会主义物质利益原则。

（一）发展生产力、消灭贫穷是物质文明建设的必然要求

基于对"文化大革命"时期流行的"越穷越革命"、社会主义与富裕根本对立、"富裕就会变修"等种种谬论的深度反思，邓小平理直气壮地提出"贫穷不是社会主义，社会主义要消灭贫穷"等观点，从道德上赋予富裕积极的意义，并主张允许一部分地区、一部分人率先富裕起来，进而带动全国的共同富裕。在邓小平看来，"'四人帮'提出宁要穷的社会主义，不要富的资本主义，社会主义如果老是穷的，它就站不住"①。社会主义如果长期贫穷而且贫穷日益普遍化，那么它不仅没有

---

① 邓小平. 思想路线政治路线的实现要靠组织路线来保证//邓小平文选：第2卷. 2版. 北京：人民出版社，1994：191.

优越性，而且一切死灰复燃的东西如旧的习俗、旧的道德等会把社会主义毁灭掉。

社会主义虽然诞生在相对贫穷、落后的国家，但社会主义本身并不包含贫穷，社会主义必须尽快摆脱贫穷。只有这样，才能真正体现社会主义制度的优越性。如果连温饱问题都解决不了，还叫什么社会主义呢？马克思主义追求和向往的社会主义是物质财富极大丰富的社会，"整个社会主义历史阶段的中心任务是发展生产力，这才是真正的马克思主义。就我们国家来讲，首先是要摆脱贫穷。要摆脱贫穷，就要找出一条比较快的发展道路。贫穷不是社会主义，发展太慢也不是社会主义。否则社会主义有什么优越性呢？"① 邓小平提出由温饱到小康再到富裕的思路，赋予社会主义新的本质，即一部分地区、一部分人先富起来，最终走向共同富裕，并把它当作评判是非的重要标准。"坚持社会主义的发展方向，就要肯定社会主义的根本任务是发展生产力，逐步摆脱贫穷，使国家富强起来，使人民生活得到改善。没有贫穷的社会主义。社会主义的特点不是穷，而是富，但这种富是人民共同富裕。"② 为了实现摆脱贫穷的伦理目标，邓小平提出了"三步走"战略目标：第一个目标是解决人民温饱问题，这个目标到 1990 年已经实现；第二个目标是在 20 世纪末人民生活总体上达到小康水平；第三个目标是在 21 世纪中叶达到中等发达国家水平，基本实现社会主义现代化。以小康社会来界定中国现代化的第二个目标，是邓小平理论的重要贡献。小康社会既体现为中国共产党最高纲领和最低纲领之间的统一，也是国家现代化目标和社会发展的统一。小康社会理论是中国分"三步走"基本实现现代化的核心范畴，它不仅解决了中国社会主义发展的阶段、标准和起点问题，而且构成了中国社会主义初级阶段现代化的战略目标。

贫穷不是社会主义，社会主义要消灭贫穷。这揭示了贫穷与社会主义在本质上是不相容的，国家富强、人民富裕才是社会主义经济发展的方向，是社会主义的本质要求，是全国人民的共同愿望。因此，社会主义必须尽快摆脱贫穷并最终消灭贫穷。邓小平肯定勤劳致富的伦理意

---

① 邓小平. 我们干的事业是全新的事业//邓小平文选：第 3 卷. 北京：人民出版社，1993：254-255.

② 邓小平. 思想更解放一些，改革的步子更快一些//邓小平文选：第 3 卷. 北京：人民出版社，1993：264-265.

义，指出"勤劳致富是正当的"①。同时，邓小平也主张一部分地区、一部分人通过辛勤劳动和合法经营率先富裕起来，并以此带动大家一起致富，最后实现共同富裕，并认为"这是加速发展、达到共同富裕的捷径"②。

为了论证中国改革的必要性，邓小平以极其鲜明的态度重申了马克思主义的生产力标准。他说："什么叫社会主义，什么叫马克思主义？我们过去对这个问题的认识不是完全清醒的。马克思主义最注重发展生产力。我们讲社会主义是共产主义的初级阶段，共产主义的高级阶段要实行各尽所能、按需分配，这就要求社会生产力高度发展，社会物质财富极大丰富。所以社会主义阶段的最根本任务就是发展生产力，社会主义的优越性归根到底要体现在它的生产力比资本主义发展得更快一些、更高一些，并且在发展生产力的基础上不断改善人民的物质文化生活。"③ 在此基础上提出的"三个有利于"评价标准，是对生产力标准的进一步发展。

邓小平的"三个有利于"评价标准，凸显了生产力标准。生产力标准在某种意义上讲也就是经济利益或功利标准。但二者又不能等同，只有绝大多数人的经济利益才能成为生产力标准的价值依据。生产力标准所体现的功利原则绝不应该是狭隘的、个人本位的价值取向，而应该是共同的、社会本位的价值取向。道德价值作为经济利益关系的体现，正是通过维护一定的道德秩序来适应生产力的发展要求的，来保证人们合法利益的获得的，因此，二者在本质上是一致的。生产力标准所追求的目标价值，绝不仅仅是社会财富的迅速增长，而应该还包括社会财富的合理分配。发展生产力、提高劳动生产率的目的在于改善人民的生活，调动劳动者的积极性，实现劳动群众的最大利益。这正是道德标准的价值追求，是道德实现的宗旨所在。生产力标准不仅包含物质形态的要求，而且包含精神形态、道德形态的要求。人在生产力中起主导作用，劳动者自身的素质及其对生产资料的掌握和利用水平，正是生产力标准

①　邓小平.各项工作都要有助于建设有中国特色的社会主义//邓小平文选：第3卷.北京：人民出版社，1993：23.
②　邓小平.视察天津时的谈话//邓小平文选：第3卷.北京：人民出版社，1993：166.
③　邓小平.建设有中国特色的社会主义//邓小平文选：第3卷.北京：人民出版社，1993：63.

的本质内涵。在这里，劳动者自身的素质，也包括了劳动者的伦理态度和道德水平。

（二）共同富裕是社会主义的本质和目的

共同富裕是中国特色社会主义的本质和目的。马克思在《政治经济学批判》中指出，在未来的社会主义制度中，"社会生产力的发展将如此迅速……生产将以所有的人富裕为目的"①。邓小平继承并发展了马克思的思想，不仅提出社会主义就是要消灭贫穷，而且提出社会主义就是要实现共同富裕。为了达到共同富裕，应当允许一部分地区、一部分人通过辛勤劳动和合法经营率先富裕起来，并以此带动大家一起致富，最终实现共同富裕。在1978年12月的中央工作会议上，邓小平说："在经济政策上，我认为要允许一部分地区、一部分企业、一部分工人农民，由于辛勤努力成绩大而收入先多一些，生活先好起来。一部分人生活先好起来，就必然产生极大的示范力量，影响左邻右舍，带动其他地区、其他单位的人们向他们学习。这样，就会使整个国民经济不断地波浪式地向前发展，使全国各族人民都能比较快地富裕起来。"② 他认为这是一个大政策，一个能够影响和带动整个国民经济的政策。后来，他又强调："我的一贯主张是，让一部分人、一部分地区先富起来，大原则是共同富裕。一部分地区发展快一点，带动大部分地区，这是加速发展、达到共同富裕的捷径。"③ 邓小平的思路是明确的：没有生产力的发展，就没有财富的增加；没有财富的增加，就不可能实现富裕，更不可能实现共同富裕。在社会主义初级阶段，加快生产力的发展，就必须把共同富裕与同步富裕、同等富裕区分开来，鼓励先进，鞭策落后，形成竞争，提高效率。党的十八大报告提出："共同富裕是中国特色社会主义的根本原则。要坚持社会主义基本经济制度和分配制度，调整国民收入分配格局，加大再分配调节力度，着力解决收入分配差距较大问题，使发展成果更多更

---

① ［德］马克思. 政治经济学批判//马克思恩格斯全集：第46卷下. 1版. 北京：人民出版社，1980：222.

② 邓小平. 解放思想，实事求是，团结一致向前看//邓小平文选：第2卷. 2版. 北京：人民出版社，1994：152.

③ 邓小平. 视察天津时的谈话//邓小平文选：第3卷. 北京：人民出版社，1993：166.

公平惠及全体人民，朝着共同富裕方向稳步前进。"① 习近平指出："消除贫困、改善民生、实现共同富裕，是社会主义的本质要求。对困难群众，我们要格外关注、格外关爱、格外关心，千方百计帮助他们排忧解难，把群众的安危冷暖时刻放在心上，把党和政府的温暖送到千家万户。"② 共同富裕作为社会主义的根本原则，内涵十分丰富，意蕴特别深远，它是承认差别基础上的共同富裕，是我们追求的价值目标，也是我们不断实现价值目标的过程。

第一，共同富裕是以承认差别为前提，通过允许和鼓励一部分地区、一部分人先富裕起来，以此带动大家一起致富的发展过程。我国是一个地域辽阔、人口众多的国家，各个地区的自然条件和地理位置、各个企业的技术设备和人才素质、各个劳动者的体力和智能都存在着差别；按照社会主义的按劳分配原则，即"多劳多得，少劳少得，不劳不得"，也不可避免地会在富裕先后和富裕程度上出现差距。历史证明，"平均发展是不可能的。过去搞平均主义，吃'大锅饭'，实际上是共同落后，共同贫穷，我们就是吃了这个亏。改革首先要打破平均主义，打破'大锅饭'"③。邓小平在党的十一届三中全会前夕根据"多劳多得"原则，提出允许一部分地区、一部分人"由于辛勤努力成绩大"而先富裕起来的政策，以调动广大劳动者的生产积极性和创造性，推动整个国民经济的迅速发展。

第二，共同富裕主张以诚实劳动、合法经营为条件，同时要照顾整个国家和左邻右舍的价值实现活动。邓小平指出："我们提倡一部分地区先富裕起来，是为了激励和带动其他地区也富裕起来，并且使先富裕起来的地区帮助落后的地区更好地发展。提倡人民中有一部分人先富裕起来，也是同样的道理。"④ 富裕先后和富裕程度的不平衡，某些社会成员之间收入悬殊，牵动着广泛的社会利益关系，如果处理不好就会造成不合理的苦乐不均，造成新的社会问题。因此，邓小平提出，"先富起来的地

---

① 胡锦涛. 坚定不移沿着中国特色社会主义道路前进，为全面建成小康社会而奋斗//胡锦涛文选：第3卷. 北京：人民出版社，2016：624.

② 习近平. 推动贫困地区脱贫致富、加快发展//习近平谈治国理政. 北京：外文出版社，2014：189.

③ 邓小平. 拿事实来说话//邓小平文选：第3卷. 北京：人民出版社，1993：155.

④ 邓小平. 一靠理想二靠纪律才能团结起来//邓小平文选：第3卷. 北京：人民出版社，1993：111.

区多交点利税，支持贫困地区的发展"。同时，他也指出，"太早这样办也不行，现在不能削弱发达地区的活力，也不能鼓励吃'大锅饭'"①。

第三，共同富裕是过程和目标的统一体。邓小平反复强调："社会主义原则，第一是发展生产，第二是共同致富。我们允许一部分人先好起来，一部分地区先好起来，目的是更快地实现共同富裕。正因为如此，所以我们的政策是不使社会导致两极分化，就是说，不会导致富的越富，贫的越贫。"② 先富裕起来的地区和个人，要起到示范和激励作用，首先必须建立在诚实劳动、合法经营的基础上，对于采取投机手段、谋取不义之财的，必须依照法律予以制裁和惩戒。从富裕先后和富裕程度的不平衡，逐步走向相对平衡、实现共同富裕，需要一个过程。实现共同富裕，要通过合理调节收入分配、完善社会保障制度等，使广大中低收入群体真切感受到社会主义制度的优势和温暖。坚持共同富裕，不是劫富济贫；相反，富裕起来的群体会由于贫困的减少和消除、由于社会更加和谐稳定而获得更大的发展空间。

共同富裕是社会主义的本质规定和奋斗目标。在"共同富裕"这个概念中，"富裕"反映了社会对财富的拥有，是社会生产力发展水平的集中体现；"共同"则反映了社会成员对财富的占有方式，是社会生产关系性质的集中体现。共同富裕包含着生产力与生产关系两方面的特质，从质的规定性上确定了共同富裕的社会理想地位，使之成为社会主义的本质规定和奋斗目标。共同富裕不等于同步富裕和同等富裕。共同富裕与同步富裕之间有着根本的区别，同步富裕是平均主义的表现，追求它只能导致共同贫穷。共同富裕与同等富裕也有重大区别。共同富裕在实施过程中，是以承认差距为主要特征的，必然伴随着差异性。从我国生产力总体落后、发展又极不平衡这一基本国情出发，实现共同富裕必然是一个长期的、渐进的历史过程。部分先富与共同富裕之间不是根本对立的关系，而是辩证统一的关系。部分先富与共同富裕的关系是实现富裕的道路和目标的关系。部分先富，是实现共同富裕的必由之路；共同富裕，是社会主义的本质规定和奋斗目标，是部分先富的最终结

① 邓小平. 在武昌、深圳、珠海、上海等地的谈话要点//邓小平文选：第3卷. 北京：人民出版社，1993：374.

② 邓小平. 答美国记者迈克·华莱士问//邓小平文选：第3卷. 北京：人民出版社，1993：172.

果。没有目标，部分先富就会失去方向和归宿；没有道路，共同富裕的目标就会成为空中楼阁。

共同富裕思想表明：我们既不能离开共同富裕来讲发展生产力，离开了就会导致两极分化；也不能离开发展生产力来讲共同富裕，离开了就会导致共同贫困。可见，共同富裕的实现前提是：解放生产力和发展生产力，为实现共同富裕创造雄厚的物质基础；坚持社会主义，防止两极分化，为实现共同富裕提供牢固的政治保障。实现共同富裕的途径要求，允许一部分地区、一部分人先富起来，以带动多数地区和多数人最终达到共同富裕。这个先富带后富、实现共同富裕的战略构想，是共同富裕思想的主要内容，是实现社会主义现代化战略目标的一项大政策。

共同富裕是社会主义的根本目标和基本特征。处在现阶段的中国人民最迫切的要求就是致富。"勤劳致富"要满足大家致富的目的，只能走共同富裕的道路。共同富裕是社会主义社会区别于以往任何社会的、最能体现社会主义优越性和本质的东西。邓小平强调指出："社会主义不是少数人富起来、大多数人穷，不是那个样子。社会主义最大的优越性就是共同富裕，这是体现社会主义本质的一个东西。"① 社会主义与资本主义最大的不同就是共同富裕。如果我们的政策导致两极分化，那么我们就失败了。以江泽民为核心的党的第三代中央领导集体，在新的实践中继承、丰富、发展了邓小平消灭贫穷和实现共同富裕的社会主义本质论伦理思想。江泽民多次强调："社会主义应当创造比资本主义更高的生产力，也应当实现资本主义难以达到的社会公正。从根本上说，高效率、社会公正和共同富裕是社会主义制度本质决定的。"② 在允许一部分地区、一部分人先富起来的同时，大力倡导与推动先富帮助和带动后富，最终实现全体人民共同富裕，是建设中国特色社会主义的一条战略方针。

追求共同富裕、实现共同富裕、发展共同富裕，既是广大人民群众根本利益的集中体现，也是中国共产党人的最高理想和追求，因为对于中国共产党人来讲，除了人民的利益、人民的要求，再没有任何自己的

---

① 邓小平. 善于利用时机解决发展问题//邓小平文选：第 3 卷. 北京：人民出版社，1993：364.

② 江泽民. 论社会主义市场经济. 北京：中央文献出版社，2006：137.

特殊利益和特殊要求。就最终历史使命来看，中国共产党人闹革命、搞建设，就是要逐步实现并不断推进人民的共同富裕。中国特色社会主义既要摆脱贫穷又要致力于共同富裕，应当培育先富与共富辩证统一的财富伦理精神。脱贫致富应当允许一部分地区、一部分人先富起来，这是符合实际的尽快解决温饱问题的有效途径。允许一部分地区、一部分人先富起来的目的是带动大家一起致富，最终实现共同富裕，因此不允许贫富悬殊、两极分化。实现共同富裕，有助于协调社会利益关系、化解社会矛盾，有助于促进社会和谐发展。

（三）缩小贫富差距，实现共同富裕

共同富裕是社会主义制度优越性的表现，是广大人民群众根本利益的体现，也是我国经济发展的伦理目标取向。在宏观层面，共同富裕的伦理目标取向要求我们大力发展经济。贫富差别是发展中的问题，只有靠进一步发展来解决。只有以高度发达的生产力为基础，才能为分配公正乃至社会公正提供必要的条件。共同富裕的伦理目标要求我们创造一个公平竞争的社会环境，采取有效措施消除特权因素和垄断因素，为全体劳动者提供平等竞争的机会。在微观层面，共同富裕的伦理目标取向要求我们：一要处理好个人富裕与集体富裕的关系。允许个人先富以承认人与人的差别为前提，但不能通过损害国家、集体富裕来达到个人富裕。二要处理好个人致富与他人致富的关系。我们允许和鼓励个人致富、个人先富，但前提是诚实劳动、合法经营，不能违法乱纪，不能为富不仁，不能无偿侵占他人的劳动果实，同时坚持扶贫帮困，坚持先富带后富，坚持共同富裕的伦理目标。

第一，消灭贫困、实现共同富裕，是改革和发展的要求，也是维护稳定的重要条件。贫困一般与收入来源不可靠、生活必需品匮乏、生活质量低下等不利因素息息相关，涉及个体创富能力、身体健康、就业机会、家庭人口多寡等要素，也与社会排斥、机会被剥夺、自然环境差和交通状况不便利等因素有很大的关联。贫困依据其状况亦可被分为相对贫困和绝对贫困两大类。绝对贫困是指正常生活面临困难，缺吃少穿，甚至食不果腹、衣不蔽体、居无定所。相对贫困是相对于社会发展水平而言的贫困，意味着生活水平并未随着社会经济发展而提高，反倒有所下降。习近平 2015 年访问英国时指出，按照中国标准，中国还有 7 000

万人没有脱贫。按照联合国标准，中国还有 2 亿人口生活在贫困线以下。这里讲的中国标准和联合国标准，近似于绝对贫困和相对贫困标准，但是也许还有点区别。不管按照中国标准还是按照联合国标准，中国都有一个消除贫困的攻坚任务。在现代化建设中，各地发展不平衡，有的快一些，有的相对慢一些，这是不可避免的。但是在这个过程中，我们必须始终关注贫困地区的经济发展，帮助这些地区尽快摆脱贫困，实现共同发展。一定要下功夫抓好扶贫工作，帮助贫困地区解决温饱问题。扶贫既要输血又要造血，要把输血和造血有机地结合起来。提升贫困者的发展能力，发展教育文化，可谓造血式扶贫；帮助贫困地区加强基础设施建设，招商引资兴办新兴产业，可谓输血式扶贫。要重视开发式扶贫和科技扶贫，充分利用本地优势，通过开发性生产增强贫困地区自我发展的能力。江泽民指出："实践说明，实行开发式扶贫，以市场需求为导向，依靠科技进步，开发利用当地资源，发展商品生产，不仅能解决温饱，而且可以脱贫致富。这样，把国家的扶持同贫困地区干部群众自力更生、艰苦奋斗结合起来，立足当地实际搞开发性生产，效果很好。搞开发扶贫，是扶贫工作的一个根本性转变，是一个重大创造，这个方针必须长期坚持。"[1]江泽民还指出："我们搞社会主义，是要解放和发展生产力，消灭剥削和贫穷，最终实现全体人民共同富裕。贫穷不是社会主义。一部分人富起来、一部分人长期贫困，也不是社会主义。"[2] 因此，"我们党和国家开展扶贫开发，努力解决贫困人口的生产生活问题，是我国社会主义制度优越性的一个重要体现"[3]。共同富裕是全面建设小康社会的最终目标，而追求这一目标的发展过程则构成了走向共同富裕的实际步骤。共同富裕不仅是理想，而且是动力；不仅是"起点"和"归宿"，而且贯穿于发展的全过程，是科学发展的动力和活力。实践证明，抓共同富裕并不耽搁发展。抓共富本身就是抓发展，共富与发展越良性互动，经济增长的质量和效益越好，人民群众得到的实惠越多，越能实现又好又快发展。

---

① 中共中央文献研究室，编. 江泽民思想年编（一九八九—二〇〇八）. 北京：中央文献出版社，2010：150-151.
② 江泽民. 为实现八七扶贫攻坚计划而奋斗//江泽民文选：第 1 卷. 北京：人民出版社，2006：548-549.
③ 江泽民. 扶贫开发是贯穿社会主义初级阶段全过程的历史任务//江泽民文选：第 3 卷. 北京：人民出版社，2006：248.

共同富裕是我们的目标，也是社会主义的一个本质特征。共同富裕不是同步富裕，它是以经济发展为前提的；如果不大力发展经济，就不能摆脱贫穷，共同富裕也就无从谈起。因此，我们一定要继续坚持效率优先、兼顾公平的原则，继续鼓励一部分地区、一部分人通过诚实劳动、合法经营先富起来，以促进社会生产力的发展。同时也要看到，我们搞的是社会主义市场经济，对市场自身存在的弱点和消极因素，包括收入分配不公等问题，一定要通过运用社会主义国家的宏观调控和发挥社会主义制度的优越性来加以解决。

第二，实施扶贫开发、扶贫攻坚战略，努力缩小贫富差距。进入21世纪，中国的社会主义现代化建设进入了一个新的阶段。中国虽然取得了举世瞩目的发展，但是仍然是世界上最大的发展中国家，经济社会发展面临着巨大的人口、资源、环境压力，发展中不平衡、不协调、不可持续的问题依然突出。实现现代化和全体人民共同富裕，还有很长的路要走。坚定不移走共同富裕道路是中国特色社会主义的必然要求，要下大力气扭转收入差距不断拉大的趋势。当前，我国经济体制深刻变革、社会结构深刻变动、利益格局深刻调整、思想观念深刻变化，我们已迎来一个前所未有的矛盾凸显期和多发期。其中，最为突出的一个问题是，贫富、城乡、区域三大差距过大，已逼近社会能够容忍的红线。据国家统计局数据，2016年中国的基尼系数高达0.465，已经超过国际公认的警戒线；城乡居民收入差距为2.72倍。一段时间以来，全国各地贫富、城乡、区域三个差距问题的直接社会表现就是，社会"仇富"心态时有发酵，各种群体性事件和对社会宣泄个人愤怒的恶性案件层出不穷，一些地方的党群、干群关系紧张，甚至出现严重对立的危险，发展到刻不容缓的严峻地步。如今，越来越多的有识之士已经看到：共同富裕已经成为当代中国一个非常现实的突出问题，如果在贫富分化的道路上走下去，那么我们离共同富裕的目标就会越来越远，贫富分化就会引发更多的社会问题。

习近平主政后提出精准扶贫、精准脱贫，打一场全社会扶贫攻坚战的战略构想。他指出，如果贫困地区长期贫困，面貌长期得不到改变，群众生活长期得不到明显提高，那么就没有体现我国社会主义制度的优越性。我们的社会主义现代化建设，应当造福全体人民，绝不能落下一个贫困地区、一个贫困人口。我们要建成的全面小康社会，应当惠及全体人民，所以应当在精准扶贫上下功夫、出实招、见实效，以更大的决心、更明确的思路、更精准的举措，实现脱贫攻坚目标。习近平特别强调加强对低收入群体权益的保护，主张完善保障困难群体就业和基本生活的体制机制，并认为低收入群体的权益需要得到更多关注和维护。从收入分配角度看，这一群体虽然具有劳动能力，但在市场竞争中处于劣势，收入水平比较低。实现共同富裕，必须着力解决低收入群体的困难，提高劳动报酬在初次分配中的比重，提高低收入群体的收入和生活水平。

第三，实施城乡一体化，建设社会主义新农村。新型城镇化、城乡一体化和建设社会主义新农村，无疑是消灭贫困的重要方式和路径。党的十六届五中全会提出了建设社会主义新农村的重大历史任务。在"多予、少取、放活"的方针政策指引下，中共中央、国务院连续出台了多个指导"三农"工作的中央一号文件，一系列"高含金量"的政策措施陆续出台，财政支农力度进一步加大。全国农村公路改造、农村电力设施建设、农产品市场建设等工程全面启动，农村义务教育和医疗保障不断加强，村容村貌取得新变化，村庄建设规划开始起步，生活环境改善得到重视。农村最低生活保障制度、新型农村合作医疗制度等改革的试行和推广，更是极大地改善了农民的生活条件，提高了农民的生活质量。

全面建设小康社会就要提高全体人民的生活水平和生活质量，使广大人民群众过上更加殷实的生活。在实现这个目标的过程中，地区之间、群体之间、个人之间富裕的程度和速度是有差别的。处理这种差别的基本着眼点是，代表最广大人民的根本利益，正确反映和兼顾不同方面群众的利益，使全体人民朝着共同富裕的方向稳步前进。一方面，要保护发达地区、优势产业和通过辛勤劳动、合法经营先富起来的人们的发展活力，鼓励其积极创造社会财富；另一方面，更要高度重视和关心欠发达地区以及比较困难的行业和群众，特别要使困难群众的基本生活得到保障，并积极帮助他们解决就业问题和改善生活条件。[①]

共同富裕是构建和谐社会的重要保证。共同富裕不是同步富裕，也

---

①　王泽应. 共同富裕的伦理内涵及实现路径. 齐鲁学刊，2015（3）.

不是同等富裕，而是在生产力高度发展、效率大大提高的基础上，社会成员整体的生活水平都有大幅度提高，都有基本保障，达到高水准的社会公平，并有效地抑制两极分化。促进共同富裕，不是片面地限制收入、消极地截长补短，而是要在"带"字上下功夫，采取多种形式，坚定不移地引导先富带后富，促进慢富赶快富，最后实现共同富裕。①

三、建立和完善社会主义市场经济伦理

加快建立和发展社会主义市场经济是我国经济体制改革的重要目标。与此相关，建立和完善社会主义市场经济伦理无疑有助于市场经济体制的建立与健全。社会主义市场经济既是法治经济，也是伦理经济。市场经济伦理是经济伦理在市场经济体制下的集中表现，是调节人们经济关系和经济活动的行为规范、伦理观念的总和，是市场经济发展和完善的伦理依托与伦理保证。

（一）社会主义市场经济的本质内涵

市场经济是商品经济发展到一定阶段才形成和生长起来的一种经济运行模式，它着眼于商品经济运行的体制特征，即从经济运行的作用形式、运作机制及资源配置方式的角度来发展商品经济。

所谓市场经济，是指以市场为资源的主要配置者、以市场为激励经济活动的主要调节者、以市场为经济运行的主要形式的经济体制或经济模式，它是对商品经济发展到一定阶段的特定经济体制的概括。市场经济与对资源配置和财富生产分配的关注有着天然的亲近感，它强调效率和效益，强调合理的市场规则对市场个体的制约，以理性和实用主义为基础。与市场经济相对应的是自由放任经济、统制经济或计划经济等范畴。因此，不能把市场经济混同于自由放任经济。自由放任经济是指完全由市场自发调节经济运行的经济体制，它的鼎盛时期是 18 世纪中期到 19 世纪末西方自由资本主义发展阶段。市场经济是指 20 世纪以来特别是第二次世界大战结束以来西方发达国家充分

---

① 王泽应. 共同富裕的伦理内涵及实现路径. 齐鲁学刊，2015（3）.

利用市场并实行一定程度的宏观调控的经济体制，其本质是对自由放任经济体制的一种扬弃。市场经济并不排斥计划和宏观调控，并不排斥国家对经济运行的干预调节，它排斥的只是与价值规律相背离的高度集中的计划经济体制。市场经济的本质既在于市场经济规则的法律制度化，也在于根据生产者、消费者、生产要素所有者彼此之间自愿交换而形成的价格来做出资源配置决策和生产决策，亦即按价值规律来行为。

1. 市场经济的特征

第一，市场对资源配置起着基础性作用，价值规律起着主导性作用。市场是商品交换的场所和领域，价值规律对社会生产和流通的调节作用通过市场来进行，市场借助价值规律而获得进一步发展和扩大。通过市场借助价值规律来配置资源，可以使资源配置达到最优化。在市场经济中，市场价格、等价交换、供求关系等要素，成了指引社会人力、物力、财力流向的"罗盘"。

第二，市场体系得到充分发展并成为社会经济活动与交往的枢纽，金融市场在市场体系中取得支配地位。市场体系越完整，市场经济的作用和功能就越大。在充分发展和完善的市场体系里，不仅有生产资料市场、消费资料市场，而且有生产要素市场和金融市场、劳务市场、技术市场、信息市场、房地产市场等。

第三，利益各自独立的经济实体成为市场主体，所有的经济实体都具有自主经营、自负盈亏、自我约束、自我发展的经营机制；它们在机会均等和公平竞争的条件下，实现优胜劣汰。竞争迫使商品生产者必须改进生产技术，提高劳动生产率，推动生产力的发展。商品生产者为了使自己的产品价值得以实现，就要通过竞争来夺取市场。

第四，在市场运作中，形成统一的市场规则和一定的市场秩序。一方面，市场进出规则、交易规则、竞争规则得到确立，市场主体、市场客体和交易买卖过程都能在公正平等的原则下得到最大限度的保障；另一方面，为市场运作服务的各种机构，如劳动就业机构、信息服务机构、市场管理机构、金融机构等也不断发育完善，社会的生产、流通、分配和消费已由混沌的无序状态，转化为透明的有序状态。

第五，政府依据市场运作规律对经济活动实行必要的、合理的、有效的宏观调控，引导市场健康地发展，亦即政府运用经济政策、经济法规、计划指导以及必要的行政管理手段，对供给和需求、生产和消费的波动进行一定的协调。

2. 社会主义市场经济的特征

社会主义市场经济是社会主义和市场经济的结合，社会主义必须建立和拥有市场，使所有的商品、劳务和资源通过市场而组合、流动起来，以为经济的发展输入活力。从与社会主义经济制度的结合来看，社会主义市场经济具有以下四个基本特征。

第一，社会主义市场经济坚持以公有制为主体、多种经济成分共同发展的方针，勾勒了社会主义市场经济所有制基础的时空观。

第二，社会主义市场经济坚持以按劳分配为主体、多种分配方式并存的个人分配制度，体现效率优先、兼顾公平的原则。一方面，它主张让一部分地区、一部分人通过辛勤劳动、合法经营先富起来；另一方面，它又主张政府运用税收等经济杠杆来调节收入分配，防止和消除可能出现的两极分化，逐步走向共同富裕。

第三，社会主义市场经济是国家能够利用宏观调控手段，把人民的当前利益与长远利益、局部利益与全局利益、个人利益与社会利益结合起来的经济，所以它能更好地发挥计划与市场两种手段的长处，实现秩序与活力的统一。

第四，社会主义市场经济把完善市场体系、规范市场秩序作为市场体系建设的重要内容，主张建立以道德为支撑、以产权为基础、以法律为保障的社会信用制度，加快建设企业和个人信用服务体系。

由此可见，社会主义市场经济既是一种法治经济又是一种伦理经济，是一种既讲竞争又讲合作、既讲活力又讲秩序、既讲效率又讲公平的崭新的经济运行模式或经济体制。在社会主义市场经济体制下，完整健康的市场体系、规范有序的市场秩序是市场经济生成和发展的前提，企业或经济主体在规范有序的市场秩序下释放出来的创富活力是市场经济发展的核心要素，政府作为市场经济运行的调控机构肩负着促进其健康发展、有序运行的重要职能。

（二）社会主义市场经济伦理的主要内容

从社会主义市场经济的本质特征可以看出，社会主义市场经济确实要追求经济效益和盈利效果，也要通过市场交易来获取经济效益的最大化和最优化。但是，这并不意味着它是一种只重视利害关系而不讲究道义人伦，只重视利润、效率而不重视正义、公平，只重视经济活力而不重视经济秩序的经济运行模式。市场经济作为"为他性的生产"，必须注重他人、他者和社会的需要，才有可能实现"自为性的利益"。从市场交换法则上说，不符合他人、他者和社会的需要的使用价值，是不可能实现自身价值的。只有那些能够满足他人、他者和社会的需要的使用价值，才能实现自身的价值。由此可见，市场经济内在地包含着伦理的要求，要求把功利与道义、效率与公平、活力与秩序结合起来，通过符合道义的方式来实现功利的价值，通过公平的路径来追求效率，通过讲究秩序来释放活力。

市场经济伦理是市场经济本身具有的伦理要素与其呼唤和要求的社会伦理要素，在市场经济发育、发展和完善过程中，结合社会伦理发展的趋势与目标而实现的一种有机结合。因此，从市场经济伦理的成因来讲，它是自在自为与社会伦理的共在共为的融汇体，既具有母体内在的自组织基因，又具有来自母体以外的他组织基因。市场经济具有的伦理要素，只是市场经济的一种伦理潜质，并不意味着市场经济本身即是伦理，市场经济天然地实现了伦理的自我具足或充盈。市场经济伦理作为后天生成的一种伦理复合体，就其形成要素而论，有些是市场经济本身具有的，有些则是市场经济呼唤和要求的。从理论上讲，市场经济呼唤和要求的伦理，至少是市场经济在原初状态没有占有或拥有的伦理，这种伦理的来源只能是社会伦理中有助于市场经济发育发展的那些伦理。市场经济呼唤和要求的那些社会伦理，一旦成功地与市场经济本身具有的伦理要素相贯通、相融合，就会形成一种完整且具有相对独立性的市场经济伦理。由此看来，市场经济伦理只能是也应该是内引与外灌的有机统一。①

伦理本质上是实然与应然、自律与他律、现实性与理想性辩证统一的产物。市场经济伦理作为维系市场经济生存、推动市场经济发展和完善的伦理体系，是市场经济本身具有的伦理要素与其呼唤和要求的社会伦理要素相摩相荡的结晶。市场经济本身具有的伦理要素并非市场经济伦理的完整构成。从性质上讲，市场经济本身具有的伦理要素基本上是

---

① 王泽应. 市场经济伦理的生成和构成. 河北学刊, 2000 (3).

一种实然的伦理，它也许具有应然的意义，但并非总是应然的，它常常作为一种事实性的因素而存在，总是停留在市场经济存在论的层次上，属于市场经济伦理中的低层次伦理，比如说对利益最大化的追求、对经济效益的高度重视、对自我利益的优先性考虑或潜意识诉求、对等量劳动相交换的价值关心，以及由此所导致的时间观念、财富观念、人才观念、竞争观念、自主观念等。市场经济呼唤和要求的社会伦理要素，本质上则是一种应然的伦理，它也许有一部分在发展中要转化为实然的，但就其总体而论它是作为一种价值性的因素而存在的，具有市场经济发展论的意蕴，属于市场经济伦理中的发展伦理和完善伦理。市场经济发展到现代，发展伦理和完善伦理绝不只是作为一种渴望性、理想性因素而存在，它已经或正在介入生存论的层次，使得市场经济必须以自己的发展伦理来求生存，单纯地依靠生存伦理并不能保证其生存的需要。因此，必须在市场经济生存论的意义上来认识市场经济发展伦理和完善伦理的重大价值。比如说，利益的兼顾与共同分享，竞争手段的公正与公平，商品交换和流通中的责任意识、信誉观念，以及牺牲局部利益来成全和促进社会整体利益，扶危济困，见义勇为，等等。培育和建设市场经济伦理，即是要从生存伦理出发，重视发展伦理，最后过渡到完善伦理。当然，完善伦理并不是不要生存伦理，而是为了使生存伦理与发展伦理、完善伦理有机地结合起来，实现一种功能与优势的互补。①

市场经济不仅内在地具有某些伦理道德的要素，而且要求社会伦理道德与之相适应，要求形成既能为市场经济辩护和论证又能引导与提升市场经济发展层次的经济伦理。根据市场机制的运行，可以把市场经济伦理区分为市场经济伦理理念、市场秩序伦理和市场交易伦理三个方面。

市场经济伦理理念。市场经济有其特定的伦理理念，一定的市场经济伦理理念是建立在市场经济秩序伦理的基础上的。市场经济的形成和发展与市场观念有着最为密切的关系。如同马克斯·韦伯在《新教伦理与资本主义精神》中所揭示的那样，在一定伦理理念支配下可产生与某种经济行为相关的精神。斯密的"市场观念"是斯密建立经济秩序的灵

---

① 王泽应. 市场经济伦理的生成和构成. 河北学刊, 2000 (3).

魂，也是斯密构建经济学理论体系的核心。从经济思想发展的角度看，经济学是在斯密"市场观念"的引导下发展的。甚至，斯密之后经济学的发展，在相当大的程度上也不过是以日趋缜密、科学的方式来弘扬和深化斯密的"市场观念"。马克思揭示了自由平等观念对于市场交换的意义，认为价值规律决定了交换主体之间是一种自由平等的关系。这种关系从根本上否定了任何超越于劳动和价值之上的不平等因素的影响，交换主体不管存在多大差异，在商品交换中一律平等，商品持有者都是完全相等的、有着各自利益和独立人格的市场主体。在我国发展社会主义市场经济的过程中，人们的道德观念发生了深刻的变化。一方面，自立自主、讲求效率、公平竞争、崇尚科学、尊重个人合法权益、尊重知识和人才等观念，日益深入人心，人们的自立意识、竞争意识、效率意识、民主法治意识和开拓创新精神显著增强，与市场经济相适应的价值理念促使着人们在思想上不断解放，在视野上不断开放，并不断地释放着各种创新、创富的活力。另一方面，商品交换法则侵蚀了一些人的精神领域，诱发了见利忘义、权钱交易的行为。为此，我们需要培育健康的市场经济伦理理念，反对只讲金钱、不讲道德的行为倾向。市场经济从不成熟到成熟、从不规范到规范，绝不是一种纯粹的经济过程，而是伴随着以价值观念、思想方式变革为核心的精神发展过程。市场经济伦理理念对市场经济的软调节作用，主要体现在规范市场主体的行为，对市场进行匡正和矫治，并为市场经济的发展提供道义上的支持和价值上的援助，使市场经济具有道德的价值导向。市场经济伦理理念作为市场经济发展中的这种理性杠杆，是一种无形的精神力量，它的作用是巨大的，有时可以说是无形胜有形。

市场秩序伦理或市场机制伦理。经济伦理之于经济制度，既有适应性，又有超越性，新的经济伦理体系的建构既要适应社会主义市场经济制度的要求，又要实现对市场经济制度的超越。经济运行的机制，需要体现社会公平和正义。为了保证经济活动顺利进行，必须遵循相应的伦理原则和道德规范。伦理原则和道德规范一经贯彻到市场交换的各个环节，深入到各级各类各种形式的市场之中，就将有利于调节供求关系、买卖关系、竞争关系以及改善促销手段、售货服务等，从而使市场交换过程成为有序、规范、文明的过程。良好的市场秩序伦理或市场机制伦理有助于经济效益的提高，在参与经济活动的主体之间建立良好的信用关系，可以减少不道德行为带来的经济损耗。缺乏道德约束的市场经济会增加许多有形或无形的成本。通过建立市场秩序伦理或市场机制伦理，来保护正当竞争，打击或取缔不正当竞争。一般来说，正当竞争采取正当、合法、公平的商业做法，主要靠提高质量、改进技术、降低成本、提高信誉来获得利润。正当竞争遵守法律和市场活动准则，争取以最低消耗来获得最大利润。不正当竞争，是指经营者违反《反不正当竞争法》的规定，损害其他经营者的合法权益、扰乱社会经济秩序的行为。不正当竞争的违法行为主要表现为弄虚作假、欺诈、损人利己。不正当竞争躲避法律或直接违法，以获取高额违法所得。不正当竞争的危害表现在：首先，扰乱公平竞争的市场经济秩序，造成竞争秩序混乱，造成不公平竞争。它削弱与窒息了市场经济竞争机制应有的活力和作用，严重阻碍了技术进步和社会生产力的发展。其次，对其他合法经营者和消费者的合法权益造成损害。非法经营者获利成本低，商品质量差，售后服务几乎没有，强占大量的市场份额，从而使合法经营者和消费者的利益受到损害。最后，败坏了社会风气，影响政府和市场的形象，增加了消费者的负担。所以，应当建立市场秩序伦理或市场机制伦理，加大打击不正当竞争的力度，保护正当竞争市场主体，主张遵循自愿、平等、公平、诚实信用的原则，遵守公认的市场准则，凭自己的实力进行竞争。任何竞争参与者，不得采用不正当手段从事市场交易、损害竞争对手利益。倡导竞争伦理，是保证社会主义市场经济有序化和健康发展的必然要求。确立并遵循正当合理的竞争伦理，对于规范市场主体的行为、防止不正当竞争行为、维护市场公平竞争和社会经济秩序、保护经营者和消费者的合法权益等，具有重要意义。坚持正当竞争、合法竞争，是市场经济向经济主体提出的伦理要求，遵循这一要求，每个经济主体都会获得更多的发展机会。

市场交易伦理。在市场经济活动中，无论买主还是卖主，无论借方还是贷方，无论投资者还是接受投资者，都是整个社会信用链条的一个环节，都需要遵循市场交易伦理。市场交易伦理以讲求诚信为基本的价值准则和要求。从宏观层面看，诚实信用对整个市场经济的健康运行具有重要意义。在市场交易活动中，如果假冒伪劣商品泛滥，欺骗行为盛行，那么市场秩序必然混乱，人们必然对市场缺乏信任，这不仅影响消费的增长，而且影响投资者的信心，影响投资的增长。所以，市场缺乏信用，会给经济发展带来严重的负面影响。从微观层面看，生产经营者在市场竞争中，保证产品质量，提供优质的服务，讲信誉，守承诺，才能赢得广大消费者的依赖，从而为自己带来更好的经济效益，为自身的发展提供更坚实的基础。反之，生产经营者缺乏诚实信用，欺骗消费者，那么最终会失去消费者的信任，为市场所淘汰。诚信不仅是一种交易原则，而且是市场经济在交易活动中的一种道德要求。市场信誉，在一定程度上折射出一个社会的道德水准和精神风貌。诚信具有保证市场经济有序运行的重要价值和意义。在一定意义上说，市场经济是诚信经济，没有诚信，就没有健全、发达的市场经济。市场经济的健康运行，就是诚信的最大回报；有了市场经济的健康运行，才能有企业的经济效益。

（三）诚信是社会主义市场经济伦理的基石和根本原则

市场经济是人类文明进步的一种历史形式，因而必然包含深刻的伦理精神。市场经济作为一种社会经济关系和社会生活方式，除了要求特定的体制条件、制度条件和经济发展条件外，同时还要求社会在人文精神和人格前提上有所准备。恩格斯认为，西方现代信用原则的确立是商品经济发展规律的内在要求，他在《〈英国工人阶级状况〉1892 年德文第二版序言》中指出："现代政治经济学的规律之一（虽然通行的教科书里没有明确提出）就是：资本主义生产越发展，它就越不能采用作为它早期阶段的特征的那些小的哄骗和欺诈手段。……的确，这些狡猾手腕在大市场上已经不合算了，那里时间就是金钱，那里商业道德必然发展到一定的水平，其所以如此，并不是出于伦理的狂热，而纯粹是为了不白费时间和辛劳。"[1] 马克思深刻地揭示了资本主义信用制度的两重性，指出资本主义"信用制度以社会生产资料（以资本和土地所有权的形式）在私人手里的垄断为前提，所以，一方面，它本身是资本主义生产方式固有的形式，另一方面，它又是促使资本主义生产方式发展到它所能达到的最高和最后形式的动力"[2]。这种信用制度的历史地位就在

---

[1]　［德］恩格斯. 《英国工人阶级状况》1892 年德文第二版序言//马克思恩格斯选集：第 4 卷. 2 版. 北京：人民出版社，1995：419.

[2]　［德］马克思. 资本论：第 3 卷//马克思恩格斯文集：第 7 卷. 北京：人民出版社，2009：685.

于:"一方面,把资本主义生产的动力——用剥削他人劳动的办法来发财致富——发展成为最纯粹最巨大的赌博欺诈制度,并且使剥削社会财富的少数人的人数越来越减少;另一方面,造成转到一种新生产方式的过渡形式。"① 与传统的自然经济相比,市场经济通过交换来实现资源配置并建构人们相互之间的经济联系,因此,交易成为市场经济的基本运行方式。交易顺利进行的基础和保证在于诚信。市场经济的一切制度工具、一切运行方式,无不体现着信用关系,从商品市场中的买卖到资本市场中的借贷,从要素市场中的交易到证券市场中的支付等,都是信用关系的体现并要求恪守信用,否则便无市场经济秩序可言。

社会主义市场经济是诚信经济,诚信是建立和规范市场经济的重要原则,也是促进国民经济持续健康发展的必要条件。诚信不仅是社会主义市场经济伦理的重要基石和根本原则,而且是社会主义市场经济良性运作与健康发展不可或缺的"内生变量"和必要保证。诚信反映着社会主义市场的经济关系。社会主义市场经济所内含的交换关系、产权关系、分配关系、互利关系,无一不包含诚信原则。诚信使人们的经济活动在时间、空间结构上可以预期,能够保证经济活动顺利进行。从交易对象的选择、交易费用的降低、商品价值的实现、信用消费的启动、社会投资等方面来看,诚信使经济活动效率提高并能有效祛除经济生活的风险。市场经济强调商品交换和价值规律,要求交换双方以信用作为前提,建构彼此信任并讲求信用的经济关系。任何一方不守信用,都会使等价交换关系遭到破坏。市场关系越发展,越复杂,就越需要构建起彼此相连、互为制约的信用关系链条。因此,建立社会信用制度,使全社会都树立诚信第一的观点,拥有良好的信誉,才有可能面对竞争日益激烈的国内外市场,在竞争中立于不败之地。市场经济是诚信经济,诚信是建立市场经济秩序的基石。诚信不仅是处理个人与社会、个人与个人以及企业与企业之间关系的基础道德规范,而且是发展市场经济的基础价值规范。中国特色社会主义市场经济,是与社会主义相结合的市场经济,市场起着基础性的作用,市场经济的一般规则始终贯穿于社会主义市场经济的方方面面。因此,诚信,作为一般市场经济的基础价值规范,理应在社会主义市场经济中得到重视和发扬。建立和完善社会主义

---

① [德]马克思. 资本论:第3卷//马克思恩格斯文集:第7卷. 北京:人民出版社,2009:500.

市场经济体制，必然要求全社会用诚信来规范行为。就企业而言，诚信是宝贵的无形资产。诚信永远是强有力的竞争手段。一个企业只有讲诚信，才能赢得良好的社会声誉，才能获得消费者的信任，才能得到同行的尊重与支持。诚信是一个企业的兴业之基。诚信是现代市场经济有效运行的道德基础，也是市场经济的内在要求。市场经济中各种经济交往都是契约性的。契约的确立和履行要求交往各方必须真实地提供相关信息，必须按照约定承担责任，也就是遵守诚信原则。因此，经济活动中的诚信原则，使人们的经济交往不仅是一种物质关系，而且是一种道德关系。如果经济活动主体都能遵循"相互尊重、互惠互利、诚信至上、以义生利"的原则，那么健康有序的市场经济秩序就会得以建立。

为什么说诚信是社会主义市场经济的伦理基石、根本原则和价值保障呢？

首先，诚信是防范市场经济运行中的信息不对称及其风险的内在要求。市场经济运行中存在着信息不对称的现象。某个市场主体对其他主体以及商品的信息不可能有全面的了解，这就决定了交往中存在蒙骗与被蒙骗的可能性。克服这种可能性的最佳途径就是，市场主体都讲诚信原则，按照诚信原则来发布真实而非虚假的信息。只有这样，其他主体才不会被蒙骗，市场交易行为才能以低成本的代价进行。健康的市场经济是拥有良好诚信资源的市场经济，是讲信誉、能信任、有秩序的诚信经济。只有建立在讲信誉、能信任、有秩序的诚信经济的基础之上，市场交易行为或活动才能得以持续和规范性地运行，这样的市场经济才是健康、健全、可持续发展的。

其次，诚信是防范市场经济交易行为的非同步性及其风险的内在要求。市场经济中交易行为并不总是也不可能完全是同步进行的，总有一个时间差，这个时间差的存在有可能使交易行为产生风险，而化解风险的最佳方式就是交易双方都能讲诚信，按诚信原则活动。健康的市场经济是诚信经济，交易行为或活动本身应该也必须是诚信的交易。诚信是维系交易行为的无形纽带，没有这根纽带，交易活动就无法正常健康地进行，就只能形成非市场经济或反市场经济。

再次，市场经济调节手段的多样性要求讲诚信原则。市场经济是以市场为资源配置之基础性手段的经济形态。市场调节具有盲目性、自发性、滞后性，需要国家通过行政、法律、经济等手段进行宏观调控，以弥补市场调节的不足。但仅此二者是不够的，还应当有道德调节这一手段。诚信即是道德调节这一手段的集中体现。市场经济作为契约经济，必须依靠诚信原则来保证契约双方履行自己的义务，彼此之间相互信任，共同遵守契约，维护市场经济秩序。契约经济的根基是诚信，离开了诚信，经过鉴证的合同就会成为一张废纸，口头的承诺更是不值一文。

最后，诚信是市场主体实现自身经济利益的保障。市场交换的正常状态是长期的、经常的互动行为，对于市场交换主体双方来说，诚实和守信是维护双方利益的最好策略，也是交换机制最基本的原则。如果这一原则被遗弃，那么不仅交换双方的正当利益得不到保障，而且社会和个人还会花费更多的人力、物力、财力去维护交易秩序与交易公正。所以，恪守诚信原则是交易者实现自身利益的内在需求和理性选择。

社会主义市场经济本质上是诚信经济，诚信是社会主义市场经济的基石、道德支柱和根本原则。离开诚信这一基石、道德支柱和根本原则，市场经济就无法运行。因此，建设社会主义市场经济必须加强诚信体系建设，要加快以道德为支撑、以产权为基础、以法律为保障的社会信用制度建设步伐，夯实诚信基石，保证市场经济正常运行。

四、培育和树立社会主义义利观

建立健全社会主义市场经济体制，要求与之相适应的义利观。这种义利观反过来又成为市场经济伦理的核心和灵魂。发展社会主义市场经济，必然形成既与之相适应又能规范和引领市场经济健康发展的社会主义义利观。社会主义义利观是一种义利并重、义利兼顾、义利统一的义利观，既内在于社会主义市场经济的发展要求之中，又能以其特有的功能效用助推社会主义市场经济健康发展。

（一）社会主义义利观的提出

改革开放是在尊重物质利益原则、贯彻按劳分配和充分调动劳动者积极性的基础上拉开大幕的。只有充分尊重人们的正当物质利益，鼓励个人追求正当利益，尽量满足人们的物质需要，保护个人的合法权益，才能广泛调动人民群众建设社会主义和谐社会的积极性。邓小平指出："不重视物质利益，对少数先进分子可以，对广大群众不行，一段时间可以，长期不行。革命精神是非常宝贵的，没有革命精神就没有革命行动。但是，革命是在物质利益的基础上产生的，如果只讲牺牲精神，不讲物质利益，那就是唯心论。"① 邓小平的这一论断是对马克思主义道德本质论的继承和发展，指出了利益是道德的基础和源泉。道德一旦离开利益，就会使自己出丑。针对"文化大革命"时期否定人们正当物质利益的种种做法或现象，邓小平表示了极大的不满与鄙视。在邓小平看来，社会主义应当鼓励人民群众通过正当的途径获得相应的物质利益，他说："各项工作都……要以是否有助于人民的富裕幸福，是否有助于国家的兴旺发达，作为衡量做得对或不对的标准"②，并要求我们的各级领导认真思考"怎样适合本地情况，多搞一些经济收益大、群众得实惠的东西"③。他相信，"凡是符合最大多数人的根本利益，受到广大人民拥护的事情，不论前进的道路上还有多少困难，一定会得到成功"④。邓小平对物质利益和人民正当个人利益的肯定使其伦理思想带有功利主义的特点，但是邓小平主张的功利主义并不是狭隘的功利主义和资产阶级的利己主义，而是社会主义的功利主义，或者说是以人民群众物质利益的满足、幸福生活水平的提高为主要内容的功利主义。

邓小平功利主义伦理思想重视人民群众的物质利益，强调每个人都应该有一定的物质利益，同时反对狭隘的功利主义和资产阶级的利己主义，主张发扬国家利益、集体利益、个人利益相结合的社会主义集体主义精神。邓小平指出："我们提倡按劳分配，承认物质利益，是要为全体人民的物质利益奋斗。每个人都应该有他一定的物质利益，但是这决不是提倡各人抛开国家、集体和别人，专门为自己的物质利益奋斗，决

① 邓小平. 解放思想，实事求是，团结一致向前看//邓小平文选：第 2 卷. 2 版. 北京：人民出版社，1994：146.

② 邓小平. 各项工作都要有助于建设有中国特色的社会主义//邓小平文选：第 3 卷. 北京：人民出版社，1993：23.

③ 邓小平. 关于农村政策问题//邓小平文选：第 2 卷. 2 版. 北京：人民出版社，1994：316.

④ 邓小平. 在中国共产党全国代表会议上的讲话//邓小平文选：第 3 卷. 北京：人民出版社，1993：142.

不是提倡各人都向'钱'看。"① 要"批判和反对资产阶级损人利己、唯利是图、'一切向钱看'的腐朽思想，批判和反对无政府主义、极端个人主义"②。在社会主义制度下，归根结底，个人利益和集体利益是统一的，但在一定时期、一定阶段内可能会存在矛盾。当个人利益与集体利益、国家利益发生矛盾时，不仅要讲服从，而且要讲兼顾，按照统筹兼顾的原则来调节各种利益的相互关系。

在义利关系上，邓小平既主张义利结合、义利并重，又强调以义制利、见利思义，实质上蕴含了社会主义义利观的内容。在市场经济条件下，求利是人们行为的目标和基本动机，但是每个人的求利行为并不总是正当的、合理的，当求利与社会的道义发生矛盾的时候，以义制利就成为义利统一的关键。在现实的利益关系和利益格局中，社会整体利益和国家民族的根本利益总是社会道义的集中体现，因此提倡个人利益服从社会整体利益、局部利益服从整体利益、当前利益服从长远利益，就成为社会主义道义精神或原则的内在要求。在邓小平看来，提倡和实行这些原则，绝不是说可以不注意个人利益、局部利益和当前利益，而是因为在社会主义制度之下，归根结底，个人利益与集体利益、局部利益与整体利益、当前利益与长远利益是统一的。我们必须按照统筹兼顾的原则来调节各种利益的相互关系。统筹兼顾的原则实质就是义利统一的原则，既要求把国家和人民的利益放在首位，同时又要求充分尊重公民个人的合法利益，体现了社会主义义利观的基本精神和价值导向，为正确处理国家、集体、个人三者的利益关系提供了理论依据。

市场经济对人们道德面貌的积极影响和负面影响集中反映在人们对利益关系的看法上。因此，面对这样一种新情况和新变化，在认识和调整社会的利益关系时，最重要和最迫切的就是，要正确区分正当的个人利益和不正当的个人利益。正当的个人利益是指个人生存和发展需要的条件，包括自己的身体健康，起码的生活条件、工作条件和学习条件，个人才能的发挥和发展等。尊重个人的正当利益，才能保证人与人之间的利益平衡，才能维护社会生活的正常秩序，才能保证社会主义现代化

---

① 邓小平. 党和国家领导制度的改革//邓小平文选：第2卷. 2版. 北京：人民出版社，1994：337.

② 邓小平. 贯彻调整方针，保证安定团结//邓小平文选：第2卷. 2版. 北京：人民出版社，1994：369.

建设顺利进行。不正当的利益包括非法利益和其他不应当得到的利益。非法利益是指违反法律、法规、政策所取得的利益，是法律、法规、政策禁止取得而用非法手段取得的利益。所谓其他不应当得到的利益，是指非法利益以外的其他不正当利益，它不是法律、法规、政策所禁止的，而是合法的。但就取得利益的手段而言，与非法利益一样，其他不应当得到的利益具有非法性或者不正当性，这种利益的取得，侵犯的是他人应当得到的利益。个人正当利益以承担相应的社会责任为前提。责任与权利是统一的，而享受权利又以履行义务为前提。不负责任甚至有违社会责任的行为不仅不可以得到真正的个人利益，而且还应当受到社会的谴责和处罚。不能把个人正当利益仅仅理解为个人物质利益。虽然物质利益是最基本的利益，但并不意味着除了物质生活，人们不再有其他的需要。事实上，随着物质生活水平的提高，人们的精神生活需要越来越强烈、越来越高。个人利益是与国家、民族等集体的利益结合在一起的，当前者与后者发生矛盾冲突时，个人利益要做出牺牲，这是社会主义道义原则的内在要求和基本精神。

在邓小平社会主义功利主义和义利观的基础上，党的十四届六中全会通过的《中共中央关于加强社会主义精神文明建设若干重要问题的决议》中正式提出"社会主义义利观"，主张树立"把国家和人民利益放在首位而又充分尊重公民个人合法利益的社会主义义利观"[1]，反对一切见利忘义、唯利是图的利己主义和狭隘的功利主义。社会主义义利观不同于历史上各种义利观的根本之处在于，它既不混同义利关系，也不割裂义利关系，而是主张把义与利辩证地统一起来，强调义利并重、义利结合，主张把国家、人民的利益放在首位，同时充分尊重公民个人的合法利益，并使三者实现有机的结合和统一。社会主义义利观的内容主要包括以下三个方面。（1）在社会主义条件下，国家利益、集体利益与个人利益在根本上是一致的，社会主义义利观是充分保障个人正当利益，尊重国家利益、集体利益，义利兼顾、义利并重的义利观。（2）在国家利益、集体利益与个人正当利益之间有主次轻重之分，主张把国家利益、集体利益放在首位，同时充分尊重公民个人的正当利益。（3）当国家利益、集体利益与个人利益发生矛盾冲突

---

[1] 中共中央关于加强社会主义精神文明建设若干重要问题的决议//中共中央文献研究室，编. 十四大以来重要文献选编：下. 北京：中央文献出版社，2011：136.

时，个人利益应当服从国家利益、集体利益，必要时应当做出自我牺牲。

就社会主义市场经济本身来说，它虽然一般地具有商品经济的逐利性特点，但公有制基础上各经济主体根本利益的一致，使得一切群体和个人的逐利行为都必须服从于社会主义的生产目的，服从于社会主义市场经济共同富裕的最终目标。这就决定经济主体的经济活动既要追求自身利益和经济效益，又不能把追求自身利益和经济效益当作唯一目的，要求经济主体在把国家利益、集体利益放在首位的基础上兼顾自身利益，培育社会主义义利观。

培育社会主义义利观需要正确处理好竞争与协作、自主与监督、先富与共富、效率与公平的关系，因为竞争与协作、自主与监督、先富与共富、效率与公平是义利关系的具体表现和集中呈现，具有既体现义利关系又扩展义利关系的价值功能。此外，对经济效益和社会效益的关系处理也能够比较好地呈现义利关系的要求。

（二）义利统一是社会主义义利观的价值取向

社会主义义利观不同于其他一切义利观的本质在于，它既注重功利又讲求道义，或者如同马克思、恩格斯所说，"既不拿利己主义来反对自我牺牲，也不拿自我牺牲来反对利己主义，理论上既不是从那情感的形式，也不是从那夸张的思想形式去领会这个对立，而是在于揭示这个对立的物质根源"[1]。一般来说，封建主义义利观常常是重义轻利、贵义贱利，充满着对个人利益的鄙视和嫌憎，把人欲视为万恶之源。资本主义义利观又总是重利轻义、贵利贱义。在资产阶级看来，世界上没有一样东西不是同利或钱相关的，活着的唯一动机和目的就是快快发财，除了金钱的获得，不知道还有别的幸福，除了金钱的损失，不知道还有别的痛苦。因此，功利至上、金钱万能是资本主义义利观的必然表现。社会主义义利观有着对封建主义义利观和资本主义义利观的双重批判与超越，既反对离开个人利益来空谈道义，也反对只注重物质利益而不关注道义应该。社会主义义利观的性质决定了利益协调的根本原则既不是空谈道义的"贬利崇义"，也不是不讲道义的"以利背义"。空谈道

---

[1] ［德］马克思，恩格斯. 德意志意识形态//马克思恩格斯全集：第3卷. 1版. 北京：人民出版社，1960：275.

义的"贬利崇义"是在忽视利益的基础上抽象地强调义的重要性，其结果必然是道德唯心主义的"贬利崇义"或"唯义是从"盛行。我国西汉的董仲舒主张"正其谊不谋其利，明其道不计其功"①，宋明理学倡导"存天理，灭人欲"，基督教宣扬自我救赎之路，这些都是"去利取义"的典型。"贬利崇义"的道德唯心主义并不能从根本上杜绝人们对利益的追求，在现实生活中，其结果往往适得其反，使人们产生逆反心理，更加肆无忌惮地追求功利，从而使人们的利益关系不能协调，进而使社会不能和谐发展。利益和谐也不是不讲道义的"以利背义"，即不是唯利是图、见利忘义。"以利背义"的意识一旦成为一种普遍的社会意识，社会大多数成员就会顺水推舟，将功利的东西放在不恰当的位置，长此以往就会导致功利意识的恶性膨胀，使道德对功利的制约成为虚设，这种行为一旦传播开来，整个社会就会变成名利场，结果是唯利是图的功利原则成为支配人们生活的最高原则。这种背离与错位造成的后果不是人主宰功利的东西，而是功利的东西主宰人，从而使利益关系不和谐，进而也使社会不能和谐发展。如果说在漫长的封建社会与高度集权的计划经济体制下，"以义背利"的道德唯心主义压抑了人们对利益的合理追求的话，那么"以利背义"的现状就是当今阻碍社会和谐的一个毒瘤。利益和谐只能是"以义制利"，即按照道德规范来追求个体利益。这一原则有两个方面的要求：其一是社会个体求"利"必须先"义"，即"求利"之举无可厚非，但一定要做到"以义取利""生财有道"；其二是社会要保障"义"者成为"利"者，也就是说，有义之人不应该视"利"为"义"，更不能为"利"而失"义"，但社会应该因为其义举而给其利，从而使其得到完整的幸福，以实现社会真正的和谐。这一点既体现了"德行有用"的世俗认识，又对社会提出了义的要求，因为一个"卑鄙是卑鄙者的通行证，高尚是高尚者的墓志铭"的不义社会是无法保证义者有利与社会和谐的。在相当长的时期内，我国广大农民、中西部地区的人民为国家的整体发展是做出过巨大贡献与牺牲的，是有德于国的，因而对广大农民、中西部地区的人民进行利益补偿就成了利益协调的重要内容。

　　正确处理各种利益关系，实现好、维护好、发展好人民群众的根本

---

　　①　汉书·董仲舒传.

利益，统筹协调各方面的利益关系，妥善处理社会矛盾，适应我国社会结构和利益格局的发展变化，形成科学有效的利益协调机制、诉求表达机制、矛盾调处机制、权益保障机制，是实现公平正义、建设和谐社会的内在要求，也是社会主义义利观的题中应有之义。我们应当正确把握最广大人民的根本利益、现阶段群众的共同利益和不同群体的特殊利益之间的关系，统筹兼顾各方面群众的关切。胡锦涛指出："要加强统筹协调，提高处理利益关系的能力。要深入分析研究改革发展中出现的利益关系和利益格局调整，正确处理中央和地方、地方和地方、部门和地方、部门和部门之间的关系，正确处理局部和全局、当前和长远的关系，正确处理不同群众之间的关系，全面把握和妥善解决来自各方面的利益诉求，把最广大人民群众的根本利益实现好、维护好、发展好，把各方面的积极性引导好、保护好、发挥好。"① 要正确处理个人利益和集体利益、局部利益和整体利益、当前利益和长远利益的关系，善于从各方利益的结合点上考虑问题、谋划工作。

（三）正确处理先富与共富、效率与公平等的关系

在发展社会主义市场经济的条件下，主要依靠市场来配置资源，激发全社会的积极性和创造力，提高经济效益，加快经济发展，是在发展水平较低的背景下的必然选择。因此，1993 年，党的十四届三中全会提出，"建立以按劳分配为主体、效率优先、兼顾公平的收入分配制度，鼓励一部分地区一部分人先富起来，走共同富裕的道路"②，这抓住了当时经济社会发展的主要矛盾。但是，在注重效率的同时，也不能忽视社会公平问题，江泽民 1994 年 3 月在中国扶贫开发工作会议上说："我们发展社会主义市场经济体制，既要追求资源配置的效率目标，也要兼顾公平原则，更要对贫困地区采取有效的扶持政策。"③ "社会主义应当创造比资本主义更高的生产力，也应当实现资本主义难以达到的社会公正。从根本上说，高效率、社会公正和共同富裕是社会主义制度本质决

---

① 胡锦涛. 努力实现"十一五"时期发展目标，推动经济社会又快又好发展//中共中央文献研究室，编. 十六大以来重要文献选编：中. 北京：中央文献出版社，2006：1105.
② 中共中央关于建立社会主义市场经济体制若干问题的决定//中共中央文献研究室，编. 十四大以来重要文献选编：上. 北京：中央文献出版社，1996：520—521.
③ 江泽民. 论社会主义市场经济. 北京：中央文献出版社，2006：166.

定的。"①

正确处理先富与共富的关系，要求开展"致富思源，富而思进"的财富伦理观教育。"致富思源"，是讲富从何来；"富而思进"，是讲富了以后怎么办。"致富思源"，架起连接过去与未来的桥梁，看到成就，认清"富从何来"，坚定马克思主义信仰和社会主义信念，增强对党和政府的信任，增强对中国特色社会主义道路的信心，永不迷失方向。"富而思进"，要求破除"小富即满、小富则安"的满足感，牢固树立干大事业、求大发展、力争上游、不断开拓的创业精神。开展"致富思源，富而思进"的财富伦理观教育，要在全社会倡导"富而尚勤""富而好学""富而重教""富而崇德""富而求序"的价值观念，树立正确的财富伦理观，实现由"小康"之"富"、"宽裕"之"富"到"中等发达"之"富"的转变，实现由一部分地区、一部分人先富到全国各个地区、各族人民共富的转变，实现由片面追求物质上的"富"到物质与精神协调发展的"富"的转变，使广大人民群众牢固树立建设中国特色社会主义的共同理想，不断提高自身的思想道德修养和精神境界。

正确处理公平与效率的关系，也是树立社会主义义利观的必然要求。坚持和发展社会主义义利观，要求在提高效率的基础上促进社会公平，把维护社会公平、实现共同富裕放在更加突出的位置。应该承认，在改革开放之初，提出效率优先、兼顾公平有其合理之处，调动了人民群众的积极性，推动了经济的飞速发展，为保障公平提供了坚实的物质基础。但是，我们对效率的片面理解和泛化，导致了许多严重问题。（1）强调效率优先，主张物质刺激，对精神方面的追求没有给予同等的重视，以至出现了人文精神的失落现象。（2）比较多地关注经济效益，而对技术效率、生态效益以及人的健康没有给予同等的重视，以至生态环境被破坏、资源浪费严重。（3）把效率优先的思想和市场的逻辑泛化，以至在政治、文化、社会领域出现了不正常的现象，政治生活中权力寻租泛滥，教育、医疗、住房领域问题复杂多样，社会公益性事业衰落。（4）公平问题没有得到应有的重视，贫富分化现象十分严重。所有这些问题都已成为影响国家长治久安与社会和谐的重大因素。据世界银行《世界发展报告 2006》提供的 127 个国家近年来收入分配不平等状

---

① 江泽民. 论社会主义市场经济. 北京：中央文献出版社，2006：137.

况的指标，基尼系数低于中国的国家有 94 个，高于中国的 29 个国家中有 27 个是拉丁美洲和非洲国家，亚洲只有马来西亚和菲律宾高于中国。2008 年，《瞭望》载文指出，中国的基尼系数高于所有发达国家和大多数发展中国家，达到历史最高点。中国居民收入差距已超过合理限度。文章中说，据世界银行公布的数据，中国居民收入的基尼系数已由改革开放前的 0.16 上升到 2008 年的 0.47，不仅超过国际上 0.4 的警戒线，而且超过世界所有发达国家的水平。由于部分群体隐性福利的存在，有专家认为中国实际收入差距还要更大。十七大正是在反思这些问题以及我们以往发展模式的基础上，对公平与效率的关系做出了新的定位和调整。随着我国经济社会的不断发展，我们已经具有解决社会公平问题的一定条件和初步手段。必须指出，强调公平不是"杀富济贫"或简单地拉平抹平，并不是要重蹈旧的平均主义的覆辙，干与不干一个样、干多干少一个样的平均主义其实是最不公平的。社会主义的公平是在强调多劳多得、少劳少得和承认差别的基础上发展起来的，要求建立和发展权利公平、机会公平、规则公平、分配公平的价值体系，既保护劳动者的积极性、创造性和主体性，又防范贫富两极分化、财富高度集中的风险，把差别限制在合理的范围内。在中国这样一个法制逐渐完善的环境下建立市场经济，如果不强调社会主义的公平精神和社会责任，如果忽视共同富裕的方向，建立起来的市场经济就必然是人们所称的权贵市场经济、两极分化的市场经济。因此，缩小贫富差距，树立社会主义义利观，建立公平合理的收入分配伦理，就成为建设中国特色社会主义现代化的迫切需要。树立社会主义义利观，首先表现在既强调通过发展来增加社会财富，不断改善人民生活，又强调通过发展来保障社会公平正义，实现义利统一。科学发展观的核心是以人为本，以人为本则既要求满足人民群众的物质利益需要，又要求满足人民群众的精神文化需要，实现"富口袋"与"富脑袋"、"富身体"与"富心灵"的有机统一。因此，既要讲利，更要讲义，把义与利、公平与效率、经济效益与社会效益有机地统一起来。

党的十八大以后，习近平结合国际国内形势的新变化提出了以正确义利观来处理各种复杂利益关系的理论。正确义利观是以马克思主义义利观和社会主义义利观为主体，吸纳人类历史上诸种义利观的合理因素，并着眼于解决当代经济社会发展的突出利益矛盾和国际关系利益纷争而建构起来的一种理性且科学、民主且平等的先进伦理价值观。从国内来看，全面深化改革，实现"两个一百年"奋斗目标，实现中华民族伟大复兴的中国梦，需要有一种正确义利观的引领和指导。改革开放40年来，中国社会发生了天翻地覆的巨大变化，原有的利益格局被打破，与黄金机遇期相伴而生的利益矛盾接踵而至，改革开放进入深水区，攻坚克难要求破除利益壁垒、冲破利益集团的束缚，改善民生要求实现好、维护好、发展好人民群众的切身利益和根本利益。全面深化体制改革的任务以及全面建成小康社会的奋斗目标，要求有一种正确义利观的武装。在某种意义上说，全面深化改革，实质是利益关系的调整，是建构公正合理、共同富裕的利益机制，借以推动生产力和先进文化的发展，激活各种创富兴业的潜能和资源。广大老百姓渴望得到公正的对待，获得更好的发展机会，实现安居乐业的人生梦想。这一切，都为正确义利观的提出与形成提供了基础和条件。

建设高度的社会主义物质文明，必然要求建设与社会主义市场经济相适应的伦理道德，必然要求消灭贫困，大力发展生产力，坚持走共同富裕的社会主义现代化道路，树立社会主义义利观。只有这样，才能确保物质文明建设的社会主义方向，使社会主义现代化建设取得理想的效果。

第四章 政治文明与政治建设 伦理思想

中国特色社会主义道路、理论和制度都内在地包含政治的要素。建设既与市场经济相适应，又能引领市场经济健康发展、保护市场经济顺利运行的政治文明和民主政治，是中国特色社会主义的重要组成部分。以邓小平、江泽民、胡锦涛、习近平为主要代表的几代中国共产党人在新的历史时期，继承并发展了马克思主义关于政治文明和政治建设伦理的有关思想，结合改革开放和社会主义市场经济的新情况、新任务、新要求，予以创造性的发展，提出了一系列新观点、新论断和新理论，形成了当代中国马克思主义政治文明和政治建设伦理思想，极大地促进了马克思主义伦理思想在当代的发展。

一、社会主义政治文明的内涵和特征

建设中国特色社会主义，不仅要有发达的物质文明和精神文明，而且要有发达的政治文明。建设社会主义政治文明，是中国特色社会主义现代化建设的重要内容，是全面建设小康社会和实现中华民族伟大复兴的重要目标，也是构建社会主义和谐社会的根本保证。

（一）政治文明的基本内涵

文明一般是指人类行为的进步和开化状态，同理，政治文明即是指政治行为、政治活动、政治生活所呈现的进步程度和开化状态。从静态的角度考察，政治文明是指人类社会政治建设、政治运作和政治建构进程中取得的全部进步成果。从动态的角度考察，政治文明是人类社会政治目标追求、体制机制改革与建构以及政治活动进化发展的具体过程。政治文明内含的政治行为、政治活动和政治生活进步与开化状态本身有一个从低级到高级、从片面到全面、从粗放到完善的发展过程。一般来说，政治文明是相对于蒙昧政治和野蛮政治而言的，意味着政治与文明的结合并用文明的方式和手段来处理政治问题，建构政治制度，发展政治生态。从人类政治文明的发展史来考察，政治文明始终是建设和发展过程中的政治文明，是在同历史上和现实生活中的种种不文明现象、种种不文明行为做斗争的过程中逐渐确立与发展起来的。与物质文明和精神文明所取得的明显进步相比，政治文明的发展显得更为复杂而纠结，因此受到的关注自然就比较高。建设和促进人类的政治文明，是许多思想家、政治家和关心人类文明发展前景的人士孜孜以求且努力为之奋斗的价值目标。

"政治文明"这个概念，马克思在 170 多年前提到过。1844 年 11月，马克思在拟定的《关于现代国家的著作的计划草稿》中明确使用了"政治文明"这个概念："**执行权力**。集权制和等级制。集权制和政治文明。联邦制和工业化主义。**国家管理**和**公共管理**。"① 此后，马克思、恩格斯在多篇经典著述中论述了人类社会文明的起源和发展，阐明了政治文明的地位、作用及有机构成，并对未来社会的政治文明做了展望，例如恩格斯曾引摩尔根对文明时代的评断说："管理上的民主，社会中的博爱，权利的平等，教育的普及，将揭开社会的下一个更高的阶段，经验、理智和科学正在不断向这个阶段努力。**这将是古代氏族的自由、平等和博爱的复活，但却是在更高级形式上的复活**。"② 然而，究竟什么是政治文明？马克思主义经典作家并没有做出具体解释。毛泽东、邓小平有许多关于政治建设和政治体制改革的论述，但也没有直接提出"政治文明"的概念。

---

① ［德］马克思. 关于现代国家的著作的计划草稿//马克思恩格斯全集：第 42 卷. 1版. 北京：人民出版社，1979：238.

② ［德］恩格斯. 家庭、私有制和国家的起源//马克思恩格斯文集：第 4 卷. 北京：人民出版社，2009：198.

  "政治文明"这一概念是改革开放后适应社会主义现代化建设的需要，最先由学者们提出，然后由江泽民做出概括并将其上升到社会主义现代化建设高度和中国特色社会主义建设高度予以强调的。改革开放以来，适应社会主义现代化建设的需要，我国学术界开始研究政治改革和政治文明问题。1986 年，肖君和在《关于"社会政治文明"的思考》一文中将"政治文明"概括为"对社会政治领域的改造的胜利，社会生活、政治生活的改善和发展"，并对政治文明与物质文明和精神文明的关系做出了初步探讨。① 1987 年，张奎良在《加速政治文明建设》一文中指出："人生活在世界上要过三重生活：物质生活、精神生活和社会政治生活"，"人类的三重生活产生了三种文明：改造自然界的成果叫物质文明，改造人的主观世界的成果叫精神文明，改造社会生活、社会关系和社会管理的成果叫政治文明"。文章强调，"实际上马克思提出的人类历史发展的五大社会形态，也是人类政治文明发展的五大阶梯"②。

  江泽民在系统总结历史经验的基础上，对人类社会特别是改革开放以来我国的治国方式进行了全面概括，提出了将依法治国与以德治国结合起来的重要思想，并将法治归于政治文明的范畴，正式使用了"政治文明"这个概念。2001 年 1 月 10 日，江泽民在全国宣传部长会议上的讲话中强调，"我们在建设有中国特色社会主义，发展社会主义市场经济的过程中，要坚持不懈地加强社会主义法制建设，依法治国，同时也要坚持不懈地加强社会主义道德建设，以德治国。对一个国家的治理来说，法治和德治，从来都是相辅相成、相互促进的。二者缺一不可，也不可偏废。法治属于政治建设、属于政治文明，德治属于思想建设、属于精神文明。二者范畴不同，但其地位和功能都是非常重要的。我们要把法制建设与道德建设紧密结合起来，把依法治国与以德治国紧密结合起来"③。在这里，江泽民十分明确地使用了"政治文明"这个概念。

  理解和把握政治文明，可以有以下三个基本的价值视角：一是政治文明意味着社会政治生活、政治制度、政治行为的发展和进步。文明通常与进步同义。政治进步主要是指人类用和平协商与民主平等的办法和

  ① 肖君和. 关于"社会政治文明"的思考. 学术研究，1986（4）.
  ② 张奎良. 加速政治文明建设. 青年论坛，1987（1）.
  ③ 中共中央文献研究室，编. 江泽民论有中国特色社会主义（专题摘编）. 北京：中央文献出版社，2002：337.

思路，解决政治生活中的难题以及摆脱政治困境的有效性程度，包括政治理念的提出、政治制度的发明以及政治价值目标实现的技术设计等。二是政治文明意味着一种得以产生并具有持续生命力的政治形态。这里的关键是具有持续生命力，因为具有持续生命力意味着它能够获得人们的价值认同和真诚拥护。假若人们对某种政治形态不认同、不拥护，那么这种政治形态就很难称得上是文明。三是政治文明意味着政治本身的发展。与经济发展的情况一样，政治也有一个发展与不发展的问题，也有一个评价政治发展与不发展的指标问题。一般认为，政治发展大致上有以下一些评价指标：（1）有关民主、自由、法治等现代政治意识和政治观念已在社会形成广泛的共识，并成为指导人们从事政治活动、参与政治生活的基本准则；（2）政府结构及其功能的专门化以及政府治理社会的能力的提高；（3）社会政治参与渠道的扩大以及民众政治参与的普遍性和有效性。相对于专制主义而言，民主政治显然具有更多的文明性和进步性。相对于虚假的民主政治而言，真实的民主政治显然具有更多的文明性和进步性。

从政治文明的体系结构来考察，政治文明大体包括政治理念、政治制度、政治行为三个层面。政治理念是指由政治价值观、政治信念和政治情感等构成的观念系统，是政治文明的引导因素和规约因素，甚或可以说是政治制度和政治措施的灵魂，它关系到政治制度的根本性质和发展方向。政治理念反映政治文明的特质。在一定意义上说，政治文明的建设过程就是政治理念的变迁和实现过程。人民主权观念、法治观念、平等观念、人权观念、自由观念等可谓政治文明的基本理念，在政治文明中起着重要的思想启蒙和精神建构作用。政治制度是政治文明的决定性因素，政治制度的变更必然引起政治文明的自我否定与超越。政治制度层面，主要表现为由于经济基础和阶级力量对比的变化所引起的国家管理形式、结构形式的进化发展，即政体或国体、政体范围内的政治体制机制等方面发展变化的成果，如代议制民主的确立、选举制度的推行、司法制度的近现代化、政党制度的建立、文官制度的形成等。其中，民主政治制度的建立是政治制度文明发展的最重要的成果。政治行为是政治文明的具体反映。政治行为是人们涉及政治生活的各种活动或具体的行为实践，包括政治参与、政治管理、政治统治和政治斗争等。政治文明行为是指文明的政治行为，其标准是合理、合法、和平、理性、公开、公平、公正等。政治文明的各要素彼此联系、相互作用、协同发展，构成政治文明的统一体，并不断与社会的物质文明和精神文明相关联，共同成为人类文明的有机组成部分，成为人类社会永恒的价值追求。

政治文明也可以区分为政治主体文明、政治关系文明、政治意识文明、政治行为文明、政治制度文明等。政治主体文明是政治文明的核心和关键。在社会政治生活中，政治主体在政治意识的驱动下，从事政治活动，维护和追逐根本性利益。政治主体的性质决定政治文明的性质，政治主体的文明程度在很大程度上决定政治文明的状况。政治主体既可以是具有政治意识和独立人格的个体，也可以是拥有共同的政治理想、政治纪律的政治组织和政治团体，还可以是基于共同的根本利益而形成的政治群体。这种多元的政治主体在不同的国家和社会发展的不同阶段具有不同的表现形式，在社会政治生活中处于不同的地位，扮演不同的角色。离开政治主体的文明，政治文明就会成为无源之水、无本之木。政治关系文明是政治文明的基本架构和政治运作的实现手段，集中地反映着各种利益关系的性质及其妥善处理这些利益关系的要求。合理地理顺、妥善地处理好各种政治关系，不仅关系到政治主体的合理定位和潜能的发挥，而且关系到各自利益的满足程度和政局的稳定。各种政治主体越位、错位、职责不清，势必导致政治关系混乱或颠倒，这样就会激化社会矛盾，影响政治稳定。如果各种政治关系能够较为合理地予以协调，那么便会调动各政治主体的积极性，形成生动活泼、政治稳定的局面。政治关系文明内含着建构比较理想且和谐的政治关系，妥善处理各种政治关系的矛盾和问题，使政治关系的建构、维护与发展能够朝着文明的方向运演。政治意识文明是指政治理念、政治价值观以及政治思想等的文明状态。政治意识是政治生活和政治活动的反映，是人们在特定的社会条件下形成的政治态度、政治情态、政治认识、政治信念、政治习惯和政治价值的复合存在形式，它构成政治系统的基础和环境。作为一种无形的精神力量，政治意识左右政治主体的行为，影响社会的政治面貌，促进或制约政治发展。政治行为文明是政治文明的重要内容和集中体现。在某种意义上讲，政治文明更多地表现为政治行为文明，通过政治行为文明表现出来。政治行为是政治主体在政治意识的驱动之下，为了一定的政治目标而采取的政治活动方式和具体行为实践，规章制度的制定、落实、检查、督促、评价、奖惩等都是政治行为的表现。政治主体通过政治行为介入政治过程，对政治生活施加影响。政治制度文明是政治文明的核心。政治主体在社会政治关系领域所进行的政治实践活动，都是围绕政治制度这一核心问题展开的，建立与巩固政治制度是一切政治活动、政治斗争的出发点和最终目的。政治制度以其特有的结构形式和功能影响、制约其他社会制度发挥作用的程度与范围，以其特有的权威引导和保证社会的发展方向。政治制度在具体运行过程中，以国家机器为后盾，实现统治阶级的意志，对全社会具有普遍的约束力。政治制度对整个社会的影响和作用，在广度、深度和强度上，都是其他规范无法比拟的。其他社会制度与社会规范必须服从于、服务于政治制度的内在要求，在政治制度允许的范围内发挥自己的作用。

政治文明所要解决的基本问题可以概括为：（1）努力将人类对美好政治生活的构想付诸实践；（2）通过科学合理的制度安排和技术设计，提高非暴力状态下解决政治矛盾和冲突的有效性；（3）使所有社会成员在一种文明祥和的政治状态下各得其所，互爱互信，共存共荣。政治文明反映了政治发展和政治建设的一种走向与发展趋势。总体上说来，政治文明的发展使得人类的政治生活越来越平和、越来越合理、越来越能有效地解决人类的矛盾和冲突，从而越来越有利于良好社会风尚的形成和人们幸福生活的实现。

政治的基本价值目标是在人类的公共生活中建立有效而良善的秩序。政治文明的性质规定了政治文明的基本价值目标是建立一种健康合理、持续有效的公共秩序，政治的文明化过程正是人类一直在努力脱离野蛮、抛弃动物世界中那个弱肉强食的丛林法则的过程，而这一目标正是通过建立健康合理、持续有效的公共秩序来实现的。从政治文明的角度看，秩序不仅是社会存在的基础，而且是构成人类理想的要素，同时也是人类社会活动的基本目标。评价什么是健康合理的公共秩序的标准具有一定的相对性，不存在一个永恒不变的、普遍的关于健康合理的公共秩序的标准。只有历史地看待公共秩序的合理性问题，才能对公共秩序有真正意义上的理解，也才能真正理解为什么公共秩序类型会发生历史性的变化，以及某种公共秩序类型为什么会延续那样长久。

政治就是国家治理活动和人们围绕国家权力结成的关系。政治文明就是人类在这一关系中所创造的文明。在人类历史上，政治文明作为社会发展和社会进步的成果，经历了一个长期的建设和积累的过程。原始社会经济发展落后，但它没有私有制，那里存在着以自然民主为特征的朴素的政治文明。随着私有制的出现，从奴隶社会开始，原始的政治文明被否定了，代之以奴隶主、封建主对广大劳动人民的野蛮统治和在统治阶级内部实行的私有制下的政治民主与政治文明，奴隶社会和封建社会不重视制度的建设，以人的血统或出身为中心，把人分成不同的等级，实行皇权专制或中央集权制。因此，决策频频失误，暴力和战争不断。资产阶级汲取历史教训，注意政治文明建设，加强体制研究，把政治管理当作一门科学来看待。经过几百年的努力和沉淀，终于在发达的资本主义国家建立起比较完备的政治文明。资本主义的政治文明是人类社会进步的重要成果，它不仅维护了资产阶级统治的长治久安和促进了资本主义社会的发展进步，而且对社会主义政治文明建设也有一定的启迪和鉴戒意义。

西方资本主义民主制的建立，标志着政治文明的重大进步。以"文艺复兴""启蒙运动""宗教改革"为标志的思想文化运动，以人权反对神权、以人道反对神道、以民主反对专制，为资产阶级革命锻铸出了"自由、平等、博爱"的伦理价值观，并成功推翻了封建主义的专制统治，建立起了资产阶级的民主政治。洛克和卢梭的"人民主权论"、孟德斯鸠的"三权分立论"和约翰·穆勒的"代议制理论"等，既为资本主义政权或政治制度的建立提供了思想指导，同时本身又成为资本主义政治文明的重要成果。当然资本主义民主政治取得的进步是有限的，其"有限选举权""议会至上""两党或多党竞争制"，是限制劳动人民民主权利、维护资产阶级政治统治的工具，"主权在民"在资本主义社会往往沦为一句空话。由此可见，资本主义政治文明相对封建主义政治文明而言具有进步性，但是由于自身的局限性，依然是不完备的、不合理的、不公正的，存在着严重的问题和弊端。

社会主义政治文明的形成和发展是人类政治文明发展的新阶段、新成果，它在人类历史上第一次真正实现了多数人对少数人的统治，使人民群众翻身成为国家的主人，并以人民的广泛参与作为政治统治的基础，以代表最广大人民的根本利益作为国家协调社会全局利益的出发点，从而使实现高度文明的政治成为可能，使社会主义政治文明成为现代政治文明的一个新的发展阶段。

（二）社会主义政治文明的提出及主要内容

中国特色社会主义现代化建设，内在地包含政治文明建设的内容。邓小平早就指出"民主是解放思想的重要条件"，并强调"我们需要集中统一的领导，但是必须有充分的民主，才能做到正确的集中"，并认为"当前这个时期，特别需要强调民主"①。为了保障人民民主，"必须使民主制度化、法律化，使这种制度和法律不因领导人的改变而改变，不因领导人的看法和注意力的改变而改变"②。在《坚持四项基本原则》一文中，邓小平强调指出，"没有民主就没有社会主义，就没有社会主义的现代化"③，将发展社会主义民主政治提升到事关社会主义现代化建设的高度。在《党和国家领导制度的改革》一文中，邓小平认为社会主义制度的优越性表现在政治上就是要"充分发扬人民民主，保证全体人民真正享有通过各种有效形式管理国家、特别是管理基层地方政权和各项企业事业的权力，享有各项公民权利……调动人民群众的积极性，巩固和发展安定团结、生动活泼的政治局面"，并认为我们进行社会主义现代化建设，除了在经济上赶上发达的资本主义国家，还要在政治上"创造比资本主义国家的民主更高更切实的民主"④。1985年4月，在会见坦桑尼亚副总统姆维尼时，邓小平谈到十一届三中全会以来制定的政策最重大的有两条，"一条是政治上发展民主，一条是经济上进行改革"⑤。可以说，邓小平关于政治上发展民主的思想包含政治文明的因素，为社会主义政治文明的建设指明了方向。

学术界自20世纪80年代起，也有人在探讨社会主义政治文明问题。1987年，邹永图发表专题文章，提出"有必要从社会主义政治文明的战略高度去认识和进行政治体制的改革"。文章认为，马克思主义

① 邓小平.解放思想，实事求是，团结一致向前看//邓小平文选：第2卷.2版.北京：人民出版社，1994：144.
② 同①146.
③ 邓小平.坚持四项基本原则//邓小平文选：第2卷.2版.北京：人民出版社，1994：168.
④ 邓小平.党和国家领导制度的改革//邓小平文选：第2卷.2版.北京：人民出版社，1994：322.
⑤ 邓小平.政治上发展民主，经济上实行改革//邓小平文选：第3卷.北京：人民出版社，1993：116.

的文明观包含了"政治文明"的思想，我们应该加以实践和发展。并且，文章从人们生活的基本领域及其需要、充分发挥社会系统结构的整体功能、人类社会的文明系统内部三要素的相互关系等三个方面论述了加强政治文明建设的必要性。① 1990 年，由冯举、王文承主编的《社会主义政治文明》一书将社会文明分为物质文明、政治文明和精神文明三个部分，认为"社会文明不是两维结构，而是三维结构，即物质文明、精神文明和制度文明"②。该书认为，"政治文明除政治制度的进步外，还包括其他非制度性的政治现象的进步，既包括政治制度又包括政治观念、政治道德等。但其决定性的部分即政治制度，则属于制度文明的范畴。在这个意义上，未尝不可说政治文明即制度文明"③。

2002 年 5 月 31 日，在中央党校省部级干部进修班毕业典礼上，江泽民直接而鲜明地提出了"建设社会主义政治文明"④ 的命题，把政治文明同物质文明、精神文明并列，确立起社会主义民主政治的文明属性，并且把建设社会主义政治文明列为社会主义现代化建设的重要目标。2002 年 11 月 8 日，江泽民在党的十六大报告中指出："全面建设小康社会，开创中国特色社会主义事业新局面，就是要在中国共产党的坚强领导下，发展社会主义市场经济、社会主义民主政治和社会主义先进文化，不断促进社会主义物质文明、政治文明和精神文明的协调发展，推进中华民族的伟大复兴。"⑤ 又说："发展社会主义民主政治，建设社会主义政治文明，是全面建设小康社会的重要目标。"⑥ 发展社会主义民主政治，建设社会主义政治文明，要坚持从中国的具体国情出发，总结社会主义民主政治建设的实践经验，借鉴人类政治文明的有益成果，绝不照搬西方政治制度的模式，把坚持中国共产党的领导、人民当家做主和依法治国有机地结合起来。

党的十六大以来，以胡锦涛为总书记的党中央领导集体继承并发展

---

① 邹永图. 对社会主义政治文明建设的探索. 学术研究，1987（4）.

② 冯举，王文承，主编. 社会主义政治文明. 成都：西南财经大学出版社，1990：1.

③ 同②24-25.

④ 江泽民. 在中央党校省部级干部进修班毕业典礼上的讲话. 人民日报，2002-06-01.

⑤ 江泽民. 全面建设小康社会，开创中国特色社会主义事业新局面//江泽民文选：第3卷. 北京：人民出版社，2006：574.

⑥ 同⑤553.

自邓小平以来关于政治文明建设的思想成果，把政治文明建设视为中国特色社会主义现代化建设的重要内容。2003年2月，胡锦涛在中国共产党十六届二中全会上专门讲到建设社会主义政治文明的问题，强调指出，建设社会主义政治文明是我们党领导人民坚持和发展人民民主长期实践的必然结论，"建设社会主义政治文明是我们党对自己一贯坚持和实行的发展人民民主的方针的新总结、新概括"①，全党同志要深刻认识社会主义政治文明建设的重大意义，坚定不移地促进社会主义物质文明、政治文明和精神文明的协调发展。在胡锦涛看来，建设社会主义政治文明，必须坚持社会主义方向，最根本的是要坚持党的领导、人民当家做主和依法治国的有机统一，坚持和完善人民代表大会制度、中国共产党领导的多党合作和政治协商制度，坚持走中国特色政治发展道路，坚持与发展中国特色社会主义政治制度的特点和优势。同时，推进社会主义政治文明建设是一个内容广泛的系统工程，需要我们进行多方面的长期努力，不断完善保证人民当家做主的各项制度，不断推进社会主义民主政治的制度化、规范化和程序化，不断把社会主义政治文明建设推向新的发展阶段和水平。在党的十七届二中全会上，胡锦涛对发展社会主义民主政治、建设社会主义政治文明问题予以特别的强调。他说："我之所以要强调这个问题，是因为以什么样的战略思想来谋划和推进我国社会主义民主政治建设，是管根本、管方向、管全局、管长远的。只有进一步把发展社会主义民主政治的战略思想认识清、把握准、贯彻好，才能增强发展社会主义民主政治的自觉性和坚定性，确保我国社会主义民主政治建设沿着正确方向前进。"② 在这一讲话中，胡锦涛特别强调，中国特色社会主义政治文明建设是与中国特色社会主义政治发展道路密切联系在一起的，建设社会主义政治文明必须坚定不移地走中国特色社会主义政治发展道路，亦即走发展社会主义民主政治的正确道路。坚持走中国特色社会主义政治发展道路，关键是要坚持党的领导、人民当家做主和依法治国的有机统一，并认为党的领导是人民当家做主和依法治国的根本保

---

① 胡锦涛. 关于建设社会主义政治文明//中共中央文献研究室，编. 十六大以来重要文献选编：上. 北京：中央文献出版社，2005：145.

② 胡锦涛. 深化政治体制改革，发展社会主义民主政治//胡锦涛文选：第3卷. 北京：人民出版社，2016：71.

证，人民当家做主是社会主义民主政治的本质和核心，依法治国是党领导人民治理国家的基本方略，三者决定了我国社会主义国家政权的性质，任何时候都不能动摇。

党的十八大以来，以习近平为核心的党中央将政治文明纳入中国特色社会主义"五位一体"总体布局的格局之中，强调在以经济建设为中心的基础上协调推进政治建设、文化建设、社会建设、生态文明建设。在首都各界纪念现行宪法公布施行 30 周年大会上的讲话中，习近平谈到了坚定不移走中国特色社会主义政治发展道路对发展社会主义政治文明的重大意义，认为建设社会主义政治文明就是要坚持党的领导、人民当家做主和依法治国的辩证统一，"以保证人民当家作主为根本，以增强党和国家活力、调动人民积极性为目标，扩大社会主义民主，发展社会主义政治文明"①。

社会主义政治制度的建立为人类政治文明开创了新的历史纪元和时代篇章。社会主义政治文明相对于人类历史上的其他社会政治文明，其明显的优势和先进性集中表现在：

在政治文明的制度变革上，社会主义否定了人剥削人、人压迫人的政治制度，使被剥削、被奴役的无产阶级和广大劳动人民成为国家政治生活的主人，将人类政治文明的制度形态推进到无产阶级和劳动人民当家做主的形态与水平。谋求最大多数的人在政治生活中的主体地位，是人类政治文明进步和发展的一个基本目标，也是衡量政治文明进化程度的重要标志。我国的社会主义民主政治制度主要是通过国体和政体的统一来加以实现的。在国体上我们实行人民民主专政，在政体上我们实行人民代表大会制度。社会主义在人类历史上第一次确立了无产阶级和劳动人民的政治主体地位，实现了绝大多数人的完全新型民主。

在政治文明的价值选择上，社会主义否定了崇尚强权、维护剥削、张扬两极分化的政治理念，以社会公正、社会平等、社会共同富裕的鲜明价值倾向，使人类政治文明的价值选择趋向于表现社会进步和时代要求。公平正义是中国特色社会主义的内在要求。没有公平正义，就没有社会主义；坚持社会主义，就必然追求公平正义。社会主义就是在反对

---

① 习近平. 在首都各界纪念现行宪法公布施行 30 周年大会上的讲话//习近平谈治国理政. 北京：外文出版社，2014：139.

不平等、不公正的社会制度和社会秩序的斗争中形成与发展起来的。公平正义是社会主义政治文明的核心价值目标。

在政治文明的利益整合上，社会主义否定了私有制的合理性，建立了社会主义公有制，在效率优先兼顾公平的前提下，使社会成员平等参与社会总体资源的利用与分配，维护和增进了最广大人民的根本利益。社会主义政治文明必须始终实现好、维护好、发展好广大人民的根本利益，坚持发展为了人民，发展成果能够为广大人民公平地共享，而不是为少数人所占有。

在政治文明的发展趋势上，社会主义以对旧的政治原则和政治运行格局的极大批判勇气，以对新的政治文明构成的极大创造精神，证明和展示了社会主义政治文明的远大发展前景。

当然，社会主义民主政治的实现是一个历史过程，社会主义政治文明需要建设。因为社会主义政治文明首先表现为一种新型的国家制度，而这种制度并不会因为社会主义制度的建立而自然地达到完善，而是需要政治体制的不断改革。20世纪社会主义政治文明建设的实践，虽然确定了以消除剥削制度为基本模式和主要趋势，但是并没有从政治制度完善方面予以足够重视，往往以政治运动的形式取代应有的制度功能，没有真正体现社会主义政治文明的优越性。

我国的政治文明建设相对于物质文明建设和精神文明建设来说，是明显滞后的。我国的民主制度尚不健全，有些普通老百姓甚至还遭受到个别"公仆"的摆布和欺压。无法可依、有法不依、执法不严、违法不究乃至于徇私枉法、以权压法的现象依然存在。行政管理上也还存在不少问题，有些地区、有些层次的官僚主义和专制主义还相当严重。这种状况，不仅与社会主义民主政治的原则格格不入，而且严重阻碍市场经济的发展和人们思想道德素质的提高，必须尽快加以改变。

社会主义政治文明是一种新型的、为绝大多数人享有的、本质上是人民民主的政治文明。它是一种发达的制度文明，也是一种行为规范文明，还是一种程序化文明，同历史上任何剥削阶级占统治地位的社会的政治文明相比较，有着本质的区别，是现代政治文明的最高形态。我国社会主义政治文明建设主要包括五个方面的内容：

第一，坚持和完善社会主义民主制度。邓小平曾经指出："没有民主就没有社会主义，就没有社会主义的现代化。"① 民主作为社会主义的本质要求、内在属性和重要特征，从逻辑上决定了建设高度的社会主义民主既是我们的根本目标和战略任务，也是政治文明建设的重要内容。我国的民主制度主要包括：（1）人民代表大会制度。它体现了人民当家做主、一切权力属于人民的社会主义民主的本质，是我国的根本政治制度。（2）中国共产党领导的多党合作和政治协商制度。这是我国的一项基本政治制度，其组织形式是共产党和各民主党派、无党派爱国人士、人民团体以及各族各界人士组成的中国人民政治协商会议。（3）民族区域自治制度。它是我国实现民族平等、团结、互助，发展社会主义民族关系，保障少数民族合法权益，维护祖国统一的基本政治制度。（4）基层群众自治制度。它是包括居民委员会、村民委员会和其他民主形式在内的基层群众性的民主自治制度。

第二，加强社会主义法治建设。法治是现代化社会的组织形式和治理国家的方略，是人类社会进步和文明的标志，是衡量一个社会是否现代化的重要参数。社会主义法治建设主要包括以下内容：（1）实行依法治国。依照宪法和法律规定，通过各种途径和形式，管理国家事务，保证国家各项工作都依法进行，逐步实现社会主义民主的制度化、法律化。（2）建立中国特色社会主义法律体系。实现政治的法治化，就是要真正根据法治精神和法治原则，构筑建立在尊重人的人格、尊严、自由、进取精神和合理要求上的法律体系。（3）维护社会主义法治的统一和尊严。（4）法律面前人人平等。一切国家机关、团体和个人在法律面前都是平等的，任何组织、个人都不得有超越宪法和法律的特权。（5）司法公正。司法机关要严格依法行使独立的审判权和检察权，维护司法公正，保护公民和法人的合法权益。（6）违法必究。公民、国家工作人员特别是各级领导干部要严格遵守法律，对违法行为必须依法予以追究。

第三，改革和完善党的领导方式与执政方式。（1）坚持党的政治、思想和组织领导。党通过制定大政方针，提出立法建议，推荐重要干部，进行思想宣传，发挥党组织和党员的作用，坚持依法执政，实施对国家和社会的领导。（2）党委在同级各种组织中发挥领导核心作用，集

---

① 邓小平. 坚持四项基本原则//邓小平文选：第2卷. 2版. 北京：人民出版社，1994：168.

中精力抓好大事，支持各方独立负责、步调一致地开展工作。（3）按照党总揽全局、协调各方的原则，支持人大、政府和政协履行职能；依照法律规定的民主程序，使党的主张成为国家意志，使党组织推荐的人选成为国家政权机关的领导人员。（4）加强对领导干部的监督，使他们增强宪法和法律意识，成为发扬民主、严格依法办事的表率。

第四，改革和完善决策机制。要完善深入了解民情、充分反映民意、广泛集中民智、切实珍惜民力的决策机制，推进决策科学化、民主化。一个结构合理、功能完备的政府决策机构是当代政府决策科学化、民主化的基本条件，它至少包括以下专门化的系统：一是决策中枢系统。中枢系统是政府决策组织机构的核心和灵魂。它的主要任务是提出政府决策的问题，规定政府决策的性质、方向、原则和目标，确认政府决策的标准，确定政府决策的基本规范和程序，对各种方案进行讨论和分析，并最后选定决策方案。二是参谋咨询系统。参谋咨询系统是政府决策中枢系统的思想库、智囊团，其职能是对决策中枢系统提出的决策问题进行调查研究、分析论证，提出决策根据，制定决策方案，以备决策中枢系统选择。三是信息情报系统。信息情报系统的职能是经常搜集、整理、筛选、加工、贮存社会经济与政治生活各个方面的历史和现状的信息资料，以保证政府决策有大量、充足、准确、全面的信息情报和资料可资运用；分析决策执行过程中存在的问题，发现决策的偏差，并及时反馈到决策中枢系统。四是监督反馈系统。它的主要功能是监督政府决策本身是否正确，并及时反馈到决策中枢系统，以避免政府决策的重大失误；监督已经通过的法律、既定政策的贯彻和执行，发现问题和偏差，及时纠正。政府决策的主体、机构和制度，只有与一定的决策程序相结合，才能形成一个相互联系的、运行着的有机整体。从一定意义上说，政府决策就是按程序决策。政府决策需要程序，而且要求规范化。政府决策成功的关键就在于，决策必须按照民主、科学、法治的规范化程序进行。

第五，建立健全权力运行的制约和监督机制。建立健全权力运行的制约和监督机制，是实施对行政权力运行有效监督的重要保证。针对权力运行制约和监督中的种种问题，要努力形成科学有效的行政权力运行制约和监督体系。科学有效，就是不仅要做到组织严密、结构合理、配置科学、制约有力，把权力牢牢关进制度的笼子里，而且要做到权责一致、相互协调、运行顺畅，切实增强监督合力和实效。这就需要整合监督资源，把党内监督、人大监督、民主监督、行政监督、司法监督、审计监督、社会监督、舆论监督等有机结合起来，建立"优势互补、监督有力、富有实效"的监督体系，形成整体监督合力。坚持用制度管权、管事、管人，让人民监督权力，让权力在阳光下运行，是把权力关进制度笼子的根本之策。建立健全权力运行的制约和监督机制，是一个涉及面广而且非常复杂的系统工程，要对权力制约和监督机制进行具体化、精密化的设计，使之运转合理、制约有力。要明确各部门和各单位的职能、职责、职权、程序、时效等，按照法规政策的规定进行清理，并重点对单位主要领导干部、关键岗位、人财物管理等方面的职责权限进行清理、审核、确认。根据权力与责任对等原则，实行定岗、定员、定权、定责。设置权力运行流程图，明确流程各环节的责任人、监督方式，构建一个完整的权力规范、行使和监督体系。确保权力始终沿着制度化、规范化的轨道运行。通过阳光工程，对政治权力实行严密有效的监控和制约，遏制与消除一切政治权力异化和腐败现象，实现（派生意义上的）政治权力主体清正廉洁，从而树立其在全社会的良好形象，增强社会公众对政治体系的认同和支持，提高全民族的凝聚力和向心力，巩固政治制度的阶级基础，从而使社会主义国家长治久安。

（三）社会主义政治文明的基本特征

社会主义政治文明，是指在马克思主义理论和社会主义信念的指导、支配下，制定出来的社会主义政治制度和贯彻实现社会主义政治制度的政治管理以及人们的政治行为的总和。社会主义政治文明具有极为丰富的内涵：高度民主是社会主义政治文明的核心，这是从政治文明的国家制度形态来看；绝大多数人享有政治权利是社会主义政治文明的本质内容，这是从公民形态来进行考察；先进的政治文化是社会主义政治文明的底蕴，这是从文化价值形态来加以透视和考察。社会主义否定了人剥削人、人压迫人的政治制度，使被剥削、被奴役的无产阶级和广大劳动人民群众上升到主人翁的地位，使人类政治文明的制度形态推进到更高的层次。社会主义否定了崇尚强权、维护剥削、张扬两极分化的政治理念，以社会公正、社会平等、社会共同富裕的鲜明价值倾向，使人类政治文明的价值选择趋向于表现社会进步和时代要求。在政治文明的利益整合上，社会主义否定了私有制的合理性，建立了社会主义公有制在效率优先兼顾公平的前提下，使社会成员平等参与社会总体资源的利用与分配，维护和增进了最广大人民的根本利益。

社会主义政治文明最本质的特征表现在共产党的领导、人民当家做主、社会主义法治三者的有机统一。发展社会主义民主政治，最根本的是要把坚持党的领导、人民当家做主和依法治国有机统一起来。党的领导是社会主义政治文明的根本保障。政党政治是现代政治文明的重要标志。中国社会主义政治文明和资本主义政治文明最大的不同在于，它不能实行多党轮流执政的制度，只能实行中国共产党领导的多党合作和政治协商制度。中国共产党的领导既是历史和人民选择的结果，也因党的先进性、人民性明显高于其他政党而受到肯定。中国共产党是用马列主义、毛泽东思想、中国特色社会主义理论体系武装起来的政党。它的宗旨是全心全意为人民服务。在中国，只有坚持共产党的领导，才能真正建设中国特色社会主义政治文明。党的领导是人民当家做主和依法治国的根本保证。人民当家做主是社会主义政治文明的核心和本质要求。我国宪法明确规定："中华人民共和国的一切权力属于人民。"人民当家做主是党的先进性的体现和要求。中国共产党执政，就是要领导和支持人民当家做主，最广泛地动员与组织人民群众依法管理国家和社会事务，管理经济和文化事业，维护和实现人民群众的根本利益。依法治国是社会主义政治文明的集中体现。依法治国，就是广大人民群众在党的领导下，依照宪法和法律规定，通过各种途径和形式，管理国家事务，管理经济和文化事业，管理社会事务，保证国家各项工作都依法进行，逐步实现社会主义民主的制度化、法律化。依法治国这一党领导人民治理国家的基本方略，是党基于对社会发展状况的正确判断而总结出的治国、执政之策。依法治国与坚持党的领导和人民当家做主在根本上是一致的。法治是党的领导和人民民主的重要体现与实现方式。一方面，依法治国是加强和改善党的领导的有力保障，它可以使党的政策具有更高的权威性、更强的稳定性、更明确的规范性和可操作性，并为党的领导提供更顺畅的实现机制。依法治国保证着党的领导的核心地位，保证着党和国家的基本路线、方针、政策的贯彻实施，保证着党的领导的巩固和完善，保证着权力的正确运用和领导活动的科学化。另一方面，具有国家强制力的法，也对任何政党和社会组织的活动具有一定的制约作用，任何政党和社会组织必须在宪法和法律范围内活动，只有将党的领导纳入法治的轨道才能避免陷入"人治"的泥潭。法治可以确立民主的地位、体制和基本原则，可以确认和保障人民的权利，可以规制国家权力及其行使，可以使民主的发展与社会生活条件更相适应。

社会主义政治文明具有与时俱进的理论品质，具有继承性和开放性。社会主义政治文明随着政治现代化的发展而不断发展，具有开放性，它借鉴和吸收一切政治文明的精粹，尊重世界文明的多样性。无论体现我们民族政治智慧的中华传统政治文明，还是西方异质文化的外来政治文明，都包含着许多真知灼见，凝结着人类的政治智慧，不同政治文明之间的相互借鉴与渗透，构成了社会主义政治文明发展的重要资源。中国特色社会主义政治文明，作为人类社会文明发展史上先进的文明形态，作为处于现时代世界大文明环境中正在发展着的一种文明形态，既要立足本国国情，对本民族优秀的传统文明进行传承和创新，又要学习与吸收世界各国文明的一切优秀成果和最新现代因素，随着当今世界全球化的发展而更具开放性。

社会主义政治文明代表着人类发展的前进方向，具有先进性和崇高性。社会主义政治文明敏锐洞察人类政治发展的前沿，它以追求每个人的全面发展、实现人民共同富裕和人类彻底解放为目的，展示了远大前景，代表了人类文明发展的历史趋势。它在继承和发扬资本主义政治文明优秀成果的同时，避免其局限，创造出满足最广大人民群众之需要的新的文明成果，表现出巨大的优越性。在政治文明的发展趋势上，社会主义以对旧的政治原则和政治运行格局的极大批判勇气，以对新的政治文明构成的极大创造精神，证明和展示了社会主义政治文明的远大发展前景。

积极稳妥地推进政治体制改革是政治文明建设的基本途径。"政治体制改革是社会主义政治制度的自我完善和发展。"① 通过推进政治体制改革，进一步清除原有政治体制中的弊端，如党政不分、政企不分、民主制度不健全、法制不完善、行政效率不高、对权力的制约监督不力等，以逐步发展社会主义民主政治，完善社会主义法治。"加强制度建

---

① 江泽民. 全面建设小康社会，开创中国特色社会主义事业新局面//江泽民文选：第3卷. 北京：人民出版社，2006：553.

设，实现社会主义民主政治的制度化、规范化和程序化"①。一般地说，政治制度可以包括四个不同的层次：第一是基本权力结构层次，第二是权力运行规则层次，第三是权力运行状态层次，第四是具体政策层次。这四个层次构成的政治制度，带有根本性、全局性、稳定性和长期性。积极健全和完善社会主义民主政治制度，真正实现社会主义民主的制度化、规范化和程序化，才能使人民群众的民主权利得到落实和保障。

二、社会主义制度伦理建设及其重点

中国特色社会主义政治文明内在地包含着政治制度文明的要素和要义。制度文明与制度伦理密切相关，制度伦理既是制度文明成果的呈现，又具有促进制度文明发展和完善的功能。制度伦理作为社会主义政治伦理的重要组成部分，在建设和保障社会主义政治文明中起着十分重要的作用。

（一）制度伦理及其建设意义

制度是以法度、规范为核心，依一定的程序由社会性正式组织来颁布与实施的一整套规范体系和社会运行机制的总和。从内涵来看，制度作为一种分配权利、义务的规则体系，它规定人们在现实生活中的实际活动范围以及基本的行为方式或模式；从外延来看，制度作为社会的规范形态，是通过某种强制性力量来制约主体的行为和主体间关系的特定规范。制度作为一种社会规范体系和运行机制，它规定社会的基本构成及其相互关系，并对社会权利、义务分配做了基本安排，为人们的行为提供基本的程序和规则，并使社会运行有了基本的秩序。早期制度经济学家康芒斯在其《制度经济学》中指出，所谓制度就是"集体行动控制个体行动"。在康芒斯看来，制度是基于社会公共意志而建立起来的，对每个个体的行为都具有约束力和限制作用。诺斯认为，制度本身是"一整套规则，它遵循的要求和合乎伦理道德的行为规

① 江泽民. 全面建设小康社会，开创中国特色社会主义事业新局面//江泽民文选：第3卷. 北京：人民出版社，2006：554.

范，用以约束个人的行为"①。制度旨在约束追求主体福利或效用最大化利益的个人行为。制度作为社会的组织方式，反映社会各要素之间的内在联系，其本质在于实现人的社会化。制度还是一个规范范畴，通过一种强制性的约束，来规范人与人之间的社会关系，以确立特定的社会秩序。制度是通过权利与义务来规定主体行为和主体间关系的规则体系。因此，制度作为一种规范形态，主要侧重于两个方面：一是主体行为本身，二是主体之间的关系。作为规定主体行为的规则，制度的功能主要表现为约束作用。约束包括两个方面：一是限制，一是保障。限制就是明确规定主体行为的活动界限，或者说确定主体选择的范围。保障是指防止主体的权利受到侵犯和损害，以保证主体在履行义务的同时享有应有的权利。戈森认为，之所以需要约束，是因为"一方面，个人的力量不足以保护自己不受侵袭或损害；另一方面，在很多情况下来看难以确定每个人可以达到而又不损害他人的界限。这两方面的情况必然使社会创造出一种权力，支持受到损害威胁的个人的力量，并在可疑的情况下确定个人权利的界限"②。制度的激励功能包括两个方面：合作与竞争。竞争是鼓励主体的利己、求利的行为活动，以激发主体的创造性、积极性和潜能；合作则是引导与促进主体之间形成和保持良性的互助关系，以推动社会利益的实现。制度作为调整主体间利益关系的规则体系，目的在于解决主体交往过程中发生的利益冲突，这是通过制度的激励功能来实现的。"制度构造了人们在政治、社会或经济方面发生交换的激励结构。"③

制度伦理是指存在于社会基本结构和基本制度中的伦理要求与实现伦理道德的一系列制度化安排的辩证统一，是指制度、政策以及法规的合道德性，也是评判社会体制是否正当、合理的价值标准，蕴含着制度内在应然的各种伦理关系，体现为社会公众对制度的各种伦理追求。制度伦理是人们从制度系统中汲取的道德观念和伦理意识与人们把一定社会的伦理原则和道德要求提升、规定为制度双向互动的有机统一。

---

① ［美］道格拉斯·C. 诺斯. 经济史中的结构与变迁. 陈郁，等译. 上海：上海三联书店，1991：226.

② ［德］赫尔曼·海因里希·戈森. 人类交换规律与人类行为准则的发展. 陈秀山，译. 北京：商务印书馆，1997：142.

③ ［美］道格拉斯·C. 诺斯. 制度、制度变迁与经济绩效. 刘守英，译. 上海：上海三联书店，1994：3.

对制度与伦理之关系的探讨，对制度的伦理设计，自古有之。中国古代儒家设计的政治文明是政治伦理化和伦理政治化的有机结合，"为政以德""政者正也"的伦理理念以及"仁政""礼治"的治理模式的推出，说明儒家既想将政治纳入伦理的轨道，又想为伦理的推行寻找政治的保障。但是，儒家传统伦理本质上只是具有一些制度伦理要素的德性伦理，同现代意义上的制度伦理相差甚远，总体上只能适应中国传统社会的政治生活需要，与现代民主社会的基本制度结构和秩序要求不相一致，远没有发展成一种成型的制度伦理。

真正的制度伦理是一种与传统德性伦理有本质区别的、权利与义务平衡的、符合市场经济内在要求与发展趋势的新型伦理。制度伦理不仅通过人的内心信念、传统习惯、社会舆论等道德方式对个人的行为进行评价，而且更注重通过制度对全体社会成员的行为进行评价，把全体社会成员作为约束对象。制度伦理侧重调节人与社会、社会与社会之间的关系，规范的主要对象是社会性的组织。制度伦理是实现德性伦理的前提，为德性伦理提供保障和支持。如果制度结构合理，富有道德性，那么即使某些人有不道德行为，社会道德抗体也会对其有抑制力。邓小平强调制度建立的客观性和公正性，认为"最重要的是一个制度问题"①，"制度是决定因素"②。"制度好可以使坏人无法任意横行，制度不好可以使好人无法充分做好事，甚至会走向反面"③。制度问题是社会主义建设中带有全局性的问题，是对全局起作用的，局部、个人必须无条件地服从全局、集体。保持制度的稳定性，有利于社会主义各项事业的正常有序进行；进行制度建设，要做到"不因领导人的改变而改变，不因领导人的看法和注意力的改变而改变"④。社会主义的制度建设问题是一个长期性的问题。制度一经形成，就要长期坚持下去。

制度伦理建设任务繁重，需要解决的问题很多。党的十六大报告、十七大报告、十八大报告特别强调对权力的制约和监督，要求完善制约

① 邓小平. 对起草《关于建国以来党的若干历史问题的决议》的意见//邓小平文选：第2卷. 2版. 北京：人民出版社，1994：297.
② 同①308.
③ 邓小平. 党和国家领导制度的改革//邓小平文选：第2卷. 2版. 北京：人民出版社，1994：333.
④ 邓小平. 解放思想，实事求是，团结一致向前看//邓小平文选：第2卷. 2版. 北京：人民出版社，1994：146.

和监督机制，保证人民赋予的权力始终用来为人民谋利益，强调要"坚持用制度管权管事管人，保障人民知情权、参与权、表达权、监督权"，"要确保决策权、执行权、监督权既相互制约又相互协调，确保国家机关按照法定权限和程序行使权力"①。建立健全决策机制和程序，建立健全决策问责和纠错制度，完善政务公开、司法公开和各领域办事公开制度，健全引咎审计、辞职、罢免等制度，让权力在阳光下运行，在有效监督下行使。党的十八届三中全会提出的全面深化改革的总目标就是，完善和发展中国特色社会主义制度。习近平指出："今天，摆在我们面前的一项重大历史任务，就是推动中国特色社会主义制度更加成熟更加定型，为党和国家事业发展、为人民幸福安康、为社会和谐稳定、为国家长治久安提供一整套更完备、更稳定、更管用的制度体系。"②"我们全面深化改革，是要使中国特色社会主义制度更好；我们说坚定制度自信，不是要固步自封，而是要不断革除体制机制弊端，让我们的制度成熟而持久。"③

制度伦理包含制度的内在伦理蕴涵（即制度的价值诉求）和制度的外在伦理效应（即对制度的伦理评价），制度伦理是这两个方面的有机统一。"制度伦理就是指制度包含什么样的价值和依据什么样的价值标准来评价制度，它包括两个方面：一是制度本身所蕴含的价值或价值追求，二是对制度的正当、合理与否进行的评价。这两个方面统一并联结于制度伦理这一范畴之中的，是制度伦理不可分割的内容。"④ 也有学者认为制度伦理包括制度设计伦理和制度运行伦理。制度设计伦理是关涉"是什么""为了什么""做什么"的伦理，而制度运行伦理则是关涉"怎样做"的伦理。前者偏重公共生活领域塑造的合理性，后者偏重公共生活领域塑造的有效性。制度设计伦理具有三个特征：其一，它们应该是人们基于共同生活而形成的道德共识，只有这样才能被人们普遍接受、认同和遵守；其二，它们应该既符合整个社会的生存发展需要又反映个人的利益要求，只有这样才能为公共生活领域的塑造提供动力；其

---

① 胡锦涛. 坚定不移沿着中国特色社会主义道路前进，为全面建成小康社会而奋斗//胡锦涛文选：第3卷. 北京：人民出版社，2016：635.

② 习近平. 不断提高运用中国特色社会主义制度有效治理国家的能力//习近平谈治国理政. 北京：外文出版社，2014：104-105.

③ 同②106.

④ 施惠玲. 制度伦理研究论纲. 北京：北京师范大学出版社，2003：25.

三，它们应该是相对稳定、长期有效的，而不应该是多变的，不出于长远考虑的制度设计伦理所具有的社会效力将受到影响。制度运行伦理包括制度管理伦理与制度实现伦理。制度管理伦理是对制度进行管理的伦理，它主要包含两个伦理问题：一是何种主体对制度进行管理在道德上是合理的，二是应该如何对制度进行管理。制度实现伦理包括制度运用伦理、制度监督伦理以及制度裁决伦理，第一条关涉公共权力机关或者政府在其行动中应该如何运用与对待制度的问题，后两条关涉公共权力机关或者政府应该如何用制度来监督与判定他人或者社会群体之行为的问题。① 我们认为，完整意义上的制度伦理除了制度设计伦理、制度运行伦理以外，还包括制度评价伦理。制度评价伦理是指对制度的正当、合理与否的伦理评价，有着对制度设计伦理和制度运行伦理的检测、反思、批评和重构功能。制度评价伦理亦是一个复杂的体系，就其价值评价标准而言，主要有公正标准、社会生产力标准和人的自由全面发展的标准。制度的价值评价标准具有相对性、普遍性和客观性的特点。制度伦理发展的最终要求的是人的素质的提高和内在心性方面的完善。为了使人的发展和制度伦理的发展相协调并确立发展的新方向，就必须突破制度伦理建设中旧的发展思维框架，确立以人为本的制度伦理发展观。实现人的自由全面发展，是马克思主义理论的价值旨归。建构制度伦理的目的是改善人的生存与发展状态。制度伦理的本质内容就是，通过制度的建设和创新，使社会环境和人相互制约、相互促进，使制度和环境朝着人的需要、人的本性方向发展。一种制度的设计及其在现实中的贯彻执行，越是能够促进人的自由全面发展，那么它的正当性与合理性就越高，就越能受到人们的肯定和好评。

（二）制度伦理建设的重点是加强和完善社会主义民主

民主是制度伦理的核心内容，是政治制度的伦理道德追求。民主的制度伦理价值主要体现在制度的民主精神、制度安排的合理性以及在制度实施过程中体现"善"。民主政治是指大多数人享有管理国家的权利的政治制度。一方面，民主政治反映国家的阶级本质，不同阶级统治的国家，民主政治的性质是不同的，并由此表现出特殊性和差异性；另一

---

① 彭定光. 制度伦理与公共生活领域的塑造. 马克思主义与现实，2011（1）.

方面，民主政治又有共同性和普遍性，不同的民主政治制度在实现其阶级统治时必须遵循民主政治的一些基本原则，如多数原则、确认和保护公民权利原则、代议制原则、有限权力原则、法律面前人人平等原则等。英国学者戴维·赫尔德在《民主的模式》一书中按照历史发展的顺序，将民主政治分为9种类型：城邦式民主（雅典式直接民主）、共和主义民主、自由主义民主、社会主义（共产主义）民主、竞争式精英民主、多元主义民主、法治民主、参与式民主、自由式（世界主义）民主。民主就其基本实施方式来说，可以分为直接民主和间接民主两种形式。从实现民主的具体手段来看，民主的形式包括：选举表决（比如投票）、参与讨论协商（如政协会议）等。从民主的参与范围来说，民主可以分为精英民主、大众民主等。从实现民主的理念和理论侧重的不同来讲，民主可以分为多元主义民主、法治民主、参与式民主、协商民主等。

作为一种比较完整的国家体制和政治制度，民主政治最初产生于古希腊的城邦国家。古希腊民主被称为古典主义民主，古典主义民主认为民主就是"人民的统治"，追求"完全一致"的同意规则。由于取得完全一致的同意成本过高，古典主义民主逐渐发展成平民主义民主。平民主义民主认为"民主是多数人的绝对主权"，民主以"人民主权""政治平等"为目标，认为在决策中每一个成员的偏好都被赋予了同等的分量，较多数人的偏好方案应被选中，这是民主决策的充要条件。然而，多数规则忽视了少数人的利益，造成"多数人的暴政"，因此平民主义民主发展到后来被法治民主所取代。法治民主主张，民主不是"多数人的绝对主权"，而是"多数人的限制主权"，要消除"多数人的暴政"，必须实行宪法控制，于是宪政民主作为法治民主的直接产物被认为是最理想的民主形态。

资产阶级在反对封建专制统治的过程中，扩大了古代民主政治的基础，确立了以普选制和议会制为中心的资本主义民主制度。迄今为止，资本主义民主制度已经有三百多年的历史。从整个人类社会发展史来看，自由主义的民主理念和资本主义民主制度的出现是巨大的历史进步，它们关于自由、权利、法治的基本观念和依此而建立的政治制度奠定了现代文明的理念与制度基础。

19世纪中叶，马克思主义对资本主义民主政治既有相当的肯定，又对其局限性和虚伪性做出了深刻的批评。马克思高度赞扬民主制度的成就，他说："在民主制中，**国家制度本身**就是**一个规定**，即人民的自我规定。在君主制中是国家制度的人民；在民主制中则是人民的国家制度。民主制是国家制度一切形式的猜破了的**哑谜**。在这里，国家制度不仅就其本质说来是**自在**的，而且就其**存在**、就其现实性说来也日益趋向于自己的现实的基础、**现实的人**、**现实的人民**，并确定为人民**自己的事**情。国家制度在这里表现出它的本来面目，即人的自由产物。"① 不过，与自由主义将民主制度理解为一种永恒的、最终的政治制度不同，马克思将民主制度理解为一种历史性的制度，即随着社会生产方式的变化而具有不同形态并将最终被超越的政治制度。基于这种理解，马克思认为，自由主义的民主理念追求的仅仅是一种"政治民主"，而民主的更高形式则是"社会民主"。与此一致，资产阶级革命所带来的"政治解放"只是整个"人类解放"的一个必要阶段，它虽然在政治领域实现了人们之间的平等，使人们获得了平等的政治权利，但却没有实现人的社会解放，特别是没有在经济上实现人与人之间的实质平等，因此，"政治民主"只是形式上的民主而非实质上的民主。马克思曾设想，与社会主义时期相适应的是社会主义民主。社会主义民主的最终目标是超越政治解放而实现人的解放，超越政治民主而实现社会民主。恩格斯在《共产主义原理》中坚持认为，"无产阶级革命将建立**民主的国家制度**，从而直接或间接地建立无产阶级的政治统治。在英国可以直接建立，因为那里的无产者现在已占人民的大多数。在法国和德国可以间接建立，因为这两个国家的大多数人民不仅是无产者，而且还有小农和小资产者"②。马克思在《协会临时章程》中指出："工人阶级的解放斗争不是要争取阶级特权和垄断权，而是要争取平等的权利和义务，并消灭任何阶级统治"③。因此，无产阶级要成为未来社会的领导阶级，不是靠阶级特权，也不是因为它天生具有优越性，而是靠民主普选。通过普选来获得执政机会，从而可以通过一系列的国家法令，逐步建立起社会主义国家制度，最终建立社会主义或者共产主义社会。

---

① ［德］马克思. 黑格尔法哲学批判//马克思恩格斯全集：第1卷. 1版. 北京：人民出版社，1956：281.

② ［德］恩格斯. 共产主义原理//马克思恩格斯文集：第1卷. 北京：人民出版社，2009：685.

③ ［德］马克思. 协会临时章程//马克思恩格斯全集：第16卷. 1版. 北京：人民出版社，1964：15.

马克思主义认为，无产阶级民主是对绝大多数人的民主，能够为大多数人谋利益；相对于资本主义狭隘的民主，无产阶级民主是历史性的跨越。无产阶级民主，一方面能使大部分受剥削和压迫的人们解放出来；另一方面，能对少数资本主义权利实行专政，保护与捍卫大多数人的民主和权利。恩格斯在《共产主义原理》中提出，无产阶级将通过革命来建立民主制度，而这种民主制度的本质在于绝大多数劳动人民的统治，它将发挥建立和巩固新社会的经济基础的作用，这是将民主作为一种国家形态、国家制度来论述的。在《共产党宣言》中，马克思、恩格斯进一步提出："工人革命的第一步就是使无产阶级上升为统治阶级，争得民主"①，他们把民主当作手段，夺取政权是实现无产阶级民主的第一步，争得民主又是实现无产阶级统治的重要保证。在《法兰西内战》中，马克思认为巴黎公社"给共和国奠定了真正民主制度的基础"②，"公社是由巴黎各区通过普选选出的市政委员组成的。这些委员对选民负责，随时可以罢免。其中大多数自然都是工人或公认的工人阶级代表。公社是一个实干的而不是议会式的机构，它既是行政机关，同时也是立法机关"③。无产阶级民主是由人民自己当自己的家，人民代表会议由公社选举产生，国家公职人员由选举产生，选民有权随时撤换不称职的代表。恩格斯晚年在探讨未来无产阶级专政的形式时指出："如果说有什么是毋庸置疑的，那就是，我们的党和工人阶级只有在民主共和国这种形式下，才能取得统治。民主共和国甚至是无产阶级专政的特殊形式"④。

毛泽东曾经在民主革命时期指出："中国缺少的东西固然很多，但是主要的就是少了两件东西：一件是独立，一件是民主。这两件东西少了一件，中国的事情就办不好。"⑤ 1945 年 7 月黄炎培应毛泽东之邀访问延安，这位深谙中国历代王朝兴衰的老人感慨万千地说："其兴也勃焉，其

① [德]马克思，恩格斯. 共产党宣言//马克思恩格斯文集：第 2 卷. 北京：人民出版社，2009；52.
② [德]马克思. 法兰西内战//马克思恩格斯文集：第 3 卷. 北京：人民出版社，2009；157.
③ 同②154.
④ [德]恩格斯. 1891 年社会民主党纲领草案批判//马克思恩格斯文集：第 4 卷. 北京：人民出版社，2009；415.
⑤ 毛泽东. 新民主主义的宪政//毛泽东选集：第 2 卷. 2 版. 北京：人民出版社，1991；731.

亡也忽焉。"毛泽东充满自信地回答："我们已经找到新路，我们能跳出这周期率。这条新路，就是民主。只有让人民来监督政府，政府才不敢松懈。只有人人起来负责，才不会人亡政息。"① 新中国成立后，毛泽东也多次讲到民主问题，并认为："我们充分地发扬了民主，就能把党内、党外广大群众的积极性调动起来，就能使占总人口百分之九十五以上的人民大众团结起来。"② 毛泽东对无产阶级专政与民主的关系问题做了一个通俗易懂的解释：在人民内部实行集中指导下的民主，对人民的敌人实行专政，两方面是分不开的，把这两方面结合起来就是人民民主专政。

邓小平在 1979 年发表的《坚持四项基本原则》的讲话中，针对"文化大革命"的经验教训，明确提出："没有民主就没有社会主义，就没有社会主义的现代化。"③ 邓小平的这个重要论断，把社会主义民主提到关乎社会主义事业的命运的高度，阐明了社会主义民主是社会主义的本质要求，阐明了社会主义民主政治建设与社会主义现代化的关系，成为新时期社会主义民主建设的总纲领。吸取"文化大革命"时期的"大民主"导致人民群众民主权利没有保障的教训，邓小平还提出了实现人民民主的具体途径，他说："为了保障人民民主，必须加强法制。必须使民主制度化、法律化，使这种制度和法律不因领导人的改变而改变，不因领导人的看法和注意力的改变而改变。"④ 1980 年 8 月，邓小平在谈到如何发挥社会主义制度的优越性时，实际上已经初步规划了社会主义政治文明的蓝图——"政治上，充分发扬人民民主，保证全体人民真正享有通过各种有效形式管理国家、特别是管理基层地方政权和各项企业事业的权力，享有各项公民权利，健全革命法制，正确处理人民内部矛盾，打击一切敌对力量和犯罪活动，调动人民群众的积极性，巩固和发展安定团结、生动活泼的政治局面"⑤。胡锦涛在党的十七大报

① 孙琴安，李师贞. 毛泽东与名人. 南京：江苏人民出版社，1993：91.
② 毛泽东. 在扩大的中央工作会议上的讲话//毛泽东文集：第 8 卷. 北京：人民出版社，1999：311.
③ 邓小平. 坚持四项基本原则//邓小平文选：第 2 卷. 2 版. 北京：人民出版社，1994：168.
④ 邓小平. 解放思想，实事求是，团结一致向前看//邓小平文选：第 2 卷. 2 版. 北京：人民出版社，1994：146.
⑤ 邓小平. 党和国家领导制度的改革//邓小平文选：第 2 卷. 2 版. 北京：人民出版社，1994：322.

告中专列一个部分来论述民主政治的建立和发展问题，强调指出"人民民主是社会主义的生命"，阐明了民主同社会主义的辩证关系，发展社会主义民主政治在发展中国特色社会主义伟大事业中具有重要地位和作用。"人民民主是社会主义的生命"，意味着社会主义旺盛的生命力必须通过人民民主的健康和蓬勃发展来体现。坚持中国特色社会主义的政治发展道路，是我们的民主政治充满生机与活力的基本经验和保证。十八大以来，习近平特别重视社会主义民主政治建设，坚持认为"人民当家作主是社会主义民主政治的本质和核心。人民民主是社会主义的生命。没有民主就没有社会主义，就没有社会主义的现代化，就没有中华民族伟大复兴"，强调我们"要扩大人民民主，健全民主制度，丰富民主形式，拓宽民主渠道，从各层次各领域扩大公民有序政治参与，发展更加广泛、更加充分、更加健全的人民民主"①。"人民民主是社会主义的生命"，既是对人民民主价值和发展规律的深刻揭示，也是对社会主义价值和发展规律的充分认知。对人民民主价值的高度肯定，实质是对人民主体地位的突出和强化。民主越发展，社会主义就越具有生命力；社会主义越发展，民主的水平也就越能得到提升。

马克思主义认为，民主是一种国家形态和国家制度，社会主义国家必须实行民主制度。社会主义如果不具备民主的政治特征，就是不够格的或不完全的社会主义。只有坚定不移地发展社会主义民主政治，才能体现社会主义的本质，才能保证社会主义现代化建设与社会主义和谐社会建设的顺利进行。社会主义制度的建立，为社会主义民主的建立提供了根本制度保证。中国共产党人为社会主义民主政治建设进行了艰苦卓绝的探索，主张社会主义民主必须坚持中国共产党的指导，坚持马克思主义指导的社会主义方向；必须有助于巩固生产资料公有制和人民民主专政；必须实行民主集中制，实现广泛民主与集中领导的统一；必须建立与实行一整套适合中国国情的民主体制、民主法治、民主形式、民主规则和程序。

社会主义民主政治的本质和核心是人民当家做主，是最大多数人享有的最广泛的民主。社会主义民主政治批判地吸收了资本主义民主政治

---

① 毫不动摇坚持和完善人民代表大会制度　坚持走中国特色社会主义政治发展道路//中共中央文献研究室，编. 习近平关于社会主义政治建设论述摘编. 北京：中央文献出版社，2017：42.

的合理成分，为人类民主政治的发展开辟了新的前景。社会主义民主政治的核心是人民群众当家做主。这是因为，社会主义政治制度是高于资本主义政治制度的、真正让广大人民群众享有广泛的民主权利的政治制度。

实现中国特色社会主义民主，既不能照搬西方民主政治的做法，把资本主义民主说成"普世价值"而主张全盘接受，实行民主西方化，又不能脱离现阶段的国情而超越时代，不能认为社会主义民主的发展是一个长远的过程就放弃一步一步扎扎实实的努力，不能为今天我们的民主尚待完善而自我否定、自我矮化。当然，也不能放弃中国特色社会主义民主的不断推进、不断完善。中国特色社会主义民主政治的本质和核心是人民当家做主。我国宪法明确规定："中华人民共和国的一切权力属于人民。"中国特色社会主义民主的一大特点，就是选举民主与协商民主相结合。人民通过选举、投票来行使权利，人民内部各方面在做出重大决策之前进行充分协商，尽可能取得一致意见，是社会主义民主的两种重要形式。在我国，选举民主与协商民主是健全民主制度、规范民主形式、完善民主程序并最终实现民主价值的形式和手段。选举民主与协商民主相辅相成、相得益彰。选举民主一般以区域为组织单位来开展活动，具有覆盖区域范围的广泛性；协商民主注重与党派、团体、界别及其代表人士协商，协商中可以以党派、团体、界别和个人的名义发表意见，具有囊括纵向构成的政治包容性。选举民主重在投票表决，一人一票、权利平等；协商民主重在决策前的商量沟通，寻求最大共识和民意基础。选举民主通常实行少数服从多数原则，协商民主实行求同存异原则。选举民主重在表决程序和结果；协商民主更注重话语权和影响力，讨论生动活泼，方式灵活多样，为决策提供多种参考和选择。这两种民主形式有机结合，优势互补，不可或缺，使我国社会主义民主更加完备和充分。把选举民主与协商民主作为民主的两种重要形式，是构建中国特色社会主义民主政治模式的重要环节。

选举民主是指通过一定范围的选民投票，从符合条件的候选人中选出有一定任期的领导人或政府官员，重在投票表决，一人一票、权利平等，具有覆盖区域范围的广泛性。1940年，毛泽东在《新民主主义论》中明确指出："没有适当形式的政权机关，就不能代表国家。中国现在可以采取全国人民代表大会、省人民代表大会、县人民代表大会、区人民代表大会直到乡人民代表大会的系统，并由各级代表大会选举政府。

但必须实行无男女、信仰、财产、教育等差别的真正普遍平等的选举制，才能适合于各革命阶级在国家中的地位，适合于表现民意和指挥革命斗争，适合于新民主主义的精神。"① 1949 年 9 月 7 日，周恩来在中国人民政治协商会议第一届全体会议召开前向政协代表做过明确的说明："关于政权制度方面，大家已经同意采用基于民主集中制原则的全国人民代表大会的制度。现在凡是通过普选方式产生出来的会，我们叫做大会，例如人民代表大会。凡是通过协商方式产生的会，我们就叫做会议，例如人民政治协商会议。大会和会议名称的区别就在这里。将来人民代表大会，是要经过普选方式来产生的。关于普选，本来应该做到普遍的、平等的、直接的、不记名的投票，但这对中国现在的情况来说，是非常困难的。"② 1953 年 2 月 11 日，中央人民政府委员会第 22 次会议听取了邓小平关于《选举法（草案）》的说明报告，通过了《中华人民共和国全国人民代表大会及地方各级人民代表大会选举法》。3 月 1 日，《选举法》正式颁布实施。《选举法》根据我国当时的具体情况，着眼于实际的民主，确立了选举权的普遍性、平等性原则，实行直接选举与间接选举相结合，对代表名额确定办法、少数民族选举、选举程序和选举保障等做出明确规定，奠定了我国选举制度的基本原则和主要内容，开启了我国人民民主选举制度的新时代。1979 年 7 月五届全国人大二次会议通过了新修订的《选举法》，深刻总结了我国选举制度产生的历史经验和教训，适应改革开放新时期的发展要求，在继承 1953 年《选举法》之主要原则的基础上，对我国选举制度做出了重要改革和完善：扩大了普选的范围，改进选区划分的办法，实行自下而上、自上而下、充分民主地酝酿候选人的办法，赋予省级人大常委会决定地方人大代表名额的权利，明确规定每一个少数民族至少应有一名代表参加全国人民代表大会，特别是将直接选举人大代表的范围扩大到县一级，实行普遍的差额选举，更好地保障了广大人民群众的民主权利，推动了新时期我国社会主义民主政治的发展。1982 年 12 月 4 日，五届全国人大五次会议通过的《中华人民共和国宪法》，肯定了 1979 年《选举法》的基本原则，明确规定：全国人大和地方各级人大都由民主选举

---

① 毛泽东. 新民主主义论//毛泽东选集：第 2 卷. 2 版. 北京：人民出版社，1991：677.

② 任严. 中国特色社会主义选举制度是如何确立的. 中国人大，2010（5）.

产生，对人民负责，受人民监督；国家行政机关、审判机关、检察机关都由人民代表大会产生，对它负责，受它监督。以 1982 年宪法和 1979 年选举法为标志，中国特色社会主义选举制度正式确立。选举民主，是指人民群众通过选举、投票来行使权利，是表达人民群众意愿、调整利益关系的有效途径，也是社会主义民主的一种基本形式。选举民主属于起点民主。选举民主只能在投票活动中体现，解决谁当选的问题，而当选者的决策过程则基本被排除在外，所以选举民主也被称为断点式民主。选举民主效率高，能直接体现公民的意志。我国人民代表大会制度体现人民民主本质的根本之处在于选举民主。选举与投票是现代民主制的优势和主要形式，人民代表大会制度是具有中国特色的选举民主的根本体现。我国现行的人民代表大会制度还需要在改革中进一步完善，改革的根本方向和主要任务是进一步扩大选举的覆盖面，进一步增强选举的真实性和有效性。

协商民主，简单地讲就是不同的主体通过平等的对话、充分的沟通、理性的讨论，共同参与公共决策和公共治理的民主形式。协商民主作为一种新的民主理论范式，虽然兴起于 20 世纪后半叶的西方国家，缘起于对西方竞争选举民主带来的问题的反思，但是它作为一种实践活动，却很早就在中国大地上孕育成长了，并随着中国新民主主义革命、社会主义革命以及中国特色社会主义实践而得到发展和完善。1949 年 9 月召开的中国人民政治协商会议，商谈成立新中国、建立社会主义制度的各种国家大事，标志着中国式协商民主的正式形成并发挥作用。1978 年人民政协的历史作用和现实作用被载入宪法，标志着人民政协作为中国式协商民主的重要渠道和载体得到肯定。改革开放以来，中国共产党把协商民主作为社会主义民主的重要形式，广泛运用到国家政治生活中，不断推动协商民主的制度化、规范化、程序化。从 1987 年党的十三大报告明确提出建立社会协商对话制度，党和政府就开始了协商民主对话机制以及沟通机制的创造性建构。1993 年，中国共产党领导的多党合作和政治协商制度被作为一项基本政治制度写入宪法。2011 年，中共中央正式使用"协商民主"这一概念，强调要把选举民主与协商民主这两种民主形式结合起来推动民主政治的发展。2012 年，党的十八大报告明确提出："社会主义协商民主是我国人民民主的重要形式。要完善协商民主制度和工作机制，推进协商民主广泛、多层、制度化发展。"① 可见,中国式的协商民主并非照搬西方的做法,而是中国共产党几十年实践探索经验的总结和凝练,是我国社会主义民主政治的特有形式,因此,习近平指出,"协商民主是中国社会主义民主政治的特有形式和独特优势"②。协商民主是一种以公共利益为共同价值诉求,强调理性交往和参与,通过理性地公共协商,在达成共识的基础上赋予立法和决策合法性的现代民主体制,其功能是解决社会不同利益群体在决策过程中的利益协调问题。协商民主既有利于使多数人的意愿和要求得以落实与满足,又有利于使少数人的合理意愿和要求得到充分表达与兼顾。所以,这种民主形式可以在一定程度上弥补选举民主的不足。协商民主制度的基本理念是,通过协商来寻求并确立利益制约,从而实现个人利益的平衡与公共利益的最大化。协商民主还是一种以宪法为中心的程序民主,强调程序正义,注重体现竞争的公平性和公正性,强调寻求一致协调、解决冲突的有效政治机制,将个人利益与公共利益、集团利益与国家利益结合起来,以达到某种程度上的利益平衡。这首先要求在协商的基础上,形成利益制约机制,以实现共赢。协商民主的落实和协商机制的建立,不仅是现代国家民主政治建设的精髓所在,而且是创新社会管理模式的关键所在。十八大报告首次明确提出"协商民主"的概念,并提出"社会主义协商民主是我国人民民主的重要形式"。这里所说的"协商民主",不同于西方政治学中作为竞争式民主补充的协商民主,而是与中国特色社会主义政治发展道路相适应的新的民主形态。报告指出,要"完善协商民主制度和工作机制,推进协商民主广泛、多层、制度化发展"③。这是关于社会主义民主政治建设的重大理论创新。就我国而言,中国共产党领导的多党合作和政治协商制度这一政党制度,通过各种渠道吸收民意、反映民情,最大限度地实现公民的政治参与,无疑是发展社会主义民主的重要形式。多党合作和政治协商,有利于政治运作的民主性和政治决策的科学性。合作型政党制度的重要特点就是,通过协商民主来避免政党间的"恶性互斗",以实

---

① 胡锦涛. 坚定不移沿着中国特色社会主义道路前进,为全面建成小康社会而奋斗//胡锦涛文选:第 3 卷. 北京:人民出版社,2016:633.

② 习近平. 在庆祝中国人民政治协商会议成立 65 周年大会上的讲话. 人民日报,2014-09-22.

③ 同①.

现执政党与参政党的良性互动。合作型政党制度体现了一种"和谐"的伦理和政治思维，有利于整合全社会的力量来进行建设。在我国，中国共产党在决策时充分听取各民主党派的意见，保证了政治运作的民主性和政治决策的科学性。所以，在凝聚各阶层智慧、实现科学民主决策并保证政策的连续性方面，合作型政党制度具有竞争型政党制度不可比拟的优势。社会主义协商民主所提供的是一元领导和多元参与有机统一的民主形式。它主张通过不同民族、党派、界别、群体之间的平等协商来达成政治共识，既强调协商过程中意见的充分表达和权利的充分尊重，又强调意见的合理集中和利益的适当让步。因此，这种政治共识应在充分反映全体公民最普遍愿望的同时又吸纳少数人群体的合理主张，真正实现社会主义民主所追求的最普遍的民主权利。在西方，协商民主基本上还只是一种学术观念，而在中国，社会主义协商民主已经被中国共产党肯定为与政治制度相关的民主形态。在中国共产党的历史上，从革命时期红色根据地民主政权的建立到协商建立全国政权，从长期的政治协商实践到最终提出"社会主义协商民主制度"，从中央层面的党际、界别的政治协商到基层各种类型的社会协商，协商民主的实践在中国已经具有深厚的基础。从这一基础出发，进一步完善社会主义协商民主制度，走出一条超越西方代议制民主的民主道路，无疑是中国社会主义民主政治建设的理性之路、可行之路、现实之路。社会主义协商民主要求充分总结我国协商民主实践各层面的经验，促进社会事业的发展，建立和完善人民群众参与协商的多重渠道，从而实现最广泛参与的社会主义民主。习近平指出："在中国社会主义制度下，有事好商量，众人的事情由众人商量，找到全社会意愿和要求的最大公约数，是人民民主的真谛。""我们要坚持有事多商量，遇事多商量，做事多商量，商量得越多越深入越好。"① 涉及全国各族人民利益的事情，我们要在全体人民和全社会中广泛商量，寻找到最好的解决之道；涉及一个地方人民群众利益的事情，要在这个地方的人民群众中广泛商量，形成广泛的价值共识。协商民主就是在人民内部各方面广泛商量、发扬民主、集思广益的过程，就是统一思想、凝聚共识的过程，就是科学决策、民主决策的过程，就是实现人民当家做主的过程。改革开放以来，广大人民群众和各

---

① 习近平. 在庆祝中国人民政治协商会议成立 65 周年大会上的讲话. 人民日报，2014-09-22.

级政府创造了多种类型的社会协商方式，建立了多种多样的社会协商渠道，如人大立法过程中的意见咨询、"让人民走进政协"的开放性协商、"民主恳谈会"的基层沟通、地方政府和职能部门的"网络对话平台"等。在促进社会事业深入发展的基础上总结以往的经验，引导和规范自发与偶发的社会协商，建立稳定的微观协商机制和协商渠道，必将能够有力地促进广泛的民主参与，深入推进我国社会主义协商民主制度的建设。

中国特色社会主义民主政治除了以选举民主为主要标志的人民代表大会制度，以协商民主为主要标志的政治协商制度以外，还有民族区域自治制度和以直接民主为主要标志的群众自治制度。

（三）在制度自信中创新社会主义制度伦理

制度自信是对中国特色社会主义制度具有制度优势的自信。近代以来的历史证明，中国特色社会主义制度是在党领导人民进行长期的革命和建设的实践中建立并不断发展完善的制度体系，是最适应中国社会主义现代化建设需要、保证各项事业顺利开展的制度体系，具有鲜明的中国特色、明显的比较优势、强大的自我完善能力。中国特色社会主义政治发展道路是中国共产党团结带领全国各族人民，经过长期奋斗和实践找到的。它既遵循民主发展的客观规律，又符合我国国情、顺应时代潮流，实现了坚持党的领导、人民当家做主、依法治国的有机统一，最能集中力量办大事，最能维护和促进社会公平正义，最能为国家富强、民族振兴、人民幸福、社会和谐提供坚强的制度保证。一个国家选择什么样的政治发展道路，只能从本国国情和实际出发。有些发展中国家曾把西方民主政治模式奉为圭臬，结果非但没有给自身带来福音，反而自吞苦果，经济停滞倒退，社会动荡不安。中国的亮丽风景，恰恰是因为坚持了自己的独立思考和判断，选择了最适合自己的政治制度和政治道路。

制度创新是社会主义制度伦理建设中最具有现实意义的内容。所谓制度创新，是指能使制度创新主体获得追加利益的现存制度的变革，是制度创新主体为获得潜在收益而进行的制度安排。制度作为人类的一种创造物，是随着社会的变迁与演进而不断地被创新的。制度变迁是各个历史时期面临的现实，而制度创新则是历史发展的必然。从某种意义上讲，人类社会政治生活的进步和发展就是不断地进行新的制度安排。在我国社会主义政治文明建设中，政治民主建设的制度安排将分为三个层次：第一个层次是发展人民民主，保障人民当家做主的权利，进行完善政治权力体系的公共性质方面的制度安排；第二个层次是通过法治建设和公共政策的制定，为整个社会的政治生活、经济生活以及其他各个方面提供规范，落实依法治国，实现民主的制度化和法律化；第三个层次是通过组织结构、职能关系、权责关系等方面的调整，改变政治管理方式的制度性基础，增强社会主义制度的优越性。第一个层次的内容是制度安排的价值目标和总的价值基础，第二个层次属于制度安排的规范性内容，第三个层次的制度安排则是实践运作层面的制度供给，三者共同构成我国政治民主制度创新的有机体系。

人民代表大会制度、中国共产党领导的多党合作和政治协商制度、民族区域自治制度和基层群众自治制度，构成中国特色社会主义民主政治制度的四个柱石，是当代中国制度创新的集中体现。

人民代表大会制度是中国人民民主专政政权的组织形式，是中国的根本政治制度。1949 年 9 月中国人民政治协商会议第一届全体会议确立人民代表大会制度为人民民主专政政权的组织形式，1954 年以法律形式加以确认。建设社会主义民主政治，最重要的是坚持和完善各级人民代表大会制度。人民代表大会制度的内涵包括：（1）中华人民共和国的一切权力属于人民。（2）人民行使国家权力的机关是全国人民代表大会和地方各级人民代表大会。（3）中华人民共和国的国家机构实行民主集中制的原则。全国人民代表大会和地方各级人民代表大会都由民主选举产生，对人民负责、受人民监督。国家行政机关、审判机关、检察机关都由人民代表大会产生，对它负责，受它监督。人民代表大会制度是适合我国国情的根本政治制度，它直接体现我国人民民主专政的国家性质，是建立我国其他国家管理制度的基础。

中国共产党领导的多党合作和政治协商制度是我国的一项基本政治制度。这一制度是马克思主义的统一战线理论和政党理论同中国革命与建设实践相结合的一个创造，是符合中国国情、具有中国特色的社会主义政党制度。"共产党领导、多党派合作，共产党执政、多党派参政"，这 20 个字是对我国多党合作制度之基本特征的精辟概括，明确了共产党和民主党派在政治上的领导与被领导的关系、在政权上的执政与参政的关系、在中国特色社会主义事业中的团结合作关系。各民主党派在长期的革命斗争和社会主义建设中，通过总结自己曲折发展的经验教训，自觉地接受了共产党的领导。中国共产党对民主党派的领导主要是政治原则和政治方向的领导，民主党派通过提案、建议等方式参加政权，使共产党的方针政策丰富发展，通过社会各阶级各阶层的反馈变成社会"普遍意见"。政党制度的稳定是国家政治局势稳定的基石，加强与完善中国共产党领导的多党合作和政治协商制度，并使之法律化、规范化，不仅是建设中国特色社会主义政党制度的需要，而且是推进社会主义民主政治进程的重要内容。

民族区域自治制度，是指在国家统一领导下，各少数民族聚居的地方实行区域自治，设立自治机关，行使自治权的制度。民族区域自治制度是我国的基本政治制度之一，是少数民族实现人民民主专政的一种政权组织形式，"是民族自治与区域自治的正确结合，是经济因素与政治因素的正确结合，不仅使聚居的民族能够享受到自治权利，而且使杂居的民族也能够享受到自治权利。从人口多的民族到人口少的民族，从大聚居的民族到小聚居的民族，几乎都成了相当的自治单位，充分享受了民族自治权利。这样的制度是史无前例的创举"①。中国几千年历史发展造成的以国家统一为主流的文化传统、民族"大杂居、小聚居"的现实条件、中国革命和社会主义现代化建设的现实状况，都表明中国适宜实行民族区域自治制度。我国的民族区域自治制度不仅被列入宪法，而且通过《民族区域自治法》加以具体规定，使民族区域自治制度踏上了科学化、法律化的轨道。任何国家，只要它的少数民族实际上还受歧视，在政治上、经济上、文化教育上还受到不平等待遇，那就不可能有真正的民主政治。我国的民族区域自治制度奉行各民族平等、团结、互助和共同繁荣的原则，有助于加快各民族经济文化教育事业的发展，实际上也就有助于促进中国社会主义民主政治的发展。

基层群众自治制度，是指城乡居民群众以相关法律法规政策为依据，在城乡基层党组织领导下，在居住地范围内，依托基层群众自治组织，直接行使民主选举、民主决策、民主管理和民主监督等权利，实行

---

① 周恩来. 周恩来选集：下. 北京：人民出版社，1984：258.

自我管理、自我服务、自我教务、自我监督的制度与实践。基层群众自治是人民当家做主的最有效、最广泛的途径。在基层建立健全群众自治组织和民主自治制度，群众的事情由群众自己依法去办，可以为社会主义民主政治奠定牢固的群众基础。基层群众自治制度是中国特色社会主义民主制度的重要组成部分。

人民代表大会制度、中国共产党领导的多党合作和政治协商制度、民族区域自治制度、基层群众自治制度的确立和进一步发展，成功地开创了我国社会主义民主制度的新局面，为中国特色社会主义制度伦理建设奠定了理论和实践基础。

三、德法兼治是国家治理伦理的战略选择和集中表现

国家治理体系和治理能力是一个国家的制度与制度执行能力的集中体现。推进国家治理体系和治理能力现代化内含着深刻的伦理要义。国家治理伦理是国家在推进治理体系和治理能力现代化过程中必须遵循的伦理精神与基本原则的综合化表现。国家治理伦理的核心问题是必须保证国家公共权力在合理合法的框架内运行，确保人民主体地位和社会公平正义的实现，其根本任务是必须保全国家公共权力的内在善性进而达到善治，强化国家治理的道德合理化基础。国家治理伦理具有强烈的意义预设、价值引导以及终极关怀。

（一）依法治国是国家治理体系和治理能力现代化的内在要求与根本保障

中国共产党人是现代法治理念的引进者和实践者。新中国成立以后，中国共产党人当即宣布废除旧法统，创建全新的法律体系。以毛泽东为主要代表的中国共产党人在废除国民党伪法统的基础上，领导中国人民开启了新中国法治建设的新纪元。1949 年 1 月 14 日，毛泽东在《关于时局的声明》中提出了"废除伪宪法""废除伪法统""废除卖国条约""召开没有反动分子参加的政治协商会议，成立民主联合政府"①

---

① 毛泽东. 中共中央毛泽东主席关于时局的声明//毛泽东选集：第 4 卷. 2 版. 北京：人民出版社，1991：1389.

的号召。《中国人民政治协商会议共同纲领》第十七条规定："废除国民党反动政府一切压迫人民的法律、法令和司法制度，制定保护人民的法律、法令，建立人民司法制度。"20 世纪 50 年代初，毛泽东主持制定了《中华人民共和国婚姻法》《中华人民共和国工会法》《中华人民共和国土地改革法》。《婚姻法》让广大妇女获得了解放，《工会法》确立了工人阶级国家主人翁的地位，《土地改革法》则让亿万农民从经济上翻了身。这三部法律的出台，改变了中华民族几千年的历史，从法律上保障了中国人民当家做主的权利，无论对新生的共和国而言还是对普通百姓而言，都有着极为重要的历史意义和现实意义。1953 年毛泽东亲自主持宪法的起草工作，并出任宪法起草委员会主席。1954 年 6 月 14日，中央人民政府委员会召开第 30 次会议，一致通过《中华人民共和国宪法（草案）》，并决定向全国公布，交付全国人民讨论。毛泽东在会上做了重要讲话，指出："我们这个宪法草案，主要是总结了我国的革命经验和建设经验，同时它也是本国经验和国际经验的结合。我们的宪法是属于社会主义宪法类型的。我们是以自己的经验为主，也参考了苏联和各人民民主国家宪法中好的东西。"① 又说："一个团体要有一个章程，一个国家也要有一个章程，宪法就是一个总章程，是根本大法。用宪法这样一个根本大法的形式，把人民民主和社会主义原则固定下来，使全国人民有一条清楚的轨道，使全国人民感到有一条清楚的明确的和正确的道路可走，就可以提高全国人民的积极性。"② 1954 年宪法是中国宪法史上第一部社会主义类型的宪法。它描绘了中国社会主义革命和建设的方向与道路，规定了中华人民共和国的基本原则和政治制度。毛泽东还主持制定了全国人大、国务院、人民法院、人民检察院、地方各级人大和地方各级人民委员会五部组织法，并在一届全国人大一次会议上通过。这五部法律对于国家权力机关、行政机关、审判机关、检察机关的产生、组成、地位、职权、活动范围和它们之间的关系等，做出了具体的规定，保证了各级国家机关的活动开始在民主和法治的轨道上运行。在重视立法工作的同时，毛泽东特别强调要认真守法、严格执法。他说："一定要守法，不要破坏革命的法制。

---

① 毛泽东. 关于中华人民共和国宪法草案//毛泽东文集：第 6 卷. 北京：人民出版社，1999：326.

② 同①328.

法律是上层建筑。我们的法律，是劳动人民自己制定的。它是维护革命秩序，保护劳动人民利益，保护社会主义经济基础，保护生产力的。我们要求所有的人都遵守革命法制。"① 毛泽东的法治思想既坚持了马克思主义法学的基本原理，又体现了中国特色，是马克思主义基本原理同中国革命和建设的具体实践相结合的产物。它不仅对新中国成立后的法治建设产生了巨大影响，而且对进一步发展社会主义民主、健全社会主义法治、积极推进依法治国进程具有重要的指导意义。

以邓小平为核心的党的第二代中央领导集体在总结国际共产主义运动和我国革命与建设正反两方面经验的基础上，比较明确地提出了依法治国的思想和原则，并在理论上做了全面和深刻的论述。1978 年 12 月13 日邓小平在中共中央工作会议闭幕会上的讲话中指出："为了保障人民民主，必须加强法制。必须使民主制度化、法律化，使这种制度和法律不因领导人的改变而改变，不因领导人的看法和注意力的改变而改变。"倡导我们应该改变"法律很不完善，很多法律还没有制定出来"②的状况，"集中力量制定刑法、民法、诉讼法和其他各种必要的法律……加强检察机关和司法机关，做到有法可依，有法必依，执法必严，违法必究"③。邓小平还指出，国家和企业、企业和企业以及企业和个人之间的关系，也要用法律的形式来确定。它们之间的矛盾也应当通过法律来解决。1979 年 6 月 28 日，邓小平又强调指出："民主和法制，这两个方面都应该加强，过去我们都不足。要加强民主就要加强法制。没有广泛的民主是不行的，没有健全的法制也是不行的。"又说："民主要坚持下去，法制要坚持下去。这好像两只手，任何一只手削弱都不行。"④ 1980 年，邓小平在《党和国家领导制度的改革》一文中把在法律面前人人平等看作社会主义法治的基本原则，指出："公民在法律和制度面前人人平等，党员在党章和党纪面前人人平等。人人有依法

① 毛泽东. 在省市自治区党委书记会议上的讲话//毛泽东文集：第 7 卷. 北京：人民出版社，1999：197-198.

② 邓小平. 解放思想，实事求是，团结一致向前看//邓小平文选：第 2 卷. 2 版. 北京：人民出版社，1994：146.

③ 同②146-147.

④ 邓小平. 民主和法制两手都不能削弱//邓小平文选：第 2 卷. 2 版. 北京：人民出版社，1994：189.

规定的平等权利和义务，谁也不能占便宜，谁也不能犯法。不管谁犯了法，都要由公安机关依法侦查，司法机关依法办理，任何人都不许干扰法律的实施，任何犯了法的人都不能逍遥法外。"① 在邓小平看来，之所以要实行法治，就在于法治优于人治，法治代表着善治。法治能够保障执政党的执政理念、执政路线、执政方针的连续性、稳定性、权威性，不因领导人的改变而改变，不因领导人的看法和注意力的改变而改变，确保坚持党的基本路线"不动摇"，保证党的事业"不折腾"。邓小平的法治思想，集中到一点就是：只有实行依法治国，我们的国家才能长治久安和兴旺发达。这是邓小平法治思想的精髓，也是我们的党和国家实行依法治国方针的理论依据。

十三届四中全会以后，以江泽民为核心的党的第三代中央领导集体继承毛泽东和邓小平的法治思想，团结带领人民为建设社会主义法治国家进行了不懈探索。1996 年 2 月 8 日，江泽民在一次讲话中说："实践的经验说明，法律不健全，制度上有严重漏洞，坏人就会乘机横行，好人也无法充分做好事……因此，加强社会主义法制建设必须同时从两个方面着手，既要加强立法工作，不断地健全和完善法制；又要加强普法教育，不断地提高干部和群众遵守法律、依法办事的素质和自觉性。"② 党的十五大提出了"依法治国，建设社会主义法治国家"的基本方略和目标，认为："依法治国，就是广大人民群众在党的领导下，依照宪法和法律规定，通过各种途径和形式管理国家事务，管理经济文化事业，管理社会事务，保证国家各项工作都依法进行，逐步实现社会主义民主的制度化、法律化，使这种制度和法律不因领导人的改变而改变，不因领导人看法和注意力的改变而改变。"③ 依法治国对于社会主义现代化建设而言，具有极其重要的意义和价值。它不仅是发展社会主义市场经济的客观需要，而且是建设社会主义民主政治和精神文明的根本保证，是维护社会稳定、国家长治久安的重要保障。维护政治的稳定和社会的安定，最根本、最靠得住的办法是实行法治。十五大报告提出，"到二〇

---

① 邓小平. 党和国家领导制度的改革//邓小平文选：第 2 卷. 2 版. 北京：人民出版社，1994：332.

② 中共中央文献研究室，编. 江泽民论有中国特色社会主义（专题摘编）. 北京：中央文献出版社，2002：334.

③ 江泽民. 高举邓小平理论伟大旗帜，把建设有中国特色社会主义事业全面推向二十一世纪//江泽民文选：第 2 卷. 北京：人民出版社，2006：28-29.

一〇年形成中国特色社会主义法律体系"①。党的十六大报告将依法治国作为建设社会主义政治文明的重要内容。落实依法治国，不仅要解决"有法可依、有法必依、执法必严、违法必究"的问题，而且要把保障人民当家做主放在非常重要的位置。依法治国的主体是人民。依法治国的客体是法律规范所指向的国家事务、经济文化事业和社会事务中的各种法律关系，以及该法律关系的当事人、各级国家机关和作为法律关系当事人的公务员，就是说一切国家机关必须依法运行，一切公务员必须依照法律规定和法定程序来行使权力。在市场经济和民主政治的历史条件下，唯有依靠法治才能在多样化中凝聚共识和力量，保证中国社会的可持续发展与稳定。法治是公开透明的规则之治和程序之治，具有可预期性、可操作性、可救济性，故而能够使人民群众对自己的经济、政治、社会、文化规划与生产、生活有合理的预期和安全感，可以确保国家治理的公信力。

党的十六大以后，以胡锦涛为总书记的党中央领导集体强调，依法办事是深化改革、扩大开放、促进发展、保持稳定的有力保障，必须贯彻依法治国的基本方略，坚持依法执政、依法行政，切实把改革、发展、稳定的各项工作纳入法制化轨道。十七大报告强调指出："全面落实依法治国基本方略，加快建设社会主义法治国家。依法治国是社会主义民主政治的基本要求。要坚持科学立法、民主立法，完善中国特色社会主义法律体系。加强宪法和法律实施，坚持公民在法律面前一律平等，维护社会公平正义，维护社会主义法制的统一、尊严、权威。"② 十八大报告指出："全面推进依法治国。……要推进科学立法、严格执法、公正司法、全民守法，坚持法律面前人人平等，保证有法必依、执法必严、违法必究。完善中国特色社会主义法律体系。……任何组织或者个人都不得有超越宪法和法律的特权，绝不允许以言代法、以权压法、徇私枉法。"③

党的十八大以来，以习近平为核心的党中央提出了建设法治中国的目标，并采取一系列有效措施来加强法治建设，依法治国成为社会主义

---

①　江泽民. 全面建设小康社会，开创中国特色社会主义事业新局面//江泽民文选：第3卷. 北京：人民出版社，2006：555.

②　胡锦涛. 高举中国特色社会主义伟大旗帜，为夺取全面建设小康社会新胜利而奋斗//胡锦涛文选：第2卷. 北京：人民出版社，2016：636-637.

③　胡锦涛. 坚定不移沿着中国特色社会主义道路前进，为全面建成小康社会而奋斗//胡锦涛文选：第3卷. 人民出版社，2016：634-635.

政治文明和国家治理伦理建设的战略选择。面对改革进入攻坚期和深水区的新形势、新任务，习近平强调法治在国家治理中的重要性，提出关于依法治国的一系列新概念和新观点，构建了中国特色社会主义法治理论的框架基础，使依法治国理论取得了进一步的创新和发展。在当前改革开放的新的历史时期，我们党面对的形势是两个"前所未有"，即"面对的改革发展稳定任务之重前所未有，矛盾风险挑战之多前所未有"①。怎样才能做到规避风险、化解矛盾，保持国家的长治久安？路径就是实现国家治理体系和治理能力现代化。怎样才能实现国家治理体系和治理能力现代化？路径就是"更加注重发挥法治在国家治理和社会管理中的重要作用，全面推进依法治国，加快建设社会主义法治国家"②。全面依法治国是国家治理体系和治理能力现代化的重要保障。"推进国家治理体系和治理能力现代化，当然要高度重视法治问题，采取有力措施全面推进依法治国，建设社会主义法治国家，建设法治中国。"③ 习近平在十八届中央政治局第四次集体学习时的讲话中提出："全面推进科学立法、严格执法、公正司法、全民守法，坚持依法治国、依法执政、依法行政共同推进，坚持法治国家、法治政府、法治社会一体建设，不断开创依法治国新局面。"④ 这是第一次把"依法治国、依法执政、依法行政""法治国家、法治政府、法治社会"等概念连接起来，使其构成一个有机统一的整体。党的十八届四中全会是我们党召开的首次以依法治国为主题的中央全会，全会研究了全面推进依法治国的若干重大问题，认为全面建成小康社会、实现中华民族伟大复兴的中国梦，改革、发展和完善中国特色社会主义制度，提高党的执政能力和执政水平，必须全面推进依法治国。法治与国家治理具有内在的联系和外在的契合。在现代国家，法治是国家治理的基本方式，是国家治理现代化的重要标志，国家治理法治化是国家治理现代化的必由之路。国家治理法治化就是，通过健全与完善国家治理法律规范、法律制度、法律程序和法律实施机制，形成科学完备的、以法治为基础的国家治理体系。

---

① 中共中央召开党外人士座谈会. 人民日报，2014-10-25.

② 习近平. 在首都各界纪念现行宪法公布施行 30 周年大会上的讲话//习近平谈治国理政. 北京：外文出版社，2014：138.

③④ 中共中央文献研究室，编. 习近平关于全面依法治国论述摘编. 北京：中央文献出版社，2015：3.

国家治理的各项制度总体上最终都要汇总于、表现为法律制度体系，即法制化的制度体系。习近平明确要求改革不能以牺牲法制的尊严、统一和权威为代价，指出凡属重大改革要于法有据，需要修改法律的可以先修改法律，先立后破，有序进行；有的重要改革措施，需要得到法律授权的，要按法定程序进行，不得超前推进，防止违反宪法和法律的"改革"对宪法和法律秩序造成严重冲击，避免违法改革对法治的"破窗效应"。在社会主义制度下，实行依法治国，建立法治国家，是社会主义的本质要求，是社会发展的必然产物，是人类文明进步的重要标志。法律是治国之重器，法治是国家治理体系和治理能力的重要依托。全面推进依法治国，是解决党和国家事业发展面临的一系列重大问题、解放和增强社会活力、促进社会公平正义、维护社会和谐稳定、确保党和国家长治久安的根本要求。

（二）依法治国与以德治国相结合是社会主义国家治理伦理的重要内容

依法治国与以德治国相结合的治国方略，是中国特色社会主义政治文明和政治伦理建设的重要内容，也是当代中国共产党人在继承中国传统和人类先进治国理政思想的基础上创造性地提出来的国家治理伦理思想。坚持法治与德治相结合，是对古今中外治国经验的深刻总结，是中国特色社会主义法治道路的一大优势，也是现实的迫切要求。国家和社会治理需要法律与道德协同发力，我们建设社会主义法治国家，必须坚持一手抓法治、一手抓德治，实现法律与道德相辅相成、法治与德治相得益彰。

江泽民在 2001 年 1 月 10 日全国宣传部长会议上的讲话中指出："我们在建设有中国特色社会主义，发展社会主义市场经济的过程中，要坚持不懈地加强社会主义法制建设，依法治国；同时也要坚持不懈地加强社会主义道德建设，以德治国。对一个国家的治理来说，法治和德治，从来都是相辅相成、相互促进的。二者缺一不可，也不可偏废。"[1]在江泽民看来，法治属于政治文明，德治属于精神文明，二者范畴不同，但其地位和功能都是非常重要的。"我们要把法制建设与道德建设

① 江泽民. 大力弘扬不懈奋斗的精神//江泽民文选：第 3 卷. 北京：人民出版社，2006：200.

紧密结合起来，把依法治国与以德治国紧密结合起来。"① 2001 年 4 月 2 日，江泽民在全国社会治安工作会议上的讲话中强调，"坚持依法治国的基本方略，促进社会主义民主的制度化、法律化，有法必依、执法必严、违法必究，同时把依法治国与以德治国结合起来"②。2002 年 5 月 21 日江泽民在四川考察工作时发表重要讲话，他说："要坚持依法治国和以德治国相结合。在我国社会主义现代化建设的过程中，依法治国和以德治国都有自己的重要作用。我们要坚定不移地实施依法治国的基本方略，同时要充分发挥以德治国的重要作用。"③ 党的十六大报告第一部分"过去五年的工作和十三年的基本经验"中的十大经验之五是："坚持物质文明和精神文明两手抓，实行依法治国和以德治国相结合。"这一条可以与经验之四相对照，那一条谈的是发展社会主义民主政治的问题："推进政治体制改革，发展民主，健全法制，依法治国，建设社会主义法治国家，保证人民行使当家作主的权利。"④ 从这里可以看出，"依法治国"，"建设社会主义法治国家"，是政治体制层面的根本问题，是制度的问题。"法治国家"是现代文明国家的制度性标志。江泽民说："法治以其权威性和强制手段规范社会成员的行为。德治以其说服力和劝导力提高社会成员的思想认识和道德觉悟。"⑤ 虽然制度是最根本的，但是精神层面的治理同样重要。

2012 年 12 月 4 日，习近平在首都各界纪念现行宪法公布施行 30 周年大会上的讲话中指出，"法律是成文的道德，道德是内心的法律。我们要坚持把依法治国和以德治国结合起来，高度重视道德对公民行为的规范作用，引导公民既依法维护合法权益，又自觉履行法定义务，做到享有权利和履行义务相一致"⑥。2013 年 2 月 23 日，习近平在主持十八

---

① 江泽民. 大力弘扬不懈奋斗的精神//江泽民文选：第 3 卷. 北京：人民出版社，2006：200.

② 江泽民. 关于坚持四项基本原则//江泽民文选：第 3 卷. 北京：人民出版社，2006：221-222.

③ 中共中央文献研究室，编. 江泽民论有中国特色社会主义（专题摘编）. 北京：中央文献出版社，2002：337.

④ 江泽民. 全面建设小康社会，开创中国特色社会主义事业新局面//江泽民文选：第 3 卷. 北京：人民出版社，2006：534.

⑤ 同③336.

⑥ 习近平. 在首都各界纪念现行宪法公布施行 30 周年大会上的讲话//习近平谈治国理政. 北京：外文出版社，2014：141.

届中央政治局第四次集体学习时发表重要讲话，指出："要坚持依法治国和以德治国相结合，把法治建设和道德建设紧密结合起来，把他律和自律紧密结合起来，做到法治和德治相辅相成、相互促进。"① 在新的历史条件下，建设法治中国，必须坚持依法治国与以德治国相结合，使法治与德治在国家治理中相互补充、相互促进、相得益彰，推进国家治理体系和治理能力现代化。法律的有效实施有赖于道德支持。中国的实践已充分证明，市场经济体制的建立应有完备的法律制度加以规范和保障，但同时也需要完善的道德机制，充分发挥道德在社会治理中的作用。法治与德治并重应是中国社会治理模式的最佳选择。习近平在论述法律与道德的关系时指出："法律和道德都具有规范社会行为、维护社会秩序的作用。治理国家、治理社会必须一手抓法治、一手抓德治，既重视发挥法律的规范作用，又重视发挥道德的教化作用，实现法律和道德相辅相成、法治和德治相得益彰。"②

　　纵观古今中外发展的历史，治理国家从来都离不开严峻的法治和良好的德治，很少出现过纯粹的法治状态或纯粹的德治景象，只不过根据不同的历史条件和现实需要而有所偏重。法律是准绳，任何时候都必须遵循；道德是基石，任何时候都不可忽视。法律与道德既彼此区别又不可分割，都是国家治理、社会运行不可或缺的重要手段。法律的有效实施有赖于道德的支持，道德的自觉践行离不开法律的强力约束；法律难以规范的领域，道德可以发挥作用，道德无力约束的行为，法律则可以给予惩戒。法治以其权威性和强制性来约束社会成员的行为，德治以其说服力、劝导力及社会舆论的引导来规范、提高社会成员的思想认识和道德觉悟。法治是外在的他律，德治是内在的自律。德治着眼于弘扬人性中善的因素，强调教化在人格塑造中的重要性和必要性，认为教化是使人弃恶扬善、强基固本的基本途径。法律的基本功能在于惩恶，道德的基本功能在于劝善。法治就是为了抑制和惩处人性中恶的因素、维护和增强人性中善的因素而发明的一种社会机制。惩恶扬善，正是制定与实施法律的出发点和归宿。法律重在惩罚已经违法犯罪的人，道德重在

　　① 习近平. 坚持法治国家、法治政府、法治社会一体建设//习近平谈治国理政. 北京：外文出版社，2014：145-146.
　　② 中共中央文献研究室，编. 习近平关于社会主义政治建设论述摘编. 北京：中央文献出版社，2017：87.

教育尚未违法犯罪的人，提高他们的素质，使他们不犯罪；法律能惩"贪"，道德能养"廉"。二者各有优长，也各有不足，天然地具有互补性。

中国共产党人提出的依法治国与以德治国相结合的治国方略，是对传统社会治理模式的扬弃，也是适应新时代要求的创造性转换。我们今天讲的法治，是依据宪法和法律来治理国家的社会主义法治；是以现代法治理念为指导，以党的领导、人民当家做主、依法治国三者有机统一为核心，以公平正义为价值取向，以尊重和保障人权为基本原则，以法律的至高无上权威为根本要求，以监督制约为内在机制，以自由平等为理想追求的法治。它既汲取人类政治文明的重要成果，也是对我国新中国成立以来的历史经验和教训进行深刻总结的结果。我们今天讲的德治，是适应社会主义市场经济体制要求的新型社会主义德治；是以为人民服务为核心、以集体主义为原则，重视道德教育和道德感化的作用，强调选拔干部必须德才兼备、以德为先，要求各级领导干部和国家公务员"讲党性、重品行、作表率"，发挥示范带头作用的德治；是在肯定法治重要意义的基础上，使德治与法治互相补充、并行不悖，共同维护和保障国家长治久安的德治。在新的历史条件下，我们要把依法治国基本方略、依法执政基本方式落实好，把法治中国建设好，必须坚持依法治国与以德治国相结合，使法治与德治在国家治理中相互补充、相互促进、相得益彰，推进国家治理体系和治理能力现代化。

（三）推进依法治国与以德治国相结合的有效路径

依法治国与以德治国不可分割。依法治国通过法律的规范性来调整人们的行为，通过法律的强制性来获得人们的遵守；以德治国通过提升人们的思想道德觉悟来达到调整人们行为的目的。二者在性质、调整手段和方法等方面虽然有差异，但都是为了规范人们的行为，都是国家治理的手段。

1. *以道德滋养法治精神，把道德要求贯彻到法治建设中*

重视发挥道德的教化作用，提高全社会的文明程度，为法治实施创造良好的人文环境。要在道德体系中体现法治要求，继续完善社会主义思想道德体系，使之更好地与社会主义法律规范相衔接、相协调。有了道德的支撑，法律才显得更有温度，才能更好地引导全社会崇德向善。

在道德教育中突出法治内涵，深入实施公民道德建设工程，加强社会公德、职业道德、家庭美德、个人品德建设。在文化传承中涵养法治精神，大力弘扬中华优秀传统文化，深入挖掘其蕴含的思想精华，实现创造性转化和创新性发展。在文明创建中促进法治实践，广泛开展以法律援助、普法宣讲等为主题的志愿者服务，让人们在丰富多彩的活动中受到法治熏陶、增强法治意识。同时，无论立法、执法还是司法，都应体现社会主义先进道德的要求，都应把社会主义核心价值观贯穿其中，使社会主义法治成为"良法""善治"。

德治为法治提供思想基础和价值导向。亚里士多德在其名著《政治学》一书中指出："法治应包含两重意义：已成立的法律获得普遍的服从，而大家所服从的法律又应该本身是制定得良好的法律。"[①] 在这里，"良法"和"普遍的服从"构成了亚里士多德法治观的基本内核。其中，"良法"是前提，"普遍的服从"是法治所要达到的一种状态。法律是具有理性的人们共同同意的，以理性对感性欲望、要求、冲动加以必要的约束和限制而形成的行为规则。法律的好坏完全以是否符合正义为标准。良法是善治之前提。法治社会应是良法之治，这是现代法治的基本理念。西方是现代法治的发源地。在西方法治理念中，法律与公平正义联系紧密。法律的功能就是实施和维护社会正义，谋求公众幸福，增进人类道德。古罗马法学家西塞罗认为，真正的法律必须能够区分正义与非正义，对善良的事能够予以捍卫，制定法的目标是"保障公民的福祉、国家的繁昌和人们安宁而幸福的生活"[②]。古罗马另一位著名法学家塞尔苏斯对法律所下的定义是："法律是善良公正之术"[③]。优士丁尼在《学说汇纂》中对这个定义进行了阐述："所谓善良，即是道德；所谓公平，即是正义。"[④] 良好的法律即是合乎道德的法律。公平正义以及合道德性成为判断良法的标准。法律的制定不能脱离道德的基础，否则就会制定出恶法，法律是最低限度的道德，脱离了道德的法律，就不再是法律。社会道德水准的高低决定社会

---

① ［古希腊］亚里士多德. 政治学. 吴寿彭，译. 北京：商务印书馆，1965：199.

② ［古罗马］西塞罗. 论共和国 论法律. 王焕生，译. 北京：中国政法大学出版社，1997：219.

③④ 法学教材编辑部《西方法律思想史》编写组. 西方法律思想史. 北京：北京大学出版社，1983：71.

成员守法自觉性的强弱。法治要在全社会中实现，需要依赖社会成员对法律的自我认同与遵守，只有将这种外在的强制性法律规范转化为人们内心的自觉认同，法治才有可能顺利实现。只有让人们从心里真正知道什么该做什么不该做，才能创造出一个守法安定的社会，才能做到依法治国。我们应该引导人们自觉自愿地按照有利于社会和他人利益的方向行动，提高全社会的道德水准、法律意识和公民守法的自觉性，为法治创造一个良好的社会环境。

2. 用法治手段解决道德领域中的突出问题，以法治作为德治的保障

重视把一些基本道德规范上升为法律规范，让人们清楚地知道哪些事能做、哪些事绝对不能做，明确对失德行为的惩戒措施，促进良好社会风气的形成。继续深入开展对道德领域中突出问题的专项治理，加强对社会反映强烈的失德行为的整治，让败德违法者受到惩治、付出高昂代价，发挥对整个社会的警示和教育作用。法律法规必须树立鲜明的道德导向，化解好人的道德风险，保障好人的合法权益，褒扬好人的道德行为，引导全社会崇德向善。今天的中国，让法治的阳光普照，让道德的清风吹拂，每个人的追梦之路、整个民族的追梦之路必将更加亮堂通畅。

法治是德治的保障和辅助，主要表现在两个方面：一是凭借法律的强制作用来促进道德自律。道德的实施在很大程度上需要法律的保证。道德的标准并不是普遍的、固定的，它带有个性和不稳定性。法律是国家制定或认可的、反映社会上绝大多数人的道德水准的、具有强制性的规范文件，依据法律来治理国家可以弥补道德的缺陷。比如建立覆盖全社会的征信系统，完善守法诚信褒奖机制和违法失信惩戒机制，就是突出法律的保障作用，营造不敢失信、不能失信的诚信环境。二是通过"道德立法"形式来赋予某些道德法律性质。通过立法、司法活动使一些道德规范上升为法律制度并得到国家强制力的支持，以法治来推进国家道德体系的发展。例如《婚姻法》规定了夫妻双方的忠实义务，这本身是一则道德义务，国家通过立法的形式将其上升为法律原则，使这一道德义务得到国家强制力的支持，进而约束夫妻双方的行为，促进家庭道德观念的完善。

3. 坚持德法共治的原则和精神，充分发挥法治与德治在国家治理中的作用

德治与法治都是国家治理的重要方式，是国家治理伦理的重要构

成。古今中外的历史上，不存在或者至少没有长久存在仅仅依靠严刑酷法而长治久安的国家政体，也不可能有只有德治而没有法治的国家治理之道。这是由于法律或道德本身都无法单独承担人类政治行为的规范和调节职能。历史的经验告诉我们，真正合理有效的社会政治治理必定是既合法有序又合理有德的完整的政治治理，而不是任何形式的偏颇式治理方式，更不可能是某种形式的二者必居其一。① 德治的目的在于，通过将社会的伦理原则和道德理想贯彻于社会政治生活与行政实践，使社会的基本伦理原则和规范外化为或客观化为国家政治的行政行为与公民社会伦理行为的普遍原则和规范，并通过社会的道德意识形态的规范和调引机制，使国家的法律、各种社会政治规则与政策得以内化为社会全体公民的美德追求和理想信念，从而深化或强化国家的政治意志和价值力量。社会的法治体系无论多么系统和全面，都不可能包揽一切、规范一切，它们都内在地依赖道德伦理的精神引领和价值导向。坚持法治与德治相结合的国家治理理念，并非全是现代西方文明传入的结果，古老的中华政治伦理文明即有此方面丰厚的思想、资源和行为实践的经验教训。关于政治治理"德威并施""刚柔相济"的论说其实就是德法共治、标本兼治。只是在中国古代起主导作用的总是儒家倡导的"德主刑辅"的治理模式，法治总是在德治论的框架内运作，进而使得法治并未真正建立起来。

当代中国共产党人在总结历史经验教训、吸收国内外国家治理优秀成果的基础上确立的"依法治国与以德治国相结合"或"德法共治"的治理伦理，是全面贯彻依法治国的内在要求和建设社会主义政治文明的重要构成，从某种意义上说是为建设社会主义法治国家服务的。诚如万俊人教授所说："所谓德治，是以法治的在先确立为前提的。只有首先建立必要而稳定的社会法制秩序，道德伦理规范才能真正充分发挥其作为一种社会治理方式的作用。"② 从江泽民到习近平对"以德治国"的历次表述可以看出，"以德治国"概念总是与"依法治国"相依相伴，而且总是"依法治国"在前，"以德治国"在后。在"治国方略"的高度上对"以德治国"的准确表述是："依法治国"与"以德治国"相结合的方略。"依法治国"的"依"字表明，"法"是治国之依据；"以德

---

① ②　万俊人. 德治的政治伦理视角. 学术研究，2001（4）.

治国"的"以"字表明，"德"是治国之方式；二者相结合，就是以"德"的方式方法去依法办事和促使人民依法办事，以及用"法"来保证"德"的内容和方式的实现。"依法治国"与"以德治国"相结合的提出，是对"依法治国"方略的完善。

坚持依法治国与以德治国相结合的治国方略，要求把法律教育和道德教育有机地结合起来，使法律规范的外在约束性变为广大公民的内在自觉性，要求施"法"与施"德"双管齐下，充分发挥法律与道德这两把利剑在治理国家中的作用，要求完善法律与道德的监督和制约机制，让法律监督与道德监督同时进入社会视野，使全社会形成崇尚真善美、鞭策假恶丑的良好风尚。在建设中国特色社会主义的伟大进程中，法律与道德作为两种主要的行为规范和调节手段，是不可缺少、不可偏废的。法治与德治不是矛盾对立的而是辩证统一的关系。在国家治理中始终坚持以法律为准绳、以道德为基石，始终坚持依法治国与以德治国的紧密结合，推进国家治理体系和治理能力现代化的目标就一定能够达成。对一个国家的治理来说，法治与德治从来都是相辅相成、相互促进的，二者缺一不可、不可偏废。当代中国德法兼治理论，即社会主义法治和社会主义德治在实质上是一致的，都是最广大人民群众利益的反映，都是建立在社会主义经济基础之上的上层建筑，共同为社会主义经济基础服务。社会主义法律与社会主义道德相互渗透、相互补充、相互支持、互为表里，道德渗入法律，法律体现道德精神。道德能为法治提供支持与保障。立法活动需要道德指引，司法主体需要道德能力保证，社会成员的守法心态需要道德制约，在法律不能作为的层面需要道德来调控。法律通过自己的规范、监督、保护、扬弃、促进等作用对德治加以支持和保障。德法兼治具有重要的现实意义。德法兼治有助于社会主义市场经济的健康发展，有助于社会主义民主政治的实现，也有助于道德领域的专项治理和精神文明建设。

四、政府职能转换与社会主义行政伦理建设

建设社会主义法治国家内在地包含建设法治政府的内容。社会主义政治伦理要求与之相适应的行政伦理。加强社会主义行政伦理建

设，是建设社会主义民主政治与发展社会主义政治文明的重要路径和载体。

（一）行政伦理的内涵与功能

美国学者托马斯·伍德罗·威尔逊被视为现代行政学的鼻祖。他在《行政学研究》的文章中明确指出，政治与行政是两个不同的工作领域，行政是政府在执行和操作方面最显眼的部分，政治是在重大而且带着普遍性的事项方面的国家活动。[①] 威尔逊的这种观点成为政治与行政二分思想的最早理论雏形。19世纪美国著名学者古德诺在《政治与行政》一书中指出："在一切政治制度中，只有两种基本的功能，即国家意志的表现和国家意志的执行，前者谓之政治，后者谓之行政。"[②] 换言之，政治是国家意志的表达，而行政则是国家意志的执行。这句著名的言论道出了政治与行政二分理论的核心和本质。政府的政治功能体现在政府的一系列必需的活动中，这些活动实则是表达国家意志所必需的，而各分立机构的行政功能则是政府在执行国家意志，这也是通过一系列必需的活动表现出来的。政府是国家的行政机关，国家公务员的专门业务就是行政。行政就是执行国家的意志。公共行政是指政府对社会生活的有组织的协调、管理活动。孙中山在《三民主义》和其他有关著作中认为，"政治"可以分为"政"与"治"。"政"构成"政权"，"治"构成"治权"。"政权"是解决国家权力的归属问题，"治权"是解决国家权力的行使问题。在他的"权能分立"思想中，国家权力分为人民管理政府的政权和政府为人民服务的治权。当代美国政治学家菲利克斯·A.尼格罗和劳埃德·G.尼格罗在《公共行政学简明教程》中指出："所谓公共行政：一是在公共环境中共同协作的集体努力；二是它遍布于三大政府部门——行政、立法、司法——并存在于它们的相互关系之中；三是它在公共政策的形成过程中起着重要作用，因而它就是政治过程的一个组成部分；四是它在很多重要方面明显不同于私营机构的行政；五是它在为社会提供服务方面与许许多多的私人团体和个人发生密切的联系。"[③] 这一关于公共行政的界说是从其实质和运作方式等方面来立论

① ［美］托马斯·伍德罗·威尔逊. 行政学研究//彭和平，编译. 国外公共行政理论精选. 北京：中共中央党校出版社，1997：14-15.
②③ 王伟，主笔. 行政伦理概述. 北京：人民出版社，2001：60-61.

的，以更好地凸显行政的本质特征。行政是政府组织具有的一种公共权力以及对公共权力的使用，其目的是管理公共事务。行政的公共性主要体现在三个方面：（1）行政权力是公共利益得以实现的工具，属于一个国家中的全社会的权力，是一种公共权力；（2）行政权力具有超然性，致力于实现以国家利益的形式表现的公共利益，是凌驾于社会之上的权力；（3）行政权力具有全局性，应着眼于社会中全局性的事务，或关系到整个社会秩序的基本问题。行政管理活动的根本目的是维护、增进公共利益。行使公共权力时必须坚持公共利益至上的原则，不得因为一己私利或者地方利益、部门利益而影响公共事务管理的公正性。依法行政是对法律制度体系日益完善条件下的现代行政管理活动的基本要求。根据这种理念，行政组织和机构必须依法建立，行政程序必须具有法的合理性，行政权力必须依法规范，行政行为必须依法开展。对于现代公共行政而言，依法行政是一项普遍原则，也是社会控制的主导方式。

行政权力、行政行为内在地包含行政伦理的要素。行政伦理是指国家公务员的行政道德意识、行政道德关系和规范以及行政道德活动的总和，是行政体制、行政领导集团在从事各种领导、管理、协调、服务活动中应该遵循的政治道德与行政道德的总和。行政伦理在本质上是一种政治道德和权力道德，它既表现为社会对国家行政机关及其行政人员在权力运用过程中提出的道德要求，又体现着行政机关及其行政人员在权力行使过程中应追求的价值目标。行政行为要求勤政和廉政。勤政和廉政首先反映在政府机关及其工作人员的思想方法、工作作风和办事效率上，它要求所有政府机关及其工作人员都要注意克服官僚主义、形式主义和浮夸作风，勤奋工作，认真负责，不得懒惰拖沓、玩忽职守，要为社会和人民提供优质服务。同时，不得以权谋私或公权私用，始终保持清正廉明的形象和工作作风。行政伦理是一个包含行政理想、行政态度、行政责任、行政良心、行政荣誉、行政纪律和行政作风在内的范畴体系。

公共行政的主体是理性与情感兼具的行政人员。在现代社会中，行政人员既是公民的雇员又是公民中的一员，既有责任为公众提供服务又有权利作为公众的一员接受服务。这种双重角色经常会产生冲突性的义务，即公共行政人员不仅是"大众公仆"，而且是某一特定组织的公务员，这种特定组织的公务员角色尽管在理论上从属于更大规模的公共服务体系，但在道德约束力和激励机制方面却是最具体和最强有力的，公务员角色很容易受制于特定组织并被特定组织界定，当这种情况发生时，效忠组织的义务和维护公共利益的职责之间就会发生矛盾。公务员品德要求其将大众公仆置于首先和优先的地位，始终把公共行政的公共利益放在第一位，尽心尽力为公共利益服务，为全体公民服务。

行政伦理的核心概念是行政责任。行政主体的伦理自主性是建立在公共责任的基础上的。库珀将行政责任分为客观责任和主观责任。客观责任包括对法律、上下级和公民负责，而主观责任则是行政主体的"情感和信任的责任"，是他们将"自己的需要和习性与角色融合在一起的一种方式"①。因此，客观责任是对制度规范的尊崇，可以通过制度约束来实现；而主观责任则是行政主体伦理自主性的建立，无法通过刚性的制约来加以规定，关键在于行政主体的"自利性"与"公共性"的动态平衡和"公共人"的定位的确立。现代服务行政所倡导的公共责任，不仅要求政府"要对一个复杂的外部控制网络中的竞争性规范和责任进行平衡"，而且要求政府关注"职业标准、公民偏好、道德问题、公法以及最终的公共利益"②。公共行政具有两个层次的责任：一是政府作为一个整体的责任，主要属于政治责任的范畴；二是行政人员的责任，即行政人员是否正确和有效地行使公共权力。对于政治责任的范畴，需要设立相对完善的监督控制体系；对于行政人员的责任问题，除了在体制的完善化方面努力以外，还需要实现责任与信念的统一，倡导提供社会正义的道德责任。

行政伦理作为一种约束机制，它不仅可以加强对行政权力的制约，而且更重要的还在于，它作为一种观念力量，可以提高行政权力的合法性。而且，行政伦理在很大程度上影响到公众对行政权力的认同感和支持度。行政伦理对于行政管理的公正、廉洁与高效起着至关重要的作用。良好的行政伦理可以树立政府在公众心目中的良好形象，从而使其获得较高的社会支持。

加强行政伦理建设是行政改革的应有之义，是政府行政公正性的保

① ［美］特里·L. 库珀. 行政伦理学：实现行政责任的途径（第四版）. 张秀琴，译. 北京：中国人民大学出版社，2001：63.
② ［美］珍妮特·V. 登哈特，罗伯特·B. 登哈特. 新公共服务：服务，而不是掌舵. 丁煌，译. 北京：中国人民大学出版社，2004：132.

障。行政改革不仅要对行政组织机构的设置、权力结构状况和职能、法律制度的构成等行政管理的"硬件"进行改革，而且内在地包含着对行政伦理这一"软件"的建设。换言之，在对各种行政体制、制度实行改革的同时，也应当重视对担当改革的政府机关及其行政人员自身伦理的改革和建设，而且行政伦理建设是行政改革的价值导向，具有方向性和主导性的作用。

加强行政伦理建设是完善公务员制度、建设高效政府的重要措施。党的十一届三中全会以来，我国政治体制改革的显著成果之一就是逐步建立起具有中国特色的国家公务员制度。1993 年《国家公务员暂行条例》的颁发标志着我国公务员制度的诞生；2005 年通过、2006 年开始实施的《中华人民共和国公务员法》及其相关配套法规、政策的出台，使得我国公务员制度更趋完善，具有中国特色的国家公务员制度已基本建立。但是，与现代公务员制度相比，我国的公务员制度还没有建立起完善的公务员行为规范。公务员行为规范致力于解决公务员私人利益和行使权力时的公共利益的冲突问题。它分为道德规范和法律规范，并有道德规范法律化的趋势。

（二）建设服务型政府是行政伦理的内在要求

深化行政管理体制和机构改革，最重要的是转变政府职能。改革开放以来，我国在 1982 年、1988 年、1993 年、1998 年、2003 年先后进行了几次大的行政管理体制和机构改革，重点围绕转变政府职能来进行，取得了一定的成效。党的十七大报告强调加快行政管理体制改革，建设服务型政府，指出要着力转变政府职能、理顺各种关系、优化结构、提高效能，形成权责一致、分工合理、决策科学、执行顺畅、监督有力的行政管理体制。

历史地看，国家的行政是沿着统治行政—放任行政—管制行政—服务行政这个路线发展的。工业社会成熟期，我国计划经济时期，比较多地实行管制行政，这种行政方式信奉政府全能主义，表现为无边无际、无所约束的管理行为；表现为政府职能在总量无度的同时又有职能的越位、缺位和错位；表现为政府具有公共权力行使者和企业所有者的双重身份，直接干预企业的生产经营活动。也就是说，这种行政方式使政府做了一些不该做也做不好的事情，管了一些不该管也管不好的事情，但该做该管的事情却又没有完全做好管好。

服务型政府应该是"阳光政府、创新政府、责任政府、法治政府"等模式交叉、综合渗透的结果。所谓服务型政府，是相对于管理型、权力型、命令型政府而言的，它是在公民本位、社会本位理念指导下，在整个社会民主秩序的框架内，通过法定程序，按照公民意志组建起来的以为公民服务为宗旨并承担服务责任的政府。服务型政府只提供市场、企业、个人不能或不愿提供的公共物品和公共服务。

建设服务型政府，必须树立起公共价值、公平价值等价值观念。强化政府的服务意识，建立服务型政府，需要树立正确的行政伦理观。我们的政府是为人民服务的，应该以人民的利益为依归，不应该有政府部门的特殊利益。现在一些政府部门偏离"公共利益关怀"的价值取向，违背公共利益，追求部门利益。例如，有些政府部门利用参与国家法律法规和政策制定的机会，偏离公共利益，追求本部门的权力最大化和利益最大化，在掌控资源和行政审批问题上表现得尤为突出。随着部门利益化并与利益集团的结合，必然产生各式各样的权力寻租，造成官员的腐败与人民群众的强烈不满。

建设服务型政府，要求政府为人民群众提供优质高效的服务。把破除"官本位"意识作为推进行政体制改革的突破口，强化服务理念，采取有效措施，加强对公务员的教育，培养公务员的服务意识和公仆意识，要求他们自觉做到权为民所用、情为民所系、利为民所谋。服务型政府是民主和负责的政府。就是说，是人民民主和对人民负责的政府。公民通过正常程序和渠道参与国家治理，表达自己的愿望，是服务型政府的本质特征，唯其如此，才能体现社会主义制度的优越性，也才能真正建立服务型政府。在具体实践中，坚持把以人为本理念具体化，在公务员队伍中严格落实服务承诺制、岗位责任制、首问负责制、限时办结制等工作制度，使广大群众真正得到政府提供的各种服务。

建设服务型政府，应当完善管理制度，提高服务水平。应当建立卓有成效的民主决策制度、政务公开制度、群众监督和参与制度、法律约束制度等一系列服务制度，凡涉及人民群众切身利益的政务活动，都要做到公开透明，使群众了解政府的决策意图、运作机制；凡需要群众支付费用的管理行为，都要向群众公开收费的依据标准、使用途径和监控措施，防止暗箱操作；宏观调控和改革开放方面的政策措施、社会管理事务、大型项目以及关乎社会稳定等的重大行政决策事项，都要事前进行专家咨询论证；政府的行政行为，必须被严格限制在法律法规规定的范围内。

建设服务型政府，要求简化办事程序，扩大服务领域。为了实现由管理型政府向服务型政府的转变，应当按照"压缩项目、减少环节、规范程序、明确责任、提高效率、强化服务"的要求，疏通社情民意充分表达的渠道，建立渠道通畅的民意表达和整合机制，建立现代听证制度、民意测验制度、舆论调查监督制度等；政府热线要通畅，听取群众意见要回应；提供确保利益相关方、受损方能够参与决策过程的平台。

建设服务型政府，要求各级政府和公务员正确处理政府与公民的关系问题，以公正和服务作为政府行政的宗旨，正确处理权力与利益的关系问题，正确处理各种行政伦理关系，促成政府的角色转换，即由一般的"治理"转向负责任的"善治"，由"政府本位"转向"社会本位"。政府在道德上应以公共利益为信仰，以公共利益最大化为最高宗旨，始终服从于、服务于公共利益，忠诚地行使委托人委托的自由裁量权。只有符合公共利益原则的行政自由裁量才是"善"的行政自由裁量；否则，就是"恶"的行政自由裁量。

（三）加强社会主义行政伦理建设

建设中国特色社会主义政治文明和政治伦理，要求加强社会主义行政伦理建设。从某种意义上说，社会主义行政伦理建设是社会主义政治文明和政治伦理建设的突破口与关节点。那么，怎样在改革开放和市场经济的新形势下加强社会主义行政伦理建设呢？这是一个需要在实践中不断探索和从理论上深入探讨的重大问题。根据目前的认识和客观条件，主要应加强以下几个方面的建设。

第一，树立培育正确的行政伦理价值观。行政管理应以实现行政伦理价值观为目标。行政管理的过程应体现行政伦理理念并受行政伦理规范的约束。行政改革，无论政府机构的调整还是政府职能的定位，都离不开行政伦理价值观的指导，行政伦理理论应当为行政改革提供价值目标和理论引导。行政伦理建设的目标就是行政信用的打造。所谓行政信用，就是民众对行政组织、行政人员、行政活动、行政制度等之信誉的价值评价，其核心是民众对行政行为的满意度和认同感等。现代行政伦理建设就是要打造以诚信为基础的行政价值观。公共行政活动是为了实现国家的社会目标，推动社会的全面发展。作为"社会目标的合理调整和社会利益的权威性分配"的组织体系，作为社会公共利益的代表者和维护者，各级政府应始终把实现和维护社会正义视为自己的价值目标。把行政伦理价值的实现作为政府的施政目标，并贯穿于行政活动的一切过程，建立起促进行政伦理价值实现的机制。美国第一任总统华盛顿在就职演说中指出："国家的政策将奠基于个人道德纯净并且始终如一的原则之上……真理告诉我们：在经济与自然发展过程中存在着不朽的结合——美德与幸福不可分，责任与利益不可分，诚实高尚政策的真正准则与民众繁荣幸福的真实回报不可分。"① 约翰·穆勒早在19世纪中叶就对公民与政府之间的关系和政府的标准做过许多精彩的论述。他认为，政府最重要的职责不仅是增进人民的福利，而且是促进人民的美德与智慧。政府的职能限制在这两个方面：它比任何其他政体都更有利于提供良好的管理，它能促进较好与较高形式的民族性格的发展。我国行政伦理建设要求的行政伦理价值观主要有执政为民、清正廉洁、公平正义、诚实信用、务实高效等。

第二，加快以促进社会公平正义、尊敬人民福祉为出发点和落脚点的行政体制改革。加强行政伦理建设内在地要求改革行政体制和组织制度，行政体制改革是推动上层建筑适应经济基础的必然要求。要按照建立中国特色社会主义行政体制的目标，深入推进政企分开、政资分开、政事分开、政社分开，推进依法行政、民主行政、科学执政，创新行政管理方式，增强政府公信力和执行力，建设职能科学、结构优化、廉洁高效、人民满意的法治政府和服务型政府，鼓励行政人员的道德行为，为其遵循行政伦理的行为提供良好环境。习近平指出："全面深化改革必须以促进社会公平正义、增进人民福祉为出发点和落脚点"，"全面深化改革必须着眼创造更加公平正义的社会环境，不断克服各种有违公平正义的现象，使改革发展成果更多更公平惠及全体人民。如果不能给老百姓带来实实在在的利益，如果不能创造更加公平的社会环境，甚至导致更多不公平，改革就失去意义，也不可能持续"②。行政体制改革或

---

①　美国历届总统就职演说集. 岳西宽，张卫星，译. 北京：中央编译出版社，1995：5.

②　习近平. 切实把思想统一到党的十八届三中全会精神上来//习近平谈治国理政. 北京：外文出版社，2014：96.

政府运行机制改革必须把维护公平正义、增进人民福祉作为一面镜子，通过创新制度安排，努力克服有违公平正义的行为和现象。"哪里有不符合促进社会公平正义的问题，哪里就需要改革；哪个领域哪个环节问题突出，哪个领域哪个环节就是改革的重点。对由于制度安排不健全造成的有违公平正义的问题要抓紧解决，使我们的制度安排更好体现社会主义公平正义原则，更加有利于实现好、维护好、发展好最广大人民根本利益。"① 国家行政体制改革必须紧紧依靠人民群众，尊重人民主体地位，发挥人民群众的首创精神和积极性。"没有人民支持和参与，任何改革都不可能取得成功。无论遇到任何困难和挑战，只要有人民支持和参与，就没有克服不了的困难，就没有越不过的坎。"② 因此，紧紧依靠人民群众推动改革是国家行政体制改革必然要胜利的根本原因和保证。

第三，加强道德立法和道德制度化建设。道德立法，就是把重要的道德规范，尽快纳入现行的法律体系。通过制定代表公民利益、体现国家意志的一整套完善的行政管理法规和方针政策，给予所有行政机关及其工作人员相同的行政道德判断、选择、评价的模式和能力，促使行政道德规范与原则成为行政机关及其工作人员内在的、稳定的品质。道德立法实际上是一种集体性的道德裁决，是行政过程中建立起来的最低道德标准。制度的伦理性、公正性、合理性是行政机关及其工作人员道德进步、符合行政伦理要求的根本前提和基础。行政伦理的制度化，就是将重要的伦理道德规范融入公务员的管理制度和行为守则。在现代国家的法制建设中，越来越多的国家将行政伦理规范纳入法律体系，并形成了行政伦理规范专门法。将行政伦理规范法制化也是我国当前行政伦理建设的重要内容。行政道德制度化，指各种公务员管理制度要符合行政伦理的要求，要更加合理、公正。如果行政体制赏善罚恶不力，甚至颠倒错位，那么任何道德教化就都会显得苍白无力，行政伦理的良性运行更无从谈起。习近平指出："公平正义是中国特色社会主义的内在要求；要在全体人民共同奋斗、经济社会发展的基础上，加紧建设对保障社会公平正义具有重大作用的制度，逐步建立以权利公平、机会公平、规则公平为主要内容的社会公平保障体系，努力营造公平的社会环境，保证

---

① ②　习近平. 切实把思想统一到党的十八届三中全会精神上来//习近平谈治国理政.
北京：外文出版社，2014：97.

人民平等参与、平等发展权利。"① 制度建设还要求加强廉政建设，从制度上改变权力过分集中而又得不到制约的状况，真正做到干部清正、政府清廉、政治清明。还应建立健全道德奉献与回报机制。从内在动力上，肯定道德权利，褒扬行政"善"举。强化社会赏罚机制，加大赏善罚恶的力度，建构行政伦理道德代价补偿机制。这种利益补偿，既包括精神的褒奖、工作的变动、职务的升迁，也包括物质利益补偿；同时对违反行政伦理道德的行为加大惩罚力度。建立健全行政伦理的社会监督机制。从机制保障上，建立行政伦理咨询评议机构。行政道德监督，主要通过行政道德评价体系对行政机关及其工作人员的行为做出价值判断，借助社会舆论的赞许或谴责，把这种价值判断反馈给行政机关及其工作人员，调动其荣辱感和道德良心，使行政机关及其工作人员为自己符合行政伦理道德的行为感到自豪，为自己不道德的行为感到羞愧，并及时改正，否则将受到应有的制裁，从而培养行政机关及其工作人员"择善去恶"的价值取向。

第四，建立层次分明、内容清晰的行政道德规范体系。行政道德规范可分为由低到高的三个层次：第一个层次，也称为底线要求，其特点是义务性和强制性，表达的是公务员最基本的义务和要求，通常应以"禁止"的方式表达，以立法的形式实施。主张道德立法并不是要将有关行政道德的一切内容都以法律的形式固定下来，强制执行，行政道德立法有其特定的内容，它特指那些关乎公共权力运行以及对腐败的防范具有根本意义的道德规范。第二个层次，态度层次，是基于职业责任层面的道德要求，其特点是责任性和主动性，表达的是公务员基于对职业精神的领会而主动承担的责任和要求，以"应当"的方式表达，以道德规范的形式实施。第三个层次，价值层次（精神层次），体现的是公共行政的基本精神和理念，应当贯穿于行政活动的每一个环节，每一个公务员都应当以此为价值追求，政府的政策和社会制度都应当体现这种基本的理念与精神，如公平、正义等价值观念。

第五，加强行政道德教育和行政道德修养。公务员道德主体性的充分发挥，有赖于其行政伦理水平的提高和道德人格的提升。切实抓好公务员的行政道德教育，加强公务员的道德修养是最基本的途径。加强行

---

① 习近平. 切实把思想统一到党的十八届三中全会精神上来//习近平谈治国理政. 北京：外文出版社，2014：95-96.

政道德教育，是在社会实践的基础上提高道德认识、陶冶道德情操、锻炼道德意志、树立道德信念、培养道德能力、养成道德习惯的过程，引导公务员以公共利益作为自身行为的价值取向和最终目标。在社会主义行政伦理建设的系统工程中，行政主体的道德自律作为最根本、最深刻的内在根据而居于核心地位。公正精神与公仆精神构成了社会主义行政自律精神系统的两大基本要素。如果说公正精神是社会主义行政伦理的一般要求和基础性要求，那么公仆精神则是其个性要求的高层次的先进性要求。

行政伦理建设是一个系统工程，其成效取决于个人品德、组织文化、职责体系、社会环境等因素。目前，在加强行政道德教育的同时，要注重建立健全公务员的职责体系，要在干部的任用机制和绩效考评中贯穿伦理的导向与要求，把行政伦理建设与制度建设结合起来；要注重加强行政伦理文化的超前享受，特别是要发挥舆论的导向作用，营造良好的行政伦理环境。行政伦理建设作为一种现实的实践活动，是同社会实践活动的其他方面密切联系着的，因此不能仅仅停留在伦理的视野内来建设行政伦理，而应当跳出伦理视野来窥视伦理，全面审视影响我国当前伦理发展的各种因素，多途径、多渠道地推动我国的行政伦理建设。

此外，社会主义政治文明和政治伦理建设，内在地包含发展社会主义人权，建设社会主义人权伦理。十一届三中全会以来，人权，这一人之所以为人的根本性权利，不断地被人们认可，得到党和政府的高度关注，"尊重和保障人权"也被正式载入宪法，这标志着我国人权事业的伟大进步。社会主义人权是以马克思主义人权观为指导的，建立在社会主义公有制基础之上的绝大多数人能公平、真实、广泛享有的权利。1991 年 11 月 1 日，国务院新闻办公室发表《中国的人权状况》白皮书，这是中国政府向世界公布的第一份以人权为主题的官方文件。白皮书强调：实现充分的人权"是长期以来人类追求的理想"，是"中国社会主义所要求的崇高目标"，"是中国人民和政府的一项长期的历史任务"。1997 年，"尊重和保障人权"被写入党的十五大报告。江泽民在党的十五大报告第六部分"政治体制改革和民主法制建设"中，明确指出："共产党执政就是领导和支持人民掌握管理国家的权力，实行民主选举、民主决策、民主管理和民主监督，保证人民依法享有广泛的权利和自由，尊重和保障人权。"① 在这里，"人权"概念首次被写入党的全国代表大会的正式文件，尊重和保障人权被明确作为共产党执政的基本目标纳入党的行动纲领，同时被作为政治体制改革、民主法制建设的一个重要主题纳入中国改革开放和社会主义现代化建设的跨世纪发展战略。2002 年 11 月，党的十六大再次在报告中将"尊重和保障人权"确立为 21 世纪新阶段党和国家发展的重要目标，重申在"政治建设和政治体制改革"中，要"健全民主制度，丰富民主形式，扩大公民有序的政治参与，保证人民依法实行民主选举、民主决策、民主管理和民主监督，享有广泛的权利和自由，尊重和保障人权"②。2004 年，"国家尊重和保障人权"被写入我国宪法，尊重和保障人权成为国家的政治理念与价值目标。我国《国家人权行动计划（2009—2010 年）》中提出，切实把保障人民的生存权、发展权放在保障人权的首要位置，在推动经济社会又好又快发展的基础上，依法保证全体社会成员平等参与、平等发展的权利，在行政管理过程中自觉尊重和依法保护公民的基本权利，主要包括平等权利、政治权利、精神与文化活动的自由、人身自由与人格尊严、社会经济权利以及获得救济的权利。尊重和保障人权是建设社会主义政治文明的内在要求。把尊重和保障人权作为社会主义政治文明建设的重要内容，表明我们党对社会主义民主政治的认识进一步深化。发展人权事业必须与本国国情相结合。人权是具体的、相对的，而不是抽象的、绝对的，跟一个国家的政治状况、经济发展、历史传统、文化结构和整个社会的发展水平有很大关系。对于发展中国家，生存权、发展权是最基本最重要的人权。我们要根据我国国情把集体人权和个人人权，经济、社会、文化权利和公民、政治权利统一起来加以保障。

　　人权既是一个政治问题、法律问题，又是一个伦理道德问题。人权的价值诉求是当代伦理学最核心的价值诉求，人权的道德视点是当代伦理学最根本的道德视点，人权原则构成了当代伦理学全部论证的根基，人权的价值构成了当代伦理学全部规范的终极标准。人权伦理是指人权

　　① 江泽民. 高举邓小平理论伟大旗帜，把建设有中国特色社会主义事业全面推向二十一世纪//江泽民文选：第 2 卷. 北京：人民出版社，2006：29.
　　② 江泽民. 全面建设小康社会，开创中国特色社会主义事业新局面//江泽民文选：第 3 卷. 北京：人民出版社，2006：554.

本身蕴含的基本伦理道德和在人权确证、尊重与维护中形成的伦理道德观念以及应当遵循的道德原则规范及其活动的总和。人权伦理的目的是使人更好地成为人，真正实现人的本质、价值以及人的自由全面发展。人权伦理强调把人当人看，要求珍爱人的生命，尊重人的尊严和价值，尊重人的自由和平等权利。人权产生于道德，正如《人权宣言》中所指出的，人权产生于"人自身的固有尊严"。英国的麦克法兰认为，人权是属于每个男女的道德权利，它之所以为每个男女所有，仅仅因为他们是人。人权伦理强调人权是人的权利与义务的统一、尊严与责任的统一，强调人权是个人人权与集体人权的有机统一。

社会主义人权伦理强调人权是人的权利与义务的统一。没有义务的权利只能是特权，没有权利的义务只能是奴役。任何生活于一定社会中的人都拥有基本权利并承担基本义务。这体现了人与人的平等关系。在基本权利与基本义务的享有、承担问题上，社会制度必须遵循平等原则，使每个社会成员享有的基本权利、承担的基本义务与他人平等。每个社会成员享有的基本权利来自在不损害他人的安全、利益和集体安全与利益的前提下追求个人幸福的正当要求，即每个社会成员享有的基本权利是在履行基本义务的前提下追求个人的幸福与利益的正当性。每个社会成员承担的基本义务来自对个人利益和社会安全利益加以保障的要求。对社会成员提出的基本义务要求的依据就是，保障他人的个人合法权益和社会的集体利益。人权的合法性来自相互性，来自尊重他人权利的义务。

社会主义人权伦理强调个人人权与国家主权的统一。在西方，关于人权与主权的关系问题，自由主义和共和主义可谓是对立的两极。自由主义援引暴虐多数之危险，将个人人权置于比国家主权优先的位置；共和主义则赋予多数人统治更多的合理性，将国家主权置于个人人权优先的位置上。或者说，自由主义关注个人人权的确证和表现，共和主义则关注无数个人人权的实现和保护。"自由主义把人权理解为道德性自我决定的表达，共和主义把人民主权理解为伦理性自我实现的表达。"① 人权是人之所以为人所享有的最基本的权利。就人权并非国家的实证法所承认才得以成立而言，人权首先是一种道德权利；就人权在现代社会

---

① 陈寿灿. 人权与人民主权的统一：宪政国家的伦理追求. 社会科学战线，2009（7）.

必须通过实证法律的保障才能得以实现而言，人权是一种政治权利和公民权利。社会主义人权伦理坚持人权与主权的统一，认为二者相离则两败俱伤，相合则相得益彰。主权的确立离不开人权的张扬，人权的实现离不开主权的保护。国家是普遍人权实现的保障，是人权实现的一个重要组成部分。社会主义坚决反对将人权与主权相分离，坚决反对以保障人权来干涉主权或者以保护主权来限制人权的发展。国家主权是一国人民充分享受人权的基本前提和起码保障。国家主权与个人人权不是对立的，而是相辅相成的。

社会主义人权伦理强调人权是个人权利与集体人权的统一。人权包含两种形式：个人人权与集体人权。个人人权的主体是个人，集体人权的主体是社会群体、民族和国家等。个人人权与集体人权是辩证统一的。个人人权是集体人权的基础，集体人权是个人人权得以充分实现的先决条件和必要保障。个人不可能离开他人和社会而生存，这一事实决定人权既包括个人人权也包括集体人权。坚持人权是个人权利与集体人权的统一，这是中国特色社会主义人权观的一个重要特点。

社会主义人权伦理强调尊重人的尊严。人的尊严是人的生命形式所享有的、区别于物和其他生命形式的一种特殊的尊贵和庄严，指人的生命尊严、人性尊严、人格尊严等应受到起码的尊重。尊严的最原初和一般意义是人所具有的内在价值与目的性价值，这是任何一个人都具有的不可剥夺、不容侮辱的属人的价值，它不因人的出身、地位、财富、知识而有任何的区别。人的尊严是人的道德性的一种确证，人通过讲求道德、锻铸道德品质而获得自己的人性和人格尊严。马克思主义既继承了历史上关于尊重人的尊严的优秀思想传统，同时又将其同社会关系和社会制度的变革改造有机地结合起来，实现了对人的尊严的思考的历史性革命。"尊严是最能使人高尚、使他的活动和他的一切努力具有更加崇高品质的东西，是使他无可非议、受到众人钦佩并高出于众人之上的东西。"① 马克思主义认为，每一个个体都是独一无二的，都是有尊严的。每一个个体，无论其地位如何千差万别，都应当被当作一个独立的目的来看待，其作为一个人所应有的尊严在任何情况下都是不可侵犯、不可凌辱的。但是，在私有制特别是在资本主义社会里，人的价值和尊严面

---

① ［德］马克思. 青年在选择职业时的考虑//马克思恩格斯全集：第1卷. 2版. 北京：人民出版社，1995：458.

临着被严重贬损、压抑和践踏的挑战，资本主义使人物化、异化和非人化，使人的尊严扫地，人的价值失去目的性的意义而沦为工具性的表现。恩格斯指出，无产阶级只有起来推翻压迫人、剥削人的社会制度，才能拯救人的尊严，才能体现人的主体价值。无产阶级和劳动人民尊严的形成、实现、守护和捍卫，必须通过社会革命和社会改造才能达成。

尊重人的尊严，需要个人和社会两方面均做出努力。就个人而言，需要展现自己的道德主体性，树立正确的人生观、价值观和道德观，自己看得起自己，自己尊重自己，用合乎尊严和道德的方式来解决自己的社会需求与发展问题，"不因贫穷而怠乎道"，不因富贵而蔑视道德和价值，培育健康的道德人格，加强道德修养和道德品质的锻铸，使自己成为堂堂正正、名副其实意义上的道德人和全面发展的人。就社会而言，需要弘扬"人是目的而绝不仅仅是手段"的伦理精神，始终坚持"以人为本"的伦理原则，做到发展为了人、发展依靠人、发展成果由人民共享。维护人的尊严首先是对人的生命尊严的尊重。2008年汶川特大地震后，国家设立全国哀悼日，体现的是"生命至上"和"以人为本"的价值观，这是一个国家文明进步的里程碑。

社会主义政治文明和政治伦理建设，还包含着执政党伦理建设的问题。鉴于执政党伦理建设是中国特色社会主义的重要保障和支撑力量的特殊性，本书将设专章加以重点论述。

第五章　精神文明与公民道德建设伦理思想

　　精神文明和公民道德建设是社会主义初级阶段先进文化建设的重要内容，是马克思主义伦理思想中国化最新成果的重要组成部分。以邓小平、江泽民、胡锦涛、习近平为主要代表的几代中国共产党人高度重视社会主义初级阶段的精神文明和道德建设，将其提升到中国特色社会主义发展的战略高度，不仅在理论上做出深刻论述，而且在实践上积极部署并做出一系列战略决策。中共中央先后多次召开专门会议研究社会主义精神文明建设，颁布《公民道德建设实施纲要》，并就未成年人思想道德建设、大学生思想道德教育以及社会信用体系建设下发专门文件，掀起在改革开放和发展社会主义市场经济条件下公民道德建设的一个又一个高潮，有力地促进了社会主义现代化建设，推动着经济和社会的全面发展。道德素质是民族精神的重要内容，道德水平是社会文明程度的重要标志，高尚道德是凝聚和激励全国各族人民团结奋斗的重要力量。道德建设对于振奋民族精神、增强综合国力，对于发展和完善社会主义市场经济、建立和完善我国社会主义经济秩序，对于促进改革发展、维护社会稳定，对于全面提升我国公民的思想道德素质，均具有十分重要的理论意义和现实意义。

一、道德建设是精神文明建设的核心和重要环节

　　精神文明是人类在改造客观世界和主观世界的过程中取得的精神成

果的总和，是人类智慧、道德的进步状态和精神自由及其所创造成果的集中反映，表征着人类在精神生活和文化方面告别愚昧与野蛮、朝向开化与进步的过程以及成果。精神文明大体上可分为思想道德和科学文化或德与智两方面，前者是指社会的政治思想、道德风貌、精神品质、人格理想以及人们的世界观人生观价值观、精神信念、情操、觉悟等的状态以及发展水平，后者是指社会的文化知识、科学理论、教育、文化、卫生、体育等事业的发展程度以及相应的物质设施、机构的发展规模。一般说来，思想道德建设和科学文化建设是相互影响、相互渗透、相互促进的。精神文明是人类社会进步和个体素质提升的标志。衡量一个社会的进步，不仅要看物质文明状态，而且要看精神生产和精神生活状态。精神文明以物质文明为基础，反过来又促进物质文明的发展，为物质文明提供精神动力，并在一定程度上影响物质文明的发展方向。

（一）社会主义精神文明的提出、发展与完善

社会主义精神文明是人类精神文明发展的崭新阶段，是建立在社会主义制度基础之上，与社会主义生产关系相适应，并以马克思主义为指导，代表着精神文明的发展方向和水平的新型文明。我国的精神文明建设肇始于新中国成立后的大规模文化建设，但将其与物质文明相提并论，并揭示其与中国特色社会主义的内在关系，则是在改革开放以后。1978年开启的我国社会主义现代化征途，以经济建设为中心，凸显了物质文明建设的极端重要性，把消灭贫穷、提高效益和创造物质财富置于十分重要的地位。但这并不意味着对社会主义精神文明和道德建设的忽视。在邓小平开创的中国特色社会主义理论中，社会主义精神文明和道德建设始终占据着重要的地位，"两个文明一起抓，两手都要硬"是邓小平理论的重要内容和本质特征。改革开放初期，邓小平就告诫全党："我们的国家已经进入社会主义现代化建设的新时期……我们要在建设高度物质文明的同时，提高全民族的科学文化水平，发展高尚的丰富多彩的文化生活，建设高度的社会主义精神文明。"[①] "要恢复和发扬我们党和人民的革命传统，培养和树立优

①　邓小平. 在中国文学艺术工作者第四次代表大会上的祝词//邓小平文选：第2卷.2版.北京：人民出版社，1994：208.

良的道德风尚，为建设高度发展的社会主义精神文明做出积极的贡献。"① 1980 年 12 月，在中共中央工作会议上，邓小平做了《贯彻调整方针，保证安定团结》的讲话，特别强调 "我们要建设的社会主义国家，不但要有高度的物质文明，而且要有高度的精神文明"②，并认为精神文明不但指教育科学文化，而且指共产主义的思想、理想、信念、道德，革命的立场和原则，人与人的同志式关系，等等。"没有这种精神文明，没有共产主义思想，没有共产主义道德，怎么能建设社会主义？党和政府愈是实行各项经济改革和对外开放的政策，党员尤其是党的高级负责干部，就愈要高度重视、愈要身体力行共产主义思想和共产主义道德。"③ 他反复向全党和全体人民强调，我们要建设的社会主义，不但要有高度的物质文明，而且要有高度的精神文明，要教育人民做到有理想、有道德、有文化、有纪律。只有两个文明建设都搞好了，才是有中国特色的社会主义。他明确指出："过去很长一段时间，我们忽视了发展生产力，所以现在我们要特别注意建设物质文明。与此同时，还要建设社会主义的精神文明，最根本的是要使广大人民有共产主义的理想，有道德，有文化，守纪律。"④ 这就要求我们必须加强社会主义初级阶段的道德建设，将其放在建设有中国特色的社会主义的突出战略位置上来抓。重视社会主义精神文明和道德建设，强调精神文明和道德建设的重要意义，把建设社会主义精神文明和道德文明提到关系社会主义事业成败的高度，这是邓小平建设有中国特色社会主义理论的重要特点。邓小平在 1985 年 9 月党的全国代表会议上的讲话中提出："不加强精神文明的建设，物质文明的建设也要受破坏，走弯路。光靠物质条件，我们的革命和建设都不可能胜利。"⑤ 在邓小平主持下，中国共产党十二届六中全会通过的《中共中央关于社会主义精神文明建设指导方针的决议》强调指出，"社会主义精神文明建设，是

---

①　邓小平. 在中国文学艺术工作者第四次代表大会上的祝词//邓小平文选：第 2 卷. 2 版. 北京：人民出版社，1994：209.

②③　邓小平. 贯彻调整方针，保证安定团结//邓小平文选：第 2 卷. 2 版. 北京：人民出版社，1994：367.

④　邓小平. 建设社会主义的物质文明和精神文明//邓小平文选：第 3 卷. 北京：人民出版社，1993：28.

⑤　邓小平. 在中国共产党全国代表会议上的讲话//邓小平文选：第 3 卷. 北京：人民出版社，1993：144.

关系社会主义兴衰成败的大事"①。邓小平在 1989 年前后多次指出，"我们的最大失误是在教育方面"②，"五十年代，广大党员和人民讲理想，讲纪律，讲为人民服务，爱党，爱国家，爱社会主义，这样的社会风气和道德面貌不是很好吗？"③ 他还指出："开放、搞活，必然带来一些不好的东西，不对付它，就会走到邪路上去。"④ 因此，在邓小平看来，加强道德建设并不是社会主义市场经济的对立物，不能把市场经济看作一种恶的力量，必须用道德这种善的东西去限制它，通过道德规范引导市场经济健康发展。从邓小平有关建设社会主义精神文明的论述中还可以看出，邓小平建设有中国特色社会主义理论从来都非常强调"两手抓、两手都要硬"的方针。邓小平指出，提高人们的道德品质，必须狠抓教育和实践。他说："我们一定要在全党和全国范围内有领导、有计划地大力提倡社会主义道德风尚"⑤，并且要求把这种教育推广到全社会，贯穿在家庭美德、学生品德、职业道德、社会公德的教育之中。同时要从小开始加强道德的实践修养。在学前父母就要教育子女尊敬家庭长辈、爱护弟妹，在校时要养成尊师重道、爱护同学的习惯，在社会上要养成遵守公共秩序、爱护公物的品德，在工作中要培养爱岗敬业、尽心服务的美德，从而充分调动家庭、学校、单位等社会各方面的积极性，形成纵横交错、点面结合的社会教育网络，形成齐抓共教的合力，充分发挥道德教育在培养一代新人中的作用。

党的十三届四中全会以来，以江泽民为核心的党的第三代中央领导集体就认识到，建设有中国特色的社会主义，要求物质文明和精神文明一起抓，既促进经济的发展，又促进社会的全面进步。"不能设想，一个没有强大精神支柱的民族，可以自立于世界民族之林。我们要深刻吸

---

① 中共中央关于社会主义精神文明建设指导方针的决议//中共中央文献研究室，编. 十二大以来重要文献选编：下. 北京：中央文献出版社，2011：122.
② 邓小平. 中国不允乱//邓小平文选：第 3 卷. 北京：人民出版社，1993：287.
③ 邓小平. 改革开放政策稳定，中国大有希望//邓小平文选：第 3 卷. 北京：人民出版社，1993：318.
④ 邓小平. 在全体人民中树立法制观念//邓小平文选：第 3 卷. 北京：人民出版社，1993：164.
⑤ 邓小平. 目前的形势和任务//邓小平文选（一九七五——一九八二年）. 北京：人民出版社，1983：226.

取近几年来物质文明建设和精神文明建设一手硬一手软的教训，在努力
发展物质文明的同时，切实抓好精神文明建设。"① 在江泽民看来，贫
穷不是社会主义，精神空虚、道德败坏更不是社会主义。社会主义应
当是物质文明和精神文明都高度发达的社会，两个文明建设缺少任何
一方面的发展，都不能成为有中国特色的社会主义。一个民族，物质
上不能贫困，精神上更不能贫困。精神文明建设搞好了，不仅能促进
物质文明的发展，而且能提振精神、凝聚人心，使人奋发向上，提高
全民族的素质。经济、政治、文化协调发展，两个文明都搞好，才是
有中国特色的社会主义。我们绝不能以牺牲精神文明为代价来换取经
济一时的发展。"建设社会主义精神文明，关系党和国家的前途命运，
关系中华民族自尊、自信、自强地屹立于世界民族之林。全党必须从
这样的高度来认识精神文明建设的重大意义。"② 社会主义精神文明是
社会主义社会的重要特征，是现代化建设的重要目标和重要保证。建设
社会主义精神文明，关系跨世纪宏伟蓝图的全面实现，关系我国社会主
义事业的兴旺发达。十五大报告在论及"有中国特色社会主义的文化建
设"时指出："建设有中国特色社会主义，必须着力提高全民族的思想
道德素质和科学文化素质……培育适应社会主义现代化要求的一代又一
代有理想、有道德、有文化、有纪律的公民。"③ "大力弘扬爱国主义、
集体主义、社会主义和艰苦创业精神。提倡共产主义思想道德，同时把
先进性要求和广泛性要求结合起来，鼓励一切有利于国家统一、民族团
结、经济发展、社会进步的思想道德。"④ 在 2001 年的"七一讲话"
中，江泽民讲到，发展社会主义先进文化的根本任务是，"培养一代又
一代有理想、有道德、有文化、有纪律的公民"⑤，而这个根本任务的
重要内容和中心环节就是思想道德建设。十六大报告在论及"切实加强

①　江泽民. 在庆祝中华人民共和国成立四十周年大会上的讲话//中共中央文献研究室，
编. 十三大以来重要文献选编：中. 北京：中央文献出版社，1991：626.
②　中共中央文献研究室，编. 江泽民论有中国特色社会主义（专题摘编）. 北京：中央
文献出版社，2002：382.
③　江泽民. 高举邓小平理论伟大旗帜，把建设有中国特色社会主义事业全面推向二十
一世纪//江泽民文选：第 2 卷. 北京：人民出版社，2006：33.
④　同③33-34.
⑤　江泽民. 在庆祝中国共产党成立八十周年大会上的讲话//江泽民文选：第 3 卷. 北
京：人民出版社，2006：277.

思想道德建设"时提出："要建立与社会主义市场经济相适应、与社会主义法律规范相协调、与中华民族传统美德相承接的社会主义思想道德体系。……认真贯彻公民道德建设实施纲要，弘扬爱国主义精神，以为人民服务为核心、以集体主义为原则、以诚实守信为重点，加强社会公德、职业道德和家庭美德教育……引导人们在遵守基本行为准则的基础上，追求更高的思想道德目标。"①

党的十六大以来，以胡锦涛为总书记的党中央领导集体高度重视社会主义精神文明和道德建设，将其纳入中国特色社会主义的理论、道路和模式中予以整体思考，做出一系列重大战略部署，思想道德建设的力度进一步加大。中共中央、国务院联合下发《关于进一步加强和改进未成年人思想道德建设的若干意见》《关于进一步加强和改进大学生思想政治教育的意见》等重要文件，并就共铸诚信、建设社会信用体系，设立全国公民道德建设论坛，表彰道德模范，做出全面安排和部署落实。特别是适时地提出建构社会主义核心价值体系的目标和任务，为公民道德建设进一步指明了方向，提供了科学武装和价值引领。2004 年 5 月 10 日至 11 日，中共中央在京召开全国加强和改进未成年人思想道德建设工作会议。胡锦涛在会议上发表重要讲话，强调加强和改进未成年人思想道德建设，是推动党和国家事业不断发展的必然要求，是提高全民族素质、促进人的全面发展的必然要求，是增强我国发展后劲和国际竞争力的必然要求，是坚持立党为公、执政为民的必然要求。2006 年，胡锦涛在参加全国政协十届四次会议民盟、民进界委员联组讨论时提出弘扬以"八荣八耻"为主要内容的社会主义荣辱观，并强调指出："在我们的社会主义社会里，是非、善恶、美丑的界限绝对不能混淆，坚持什么、反对什么，倡导什么、抵制什么，都必须旗帜鲜明。要在全社会大力弘扬爱国主义、集体主义、社会主义思想，倡导社会主义基本道德规范，扶正祛邪，扬善惩恶，促进良好社会风气形成和发展。"② 2007 年 9 月 18 日，在会见全国道德模范时他又进一步强调："道德力量是国家发展、社会和谐、人民幸福的重要因素。加强社会主义道德建设，倡导爱国、敬

① 江泽民. 全面建设小康社会，开创中国特色社会主义事业新局面//江泽民文选：第 3 卷. 北京：人民出版社，2006：560.

② 胡锦涛. 树立社会主义荣辱观//胡锦涛文选：第 2 卷. 北京：人民出版社，2016：430.

业、诚信、友善等道德规范，形成男女平等、尊老爱幼、扶贫济困、礼让宽容的人际关系，培育文明道德风尚，是社会主义精神文明建设的重要任务。在全面建设小康社会、加快推进社会主义现代化的进程中，我们始终要高度重视和切实加强社会主义道德建设，大力弘扬社会公德、职业道德、家庭美德，为我国经济社会发展提供强有力的思想道德保障。"[①] 党的十七届六中全会进一步强调社会主义核心价值体系是兴国之魂，把思想道德的建设任务提升到更加重要的战略位置。

党的十八大以来，以习近平为核心的党中央十分重视精神文明和道德建设，认为实现中国梦是物质文明和精神文明比翼双飞的发展过程，主张培育和践行社会主义核心价值观，大力弘扬中国精神，始终把弘扬中华民族传统美德、加强社会主义思想道德建设作为极为重要的战略任务来抓，为实现中华民族伟大复兴的中国梦提供强大的精神力量和有力的道德支撑。2013 年 3 月 17 日习近平在第十二届全国人民代表大会第一次会议上的讲话中指出，实现中国梦必须弘扬中国精神，"这就是以爱国主义为核心的民族精神，以改革创新为核心的时代精神。这种精神是凝心聚力的兴国之魂、强国之魂"[②]。2013 年 9 月 26 日在会见第四届全国道德模范及提名奖获得者时，习近平指出："精神的力量是无穷的，道德的力量也是无穷的"，我们要深入学习并宣传道德模范活动，"弘扬真善美，传播正能量，激励人民群众崇德向善、见贤思齐，鼓励全社会积善成德、明德惟馨，为实现中华民族伟大复兴的中国梦凝聚起强大的精神力量和有力的道德支撑"[③]。在新的历史时期，我们要按照培育和践行社会主义核心价值观的要求，"高度重视和切实加强道德建设，推进社会公德、职业道德、家庭美德、个人品德教育，倡导爱国、敬业、诚信、友善等基本道德规范，培育知荣辱、讲正气、作奉献、促和谐的良好风尚"[④]。2013 年 12 月 30 日，在主持第十八届中央政治局第十二次集体学习时，习近平强调指出，提高国家文化软实力，夯实国内文化

[①]　胡锦涛. 会见全国道德模范时的讲话//胡锦涛文选：第 2 卷. 北京：人民出版社，2016：610.

[②]　习近平. 在第十二届全国人民代表大会第一次会议上的讲话//习近平谈治国理政. 北京：外文出版社，2014：40.

[③]　习近平. 为实现中国梦凝聚有力道德支撑//习近平谈治国理政. 北京：外文出版社，2014：158.

[④]　同③159.

建设根基，"一个很重要的工作就是从思想道德抓起"①。论及如何加强思想道德建设，习近平认为，"要继承和弘扬我国人民在长期实践中培育和形成的传统美德，坚持马克思主义道德观、坚持社会主义道德观，在去粗取精、去伪存真的基础上，坚持古为今用、推陈出新，努力实现中华传统美德的创造性转化、创新性发展，引导人们向往和追求讲道德、尊道德、守道德的生活，让 13 亿人的每一分子都成为传播中华美德、中华文化的主体"②。2014 年 2 月 24 日，中央政治局就培育和弘扬社会主义核心价值观、弘扬中华传统美德进行第十三次集体学习。习近平强调指出，中华优秀传统文化是"涵养社会主义核心价值观的重要源泉"，也是"我们在世界文化激荡中站稳脚跟的根基"，要"深入挖掘和阐发中华优秀传统文化讲仁爱、重民本、守诚信、崇正义、尚和合、求大同的时代价值，使中华优秀传统文化成为涵养社会主义核心价值观的重要源泉"③。2014 年 5 月 4 日，习近平在北京大学考察时强调，"人生的扣子从一开始就要扣好"④，广大青年树立和培育社会主义核心价值观，要在勤学、修德、明辨、笃实上下功夫。2015 年 2 月 28 日，习近平会见第四届全国文明城市、文明村镇、文明单位和未成年人思想道德建设工作先进代表并发表重要讲话。他强调，人民有信仰，民族才有希望，国家才有力量。实现中华民族伟大复兴的中国梦，物质财富要极大丰富，精神财富也要极大丰富。我们要继续锲而不舍、一以贯之地抓好社会主义精神文明建设，为全国各族人民不断前进提供坚强的思想保证、强大的精神力量、丰润的道德滋养。要深入实施公民道德建设工程、实践育人共同体建设计划和群众性精神文明创建活动，引导人民"树立良好道德风尚，争做社会主义道德的示范者、良好风尚的维护者"，提升全体公民的道德修养和思想觉悟。

（二）社会主义道德建设的核心、原则和基本规范

社会主义道德建设是社会主义精神文明建设的重要组成部分。加强

---

① 习近平. 提高国家文化软实力//习近平谈治国理政. 北京：外文出版社，2014：160.

② 同①160-161.

③ 习近平. 培育和弘扬社会主义核心价值观//习近平谈治国理政. 北京：外文出版社，2014：164.

④ 习近平. 青年要自觉践行社会主义核心价值观//习近平谈治国理政. 北京：外文出版社，2014：172.

社会主义思想道德建设，是社会主义精神文明建设的核心，是发展社会主义先进文化的重要内容和中心环节。科学文化建设是精神文明建设的基础工程，思想道德建设则决定着社会主义精神文明发展的方向和性质，所以是核心和中心环节。

改革开放以来，以邓小平、江泽民、胡锦涛、习近平为主要代表的几代中国共产党人始终注目于建立与社会主义市场经济相适应、与现代法律规范相协调、与中华传统美德相承接的社会主义道德规范体系，先后通过了有关精神文明建设的两个决议，颁布了《公民道德建设实施纲要》，建立了一个以为人民服务为核心，以集体主义为原则，以爱祖国、爱人民、爱劳动、爱科学、爱社会主义为基本要求，以爱国守法、明礼诚信、团结友善、勤俭自强、敬业奉献为基本规范的社会主义道德规范体系。这一道德规范体系，标志着我们党对社会主义道德本质和要求的深刻认识，极大地丰富与发展了马克思主义关于社会主义道德和共产主义道德的学说。

社会主义道德以为人民服务为核心，这是对社会主义道德规范体系的一种新认识。为人民服务产生于新民主主义革命时期，当时是作为政党伦理提出来的，主要是对共产党人提出的要求，是处理党和人民群众之关系的根本准则。新中国建立以后，为人民服务仍然主要是对共产党各级组织以及党员干部的要求，人们对它的理解也主要是从党的宗旨这个角度来进行的。今天，为人民服务从政党伦理扩展为全社会普遍推行的道德规范，并且成为社会主义道德的核心，这是对社会主义道德规范体系的重大发展。事实上，为人民服务与社会主义道德有着内在的一致性，只有以为人民服务为核心，才能彰显社会主义道德的价值特质和伦理品格。社会主义道德的原则、规范和范畴，都应当自觉地体现为人民服务的要求。为人民服务，是一个含义完整、内在结构严密的道德范畴，它是"为人民"的思想动机和"服务"的实际行动的统一。"为人民"说的是思想动机，即行动的出发点和目标；"服务"说的是实际行动，它是为人民服务的核心和关键。在为人民服务的问题上，仅有"为人民"的良好愿望和明确目标是不够的，还必须同时有实际行动。一个人的"服务"，就是以实际行动履行对他人的特殊的道德义务和责任。为人民服务包含了人民之间的相互服务，是"人人为我"与"我为人人"的辩证结合。为人民服务既平凡又伟大，既高尚又普通，可以通过不同层次、不同形式而表现出来。在我们的社会主义社会，不论何种岗位，不论能力大小，不论职位高低，都能够而且应当通过各种途径和形式，实践为人民服务的道德。

集体主义是社会主义道德的基本原则和根本的价值导向。集体主义不仅反映着社会主义经济、政治和文化建设的内在要求，而且具有维护社会主义经济基础和上层建筑的特殊功能，是社会主义社会诸多道德关系的本质体现和人民群众根本利益的集中体现。在社会主义社会，人民当家做主，国家利益、集体利益和个人利益在根本上是一致的，集体主义成为调节三者利益关系的重要原则。集体主义内含把集体利益和个人利益统一起来的价值要求，主张既承认个人利益的合理性和正当性，又肯定集体利益的优先性和权威性，在二者发生矛盾的时候应当使个人利益服从于、服务于集体利益。社会主义集体主义是实现人的价值的道义保证，同把国家人民利益放在首位而又充分尊重公民个人合法利益的社会主义义利观以及共同富裕的社会主义本质论有着最为密切的联系，它们共同成为社会主义的基本道德价值观和价值导向。

爱祖国、爱人民、爱劳动、爱科学、爱社会主义，既是我国宪法对公民基本义务的规定，也是社会主义道德的基本要求。它是为人民服务和集体主义原则的具体化，体现着人们对祖国、人民、劳动、科学、社会主义的态度和感情，而一个"爱"字则彰显着人们应该有的价值立场和要求。

爱国守法、明礼诚信、团结友善、勤俭自强、敬业奉献，是我国公民应当遵循的基本道德规范。爱国主要是规范公民与国家的关系；守法是爱国的延伸，规范的也主要是公民与国家的关系，即把守法作为公民对国家的道德责任的底线。爱国是中华民族传统的道德规范，爱国主义素被称为"中华民族之魂"。爱国，反映社会主义国家的公民与祖国之间应有的关系，是衡量个人与国家价值关系的人生准则，是一种崇高的思想道德境界。对于每个公民来说，爱国并不是要求人人都必须有惊天动地的伟大壮举，而是需要更多的人在各自的岗位上辛勤工作，默默奉献，为祖国的现代化建设添砖加瓦。守法，是指任何组织、个人都必须按照我国现行法律的规定和要求来办事，包括遵守宪法和法律，遵守国家的行政法规和地方性法规，遵守劳动纪律、技术规范和一些群众自治组织制定的乡规民约等。守法，不仅是法律层面的要求，而且是公民道德上的基本要求。明礼，是指待人接物时言谈举止要文明礼貌。文明礼貌不仅是一个国家素质的反映，而且是一个国家社会发展和道德进步的标志。诚信，是公民在公共交往中起码的道德行为规范。对于个人来讲，与人交往要讲信用、守诺言，要"言必行，行必果"，要待人诚恳、信守诺言、言行表里如一。团结，是在为某个目标奋斗时形成的紧密联系。作为公民道德规范，团结的基本内容是强调在追求共同理想目标的基础上，公民通过弘扬集体主义精神和团队精神，形成各个行业、各个部门、各个单位、各个人群的凝聚力，最终汇集为全民族、全社会的凝聚力。团结会产生钢铁般坚不可摧的力量。友善也是中华民族的优良道德传统，它在人与人的关系上，强调要友好、友爱，与人为善。勤俭是我们传统道德中传播最久的美德之一。勤俭，即勤劳和节俭。勤劳指的是人们对待劳动的态度和品质，它要求人们热爱劳动，积极参加劳动，不怕苦，不怕累，用双手创造和丰富自己的生活。节俭指的是人们对待生活消费的态度，它要求人们约束自己的消费行为，节约财力。自强是中华民族的传统美德。《周易》里就有"天行健，君子以自强不息"的思想，代代相传，鼓舞着中华民族在任何艰难险阻面前都能做到自强自立，只要一息尚存，就要奋斗不止。敬业就是以极端负责的态度对待自己的工作，它与爱岗紧密联系在一起，是职业道德最基本、最普通的要求。敬业的核心要求是严肃认真、一心一意、精益求精、尽职尽责。奉献，就是公民无论从事何种活动，都不是为了个人家庭，也不是为了名和利，而是为了有益于他人、有益于国家和社会。作为一种基本道德规范，它意味着克制己私，超越自我，服从整体，先人后己，大公无私，为社会和国家做出贡献。

（三）社会主义道德建设的意义和价值

党的十一届三中全会以来，随着改革开放和社会主义现代化建设事业的深入发展，社会主义精神文明和道德建设呈现出积极向上的发展态势，社会道德风尚发生了可喜变化，中华民族的传统美德与体现时代要求的新的道德观念相融合，成为我国公民道德建设的主流。经过几十年的改革和发展，我国的经济体制、社会结构、利益格局和人的思想观念都发生了深刻变化，人们的世界观、价值观、道德观经受着强烈的冲击和考验，社会主义道德观念和传统美德仍然占据着主导地位，道德建设取得了历史性的伟大进步。但是，我们应当清醒地看到，随着社会主义市场经济的深入发展和对外开放的日益扩大，社会主义道德建设面临着许多严峻考验。目前我国思想道德领域存在着许多亟待解决的问题。一些地方放松道德建设，是非、善恶、美丑界限混淆，封建迷信活动、黄赌毒等丑恶现象沉渣泛起；一些领域出现了极端个人主义、拜金主义、奢侈浪费等道德失范现象，诚信缺失，见利忘义、损公肥私、欺骗欺诈等现象屡禁不止；一部分人的爱国主义、集体主义、社会主义观念淡薄，有损国格人格的现象时有发生；少数党员干部理想信念动摇、贪污受贿、违法乱纪，严重损害了党的形象。这种状况与迅速发展的经济社会形势不相适应，与我国日益提高的国际地位不相适应，与全面建成小康社会的要求不相适应。通过思想道德建设来弘扬社会正气，进一步统一思想、凝聚力量，推动全社会形成良好思想道德与文明和谐风尚，面临着一系列需要解决的新问题。加强社会主义道德建设，对于中国特色社会主义现代化建设各项事业的健康全面发展，都具有极其重要的现实意义。

加强社会主义道德建设，有助于促进社会主义市场经济健康发展。社会主义市场经济的建立与健全，需要有与之相适应的道德支撑，这就迫切要求引导人们进一步解放思想、转变观念，增强自主意识、竞争意识、效率意识、民主法治意识和开拓创新精神；社会主义市场经济的深入发展，需要健康的市场机制和正常的市场秩序，这就迫切要求加强诚信建设，引导人们在市场活动中遵守契约、重信守诺；社会主义市场经济的深入发展，必将带来社会利益格局的进一步调整，这就迫切要求引导人们树立社会主义义利观，正确处理个人利益与集体利益、局部利益与整体利益、当前利益与长远利益的关系。

加强社会主义道德建设，有助于建设社会主义法治国家。道德建设是"良法"的基础和前提。"法律是治国之重器，良法是善治之前提。"所谓良法，即法律具有深厚的道德基础，充分体现社会伦理道德标准，并能通过强制性规范和引导进一步提升社会道德标准，被全社会普遍接受。因此，只有不断加强社会道德建设，才能确保法律制度不断完善，真正实现法为良法。道德建设是公正司法的重要保障。法律作为一种具有普遍约束力的特殊行为规范，不可避免地具有滞后性和僵硬性，因此在司法实践中常常会给予司法主体一定的自由裁量权。能否正确运用这种权力，往往取决于司法主体的道德素养。司法人员道德素养高，就能确保司法公正，使法律真正成为社会衡器。因此，加强社会主义道德建设，提高司法人员的道德素养、道德意志力和道德判断力，是规范司法行为的关键途径。道德建设为依法治国奠定坚实的社会基础。全面推进依法治国必须有良好的社会基础。只有大力加强社会主义道德建设，强化规则意识，才能有效增强法治的道德底蕴，为公民自觉守法提供内在动力。只有加强社会主义道德建设，充分发挥道德和法律的互补功能，才能为公民普遍守法营造良好的氛围。

加强社会主义道德建设，是发展先进文化的重要内容和中心环节。发展先进文化是一个同物质文明和政治文明建设相对应的社会大系统工程，内容丰富，有许多环节和要素。其中，科学研究和科学知识普及，文学艺术、文化教育和各方面素质教育，理想信念教育和世界观、人生观、价值观教育等，都是发展先进文化的重要内容。大体而言，我们可以将其区分为科学文化建设和思想道德建设两大领域或方面。科学文化是培育人的素质的基础，思想道德则关系人的品德的养成和塑造。古人有"才者，德之资也；德者，才之帅也"的论断，说明了德在人的素质中的核心地位或支配地位。思想道德建设要解决的是人的精神支柱和精神动力问题，因而它在当代中国先进文化建设中具有核心地位。只有加强社会主义思想道德建设，才能真正培养出一代又一代有理想、有道德、有文化、有纪律的公民，才能使我们的人民始终站在时代的前列，始终保持昂扬向上的精神状态，从根本上体现先进文化发展的先进性和根本要求。

加强社会主义道德建设，有利于促进社会主义和谐社会建设。良好的公民道德素质、和谐友好的人际关系、健康向上的社会风尚，是构建社会主义和谐社会的重要前提，也是社会主义和谐社会建设的重要内容。加强公民道德建设才能促进人与人的和谐相处。每一个公民都在社会中争做遵守道德规范的好公民，在职业生涯中争做敬业爱岗的好员工，在家庭生活里争做尊老爱幼的好成员，就一定能够促成人与人的和谐相处以及人与社会的和谐发展。社会的不和谐实质上根源于人们之间以及个人与集体之间的利益矛盾和利益冲突，加强社会主义道德建设有助于全社会树立起正确的义利观、荣辱观和善恶观，有助于化解社会的利益矛盾和利益冲突，形成和睦融洽的人际关系和社会关系。不仅如此，加强社会主义道德建设还有利于人与自然的和谐相处。人与自然的和谐发展是保持我国经济健康持续发展的迫切要求，也是改善人类生存环境和促进人的全面发展的保障。生存环境恶化、自然资源枯竭，严重影响社会协调发展和人民群众的生活质量。实践证明，没有良好的生态环境，就没有社会的良好发展，更谈不上人的全面发展。

总之，加强社会主义道德建设，解决我国思想道德领域存在的突出问题，事关人民群众的根本利益，事关改革开放和社会主义现代化建设的全局，事关全面建成小康社会奋斗目标的实现。要完成全面建成小康社会、构建社会主义和谐社会、促进中华民族伟大复兴这一伟大而又艰巨的历史任务，需要健康向上的道德风尚来引领社会风气，需要与时俱进的道德准则来规范人们的行为，需要发挥人们的道德主体性、创造性和积极性。时代前进需要健康的道德风尚来引领，社会发展需要道德楷模的力量来推动。加强社会主义道德建设，是提高全民族文明素质的一项基础性工程。公民的道德水平，体现着一个民族的基本素质，反映着一个社会的文明程度。

二、建设社会主义核心价值体系和核心价值观

社会主义核心价值体系是当代中国主流伦理学或社会主义伦理学的集中反映，是马克思主义伦理思想中关于社会主义道德文化建设的价值积淀和精神集结，表征着中国马克思主义者对社会主义之价值、品质、德性、规范方面的持久思考和科学总结。社会主义核心价值体系，既是当代伦理精神发展的大方向和大目标，具有引领伦理学发展的统率意义，又是一种主流的价值伦理学，代表着社会主义伦理学的性质和内在要求。只有以社会主义核心价值体系为指导，才能保证我们的精神文明和道德建设沿着正确的方向与道路前进，才能创造出既具有社会主义先进性又具民族性的共同理想与伦理文化，才能建设中国特色社会主义精神文明，使我们的文化和道德建设取得应有的成果，提升社会主义文化和道德的软实力。

（一）核心价值体系与伦理精神

"价值"，是经济学、哲学、伦理学、政治学等学科的基本概念。与

"价值"相关的一个概念，是"价值观"。"价值"，从哲学的意义上理解，是一种客观效用满足主观需要的关系，主观需要是价值产生的主体内在依据，也是价值的主体尺度。人不需要的东西，不能成为价值客体；离开人的主观需要，就无所谓价值。人的需要不仅规定着价值的形成，而且规定着价值的类型、性质，不同的需要构成不同的价值。客体及其有效属性是价值产生的外在依据，也是价值的客体尺度，离开客体的效用，单纯的需要不能构成价值。价值是人以自己的内在尺度为基准来衡量客体及其属性的结果。客体的效用能够满足主体的需要，就能够形成或产生价值。价值是客体属性人间化的产物。马克思指出："'价值'这个普遍的概念是从人们对待满足他们需要的外界物的关系中产生的"[1]，并且人对"成为满足他的需要的资料的外界物……**进行估价，赋予它们以价值**或使它们具有'**价值**'**属性**"[2]。价值是一种客体属性对于主体需要的特定关系，既取决于客体的属性，又取决于主体的需要。

人类对价值的认识和把握形成价值观。价值观是人们对什么是价值、价值的内核和标准是什么以及如何认识与评价价值等问题的根本观点和态度，是人们心中的深层信念和判断是非的标准以及行动遵循的准则。价值观同世界观、人生观一样，是人们对世界、人生和社会意义的认识与把握。人在社会生活和实践中形成价值观并依据价值观来指导与规划生活，在价值观的指导下追求价值、创造价值，进而创造着文明和历史。价值观是世界观、人生观、道德观的集中反映，表达着人们的价值取向、价值追求和价值评价。

社会的核心价值观是社会价值理念、社会价值尺度的核心和灵魂，是国家、社会、民众的根本的价值理念。一个国家和社会是否拥有广泛认同的核心价值观，直接影响到这个国家和社会的凝聚力、影响力。核心价值观是时代所需、社会所盼、人民所想，在国家层面能够凝聚民族力量，在公民层面能够为人人自律打下坚实基础。核心价值观的社会职能，首先在于整合各种价值观念，形成社会共识，维护社会秩序；其次是为某一统治或制度辩护，维护这一制度的核心价值；最后是统摄、贯穿其他价值观，引领社会思潮，促进社会意识形态和精神文明不断向前

① ［德］马克思. 评阿·瓦格纳的"政治经济学教科书"//马克思恩格斯全集：第19卷. 1版. 北京：人民出版社，1963：406.
② 同①409.

发展。一般来说，在社会变革时期，新生的、代表了社会发展方向的价值观，往往充任社会变迁先锋的角色，引导公共舆论、社会潮流与人心向背。值得指出的是，核心价值观一旦形成就会积淀为传统，产生自身的惯性并衍生出自身的发展运行模式，长期影响人们的价值选择、价值评价和价值追求。任何一个社会，包括统治阶级与被统治阶级，都十分重视价值观建设，并把提炼和总结核心价值观作为自己精神文明建设的重要任务，视之为精神成熟的重要标志。

价值观包含着丰富的内容和不同的层次，不同层次的内容相互联系、相互依赖、相互促进，整合形成价值体系。价值体系是由价值目标、价值追求、价值评价和价值取向等组合而成的综合体系。一个社会，往往会形成或产生多种价值体系。

核心价值体系，是指在社会生活中居于统治和引导地位的社会价值体系，是一定价值体系的灵魂和中枢，它能够有效地制约非核心、非主导的社会价值体系作用的发挥，引领各种不同的价值观念、价值评价和价值取向沿着一定的方向发展，能够保障社会经济制度、政治制度、文化制度的有序运行和发展。社会核心价值体系关系国家的兴衰成败，关系社会的进退治乱。核心价值体系是一个社会意识形态的主体，在所有价值目标中处于主导和支配地位，对社会意识、社会思潮具有强大的引领和整合功能。任何社会都必须而且应该有自己的核心价值体系，这是一定的社会系统得以运转、一定的社会秩序得以维持的基本价值支撑和精神依托。任何社会都有自己的核心价值体系，它是社会意识、伦理精神和价值追求的本质体现，体现着社会意识、伦理精神和价值追求的性质与方向。但它只有深入到社会成员的道德意识中，内化到社会成员心中，实现社会的价值要求和个人的价值认同的统一，实现个人的行为选择和自我道德评价的统一，才能在社会中确立其核心地位，发挥其主导功能。

征考历史，人们会发现这样一条定律：旧社会的解体往往以核心价值体系的崩溃为先声，新社会的诞生往往以核心价值体系的形成为先导，社会的稳定和发展也往往以核心价值体系的确立与完善为主导。

价值观念和价值体系同伦理学自古以来就有着一种最为亲密的关系。伦理学在其最初和当代意义上即是致力于确立社会、人生应当追求的价值，特别是那种根本性、总体性和崇高性的价值，这些价值往往被熔铸在社会的道德原则规范以及人们应当培育的德性之中，成为激励人们在生活实践中不断前行和创造的动力源泉。德国伦理学家包尔生在《伦理学体系》中指出："伦理学的职能是双重的：一是决定人生的目的或至善，一是指出实现这一目的的方式或手段。"① 伦理学以人的价值生活和价值实现为根本的特性，伦理学的基本问题是围绕"我们应当做什么"而展开的，应当表明某种东西尚未实现却又是被要求实现的，它既扎根于实践性之中同时又是实践性所要追求的，人的价值存在于对这种应当的追求之中，人追求和向往道德彰显出人自身的道德价值。诸凡能动性、包容性、高尚性、纯洁性等都是道德价值的特征或表现，也是人的价值的确证或实现。伦理学的目的就在于为人生提供一般的价值原则和基本行为准则，并使之系统化，以引导人们实现自己真正的人生价值和拥有真正的幸福。伦理学批判地研究人类所有生活领域的各种价值现象和价值问题，研究人类认知、追求、创造和实现价值的历史，人的本性，现代人的需要和欲望结构，以及现代社会的现状和走向。在此基础上，进一步探寻价值的总体性质、特征和种类，确立一般价值原则和基本行为准则，构建理论的价值体系。伦理学把理论伦理学所确立的一般价值原则和基本行为准则延伸到或应用于个人与社会生活的各个领域，确立不同领域的具体价值原则和具体行为准则，并构建不同领域的具体价值体系，以从不同的角度、领域、层次为人们提供具体的指导和规范。价值伦理学用确立的一般价值体系和具体价值体系作为理想价值体系模式去审视、批判、重构人类生活现实，使之趋向理想价值体系模式，使之趋向完美。

马克思主义认为，道德是人类实践精神把握世界的独特方式，它以"应当"这一尺度来衡量现实，促使人们实现对现实世界包括人自身的改造。现有和应有之间的矛盾是道德领域中的特殊矛盾，它激励着人们通过行为不断实现从现有向应有的跨越，从而使人焕发出空前的道德积极性、主动性和创造性，使有缺陷的人生日趋圆满而完善，进而促成社会的文明与进步。

道德作为一种实践精神，是一种价值，是道德主体的需要同满足这种需要的对象之间的价值关系。道德需要促使人们结成相互满足的价值

---

① ［德］弗里德里希·包尔生. 伦理学体系. 何怀宏，廖申白，译. 北京：中国社会科学出版社，1988：10.

关系，推动人们不断改善和创新这种关系，使之更符合人的需要、更契合人的目的性追求。道德作为一种实践精神，是特殊的意识信念、行为准则、应当理想等构成的价值体系，表达着对人性完善、社会进步的希冀和对人类未来的美好期盼，因此是调节社会关系、发展个人品质、提高精神境界等活动的内在动力。

（二）社会主义核心价值体系的伦理深蕴

社会主义核心价值体系是在对社会主义本质和根本目的的深入认识过程中逐步形成与发展起来的，反映社会主义意识形态的本质和社会主义制度的根本要求，是社会主义制度的内在精神和生命之魂，是由社会主义的经济、政治、文化决定并反映社会主义经济、政治、文化之根本要求的社会主义的内在精神和核心价值。社会主义核心价值体系的提出是对马克思主义伦理思想的重大发展，是马克思主义伦理思想中国化最新成果的集中表现。

社会主义核心价值体系是一个由马克思主义指导思想、中国特色社会主义共同理想、以爱国主义为核心的民族精神和以改革创新为核心的时代精神、社会主义荣辱观组合起来的价值体系。这四个部分都内含十分深刻的伦理道德精义，是社会主义伦理精神和伦理价值观的集中体现。以马克思主义为指导思想彰显马克思主义伦理思想和价值观、人生观、道德观方面的指引意义，中国特色社会主义共同理想确证中国人民的价值追求和理想信念，以爱国主义为核心的民族精神和以改革创新为核心的时代精神建构当代中国人民应有的伦理精神气质，社会主义荣辱观确立社会主义公民应有的道德规范和行为准则。四者从宏观整体和根本价值导向上确立并建构起当代中国社会主义伦理思想的基本格局与框架。

1. 以马克思主义为指导思想的伦理意义

伦理思想和价值观、人生观、道德观方面的内容是马克思主义理论体系的重要组成部分。马克思主义伦理思想的产生和创立是人类伦理思想发展史上的伟大革命性变革。中国共产党之所以选择把马克思主义作为指导思想，就在于马克思主义创立了科学的人生观、价值观、道德观，马克思主义伦理思想以为无产阶级利益辩护为基础，揭示了社会主义道德和共产主义道德代替资本主义道德的必然性与合理性。

马克思主义是一个集科学性、人民性和先进性于一体的理论体系，是一个由科学的世界观、革命的人生观、进步的价值观和高尚的道德观组合起来的理论体系，为无产阶级和广大劳动人民认识世界与改造世界提供科学的认识工具和进行价值选择、价值评价、价值创造的武器。马克思主义是我们立党立国的指导思想，也是建设中国特色社会主义的指导思想和社会主义意识形态的旗帜，因而是社会主义核心价值体系的灵魂。在当代中国，只有坚持马克思主义的指导地位，才能凝聚全民族的价值观念，形成价值共识，才能同心同德，获得建设中国特色社会主义伟大事业的成功。马克思主义始终代表最广大人民群众的根本利益，把维护人民主体地位、实现共同富裕、坚持公平正义视为社会主义的基本伦理精神和应有的伦理价值理念。坚持马克思主义在意识形态领域的指导地位，坚定马克思主义信仰，才能筑牢全党全国各族人民的共同精神支柱，最大限度地形成全社会的价值共识与价值和谐，共铸全民族普遍认同的思想道德基础。

2. 中国特色社会主义共同理想蕴含的伦理精义

中国特色社会主义共同理想是全国各族人民的共同信念，是全国各族人民的价值追求和行为目标。理想是基于现实而又超越现实的希望和愿景，寄托着人们对美好未来的向往和追求。马克思主义将理想问题与人类历史发展规律内在地联系起来，使人们对理想问题的认识有了科学的把握和自觉的认识。中国共产党人的理想，是中华民族五千多年文化传统的延续和升华，是对马克思主义理论的真理性和党领导下的社会主义实践的正确性的共识与认同。我国各族人民在现阶段的共同理想就是建设中国特色社会主义，把我国建设成为一个富强、民主、文明、和谐、美丽的社会主义现代化国家。

富强是中华民族梦寐以求的美好夙愿，也是摆脱贫困、建设社会主义现代化强国的内在要求。贫穷不是社会主义，社会主义与贫穷没有必然的联系，社会主义的本质就是解放生产力和发展生产力，实现国家的富强和人民的富裕。民主是中国共产党人的崇高价值追求，也是社会主义的应有之义。民主不是资本主义的专利，社会主义应该创造出也能够创造出比资本主义更高层次的民主即人民民主。发展社会主义民主政治，对于社会主义现代化建设事业而言，具有十分重要的伦理意义和价值。文明是社会进步的重要标志，也是中国特色社会主义的重要特征。中华民族曾经创造了辉煌灿烂的古代文明，为人类的发展进步做出了巨大贡献。在当代中国人民的伟大奋斗中，必将迎来社会主义文化的大发展大繁荣，中华民族将以更加文明进步的形象屹立于世界民族之林。和谐是中国传统文化的基本理念，也是中国特色社会主义的本质属性和伦理要义。社会主义和谐社会将建构人与自我、人与人、人与社会、人与自然更加和谐的关系，形成全体人民各尽所能、各得其所而又和谐相处的生动局面。此外，党的十九大报告还提出建设美丽中国的价值目标，并且认为我们要建设的社会主义现代化国家就是富强、民主、文明、和谐、美丽的国家。

"富强、民主、文明、和谐、美丽"这十个字，凝结了中国特色社会主义的要义，是我们整个国家、民族的奋斗目标，体现了社会主义核心价值体系的精髓。这一共同理想充分反映了我国最广大人民群众的共同愿望、根本利益和价值要求，成为团结、凝聚全体人民同心同德建设国家的共同价值目标。社会主义道德建设必须把在全体人民中树立与坚定共同理想作为切入点和突破口，作为价值体系建设的重中之重，并以此来统一思想、鼓舞人心、凝聚力量。共同的理想信念和价值追求，是中华民族历经磨难而生生不息的强大精神支柱。人类发展的历史表明，一个民族、一个国家，如果没有共同理想，也就失去了民魂和国魂，就失去了凝聚力和生命力。建设富强、民主、文明、和谐、美丽的社会主义现代化国家这一共同理想，凝聚起强大的民魂和国魂，将为社会主义现代化建设事业提供源源不断的精神动力和价值导向。

3. 民族精神和时代精神是伦理精神的集中体现

以爱国主义为核心的民族精神和以改革创新为核心的时代精神是一个民族赖以生存与发展的精神支撑，振奋、高昂的民族精神是中国人民长期以来共同追求而积淀形成的价值取向，它与改革创新的时代精神一起，熔铸在民族的生命力、创造力和凝聚力中，共同构成中华民族薪火相传、继往开来的精神力量。

民族精神是一个民族的优秀文化传统最集中的表现，体现一个民族的精神特质。"民族精神是一个民族赖以生存和发展的精神支撑。一个民族，没有振奋的精神和高尚的品格，不可能自立于世界民族之林。"[①] 五千多年来，中华民族之所以能够在一次次困难关头转危为安、化险为

---

① 江泽民. 全面建设小康社会，开创中国特色社会主义事业新局面//江泽民文选：第3卷. 北京：人民出版社，2006：559.

夷，始终屹立在世界的东方，根本原因就在于有自己愈挫愈奋、愈战愈强的民族精神。以爱国主义为核心的团结统一、爱好和平、勤劳勇敢、自强不息的中华民族精神，深深熔铸在我们的民族意识、民族品格、民族气质之中，成为中华民族之魂。无论过去、现在和将来，民族精神都是一种强大力量，召唤着中华儿女团结一心、和衷共济，为实现中华民族伟大复兴而不懈奋斗。

时代精神是一个社会在最新的创造性实践中激发出来的，反映社会进步的发展方向，引领时代进步潮流，社会成员普遍认同的思想观念、价值取向、道德规范和行为方式的总和，是一个社会最新的精神气质、精神风貌和社会时尚的综合体现。在改革开放和社会主义现代化建设新的历史时期，马克思主义与时俱进的理论品格、中华民族富于进取的思想品格同改革开放和社会主义现代化建设的实践相结合，造就了以改革创新为核心的时代精神。改革创新精神，表现了一种求得自身进步与发展的责任感、使命感和不甘落后的心理状态，体现了一种解放思想、大胆探索、勇于创造的思想观念，反映了一种坚韧不拔、锐意进取、富于开拓的精神力量。

伦理精神是民族精神和时代精神的集中体现。当代中国的伦理精神即是以爱国主义为核心的民族精神和以改革创新为核心的时代精神有机结合的产物或结晶。伦理精神作为民族精神、时代精神、文化精神的历史积淀和价值聚合，是一个国家和民族伦理意识、伦理观念和精神价值的综合呈现。弘扬当代中国的伦理精神，本质上就是要弘扬以爱国主义为核心的民族精神和以改革创新为核心的时代精神。"这种精神是凝心聚力的兴国之魂、强国之魂。爱国主义始终是把中华民族坚强团结在一起的精神力量，改革创新始终是鞭策我们在改革开放中与时俱进的精神力量。"[①] 建设中国特色社会主义现代化事业和实现中华民族伟大复兴的中国梦，需要继续继承与发扬以爱国主义为核心的民族精神和以改革创新为核心的时代精神，这是传承与发展中华伦理精神、培育与弘扬中华品德和中国精神的内在要求。

4. 社会主义荣辱观体现社会主义基本道德规范

荣辱观是世界观、人生观、价值观的反映，体现人们对荣誉和耻辱

---

① 习近平. 在第十二届全国人民代表大会第一次会议上的讲话//习近平谈治国理政. 北京：外文出版社，2014：40.

的根本看法与态度。荣辱观问题关系到一个人能否形成正确的价值判断和价值取向，也关系到一个社会能否形成良好的道德风尚和社会风气。

胡锦涛提出的以"八荣八耻"为主要内容的社会主义荣辱观[①]，集中体现了我国现阶段社会主义道德建设和公民道德建设的基本要求，明确了当代中华民族基本的价值取向和道德准则，体现了社会主义基本道德规范。其中，前"四荣""四耻"，即"坚持以热爱祖国为荣、以危害祖国为耻，以服务人民为荣、以背离人民为耻，以崇尚科学为荣、以愚昧无知为耻，以辛勤劳动为荣、以好逸恶劳为耻"，体现了为人民服务的核心和"五爱"的基本道德要求；而"以团结互助为荣、以损人利己为耻，以诚实守信为荣、以见利忘义为耻，以遵纪守法为荣、以违法乱纪为耻，以艰苦奋斗为荣、以骄奢淫逸为耻"的后"四荣""四耻"，则较为集中地体现了"爱国守法、明礼诚信、团结友善、勤俭自强、敬业奉献"这20个字的公民基本道德规范的内容要求。

社会主义荣辱观是中华民族传统美德、优秀革命道德与时代精神的有机结合，体现社会主义基本道德规范和社会风尚的本质要求，为在发展社会主义市场经济条件下判断行为得失、分清是非荣辱、明辨善恶美丑、确定价值取向、做出道德选择提供基本的准则，对全面提高人的素质，推动形成良好社会风气，具有重大而深刻的现实意义。它为人们的行为提供了基本的价值准则和行为规范。判断一个社会的核心价值体系是什么，要看这个社会的成员在实际的行为活动中以什么为荣、以什么为耻，其行为选择的价值依据是什么，行为得失评价的价值标准是什么。古人说，荣辱乃"立节之大本""治世之大端"，其深刻含义就在于此。从这个意义上说，一定的荣辱观乃是一定社会的核心价值体系的核心地位和主导作用得以确立与实现的道德基石，是核心价值体系获得感召力、亲和力、整合力和凝聚力，充分发挥实际功能的道德支撑和内在机制。

以"八荣八耻"为主要内容的社会主义荣辱观，为我国社会主义道德建设和公民道德建设提出了正确而鲜明的道德规范与行为准则。树立社会主义荣辱观，必须始终坚持先进文化的前进方向，更好地发挥先进文化启迪思想、陶冶情操、传授知识、鼓舞人心的积极作用，营造知荣

---

① 胡锦涛. 树立社会主义荣辱观//胡锦涛文选：第2卷. 北京：人民出版社，2016：430.

明耻、褒荣贬耻、扬荣抑耻的良好文化环境。

（三）社会主义核心价值观是核心价值体系的集中体现

社会主义核心价值观，是社会主义本质规定和根本属性在价值层面的集中反映，是指导社会成员进行价值选择的基本标尺。社会主义核心价值观是关于社会主义核心价值的最根本的观点和最概括的表述，反映的是社会主义核心价值体系的精神内核及其所遵循的根本原则，是社会主义核心价值体系中最根本、最重要的价值观念，是社会主义核心价值体系的精髓、灵魂。社会主义核心价值观应该汲取我国传统文化、我们党培育的革命文化以及外来文化的精华。在全面建成小康社会的今天，大力提倡和培育社会主义核心价值观，不但能为经济建设提供重要的思想保证，而且能为提升全民凝聚力、真正实现国富民强提供有力手段。

党的十八大报告提出"倡导富强、民主、文明、和谐，倡导自由、平等、公正、法治，倡导爱国、敬业、诚信、友善，积极培育和践行社会主义核心价值观"①。"三个倡导"，体现国家层面、制度层面、公民道德层面的价值取向，涵盖最广大人民群众的普遍愿望，是对民族精神、时代精神，以及爱国主义、集体主义、社会主义的高度集中反映。"三个倡导"，涉及国家、社会、个人三个层次，个人是基础，在社会共同努力下，才能实现国家的富强、民主、文明、和谐。"三个倡导"，不仅展现党对社会主义核心价值观的全新认识，而且让社会公众找到核心价值观里的"主心骨"，为多元时代凝聚思想共识指明方向。"社会主义核心价值观，把涉及国家、社会、公民的价值要求融为一体，既体现了社会主义本质要求，继承了中华优秀传统文化，也吸收了世界文明有益成果，体现了时代精神"②。培育和践行社会主义核心价值观，意味着中华民族伟大复兴既依据于和传承着中华文明优秀的核心价值精髓，从而具有鲜明的中国特色，也吸收了当代西方先进文明的价值要素，从而具有鲜明的世界意涵，又汇聚了当前中华民族的创造，从而具有鲜明的时代高度。这就使中华民族的伟大复兴既能行进在人类文明的发展大道

---

① 胡锦涛. 坚定不移沿着中国特色社会主义道路前进，为全面建成小康社会而奋斗//胡锦涛文选：第3卷. 北京：人民出版社，2016：638.
② 习近平. 青年要自觉践行社会主义核心价值观//习近平谈治国理政. 北京：外文出版社，2014：169.

上，又能激发出中华民族的优秀智慧，不断有所变革、有所发展、有所超越，凸显中华文明的独特优势，从而以全新的面貌自立于世界民族之林。

富强、民主、文明、和谐，是立足国家层面提出的要求，体现了社会主义核心价值观在发展目标上的规定。社会主义作为一种先进的生产关系和社会制度，极大地解放和发展了社会生产力，必将创造出比以往社会形态条件下更为发达的物质文明和精神文明，为迈向共产主义社会奠定坚实基础。实现富强、民主、文明、和谐，反映近代以来中国历史发展的根本要求。倡导富强、民主、文明、和谐，是改革开放新时期以来我们党的基本主张。对富强的追求，体现社会主义初级阶段的最大国情，既有当代的价值，更有传统的价值。我们以经济建设为中心，正体现了对这个价值的追求。民主、文明，同样是中华民族百年来孜孜以求的目标。和谐综合了传统文化中和的因素，并且有重要的当代价值。富强、民主、文明、和谐，昭示出建设一个什么样的国家的美好前景，始终是能够凝聚起亿万人民群众智慧和力量的宏伟目标。

自由、平等、公正、法治，是立足社会层面提出的要求，体现社会主义核心价值观在价值导向上的规定，反映社会主义社会的基本属性，昭示出我们要建设一个什么样的社会的伦理内涵。倡导自由、平等、公正、法治，是对人民首创精神的尊重和对人民权益的保障，更是对人民平等发展权利的维护，顺应了人民群众的呼声与需求。中国的改革始自对自由的尊重与保障。对自由的尊重与保障，让整个社会和人的创造力、活力真正迸发出来。平等是对普遍自由的一种维护。社会主义所讲的平等，不仅包含人格平等、人权平等和法律面前人人平等，而且要让全体人民平等地共享改革发展成果，平等地参与国家管理和社会公共事务管理。公正是中国特色社会主义的内在要求。社会主义现代化建设以促进社会公平正义、增进人民福祉为出发点和落脚点，并要求建立以权利公平、机会公平、规则公平为主要内容的社会公平保障体系。法治是社会主义现代化建设的必然要求和根本保障，内含"科学立法、严格执法、公正司法、全民守法"以及"有法可依、有法必依、执法必严、违法必究"等要义和环节，是建设社会主义法治国家和法治社会的集中表现。

爱国、敬业、诚信、友善，是立足公民个人层面提出的要求，体现社会主义核心价值观在道德准则上的规定。爱国是公民的首要美德，是每一个公民对国家应有的态度和情感。敬业是人们对待事业、职业或工作应有的精神状态，是每一个公民应当培育的伦理品质。诚信是做人做事的基本美德，也是每一个公民立身行事必须遵循的道德规范。"人而无信，不知其可也。"① 友善是人们在为人处世方面应该遵循的基本道德规范，表征着人们与人为善、成人之美、助人为乐以及善待自我、善待社会、善待自然等的伦理精神及其要求。爱国、敬业、诚信、友善，是社会主义中国每一位公民应当树立的基本价值追求和应当遵循的根本道德准则，是公民基本道德规范的核心要求，体现社会主义价值追求和公民道德行为的本质属性。

"三个倡导"顺应世情民意，最大限度地代表了社会共同理想和追求，实现了政治理想、社会导向、行为准则的统一，兼顾了国家、社会、个人三者的价值愿望和追求。可以说，社会主义核心价值观既继承了中华民族传统文化的精华又汲取了人类文明的优秀成果，既坚持了马克思主义的共性又涵盖着中国特色社会主义的个性，既坚守了国家社会的目标又张扬了人的主体性，既有深厚的传统底蕴又有鲜明的时代特征，因此能够形成广泛的感召力、强大的凝聚力和持久的引导力。社会主义核心价值观的明确提出是党的理论建设上的创新，这 12 个核心观念的提出也是顺应时代发展、与时俱进的产物。社会主义核心价值观的提出体现了中国共产党人的文化自信和价值观自信。这种自信表现在对中华优秀传统文化的自觉认同和对世界先进文化的虚心学习借鉴上，表现在对中国特色社会主义现代化建设及其所形成的精神文明和先进文化的高度肯定与创新发展上。

三、加强社会公德、职业道德、家庭美德和个人品德建设

社会公德、职业道德、家庭美德和个人品德建设，是我国社会主义

---

① 论语：为政.

道德建设体系的四个重要方面。社会公德是人们在社会公共生活中必须遵循的起码的道德准则和行为规范，社会主义社会公德建设以文明礼貌、助人为乐、爱护公物、保护环境、遵纪守法为主要内容。职业道德是所有从业人员在职业活动中应该遵循的行为准则，涵盖从业人员与服务对象、职业与职工、职业与职业之间的关系。社会主义职业道德以爱岗敬业、诚实守信、办事公道、服务群众、奉献社会为主要内容。家庭美德是每个公民在家庭生活中应该遵循的行为准则，涵盖夫妻、长幼、邻里之间的关系。社会主义家庭美德以尊老爱幼、男女平等、夫妻和睦、勤俭持家、邻里团结为主要内容。个人品德是个人立身处世、待人接物所应该具有的道德品质的总和，包含公道正直、忠诚守信、仁爱礼让、勇敢进取、勤劳节俭、谦虚谨慎等方面的内容。

（一）大力推进社会公德建设

社会公德是人类社会文明成果的一种沉淀和积累，是社会道德体系的基础层次，是为维护社会公共生活的正常进行而提出的最基本的道德要求，是任何社会成员必须遵守的公共性道德规范。社会公德作为千百年来人们在一切守则上反复谈到的、起码的社会规则，是人类世代调整公共生活中最一般关系的经验的结晶。社会公德不仅具有基础性、全民性和相对稳定性，而且昭示着一个社会风气的好坏，是人们道德攀越的起步台阶。

《公民道德建设实施纲要》提出："要大力倡导以文明礼貌、助人为乐、爱护公物、保护环境、遵纪守法为主要内容的社会公德，鼓励人们在社会上做一个好公民。"① 这是关于社会公德基本内涵的准确概括。

文明礼貌。行为文明、待人以礼，是社会主义社会公德的基础性内容，集中反映公民的文明教养和基本道德素养。文明大而言之是相对于蒙昧和野蛮而言的人类进步与开化的状态，作为社会公德的文明是指符合人类精神追求、能被绝大多数人认可和接受的人文精神、行为方式以及公序良俗的总和。马克思在《1844 年经济学哲学手稿》中借男人对待女人的态度来谈文明和教养程度，认为把妇女当作共同淫欲的掳获物和婢女来对待表现了人的本质的退化，只有把妇女视为与男人一样的具

---

① 公民道德建设实施纲要. 北京：学习出版社，2001：10-11.

有内在尊严的类存在物才能显示出人的文明和教养，亦即人把自身理解为类存在物并使人具有的需要"成为**人的需要**"①。文明要求按人的方式或以符合人的本质的方式来对待人自己和他人，既尊重与维护人自己的内在尊严和价值，又尊重与维护他人的内在尊严和价值。礼貌则是行为文明在人际交往中的外在表现形式。文明礼貌关系到日常生活中的许多方面，主要包括以下内容：注重个人形象，讲求必要礼节，在人际交往中，衣着整洁，举止文雅，说话和气，用语得当，守时守约；尊重他人、宽以待人、相互礼让；遵守公共场所的各种规定，不影响、不妨碍他人的正常活动；等等。

助人为乐。助人为乐既是中华民族传统美德的重要内容，也是社会主义时期社会公德的内在要求，它要求人们在人与人之间关系的对待上能够形成以关心、帮助他人为快乐的伦理品质和道德风尚。马克思主义认为，"经验赞美那些为大多数人带来幸福的人是最幸福的人"，"如果我们选择了最能为人类而工作的职业，那么，重担就不能把我们压倒，因为这是为大家作出的牺牲；那时我们所享受的就不是可怜的、有限的、自私的乐趣，我们的幸福将属于千百万人"②。每一个人在社会生活中都有需要关心和帮助的时候，也应当对需要关心和帮助的人施以援手。所谓"赠人玫瑰，手留余香"，即帮助他人的人自己也会感觉到一种真正的快乐。墨子说："有力者疾以助人，有财者勉以分人，有道者劝以教人"③，这是对助人为乐精神的揭示。助人为乐内含人与人之间要互相关心和互相爱护，并把帮助他人视为自己的快乐和义务，对那些遭到不幸和困难的人，给予道义上和物质上的同情、支持、帮助。

爱护公物。爱护公物是社会公德的基本内容。在社会主义社会，公共财物是社会主义公共利益和整体利益的集中体现，爱护公共财物本质上是维护集体利益、全局利益和国家人民根本利益的内在要求，是同坚持和维护集体主义原则密切联系在一起的。爱护公物就是要以主人翁的态度来对待国家和集体的财产，珍重社会的共同劳动成果。陆贽有言：

---

① ［德］马克思. 1844 年经济学哲学手稿//马克思恩格斯全集：第 3 卷. 2 版. 北京：人民出版社，2002：296.

② ［德］马克思. 青年在选择职业时的考虑//马克思恩格斯全集：第 1 卷. 2 版. 北京：人民出版社，1995：459.

③ 墨子：尚贤下.

"夫地力之生物有大数，人力之成物有大限，取之有度，用之有节，则长足；取之无度，用之无节，则常不足。生物之丰败由天，用物之多少由人。"① 在建设节约型社会的今天，爱护公物还要求在全社会树立节约意识、建设节约文化、倡导节约文明，教育每个公民过文明、健康、科学的生活，形成"节约光荣、浪费可耻"的社会风尚。

保护环境。保护环境是一项深深影响每一个人以及子孙后代和大地母亲的宏大事业，也是社会主义现代化建设内含的一种伦理要求。人类只有一个地球，对于这一小小行星的珍惜爱护在现在比历史上任何时候都具有更加重要的伦理意义。这是因为人类的经济发展和增长模式使地球不堪重负，自然资源和生态保护成为比经济增长更有价值的根本利益与长远利益的集中体现。"生态环境保护是功在当代、利在千秋的事业"，我们要以"对人民群众、对子孙后代高度负责的态度和责任，真正下决心把环境污染治理好、把生态环境建设好"②。热爱自然，爱护我们生存和栖居的地球资源，珍惜各种自然资源，是社会主义社会公德的重要内容。保护生态环境，建设环境友好型社会，直接关系到最广大人民的根本利益，关系到中华民族发展的长远利益。必须充分认识保护生态环境的重要性、艰巨性、长期性，增强公民保护生态环境的自觉意识，使之自觉培育环境公德，在全社会形成爱护生态环境、保护生态环境的良好风尚，为经济社会可持续发展创造良好条件。

遵纪守法。公民自觉遵守纪律，是维护公共秩序的基础性道德要求。公民遵纪守法公德的养成是社会公德和社会文明的重要标志。法律和纪律是一个国家、单位集体意志的集中表现，维系着绝大多数人的共同利益，也成为人们行为的基本准则。遵纪守法是任何一个社会规范伦理的基本要求。法国伦理学家涂尔干在《道德教育》一书中视纪律精神为道德的第一要素，认为道德是一种广泛的禁忌体系，本质上"是一种纪律"，"道德的目标就是限制个人行为的范围，使这些行为应该而且必须正常地发生"。道德纪律不仅支撑着人们的道德生活，而且能"为人们提供各种明确的，同时也是限制他们视野的目标。纪律可以强化对

---

① 罗国杰，宋希仁，主编. 中国传统道德：规范卷. 北京：中国人民大学出版社，1995：313.
② 习近平. 努力走向社会主义生态文明新时代//习近平谈治国理政. 北京：外文出版社，2014：208.

习惯的偏好，也可以带来各种限制。纪律既有规定作用，也具有约束作用，可以对人们关系中任何重现的、持久的东西做出回应"①。纪律有着对人们欲望和意志的约束作用，同时也起着维系集体生活的社会作用。因此，纪律是有用的，"不仅对社会利益而言是一种不可或缺的工具，因为没有这种工具，常规活动就不可能产生，而且对个人自身的福利来说也是有用的。通过纪律这种手段，我们可以学会对欲望进行控制，没有这种控制，人类就不可能获得幸福。因此，纪律甚至在很大程度上有助于人格的发展"②。法律是国家意志和国家根本利益的集中体现，在维护统治阶级利益的同时也有着维护公共秩序的功能。遵纪守法是一个公民应当具有的基本公德，内含着增强法治意识，维护宪法和法律的权威，学法、知法、用法，执行法规、法令和各项行政规章，遵守市民守则、乡规民约、厂规校纪和有关制度等要求。

加强社会公德建设，对于全社会的公民道德建设无疑具有十分重要的作用。

第一，加强社会公德建设，有助于公民公德意识的养成和素质的提高。公德是公民的个人修养，是具备更高道德境界的基础，也是社会文明进步的标志。鼓励公民不做违背公德的行为，增强自律的意识，可以从源头上杜绝践踏公德的行为发生。公民公德意识的养成是公民健康人格形成的基础。

第二，加强社会公德建设，有助于维护公共利益和公共秩序。社会公德作为人们在社会公共生活中共同遵守的行为准则，维护的是社会的共同利益和全体公民的整体利益，反映了人们公共生活的共同需要，适用于全体社会成员。社会公德水平的高低，直接影响着社会秩序、社会风气、社会凝聚力，是一个社会文明程度的外部标志。在一个国家走向现代化的过程中，良好的社会公德对于维护社会的正常秩序和社会生活的有效运转，发挥着重要的保证作用。

第三，加强社会公德建设，有助于形成和培育良好的社会风气。社会公德是一个社会全体居民都必须遵循的维护社会正常生活的最基本的公共生活准则，具有共同性、群众性、传统性的特点，渗透在社会风尚

---

① ［法］爱弥尔·涂尔干. 道德教育. 陈光金，沈杰，朱谐汉，译. 上海：上海人民出版社，2001：49.

② 同①50.

的一切方面。它是社会风尚最基本、最广泛的标志。人们遵守社会公德，发挥社会公德的作用，就有助于防止不良社会风气的滋生，有助于纠正和克服某些不良社会风气的蔓延，还有助于好的社会风尚的形成，更有助于形成一个守秩序、讲信用、爱卫生、尊老爱幼、文明礼貌、和睦相处、助人为乐的良好社会环境。

（二）大力加强职业道德建设

职业道德是基于一定职业的特殊需要以及其与社会联系的特定方式而产生的对职业的道德要求和从业人员在职业生活中所应遵循的行为规范以及由此形成的道德品质等的总和。各行各业都有自己的职业道德。为官要有"官德"，医生要有"医德"，教师要有"师德"，演员要有"艺德"。职业道德是任何一个秩序正常的社会所必需的。

《公民道德建设实施纲要》提出："要大力倡导以爱岗敬业、诚实守信、办事公道、服务群众、奉献社会为主要内容的职业道德，鼓励人们在工作中做一个好建设者。"[①]《纲要》对职业道德的这种规定，既体现了时代的鲜明特征，又概括了在发展社会主义市场经济条件下各种职业道德的共同特点，所以，它适用于各行各业，是对各种职业道德的共同要求。

爱岗敬业，就是对自己的职业、自己的工作认真负责，热爱自己的本职工作，以恭敬、严肃的态度来对待自己的职业，对本职工作一丝不苟、尽心尽力、忠于职守，为实现职业的目标而努力奋斗。我国古代《礼记·学记》中就明确提出了"敬业乐群"的观念。宋朝朱熹说，"敬业"就是"专心致志以事其业"，即用恭敬、严肃的态度来对待自己的工作，对工作认真负责、一心一意，干工作任劳任怨、精益求精。爱岗敬业是社会主义职业道德最基本、最普通的要求。爱岗是敬业的前提，敬业是爱岗情感的进一步升华，是对职业责任、职业荣誉的进一步深刻理解和认识。一个不爱岗的人很难做到敬业，一个不敬业的人，很难说是真正的爱岗。所以，每个从业的公民要真正做到敬业，都必须从爱岗做起。不论做什么工作，不论职务大小，都要立足本职工作，严肃认真，兢兢业业，脚踏实地，一丝不苟。热爱和尊重是职业成功的前提，

---

① 公民道德建设实施纲要. 北京：学习出版社，2001：11.

只有对自己的职业有积极的态度，对自己的职业充满敬重的情感，才能维护它和成就它，才能引起喜悦和快乐等肯定性的体验，才能在职业活动中做出积极的贡献。须知每个工作、每个岗位，都是可敬的，都是人民需要的。雷锋曾经说，自己愿意做一颗螺丝钉，不管被拧在哪里，都要闪闪发光。在社会主义时期，任何职业、任何岗位，都是国家和人民事业的需要，都是光荣和豪迈的事情，只有分工之别，没有贵贱之分。爱岗敬业是社会主义职业道德的基本要求，每一个从业人员都必须培育爱岗敬业的职业道德品质和操守。

诚实守信，是做人的基本准则，也是社会主义职业道德的基本规范。在中国传统儒家伦理中，诚实守信被认为"立政之本""立人之本""进德修业之本"。诚实守信是人类生命的基本元素，是人们进行各种健康活动的前提和保证。宋代程颐说："学者不可以不诚，不诚无以为善，不诚无以为君子。修学不以诚，则学杂；为事不以诚，则事败；自谋不以诚，则是欺其心而自弃其忠；与人不以诚，则是丧其德而增人之怨。"① 无论在什么时候、在任何地方、做任何事情，人们的沟通与合作都离不开一个"诚"字，都需要诚实守信。诚实守信是所有从业人员在职业活动中必须而且应该遵循的行为准则，涵盖从业人员与服务对象、职业与职工、职业与职业之间的关系。诚信并不排斥利益，反而有利于增进利益，西方有格言：诚实是最好的策略，一克重的真诚胜过一吨重的聪明。这说的就是诚信在实现利益中的作用。诚实守信是各种职业人员取得成功的关键所在。诚信作为一项普遍适用的道德原则和规范，是建立行业之间、单位之间良性互动关系的道德杠杆。

办事公道，也是社会主义职业道德的重要内容与基本规范。在当代社会，任何职业都具有一定的权利，承担一定的社会功能，发挥相应的社会作用，所以强调权利的平等性与对等性、强调依法依规办事，对于职业活动的正常进行具有重要的意义。各种职业都涉及办事公道的职业道德要求。形成办事公道的职业道德意识、践行办事公道的职业道德行为、形成办事公道的职业道德规范机制，对于职业发展、职业者的成长以及形成良好的职业内外关系都是十分重要的。坚持办事公道，是对外立信、对内凝聚的组织发展关键。对外办事公道，有助于获得外部主体

---

① 程颢，程颐. 二程集：上册. 北京：中华书局，2004：326.

的信任与支持，获得民众的支持与认可，建立起具有社会信任性的职业关系，形成职业的向心力、美誉度和良好形象，从而使本职业在社会中得以更好的存在。对内办事公道，才能建立起符合职业发展规律的行为标准，才能确保有效制度机制之功能作用的发挥，才能防范任人唯亲、奖惩不明等涣散人心的错误行为，才能在思想观念上增强员工对职业的认同感，从而形成积极向上的职业凝聚力和核心竞争力。办事公道要求人们在处理各种职业事务时公道正派、客观公正、不偏不倚、公开公平，对不同的对象一视同仁，秉公办事，不因职位高低、贫富亲疏的差别而区别对待。

服务群众，既是党的群众路线和为人民服务宗旨的集中体现，也是社会主义职业道德的重要内容和行为规范。任何人要生存、要发展、要工作、要劳动，首先总是要接受社会和其他人提供的大量服务；同时，任何一位从业者也总是在自己本职岗位上通过自己具体的工作、劳动，为社会、为他人提供服务。所以，服务群众是社会全体从业者通过互相服务，来达到社会发展、共同幸福的内在要求。它要求人们在职业生活中认真听取群众意见，了解群众疾苦，关心群众生活，端正服务态度，改进服务措施，力争取得让群众放心、使群众满意的工作效果。同时，面对社会管理方式的新挑战，服务群众不仅要有"菩萨心、婆婆嘴、橡皮肚、毛驴腿"，还要求从业者真正放下架子、拉下面子、扑下身子、找准位子，着力提升联系群众、服务群众的本领，帮助群众真正解决关切实际的问题。尤其对领导干部而言，一定要遵循群众利益无小事的原则，想方设法关心群众生活，注意工作方法，实现好、维护好、发展好人民群众的现实利益，使人民群众有更多的获得感和幸福感。

奉献社会，是全心全意为人民服务精神的集中体现，也是社会主义职业道德的出发点和归宿。所谓奉献，就是不期望等价的回报和酬劳，而愿意为社会、为他人或为真理、为正义献出自己的聪明才智和全部力量，包括宝贵的生命。奉献社会强调的是从业者不论从事何种职业都要兢兢业业、任劳任怨，不计较个人得失，自觉地、努力地为社会、为他人做出贡献。奉献社会凸显的是一种忘我的全身心投入精神和献身精神。当一个人专注于某种事业时，他关注的是这一事业对于人类、对于社会的意义，而绝不是为了个人、家庭或为了名和利。马克思说："如果一个人只为自己劳动，他也许能够成为著名的学者、伟大的哲人、卓越的诗人，然而他永远不能成为完美的、真正伟大的人物。""人只有为同时代人的完美、为他们的幸福而工作，自己才能达到完美。""历史把那些为共同目标工作因而自己变得高尚的人称为最伟大的人物；经验赞美那些为大多数人带来幸福的人是最幸福的人"①。雷锋日记有言："一个人的生命是有限的，可是为人民服务是无限的。我要把有限的生命投入到无限的为人民服务中去。""如果你是一滴水，你是否滋润了一寸土地？如果你是一棵小草，你是否增添了一丝新绿？如果你是一粒石子，你是否坚守在属于你的位置？如果你是一线阳光，你是否照亮了一份黑暗？"② 这里突出的也是奉献社会的内容。对于一个真正有道德责任心和集体荣誉感的人来说，奉献比索取更有意义、更有价值。社会主义职业道德必须把奉献社会作为自己重要的道德规范，作为自己根本的职业目的、职业荣誉和职业良心。

加强社会主义职业道德建设，具有极其重要的现实意义和价值。

第一，加强职业道德建设，有利于社会主义市场经济的可持续发展。社会主义市场经济要求从业者树立崇高的职业道德观，严格遵守职业道德规范，加强职业道德修养，塑造良好的职业道德形象。加强职业道德建设，可以增强职业竞争力，职业道德水平最终会转化为职业的核心竞争力，职业道德好意味着信誉好、形象好，必然会推动职业的健康发展。用职业道德来规范各行各业、各从业者的行为，有助于促进社会主义市场经济的可持续发展。

第二，加强职业道德建设，有助于纠正行业的不正之风，形成良好的职业风尚。纠正行业不正之风，既要"驱邪""治标"，更要注重"扶正""培本"。加强职业道德建设则是属于"扶正""培本"的工作，是解决行业不正之风的治本之策。加强职业道德建设，教育员工顾大局、识大体，正确处理国家、集体、个人三者之间的利益关系，自觉抵制职业生活中的各种不正之风，具有重大的意义和价值。

第三，加强职业道德建设，有助于全面提升员工的思想道德素质，促进员工走向卓越和自我完善。一个人的文明水平和思想道德素质，必须通过职业道德来强化和培养。职业道德建设把共同理想同各行各业、

---

① ［德］马克思. 青年在选择职业时的考虑//马克思恩格斯全集：第 1 卷. 2 版. 北京：人民出版社，1995：459.

② 雷锋. 雷锋日记：1958 年 6 月 7 日. 北京：解放军文艺出版社，1963：4.

各个单位的发展目标结合起来，同员工个人的职业理想和岗位职责结合起来，鼓励员工干一行爱一行、干一行专一行，在岗位上走向卓越、创造佳绩，体现了将思想道德素质内化为职业信念和职业行为习惯的要求。加强职业道德建设，卓有成效地进行职业责任、职业理想、职业纪律的教育和技能训练，把职业道德化为具体的行为准则，是促进人的全面发展和自我完善的必由之路。

第四，加强职业道德建设，有助于推进社会道德建设，促进公民道德建设的发展和进步。职业道德体现在职业劳动者与其服务对象之间的各种关系和行为中，涵盖广泛的社会生活领域和社会成员，比其他道德更直接、更持久地影响着人们的道德意识和道德行为。从职业道德建设入手，可以为社会道德建设找到一个恰当的突破口。职业道德要求体现多数人利益优先的原则，具有普适性、共通性和可接受性，职业道德的整体水平折射出整个社会道德发展的水平和状貌。

（三）大力推进家庭美德建设

家庭道德是规范家庭生活、调节家庭关系和邻里关系、鼓励或约束家庭成员行为的道德准则，它是对社会主义经济关系所决定的家庭生活中的道德关系和道德要求的概括与反映。家庭美德是家庭道德中具有美德意义的道德规范和道德品质。家庭美德是指每个公民在家庭生活中应该遵循的基本行为准则以及个体道德品质的总和。它涵盖夫妻、长幼、邻里之间的关系。家庭美德是调节家庭成员之间，即调节夫妻、父母与子女、兄弟姐妹、长辈与晚辈之间，调节邻里之间，调节家庭与国家、社会、集体之间关系的行为准则，也是评价人们在恋爱、婚姻、家庭、邻里之间交往中的行为之是非、善恶的标准。

家庭是社会的细胞，家庭建设关系到每个人的生活质量和幸福，关系到一个民族的进步和国家经济社会的发展。我国目前大约有 4 亿个家庭，18 岁以下的未成年人有 3.41 亿，和谐家庭建设在党和国家工作全局中的作用越来越突出。我国的先哲们曾说："天下之本在国，国之本在家""国以家为基，家以和为贵""家和万事兴，家齐国安宁"。这些千古名言深刻揭示了家庭和谐与国家发展、社会和谐之间相存相依的密切关系。家庭由父母、子女、夫妻等组成。家庭是每个人的精神港湾与情感归宿，也是构建和谐社会的基础。

社会主义家庭美德继承了中华民族历史上家庭美德的精华，吸收了国外家庭美德的合理因素，同时结合社会主义道德生活实践予以创造性的总结，形成了以尊老爱幼、男女平等、夫妻和睦、勤俭持家、邻里团结等为主要内容的家庭美德规范体系。

尊老爱幼，既是中华民族传统的家庭美德，也是社会主义家庭美德的重要规范。"老吾老以及人之老，幼吾幼以及人之幼"，是中华民族自古以来就广为颂扬的美德。老年人曾经对社会做出过贡献，又为抚养和教育子女操劳终身，他们在年老体弱、丧失劳动能力后，应该得到社会、子女等的尊敬、关心和照顾。父母对子女的爱，是最伟大无私的。为了抚养和教育子女，父母总是倾注全部心血。"谁言寸草心，报得三春晖"，对父母的养育之恩，做子女的当知报答，而且无论如何也是报答不尽的，况且我们每个人都会老，"善待老人，就是善待明天的自己"。所以，赡养老年父母，是子女必须承担的法定义务，也是社会主义家庭美德的起码要求。爱幼是指对幼小的爱护、关心与培育。少年儿童是祖国的未来，是国家和社会的希望，在家庭中，父母要抚育子女，以平等民主的方式对待孩子，鼓励他们自立自强、积极向上，使之成才。爱幼要求父母做到：不断提高自身素质，做文明家长，给子女在学习、生活、品德养成方面带个好头；对子女不娇不宠，适度关心，管教结合。

男女平等，是指男女在政治、经济、文化和社会生活以及家庭生活等方面享有同等的权利，履行同等的义务。男女平等不仅包括夫妻之间，而且包括子女之间、家庭成员之间以及父系和母系亲属不同性别之间，均应有平等的权利。男女平等是社会主义家庭美德的重要规范。实现男女平等，一是每个公民在思想上要改变男尊女卑、重男轻女的意识，树立男女平等、文明进步的妇女观；二是要尊重和保障妇女的合法权益，反对歧视和迫害妇女的恶劣行径；三是家庭中既要反对"大男子主义"，也不赞成"夫人专政"或"妻管严"。男女双方要互相尊重、互相关心、彼此谦让，平等地求得问题的妥善解决，以实现家庭的幸福美满。实现男女平等，既需要男性的理解、支持和尊重，更需要女性自己努力做到自尊、自爱、自信、自立、自强。

夫妻和睦，亦即夫妻相互信任，相互尊重，真诚相待，关系融洽，共同承担家庭责任，有福同享有难同当。夫妻和睦，是维护整个家庭和谐、融洽的关键，也是家庭生活中应该遵守的重要行为准则。夫妻关系是家庭关系的核心，夫妻和睦是家庭幸福的重要前提和保证。夫妻关系应以平等互爱为基础。夫妻之间不存在谁侍候谁、谁主宰谁的问题，"大男子主义""妻管严"等倾向，都是错误的。作为夫妻，应该努力做到互敬、互爱、互信、互帮、互谅、互让、互慰、互勉。

勤俭持家，亦即勤劳节俭，量力而行、量入而出，妥善安排家庭生活，合理消费。勤俭即勤劳节俭。勤劳是指不懒惰，努力劳作，不怕辛苦，尽力多做事。只有凭自己的双手和智慧，通过辛勤劳动，才能获得经济收入的增加和生活条件的改善。节俭是对消费要加以合理的节制，不浪费，不奢侈。勤俭持家、勤劳致富，是中华民族的传统美德，是家庭兴旺的保证。改革开放以来，人民生活水平逐步提高，绝大多数家庭的生活已完成从温饱型向小康型的转变，但是我们仍然应该珍惜劳动果实，继承和发扬勤俭持家的传统美德。勤俭持家并未过时，我们所说的勤俭持家是以"量力而行、量入为出，勤俭节约、适度消费"为原则的，是以精打细算、科学合理地安排家庭经济生活和实现家庭的可持续发展为基本内容的。勤俭持家就是要树立现代文明的消费观，反对盲目攀比、铺张浪费、好吃懒做、寅吃卯粮的消费观。

邻里团结，亦即邻里之间以礼相待，互谅互让，互帮互助，团结友爱。邻里之间是一种地缘关系，朝夕相处，在日常生活中有广泛的联系。邻里关系处理得好，可互为助手、互为依靠，有益于各家生活；处理不当，既会影响街坊邻里的安定，又会败坏社会风气。所以，邻里团结不仅有利于全社会的精神文明建设，而且有利于每个家庭的安定幸福。良好的邻里关系对人们的生活、工作、学习等各方面都大有益处。我国劳动人民一贯重视邻里关系，民间流传着许多名言，如"邻里好，赛元宝""远亲不如近邻"等。

社会主义家庭美德这五个方面的主要内容，基于社会主义新型经济政治文化制度的要求，反映了现代文明的特点和趋势，代表着家庭伦理的发展方向，无疑是每一个家庭成员获得幸福人生、感受家庭温暖所最为需要而又必当努力践行的。

改革开放以来，我国家庭美德建设呈现出良好的发展态势，主流是健康向上的。但是，随着经济全球化的不断深入，人们的人生观、价值观呈现出多元化现象，婚恋观与家庭观也发生了深刻的变化，婚姻关系不稳固、家庭关系不和谐等现象在一些地区大量存在，具体表现为：（1）现代家庭面临着前所未有的婚姻危机。婚姻不稳定的因素增多，离婚率增高。根据民政部门的统计，每发出 7 张结婚证，就要发出 1 张离婚证，平均每天有 4 000 对夫妻离婚。（2）家庭暴力现象时有发生。家庭暴力包括热暴力、粗暴力、冷暴力、性暴力等，不仅严重侵害了受害者的合法权益，而且影响了孩子的身心健康，致使家庭生活不幸福。（3）个别家庭教育失当，养而不教、重智轻德、过度施爱、粗暴施教等，造成家庭不和谐。大多数青少年的违法犯罪与他们恶劣的家庭环境和不良的家庭教育是有直接关系的。（4）流动人员婚姻家庭问题突出。留守儿童长期得不到父母的关爱，性格怪异，进城务工子女就学难，生活缺乏必要的保障，等等。这些问题严重影响着家庭的稳定与和谐，同时也给社会带来了一些负面影响。

在新的历史时期，加强家庭美德建设具有十分重要的意义和价值。文明幸福的家庭不仅是社会的"解压阀"，是社会文明发展的基本标志，而且是更好地从事职业活动的"蓄电池"和"加油站"。弘扬家庭美德，有利于协调家庭成员间的关系，以促进家庭和谐、提升家庭幸福。家庭成员间关系的和谐是家庭和谐的重要基础，只有不断提高家庭成员的思想道德素质、文化素质和身心健康素质，才能在家庭生活中营造和谐的夫妻关系、婆媳关系、亲子关系。弘扬家庭美德，有利于提高全民素质，有利于公民个体道德的形成与发展。家庭美德是公民个体道德形成的摇篮。家庭美德是社会道德建设的重要载体。弘扬家庭美德，有利于改善社会风尚，促进社会道德健康发展。弘扬家庭美德，有利于维护社会稳定，促进社会安定团结、健康发展。

（四）大力推进个人品德建设

党的十七大报告提出："大力弘扬爱国主义、集体主义、社会主义思想，以增强诚信意识为重点，加强社会公德、职业道德、家庭美德、个人品德建设"[①]。其中，加强个人品德建设是首次在中央文件中正式提出，道德建设由"三德建设"变为"四德建设"，"四德建设"分别从社会层面、组织层面、家庭层面和个体层面提出了相应的道德建设要求，丰

---

① 胡锦涛. 高举中国特色社会主义伟大旗帜，为夺取全面建设小康社会新胜利而奋斗//胡锦涛文选：第 2 卷. 北京：人民出版社，2016：640.

富了社会主义道德建设的内涵，具有重要的理论意义和实践意义。

加强个人品德建设，顺应了我国公民道德建设的发展实际和要求，体现了对道德主体的关注和重视，以及对个人道德品质的强调。个人品德是社会公德、职业道德、家庭美德的重要前提，没有良好的个人品德修养，就谈不上公德心、责任感和荣辱观，社会公德、职业道德和家庭美德建设就将成为空中楼阁，成为无源之水、无本之木。因此，个人品德建设，是我国社会主义道德建设和公民道德建设的基石；只有加强个人品德建设，才能促进我国社会主义道德建设和公民道德建设持续稳定地向前发展。

个人品德亦即个人的道德品质，也称德性，既是社会道德原则规范的内化和社会道德原则规范在个人身上的综合体现，也是个体作为主体对社会道德的认识、选择以及实践的结果，是个人在社会生活中的行为活动个性化了的道德特质。个人品德既包括个人主观上对一定道德原则规范的认识，也包括个人基于这种认识而产生的具有稳定性特征的行为习惯，是个人主观上道德认识和客观上道德行为的统一。个人品德是个人在长期的一系列道德行为中表现出来的稳定心理特征，是社会中存在的道德关系、道德原则规范在个人思想和行为上的集中反映。它是由个人多种心理成分共同构成的一个复杂整体，包括个人的道德认识、情感、意志、信念、行为等。

根据人们行为所及的各种关系，个人品德大体可分为三类：一类是个人和社会整体的关系，即所谓群己关系；一类是个人和他人的关系，即所谓人己关系；还有一类是个人与自我的关系，即自我身心灵肉关系。也许还可以加上个人与自然的关系，即个人如何对待天地万物与自然界等。这几类关系，涉及个人如何在世界上安身立命、律己待人、接物应对等问题，事关生命的质量、人生的意义和价值。个人品德表征出个体对个人与社会整体、个人与他人、个人与自我以及个人与自然间关系的处理智慧，也是使个人更好地成为人和实现自我的价值确证。

每一个社会都有其个人品德体系，同时又继承与发展着人类共同认可和推崇的个人品德，这使得个人品德成为继承性与创新性、历史性与时代性、阶级性与全人类性等的辩证统一。古希腊社会推崇智慧、勇敢、节制、公正的德性或品德，并认为德性与善的概念、对幸福的追求有着不可分割的联系。亚里士多德把德性区分为理智的德性和道德的德性，将智慧、明智等归于理智的德性，将慷慨、节制等归于道德的德性。在亚里士多德看来，理智的德性需要教导和时间，道德的德性则由习惯造成，其本质是在行为中避免过度和不足，求得中道或适度。中世纪经院哲学家阿奎那将德性区分为理智的德性、实践的德性和神学的德性，认为理智的德性就是理性思维的习性和理智的能力，它之所以被称为德性，是因为它是真理思考的准备，是理智的善的活动。理智的德性主要有直观、学识与智慧三种形式。实践的德性即人的习惯品性，这是一种通过践行有德性的行为才能获得的德性。神学的德性的对象是上帝，是人通过超自然的信仰活动而分享的德性，并不是一般人所能有的德性。这种神学的德性主要有博爱、信仰、希望，亦即中世纪基督教的"三达德"。近代以来，资产阶级提出了自己的一系列德性范畴，如勤勉、务实、同情、自由、平等、诚信等。在我国古代，儒家提出了许多关于德性的范畴，如智、仁、勇"三达德"，温、良、恭、俭、让"五德"，以及礼义廉耻、忠孝仁爱等。在漫长的封建社会，统治阶级大力宣扬仁、义、礼、智、信，并以此为"五常"，从教育和制度层面强化了修养与培育个人品德的意义、价值。

社会主义社会的个人品德，批判地继承了人类历史上一切优良道德品质的精华，赋予传统美德现实的特质，并结合社会主义社会的道德生活实践做出了创造性的发展，是社会主义道德原则规范体系在个体成员身上的具体化和现实化，也是个体成员自觉遵循社会主义道德原则规范、创造性地探求合乎人类文明发展要求的自我实现和自我完善路径以促进自身不断发展的结晶。社会主义社会的个人品德，主要包括以下内容：（1）公道正直。即为人处世公道正派，廉洁奉公，不徇私舞弊，不以权谋私。公道正直是社会主义社会公民基本的处世美德或立身美德。（2）忠诚守信。即对国家与人民、对理想与事业、对职务与工作，忠贞不贰，尽心尽职，在工作与生活中诚实无妄、诚信无欺，实实在在地做人，尽心尽力地做事，表里如一，言行一致。忠诚守信既是个人的处世美德，亦是个人的待人美德。（3）仁爱礼让。即关心人、爱护人、帮助人，设身处地为他人着想，推己及人，与人为善，助人为乐，以礼待人，尊重他人。这是一种基本的待人美德，反映了自我对他人应有的态度和情感。（4）勇敢进取。即为了真理和正义，无所畏惧，一往无前。勇敢进取意味着勇于开拓创新，积极参与竞争，不怕困难，不畏艰险，具有英勇不屈、百折不挠的精神；意味着刚健有为，自强不息，奋发向上，永远进步。这是一种意志的美德，也是一种创业或创新的美德。(5) 勤劳节俭。是指勤奋努力，不辞辛苦地劳动或工作，不断地创造财富，合理地使用能源和资源，珍惜劳动成果，爱惜时间，不懒惰，不奢侈浪费。这是对待劳动和财富所应有的美德，也反映了个人基本的道德品质。(6) 谦虚谨慎。谦虚，意味着虚心好学，永不自满，不盛气凌人，不高傲自大；意味着意识到自己的人格，同时也尊重别人的人格，与人交往，任何情况下都持平等态度。谨慎，意味着认真仔细，谨言慎行，合理地调控自身的欲望、情感、情绪、爱好、习惯等，不浮躁，不草率，不马虎，不放纵。

此外，遵纪守法、文明礼貌、敬业乐群等，也是社会主义社会个人品德的重要内容。社会主义社会的个人品德，在总体上作为一种律己修身美德的同时，还渗透在社会公德、职业道德、家庭美德中，要求个人堂堂正正地做人、老老实实地做事，在社会做个好公民，在单位做个好员工，在家做个好成员，把忠心献给国家，把爱心献给社会，把诚心献给单位，把孝心献给父母，把信心留给自己，自强不息，厚德载物，志存高远，坚守气节，做"一个纯粹的人，一个有道德的人，一个脱离了低级趣味的人，一个有益于人民的人"①。在我们的社会里，一个品德优良的人，必然是一个遵纪守法、诚实守信、用自己的双手创造幸福生活的人；必然是一个助人为乐，见义勇为，积极为社会、为人民多做好事的人；必然是一个严于律己，防微杜渐，自觉抵制拜金主义、享乐主义和个人主义思想侵蚀的人；必然是一个一心为公，甘于奉献，时刻以国家利益、人民利益为重的人。

人作为一种有理性的个体存在物，在维持自己生存和发展需要的同时，总是试图超越自然的必然性而追求超验本体的性格，使人自身的发展完善成为可能。马克思、恩格斯指出："既然人是从感性世界和感性世界中的经验中获得一切知识、感觉等等的，那就必须这样安排经验的世界，使人在其中能体验到真正合乎人性的东西，使他常常体验到自己是人。"② 人自身的发展完善或"体验到自己是人"，足以说明作为个人

---

① 毛泽东. 纪念白求恩//毛泽东选集：第2卷. 2版. 北京：人民出版社，1991：660.
② [德]马克思，恩格斯. 神圣家族//马克思恩格斯文集：第1卷. 北京：人民出版社，2009：334-335.

自我完善之重要精神力量的道德是人之为人所必备的东西。因此，人为了能"体验到自己是人"，必然要使个人品德成为个人的需要。道德需要是个体道德意识和良好道德行为习惯形成的内在驱动力。道德需要是公民个人品德形成的强大而持续的推动机制，是公民培养优良道德品质、追求向善、完善自我的前提。个人品德确立了人作为理性本体存在的道德主体地位，道德主体的能动性使主体在与客体相互作用的过程中积极地改造客体，从而成为自我主宰、自我克制的自由主体。

个人品德直接影响个人的社会化行为和自我完善活动。一个人只有具备较为崇高的道德理想信念、合理的道德观念、较强的道德判断和道德选择能力、较强的道德自律能力，才能较为完满地履行应尽的道德义务。一个人道德品质高尚，富有同情心、正义感和义务感，就会见义勇为、舍己为人。反之，如果道德品质败坏，就会见利忘义、损人利己。加强个人品德建设，重视个人品德教育，真正做到人人讲道德、重品行、务修养，公民道德建设的各项要求才能落到实处，提高全体公民的思想道德素质和人格水平才能真正实现。

四、创新机制推进公民道德建设

公民道德建设是一项社会系统工程，需要常抓不懈，也需要全党全社会的共同努力。公民道德建设是常做常新的事业，改革创新是推进事业发展的不竭动力和力量源泉。随着改革开放和社会主义现代化建设事业深入推进，道德建设的社会环境发生了新变化，工作对象呈现出新特点，人民群众对道德建设充满了新期待。这就要求我们牢固树立改革创新意识，坚持解放思想、实事求是、与时俱进、求真务实，贴近实际、贴近生活、贴近群众，使我们的工作更好地体现时代性、把握规律性、富于创造性，始终保持旺盛生机活力，更加符合人民群众的要求和愿望。

（一）充分发挥人民群众道德建设的主体作用

公民道德的大厦要靠千千万万人一起建造。公民是道德建设的主体，加强公民道德建设，治理社会道德问题，是一项全民共建共享的民心工程，需要全体公民共同担当。每一个公民都应该成为道德建设的参与者，而不能只当旁观者；都应该成为良善道德环境的维护者，而不能只当享受者；都应该成为躬身行德的实践者，而不能只当评头论足的"批评家"。不论士农工商、不论男女老幼、不论职位高低，每一个公民都有责任有义务也有力量有条件为公民道德建设做出自己的贡献。每一个公民都应当成为中华民族传统美德的传承者、社会主义道德规范的实践者和新型人际关系的倡导者，在社会上做一个好公民，在工作中做一个好建设者，在家庭里做一个好成员。强调道德建设从我做起、从现在做起、从小事做起，就是强调道德建设人人可为、时时可为、处处可为、事事可为。每一个公民都负有道德建设的责任，都是道德建设的主体；道德建设的成就人人有一份功劳，道德领域的问题人人有一份责任。一滴水能够反映太阳的光辉，一个人的德性能够折射整个社会的道德风貌。"我为人人，人人为我"，是我们理想的道德家园。只有人人投身于道德建设的行列，添砖加瓦、贡献力量，公民道德建设才能获得不竭动力，才能永葆生机和活力。

震惊世界的四川汶川大地震发生后，在党中央、国务院和中央军委的坚强领导下，全党全军全国各族人民众志成城，迎难而上，迅速展开气壮山河的抗震救灾工作，奋勇夺取抗震救灾斗争的重大胜利。在这场波澜壮阔的斗争中，中国人民用理想凝聚力量、用信念筑就坚强、用真情凝结关爱，大力培育和弘扬了万众一心、众志成城、不畏艰险、百折不挠、以人为本、尊重科学的伟大抗震救灾精神，成为党和人民极为宝贵的精神财富。在这场波澜壮阔的斗争中，涌现出一大批临危不惧、勇往直前、舍生忘死、无私奉献的先进个人，他们的英勇表现，显示了党和人民的伟大力量，弘扬了中华民族的伟大精神，唱响了中国人民自强不息、团结奋斗的英雄凯歌，书写了中华民族发展史上的壮丽篇章。

人民群众在道德建设中的主体作用大量地表现在社会公共生活、家庭生活、职业生活的诸多方面，表现在物质文明、政治文明、精神文明、社会文明和生态文明的建设实践中，中国特色社会主义现代化建设的巨大成就凝结和确证着人民群众的道德主体性、能动性和创造性。一个民族的精神力量只有在长期的社会历史进程中不断培育，才能在历史的紧要关头、民族的重大事件中迸发。我们要十分珍惜人民群众的道德主体性所积累的宝贵财富，把弘扬民族精神和时代精神作为一项极为重要的任务，作为提升国家文化软实力的战略举措，贯穿于国民教育和精神文明建设的全过程，使之成为我们开创新局面、开辟新未来的不竭精神动力。

（二）重视道德模范的示范带动作用

发挥道德模范的榜样作用，引导人们自觉履行法定义务、社会责任、家庭责任，这是党中央对新形势下加强道德建设的一个明确要求，也是新形势下动员群众广泛参与道德建设的一个有力举措，能够凝聚社会各方面的力量，把公民道德建设提高到一个新水平，从而为经济社会发展提供强有力的思想道德保障。

评选表彰全国道德模范，是思想道德建设的一个创举。尊崇、宣传道德模范的先进事迹和高尚精神，学习、争当道德模范，推动全社会形成知荣辱、讲正气、树新风、促和谐的文明风尚，具有重要的现实意义。向道德模范学习，有利于深入持久地运用榜样的力量，普及道德规范，提升道德水平，凝聚道德力量，提高公民文明素质和社会文明程度，促进全面建设小康社会奋斗目标的实现。我们要以道德模范为榜样，学习他们乐于助人、诚实守信的高贵品质，学习他们临危不惧、舍己救人的英雄气概，学习他们爱岗敬业、尊老爱幼的良好风貌，并在具体实践中身体力行，以实际行动弘扬社会正气。

道德模范是群众推选出来的身边的榜样，在他们身上集中体现了中华民族的优秀品质，集中表达了人民群众的道德追求，集中反映了社会进步的时代精神。一个典型就是一面旗帜，一个模范就是一座丰碑，他们是推进公民道德建设最有说服力、最有影响力的鲜活教材。道德模范，亦称道德榜样、道德典范、道德标兵，是一定社会、一定阶级的道德原则和道德规范在具体人物身上的集中反映，是一定社会、一定阶级的理想人格的具体体现，是一定社会、一定阶级道德的人格化，表现为一个人或一群人的道德行为成为其他人行为的范例或楷模。道德模范存在于社会现实生活之中，是有血有肉、有追求、有情感的活生生的个人或群体，道德模范的思想行为和模范事迹承载着一定社会主流道德的价值取向，体现着一定社会所要求的人生观、价值观和道德观。各行各业、各条战线涌现出来的道德模范，虽然岗位不同、职业不同、事迹不同，但高度的政治觉悟、坚定的理想信念、崇高的精神境界和良好的道德修养是相同的，诠释了社会主义核心价值体系和核心价值观的本质要求，凝结了中华民族的传统美德，展现了改革开放的时代精神和我国人民的精神风貌。道德模范以生动、鲜明的形象，使道德行为准则、道德规范要求对人们来说变得易于理解、易于效法，并使人们受到感染和激励，因而具有强烈、深刻的教育作用和示范作用。

全国道德模范为当代中国社会树立新的道德标杆，展示了近年来公民道德建设的丰硕成果，标志着我国公民道德建设迈上了新的高点。道德模范尽管来自不同的行业和领域，但都在各自平凡的岗位上，用自己的实际行动向世人展示了助人为乐、见义勇为、诚实守信、敬业奉献、孝老爱亲的道德风貌，不愧为时代的楷模、公民的榜样。道德模范大都是我们身边非常熟悉的、从事普通工作的劳动者，他们来自普通群众，他们可信、可亲、可敬、可学。道德模范以其崇高的道德行为和可贵的道德品质，谱写了社会主义精神文明建设的绚丽诗篇，向人们呈现了人性深处的美丽，让社会公众领略了道德人格的魅力，广泛地影响和感染了周围一大批人。树立道德模范是开展道德教育、进行道德建设的有效方法。道德模范使社会倡导的主流价值观念变得生动形象，让先进的思想道德变得可学可行。一个道德模范，就是一本鲜活的教科书；树立一个道德模范，就是在社会上树立一面旗帜、一个标杆，就是在群众中确立一种导向、一个楷模。

习近平指出："道德模范是社会道德建设的重要旗帜"，"长期以来，各地区各部门按照中央要求，不断推进公民道德建设，弘扬中华传统美德，培育时代新风，中华大地涌现出一大批道德模范、最美人物。全国道德模范就是其中的优秀代表"[1]。在习近平看来，道德模范的高尚品德温暖了人心，感动了中国，为全社会树立了榜样。我们要认真学习道德模范的先进事迹和崇高品德，鼓励全社会积善成德、明德惟馨，使人们崇德向善、见贤思齐，为实现中华民族伟大复兴的中国梦凝聚起强大的精神力量和有力的道德支撑。中国特色社会主义现代化建设事业，需要千千万万个道德模范，也培育着千千万万个道德模范。崇尚道德模范、弘扬良好道德风尚，是一个社会健康向上的标志，也是建设社会主义先进文明的内在要求和动力源泉。

---

① 习近平. 为实现中国梦凝聚有力道德支撑//习近平谈治国理政. 北京：外文出版社，2014：158.

（三）肯定志愿者行动和志愿者服务精神

志愿者行动作为一种现代公益事业，它是古老的慈善观念与现代社会参与、整合手段的结合，是古老的慈善行为与现代社会救助手段的融合。志愿者内心的动机和行为的动力包含对弱者的同情与悲悯之心，深刻体现中华民族伦理文化的"仁爱"宏旨，是"仁者爱人""老吾老以及人之老，幼吾幼以及人之幼"精神的现代传承。志愿者和志愿者行动，是一个社会良知的化身和体现，其本质是利人、利己、利社会，或者是救人、救己、救社会。志愿者服务精神是一种志愿的、不为报酬和收入而参与人类发展、促进社会进步和完善社区工作的精神，是公民社会和公民社会组织的精髓。志愿者服务精神是一种具体化或日常化的人文精神，具有自愿性或非强制性、非营利性或公益性、亲身实践性或参与性等特征。作为促进社区发展、社会进步、个人完善的价值观念和社会心理，志愿者服务精神在日常生活层面的实际表现就是志愿者行动。志愿者的志愿行为是真正有益于社会大众的行为，是真正体现人性的行为。

互助利他、知行统一，志愿者服务丰富了道德建设的精神内涵和实践形式。以"奉献、友爱、互助、进步"为主要内容的志愿者服务精神，丰富和发展了道德的精神内涵。实践证明，志愿者服务精神既继承了中华传统文化的精髓，又反映了历史进步和时代发展的要求，因此丰富和发展了道德的精神内涵，成为社会主义新型道德的重要组成部分。

汶川大地震发生后，志愿者组织积极行动起来，成为抗震救灾中一支重要的救助力量。汶川大地震中，不管从参与志愿救灾的人群结构、数量多寡来看还是从志愿者行动的组织方式来看，都显现出志愿者行动的广泛性与多样性。抗震救灾中的志愿者，有各种各样的人，他们从全国和世界各地来到四川灾区，冒着生命危险，受尽千辛万苦，帮助灾区人民渡过难关。不管哪种情况，只要是志愿者行动，就是在做出牺牲的同时，救助了他人、救助了社会、救助了人类。所以，志愿者行动是一种高尚行为，是良知的发现，是人性的回归。以汶川抗震救灾来说，志愿者行动的方式各种各样，提供的服务也多种多样，不光是有钱捐钱有力出力，还有心理咨询；不光是提供物资，而且提供心灵慰藉，抚平人们心灵上的伤痛。

2008 年 8 月 24 日晚 8 时 45 分，当 12 位奥运志愿者代表登上北京奥运会闭幕式舞台，接受国际奥委会新当选的委员献花的时候，全世界的目光都聚焦于这个可爱的群体。在北京奥运会闭幕式上，首次安排由运动员代表向志愿者代表献花，充分体现了国际奥委会和全体运动员对服务北京奥运会的近 170 万名志愿者的敬意。参加北京奥运会的大学生志愿者共有 53 000 人，参加残奥会的大学生志愿者共有 21 000 人。国际奥委会主席罗格曾经说："志愿者是奥林匹克运动的基石，是奥运会真正的形象大使，他们代表着奥林匹克的精神。""奉献、友爱、互助、进步"的志愿者服务精神，继承了中华民族助人为乐、扶贫济困的传统美德，弘扬了以雷锋精神为代表的社会主义道德，吸收了人类社会先进文明的共同成果。志愿者行动已经成为新时期加强公民道德建设的重要载体和有力抓手，为公民道德建设开辟了有效途径。

志愿者行动不仅体现利他主义的价值取向，而且是内涵丰富的现实空间，可以使个人增加人生阅历、培养专业技能、积累工作经验、建立关系广泛的社交圈等。志愿者行动不是单纯的奉献行为，而是通过服务他人来满足自愿性的需求。这种需求有自足性的特点，它不需要功利性的激活。由于自愿，志愿者会恪守诚信的理念；由于参与决策，志愿者会自发地强化履约意识。志愿者行动不是追赶时髦，不是心血来潮，更不是追逐名利，而是要求参与者从内心深处萌生"志愿"的理念。志愿者在"社会服务活动"和"个人日常活动"的互动中注重意识与行为的迁移，把在"社会服务活动"时学习到的一系列规范当作"种子"播在"个人日常生活"的田地里，并使之生根、发芽。

志愿者服务精神是社会主义新型道德体系的重要组成部分，发掘和丰富志愿者服务精神的思想内涵，对于发展社会主义道德的内容具有重要的意义。同时，志愿者服务行动也是动员社会成员参与社会主义道德实践的有效途径，公民的社会责任感和道德素养通过志愿者服务行动而得到切实的提升，处于精神层面的道德观念与处于实践层面的社会劳动实现了有机统一。

(四) 重视网络治理和网络伦理建设

加强公民道德建设，必须重视发挥网络和新闻传媒的正面引导作用。在当今时代，互联网正在介入人们的物质和精神文化生活，新闻传媒被视为"第四种力量"。

加强互联网建设，必须唱响网上思想文化的主旋律，努力宣传科学真理、传播先进文化、倡导科学精神、塑造美好心灵、弘扬社会正气。网媒特别是主流网媒，应责无旁贷地为此担当起营造思想和舆论氛围的重任，自觉抵制粗俗、庸俗和媚俗，以科学的理论武装人，以正确的舆论引导人，以优秀的作品鼓舞人。

加强网络道德建设，是我国公民道德建设的新要求。中央和地方政府越来越积极地应对和回应网络舆情，互联网已成为政府治国理政、调和鼎鼐的新平台。2008年6月20日，胡锦涛在人民日报社考察期间通过人民网强国论坛同网友们进行了在线交流。现在，越来越多的领导干部开始以参加网络访谈、通过网络发表祝福、回复网民留言等各种形式"触网"。这使网络舆情呈现出由单一方向的网民讨论建言向双方向的官民互动发展的态势。进行网络道德建设，必须加强网络自身的道德建设，认真研究网络道德建设的规律性，开展文明网站创建活动，推动文明办网、文明上网，规范网上信息的传播秩序，将网络道德教育同网络基础知识与应用技术教育有机结合起来，引导人们树立正确的道德观和人生观，增强人们抵制网络"三俗"信息的意识和能力，使人们自我规范自己的上网行为。进行网络道德建设，必须提高人们应用网络信息的能力，提高人们识别、抵制负面信息的能力，培养人们养成网络道德自律意识，发展道德判断能力，使人们恪守网络时代所要求的伦理道德规范，养成良好的道德自律习惯。进行网络道德建设，必须培育文明理性的网络环境，充分发挥网络在社会主义道德建设中的作用。

积极推动公民道德建设的手段创新，在用好报刊、广播、电视等新闻媒体的同时，注重运用互联网、手机短信微信、IP电视、移动电视等新渠道，传播先进思想文化，推进公民道德建设。报刊、广播、电视和互联网等，要通过新闻报道、言论评论、专家点评、群众讨论和公益广告等多种形式，宣传道德知识，普及道德规范。要大力宣传具有时代特征的先进典型，特别是普通人群中的道德楷模和人们身边的好人好事，使人们学有榜样、赶有目标、见贤思齐。

互联网的发展是无国界、无边界的，利用好、发展好、治理好互联网，必须深化网络空间国际合作，携手构建网络空间命运共同体。中国愿同国际社会一道，坚持以人类共同福祉为根本，坚持网络主权理念，推动全球互联网治理朝着更加公正合理的方向迈进，推动网络空间实现

平等尊重、创新发展、开放共享、安全有序的目标。2015 年 12 月 16
日，以"互联互通、共享共治——构建网络空间命运共同体"为主题的
第二届世界互联网大会在浙江乌镇开幕，中国国家主席习近平出席大会
开幕式并发表讲话，就共同构建网络空间命运共同体提出"五点主张"：
（1）加快全球网络基础设施建设，促进互联互通；（2）打造网上文化交
流共享平台，促进交流互鉴；（3）推动网络经济创新发展，促进共同繁
荣；（4）保障网络安全，促进有序发展；（5）构建互联网治理体系，促
进公平正义。"五点主张"，表达了中国领导人关于网络治理以及网络建
设的战略构想，旨在使互联网和信息技术更好地服务于人们的生产生活
和推动国际关系健康发展。习近平强调指出："网络空间同现实社会一
样，既要提倡自由，也要保持秩序。自由是秩序的目的，秩序是自由的
保障。我们既要尊重网民交流思想、表达意愿的权利，也要依法构建良
好网络秩序，这有利于保障广大网民合法权益。网络空间不是'法外之
地'。网络空间是虚拟的，但运用网络空间的主体是现实的，大家都应
该遵守法律，明确各方权利义务。要坚持依法治网、依法办网、依法上
网，让互联网在法治轨道上健康运行。同时，要加强网络伦理、网络文
明建设，发挥道德教化引导作用，用人类文明优秀成果滋养网络空间、
修复网络生态。"① 这里既强调了依法治网、依法办网、依法上网，让
互联网在法治轨道上健康运行，又凸显了加强网络道德建设，发挥道德
教化的引导作用，实际上主张用德法兼治的方式来强化网络治理。

随着全面建设小康社会的深入推进，改革开放和社会主义市场经济
的不断发展，新技术、新行业、新人群大量涌现，各种思想文化相互交
融、相互激荡，人们思想观念和价值取向多元多变的趋势更加明显，文
化生活和精神需要多层多样的特点更加突出，公民道德建设的环境、对
象、内容都发生了很大的变化。因此，积极推动公民道德建设的内容创
新，深入挖掘中华民族传统美德和优秀革命道德的时代内涵，深入研究
社会主义新风尚的时代特征，深入回答改革开放实践对道德建设提出的
时代课题，从理论和实践、历史和现实相结合的角度，探索建立与社会
主义市场经济相适应、与社会主义法律规范相协调、与中华民族传统美
德相承接的社会主义思想道德体系，变得特别重要。公民道德建设是常

---

① 习近平. 在第二届世界互联网大会开幕式上的讲话. 人民日报，2015-12-17.

做常新的事业，永远在路上，丝毫也松懈不得。只有适应国情世情不断发展变化的实际需要，在实践中积累经验，在创新中增强活力，在改进中提高水平，公民道德建设才能更好地体现时代性、把握规律性、富于创造性，不断为社会主义现代化建设提供精神动力和道义支持。

第六章　社会文明与和谐伦理思想

　　构建社会主义和谐社会，建设高度发达的社会文明，是我们党用马克思主义的立场、观点和方法，在总结历史和现实实践经验的基础上，对共产党执政规律、社会主义建设规律、人类社会发展规律认识的深化。构建社会主义和谐社会，包含丰富而深刻的和谐伦理思想。从某种意义上说，和谐伦理是和谐社会的精神要义和价值内核。社会主义和谐伦理是一种能使人与自我、人与人、人与社会、人与自然都处于和谐有序发展状态的伦理。各尽所能、各得其所，各司其职、各安其位，而又和谐相处、和平共处，是这种伦理的基本特征。社会主义和谐伦理思想，是马克思主义伦理思想中国化最新成果的重要组成部分，反映中国共产党人对社会建设和社会伦理建设的深刻智慧，是对马克思主义伦理思想的重大发展。

一、社会主义和谐伦理的基本内涵和关系类型

　　社会主义和谐社会，是一种与伦理相关，既立于伦理的基础之上又指向伦理的价值目标，集伦理的内生性和外需性、基础性和目标性于一体的社会。和谐社会是人最深刻的道德需要和价值期盼，表达着人的道德追求和对幸福生活的向往，也需要通过唤醒人的道德自觉和艰苦奋斗来达成，或者说，只有在道德追求的基础上并通过道德的努力才可能真正建设和谐社会。

（一）社会主义和谐社会的提出及意义

和谐自古以来既是人类追求的社会目标，也是人类追求美好生活的重要条件。

"和谐"由"和"和"谐"两个字组成。"和"者，和睦也，有和衷共济之含义；"谐"者，相合也，有顺和、协调、无抵触、无冲突之含义。一般地说，"和谐"是事物之间特别是人与自我、人与人、人与社会、人与自然之间一种有序、均衡、协调的秩序和状态。和谐是事物之间和各种关系之间的一种相互影响、相互作用的共存状态，是事物之间和各种关系之间的一种各安其位、各守本分、各司其职的优良秩序，是事物之间和各种关系之间的一种相互协调、相互促进的合作与共赢状态。和谐就其本质而论是差异性中的和合协调，是多样性中的和美融洽。"和谐构成成分是多元的，而非一元的。在绝对统一的一元化整体中，和谐没有存在的余地。那种试图使系统或共同体成为一个绝对统一的一元化整体的努力，只会从根本上消解和谐的根基。……构成和谐的主体或因素不仅是多元的，而且彼此之间是各不相同的，存在着差异性。和谐不是清一色，而是基于差异性的多样性，正因为如此，和谐是美的。清一色的事物也可能构成一种秩序，但那种秩序可能是整齐，而不可能是和谐。和谐是基于差异性、多样性并尊重个性构建的秩序。无差异就无多样，无多样则无和谐。"[①]

从思想史来看，古今中外的许多思想家都有过社会和谐的理想追求。古希腊柏拉图的"理想国"、中国老子的"小国寡民"、孔子及其儒家的"中和"主张、"天下为公、选贤与能、讲信修睦"的"大同"社会等都是这方面的例证。在近代空想社会主义者那里，"和谐"就是未来社会的代名词，《乌托邦》《太阳城》等著作中有关于这方面的具体而生动的设想和描写。1803年，法国空想社会主义者傅立叶发表《全世界和谐》一文，认为资本主义制度是不合理、不公正的，将被新的"和谐制度"所代替。1824年，英国空想社会主义者欧文在美国印第安纳州搞空想社会主义试验，其公社即以"新和谐"命名；1842年，德国空想社会主义者魏特林在《和谐与自由的保证》一书中把社会主义称为

----

① 江畅. 幸福与和谐. 北京：人民出版社，2005：5-6.

"和谐与自由的社会",并指出新社会的"和谐"是"全体和谐"。马克思、恩格斯在《共产党宣言》中,把空想社会主义"提倡社会和谐"看作"它们关于未来社会的积极的主张"①。

马克思主义创始人依据社会形态理论,认为只有在取代资本主义对抗性社会形态的未来共产主义社会,才能真正实现社会和谐。经过生产力的高度发展,在打碎资产阶级国家机器、消灭私有制、消灭阶级和阶级差别、消除"三大差别"的基础上,社会财富极大丰富,人们的精神境界极大提高,每个人都将得到自由而全面的发展,那时会出现和谐社会。他们在《共产党宣言》中指出:"代替那存在着阶级和阶级对立的资产阶级旧社会的,将是这样一个联合体,在那里,每个人的自由发展是一切人的自由发展的条件。"② 其中,"代替那存在着阶级和阶级对立的资产阶级旧社会的",是说明在对抗性社会形态里不会出现社会和谐。"每个人的自由发展是一切人的自由发展的条件",是说这种高度的社会和谐,只有在共产主义高级阶段才能实现。马克思主义关于社会和谐的思想,深蕴于他们对未来社会的原则性的科学预见之中,如未来社会是"自由人的联合体"、是"由必然王国向自由王国的飞跃"等。

2002 年江泽民访美时,在乔治·布什总统图书馆的演讲中提出:"中国先秦思想家孔子就提出了'君子和而不同'的思想。和谐而又不千篇一律,不同而又不相互冲突。和谐以共生共长,不同以相辅相成。和而不同,是社会事物和社会关系发展的一条重要规律,也是人们处世行事应该遵循的准则,是人类各种文明协调发展的真谛。"③ 这一阐述深刻地揭示了社会主义和谐社会的精义:在社会主义社会,客观上存在不同的社会分工和不同的利益主体,但这里的不同是根本利益一致基础上的不同,社会主义和谐社会就是要在尊重不同、尊重个性、尊重多样性、尊重不同主体的独立自由发展的前提下,追求和谐以共生共长,追求不同以相辅相成。

党的十六大报告第一次明确把"社会更加和谐"列为全面建设小康

---

① [德]马克思,恩格斯. 共产党宣言//马克思恩格斯文集:第 2 卷. 北京:人民出版社,2009:63.

② 同①53.

③ 江泽民. 和而不同是人类各种文明协调发展的真谛//江泽民文选:第 3 卷. 北京:人民出版社,2006:522.

社会的一个重要目标。2004 年 9 月，党的十六届四中全会明确提出构建社会主义和谐社会的任务，强调形成全体人民各尽所能、各得其所而又和谐相处的社会是巩固党执政的社会基础、实现党执政的历史任务的必然要求，明确了构建社会主义和谐社会的主要内容。这是我们党第一次明确提出构建社会主义和谐社会的重大战略任务。2005 年 2 月，胡锦涛指出："构建社会主义和谐社会，关系到最广大人民根本利益，关系到巩固党执政的社会基础、实现党执政的历史任务，关系到全面建设小康社会全局，关系到党的事业兴旺发达和国家长治久安。"[①] 2005 年 2 月 21 日，第十六届中央政治局围绕构建社会主义和谐社会开展了第二十次集体学习。胡锦涛强调，要加强对构建社会主义和谐社会所涉及的社会结构、社会利益关系和社会稳定等重大问题的调查研究，加强对我国历史上和国外关于社会建设问题及其积极成果的理论研究与借鉴，明确提出社会主义社会建设要注意研究与借鉴我国历史上和国外关于社会建设问题的积极成果。[②] 2005 年 10 月中旬，胡锦涛在党的十六届五中全会上的讲话中指出，要"从解决关系人民群众切身利益的现实问题入手，扎扎实实推进社会主义和谐社会建设"[③]。

2006 年 10 月，中国共产党第十六届中央委员会第六次全体会议审议通过的《中共中央关于构建社会主义和谐社会若干重大问题的决定》，是一个极其重要的纲领性文件，《决定》全面、深刻地阐明了社会主义和谐社会的性质和定位，指明了构建社会主义和谐社会的指导思想、目标任务、工作原则和重大部署。2007 年 10 月，党的十七大报告强调了构建社会主义和谐社会的重要性，并对以改善民生为重点的社会建设做出全面部署，指出："和谐社会要靠全社会共同建设。我们要紧紧依靠人民，调动一切积极因素，努力形成社会和谐人人有责、和谐社会人人共享的生动局面。"[④] 党的十八大报告强调指出："加强社会建设，是社

① 胡锦涛. 构建社会主义和谐社会//胡锦涛文选：第 2 卷. 北京：人民出版社，2016：278.

② 胡锦涛在中共中央政治局第二十次集体学习时强调加强调查和研究着力提高工作本领，把和谐社会建设各项工作落到实处. 人民日报，2005-02-23.

③ 胡锦涛. 我国经济社会发展的阶段性特征和需要抓紧解决的重大问题//胡锦涛文选：第 2 卷. 北京：人民出版社，2016：376-377.

④ 胡锦涛. 高举中国特色社会主义伟大旗帜，为夺取全面建设小康社会新胜利而奋斗//胡锦涛文选：第 2 卷. 北京：人民出版社，2016：645.

会和谐稳定的重要保证。必须从维护最广大人民根本利益的高度,加快健全基本公共服务体系,加强和创新社会管理,推动社会主义和谐社会建设。"① 十八大以来,以习近平为核心的党中央高度重视和谐社会建设,坚持以改善民生、维护人民群众的切身利益为出发点来创新社会管理,发表了一系列重要讲话并制定了许多建设社会主义和谐社会的重要文件和政策,并以踏石留印、抓铁有痕的务实之举推进着社会主义和谐社会建设。

建设社会主义和谐社会是中国现代化建设的必然要求。随着我国经济的快速发展,社会中的不和谐因素日益增多,主要表现为:(1)经济增长与社会事业不和谐,经济增长与分配不和谐,经济增长与就业状况不和谐;(2)经济增长与人的发展不和谐,尤其是人的观念与经济和社会的真实需要相脱节,一方面是效率至上,利己主义泛滥,另一方面则是平等、公平、互助、正义等理念在一定程度上被忽略。以上问题与矛盾的解决,迫切需要建设社会主义和谐社会。建设全体人民各尽所能、各得其所而又和谐相处的和谐社会,是中国社会主义现代化建设的迫切需要。

建设社会主义和谐社会是人类对工业文明价值反思的必然结果。20世纪的工业文明的确为人类催生了巨大的物质财富,造就了高度发达的科学技术,为生活质量的普遍提高提供了物质基础,也为人类的物质生活与精神生活的和谐、人与自然的和谐创造了条件。但是,工业文明毕竟是以功利最大化为根本价值取向的,导致了人与自然关系紧张、人的身心不和谐等后果。面对由此形成的生态危机、人文危机,人类痛定思痛,越来越有共识地认识到现在面临的迫切任务已经不是为人类寻求传统意义上的生存之策,亦非追求微观利益增长的趋利之道,而是应当把主要的研究力量用在致力于解决经济、人文、自然三者的和谐持续发展方面。随着物质财富大量增长而来的财富本身效用的下降,人与自我、人与人、人与社会、人与自然之间的和谐关系变得越来越重要,人类迫切需要走出功利境界,需要追求天人共富、身心和谐的和谐境界。

构建社会主义和谐社会,体现的是社会主义本质特征的和谐属性与

---

① 胡锦涛. 坚定不移沿着中国特色社会主义道路前进,为全面建成小康社会而奋斗//胡锦涛文选:第3卷. 北京:人民出版社,2016:640.

和谐价值。富强、民主、文明、和谐、美丽是社会主义现代化国家"五位一体"总体布局的重要特征和价值目标。建设社会主义物质文明、政治文明、精神文明、生态文明，可以为构建社会主义和谐社会提供坚实基础；构建社会主义和谐社会，又可以为建设社会主义物质文明、政治文明、精神文明、生态文明提供重要条件。

实现社会和谐，建设美好社会，始终是人类孜孜以求的社会理想，也是包括中国共产党在内的马克思主义政党不懈追求的社会理想。

（二）社会主义和谐伦理的基本内涵

和谐伦理，是关于什么是和谐、为什么需要和谐与怎样达致和谐的伦理思考及其由此而形成的道德原则规范等的总和，其主旨在于调节人与自我、人与人、人与社会、人与自然之间的相互关系并使之和谐相处、互动共生。和谐伦理认为，向往和谐、追求和谐、实现和谐，是人类的理想和目标。作为一个催人奋进的价值目标，和谐集聚了人类诸多价值理性和善的理念，表达着人类对自身生活状况的价值期盼和伦理设定。同时，和谐还是一种现实关系的合理状态和人与各种关系的理想化实现，是一个人际关系和社会关系相融互补、和平共处的状态与发展过程。和谐本身既是一个实质性的伦理观念，也是一个需要伦理支撑和伦理精神保障的道德范畴。从某种意义上说，和谐不能自动和自发生成，和谐的达成是人们努力和奋斗的结果，和谐的维系需要人们不断地付出和奉献，甚至包含必要的忍耐与节制。和谐的价值是伦理关系颇具永恒性和持久性的价值，为了和谐，一些利益上的付出乃至牺牲都是有价值的。当然，和谐并不是同一或绝对一致，和谐也不是没有矛盾，真正的和谐应该是包含差别和差异的中和，应该是各种因素、关系共存共处共发展的"保合太和"。

在中国历史上，儒家有丰富的和谐伦理思想，强调"礼之用和为贵"，有"天时不如地利，地利不如人和"的价值主张与倡导。《周易》"兑"卦中，"和"是大吉大利的征象，就已蕴含丰富的和谐伦理思想。《周易·乾》有言："夫大人者，与天地合其德，与日月合其明，与四时合其序，与鬼神合其吉凶。先天而天弗违，后天而奉天时。"这里所言及的"与天地合其德"即是早期的和谐伦理思想。在西周末年（约公元前8世纪），伯阳父（史伯）同郑桓公谈论西周末年政局时，提出了

"和实生物，同则不继"的思想，指出西周将灭，就是因为周王"去和而取同"，去直言进谏的正人而信与自己苟同的小人。他第一次区别了"和"与"同"的概念，指出："以他平他谓之和，故能丰长而物归之。若以同裨同，尽乃弃矣。"① "以他平他"，是以相异和相关为前提的，相异的事物相互协调并进，就能发展；"以同裨同"，则是以相同的事物叠加，其结果只能是窒息生机。孟子主张由爱而孝，由孝及忠，由家而国而天下，即"亲亲而仁民，仁民而爱物"②。宋儒张载指出："性者之万物一源，非有我之得私也。惟大人为能尽其道，是故立必俱立，知必周知，爱必兼爱，成不独成。"③ 人之为人在于人性，天地万物之为天地万物在于物性，人性与物性同宗、同源，所以"爱必兼爱"，不仅应当爱己、爱亲，而且应当爱他人、爱万物。张载提出了"民胞物与"的理论，有言："乾称父，坤称母；予兹藐焉，乃混然中处。故天地之塞，吾其体；天地之帅，吾其性。民吾同胞，物吾与也。"④ 此言人处于天地之间，与天地万物同体同性，故四海之内皆如同胞兄弟，万物是吾侪辈族类，仁爱之心包容一切人、遍及一切物。朱熹对孟子的仁民爱物亦做出自己的发挥，指出："仁如水之源，孝弟是水流底第一坎，仁民是第二坎，爱物则三坎也。"⑤ 这种人我平等、物我一如的博爱倾向，使儒家的推己及人之胸怀达到相当的高度，并产生深远的影响。王阳明以和谐说"大人"，指出："大人者，以天地万物为一体者也，其视天下犹一家，中国犹一人焉。……大人之能以天地万物为一体也，非意之也，其心之仁本若是，其与天地万物而为一也。……是故见孺子之入井，而必有怵惕恻隐之心焉，是其仁之与孺子而为一体也；孺子犹同类者也，见鸟兽之哀鸣觳觫，而必有不忍之心焉，是其仁之与鸟兽而为一体也；鸟兽犹有知觉者也，见草木之摧折而必有悯恤之心焉，是其仁之与草木而为一体也；草木犹有生意者也，见瓦石之毁坏而必有顾惜之心焉，是其仁之与瓦石而为一体也。"⑥ "以天地万物为一体"，即人与天地万物同处一个有机的整体之中，因一气相通，故有生之类、无情之属皆是仁

---

① 国语：郑语.

② 孟子：尽心上.

③ 张载. 张载集. 章锡琛，点校. 北京：中华书局，1978：21.

④ 同③62.

⑤ 黎靖德，编. 朱子语类：第2册. 北京：中华书局，1986：463.

⑥ 王阳明. 王阳明全集：下册. 上海：上海古籍出版社，1992：968.

心的包容对象。

在西方，和谐伦理思想的源头可以追溯到毕达哥拉斯。毕达哥拉斯说："美德乃是一种和谐，正如健康、全善和神一样。所以一切都是和谐的。友谊就是一种和谐的平等。"[①] 从苏格拉底开始，"和谐"被引入政治和社会领域。柏拉图在《理想国》里阐述了"公正即和谐"的观点。在他设计的理想国，国家是放大的个人，个人是缩小的国家。在理想国内，各个阶层的人应该各司其职，协调和谐。建立理想国的目的是要实现理想城邦整体的统一与幸福，和谐、统一是柏拉图认定的最高价值。[②] 17 世纪德国哲学家莱布尼茨崇尚和谐，并创立以单子论为基础的和谐伦理学说。在他看来，上帝在创世之初就已经把宇宙的发展过程预先安排好了，每个"单子"都遵循自己的本性而发展变化，同时自然地与其他一切"单子"的发展变化保持协调，从而形成和谐的秩序。莱布尼茨的和谐伦理思想包括"单子"之间的普遍和谐、灵魂与身体之间的和谐、自然与社会的和谐、和谐的"主动性"与"被动性"的统一等内容。

和谐的达成离不开道德的支撑和努力。和谐伦理意味着关系各方摆脱了生存竞争、尔虞我诈、你死我活的敌对状态，进入一种和平共处、和谐共生、合作共赢的状态。这种状态一般说来并不是自然的馈赠，而是建设性的成就，是需要关系各方共同努力营造的。作为诸种关系的主体，人在和谐伦理建构中起着尤为重要的作用。人是名副其实的社会动物，人的本质是各种社会关系的总和。马克思说："动物和自己的生命活动是直接同一的。动物不把自己同自己的生命活动区别开来。它就是**自己的生命活动**。人则使自己的生命活动本身变成自己意志的和自己意识的对象。他具有有意识的生命活动。这不是人与之直接融为一体的那种规定性。有意识的生命活动把人同动物的生命活动直接区别开来。"[③] 人是和谐伦理的主体，人有一种内在的和谐伦理需要。人基于对和谐伦理的需要而释放出追寻和谐、创造和谐的活动能量。人类道德的一系列协调性规范，主旨都是为了和谐或和谐的秩序。利他主义、利群主义、

---

　① 北京大学哲学系，编. 古希腊罗马哲学. 北京：商务印书馆，1961：36.
　② 余纪元.《理想国》讲演录（第 2 版）. 北京：中国人民大学出版社，2011：78.
　③ ［德］马克思. 1844 年经济学哲学手稿//马克思恩格斯文集：第 1 卷. 北京：人民出版社，2009：162.

爱国主义、集体主义、世界主义、宇宙主义诸伦理原则和理论的形成，本质上都是出于达成一种和谐秩序和理想状态。"如果我们想为人类谋求一个安全的未来，我们就不应该采取功利性的原则，按这种原则人就应该追求最多数量和最大限度的幸福。在一个不确定和资源短缺不断增长的世界中，我们必须确立更温和的目标，也就是通情达理的幸福，它包括处于一种良好的存在状态，有自由并能够为实现合理的要求而工作。"① 多元利益主体通过道德的认同和行为选择的协调，形成一种有利于满足人的需要、促进人的发展的良好道德关系和精神氛围，是和谐伦理的核心要义。和谐伦理的基础是诸关系中的各方处于一种相互依存、相互协调、相互促进的状态，而要义是人对这种状态意义的认识和行动实践。人依靠和谐伦理理念及其和谐价值观，可以在诸关系的建构中发挥主体和主动作用，可以采取有效措施化解诸关系的矛盾冲突和紧张状态，使其朝着和谐、和睦、和合的方向运演，并最终达致和谐状态。

社会主义和谐伦理，是在和谐社会建设中凸显出来并为和谐社会所需要的伦理，主要是指人与人之间相互尊重、相互信任、相互帮助，社会内部关系融洽、协调，人与社会和谐相处以及人与自然和谐相处。社会主义和谐社会是一个全体人民各尽所能、各得其所而又和谐相处，注重激发社会活力，促进社会公平正义，增强全社会的法治意识和诚信意识，维护社会安定团结的社会。其价值理念是民主法治、公平正义、诚信友爱、充满活力、安定有序、人与自然和谐相处。社会主义和谐伦理的这六大理念和价值追求，既确证和谐又指向和谐、维系和谐，同时还赋予和谐丰厚的伦理价值。这六大价值理念既是社会主义和谐伦理追求的价值目标，也是社会主义和谐伦理建设的主要内容。

（三）社会主义和谐伦理的关系类型

社会主义和谐伦理，是在人民根本利益一致的基础上追求各方利益的和谐与共赢。社会主义和谐伦理集中表现为四大关系类型，即人与自我关系的和谐、人与人关系的和谐、人与社会关系的和谐、人与自然关

---

① ［美］保罗·库尔兹，编. 21世纪的人道主义. 肖峰，等译. 北京：东方出版社，1998：33.

系的和谐，这四大和谐成为社会主义和谐伦理的主要内容。

1. 人与自我身心和谐

人与自我的和谐，亦即身心和谐，是要处理"知己"的问题，目的在于实现身心和谐。古老的中华智慧强调做人要有自知之明。老子讲，"知人者智，自知者明"，就是说能清醒地认识自己、对待自己，才是最聪明的、最难能可贵的。希腊德尔菲神庙的石碑上清楚地刻着这样一条铭文——"认识你自己"。古希腊哲学家苏格拉底由此提出"认识你自己"的哲学命题，要求人首先要认识自我，他把人对自身的自然属性的认识转向对人的内在精神的认识。他提出人的本质是灵魂，而灵魂的特点就是精神和理性，是能够自我认识的理性。人不是感性的、个别的存在物，而是普遍的、不变的理性灵魂，这才是人的本质所在。人与自我的和谐要求人正确认识自我，积极提升自我，不断完善自我。正确评价和对待自己，不过高估计自己的才能，也不要遇到困难就消极处世。保持良好的阳光心态，以积极的态度对待自己和困难，设法让自己走出困境，积极对待生活。

当今社会竞争日趋激烈乃至残酷，"人"与"我"相离的"现代病"日趋蔓延，人们的身心俱疲症日趋加重，大量漠视生命、自我身心不协调乃至冲突的现象如吸毒、自残、自杀等日趋增多，生活压力的加大、物质欲望的膨胀、攀比心态的增强，致使不少人的心理健康素质和自我身心的调节功能下降，七情失衡，各种心理疾病大量产生。这从负面彰显了人与自我调适的极端重要性。另外，随着我国改革开放和经济社会的发展，人们的生活水平和生命需要大大提高，人们已经开始自觉地思考怎样提升自我的身心层次，怎样使生命肉体和心理更加健康等问题，以使自我得到全面发展。善待自己的身心灵肉，使自我处在适度、适时、适当的和谐状态，这对于构建和谐伦理与和谐社会，均具有积极而深刻的意义和价值。

个人身心的平衡健康发展，主要是指一个人在身体上、心理上和精神方面的健康状态，体现为在现实世界中精神上、情感上和心理上的一种积极向上、平和乐观的生活态度以及体魄上、躯体上的健康和人身的安全。身体素质可以具体量化到人均热量的摄入、平均寿命、健康的体格、传染病的发病率等指标；心理素质则具体指人的价值取向、健全的人格、健康的心态、心理承受能力以及民族凝聚力等方面。身体素质的完善和发展依赖经济社会的发展与基础设施的完善所创造和提供的物质要素，而心理素质的完善和发展在物质要素的基础上还取决于精神状态与精神文明建设。

促进人们身心健康具有重大的现实意义，它能使人们拥有更为丰富的内心世界，使人们获得自由和谐的发展。英格尔斯曾说："一个国家，只有当它的人民是现代人，它的国民从心理和行为上都转变为现代的人格，它的现代政治、经济和文化管理机构中的工作人员都获得了某种与现代发展相适应的现代性，这样的国家才可真正称之为现代化的国家。"① 因此，人们的身心健康就成为和谐伦理的重要内容，对于个体人格的健全和幸福生活具有十分重大的意义。

2. 人与人和睦融洽

人与人之间关系的和睦融洽是和谐伦理的关键性价值要素，毕竟"人最大的需要是人"，"人因为人而成为人"。诚如马克思所说："人来到世间，既没有带着镜子，也不像费希特派的哲学家那样，说什么我就是我，所以人起初是以别人来反映自己的。名叫彼得的人把自己当做人，只是由于他把名叫保罗的人看做是和自己相同的。"②

当代人因市场化、世俗化和世界的祛魅而变得更加实际并发展起超强的理智，用理智而非感情来处理日常或工作事物，精于计算，对于自己的行动要权衡利弊得失、考虑再三，利益取向压倒人际和谐，致使人与人之间的关系非常淡漠疏远，给人们的幸福生活造成极大的阻抑。渴望人情而又得不到人情关怀已成为大多数人的生存常态，繁忙与寂寞并在，生存的拥挤与情感的孤独如影随形。这难道是现代人生活的理想状态？实现人与人之间关系的和睦融洽，是和谐伦理建设的深沉呼唤。

人生在世，未免经常要与形形色色的人打交道。人际和谐包括男女之间的性别和谐、老幼之间的代际和谐、兄弟姐妹之间的同辈和谐、熟人或陌生人之间的人际和谐等。与他人的关系处理好了，就会感到心情舒畅，工作充满乐趣；与他人的关系处理不好，不仅会感到心情压抑，而且会遇到很多意想不到的阻力。重视处理人际关系，构建和谐的人际

① 殷陆君，编译. 人的现代化. 成都：四川人民出版社，1985：8.
② ［德］马克思. 资本论：第1卷//马克思恩格斯文集：第5卷. 北京：人民出版社，2009：67 注释18.

环境，事关民生幸福与社会和谐，意义无比重大。

儒家思想强调人际和谐，是以仁义道德为基本准则的。关于人与人的和谐关系的论述主要表现在"仁"的概念上。樊迟问仁，孔子回答说："爱人"。所谓"爱人"，一方面是"己欲立而立人，己欲达而达人"，另一方面是"己所不欲，勿施于人"。这正是儒家的"忠恕之道"。它是儒家处理人际关系遵守的两个基本原则。"忠"指忠诚待人，"己欲立而立人，己欲达而达人"；"恕"，指宽恕待人，"己所不欲，勿施于人"。这是"仁者爱人"的两个不同侧面。我们的社会是一个多元化的社会，人们相互之间的关系越来越复杂。社会的复杂性导致个性的丰富性，这必然引起个体之间冲突的加剧，要与周围的人保持良好的人际关系，就必须学会求同存异，具备宽宏豁达的心理品质，就必须多为他人着想，做到以诚相待。

实现人与人的和谐，必须把公平正义作为处理人与人之间关系的标尺，把诚信友爱作为处理人与人之间关系的基本准则，把充分激发每个人的活力作为奋斗目标，让全社会的创造力得到充分发挥，让一切创造社会财富的源泉充分涌流。为了实现人与人之间的和谐，要求每个人想问题、办事情要从"大家"出发，珍惜缘分，多关心少排斥，多支持少挑剔，多谦让少争执。对出现的矛盾和遇到的困难，多沟通少误解，多信任少猜疑，多宽容少计较。面对矛盾、摩擦、误会、纠纷等，要有求同存异的大度雅量，要有克己为人的奉献胸怀。尤其不能长小心眼，搞小动作，弄小圈子。作为现代人，应该努力践行"己欲立而立人，己欲达而达人"的仁德，宽人严己，与人为善，助人为乐，成人之美，大事小事皆容得，大善小善皆施得，大忙小忙皆帮得。人与人相逢共处是一种缘分，相互关心，相互支持，求同存异，就能形成团结和谐的良好局面。反之，如果想问题、办事情总是从一己之利出发，彼此排斥，互不相让，摩擦不断，就不利于维护团结、维护大局，就会影响生活的质量和人们的幸福生活指数。增进人与人之间的关系，需要我们多一分宽容。人与人之间的良好关系是建立在宽容基础之上的。以宽待人，人们之间才能感情融洽、和睦相处。俗话说"尺有所短，寸有所长"，每个人都有缺点与不足之处，倘若不能宽容他人的弱点和缺点，人与人就无法正常交往。宽容不会失去什么，相反，却会以此获得人心。度量直接影响到人与人之间的关系能否协调发展。人与人之间发生矛盾，有的是由于认识水平的不同，有的是由于一时的误解。我们如果能够有较大的度量，以谅解的态度去对待别人，那么就可以赢得时间，使矛盾得到缓和。

强调宽以待人并不意味着放弃自己正确的立场和观点，进而无原则地迁就与迎合他人。明知他人错了，为了不伤和气或表现自己的容人之度，借口替他人着想而随大流、"和稀泥"，这实际上是对宽以待人的一种曲解，是走向了处理人际关系应防止和克服的另一个极端。宽以待人，就是要求在为人处世过程中，充分考虑对方言行的原因、背景和特殊心态，然后进行分析和选择，以减少在思考和处理问题过程中的一厢情愿以及主观臆断，从而找到双方都能愉快接受的最优解决方式。发扬中华民族的传统美德，大力提倡互相尊重、互助合作、团结友爱的精神，继承乐善好施、扶危济困、见义勇为、注重礼仪、敬老爱幼、崇尚科学、诚实守信等优良传统，是建设和睦融洽之人际关系的根本要求。

3. 人与社会和谐共处

人与社会关系的和谐共处，是人与人关系和睦融洽的扩展提升，也反映着人与自我、人与自然关系的和谐要求。人以社会为自己的"集体家园""生存家园"，而社会作为家园和共同体则保护与保证人们安定、祥和、温馨的生活。

就人与社会的关系而言，一方面，人不能脱离社会而存在，人都是存在于社会之中的现实的人，社会是人生存与发展的根据和条件；另一方面，人又是社会的主体，是社会活动和社会关系的承担者，从而是社会发展的终极目的。人的不断进步、发展是推动社会不断前进的动力。人是社会的组成元素，没有人，就不会有社会的存在，更不会有社会的和谐发展，社会问题归根到底都是人的问题。

人与社会关系的和谐体现在以下几个方面：一是不同社会阶层之间的和谐，主要包括由不同经济地位、政治地位、文化地位的人们所形成的不同的社会阶层之间的和谐；二是不同社会组织之间的和谐，主要包括不同的政党、机构、集团、非正式组织之间的和谐；三是不同社会区域之间的和谐，主要是指发达地区与不发达地区、汉族聚居区与少数民族聚居区之间的和谐；四是不同社会部门之间的和谐，主要包括不同层级的部门（如中央与地方）、不同领域的部门（如工业部门与农业部门）

之间的和谐；五是经济、政治、文化、社会、生态发展之间的和谐，主要包括物质文明、政治文明、精神文明、社会文明、生态文明建设之间的和谐；六是国家、民族、种族之间的和谐。

"利之所在，天下趋之。"妥善协调和正确处理人们之间的各种利益关系，是实现人与人之间关系和谐的关键。人与社会的和谐共处，实际上是个人利益与社会利益之间的和谐共生。人与社会的和谐是这样一种状态：社会能不断满足每个社会成员的利益需要，每个社会成员也都能从社会整体利益出发，承担相应的责任，贡献自己的力量。实现人与社会的和谐，从社会的角度看，社会就应最大限度地不断满足每个人日益增长的各种利益需要，为每个人提供公平、公正的发展条件，使每个人平等地享受社会资源，享受社会进步带来的利益；从个人的角度看，个人对社会的贡献是社会发展和进步的基本保障，我们每个人都要承担应有的责任，如果人人都只想从社会获取东西，却不对社会做出贡献，那么这个社会就不可能存在和发展，个人的生存和发展也就失去了根本保证。个人与社会只有实现这种良好的互动，个人利益与社会利益才能都得到维护，个人与社会之间的关系才能达到和谐。

在现实生活中，个人与社会之间、个人利益与社会利益之间存在着这样那样的矛盾，这些矛盾的存在，就是由于社会发展不均衡，没有给社会共同体成员提供均等的发展机会。因此，调节、化解这些矛盾，就成为促进人与社会和谐共处的关键。

4. 人与自然和谐共生

自然是人类赖以生存和发展的物质基础，所以我们既要关心人类，又要关注自然，在维护人类利益的同时，要维护自然的平衡，确保社会系统和生态系统的协调发展。自然环境是人类生存的必备前提和条件。生态环境的破坏制约了经济社会的发展，也影响了人们生活水平和生活质量的提高。因此，走人与自然和谐共生之路，是人们重新审视人与自然的关系后做出的理性抉择。人类生活的和谐有赖于人类社会同自然的和谐。

在处理与自然的关系上，人类经历了崇拜自然、征服自然和协调自然的三个发展阶段。在人类社会的早期，由于生产力极其低下，原始人群在生产中软弱乏力，因而对自然是恐惧和依赖的，处在崇拜自然的阶段。而后的奴隶社会和封建社会，基本上是自给自足的自然经济占主导地位，虽然有毁林开荒等破坏环境的行为发生，一定程度上使某些文明趋于解体，但人类整体上还是敬畏和崇拜自然的，中国古代的祭祀天地社稷诸神即是这种观念的反映。当人类历史进入 17、18 世纪后，随着资本主义的发展和第一次工业革命的出现，人类进入大规模征服自然的阶段。在这个阶段，人类依靠科学技术的力量，不断发展生产力，使人类社会发生了深刻而迅速的变化。同时，环境污染、生态失衡、能源短缺、城市臃肿、交通紊乱、人口膨胀和粮食不足等一系列问题，也日益严重地困扰着人类。环境污染、生态失衡已成为世界性公害。据世界卫生组织报告：目前全世界有 10 亿以上人口生活在污染严重的城市，而在洁净环境中生活的城市人口不到世界总人口的 20%。全世界有近三分之一的人口缺少安全用水，每天有数以万计的人的死与水污染有关，食品中毒事件经常发生。严酷的事实，迫使人类在对待自然的态度上做出全面的反省：人类发展只有合理地利用自然，才能维护和发展人类所创造的文明，人类应当与自然和谐共生、协调发展，以求得人与自然的共同发展。

建立人与自然和谐共生、协调发展的关系，实现人与自然关系的全面、协调发展，是人类生存与发展的必由之路。

人与自我关系的和谐，建立起来的是一种和谐的己身伦理或律己伦理。人与人关系的和谐，建立起来的是一种人际和谐伦理。人与社会关系的和谐，建立起来的是一种和谐的社群伦理或团体伦理。人与自然关系的和谐，建立起来的是一种和谐的生态伦理和环境伦理。这四大和谐支撑起来的四大伦理，既是社会主义和谐社会的四大伦理架构，也是当代人类最为需要的四大伦理。理性而科学地处理人与自我、人与人、人与社会、人与自然的关系，实现身心和谐、人我和谐、己群和谐、天人和谐，既是人自身发展、完善的内在需要，也是社会主义和谐社会建设的内在要求，是建设社会主义先进伦理文化的内在要求。

二、公平正义是社会主义和谐伦理的核心价值理念

公平正义是社会主义和谐伦理的核心价值理念，也是中国特色社会主义的内在要求和根本原则。社会主义和谐伦理诉求的伦理道德取向是

社会的公平正义。"公正是和谐的生命之源。没有公正，就不可能有真正的和谐。"① 公平正义是文明社会的显著标志，是人与社会和谐的核心。

（一）公平正义是和谐伦理的价值核心

公平正义，是千百年来人类不懈追求的一种美好社会理想和愿望，也是中国共产党一贯坚持的政治主张和价值追求，是构建社会主义和谐社会的重要历史任务与建构和谐伦理的价值核心。

早在古希腊时期，柏拉图在《理想国》中就提出了公平和正义的问题，强调公平即和谐。同时，他把正义看作个人和国家的"善德"。亚里士多德认为，公平就是公正、平等，"政治学上的善就是'正义'，正义以公共利益为依归。按照一般的认识，正义是某些事物的'平等'（均等）观念"②。古罗马西塞罗认为，正义是使每个人获得其应得的东西的人类精神意向，是给予每一个人他应得的部分的这种坚定而恒久的愿望。"公正的首要功能是使一个人不做伤害他人的事情，除非是为邪恶所激怒。其次是引导人们将公共财产用之于公益，将私有财产用之于他们自己的私利。"③ 近代思想家霍布斯、洛克、伏尔泰、孟德斯鸠、卢梭以及功利主义者边沁、约翰·穆勒等，也对实现社会公平和正义进行了多方面的探讨与研究。现代以来，特别是 20 世纪下半叶以来，公平正义问题受到空前关注，罗尔斯、诺齐克、麦金泰尔、桑德尔、米勒等人发表了关于公平正义的一系列研究成果，罗尔斯在《正义论》一书中指出："正义是社会制度的首要价值，正像真理是思想体系的首要价值一样。"④ 罗尔斯把正义视为现代政治哲学的核心问题，并认为正义就是平等，从而将近代以来西方政治哲学的主题由自由转变为平等。在罗尔斯看来，"古代人的中心问题是善的理论，而现代人的中心问题是正义观念"⑤。对于罗尔斯而言，正义关注的问题是社会制度与社会基

① 江畅. 幸福与和谐. 北京：人民出版社，2005：9.
② ［古希腊］亚里士多德. 政治学. 吴寿彭，译. 北京：商务印书馆，1965：148.
③ ［古罗马］西塞罗. 西塞罗三论：老年·友谊·责任. 徐奕春，译. 北京：商务印书馆，1998：98.
④ ［美］约翰·罗尔斯. 正义论. 何怀宏，何包钢，廖申白，译. 北京：中国社会科学出版社，1988：1.
⑤ John Rawls. Political Liberalism. New York：Columbia University Press，1996：xl.

本结构，或者更准确地说，"是社会主要制度分配基本权利和义务，决定由社会合作所产生的利益之划分的方式"①。在《正义论》中，罗尔斯提出了他的正义原则："第一个原则，每一个人都拥有和其他所有人的同样的自由体系相容的、最广泛平等的基本自由体系的平等原则。第二个原则，社会和经济的不平等应该这样加以安排，以使它们：（1）适合于最不利者的最大利益，并与正义的储蓄原则相一致；（2）在公平的机会平等的条件下，使所有的机会和地位向所有的人开放。"② 罗尔斯的第一个正义原则一般被称为平等的自由原则，第二个正义原则的第一部分被称为差别原则，第二部分被称为公平的机会平等原则。这样，罗尔斯的"正义两原则"其实包含三个正义原则，即平等的自由原则、差别原则和公平的机会平等原则。平等的自由原则主要被用来分配自由和平等，差别原则主要被用来分配收入和财富，公平的机会平等原则主要被用来分配机会和权利。社会法学家庞德区分了伦理学上的正义和经济学、法学领域的正义，指出："在伦理上，我们可以把它（正义。——笔者按）看成是一种个人美德或是对人类的需要或要求的一种合理、公平的满足。在经济和政治上，我们可以把社会正义说成是一种与社会理想相符合，足以保证人们的利益与愿望的制度。在法学上，我们所讲的执行正义（执行法律）是指在有政治、有组织的社会中，通过这一社会的法院来调整人与人之间的关系及安排人们的行为；现代法哲学的著作家们也一直把它解释为人与人之间的理想关系。"③

党的十六届六中全会通过的《中共中央关于构建社会主义和谐社会若干重大问题的决定》中指出："社会公平正义是社会和谐的基本条件"④。一般地说，公平正义就是社会各方面的利益关系得到妥善协调，人民内部矛盾和其他社会矛盾得到正确处理，社会公平正义得到切实维护和实现。从历史唯物主义的角度加以认识，公平正义大体可以分为两

---

① John Rawls. A Theory of Justice. Cambridge, Massacusetts: The Belknap Press of Harvard University Press, 1999: 6.

② 同①266.

③ ［美］罗·庞德. 通过法律的社会控制——法律的任务. 沈宗灵，董世忠，译. 北京：商务印书馆，1984：73.

④ 中共中央关于构建社会主义和谐社会若干重大问题的决定//中共中央文献研究室，编. 十六大以来重要文献选编：下. 北京：中央文献出版社，2008：657.

个层面：第一个层面的公平正义可称为程序公平正义，它与法的普遍性原则相联系，要求对所有人平等地执行法律和制度，赋予人们程序上的公平；第二个层面的公平正义可称为结果公平正义，它以追求最大多数社会成员的福祉为目的，强调针对不同情况和不同的人予以不同的对待，赋予人们结果上的公平。公平正义的两个层面是辩证统一的关系。没有程序公平正义的坚实支撑，结果公平正义就可能沦为无原则的妥协；没有结果公平正义的保证作用，程序公平正义就可能蜕变为弱肉强食的通行证。构建社会主义和谐社会既要求有程序的公平正义，更要求有实践和结果意义上的公平正义。一方面，要大力倡导程序公平正义，努力培育契约精神、程序精神与法治精神，从而为社会主义和谐社会打造一个坚实的法治基石。另一方面，要努力把实现结果公平正义作为构建和谐社会的核心任务，以实现最大多数人的福祉为己任，切实追求并确保结果公平正义，从而使社会主义制度的优越性得到更加充分的体现。

在社会主义各项制度的设计中，建立起公平正义的伦理价值体系和运行机制，具有至关重要的意义和价值。促进社会正义，要遵循公平的原则，合理调节社会收入，增加对低收入阶层的社会投入和保障力度，缩小贫富差距和降低两极分化，逐步实现共同富裕。共同富裕是社会主义和谐伦理的基本特征。从价值论的视域来考察，社会主义应该以社会的整体发展为自己的价值本位，这是相对于以资本的个体占有为本质特征的资本主义来讲的，是对资本主义给人类文明带来的贫富差别与不和谐现象的批判，是对资本主义的扬弃和超越，是对理想社会的探索和对人类文明的终极关怀。社会主义精神就是追求和谐。最能体现社会主义精神对和谐追求的先决条件就是共同富裕。建设社会主义和谐社会，就是要以共同富裕为总的价值目标，以先富帮后富，形成公平正义的分配格局，想方设法调动各方面的积极性、创造性，实现好、维护好、发展好最广大人民群众的根本利益，不断提高人民群众的物质文化生活水平，使全体人民都能共享改革开放和社会主义现代化建设的成果。每个社会阶层利益的实现，都不能以损害其他阶层的利益为代价。特别是处于优势主导地位阶层的利益增进，不能以侵害处于弱势被动地位阶层的利益为前提。先富强势群体应当具有应有的社会责任感，富而思源，帮扶和援助贫困弱势群体，先富带后富，逐步达到广大人民群众实现共同富裕，这样才能有效地避免贫富两极分化。

我国当前正处于社会转型期，利益主体多元、利益诉求多样。公平正义不仅是求解利益均衡、化解矛盾冲突的钥匙，而且符合人民群众的共同愿望和要求。中国社会主义越是加快发展，越要树立维护公平正义的理念，越要破解公平正义的时代课题。经验表明，避开"中等收入陷阱"，妥善处理好公平正义的各方面问题，才能使我国经济社会健康有序发展。保障社会的公平正义，才能争取社会不同阶层的真心拥护，增强社会的凝聚力，才能有效地整合社会资源，推动社会进步。社会主义和谐社会，应该是各社会阶层之间和谐相处的社会，全体人民都能从我国现在进行的改革发展中受益，社会各阶层和各群体的收入差距被控制在社会可以承受的范围之内，社会各阶层在共同利益的基础上实现劳动合作和利益共享。

遵循公平正义原则，才能凝聚起社会各阶层的共识并取得价值认同，才能取得社会不同利益群体的广泛支持和接纳，才能有效整合社会各种资源和力量，实现全社会的团结与合作。遵循公平正义原则，才能使社会不同利益群体各尽所能、各得其所、和谐相处，才能使广大人民群众看到希望，并自觉自愿地为之奋斗和献身。

（二）建立以权利公平、机会公平、规则公平、分配公平为主要内容的社会公平保障体系

"建立以权利公平、机会公平、规则公平、分配公平为主要内容的社会公平保障体系"[①] 的构想，集中代表了党和人民的意志、利益、愿望，是社会主义和谐伦理的重要内容。

1. 权利公平是公民主体地位和基本权利平等意义上的公平，是实现机会公平与分配公平的逻辑起点和实践起点

权利公平取消了封建主义所崇尚的特权及其由等级制度、血缘关系所形成的身份地位、阶级差别，把人视为完全自由、具有同等地位的类存在物。近代社会的形成是一个从身份到契约的社会变革运动，以对血亲、家族、父权等宗法关系的否定与拒斥，对人的解放及平等地位的重

---

① 胡锦涛. 构建社会主义和谐社会//胡锦涛文选：第 2 卷. 北京：人民出版社，2016：291.

视为自己的价值追求和精神旗帜，并因此开启了长达数百年的思想启蒙、观念变革和社会改造运动。梅因在《古代法》中描述了这一"从身份到契约"的社会变革运动，指出："所有社会进步的运动在有一点上是一致的。在运动发展的过程中，其特点是家族依附的逐步消灭以及代之而起的个人义务的增长。'个人'不断地代替了'家族'，成为民事法律所考虑的单位。"① 近代以前，人的一切关系都是从属于家族和血亲关系的，身份是人的存在的证明。近代变革首先是突破家族和血亲关系，把人从固定的身份中解放出来，使人成为独立、自在、自由和平等的个体。启蒙思想家们高标自由、平等和"天赋人权"的社会价值，并以此作为反封建、反压迫和倡人道的精神武器。1789 年法国《人权宣言》的第一条就规定："在权利方面，人生来是而且始终是自由平等的。"第二条又说："一切政治结合的目的都在于保护人的天赋的和不可侵犯的权利；这些权利是：自由、财产、安全以及反抗压迫。"② 第六条规定："在法律面前，人人平等，公民可按他们各自的能力相应地获得一切荣誉、地位和工作，除他们的品德与才能造成的差别外，不应有任何其他差别。"③《人权宣言》是近代资产阶级革命的胜利成果，确立了自由权、平等权、财产权以及其他公民权利的地位，对西方近现代化的历史进程产生了深远的影响。艾德勒指出："作为人，我们都是平等的。我们作为个人是平等的，在人性上也是平等的。一个人，在人性和个性上都不可能超过他人或低于他人。我们认为，人（而不是物）所具有的尊严是没有程度差别的。世间人人平等，是指他们作为人在尊严上的平等。"④ 权利公平应当以尊重人在尊严上的平等为要义并通过维护人在尊严上的平等表现出来。当代美国著名伦理学家德沃金认为，权利在现代社会具有优先性，公平意味着每一位公民都能具有受到平等关心和尊重的权利。他认为权利公平体现在两个方面，"第一种是平等对待的权利，它是对某些机会、资源或负担的平等分配的权利"，"第二种是作为一个平等的人而受到平等对待的权利，它不是一种获得某些负担或利益之同等分配的权利，而是一种同任何其他人一样受

---

① ［英］梅因. 古代法. 沈景一，译. 北京：商务印书馆，1959：96.
② 王德禄，蒋世和，编. 人权宣言. 北京：求实出版社，1989：14.
③ 同②15.
④ ［美］艾德勒. 六大观念. 2 版. 郗庆华，等译. 北京：三联书店，1998：200.

到同等关心和尊重的权利"①。德沃金认为，在这两种权利公平中，第二种权利公平是基本的，第一种权利公平是派生的。要想在现实生活中实现对作为平等的人的平等关心和尊重，就必须维护人的自由的权利。德沃金还用权利优先论来批判分配正义中的"福利平等"，并提出"资源平等"的正义论思想。

我国改革开放和社会主义现代化建设事业不断确立与维护着权利公平，社会主义和谐社会必然是一个倡扬权利、保障权利公正的社会。《中华人民共和国宪法》第三十三条规定："中华人民共和国公民在法律面前一律平等。"这是权利公平原则的宪法基础。社会主义时期权利公平主要包括三重含义：一是权利主体平等，每一个人都是人的类的主体，在权利上是平等的，人作为人的类的存在权利应该平等，而且必须平等。国家对每个权利主体应持平等的立场、平等地对待，即不偏袒、不歧视，没有亲疏厚薄之分，没有高低上下之别，一视同仁地对待所有人。二是享有的权利特别是基本权利平等，即每个社会成员不分性别、年龄、民族、出身、地位等，在生存权、发展权等基本权利方面是平等的，人的尊严权不容污辱。三是权利保护和权利救济平等。每一个人都有受到国家权利保护和权利救济的平等权利，也有权保护自己、救济自己和保护他人、救济他人。实现社会的公平正义，必须尊重人民当家做主的主体地位和主体权利。公平正义的社会应该保障人的生存权利的绝对平等。权利公平是在人的类的意义上维持人之为人的地位、价值和尊严的公平。中国政府把保障公民权利和政治权利贯穿于政治文明建设之中，从法律上、制度上、体制上努力营造一个维护权利公平的制度环境。切实维护与落实宪法和法律规定的各项权利，保证全体社会成员都能平等地享有受教育的权利、工作就业的权利、参与社会政治生活的权利以及法律规定的其他权利，保证人民当家做主的权利。

2. 机会公平是一切机会或好处向所有人开放的公平，是实现公平的基本条件和首要标志

机会公平意味着社会的一切机会应当向所有人开放。罗尔斯主张的"正义两原则"就包含机会平等的内容，他说："所有的社会价值——自

---

① Ronald Dworkin. Taking Rights Seriously. Cambridge，MA：Harvard University Press，1977：227.

由和机会、收入和财富以及自尊的社会基础——都应该加以平等地分配，除非对所有这些价值或任何一种价值的不平等分配有利于每一个人。"① 正义的本质意味着平等，所有的社会价值或好处原则上都应该平等地分配。罗尔斯的第二个正义原则包含两个次级原则：一是差别原则，一是公平的机会平等原则。它们构成对于社会和经济不平等的两个直接与主要的限制条件。

机会公平有不同的类型，从机会对于不同层面的社会成员所具有的不同意义的角度，可以把机会公平区分为共享的机会公平和有差别的机会公平。所谓共享的机会公平，是指从总体上来说每个社会成员都应当具有大致相同的基本发展机会。所谓有差别的机会公平，是指社会成员之间的生存与发展的机会不可能是完全相等的，应有着程度不同的差别。从在现实中的实现程度的角度，可以把机会公平区分为形式的机会公平和实际的机会公平。形式的机会公平，是指现代社会应当具有的机会公平，是基于人的基本权利由法律确认的机会公平。实际的机会公平，是指现实社会所允许的机会公平，是指形式的公平在现实社会中的实际兑现状态。由于现实和历史条件的限制，许多社会成员本来具有的潜能难以充分开发出来，难以进入公平竞争的状态。因此，政府有责任通过制度安排和关怀伦理来创造条件，"使每个人从一开始就有足够的权力（物质条件）以便得到相同的能力而与所有人并驾齐驱"②。罗尔斯特别看重这一问题，强调指出："为了平等地对待所有人，提供真正的同等的机会，社会必须更多地注意那些天赋较低和出生于较不利的社会地位的人们。这个观念就是要按平等的方向补偿由偶然因素造成的倾斜。"③ 因此，推进机会公平不仅包含机会向所有人开放，而且包含从整体上能使社会成员有能力公平地参与竞争和把握机会。这就确证了社会调剂公正和补偿公正的问题。

机会公平是最大的公平，机会不公平是最大、最集中的不公平。中国现在的不公平很大程度上是机会不公平。各种门槛正从起点上削减人

---

① John Rawls. A Theory of Justice. Cambridge, Massachusetts: The Belknap Press of Harvard University Press, 1999：54.

② ［美］乔·萨托利. 民主新论. 冯克利，阎克文，译. 北京：东方出版社，1998：389.

③ ［美］约翰·罗尔斯. 正义论. 何怀宏，何包钢，廖申白，译. 北京：中国社会科学出版社，1988：96.

们的各种机会。在今天市场化、多元化、开放化和流动化的社会环境中，人与人之间的关系日益复杂化、多样化，并存在着众多利益上的分化与矛盾。这些分化与矛盾的存在很大程度上是由机会不公平造成的。建设社会主义和谐社会要求把公平正义放在突出位置，要追求和实现社会公平，首先要讲求机会公平。机会公平是指在机会有限的情况下，社会主体参与某种活动和拥有相应条件方面的平等，它意味着人们有公平的机会选择与从事不同的经济和社会活动。凡是有相同能力和相同利益诉求的社会主体，社会都应对他们一视同仁，公平地为他们提供相同的机会与舞台，以确保他们在社会认可的范围内享有同等的发展机会和条件。机会公平强调发展机会的公平，要求社会提供的生存机会、发展机会、享受机会对于每一个社会成员都始终均等，这既是一种起点的公平，也是一种过程的公平。在这个过程中，社会要毫不偏袒地为所有人提供同样的机会。机会的实现过程必须排除一切非正常因素的干扰，要求做到："一是阻碍某些人发展的任何人为障碍，都应当被清除；二是个人所拥有的任何特权，都应当被取消；三是国家为改进人们之状况而采取的措施，应当同等地适用于所有的人。"① 机会均等意味着人的自主活动能力得到平等对待并获得充分发挥其才能的机会。它既不承认任何种族、性别、年龄的差别，也不承认那种由血统、门第、宗法关系决定的封建等级差别和特权，而只承认个人自主活动能力和努力程度方面的差别。机会公平并不能保证主体获得相关的利益，它只是提供一种获得某种利益的可能性。因此，一个社会，只有讲求和实现机会公平，个人的努力或奋斗才有所依附，社会财富才能被比较迅速地创造出来，并且得到较为合理的分配，以弥补起点不公导致的结果不公。只有讲求和实现机会公平，不同阶层或不同利益人群之间才能找到基本的价值共识，才能使社会怨恨得到有效平复，社会流动机制得以有效建立。机会公平既能有效地排泄社会的不满情绪，也能有效地促使社会各阶层的积极流动，从而使社会的公平正义在有序、健康的公平竞争环境中得到彰显。

3. 规则公平是规则面前人人平等的公平，是实现公平的重要环节和必要保障

规则公平也称形式公平、程序公平，是社会公平的外在表现形式，

---

① ［英］哈耶克. 自由秩序原理：上. 邓正来，译. 北京：三联书店，1997：111.

意即社会成员在法律规则面前一律平等，无差别地对待，包括规则内容对涉及的所有对象的平等（制定和遵循等）。在现实生活中，无论规则的制定抑或规则的遵守，都存在着不公平的现象。比如为特定的一个人或者特定的一些人制定的规则，表面上看起来公平，其实是严重的规则不公平。虽然规则是一视同仁的，但在现实中有些人超越规则，而其他人则必须遵守规则，这也是严重的规则不公平。强调规则公平，不仅意味着规则的制定应当体现一视同仁、平等对待，体现程序正义以及立法合理性的要求，而且要求遵守规则没有例外，人人都应当按规则办事。

规则公平的理念与依法治国的理念高度一致。我们的目标是建成社会主义法治国家，而法治的核心灵魂就是制定规则以后，大家在规则面前一律平等，不能有特权，权不能大于法，个人不能凌驾于法律之上。规则公平主要体现的就是法律面前人人平等的精神，它要求的是社会成员在参与经济社会发展的过程中，面对的行为规范和行动准则都必须正确地、真实地反映现实社会生活中的各种关系及其相互作用，反映经济社会发展的趋势，体现人民群众的愿望和要求。根据公共选择理论，社会中的每一个人都在追求利益的最大化，然而有所不同的是，有些人在规则的范围内实现利益，这符合社会的公平正义，但有些人却在规则之外寻求利益的实现，这严重地危害着社会的公平正义。潜规则、搭便车以及权力寻租等即是明显的规则不公平。因此，必须重构公平的社会规则体系，把每一个人的行为都纳入规则之内，让人与人之间、群体与群体之间、个人与国家之间利益关系的处理，都有公正的规则来限制。规则公平不仅要求社会运行规则本身要合乎理性，反映时代进步的要求，符合社会发展的规律，而且要求社会动行规则体现最广大人民群众的意愿，符合公平正义的要求。规则公平是权利公平、机会公平、分配公平的制度化和形式化，体现在各种法律规范、道德规范、规章制度中。这些规则通过各自的途径，教育、引导、强迫人们使自己的行为符合权利公平、机会公平、分配公平的要求。

4. 分配公平是公平的理想目标，是实现公平的实际体现和归宿

分配公平是实体公平。分配公平指向的是利益分配的结果，即人们实际获得的利益。分配公平作为一个关系范畴是发生在人与人、人与社会的利益关系之中的，是社会中各种利益分化的产物。沃尔泽在《正义

诸领域》一书中有言："分配是所有社会冲突产生的根源。……为控制生产过程方式而斗争就是为分配而斗争。"① 合理地划分利益是分配公平的深层本质。分配公平不是获得某种利益的可能性，而是利益分配的结果。英国经济学家威廉·汤普逊说："对于一个社会来说，重要的不是仅仅拥有财富的问题，而是财富的正确分配问题……人要想快乐，便脱离不了享受的物质手段，这在一切文明社会里主要就是财富，但是人们可以在拥有较少财富的情况下达到前所未有的快乐境地，而在财富极为充裕的情况下，却仍可能非常痛苦。和社会利害攸关的主要是财富的使用和分配问题，而不是财富的多寡。"② 这话说得很有针对性，如果收入分配不公平，那么即便人们的收入提高了，他们同样会有不公平感。罗尔斯在《正义论》中试图超越"按贡献分配""按努力分配""按需要分配"三种分配模式的局限而提出一种保持某种合理效率的、尽最大可能平等的分配正义。在罗尔斯看来，"按贡献分配"实际上是一种以效率为优先考虑的分配模式。人们在天赋能力和社会环境方面存在差异，使得天赋较高和社会环境较好的人们往往能够获得更多的收入。这种分配模式显然存在着不公平的因素。"任何人都不能说他的较高天赋是应得的，任何优点都不应该成为在社会中谋取一种更有利的出发点。"③ "按努力分配"克服了"按贡献分配"的某些缺点，接近于按照"道德应得"进行分配。但是一个人努力的程度及其所达致的结果也受到他的天赋才能和技艺的影响。此外，道德应得与分配份额之间并不存在必然的关系。"按需要分配"本质上是一种平均主义的分配模式，并不是一种分配正义，而只是一种关于工资的准则。罗尔斯认为，能够作为分配正义之指导原则的只能是"差别原则"，即通过再分配将社会上处境较好者的一部分利益转让给处境较差者。差别原则体现社会对利益格局中处境较差者的利益补偿、照顾和倾斜，同时彰显社会的关怀伦理和正义指向。

分配公平是建设社会主义和谐社会的重要内容，集中体现着社会主

---

① ［美］沃尔泽. 正义诸领域. 褚松燕，译. 南京：译林出版社，2002：12.

② ［英］威廉·汤普逊. 最能促进人类幸福的财富分配原理的研究. 何慕李，译. 北京：商务印书馆，1997：27.

③ John Rawls. A Theory of Justice. Cambridge，Massachusetts：The Belknap Press of Harvard University Press，1999：102.

义和谐伦理和分配伦理的精神要义。社会主义分配公平是在坚持和完善按劳分配为主体、多种分配方式并存的分配制度，健全劳动、资本、技术、管理等生产要素按贡献参与分配的制度的基础上，注重效率与公平结合的分配公平，具体内容包括提高居民收入在国民收入分配中的比重，提高劳动报酬在初次分配中的比重，"保护合法收入，调节过高收入，取缔非法收入"①。社会主义分配公平，既应该强调付出同获得之间的对称，凸显个体成员依靠自身成就而获得应有的回报，也应该抑制贫富差距过大的趋势，采取有效措施保护弱势群体的正当利益，使其能够享受社会发展成果。因此，国家和社会应当合理调整国民收入分配格局，积极推进分配制度改革，进一步理顺分配关系，完善分配制度，着力提高低收入者的收入水平，扩大中等收入者比重，有效调节过高收入，坚决取缔非法收入，努力缓解地区之间和部分社会成员之间收入分配差距扩大的趋势。分配公平赋予每个劳动者获得正当利益和社会保障的权利。

对于构建社会主义和谐社会来说，权利公平、机会公平、规则公平和分配公平四个方面缺一不可。因此，我们既要大力强化权利公平这一基础，又必须紧紧抓住机会公平与规则公平，并努力实现分配公平的目标。公平正义是人类文明进步的基石，也是社会主义和谐伦理的核心价值理念，对于建设社会主义和谐社会而言，有着极其重要的意义和价值。

（三）坚持公平与效率的有机统一

公平与效率问题是现代经济学和伦理学探讨的重要问题。关于这一问题的认识，大体形成了以下几种观点：（1）对立论。这种观点坚持认为，公平与效率之间是对立或不可调和的矛盾关系。对效率的追求不可避免地会产生各种不平等，对公平的追求就会妨碍效率的提高。公平与效率如同鱼和熊掌，二者不可兼得，要效率就不能要公平，要公平就必然会牺牲效率。（2）一致论。这种观点认为，公平与效率是可以兼容的，二者可以相互促进、相互统一，一方的存在和发展不是以牺牲另一方为代价的。公平分配有助于效率的提高，效率的提高可以更进一步促

① 胡锦涛. 高举中国特色社会主义伟大旗帜，为夺取全面建设小康社会新胜利而奋斗// 胡锦涛文选：第2卷. 北京：人民出版社，2016：643.

进公平。分配公平，直接关系到社会的稳定和劳动者积极性、主动性、创造性的充分发挥，成为效率提高的必要条件；而效率的提高可以使人们在比例不变的情况下获得更多的分配。（3）辩证统一论。这种观点认为，公平与效率是矛盾的统一，二者既有相互矛盾、相互排斥的一面，又有相互统一、相互依存的一面。矛盾性主要表现在：二者之间存在此消彼长的一面。一方面，公平对效率具有一定的滞后性，效率开始提高了，旧的公平观仍居于主导地位，阻碍生产力的发展。另一方面，在一定时期内为了达到公平，要以牺牲一定的效率为代价；而为了促进效率，又要以牺牲一定的公平为代价。二者的统一性主要表现在：其一，效率是公平的基础。从历史上看，只有效率提高到一定的程度产生剩余物品之后，才出现公平问题。在效率低下、还没有产生剩余物品时，空谈公平就失去了意义。其二，公平促进效率。收入分配是否公平，对经济效益有重大影响，分配公平合理能够使各个阶层的劳动者充分发挥积极性、主动性、创造性，能够促使社会稳定发展，从而全面促进劳动效率的提高。相反，严重的分配不公，无论平均主义的分配方式还是收入差距过大乃至产生两极分化，都会降低劳动者的积极性，增加社会的不稳定因素甚至导致社会动荡，从而影响效率。我们认同公平与效率的辩证统一论，认为公平与效率在社会主义市场经济条件下是可以统一的，但并不是没有任何矛盾，而这些矛盾在社会主义市场经济条件下是可以得到解决的。

公平与效率的关系是矛盾的统一，因此，在实际生活中，不可能完全做到公平与效率兼顾。是优先考虑效率，还是优先考虑公平，还是选择其他的结合方式，对此，人们有不同的认识。一种观点主张效率优先。这种观点来自西方自由竞争的各个学派，认为自由竞争是最平等的，主张把效率作为优先的政策目标，反对政府通过行政干预来进行收入的再分配，认为这样会阻碍经济的发展。一种观点主张公平优先。这种观点认为，应将公平作为优先考虑的政策目标，如果听任市场机制发挥作用，那么必然会产生两极分化，要求通过政府的宏观调控来缩小收入分配的差距。一种观点主张公平与效率两个目标同等重要，没有先后次序之分，二者必须兼顾，即如何以最小的不平等来换取最大的效率，或以最小的效率损失来换取最大的公平。奥肯主张公平与效率的兼顾论，认为"平等和效率双方都有价值，而且其中一方对另一方没有绝对的优先权"①。因此，"在它们冲突的方面，就应该达成妥协。这时，为了效率就要牺牲某些平等，并且为了平等就要牺牲某些效率。然而，作为更多地获得另一方的必要手段（或者是获得某些其他有价值的社会成果的可能性），无论哪一方的牺牲都必须是公正的"②。

效率与公平的有机结合，是中国特色社会主义的重要内容。"实现社会公平正义是中国特色社会主义的内在要求，处理好效率和公平的关系是中国特色社会主义的重大课题。讲求效率才能增添活力，注重公平才能促进和谐，坚持效率和公平有机结合才能更好体现社会主义的本质。"③ 中国特色社会主义现代化建设既要讲求效率，又要注重实现公平正义，并且要求把效率与公平辩证地统一起来。

我国从改革开放初中期"效率优先兼顾公平"到新时期实行效率与公平并重，是历史发展的必然和人民群众的价值期待使然。十七大以来，"健全劳动、资本、技术、管理等生产要素按贡献参与分配的制度，初次分配和再分配都要处理好效率和公平的关系，再分配更加注重公平"④，成为改革完善收入分配制度的方向和原则。为了规范分配秩序、促进社会和谐与公平正义，党和政府采取了一系列措施，集中体现为"提低""扩中""调高"的策略。"提低"就是提高最低生活保障标准，提高职工最低生活标准和离退休金标准，尤其是提高低收入者和弱势群体的收入水平；"扩中"就是进一步扩大中等收入者在全社会中的比重；"调高"就是通过完善的税收体制来调节过高收入群体的收入，尤其是那些垄断行业的垄断收入。这样，我国的收入分配格局就会呈现一种两头小、中间大的"橄榄形"收入分配结构，这种结构有别于"金字塔形"的收入分配结构，既有利于社会的稳定，也有利于形成社会的合力。从新的发展阶段我国经济社会生活中效率问题与公平问题并存，但公平问题更突出这个实际出发，我们要在注重效率、讲求效率、采取有效措施来提高效率的同时，高度重视公平并采取有力措施来解决公平问

① ② ［美］阿瑟·奥肯. 平等与效率：重大的抉择. 王奔洲，叶南奇，译. 北京：华夏出版社，1987：80.

③ 胡锦涛. 在纪念党的十一届三中全会召开三十周年大会上的讲话//胡锦涛文选：第3卷. 北京：人民出版社，2016：165.

④ 胡锦涛. 高举中国特色社会主义伟大旗帜，为夺取全面建设小康社会新胜利而奋斗//胡锦涛文选：第2卷. 北京：人民出版社，2016：643.

题，真正实现效率与公平的有机结合和辩证统一。

效率与公平不仅是相互联系的，而且是相互促进、相互影响的。首先，效率是公平的基础，没有效率就没有公平实现的物质条件和源泉。因此，在任何时候、任何情况下都要讲效率，不讲效率就没有公平。其次，公平是效率的本体，没有公平就没有效率存在的理由和保证。效率的提高，要以公平为条件和保证。公平解决得越好，就越有利于经济效率的提高。因此，在任何时候、任何情况下都要讲公平，不讲公平就没有效率。社会公平是指人们的社会地位平等，权利与义务对称，人们的收入差距不能过大，收入分配要保证每个社会成员都能取得最基本的生活资料。社会公平要求将人们的收入差距限制在合理的范围内，这是保持社会和谐稳定的重要因素。社会公平有一个程度问题，当贫富差距的程度超出了社会允许的范围，就会造成社会的不和谐、不稳定。社会不和谐、不稳定，将直接阻碍生产的发展，影响效率的实现和持续提高。贫富差距超出了社会允许的范围，社会上就会出现基本生活资料无法保证的贫困人群，这部分贫困人群由于不满意现实社会的生产关系，就会铤而走险，进而破坏效率的获取和提高。因此，必须注意将贫富差距控制在一定的范围内，使整个社会既有活力又有秩序，实现效率与公平的有机结合。就整体而言，效率与公平是人类社会永恒追求的两大价值取向。发展经济、提高效率、增加物质财富，是我们追求的一个目标；保障人的权利、促进社会公平、维护政治平等，是我们追求的另一个目标。社会发展的最终目的不是见物不见人的财富的积累和增加，也不是没有物质基础的、空中楼阁式的平等的扩展和普及，而是人的全面发展。效率与公平两大价值取向应该统一于人的全面发展的终极价值。无论是效率的提高还是公平的增进，都是为实现人的全面发展而服务的。

在当今我国经济总量已有大幅提高以及构建社会主义和谐社会的背景下，确立公平与效率并重原则具有重要意义。(1) 确立公平与效率并重原则，可在最大程度上实现经济效益，而且在实现经济效益的同时不会以牺牲一定的公平为代价，而是公平与效率相互促进，可以提高社会整体经济利益。(2) 确立公平与效率并重原则，有助于政府和市场积极地发挥作用。公平更多的要政府主导，效率要市场主导，公平与效率的关系也是政府和市场关系的一个折射，政府和市场是配置资源与协调经济活动的两种主要机制。只有市场之手和政府之手协调并用，经济才能协调发展。对于市场能调节的、能调节好的，应交由市场自行调节；在市场失灵的情形下，则要发挥政府的积极作用。市场旨在提高效率，政府重在促进公平。确立公平与效率并重原则，在很大程度上能使政府和市场的定位更加科学，发挥的作用更加合理。（3）确立公平与效率并重原则，有助于我国坚持科学发展观，实现社会主义和谐社会的构建。科学发展观的第一要义是发展，故要不遗余力地提高效率；构建社会主义和谐社会要求发展成果人人共享，即必须要确保公平。我们国家的发展不仅要搞好经济建设，而且要推进社会的公平正义。中国的现代化绝不仅仅指经济的发达，它还应该包括社会的公平正义和道德的力量。从公平正义视角来观照中国的发展，既要见物更要见人，既要有物质文明更要有精神文明，既要有发展的数量更要追求发展的质量。这是中国特色社会主义现代化建设伦理思想的基本内核，也是社会主义伦理价值观的主要内容。

三、注重民生幸福是社会主义和谐伦理的集中表现

加快推进以改善民生为重点的社会建设，让全体人民共享发展成果，是社会主义和谐伦理的集中表现。只有始终坚持把改善民生作为推进和谐社会各项工作的根本出发点和落脚点，着力研究与解决人民群众最关心、最直接、最现实的利益问题，让人民群众共享改革发展的成果，不断提升人民的幸福生活，才是中国特色社会主义和谐伦理。

（一）民生问题是社会和谐伦理的重要表现

保障和改善民生，是中国共产党人搞革命、搞建设、搞改革的出发点和落脚点，也是坚持党的全心全意为人民服务宗旨的根本要求。1949年3月，在党的七届二中全会上，毛泽东明确指出，中国共产党如果不能迅速地恢复和发展生产，并"首先使工人生活有所改善，并使一般人民的生活有所改善，那我们就不能维持政权，我们就会站不住脚，我们就会要失败"①。1950年6月，毛泽东在党的七届三中全会上指出："我

---

① 毛泽东. 在中国共产党第七届中央委员会第二次全体会议上的报告//毛泽东选集: 第4卷. 2版. 北京：人民出版社，1991：1428.

们要合理地调整工商业，使工厂开工，解决失业问题，并且拿出二十亿斤粮食解决失业工人的吃饭问题，使失业工人拥护我们。我们实行减租减息、剿匪反霸、土地改革，广大农民就会拥护我们。我们也要给小手工业者找出路，维持他们的生活。"① 1951 年毛泽东为解决北京房荒做出批示："现在大城市房屋缺乏，已引起人民很大不满，必须有计划地建筑新房，修理旧房，满足人民的需要。"② 与此同时，毛泽东还特别关心失业工人和失业知识分子的工作问题，指出："必须认真地进行对于失业工人和失业知识分子的救济工作，有步骤地帮助失业者就业。必须继续认真地进行对于灾民的救济工作。"③ 毛泽东关注改善民生的思想及其实践有效地满足了人民群众的基本生活需要，密切了党群、干群关系，获得了群众的支持。"新中国是一个人人感觉自豪的国家——控制了通货膨胀，废除了外国人的特权，铲除了腐化，公民们都参加各种有益的社会活动，如修理公共设施，开展扫盲运动，防止疾病……"④ 民生的改善赢得了民心，调动了人民群众的积极性，为巩固新生政权、恢复经济社会发展打下了坚实的基础。

在中国改革开放的伟大征程中，邓小平十分注重解决和改善民生问题，从观念上纠正了以往忽视民生的偏差，从理论上构建了改善民生的战略框架，从政策上提出了改善民生的一系列新举措，突出了社会主义的民生价值取向。邓小平把解决民生问题同社会主义的优越性紧密联系起来，坚持认为只有不断发展生产力和提高人民生活水平，着力解决民生问题，才能显示社会主义的优越性，巩固社会主义制度，最终战胜资本主义。邓小平反复强调这样的观点："社会主义要显示它的优越性，它的优越性是发展生产力，提高人民生活水平，不然还要社会主义干什么。"⑤ 针对"文化大革命"中出现的"宁要穷的社会主义"的谬论，邓小平予以坚决痛斥，哪有什么穷的社会主义?! 坚持认为，社会主义如果老是穷，它就站不住。他从马克思主义的立场和观点出发，反复强调发展生产力和提高人民生活水平的重要性。邓小平意味深长地指出：

① 建国以来毛泽东文稿：第 1 册. 北京：中央文献出版社，1987：398-399.
② 建国以来毛泽东文稿：第 2 册. 北京：中央文献出版社，1988：131.
③ 同①395.
④ [美]费正清. 伟大的中国革命. 刘尊棋，译. 北京：世界知识出版社，2000：331.
⑤ 中共中央文献研究室，编. 邓小平年谱（一九七五——一九九七）：上册. 北京：中央文献出版社，2004：531.

"马克思主义认为，归根到底要发展生产力。我们太穷了，太落后了，老实说对不起人民。我们现在必须发展生产力，改善人民生活条件。"[①] 1992年邓小平在南方谈话中指出，改革开放中一切工作得失、是非、成败"判断的标准，应该主要看是否有利于发展社会主义社会的生产力，是否有利于增强社会主义国家的综合国力，是否有利于提高人民的生活水平"[②]。邓小平真诚地关心和热爱人民，关注最广大人民的利益和愿望，把"人民拥护不拥护、人民赞成不赞成、人民高兴不高兴、人民答应不答应"作为制定各项方针政策的出发点和归宿，把实现人民的物质利益作为一切工作的出发点和落脚点。

邓小平之后，以江泽民、胡锦涛、习近平为主要代表的几代中国共产党人结合新的时代特点和形势任务，提出了一系列加强社会建设和改善民生的新的理论与论断，并使关注和改善民生成为建设中国特色社会主义现代化国家的重要内容。使全体人民幼有所育、学有所教、劳有所得、病有所医、老有所养、住有所居、弱有所扶成为社会主义和谐伦理的现实化表现。在经济发展的基础上努力保障和改善民生，是化解各种社会矛盾、建设社会主义和谐伦理的内在要求。

解决民生问题成为建设中国特色社会主义的重大发展战略课题。由于历史、文化等诸多因素，再加上长期的城乡二元体制，我国民生问题任务艰巨、矛盾突出、情况复杂。确保科学发展、社会和谐，就必须解决好人民群众最关心、最直接、最现实的利益问题，不断满足人们日益增长的物质文化需要，最大限度地保障民生、改善民生，这是建设中国特色社会主义最紧迫、最重要、最关键的任务。关注民生、重视民生、保障民生、改善民生，是人民政府的基本职责，也是构建社会主义和谐社会的关键所在。

民生问题是社会主义和谐伦理的集中体现。所谓民生问题，即有关国民生计与生活的问题。解决好人民群众最关心、最直接、最现实的利益问题，是构建社会主义和谐社会的根本保障。

首先，民生问题事关治政伦理的取向和政权的稳固。中国自古以来

---

① 中共中央文献研究室，编. 邓小平思想年谱（一九七五——一九九七）. 北京：中央文献出版社，1998：168.

② 邓小平. 在武昌、深圳、珠海、上海等地的谈话要点//邓小平文选：第3卷. 北京：人民出版社，1993：372.

就将"民生"与"国计"相提并论，民生问题一直与国家发展存在着不可分割的关系。儒家治国理政思想的核心是"民惟邦本，本固邦宁"。孟子认为，施仁政必须以关心庶民百姓的物质生活为基础，得民心的前提是"制民之产"。能够使民"养生丧死无憾"，这是"王道之始"。所以，要达到仁政之治，就必须"制民之产，必使仰足以事父母，俯足以畜妻子，乐岁终身饱，凶年免于死亡。然后驱而之善，故民之从之也轻"①。关注和改善民生，包含"省刑法，薄赋敛""无夺民时""与民同忧乐"等方面的内容，要求给予他们适当田地耕种，辅之以副业，使其丰衣足食，然后才能实现王道政治。这些思想，反映了古代先贤对民生问题的重视。历史也充分证明，只有代表民意、倾听民声、关注民生，把解决民生问题放在首位的政权，才能得到人民的拥护，才能长久。

其次，民生问题是构建社会主义和谐伦理的切入口。和谐伦理必须以关注和改善民生问题为前提，使人民群众过上衣食无忧的生活，由温饱而小康，不断提升其幸福生活指数，有更多的获得感、尊严感和成就感。在孟子看来，"若民，则无恒产，因无恒心。苟无恒心，放辟，邪侈，无不为已。及陷于罪，然后从而刑之，是罔民也。焉有仁人在位，罔民而可为也?"②庶民百姓比较稳定的物质生活是其"恒心"的根基，此即利益是道德的基础或来源。"若民衣食不足，则不暇治礼仪"③。马克思主义认为，人们为了能够"创造历史"，必须能够生活。"但是为了生活，首先就需要吃喝住穿以及其他一些东西。因此第一个历史活动就是生产满足这些需要的资料，即生产物质生活本身，而且，这是人们从几千年前直到今天单是为了维持生活就必须每日每时从事的历史活动，是一切历史的基本条件。"④历史的第一个前提是人们需要吃、穿、住、行的物质生活，而为了能够生活就必须从事物质生活资料的生产活动，因此历史绝不是"某个形而上学幽灵的某种纯粹的抽象行动，而是完全物质的、可以通过经验证明的行动，每一个过着实际生活的、需要吃、喝、穿的个人都可以证明这种行动"⑤。和谐伦理必须关注人民大众的

① ② 孟子：梁惠王上.
③ 朱熹. 四书章句集注. 北京：中华书局，1983：204.
④ ［德］马克思，恩格斯. 德意志意识形态//马克思恩格斯文集：第1卷. 北京：人民出版社，2009：531.
⑤ 同④541.

物质生活需要，只有民生问题得到妥善的解决，人民生活安定富裕了，社会的和谐程度才能得到明显提高。

最后，民生问题是发展伦理的重要内容。发展伦理学的先驱、人道主义发展理论的代表德尼·古莱将发展视为人的生活状况的改善，坚持认为生命既是一切人类价值的前提，又是这些价值的条件。"生活得好是生活的最终理由，因此，一切其他价值是美好生活的手段。"① 中国特色社会主义发展伦理坚持"以人为本"的发展理念，并把实现好、维护好、发展好最广大人民群众的根本利益作为发展的最高价值目标，主张解决好人民群众的生存、发展问题，让人民群众真正过上丰裕而体面的生活，进而向着实现人的自由全面发展不断迈进。它体现和蕴含全社会关心、爱护、帮助困难群众，尽可能地使他们享有平等的医疗、教育、就业等的机会，尽可能地使最大多数人生活幸福的伦理精神和道德原则。让全体人民共同分享经济增长的成果，特别要注意低收入城市人口和农村人口的共享，这是改革发展的关键所在，也是社会主义发展伦理共享原则的内在要求。

民生问题是构建社会主义和谐伦理的根本问题。抓住民生问题，也就抓住了构建社会主义和谐伦理的根本。只有比较好地解决民生问题，才能真正建立和谐融洽的社会伦理关系。

（二）关注和改善民生是实际的和谐伦理实践

和谐伦理实践要求切实关注和改善民生问题，为人民群众解决实实在在的生产、生活问题。民生问题关乎广大人民群众的切身利益，关乎千家万户的幸福安康，关乎社会长治久安和民族伟大复兴。加快推进以改善民生为重点的社会建设，是一项涉及面广但又必须抓紧抓好的民心工程。只有在实践层面努力创造条件，真正使全体人民幼有所育、学有所教、劳有所得、病有所医、老有所养、住有所居、弱有所扶，使社会各方面的利益关系得到妥善协调，和谐伦理建设才算真正落到实处。

就业是民生之本，就业是一切社会保障之基。如何破解民生难题？首先是扩大就业、稳定就业、鼓励创业。就业是一个人、一个家庭赖以生存的经济保障。实现社会充分就业，是让更多人分享经济社会发展成

---

① ［美］德尼·古莱. 残酷的选择：发展理念与伦理价值. 高铦，高戈，译. 北京：社会科学文献出版社，2008：118.

果的重要途径。我们应该把充分就业作为经济社会发展的优先目标，实施扩大就业的发展战略，最大限度地给劳动者创造就业和发展机会，努力实现充分就业。以实现充分就业为目标，以扩大就业规模、提高就业质量为重点，加快形成以劳动者自主就业为主导、市场调节就业为基础、政府促进就业为动力的就业新机制。牢固树立"发展企业就是促进就业"的观念，在扶持现有企业加速发展的同时，重点培育一批劳动密集型企业，从根本上扩大就业容量。同时，大力弘扬自尊自立、创业创新、致富光荣的创业精神，努力营造百姓创家业、能人创企业、干部创事业的生动局面。创业是就业之源，是解决就业的根本途径。我们应从优化创业环境、搭建融资平台、降低市场准入门槛、建设创业孵化基地等方面激活创业能量，为就业提供有力支持。坚持把就业创业作为改善民生的首要任务，不断拓宽就业渠道，引导更多群众走上增收致富之路。

收入是民生之源。让居民收入与经济发展同步，让劳动报酬与劳动生产率增长同步。在经济学家看来，收入增加不仅是提高人民群众生活水平和生活质量的物质保证，而且为扩大内需、调整消费结构、促进经济转型提供契机。保障和改善民生，既要做大"蛋糕"，又要分好"蛋糕"。我们要深化收入分配制度改革，合理调整国家、企业、个人之间的分配关系，增加低收入者收入，持续扩大中等收入者群体，解决收入差距扩大的突出问题，提高城乡居民的消费能力。特别注重提高发展的包容性，把促进社会公平特别是机会公平放在更加突出的位置，创造使人人享有平等发展机会的条件。加强制度建设，增强制度的公平性、透明度、可持续性，努力使发展成果惠及全体人民。

住房是当前的头等民生大事。建立市场供给与政府保障并举的"双轨制"住房体系，实现城镇住房"低端有保障、中端有市场、高端有约束"。目前，我国多数地区已经通过廉租房制度，实现了对住房困难的低保家庭应保尽保。公共租赁房大规模起步，圆了不少"夹心层"家庭的安居梦。

构建全覆盖、保基本、能转移、可持续的社会保障体系。完善的社会保障体系是经济社会发展的重要保障，也是社会和谐稳定的安全网。我们应该在经济发展的基础上建立覆盖城乡居民的社会保障体系，坚持广覆盖、保基本、多层次、可持续，加强社会保险、社会救助、社会福利的衔接和协调，不断提高社会保障水平。城乡低保做到应保尽保。建立临时救助专项资金，完善救灾体系。加快区县社会福利中心、区域性儿童福利院、乡镇社区托老机构和残疾人托养所建设，确保老有所养、灾有所济、孤有所靠、残有所助。

保障和改善民生，就要针对当前民生领域人民群众反映突出的问题，加大财政投入力度，积极而为，量力而行，切实办好涉及民生的大事要事，在就业、教育、医疗、住房、社会保障等方面，让人民群众得到更多实惠。重点加强对困难群众的帮扶，保障他们的基本生活，减少他们的后顾之忧。加快完善基本公共服务体系，推进基本公共服务均等化。

（三）全面提高民生幸福指数

全面提高人民群众的生活水平和质量，提高人民群众的幸福感和满意度，是社会主义和谐伦理的重要内容或方面。民生幸福奏响了承前启后的时代强音。幸福是人们在创造物质生活与精神生活的实践过程中，由于感受体验到理想目标实现而产生的一种愉悦和满足心态。马克思主义理解的幸福，是物质生活幸福与精神生活幸福、享受幸福与创造幸福以及个人幸福与集体幸福的完美统一。幸福的拥有和实现程度，既与社会的物质生活条件、政治制度建设密切相关，也与社会的精神文明建设和人们的价值追求密切相关。作为对生活满意程度的一种主观感受，幸福感是个体对自身存在与发展状况的一种体验和感受。幸福感可从形式和内容两个方面来理解。从形式上讲，幸福感是一种个体的心理体验和感受，这种体验和感受不是某种转瞬即逝的情绪状态，而是主体通过自觉或不自觉地自我反省而获得的某种切实的、比较稳定的正向心理感受或积极心理体验。从内容上讲，幸福感是人们体验到的一种与生活目的、需要满足、价值实现等相关联的积极道德情感和道德心理诸因素的综合统一，它意味着从物质到精神的深刻道德认同和意义体认，彰显的是人们对自己的生活以及对社会、国家、世界的满意程度。透过人们的幸福感，可以发现一个社会的幸福生活指数。幸福生活指数是衡量人们幸福感的一些共性指标和文明指数，体现的是一般民众或特定社会群体在特定时期的生活质量及其自我满意程度。幸福生活指数折射出社会和谐生活的质量。关注幸福指数、提升生活质量，是建设社会主义和谐社会的根本出发点和落脚点。十六届六中全会把"幸福指数"作为衡量地方社会和谐与否的一个重要指标，从而将其提上更加重要的议事日程，将其纳入和谐社会指标评价体系，不再用单一的数字精彩来掩盖经济社会发展的结构硬伤，掩盖矛盾日益加重的民本问题，而是用一种科学统计的理性回归，为国家政策的制定提供科学全面的参考数据，使"幸福"与"和谐"更加量化。

幸福是个人的主观感受，虽然个人的幸福不能过分依仗外界的力量，但大多数人的幸福却需要政府给力，民众之所以让渡个人权利，正是因为期许政府能够增加社会福祉。一般认为，经济增长、收入提高可以使人感到更幸福。也就是说，经济增长与人们的幸福感往往是正相关的，但这种相关却是有条件的。总体而言，收入水平高且分配相对公平的国家，国民幸福指数会相对较高。尤其是当收入水平起点较低时，人们的幸福指数会随着收入的增长而增长。但是，随着收入的进一步增长，幸福感与 GDP 增长的关系逐渐呈弱相关状态。从国外经验看，人均 GDP 超过 5 000 美元后，收入增长就不一定能导致幸福感的增长。自 18 世纪工业革命以来，西方社会国民收入经历了前所未有的持久增长，但人们的幸福感并没有得到相同比率的持续增长。必须承认，某些情况下经济增长本身无法直接增加幸福，甚至其过程会带来痛苦。原因在于，这一阶段的社会利益分配格局迅速发生变化，且尚未来得及合理调整，而人们又很难迅速适应由变化所造成的落差。因此，处于社会转型期的人的幸福感，通常都会明显低于生活在社会转型前和转型完成后的人。客观地讲，幸福是一个多元的概念，是人的灵魂与外在世界契合程度的度量。对于每个人而言，幸福体验是具体的、专有的；但从国家的角度看，个人幸福并不仅仅是个人的事情，国家和社会对之负有更大的责任。

追求幸福是经济社会发展的终极目标。如何实现我国国民幸福的最大化，是政府公共管理最重要的职责。如果说 GDP（国内生产总值）、GNP（国民生产总值）是衡量财富的标准，那么 GNH（Gross National Happiness，国民幸福总值，或称国民幸福指数）则是衡量人的幸福快乐的标准。幸福指数是衡量人们对自身生存与发展状况的感受和体验即幸福感的一种指数。由于幸福感的复杂性，在形形色色的国民幸福指数测量中，至今还没有达成一个共同认可的标准测量模式。目前，世界上不少国家，如不丹、法国、澳大利亚、泰国、英国、日本等，已采用各自的"幸福指数"来分析社会发展程度。从世界趋势看，幸福指数正与GDP 一起，日益成为评估社会进步与和谐的重要参考因素。

为了公众的长久幸福，我们不单要纠正"唯 GDP 论"，而且要转变经济增长方式，发展现代产业体系，促进东西部均衡发展，加快建设资源节约型、环境友好型社会，提高生态文明水平，加快建设创新型国家，建立健全基本公共服务体系。另外，还要采取有效措施控制物价，减轻民众的负担，实施重视民生幸福的积极政策，花更大精力去发展经济，造福人民，帮助弱势群体，进一步构建更加和谐的社会环境。

四、持久和平、共同繁荣的和谐世界伦理思想

在建设社会主义和谐社会的同时建设持久和平、共同繁荣的和谐世界，是社会主义和谐伦理的重要内容和有机组成部分。和谐世界伦理思想是中国建设社会主义和谐社会的自然生发，既源于中华优秀文化中"和"之精义，又表达了中国政府对于当今世界的深刻理解和战略抉择。它主张在承认世界多样性的基础上，各国以包容精神平等相待、和平共处，建立持久和平、共同繁荣的世界。和谐世界伦理思想是基于对现实的深刻反思和积极回应而提出的一种新的全球伦理思想，是综合了世界各国、各民族对平等、正义、和平等普遍价值的共同追求的新的全球伦理思想，代表着全球伦理发展的新方向和新成果。

（一）和谐世界的提出昭示了一种新的全球伦理思想

和谐世界伦理思想，是当代中国共产党人基于对新世纪、新阶段国际国内形势的科学分析和正确判断而提出的新的全球伦理思想，是中国社会主义和谐伦理思想发展的必然延伸和拓展。江泽民、胡锦涛、习近平等人均从不同角度、不同层面强调了建设和谐世界的伦理意义，并对如何构建和谐世界伦理提出了一系列新命题、新论断，这些新命题、新论断共同构成和谐世界伦理的思想观念体系。

和谐世界伦理思想是新时期我国外交伦理思想和国际关系伦理思想的升华，其核心在于倡导"和为贵"，用"和而不同"的观点来观察、

处理问题，善待他国，主张世界多元文化相互补充、相互借鉴。这种伦理思想根植于中国五千多年的文化基础，体现了中华民族在对外交往中爱好和平、讲信修睦、协和万邦的伦理精神。

"和谐世界"作为"全球伦理"的基础观念，提出了人类应有的道德底线，具有"底线伦理"的意蕴；同时，它具有普遍伦理的要义，即这种观念在各种不同的宗教和文化传统中都有其根据。在中国古典思想中，倡导"非寡""非同"、鼓励多元和谐并存的儒家"和而不同"观念就强调，不同的事物、思想文化和生活方式之间的调和构成社会生活的常态，并且是新事物成长的自然途径。"和谐"观念在承认社会生活、文化形式和物质的多样性的基础上，将多样性的和谐并存视为自然与社会的常态，从而崇尚自然的和谐，崇尚人与自然的和谐，崇尚人与社会的和谐。和谐世界伦理思想也提示世人：着眼于全人类共同的福祉，必须在不同文化之间建立一种"团结他者"的和谐，不是单向地盲从，而是相互地学习，从而为人类的生存和发展提供一个新的平台。

和谐世界伦理思想，作为一种崭新的全球伦理思想，符合当今世界的发展潮流与各国人民的共同利益和愿望，彰显了不同国家的互助合作与和谐发展，寻求不同文化的核心价值与人类共存之间的平衡。就全球伦理主张的历史渊源来看，古希腊罗马时期斯多葛学派提出的"世界主义伦理"、基督教伦理的"千年理想世界"、近代空想社会主义者设想的"道德乌托邦"、欧洲启蒙运动追求的普遍理性主义伦理等基于人类共同体意识的重要思想，都是全球伦理诉求的观念基础。只不过，国际政治经济旧秩序的事实存在与霸权主义的侵蚀，使得以这些观念为基础的全球伦理难逃"乌托邦"的历史宿命。和谐世界伦理思想，作为一种崭新的全球伦理思想，标明了人类社会从"非我族类，其心必异"到"和谐共生"的巨大历史进步，从中透射出人类真正实现相互理解和保护文化多样性的曙光，意味着在可以预见的未来，将会出现一个在全球"和谐"意识观照下的多元文化共同发展的新局面。

（二）和谐世界伦理思想的主要内容

当代中国共产党人提出的和谐世界伦理思想，内容丰富，内涵深刻，是一个由和谐世界伦理理念、价值目标、伦理规范等有机联系而组成的整体和系统。

1. "和而不同"的伦理理念

和谐世界伦理思想是以"和而不同"的伦理理念作为理论基础的。"和而不同"是中国古代伦理思想的基本观念，强调关系各方应当追求有差异的和谐，而不应当追求简单或绝对的同一。孔子认为，君子善于与持不同意见和思想的人平等相待、相互尊重、取长补短、和谐相处，而不是盲从附和、简单趋同。西周时史伯最先认识到"和"与"同"的区别，指出"和实生物，同则不继"，只有不同东西的和合才能使新的事物得以产生，而相同东西的简单同一将一事无成。

"和而不同"凸显了事物因差异而和合得以产生新事物的内在理由，也是正确处理不同国家、民族和文化之关系的基本理念。"一个音符无法表达出优美的旋律，一种颜色难以描绘出多彩的画卷。世界是一座丰富多彩的艺术殿堂，各国人民创造的独特文化都是这座殿堂里的瑰宝。一个民族的文化，往往凝聚着这个民族对世界和生命的历史认知和现实感受，也往往积淀着这个民族最深层的精神追求和行为准则。人类历史发展的过程，就是各种文明不断交流、融合、创新的过程。人类历史上各种文明都以各自的独特方式为人类进步作出了贡献。"[①] 在人类历史上，各种文明都以自己的方式为人类文明进步做出了积极贡献。应该承认各国文化传统、社会制度、价值观念和发展道路的差异；不同文明和社会制度，应该互相取长补短，应该以平和、包容的心态看待彼此的差异。差异不仅不应该成为冲突和矛盾的根源，而且应该成为相互借鉴和融合的动力。存在差异，各种文明才能相互借鉴、共同提高；强求一律，只会导致人类文明失去动力、僵化衰落。各种文明有历史长短之分，无高低优劣之别。历史文化、社会制度和发展模式的差异，不应成为各国交流的障碍，更不应成为各国相互对抗的理由。和谐世界应该是多样包容的世界，而非"单不容多"的世界，世界只有在多样比较、包容宽裕中才能通向和谐之路。应该尊重各国自主选择社会制度和发展道路的权利，相互借鉴而不是刻意排斥，取长补短而不是定于一尊，推动各国根据本国国情，实现振兴和发展；应该加强不同文明的对话和交流，在竞争比较中取长补短，在求同存异中共同发展，协力构建各种文明兼容并蓄的和谐世界。"万物并育而不相害，道并行而不相悖"，只有

---

① 胡锦涛. 在美国耶鲁大学的演讲//胡锦涛文选：第 2 卷. 北京：人民出版社，2016：441.

在和而不同的基础上，才有可能建构起和谐世界伦理。

2. 共生共赢的价值目标

经济全球化趋势的深入发展，使各国利益相互交织，各国发展与全球发展日益密不可分。国与国之间在利益上形成"你中有我，我中有你"以及"你好，我好"和"我好，你好"的格局，应当客观认识和正确对待他国的发展，将他国视为共生共赢的伙伴，而不是零和竞争的对手，视他国发展为本国发展的机遇，而不是威胁。全球化已经使国与国之间形成了彼此利益息息相关和谁也离不开谁的关系。任何国家都无法置身于全球化的大门之外，必须而且应当树立共生共赢共发展的价值理念，并以此指导自己的行为。只有全球形成一个共识体系，人类才真正谈得上进入共生的自觉阶段。共生观念，是适应全球化时代需要的产物，是双向、多向、多元利益主体都能接受的价值观念。共生思想是共同利益、共同命运的理性认识。当今世界机遇和挑战并存，破解全球经济增长难题，期待共生共赢的自觉；应对人类生存环境恶化，呼唤共生共赢的行动；化解国家之间利益纷争，需要共生共赢的魄力。"各国和各国人民应该共同享受发展成果。每个国家在谋求自身发展的同时，要积极促进其他各国共同发展。世界长期发展不可能建立在一批国家越来越富裕而另一批国家却长期贫穷落后的基础之上。只有各国共同发展了，世界才能更好发展。那种以邻为壑、转嫁危机、损人利己的做法既不道德，也难以持久。"① 和谐世界伦理思想主张推动经济全球化朝着均衡、普惠、共赢的方向发展，坚持优势互补、互利共赢，努力解决发展不平衡问题，消灭贫困，积极推动区域和全球经济合作。

3. 互利合作的伦理规范

互利合作是和谐世界伦理思想的基本规范。互利，即照顾到各方利益，并对各方利益都有促进作用。互利是关系道德的基本要求和规范，也是各种关系得以延续和发展的内在因由。合作即联合起来开展工作，使各种分散的力量得以聚合，从而提高工作效率。国与国之间唯有合作，才能超越彼此分歧，才能不断扩大共同利益，才能有效应对各种挑战，抵达共赢的彼岸。和谐世界伦理思想主张尊重各国的具体实际和历史文化传统，因地制宜，探索出一条国与国之间以及地区与地区之间行

---

① 习近平. 顺应时代前进潮流，促进世界和平发展//习近平谈治国理政. 北京：外文出版社，2014：273.

之有效的合作之路，使国际合作和地区合作更加贴近民众，始终沿着互利共赢的方向发展。互利合作是国与国合作的重要支撑。各个国家国情不同、发展方式各异，这是实现优势互补、促进互惠合作的机遇。每一个国家都应同其他各国加强沟通和交流，分享合作成果。各国应坚持开放发展，在开放中相互促进、取长补短。继续加强宏观经济政策协调，深化国际经贸合作，推动全球贸易自由化和投资便利化，坚决反对和抵制各种形式的保护主义，推动建立均衡、普惠、共赢的多边贸易体制。

和谐世界伦理思想强调国家不分大小、强弱，都应互相尊重主权和领土完整，不干涉他国内政，和平共处。和平是人类社会实现发展目标的根本前提。没有和平，不仅新的建设无以推进，而且以往的发展成果也会因战乱而毁灭。所有国家都应该摒弃冷战思维，携起手来，共同应对全球安全威胁，防止冲突和战争，维护世界和平与安全。各个国家之间应该和平共处，并以和平方式，通过对话、协商、谈判来解决争端和冲突，以维护世界和平。

（三）和谐世界伦理思想的重大意义

和谐世界伦理思想是中国缓解世界矛盾、促进世界和平的一种尝试，是国内构建和谐社会、追求和平发展的自然延伸与迫切需要，也是中国综合国力上升、外交日益成熟自信的产物。

1. 和谐世界伦理思想表达了全世界人民向往和平、追求和谐的共同愿望

自古以来，人类就向往世界和谐。创建一个能抵御和消除自然灾害给人类造成的危害的世界，一个没有压迫和剥削、没有贫穷和恐惧、没有战争和暴力的世界，一个没有尔虞我诈、没有损人利己的世界，一个人人平等、和睦相处的世界，就成为人类世代共同追求的美好理想。

构建一个真正的和谐世界，反映了各国人民的共同要求和普遍愿望，反映了世界的发展大势。和谐世界，是民族国家生存与发展的理想环境，是21世纪国际体系发展的最高境界。随着经济全球化的深入推进和政治多极化的发展，大国相互依存日益加深，利益交汇点不断扩大，一损俱损、一荣俱荣；发展中国家总体实力日增，在国际事务中的影响力加大。这些都为和谐世界的构建提供了有利条件，一个政治上睦

邻友好、安全上互信协作、经济上平等互利、文化上多元共荣的和谐世界的新局面在逐渐形成。

2. 和谐世界伦理思想是对全球化趋势的顺应和对时代主题的深刻把握

今日的世界正在成为一个统一的整体，成为"地球村"，当代和未来的人类幸福问题已经不只是个人问题和社会问题，而正在成为世界问题。世界的状况越来越深刻地影响着整个世界成员（包括个人和国家）的命运和前途，有和谐世界才可能有其成员普遍更好地生存和发展。和谐世界就是以各个国家为主体，以人类和平、世界公正、国际合作为标志的和谐世界。

经济全球化和区域一体化深入发展，国与国联系更加紧密，为各国在更广领域、更大规模和更高层次上开展合作、促进发展提供了有利条件。经济全球化的力量把整个世界如此紧密地联系在一起，使信息、观念、人、资源、资本、产品以史无前例的速度和容量在全球范围内流动起来；同时，经济全球化也越来越深刻地影响着全球各个角落的人们和国家认识世界、与世界相处的方式。经济全球化使世界各国的发展越来越呈现出一损俱损、一荣俱荣的系统效应，各国人民的命运从未像今天这样紧密相连、休戚与共，唯一正确的选择只能是推进合作共赢。各国间的共同利益日益扩大和增加，整个世界呈现出"你中有我，我中有你"的相互交融局面，协调与合作成为国际关系的主流，共赢与合作成为各国谋和平、促发展的必由之路。

建设和谐世界，抓住了当今世界所有问题的根本，指明了世界人民所要解决的最主要的问题，为世人提供了观察与解决世界各种问题的基本着眼点和立足点。和谐世界伦理思想凸显平等、宽容、合作、协调的基本要素，其本质是和平共处、和谐共赢、共同发展，它意味着依靠软实力建设，运用各种资源和手段，提升国家在国际社会中的地位和形象，坚持实践和平发展的道路。软实力建设是构建和谐世界的理论基石，是实施和谐世界外交战略的基础条件。

3. 和谐世界伦理思想是对冷战后国际格局、国际环境的反思

和谐世界伦理思想为冷战后迷失的世界提供了新的路径选择。冷战结束后，强大的对手暂时消失，西方某些国家在欢欣鼓舞之余，发现自己失去了大方向，习惯了过去简单的敌我划分的美国人尤甚。在一个迷

失目标和缺乏自信的世界中，从个体到整个国家都处于极不安全的状态。西方世界急于寻找新的指针，急于建立新的世界秩序，一些新的理论应时而生，其中以民主和平论与文明冲突论为代表。民主和平论主张，只有按西方文明来建立治理世界的模式，世界才会和平、安全。由此，美国政府加紧输出民主和价值观，并在拉美、非洲等世界各地大力推行。但美国遭遇的是纷纷的抵触和失败。拉美国家陷入拉美化、债务危机，非洲并没有分享到西方民主带来的福音，相反只有更多的纷争。文明冲突论则为之提供反面逻辑来证明同样一个道理。亨廷顿表示，冷战结束后，冲突并没有停止，不过新的冲突将不再是过去的军事和经济冲突，而是来源于不同文明之间的碰撞。"不同文明间的冲突"实际上并不是真正意义上的文明人或文明文化的冲突，它更多是基于不同的宗教、血缘、地域、种族、信仰而产生的敌对和差异，由于现有国际关系结构的特殊发酵作用，这种敌对和差异正在扩大。无论民主和平论还是文明冲突论，都极力为美国的霸权和外交政策服务，单一价值观的霸权逻辑跃然纸上，但世界的和平却并未因此而获得更多保障。

　　和谐世界伦理思想的提出，是对冷战后不和谐不安定的国际格局、国际环境的反思。世界多极化的发展，促使各种力量之间形成相互制衡的态势，这在一定程度上遏制了大国单边主义的霸权图谋，有助于世界的和平与稳定；在多极化之下，大国关系经历了深刻的调整，大国越来越趋向突破相互间历史与现实的矛盾和隔阂，更加注重体现国家利益的相互借重与合作，并形成多层次的对话、合作与危机处理机制，谋求经济发展以及为经济发展营造和平的国际环境成为各国的普遍诉求。

　　和谐世界伦理思想是对中国"协和万邦""睦邻友善"传统伦理思想的继承和发展。习近平指出："有着 5000 多年历史的中华文明，始终崇尚和平，和平、和睦、和谐的追求深深植根于中华民族的精神世界之中，深深溶化在中国人民的血脉之中。中国自古就提出了'国虽大，好战必亡'的箴言。'以和为贵'、'和而不同'、'化干戈为玉帛'、'国泰民安'、'睦邻友邦'、'天下太平'、'天下大同'等理念世代相传。中国历史上曾经长期是世界上最强大的国家之一，但没有留下殖民和侵略他国的记录。我们坚持走和平发展道路，是对几千年来中华民族热爱和平的文化传统的继承和发扬。"① 和谐世界伦理思想的提出，是一个发展中大国的和平宣言与吁求，既源于中华优秀文化中的"和"之精义，又表达了中国政府对当今世界形势的深刻理解和战略抉择，它显示了中国政府视野开阔和具有建设意义的世界发展观，同时也为世界各国提示了一个美好高尚的合作范式，综合了世界各国各民族对和平、发展、平等、公正等普遍价值的共同追求，强有力地反映了大多数国家的心声，顺应了国际政治的时与势，越来越引起世界上所有爱好和平人士的共鸣和响应。

和谐世界伦理思想不但具有深刻的时代背景和丰富的科学内涵，而且为建设和谐世界提供了理想途径和具体目标。在 21 世纪，中国要实现和平发展的目标，需要构建一个和谐的世界。同时，稳步发展的中国不但不会威胁任何人、妨碍任何人，而且只会有利于世界的和平、稳定、共同繁荣。中国人民爱好和平，向往美好生活，真诚愿意做维护和平、推动全球经济平衡发展的坚定力量。中国的和平崛起成功实现了对西方现代化道路或模式的超越，它以一系列连续的事实雄辩地证明：大国崛起并非只有你死我活、弱肉强食、掠夺致富这一条路，以和平的方式发展、以文明的姿态崛起、共同建设"持久和平、共同繁荣"的和谐世界，将是未来世界的优先选项。当代中国共产党人倡导的人类命运共同体意识，是中国坚持走和平发展道路的明确宣示，是中国为筹划世界发展蓝图，倡导建设健康、合理、公正、友善的国际关系伦理而推动的顶层设计，也是中国作为一个负责任大国对完善全球治理体系而给出的中国思路、中国方案。中国人民殷切希望同世界其他各国一道，加强团结，密切合作，携手建设一个"持久和平、共同繁荣"的和谐世界。

---

① 习近平. 走和平发展道路是中国人民对实现自身发展目标的自信和自觉//习近平谈治国理政. 北京：外文出版社，2014：265.

第七章　生态文明与可持续发展
伦理思想

　　马克思主义伦理思想中国化最新成果，在求索和建构中国特色社会主义伦理文明的过程中，除了对物质文明、政治文明、精神文明、社会文明做出过创造性探索和深刻的理论论证外，还对生态文明与可持续发展伦理思想做出了系统全面的研究和别开生面的阐释，从而使"五位一体"总体布局成为新型伦理文明的基本架构，彰显出新型伦理文明的丰富内涵、精深义理和完整结构。"党的十八大把生态文明建设纳入中国特色社会主义事业总体布局，使生态文明建设的战略地位更加明确，有利于把生态文明建设融入经济建设、政治建设、文化建设、社会建设各方面和全过程。这是我们党对社会主义建设规律在实践和认识上不断深化的重要成果。我们要按照这个总布局，促进现代化建设各方面相协调，促进生产关系与生产力、上层建筑与经济基础相协调。"[①] 建设社会主义生态文明，建设美丽中国，使社会真正地实现可持续发展，资源环境得到可持续利用，给子孙后代留下天蓝、地绿、水净的美好家园，不仅是处理人与自然之间关系的内在要求，是社会主义现代化建设的深刻呼唤，而且确证着当代人的道德良心和伦理情怀，是中国人民在建设新型伦理文明中应有的价值立场和价值眷注。

---

　　① 习近平. 紧紧围绕坚持和发展中国特色社会主义学习宣传贯彻党的十八大精神//习近平谈治国理政. 北京：外文出版社，2014：11.

一、生态文明的伦理内涵和基本特征

生态文明是人类在利用自然的同时主动保护自然、积极改善和优化人与自然的关系、建构良好而永续的生态环境、彰显人与自然友好相处所呈现的开化状态和所取得的进步、成就或成果的总和，是人类文明经历工业文明并对工业文明成果予以创造性的扬弃的必然产物。它是一种以尊重和维护生态环境为主旨，以可持续发展为根据，以未来人类的继续发展为着眼点，以人与自我、人与人、人与社会、人与自然和谐共生、持续繁荣为价值追求的文化伦理形态。

（一）生态文明发展战略提出的必然性

从世界视域考察，对工业文明的批判与反思不断升级并提出保护环境、珍惜地球资源、维系生态平衡等生态哲学、生态伦理思想及其实践行动始于 20 世纪 60 年代，之后生态环境保护意识逐渐得到各界认同并兴起影响世界的环境保护运动。最具代表性和里程碑意义的是"三本重要书籍"和"三次重要会议"。"三本重要书籍"指蕾切尔·卡逊著的《寂静的春天》、罗马俱乐部推出的报告《增长的极限》以及世界环境与发展委员会推出的报告《我们共同的未来》。

1962 年，美国生物学家蕾切尔·卡逊出版了《寂静的春天》一书。这是一本在生态哲学和生态伦理思想史上具有里程碑意义的著作。著名环境伦理学家纳什有言："在生态世界观的发展史上，卡逊的《寂静的春天》是一个里程碑。它不仅极大地促进了新的环境主义的发展，还使公众对环境伦理学的关注达到了那个时代的顶峰。"[①] 卡逊在《寂静的春天》一书中注意到，由于化学杀虫剂的生产和应用，许多生物随着害虫一起被消灭，连人类自己也不能幸免，她向人类发出严重警告，指出："与人类被核战争所毁灭的可能性同时存在，还有一个中心问题就是人类整个环境已由难以置信的潜伏的有害物质所污染，这些有害物质积蓄在植物和动物的组织里，甚至进入到生殖细胞里，以至于破坏或者

---

① ［美］纳什. 大自然的权利：环境伦理学史. 杨通进，译. 青岛：青岛出版社，1999：95.

改变了决定未来形态的遗传物质。"① 在卡逊看来，这些化学药物的滥用给人类"投下了一个长长的阴影，这一阴影并非吉祥，因为它是无定形的和朦胧的；这一阴影令人担忧，因为简直不可能去预测人的整个一生接触这些人类未曾经验的化学和物理作用物的后果"②。卡逊清醒地意识到人类统治与控制自然的日益增长的能力是一把双刃剑，它在带来一定积极作用的同时也会造成对自然环境的破坏。"当人类向着他所宣告的征服大自然的目标前进时，他已写下了一部令人痛心的破坏大自然的记录，这种破坏不仅仅直接危害了人们所居住的大地，而且也危害了与人类共享大自然的其他生命。"③ 卡逊提醒人类，如果不对化学杀虫剂等的使用采取断然措施，那就"只有一片寂静覆盖着田野、树林和沼泽"，世界就不可能是一个有生机和活力的世界。该书以惊世骇俗的笔调描绘了滥用农药对人类环境的毁灭性影响，从一个侧面展示了20世纪后半叶出现的人与自然关系的紧张以及生态危机，提出人类应与其他生物相协调、共同分享地球的思想，强调如不解决生态环境问题，人类将生活在"幸福的坟墓"之中。卡逊《寂静的春天》问世后引发了一场持续数年之久的生态论战，促使了人们生态环境保护意识的觉醒，并使人们意识到保护环境对于人们幸福生活以及经济持续发展的重要意义。

　　1972年，罗马俱乐部发表了《增长的极限》的报告。④ 如果说蕾切尔·卡逊《寂静的春天》是一本最重要的大众环保著作，那么《增长的极限》则是一本以科学的方式对待环境问题的重要著作。它是用模型方法来看待全球环境资源问题的第一次重要尝试。《增长的极限》根据当时的数据得出了一个震惊世界的结论：人类生态系统反馈循环已经滞后，其自我修复能力已经遭到严重破坏，若继续维持现有的资源消耗速度和人口增长率，人类经济与人口的增长只需百年或更短时间就将达到极限。在米都斯小组看来，增长是存在极限的，不可能无限度地增长，

---

① ［美］R. 卡逊. 寂静的春天. 吕瑞兰，译. 北京：科学出版社，1979：9.

② 同①193.

③ 同①87.

④ 1968年4月，来自世界各地的几十位科学家聚首罗马，成立了一个研究世界未来学的非正式国际协会——罗马俱乐部。美国麻省理工学院丹尼斯·米都斯教授受罗马俱乐部委托，运用系统动力学对人口、农业生产、自然资源、工业生产和污染五大变量进行实证研究，并于1972年提交了第一份报告，即《增长的极限》。

这主要是由地球的有限性和生态系统的承载能力决定的。如果现有的快速增长模式继续下去，那么地球的支撑力就将达到极限，世界就将面临一场灾难性的崩溃。[①] 该报告呼吁人类改变无限增长的模式，代之以可持续增长的模式，并把增长控制在地球资源可以承载的限度内。《增长的极限》直接推动了德国绿色运动的兴起，并促使越来越多的人投身于环境保护运动，1976 年澳大利亚召开了主题为"增长的极限与行动选择"的全国会议，该报告一度被奉为"绿色生态运动的圣经"。

1987 年，以挪威首相布伦特兰夫人为主席的世界环境与发展委员会（World Commission on Environment and Development，缩写 WCED）发表了《我们共同的未来》的报告。[②] 报告深刻检讨"唯经济发展"理念的缺陷及其在实践中造成的种种弊端，全面论述 20 世纪人类面临的和平、发展、环境三大主题之间的内在联系，并提出将它们作为可持续发展的内在目标来追求。报告系统地研究了当今人类面临的一系列重大经济、社会和环境问题，第一次明确地提出了"可持续发展"的价值理念，主张以"可持续发展"为人类未来的共同价值追求，从保护环境、维持生态平衡、满足当代和后代的合理需要出发，提出了许多富有远见卓识和高远智慧的行动建议。报告把环境与经济社会发展作为一个整体加以考虑，认为人类社会的可持续发展只能以生态环境和自然资源的持久、稳定的承受能力为基础，环境问题也只有在经济社会的可持续发展中才能得到有效的解决。只有正确处理眼前利益与长远利益、局部利益与整体利益的关系，掌握经济发展与环境保护的关系，才能使这一涉及国计民生和社会长远发展的重大问题得到满意解决。这一报告经联合国大会表决通过后成为人类建构生态文明的第一个国际文献，成为指导世界各国保护环境与资源、实现可持续发展的思想理论基础。

"三次重要会议"，是指 1972 年在瑞典首都斯德哥尔摩召开的"联合国人类环境会议"，1992 年在巴西里约热内卢召开的"联合国环境与发展大会"，以及 2002 年在南非约翰内斯堡召开的"可持续发展世界首

---

① ［美］丹尼斯·米都斯，等. 增长的极限——罗马俱乐部关于人类困境的报告. 李宝恒，译. 长春：吉林人民出版社，1997：17.

② 该报告是世界环境与发展委员会关于人类未来的报告。1987 年 2 月，在日本东京召开的第八次世界环境与发展委员会上通过，后经第 42 届联大辩论通过，于 1987 年 4 月正式出版。

脑会议"。

1972年6月5日至16日，"联合国人类环境会议"在瑞典首都斯德哥尔摩召开，这是人类历史上第一次世界性的环境会议，共有113个国家和一些国际机构的1 300多名代表参加了会议。会议广泛研讨并总结有关保护人类环境的理论和现实问题，提出"只有一个地球"的口号，并呼吁各国政府和人民为保护与改善人类环境，造福全体人民、造福子孙后代而共同努力。会议通过了著名的《联合国人类环境会议宣言》，揭开了人类共同保护环境、维持生态平衡的序幕。《联合国人类环境会议宣言》在人是环境的产物也是环境的塑造者的观点指导下，提出了人类在环境与经济发展方面应当遵循的26项共同原则，并从全人类的密切联系和共同利益出发，强调保护与改善人类环境关系到各国人民的福利和经济发展，是世界各国人民的迫切愿望，也是各国政府应尽的责任。受联合国人类环境会议秘书长莫里斯·斯特朗的委托，芭芭拉·沃德和勒内·杜博斯向大会提交了《只有一个地球——对一个小小行星的关怀和维护》的非正式报告。该报告将环境问题与发展问题结合在一起论述，强调"只有一个地球"，指出："这个地球难道不是我们人世间的宝贵家园吗？难道它不值得我们热爱吗？难道人类的全部才智、勇气和宽容不应当都倾注给它，来使它免于退化和破坏吗？我们难道不明白，只有这样，人类自身才能继续生存下去吗？"[1] 该报告从伦理的视角主张培育对"唯一的、美丽的、脆弱的行星——地球"的忠心，倡导关心和爱护地球这颗小小行星，并认为只有这样，我们才能获得真正的发展。此次"联合国人类环境会议"的召开，是联合国史上首次研讨保护人类环境的会议，也是国际社会就环境问题召开的第一次世界性会议，标志着全人类对环境问题的觉醒及其对环境与经济、环境与社会发展诸问题的高度重视和关心，是世界环境保护史上的第一个里程碑。这次会议对推动世界各国保护与改善人类环境发挥了重要作用和影响。为了纪念会议的召开，当年联合国大会做出决议，把6月5日定为"世界环境日"。

1992年6月3日至14日，"联合国环境与发展大会"在巴西里约热内卢召开，180多个国家和地区及60多个国际组织和团体的代表出席了此次大会。会议把生态环境问题与经济社会发展紧密结合起来，深入

---

① ［美］芭芭拉·沃德，勒内·杜博斯. 只有一个地球——对一个小小行星的关怀和维护.《国外公害丛书》编委会，译校. 长春：吉林人民出版社，1997：260.

讨论它们之间的相互关系，正式提出实施可持续发展战略。会议设定了地球宪章、行动计划、公约、财源、技术转让及制度六大议题，通过了《21世纪行动议程》，发表了《关于环境与发展的里约宣言》（又称《地球宪章》），154个国家签署了《生物多样性公约》，148个国家签署了《联合国气候变化框架公约》。《21世纪行动议程》的基本思想是：人类正处于历史的抉择关头，我们可以继续实施现行的政策，保持国家之间的经济差距，在全世界各地增加贫困、饥饿、疾病和文盲，继续使我们赖以维持生命的地球的生态系统恶化。不然的话，我们就得改变政策，以改善所有人的生活水平，更好地保护和管理生态系统，争取一个更为安全、更加繁荣的未来。对此，任何一个国家都不可能光靠自己的力量而取得成功；只有全球携手，才能求得持续发展。因此，各国必须制定与组织实施相应的可持续发展战略、计划和政策，以迎接人类社会面临的共同挑战。在这次会议上，环境保护与经济发展的不可分割性被广泛接受，"高生产、高消费、高污染"的传统发展模式被否定。这次会议是斯德哥尔摩会议之后的一次十分重要的会议，它促进了各国政府把宽泛的政策目标转化为具体的行动，并在通过经济的、行政的及制度的手段管理环境上做出了初步的尝试。

2002年8月26日至9月4日，在南非约翰内斯堡召开了"可持续发展世界首脑会议"，104个国家元首和政府首脑参加此次会议。这是继1992年在巴西里约热内卢举行的"联合国环境与发展大会"之后，全面审查和评价《21世纪行动议程》的执行情况，重振全球可持续发展伙伴关系的重要会议。会议以"拯救地球，重在行动"为宗旨，围绕生物多样性和生态系统、农业、水和卫生等进行讨论。会议认为，10年前的《关于环境与发展的里约宣言》和《21世纪行动议程》等重要文件，以及此后举行的一系列关乎人类进步与社会发展的国际会议表明，全世界已经达成共识：社会进步和经济发展必须与环境保护、生态平衡相互协调；提高全人类的生活水平与质量、促进人类社会的共同繁荣与富强，只有通过全球可持续发展才能实现。会议通过了《首脑会议实施计划》和《约翰内斯堡可持续发展宣言》两项重要成果，这是人类社会迈向生态文明的具体体现。

我国是对环境问题认识较早、采取措施最实的发展中国家，也是世界上最先提出生态文明发展战略的国家。我国对生态文明的研究和认识经历了一个从自然科学到社会科学，再到政策制定和国家发展战略的过程。经历了一个从环境保护的专业化管理，变成全社会认识、参与、推动的文明发展范式的发展过程。在这一过程中，学者、国家领导人和社会各界凝聚起广泛的社会共识，进而在世界范围内最先确立生态文明发展战略并将生态文明发展战略融入经济建设、政治建设、文化建设和社会建设全过程、多领域的发展格局。1992 年里约热内卢"联合国环境与发展大会"后，我国政府在世界上第一个制定了国家级《21 世纪行动议程》，构筑了一个综合的、长期的可持续发展战略框架，这成为指导我国经济社会发展的一个纲领性文件。1995 年，江泽民在《正确处理社会主义现代化建设中的若干重大关系》中指出："在现代化建设中，必须把实现可持续发展作为一个重大战略。要把控制人口、节约资源、保护环境放到重要位置，使人口增长与社会生产力的发展相适应，使经济建设与资源、环境相协调，实现良性循环。"[1] 1996 年，在中央计划生育工作座谈会上的讲话中，江泽民强调指出："可持续发展，就是既要考虑当前发展的需要，又要考虑未来发展的需要，不要以牺牲后代人的利益为代价来满足当代人的利益。可持续发展，是人类社会发展的必然要求，现在已经成为世界许多国家关注的一个重大问题。中国是世界上人口最多的发展中国家，这个问题更具有紧迫性。"[2] 2000 年，国务院发布《全国生态环境保护纲要》，首次确立了生态环境保护的基本框架。2001 年，在庆祝中国共产党成立八十周年大会上的讲话中，江泽民指出："要促进人和自然的协调与和谐，使人们在优美的生态环境中工作和生活。……努力开创生产发展、生活富裕和生态良好的文明发展道路。"[3] 2003 年中共中央 9 号文件——《中共中央国务院关于加快林业发展的决定》，第一次将"生态文明"写入我们党中央和国务院的正式文件。2003 年，党的十六届三中全会提出"以人为本，全面协调可持续的科学发展观"，要求以此来统领改革发展的各项事业，指导现代化建设的各项工作。这标志着，科学发展观成为中国走文明发展道路的行动纲领，成为建设生态文明社会的根本指针。在 2005 年召开的中央人口资源环境工作座谈会上，胡锦涛不仅提出发展循环经济，建设资源

---

①② 中共中央文献研究室，编. 江泽民论有中国特色社会主义（专题摘编）. 北京：中央文献出版社，2002：279.

③ 同①282-283.

节约型、环境友好型社会，走一条环境污染少、资源消耗低、经济效益好的新型工业化路子等思想，而且强调"制定全国生态保护规划，在全社会大力进行生态文明教育"①，这是我国国家领导人第一次正式提出"生态文明"这一术语，标志着我国自 20 世纪以来学人们提出的"生态文明"思想②上升到国家建设的高度并成为全社会的共识。同年，胡锦涛在青海考察时针对环境污染、生态破坏严重影响经济社会发展以及严重危害群众健康和公共安全的情状，特别强调加大环境污染防治力度，切实维护生态环境安全，使广大人民群众喝上干净的水，呼吸上清洁的空气，吃上放心的食物，在良好的环境中生活。2007 年 10 月，党的十七大报告向全党提出了建设生态文明的任务，强调"建设生态文明，基本形成节约能源资源和保护生态环境的产业结构、增长方式、消费模式"，"生态环境质量明显改善。生态文明观念在全社会牢固树立③。建设生态文明，要求加快能源资源节约和生态环境保护，增强可持续发展的能力，把建设资源节约型、环境友好型社会放在工业化、现代化发展战略的突出位置，完善有利于能源资源节约和生态环境保护的法律与政策。2008 年 9 月 19 日，胡锦涛在全党深入学习实践科学发展观活动动员大会暨省部级主要领导干部专题研讨班上强调，"我们必须走生产发展、生活富裕、生态良好的文明发展道路，全面推进社会主义经济建设、政治建设、文化建设、社会建设以及生态文明建设，努力加快实现以人为本、全面协调可持续的科学发展"④。这标志着，生态文明成为中国现代化建设的战略目标，成为中国特色社会主义事业的崇高追求。十八大报告第八部分专门阐述生态文明建设问题，提出加快生态文明建设、实现"天蓝、地绿、水净"关乎中华民族复兴大业，关乎"全球生态安全"。

---

① 胡锦涛. 调整经济结构和转变经济增长方式是缓解人口资源环境压力的根本途径//中共中央文献研究室，编. 十六大以来重要文献选编：中. 北京：中央文献出版社，2006：823.

② 我国学术界提出"生态文明"概念和思想应溯源至 20 世纪 80 年代。1987 年 6 月，生态农业科学家叶谦吉在全国生态农业研讨会上，针对我国生态环境趋于恶化的态势，呼吁要"大力提倡生态文明建设"。

③ 胡锦涛. 高举中国特色社会主义伟大旗帜，为夺取全面建设小康社会新胜利而奋斗//胡锦涛文选：第 2 卷. 北京：人民出版社，2016：628.

④ 胡锦涛. 在全党深入学习实践科学发展观活动动员大会暨省部级主要领导干部专题研讨班上的讲话//中共中央文献研究室，编. 十七大以来重要文献选编：上. 北京：中央文献出版社，2009：570.

十八大以来，以习近平为核心的党中央致力于生态文明建设，把生态文明建设融入经济建设、政治建设、文化建设和社会建设的各个环节、各个领域，"五位一体"总体布局得以确立，并确立"协调、创新、绿色、开放、共享"的新的发展理念。2013 年 5 月 24 日在十八届中央政治局第六次集体学习时的讲话中，习近平指出："建设生态文明，关系人民福祉，关乎民族未来。党的十八大把生态文明建设纳入中国特色社会主义事业五位一体总体布局，明确提出大力推进生态文明建设，努力建设美丽中国，实现中华民族永续发展。这标志着我们对中国特色社会主义规律认识的进一步深化，表明了我们加强生态文明建设的坚定意志和坚强决心。"① 十九大报告第九部分从推进绿色发展、着力解决突出环境问题、加大生态系统保护力度、改革生态环境监管体制这四个方面对"加快生态文明体制改革，建设美丽中国"做出战略部署。在习近平看来，生态环境保护是一项功在当代、利在千秋的伟大事业，我们一定要"清醒认识保护生态环境、治理环境污染的紧迫性和艰巨性，清醒认识加强生态文明建设的重要性和必要性，以对人民群众、对子孙后代高度负责的态度和责任，真正下决心把环境污染治理好、把生态环境建设好，努力走向社会主义生态文明新时代，为人民创造良好生产生活环境"②。习近平反复强调，小康全面不全面，生态环境质量是关键。当前，人民群众对干净的水、清新的空气、安全的食品、优美的环境的需要越来越强烈，生态环境在人民群众生活幸福指数中的地位不断凸显，老百姓过去"盼温饱"，现在"盼环保"，过去"求生存"，现在"求生态"。真正的小康社会是生活富裕、生态良好的社会。因此，我们必须要树立尊重自然、顺应自然、保护自然的生态文明理念，把生态文明建设放在社会主义现代化建设的突出地位。建设社会主义生态文明是人民群众的热切期盼，我们一定要让天更蓝、水更清、空气更清新，实现经济社会的可持续发展。

推进生态文明建设，是我们党对自然规律及人与自然关系再认识的

---

① 中共中央文献研究室，编. 习近平关于社会主义生态文明建设论述摘编. 北京：中央文献出版社，2017：5.

② 习近平. 努力走向社会主义生态文明新时代//习近平谈治国理政. 北京：外文出版社，2014：208.

重要成果，是保持经济持续健康发展和提高人民生活质量的必然要求，也是推进中国特色社会主义现代化建设、实现中华民族伟大复兴的必然要求。加强生态文明建设，是着眼长远，实现中华民族可持续发展的基本要求，拓展了中国特色社会主义事业的发展领域和范畴，是我们党坚持以人为本、执政为民，维护最广大人民群众根本利益特别是环境权益的集中体现，是中国特色社会主义的应有之义。中国特色社会主义社会，既是经济发达、政治民主、文化先进、社会和谐的社会，又是生态环境良好的社会。生态文明是实现经济发达、政治民主、文化先进、社会和谐的前提，只有把生态文明建设融入经济建设、政治建设、文化建设、社会建设全过程，才能更好地坚持和发展中国特色社会主义，为全面建成小康社会和实现中华民族伟大复兴提供基础。

（二）生态文明的基本特征

"生态文明是人类社会进步的重大成果。人类经历了原始文明、农业文明、工业文明，生态文明是工业文明发展到一定阶段的产物，是实现人与自然和谐发展的新要求。历史地看，生态兴则文明兴，生态衰则文明衰。古今中外，这方面的事例众多。"[①] 迄今为止的人类文明先后经历了原始文明、农业文明和工业文明三个阶段。在原始文明时代，生产力水平低下，物质生产活动极其简单，人类匍匐在自然的脚下并产生了自然崇拜以及天神崇拜、地神崇拜等观念，人与自然的关系以人类生产能力低下而处于一种不得已的原始和谐状态。在农业文明时代，人类对自然进行初步开发，人类利用和改造自然的能力有了新的发展，人类活动已经出现了对自然生态的破坏，但这种破坏程度基本在自然生态能承受且能自行修复的范围之内，尚未对人类发展构成严重威胁。发展到工业文明时代，人类以自然的"征服者"自居，社会生产力借助工业革命、化学产品研发、电力技术而获得空前发展，人类对自然的认识水平和改造能力空前提高，"征服"和"主宰"自然的思想随之占据统治地位。工业文明对自然的超限度开发使人类在获取巨额财富的同时造成了对自然资源的无穷掠夺和肆意破坏，致使生物多样性急剧减少、全球气候变暖、自然灾害频频发生，形成了日趋严重且又不断恶化的生态环境

---

① 中共中央文献研究室，编. 习近平关于社会主义生态文明建设论述摘编. 北京：中央文献出版社，2017：6.

危机。为了解决这一问题，环境保护、珍惜地球以及生态伦理思想应运而生。建设生态文明，不是要放弃工业文明，回到原始的生产、生活方式，而是要以资源环境承载能力为基础，以自然规律为准则，以可持续发展、人与自然和谐为目标，建设生产发展、生活富裕、生态良好的文明社会。

生态文明是指人类自觉遵循自然、社会和经济规律，在改造客观物质世界的过程中，通过采取生态化的生产方式和生活方式，改善和优化人与自然的关系、人与人的关系所取得的物质、精神、制度成果的总和。就此而论，生态文明不是简单的环境保护，不是单一的经济发展，也不是片面的社会制度公正，而是人们在进行经济建设的过程中，改善和优化人与自然以及人与人的关系，构建有序的生态运行机制和良好的生态环境保障下的物质、精神等综合性文明形态。生态文明作为目前人类文明的最高境界，是人类发展的必然，也是人类发展的目标，它具有如下特征：

第一，生态环境的整体性。生态文明所提供的基本观念是全球生态环境系统整体观念，系统中的诸因素相互联系、相互制约。其整体性体现在以下三个方面：（1）人类与自然是一个整体。人类的发展就是人与自然的关系的发展，人与自然的关系经历了屈服、改变、征服等阶段，人是整个生态环境系统的一部分，而不是自然的主宰。（2）人类社会文明是一个整体。生态文明与物质文明、政治文明、精神文明和社会文明协调统一发展，相互促进，相互制约，共同构成完整而全面的文明体系。（3）人类自身是一个整体。生态文明的发展不仅要求人类与自然是一个整体，而且要求人类突破民族、国家、阶级、集团的界限，超越狭隘的个人利益和集团利益，强调全人类对地球环境的共同责任和义务，促使全人类在更广泛的领域实现一种平等合作关系，以共同保护和建设地球家园。生态文明将包括人类在内的整个自然理解为一个整体，认为这个整体中各部分之间的联系是有机的、内在的、动态发展的。

第二，生态资源的和谐共享性。生态文明注重人、环境、社会的相互关系，并把协调人与自然、人与社会、发展与环境的关系视为核心内容。它以尊重与维护生态环境的价值和秩序为主旨、以可持续发展为依据、以人类的可持续发展为着眼点，强调在开发利用自然的过程中，人类必须树立人与自然的平等观，从维护社会、经济、自然系统的整体利益出发，在发展经济的过程中，既要慎重对待资源问题，科学制定资源开发战略，使自然资源的消耗不能超过其临界值，又要坚持生态原则，讲求生态效益，不能损害大气、水、土壤、生物等自然资源，把发展与生态环境紧密联系起来，在保护生态环境的前提下发展，在发展的基础上改善生态环境，实现人与自然的协调发展。

第三，生态系统的全面持续性。持续发展是生态文明的一个重要特点。传统的工业文明是建立在对自然资源的掠夺性开采和对生态环境的无节制破坏的基础之上的，它必然会导致资源匮乏和生态危机的恶劣后果。因此，工业文明具有不可持续性。生态文明是以可持续发展为价值目标和行动战略的。建设生态文明并非要人类消极地适应自然，回归到原始文明和农耕文明，而是要正确把握自然发展的客观规律，始终坚持将经济社会发展与生态环境保护紧密结合起来，在保护生态环境的前提下发展，在发展的基础上改善生态环境，促进经济社会发展和生态环境高度融合。只有生态文明才能实现经济社会和生态环境的持续发展。

生态文明是人类历经原始文明、农业文明和工业文明之后所要建立的新型人类文明形态。这种文明强调人的自觉与自律，倡导经济、社会与生态环境和谐共存，并将人类的发展与整个生态系统的发展紧密联系在一起。生态文明源于工业文明，又高于工业文明，是社会主义文明体系中内容更广泛、内涵更深刻的文明。生态文明的理念为当代人类的发展和进步指明了方向，提出了新的评价标准：社会的发展和进步不再以生产力的提高为唯一标准，而是以经济、社会和生态环境是否协调为依据；不再以经济效益的最大化为最高追求目标，而是以经济效益、社会效益和生态效益的耦合为最终目标。

（三）生态文明的伦理实质

生态文明是人类社会继原始文明、农业文明、工业文明后的一种新型文明形态，它以自然作为人类生存与发展的基础，强调人类社会只有在生态基础上与自然相互作用、共同发展，才能持续发展。在原始文明阶段，人类主要靠自然的"恩赐"而活着，基本上没有改造和控制自然的能力。人类对自然的态度是敬畏和崇拜。在农业文明阶段，农耕和畜牧活动成为这一阶段主要的物质生产方式，人类历史在这一阶段发生了第一次重大转折，开出了一批灿烂的农业文明之花。然而，除了中华文明外，农业文明时代绽放的文明之花几乎全都凋谢了。部分原因在于，当时的人并未懂得与大自然和谐相处，"美索不达米亚、希腊、小亚细亚以及其他各地的居民，为了得到耕地，毁灭了森林，但是他们做梦也想不到，这些地方今天竟因此而成为不毛之地"①。为了得到耕地而过度毁林开荒，在一定程度上造成了古巴比伦文明、埃及文明、玛雅文明、印度文明的相继衰落。工业文明是继农业文明之后最富活力和创造性的文明，它以工业革命为先导，以技术革命、财富创造和征服自然为要义，以城市化、市场化和产业化为方式，开启了人类历史上的一个全新时代。奠基于工业革命之上的工业文明，不仅从根本上提升了社会的生产力，创造出比以往任何时候都要多的物质财富，而且完成了社会的重大转型，使人类社会发生了天翻地覆的巨大变化。但是，工业文明以来，人类凭借科技进步，无节制地对大自然进行干预改造、掠夺榨取、征服统治，导致了资源能源危机和环境危机。工业文明时代的社会、经济、生态等方面的危机，无法在自身框架内得到解决，人类必须寻找一条新的发展道路，实现由工业文明向生态文明的转型。生态文明建立在人类文明发展史的基础上，是对当代日趋严重的生态环境问题的实践反思和理论应答，是寻求解决工业文明困境所进行的一种文明建设活动，是以人与自然的协调可持续发展为中心的一种新的文明。人类沿着敬畏自然的原始文明—依赖自然的农业文明—征服自然的工业文明—效法自然的生态文明的道路不断前进，体现了人类文明螺旋式上升和发展的必然规律。

生态文明是工业文明之后人类努力实现的新的文明形态，其伦理实质要求正确处理人与自然的关系，倡导尊重自然、利用自然、保护自然、与自然和谐相处的文明理念，以实现人类经济社会的全面、协调、可持续发展。生态文明不同于工业文明的地方在于，工业文明以对自然的征服和改造为基本的价值追求，生态文明则以人与自然关系的协调发展为基本的价值追求。生态文明要求放下征服者之剑，学会与大自然友好相处，建构一种人与生态系统之间的良性健康、持续发展、和谐共生

---

① ［德］恩格斯. 自然辩证法//马克思恩格斯文集：第 9 卷. 北京：人民出版社，2009：560.

的关系。生态良心、生态公正、生态义务等都是生态文明极为重视的伦理范畴。建设生态文明是对传统工业文明的扬弃和超越，并使工业化、生态化相互融合，推动资源节约型、环境友好型社会发展。因此，生态文明是人类文明发展的正确选择。

生态文明的价值核心是"人与自然协调发展"，它以实现经济社会可持续发展为目标，以生产生活方式的生态化为手段，坚持认为人类只是大自然中与其他物种和谐相处的一员，而不是征服和奴役其他物种的主宰。它强调人不仅具有改造和利用自然环境的权利，而且要承担爱惜和保护自然环境的义务。人们在改造客观物质世界的同时，也应该修复和纠正改造过程中造成的负的外部效应，积极改善和优化人与自然的关系，从而实现人与自然更高层次的和谐。

从单纯的追求 GDP 到注重环境保护，从追求金山银山到追求绿水青山，从对工业文明的追求到主动实践生态文明，中国特色社会主义越来越显示出理论的自觉和境界的高远，表现出前所未有的吸引力和魅力。

二、生态伦理是生态文明发展的基础和支撑

每一种文明都有与其相适应的伦理形态，或者说都会形成自己的伦理思想和伦理精神。从某种意义上说，生态文明呼唤并必然孕育与之相适应的生态伦理，生态伦理是生态文明的必然表现和价值凝结。

（一）生态伦理与生态伦理学

生态伦理是指人类处理自身与生态环境之关系所应遵循的道德原则规范以及由此形成的道德品质和开展的道德实践等的总和。虽然人类对生态环境的认识早在古代就开始了，但真正严格意义上的生态伦理则是现代社会的产物，本质上是认识与反思工业文明所造成的生态危机的产物。工业文明以高生产、高能耗、高消费为基本特征，既创造出大量的物质财富，同时也消耗了大量的自然资源和能源，并导致了气候异常、温室效应、土壤沙化、森林锐减、草场退化、大气污染等严重的生态后果和生态危机。生态伦理是对生态危机的回应与深度

思考，表征着人们试图将伦理关系拓展到人与自然的关系，并将人与自然的关系纳入人与人的关系来整体谋划的伦理智慧。生态伦理是发展生态文明的精神依托和道德基础，培养具有生态道德意识的公众，把道德关怀引入人与自然的关系，树立起人对自然的道德义务感，进而培养广大公民的生态道德意识，才能更好地发展生态文明、建设生态文明。

生态伦理学产生于 20 世纪 40—50 年代，它是由法国哲学家史怀哲和美国哲学家利奥波德创立的。1923 年，法国哲学家史怀哲发表论文《文明的哲学——文化与伦理学》，在人类思想史上提出"敬畏生命"的道德原则思想，并认为大自然中的所有生命都是平等的，凡是维护生命、发展生命、完善生命的行为都是合乎道德的和善的。他还首次提出了创立生态伦理学的设想。美国哲学家利奥波德于 1933 年发表《保护伦理学》一文，主张伦理学的对象应从人与人的社会关系领域扩展到大地即自然界。1949 年，利奥波德出版《沙郡年鉴》一书，首次提出"大地伦理学"一词，此书被公认为第一部系统的生态伦理学著作，它的出版标志着生态伦理学正式成为一门相对独立的学科。此后，生态伦理学在西方各国迅速发展。当代西方生态伦理学的研究更深入地探讨了人与生态、人与自然的关系，并形成"深层生态伦理学"，其代表人物有罗尔斯顿、迪施、科兹洛夫斯基等。罗尔斯顿先后出版《存在一种生态伦理学吗?》（1975 年）、《哲学走向荒野》（1986 年）、《环境伦理学——大自然的价值以及人对大自然的义务》（1988 年）等著作，提出自然规律与人道相结合的环境伦理学构想。辛格的《动物解放》和罗尔斯顿的《环境伦理学》可谓现代生态伦理学的代表作。辛格在 1975 年出版《动物解放》一书，认为人与动物在道德上应该是平等的，我们应该把关心所有当事人利益这一伦理原则扩展到动物身上，动物也能感受苦乐，我们有义务停止那些给动物带来痛苦的行为。以雷根为代表的动物权利论者从康德的道义论出发，认为我们之所以要保护动物，是由于动物和人一样，拥有不可侵犯的权利。罗尔斯顿基于环境整体主义观点，建构了一个完整的环境伦理学理论体系。20 世纪 60 年代由西方各国发起的环境保护运动迅速发展为一项全球性的运动，而今环境保护运动已从"浅绿色运动"发展为"深绿色运动"，提出代内公平与代际公平相结合的口号。联合国先后召开了多次关于环境问题的世界性会议，确立了可持续发展战略，而今环境伦理学成为东西方伦理学界的研究热点。

关于生态伦理学或环境伦理学的研究对象和学科性质，在西方主要有关系说和义务说两种理论。关系说坚持把人与自然的关系视为环境伦理学的研究对象，揭示了环境伦理学不同于人际伦理学的根本特质。德斯查丁斯在其所著的《环境伦理学：环境哲学导论》一书中对环境伦理学做出自己的界说，认为"环境伦理学是系统而全面地说明和论证人与自然环境之间的道德关系的学说。环境伦理学认为，人对自然界的行为是能够而且应该用道德规范来调节的。因此，一种环境伦理学理论必须要：（1）说明这些规范是什么；（2）声明人对何人何物负有责任；（3）说明这些责任的合理性"①。泰勒在《尊重自然：一种环境伦理学理论》一书中认为，"环境伦理学关心的是存在于人与自然之间的道德关系。支配着这些关系的伦理原则决定着我们对自然环境和栖息于其中的所有动物与植物的义务、职责、责任"②。义务说坚持把人对自然环境的义务作为环境伦理学的研究对象，揭示了环境伦理学的生态品格。罗尔斯顿在《环境伦理学——大自然的价值以及人对大自然的义务》一书中认为，"从终极的意义上说，环境伦理学既不是关于资源使用的伦理学，也不是关于利益和代价以及它们的公正分配的伦理学，也不是关于危险、污染程度、权力与侵权、后代的需要以及其他问题——尽管它们在环境伦理学中占有重要地位——的伦理学。孤立地看，这些问题都属于那种认为环境从属于人的利益的伦理学。在这种伦理学看来，环境是工具性的、辅助性的，尽管它同时也是根本的、必要的。只有当人们不只是提出对自然的合理利用，而是还提出对它的恰当的尊重和义务问题时，人们才会接近自然主义意义上的原发型环境伦理学"③。阿姆斯特朗和波兹勒在他们主编的《环境伦理学：分歧与共识》一书中也持义务论的立场，坚持认为环境伦理学研究的是"人类对自然环境的责任。它与价值问题有关：大自然是否具有超出其满足人的需要的明显功能之外

---

① J. R. Desjardins. Environmental Ethics：An Introduction to Environmental Philosophy. Wadsworth Publishing Company，1992：13.

② P. W. Taylor. Respect for Nature：A Theory of Environmental Ethics. Princeton University Press，1986：3.

③ H. Rolston. Environmental Ethics：Duties to and Values in Natural World. Temple University Press，1988：1.

的价值？大自然的某些部分比别的部分更有价值吗？人对大自然和自然
实体负有哪些义务？"① 这两种关于环境伦理学之研究对象和学科性质
的理论各有所长，也各有所短，值得我们予以批判地扬弃。我们认为，
环境伦理学或生态伦理学既需要研究人与自然之间的关系，也需要研究
人对大自然的责任和义务，还需要研究如何在理论上、实践上促进人与
自然的协调发展和持续发展，以促进生态文明建设。

（二）生态伦理意识

生态伦理意识是人们对生态之伦理价值以及人与自然之关系的伦理
认识，是生态伦理实践的基础，也是建构生态伦理关系的基础。生态伦
理意识要求人们树立保护环境的全局观念和整体意识。生态伦理学围绕
如何确立正确的生态伦理意识形成了人类中心主义和非人类中心主义等
思想流派或观点。

人类中心主义（anthropocentrism）是指以人类为关注的中心，把
人类的生存与发展作为最根本目标的思想和观念体系。"这个术语源于
古希腊的'anthropos'，它意指人类。人类中心主义意味着使人类居于
中心位置。人类中心主义者采用了一个只以人类为中心的关注视角。"②
它要求人的一切活动都应该遵循这一价值目标。人类中心主义把人类的
利益作为价值原点和道德评价的依据，认为只有人才是大自然中唯一具
有内在价值的存在物，只有人才是价值判断的主体。在人与自然的关系
中，人永远是主体，自然永远是客体，价值评价的尺度必须掌握和始终
掌握在人的手中，任何时候说到价值都是指对于人的意义。人类中心主
义可以分为强式人类中心主义（strong anthropocentrism）和弱式人类
中心主义（weak anthropocentrism）两种。强式人类中心主义坚持认
为，人是一种自在的目的和最高级的存在物，因而人的一切活动对于其
他存在物而言都是合理的，只要人不损害自己同胞的利益即可。弱式人
类中心主义则试图对人对大自然的行为做某些必要的限制，认为人虽然
是自然界的中心和主宰，但为了人的根本利益和长远利益，不能对大自

---

① S. Amstrong, R. Botzler eds. Environmental Ethics: Divergence and Convergence. N. Y.: McGraw-Hill, 1993: 15.
② ［美］彼得·S. 温茨. 现代环境伦理. 宋玉波，朱丹琼，译. 上海：世纪出版集团，上海人民出版社，2007: 16.

然实行掠夺式的开发和毫无节制的利用。一些弱式人类中心主义者主张套用"贵族与其臣民的关系模式"来理解和处理人与自然界其他生物的关系，要求贵族承担起保护其臣民（非人类存在物）的高贵责任。①

非人类中心主义（non-anthropocentrism）是一种不将人类置于中心位置的环境伦理思想和观念体系，坚持认为大自然中的其他生物也具有内在价值，其他生命的生存和生态系统的完整也是环境道德的相关因素。"它意味着对非人类生命与生活形态的关注是为了它们自身而不是我们的利益。"② 人类应当把道德共同体从"人与人"的范围，扩展到大自然和整个生态系统的范围，强调人对大自然的义务是一种直接的义务，其是为了保护大自然而保护大自然，完全排除了人的自身利益。非人类中心主义包括生物中心论、动物权利论和自然价值论等。③ 以史怀哲为代表的生物中心论认为所有的生物都具有"生存意识"，人应当像敬畏自己的生命那样敬畏所有的生命，当人把动物和植物的生命看得与他的同胞同样重要的时候，人才是真正有道德的人。以泰勒、利奥波德、罗尔斯顿为代表的生态中心论认为，大自然首先是为它自己及其创造者而存在的，所有的存在物都有其存在的价值。泰勒认为，"人是地球生物圈自然秩序的一个要素，因此人类在自然系统中的地位与其他物种的地位是一样的"，"所有的机体都是生命的目的中心（teleological centers of life），因此每一种生物都是以其自己的方式追寻其自身的好的唯一个体"，"人类并非天生就优于其他生物"④。泰勒将人类看作生态系统中的普通一员，认为人类与其他生物在大自然中的地位是平等的，物种之间没有优劣之分。因此，所有生物都具有同等的固有价值，都应该受到同等的道德关怀。人类没有也不应该有掠夺大自然的权利。

---

① S. J. Gould. The Gold Rule：A Proper Scale for Our Environmental Crisis// L. P. Pojman ed. Environmental Ethics：Reagings in Theory and Application. Wadsworth，2000：214-217.

② ［美］彼得・S. 温茨. 现代环境伦理. 宋玉波，朱丹琼，译. 上海：世纪出版集团，上海人民出版社，2007：18.

③ ［美］霍尔姆斯・罗尔斯顿. 环境伦理学——大自然的价值以及人对大自然的义务. 杨通进，译. 北京：中国社会科学出版社，2000：3-12.

④ P. W. Taylor. Respect for Nature：A Theory of Environmental Ethics. Princeton University Press，1986：99-101.

人类中心主义与非人类中心主义的生态伦理观各有自己的优长偏弊。马克思主义主张超越人类中心主义与非人类中心主义的对立，辩证地整合其合理因素，既主张以人为本的科学发展伦理，又强调人与自然的友好相处。

坚持马克思主义生态伦理意识，要求树立人与自然同存共荣的自然观。人类对自然的利用与改造，必须以保证整体生态系统的动态平衡为前提。人类干预、改造自然及其运动过程，必须以不破坏自然界的物质循环和能量有序流动为限度。人类不能只是开发自然、利用自然、索取自然，还要保护自然、补偿自然、按自然规律办事，与自然和谐相处，走与自然同存共荣的发展道路。人类在追求经济增长、满足物质需要的同时，要充分考虑生态环境的承载能力，要充分考虑子孙后代的代际利益，把宏观利益与微观利益、长远利益与眼前利益、主要利益与次要利益、整体利益与局部利益有机结合起来，推进人与自然系统的协调发展，达到人类与自然的同存共荣，实现人与自然的永续发展。

坚持马克思主义生态伦理意识，要求人们选择健康合理、适度消费的生活观。生态伦理认为，盲目地高消费不仅不利于人的身体健康，而且浪费资源、污染环境。每个人的消费都直接或者间接地消耗各种能源、原材料和水资源，同时产生各种排放物和废弃物。因此，人类应改变过去那种高消费、高享受的消费观念与生活方式，提倡勤俭节约，反对挥霍浪费，选择健康、适度的消费行为，提倡绿色生活，以利于人类自身的健康发展与自然资源的永续利用。

（三）生态伦理的基本原则和规范

生态伦理学不仅研究人们对待自然的态度问题，确立新的生态价值观，而且研究生态伦理的基本原则和规范，为人们提供环境意义上的道德行为准则。

1. 生态伦理的基本原则

敬畏生命的伦理原则。敬畏生命的伦理原则要求人能像敬畏自己的生命意志那样敬畏所有的生命意志，满怀敬意地对待一切生命存在物。生命与生命之间是高度关切和联系在一起的，共同构成一个生命系统，同时就个体生命而言又是脆弱和必死的，因此必须对生命抱有一种崇敬和尊重的意识，善待一切生命现象。环境伦理学的创始人史怀哲在《敬畏生命》一书中写道："成为思考型动物的人感到，敬畏每个想生存下去的生命，如同敬畏他自己的生命一样。他如体验自己的生命一样体验其他生命。他接受生命之善：维持生命，改善生命，培养其能发展的最大的价值；同时知道生命之恶：毁灭生命，伤害生命，压抑生命之发展。这是绝对的、根本的道德准则。"① 在史怀哲看来，善是保存和促进生命，恶是阻碍和毁灭生命。"随着对其他生命痛苦的麻木不仁，你也失去了同享其他生命幸福的能力。尽管我们在世间见到的幸福是如此之少；但是，以我们本身所能行的善，共同体验我们周围的幸福，是生命给予我们的唯一幸福……如果你在任何地方减缓了人或其他生物的痛苦和畏惧，那么你能做的即使较少，也是很多。保存生命，这是唯一的幸福。"② 如果我们摆脱自己的偏见，抛弃我们对其他生命的疏远性，与我们周围的生命休戚与共，那么我们就是道德的。

众生平等原则。中国历史上的儒释道三家均坚持所有生命出自一源，万物生于同根。世界是一个生命共同体，是一个息息相关的大家庭。这个家庭中的每一个成员都具有自身的价值。因此，主张尊重生命、爱护生命。在道家看来，"道"乃"天地之根""万物之母"，天地万物都不过是"道"之子。物与物之间、人与人之间、人与物之间都是"道"之子之间的关系，没有高低贵贱之分，都是平等的。因此，庄子在《庄子·秋水》中提出："以道观之，物无贵贱。"佛教认为佛性存在于一切生命之中，众生都具有相同的佛性，主张众生平等。禅宗不仅肯定人和动物都具有佛性与价值，而且肯定一切生物如草木等低级生命也有佛性与价值，因而明确要求人类要像爱护动物一样爱护植物。众生平等，就是要抛弃"极端人类中心主义"，使人与其他生命平等相处，人类要有意识地控制自己的行为，合理地控制利用、改造自然的程度，维护生态环境的完整稳定，保护生物的多样性。

生态公正原则。生态公正包括生态的代内公正、代际公正和权利义务分担公平。生态公正就是所有人，不论世代、国籍、民族、种族、性

① ［美］戴斯·贾丁斯. 环境伦理学. 林官明，杨爱明，译. 北京：北京大学出版社，2002：153.
② ［法］阿尔贝特·史怀泽. 敬畏生命.［德］汉斯·瓦尔特·贝尔，编. 陈泽环，译. 上海：上海社会科学院出版社，1995：23.

别、文化、城乡差异、贫富等，都平等地享有利用自然资源的权利以及享有清洁、安全、健康的环境的权利，涉及人与自然的关系，人与人在共同开发、利用、保护自然过程中权益与义务的关系以及基于长远利益考虑的当代与后代的关系。首先是人地公正，即人类和自然应保持一种公正关系，人类要理性地对待自然，合理节制自身欲望，有效利用资源，防止环境污染，保护生物的多样性，维护生态系统的稳定，实现人与自然和谐发展。人类有权利享用大自然提供的丰富资源，同时有义务维护和尊重大自然生态系统的和谐。其次是代内公正，即人类各群体之间有权利分配自然资源，同时有义务保障分配的合理、公平、公正，并且强势群体有义务对弱势群体进行关怀和补偿。最后是代际公正，即当代人有权利利用自然资源来谋求自身的生存和发展，同时又有义务关怀后代的生存权利，这涉及地球上有限资源在不同代与代之间的合理分配和补偿。生态公正的核心是公平地分配环境成本和费用；生态公正体现发展权和发展机会的均等；生态公正体现差别对待原则，优先考虑最不利地区和成员的利益问题，如贫困地区和贫困人口的利益问题。人在生态系统中属于有主动行为能力、智慧比较高的，为此要保护自然，保护生态系统和生物多样性。人必须要认识自然，尊重自然，与自然界的其他成员和谐相处。生态公正根源于人的三重属性的存在。由于人具有类、群体和个体三种存在样态，相应地，生态公正也有不同的实现形式。人的类属性与种际生态公正相对应；人的群体属性对应的则是群际生态公正，包括代内正义、代际正义（当代人与后代人之间）。代内正义既有国际环境正义问题，其中主要是发展中国家的生态权利问题，又有国内环境正义问题，其中主要是弱势群体和不发达地区的环境权利问题。代际正义涉及上一代与下一代之间的正义问题。人类只有一个地球，前代人不能无限制地开发和消耗后代人的环境资源，应该给后代人留下一个好的地球。

2. 生态伦理的基本规范

生态伦理规范的内容十分丰富，涉及社会、职业、家庭、个人的各个领域和各个方面。概括起来主要有：

热爱自然。梭罗在《瓦尔登湖》一书中盛赞自然的价值和可爱，指出："大自然的不可描写的纯洁和恩惠，他们永远提供这么多的健康，这么多的快乐！对我们人类这样地同情，如果有人为了正当的原因悲痛，那大自然也会受到感动……难道我不该与土地息息相通吗？我自己不也是一部分绿叶与青菜的泥土吗？"① 梭罗认为，人类只有在自然中才能找到健康，只有在自然中，人的灵性才能得到更新和提高，人接近自然，就是接近"那生命的不竭之源泉"②。不仅如此，梭罗还把自然看成医治道德罪恶的灵丹妙药，指出："我们也应该时不时地挪动挪动，到田野和森林里远足，以晾晒我们的生命，饿死我们身上的罪恶。"③中华民族和中华文化素以热爱自然而著称于世，留下了大量讴歌自然山水和祖国美好河山的诗词名作与经典论述。《庄子·知北游》中有言："天地有大美而不言"，自然界不仅是人类的衣食父母，而且是人类精神的导师和美感的源泉。《庄子·天道》云："天地固有常矣，日月固有明矣，星辰固有列矣"；《庄子·田子方》云："天之自高，地之自厚，日月之自明"。天地具有最高层次的美，庄子将其定义为"天籁""天乐"。人与天地存在一种共生共存的关系，人既离不开天地，亦离不开万物，人如果将自我与天地万物对立起来，那么就无法体悟到"天地之大美"，就会陷入痛苦、悲惨和无根的状态。热爱自然要求人们生命活动中的一切言论和行为，都以维护生态环境为准则，在向自然索取的同时向自然奉献，在开发自然的同时保护自然，力求维护生态平衡。

适度发展。人的生存离不开对自然的开发，但开发必须有度和适度。所谓开发有度和适度发展，是指人类对自然的开发与利用必须维持在生态环境许可的限度内，并以有利于生态环境的持续发展为目的，切忌采取竭泽而渔、杀鸡取卵的行为。否则，破坏了自然界的"天地大美"，只会造成"云气不待族而雨，草木不待黄而落，日月之光益以荒"④ 的非正常生态，使人类自身遭受不幸的恶果。英国经济学家舒马赫在《小的是美好的》一书中坚持认为，并不是贪得无厌的生活方式和求大求多的发展模式就是好的，"朝着有限的目标求得发展是可能的，但不可能无限制地、普遍地得到发展。很可能像甘地所说：'地球所提供的足以满足每个人的需要，但不足以填满每个人的欲壑'"⑤。基于这

---

① ［美］亨利·梭罗. 瓦尔登湖. 徐迟，译. 长春：吉林人民出版社，1997：130.
② 同①126.
③ 何怀宏. 生态伦理：精神资源与哲学基础. 保定：河北大学出版社，2002：126.
④ 庄子：在宥.
⑤ ［英］E. F. 舒马赫. 小的是美好的. 虞鸿钧，郑关林，译. 北京：商务印书馆，1984：16.

种认识，他主张适度发展，节制人类的欲望，崇尚一种简单的、可持续的发展模式。适度发展是人类经济社会发展的理想模式与奋斗目标。对人们的生产活动要从生态道德的视角加以调控，尽可能地少投入、多产出、多利用、再利用、少排放，将自然环境作为一种潜在的生产力来加以保护，改变以破坏资源、过量消耗自然为代价或者"先破坏、后治理"的生产发展模式。

合理消费。西方近代工业文明以来，过量消费、畸形消费虽然刺激了经济的增长，但却导致了自然资源的过度消耗，严重超越了自然界的承载能力，进而导致了资源枯竭、环境恶化等后果。合理消费是介于过量与缺量之间的一种适度消费，以满足人们正当的物质生活需要为目的和评价标尺，其本质是文明消费、绿色消费和非奢侈消费。艾伦·杜宁在《多少算够》一书中说："当大多数人看到一辆豪华汽车首先想到它导致空气污染而不是它所象征的社会地位的时候，环境道德就到来了。同样，当大多数人看到过度的包装、一次性产品或者一个新的购物中心而认为这些是对他们子孙犯罪而愤怒的时候，消费主义就处于衰退之中了。"① 过度消费其实是一种追求时髦和浪潮的"面子消费"，一种显示身份和地位的"荣誉消费"，本质上是一种奢侈消费和恶性消费。合理消费反对过度消费和消费主义，倡导无害消费、简单消费、绿色消费，倡导消费文明化、无害化，合理消费要求符合"三 E 原则"，即economy（经济实惠）、ecological（生态环保）、equitable（平等公正），尽可能地使人们的消费行为合乎或不破坏生物圈的良性循环，使人类与自然成为亲密伙伴。

生态平衡。维系生态平衡，亦即不能过度开发、乱开发自然资源，要尊重生态系统的生存规律和发展规律。我国古代《逸周书·聚篇》就提出了"早春三月，山林不登斧，以成草木之长。夏三月，川泽不入网罟，以成鱼鳖之长"的观点，《荀子·王制》更有"圣王之制也，草本荣华滋硕之时，则斧斤不入山林，不夭其生，不绝其长也；春耕、夏耘、秋收、冬藏，四者不失时，故五谷不绝而百姓有余食也；污池、渊沼、川泽，谨其时禁，故鱼鳖尤多而百姓有余用也；斩伐养长不失其时，故山林不童而百姓有余材也"的论述，说明了保护生态平衡的重要性。

---

① ［美］艾伦·杜宁. 多少算够——消费社会与地球的未来. 毕聿，译. 长春：吉林人民出版社，1997：102-103.

生态道德规范是生态道德的理性基础和实践"规矩",其中既有倡导性规范,又有禁止性规范,是软约束与硬约束的有机结合。

(四) 生态伦理实践

生态伦理实践,体现在人们的生态行为文明、生态道德教育、生态道德文明等方面。生态文明不仅是一种思想和观念,而且是一种体现在社会行为中的文明实践。生态行为文明是人们在一定的生态文化观和生态文明意识指导下的行为实践,是一种旨在引导决策者和全社会以生态意识文明为指导,以生态制度文明为准则,以促进人与自然和谐为目标而展开的生产生活实践活动,包括清洁生产、循环经济、环保产业、绿化建设以及一切具有生态文明意义的参与和管理活动,同时还包括人们的生态意识和行为能力的培育,逐步形成有利于人类可持续发展的适度消费、绿色消费的生活方式。它大力提倡节约型消费,改变"一次性消费"和"类一次性消费";反对自私的享乐观,拒绝挥霍铺张、浮华摆阔等消费行为;鼓励人们从点点滴滴做起,减少或杜绝生态破坏、环境污染和资源浪费。

生态道德教育是对人类进行的一种环境伦理价值观教育,它倡导尊重自然、善待自然的伦理态度,倡导拜自然为师、循自然之道的理性态度,倡导保护自然、拯救自然的实践态度,目的是培育一种历久弥新、面向未来的道德素质,从而促进人的全面发展,实现人与自然的和谐。如果说,农业文明时代重视过去的"传统"或者说向后看的道德教育,工业文明时代看重当下利益甚至个人私利的道德教育,那么生态文明时代要求的是整体的、面向未来的道德教育。这种教育是现代社会提出来的、对未来进行抉择的能力和素养教育,它旨在促进真善美的统一和人的全面发展:敞开的人性视域不但应在人与人、人与社会的关系中展现,还应在人与自然的关系中体现;不但要在当代人之间得以显现,还要在对后代人的关心中得以彰显。生态道德教育在生态教育和生态保护实践中,有着极为重要的由知到行的道德转换功能。它承担着开启人类环境良知、开发人类环境伦理潜能、开创人类环境精神面貌的重荷。同时,生态道德教育还担负着倡导生态伦理,普及生态意识,将生态意识上升为民族意识、主流思潮和时尚观念,形成关注生态、保护生态、理性消费的风潮的责任。

生态道德文明要求关注生态福利，讲求生态公正。生态福利是一种能够给大多数人带来生存发展利益的普惠福利和大众收益。生态福利反映社会经济发展中生态资源投入与福利产出之间的关系，是衡量区域经济可持续发展的标准。环境是最稀缺的资源，生态是最宝贵的财富。生态环境好，鸟语花香，天高云淡，空气清新，这就是一种福利和收益，人们可以享受并因此而有心旷神怡之感。"昂首是蓝天，低头有碧水，推窗见绿荫"，是老百姓最想要的幸福。生态福利不一定是免费的，有些是有成本的。同时，青山绿水、鸟语花香，如果不开发利用，就是放弃这部分的机会成本。强化生态伦理行为实践，就是要推动绿色发展、低碳发展、循环发展，"形成节约资源、保护环境的空间格局、产业结构、生产方式、生活方式，为子孙后代留下天蓝、地绿、水清的生产生活环境"[①]。生态维护、生态重建、生态恢复，这需要投入，对享受生态福利的人来讲，就是一种生态义务和生态责任。生态福利和生态义务是对等的，我们一定要通过履行生态义务来享受生态福利。

三、可持续发展伦理是生态文明的精神内核

生态文明必然要求建构可持续发展伦理。可持续发展伦理，强调处理好经济建设、人口增长同资源开发利用、生态环境保护的关系，实现经济社会发展与环境保护、生态建设的统一。

（一）可持续发展观的提出及意义

可持续发展（sustainable development），是指既能满足当代人的需要又不对子孙后代满足其需要构成危害的，经济、社会、环境等相互协调的发展。这一概念有两个要点：必须满足当代人的需要，今天的发展不能损害后代人满足其需要的能力。可持续发展主要包括生态可持续发展、经济可持续发展、社会可持续发展三方面的内涵，它特别强调与重申的是资源环境的永续利用和人类代际公平，力主将人类的消费和生产

---

① 习近平. 为子孙后代留下天蓝、地绿、水清的生产生活环境//习近平谈治国理政. 北京：外文出版社，2014：212.

规模控制在地球资源确能支持、自然环境确能容纳的范围内，根本宗旨在于确保人类的世世代代都能在地球上健康幸福地生活。

"可持续发展"概念最先于 1972 年在瑞典首都斯德哥尔摩召开的"联合国人类环境会议"上被提出并加以讨论。罗马俱乐部发表的研究报告《增长的极限》较早地明确提出"持续增长"和"合理的持久的均衡发展"的概念。1980 年，《世界自然资源保护大纲》提出：必须研究自然的、社会的、生态的、经济的以及利用自然资源过程中的基本关系，确保全球的可持续发展。[①] 1981 年，美国世界观察研究所所长莱斯特·R. 布朗出版《建设一个可持续发展的社会》一书，提出以控制人口增长、保护资源、开发再生能源来实现可持续发展。1983 年，世界环境与发展委员会主席以"持续发展"为基本纲要，制定"全球变革日程"。1987 年，以挪威首相布伦特兰夫人为主席的世界环境与发展委员会发表了一份报告《我们共同的未来》，指出实现可持续发展是人类出路之所在。报告把可持续发展定义为既最大限度地满足现代和未来社会的需要，又不危害环境和生物的多样性，不损害子孙后代的利益。[②] 它明确提出可持续发展战略，提出保护环境的根本目的在于确保人类的持续存在和持续发展。联合国环境规划署第 15 届理事会发布《关于可持续发展的声明》，认为可持续发展是指满足当前需要且不削减或牺牲子孙后代满足其需要能力的发展，其基本内容涉及社会结构、经济增长、自然资源、生态环境、国家主权等方面。1992 年 6 月，"联合国环境与发展大会"将可持续发展确定为大会的指导方针，指出可持续发展是当前人类发展的主题。大会发表的《关于环境与发展的里约宣言》对"可持续发展"的内涵做了明确的阐释："人类应享有以与自然和谐的方式过健康而富有生产成果的生活的权利，并公平地满足今世后代在发展与环境方面的需要。"大会通过的《21 世纪行动议程》，阐述了可持续发展的 40 个领域的问题，提出了 120 个实施项目。这是可持续发展理论走向实践的一个转折点，开辟了人类发展史上的可持续发展时代。

在 1992 年"联合国环境与发展大会"召开后不久，中国政府就组织编制了《中国 21 世纪议程——中国 21 世纪人口、环境与发展白皮

[①] IUCN, UNEP, WWF. World Conservation Strategy: Living Resources Conservation for Sustainable Development. Gland: Switzerland, 1980.

[②] WCED. Our Common Future. Oxford: Oxford University Press, 1987.

书》，首次把可持续发展作为我国经济社会发展的战略予以整体规划，明确指出"走可持续发展之路，是中国在未来和 21 世纪发展的自身需要和必然选择"。该议程是世界上首部国家级可持续发展战略，标志着中国政府率先实施可持续发展战略的意志和决心，赢得了国际社会的肯定和好评。1994 年 7 月，来自 20 多个国家、13 个国际机构、20 多个外国有影响企业的 170 多位代表聚会北京，通过了《中国 21 世纪议程优先项目计划》，用实际行动推进可持续发展战略的实施。1995 年 9 月，江泽民在中国共产党第十四届中央委员会第五次全体会议闭幕式上发表讲话，指出："在现代化建设中，必须把实现可持续发展作为一个重大战略。……必须切实保护资源和环境，不仅要安排好当前的发展，还要为子孙后代着想，决不能吃祖宗饭、断子孙路，走浪费资源和先污染、后治理的路子。要根据我国国情，选择有利于节约资源和保护环境的产业结构和消费方式。"① 这里正式把可持续发展作为我国的重大发展战略提了出来。党的十六大报告把"可持续发展能力不断增强，生态环境得到改善，资源利用效率显著提高，促进人与自然的和谐，推动整个社会走上生产发展、生活富裕、生态良好的文明发展道路"② 作为全面建设小康社会的奋斗目标，极大地彰显了可持续发展战略在社会主义现代化建设和小康社会建设中的重要地位。以胡锦涛为总书记的党中央领导集体提出以人为本、全面协调可持续的科学发展观，可持续发展与全面、协调发展成为科学发展观的重要内容。2004 年，在中央人口资源环境工作座谈会上，胡锦涛阐释了可持续发展的含义，指出："可持续发展，就是要促进人与自然的和谐，实现经济发展和人口、资源、环境相协调，坚持走生产发展、生活富裕、生态良好的文明发展道路，保证一代接一代地永续发展。"③ 胡锦涛强调，良好的生态环境是经济社会持续发展的重要基础。要树立保护自然就是保护人类、建设自然就是造福人类的观念，彻底改变以牺牲环境去换取经济发展的粗放式发展模式，坚决实施可持续发展战略。十八大以来，以习近平为核心的党中央

---

① 江泽民. 正确处理社会主义现代化建设中的若干重大关系//江泽民文选：第 1 卷. 北京：人民出版社，2006：463-464.

② 江泽民. 全面建设小康社会，开创中国特色社会主义事业新局面//江泽民文选：第 3 卷. 北京：人民出版社，2006：544.

③ 胡锦涛. 在中央人口资源环境工作座谈会上的讲话//中共中央文献研究室，编. 十六大以来重要文献选编：上. 北京：中央文献出版社，2005：850.

对可持续发展战略在继承前人的基础上又做出新的发展，将其与生态文明发展战略和美丽中国建设有机地结合起来，强调"要以提高经济增长质量和效益为中心，稳中求进……进一步强化创新驱动，实现经济持续健康发展和社会和谐稳定"，并认为"增长必须是实实在在和没有水分的增长，是有效益、有质量、可持续的增长"①。习近平准确研判经济形势，认为我国经济已经进入新常态，我们要深刻认识我国经济新常态的新要求，把握新常态，引领新常态，着力解决制约经济持续健康发展的重大问题，"推动经济更有效率、更有质量、更加公平、更可持续地发展，加快形成崇尚创新、注重协调、倡导绿色、厚植开放、推进共享的机制和环境，不断壮大我国经济实力和综合国力"②。在十九大报告中，习近平郑重宣告："我们要建设的现代化是人与自然和谐共生的现代化，既要创造更多物质财富和精神财富以满足人民日益增长的美好生活需要，也要提供更多优质生态产品以满足人民日益增长的优美生态环境需要。必须坚持节约优先、保护优先、自然恢复为主的方针，形成节约资料和保护环境的空间格局、产业结构、生产方式、生活方式，还自然以宁静、和谐、美丽。"③

可持续发展战略和思想的提出，根源于人与自然的矛盾，以及由此而产生的人与人的矛盾，这一观点的提出意味着人类生态意识的苏醒。以近代机器大生产为标志的工业文明将人类推进到历史上极为丰饶的发达社会，然而，这种建立在大量生产—大量消费—大量废弃的"资本逻辑"之上，视人类为自然之主人，对自然无限索取、不加补偿的文明图示带给人类的并非全是福音，随着工业文明向全球的推进，环境恶化、资源匮乏、生态失衡等，已成为危及人类生存的全球性问题。可持续发展战略的目的，是要使社会具有可持续发展的能力，使人类在地球上世世代代幸福地生活下去。人与环境的和谐共存，是可持续发展的基本模式。

可持续发展战略和思想的提出，是针对人口问题、粮食问题、不可

---

① 习近平. 经济增长必须是实实在在和没有水分的增长//习近平谈治国理政. 北京：外文出版社，2014：112.

② 习近平. 在庆祝中国共产党成立95周年大会上的讲话. 人民日报，2016-07-02.

③ 习近平. 决胜全面建成小康社会 夺取新时代中国特色社会主义伟大胜利. 北京：人民出版社，2017：50.

再生的资源问题、工业化问题、环境污染问题等的。这些问题是对人类生存和发展具有全球性的紧迫威胁的问题，解决这些问题显然已超出国家能力范围，需要所有国家、民族和世界人民长时期的共同努力。可持续发展作为一种有别于传统发展模式的新型发展观念和发展实践模式，一经提出即被国际社会普遍接受。现在，世界各国都在越来越广泛地、深入地实践着可持续发展的种种主张。

可持续发展理念和战略抓住了人类无限发展的需要与自然资源的有限性这一尖锐矛盾，反映了人类的内在渴望和自然的支持力这一重大关系，具有丰富的内涵。从内容要素上看，它不是孤立地指向某个单一要素，而是诸多要素全方位的协调发展；从时间上看，它不是短期的，而是长期的，甚至是恒久的；从代际关系上看，它不仅能满足当代人发展的需要，而且能满足子孙后代发展的需要；从范围上看，它涉及的不是个别的、局部的问题，而是整体的、全局的问题；从空间上看，它不仅是一个区域能否可持续发展的问题，而且是众多区域甚至全世界能否可持续发展的问题。

（二）可持续发展伦理思想的核心和实质

可持续发展伦理思想是在人与自然关系不断恶化从而导致生态危机日益凸显的历史背景下提出的，其首要目标就是缓解人与自然关系的紧张，协调优化二者的关系，促进二者协调发展。可持续发展伦理思想突出并彰显人与自然、今世与后代的和谐公平问题。

人与自然的关系是可持续发展伦理思想的核心内容。与传统功利主义伦理思想不同，可持续发展伦理思想要求人类尊重自然、善待自然和保护自然，人与自然保持和谐共处的关系，这是可持续发展伦理思想的核心。以功利主义和实用主义为价值观的人类中心主义认为，环境于人而言只是被利用的工具和奴隶，人对环境只有征服和压迫。这种狭隘的人类沙文主义式的环境观，割裂人与环境的共存和谐关系，对人类自身的利益造成巨大危害。可持续发展伦理思想主张处理好人与自然的关系，认为人与自然的关系是一种重要的伦理关系。自然是人类赖以生存和发展的物质基础，所以我们既要关心人类，又要关注自然，在维护人类利益的同时维护自然的平衡，确保社会系统和生态系统的协调发展。自然环境是人类生存的必备前提和条件。生态环境的破坏制约了经济社会的发展，也影响了人们生活水平和生活质量的提高。因此，走人与自然和谐发展之路，是人们重新审视与自然关系后做出的理性抉择。人类生活的和谐有赖于人类社会同自然界的和谐。

在中国古代文化中，人与自然的关系首先被表述为"天人关系"，儒家在这种关系的认识上主张"天人合一"，不仅肯定天地万物的内在价值，而且主张以仁爱之心对待自然、热爱生命。"君子之于物也，爱之而弗仁；于民也，仁之而弗亲。亲亲而仁民，仁民而爱物。"① "仁民而爱物"是生态道德与人际道德统一、人与自然和谐的体现。天人兼顾、"成己成物"是中国古代最重要的环境伦理原则，也是儒家一贯坚持的处理人与物之间关系的根本原则。"成己"指成就自己的道德境界和人格理想；"成物"是人在道德上、精神上"成己"的必然结果，如果不能成物，就意味着人没有道德素质。在儒家学者看来，"成己成物"也就是"尽己之性、尽人之性、尽物之性""使万物遂其生"的过程，换句话说，使万物"遂其生，尽其性"，就是尊重一切生物的生命，让一切自然存在物都完全成就它们的自然天性，充分发挥它们的自然功能。古人认为这是维护自然资源持续利用的根本原则，也是对"爱物"道德的主要体现。早在战国时期，荀子就提出"不夭其生，不绝其长"② 的资源开发原则，强调不能人为地使动物和植物在幼小时就夭折，不能断绝动植物生长的自然过程和繁衍后代，这是保证百姓"有余食""有余用""有余材"的根本条件。孟子认为"尽其心者，知其性也。知其性，则知天矣"③。尽人之心，知人之性，体人之道，才能知天、事天，所以人生的最高追求就是使人性与天性合一，从而达成"与天地合其德，与日月合其明"④，永参天地之造化，"上下与天地合流"。《中庸》认为，圣人尽己之性，可以尽人之性；尽人之性，可以尽物之性。因此，圣人能"赞天地之化育""与天地参"。儒家尽己之性、尽人之性、尽物之性的实质就是人、物兼顾，"成己成物"。儒家提倡的"成己成物"，使万物"遂其生，尽其性"的思想对于我们正确处理人与自然的关系具有启迪作用。

①　孟子：尽心上.

②　荀子：王制.

③　同①.

④　周易：乾.

在处理与自然的关系上，人类经历了崇拜自然、征服自然和协调自然的三个发展阶段。在人类社会早期，生产力极其低下，原始人群在生产中软弱乏力，因而对自然是一种恐惧和依赖的状况，处在崇拜自然的阶段。而后的奴隶社会和封建社会，基本上是自给自足的自然经济占主导地位，人类整体上还是敬畏和崇拜自然的，中国古代的祭祀天地、社稷、诸神即是这种观念的反映。当人类历史进入 17、18 世纪后，随着资本主义的发展和第一次工业革命的出现，人类进入大规模地征服自然的阶段。在这个阶段，人类依靠科学技术的力量，不断发展生产力，使人类社会发生深刻而迅速的变化。同时，环境污染、生态失衡、能源短缺、城市臃肿、交通紊乱、人口膨胀和粮食不足等一系列问题，也日益严重地困扰着人类。环境污染、生态失衡已成为世界性公害。严酷的事实迫使人类在对待自然的态度上做一次全面的反省：人类发展只有合理地利用自然，才能维护和发展人类所创造的文明，人类应当与自然共生共荣、协调发展，以求得人与自然共同发展。

首先，可持续发展伦理要求确立自然的整体观和系统观，真正视人类与自然是相互依存、相互联系的整体。人来自自然，依赖自然，并同自然存在着物质、能量的交换。不能将自然视为掠夺的对象，而不注重其休养生息；不能将人从自然中抽离开来，而无视其与自然的联系。应当认识到人永远是自然之子，是自然系统的一部分，人可以作用于并改造自然，但必须遵循和把握自然规律，并以此作为认识自然和改造自然的基础。

其次，可持续发展伦理要求确立人与自然和谐共处、协调发展的关系。人与自然之关系的严重失衡，其原因除了人类认识自然的水平有限及对技术的控制能力不够外，主要是人类中心主义及其所导致的狭隘功利主义思想的影响，人类将自身的利益凌驾于人与自然的整体利益和长远利益之上，一味地向自然索取，以征服自然、改造自然为能事。建构人与自然和谐共处、协调发展的关系，必须彻底改变自然资源可以取之不尽、用之不竭和环境可以无限容纳污染的旧观念，摒弃把 GDP 作为发展的唯一指标的做法，用社会、经济、文化、环境、生活等各个方面的指标来衡量社会的发展，把资源节约、环境治理、生态保护、人口数量的控制与素质的提高都包括在发展概念之中，以实现社会、经济、环境的可持续发展。

最后，可持续发展伦理要求将尊重自然与合理开发自然有机地结合起来。应当理性地改造自然、利用自然，从自然中获取有利于人类发展的使用价值，同时要善待自然、保护自然、尊重自然。在人与自然的关系上要达到这样一个目标，即维持自然资源与社会、经济条件之间的恰当比例，既满足当代人的发展需要，又不损害后代人利用自然资源的条件，实现社会的可持续发展。

在当代人与自然协调发展的过程中，"伦理学的一个未完成的主要议题，就是我们对大自然的责任"①，人类有必要反思和改变近代以来的发展方式，注重人与自然的和谐。现代环境伦理学提出的道德代理人和道德顾客的概念比较深入地揭示了人对自然其他存在物的责任。在人与自然其他存在物的关系中，人是道德代理人，其他存在物是道德顾客，人应当对道德顾客负责并学会从道德顾客的角度看问题，尊重道德顾客的权利和价值。泰勒指出："对道德顾客来说，最具伦理意义的事实或许就是：道德代理人能够从道德顾客的角度看问题，并能够站在道德顾客的角度做出应如何对待道德顾客的决定。这一命题的伦理意蕴是：把促进和保护道德顾客的完整存在（而非做出决定的道德代理人的福利）视为判断问题的标准。"② 在处理人与自然的关系上，人类作为道德代理人应当从道德顾客（其他存在物）的角度来看问题，好好地履行自己对大自然的道德责任，其中包括尊重自然、善待自然的伦理态度，拜自然为师、循自然之道的理性态度，从自然中学习人类的生存和发展之道，自觉充当维护自然稳定与和谐的调节者。只有天、地、人合一之诗意的栖居，才能既促进自然的良性发展又提升人类的幸福生活指数。

可持续发展伦理在空间上，要求处理好不同区域主体之间在利益关系上的协调问题，即当代人群间、地区间、国际间在资源开发与利用、环境保护与享用等方面互相协作、公平负担与享受等问题，大体可以区分为国内生态正义和国际生态正义。国内生态正义是一个国家范围内处理人与自然的关系所形成的正义状态，要求地区与地区、部门与部门之间都能处理好经济发展与环境保护之间的关系，反对杀鸡取卵、竭泽而渔的短期行为，维护生态系统的平衡和持续发展。国际生态正义是国与国之间以及国际上都能正确处理人与自然的关系，它要求某一区域或某

---

① ［美］霍尔姆斯·罗尔斯顿. 环境伦理学——大自然的价值以及人对大自然的义务. 杨通进，译. 北京：中国社会科学出版社，2000：2.

② P. W. Taylor. Respect for Nature：A Theory of Environmental Ethics. Princeton University Press，1986：17.

一国家的经济社会发展不能以损害其他地区或国家的经济利益和生态环境为代价。地球上所有的国家、不同种族的人们应该树立"一个地球村"的观念，以共同的责任、协调的行动去维护我们共同的家园。

可持续发展伦理在时间上，要求处理好当代人与后代人之间的伦理关系问题。当代人不应对未来人类的生活水平造成危害，必须对后代人的生存和福利进行有效的确保。人类必须将伦理关怀的对象从当代人扩展到后代人，将当代人之间的内部伦理关系延伸至当代人与后代人之间，充分尊重后代人的利益和权利，并自觉充当后代人的利益代言人。这是可持续发展伦理在时间上的要求。

可持续发展伦理超越了人类中心主义与生态中心主义的局限。人类中心主义认为人是宇宙的中心，强调人类要做自然的主人。人类中心主义助长了人类的恶意消费意识。为了满足自身的恶意消费欲，不惜盘剥他人和大自然。生态中心主义则以生态自然为中心，认为自然是主体或是与人平等的主体。这两种"中心论"都以人与自然的对立为理论起点，就不可避免地引发人与自然的双重遮蔽，导致非人的和谐与人的不和谐。与人类中心主义、生态中心主义不同，可持续发展伦理从人的尺度与物的尺度、人与自然历史辩证统一的观点出发，指出人在对象上确证了自身，对象就是人创造出来的，所以人之外的自然是对象化了的人，因此人与自然应该和谐共生。《人类环境宣言》指出："人类既是他的环境的创造物，又是他的环境的塑造者，环境给予人以维持生存的东西，并给他提供了在智力、道德、社会和精神等方面获得发展的机会。"① 保护自然就是保护人类，建设自然就是造福人类，倡导适度的经济发展，反对科学技术的滥用，强调在经济发展时要充分考虑自然的承载力和承受力，要建立和维护经济发展与自然相平衡的关系，不能以牺牲环境为代价去换取一时的经济增长，不能因眼前发展而损害长远利益，不能因局部利益而损害全局利益。

（三）代内公正与代际公正相结合是可持续发展伦理的必然要求

可持续发展伦理强调机会、利益均等，要求正确处理当前与未来、今人与后人的利益关系。可持续发展这一代际伦理思想表明：利益分配

---

① 万以诚，万岍，选编. 新文明的路标——人类绿色运动史上的经典文献. 长春：吉林人民出版社，2000：1.

的公平原则不仅体现在当前和当代，而且要兼顾未来与后代，现代的发展不能对后代的生存与发展构成威胁。环境、资源是人类共同拥有的财富，不仅属于当代人，而且属于子孙后代，前人给我们留下的这片古老的土地，当代人必须珍惜和养护，给后代人留有休养生息的余地。如果我们从狭隘的利己主义出发，无所顾忌地暴殄天物，那么即便我们自己有幸逃脱大自然的惩罚，留给我们子孙的也只会是一个满身污垢、地狭物薄的贫瘠世界。可持续发展伦理，主张把代内公正与代际公正统一起来，特别强调当代人在关注代内公正的同时应当关注代际公正，实现代内公正与代际公正的有机结合。

代内公正，亦称同代人之间的公正，是指同一代人，不论国籍、种族、性别、经济水平和文化差异，在要求良好生活环境和利用自然资源方面，都享有平等的权利。它强调当代人在利用自然资源、满足自身利益上机会应当均等；在谋求生存与发展上权利应当均等；在"只有一个地球"的拥有性方面，不同国家和地区应当享有权利和义务的公正与平等。代内公正包括国家内部的代内公正、国家间的代内公正即国际上的代内公正和不同种族间的代内公正。就国家间的代内公正而言，涉及发达国家与发展中国家之间的代内公正问题，既包括发达国家与发展中国家之间分配和利用自然资源的公正、发展自身经济的机会公正，还包括所有的国家在环境污染、生态系统遭到破坏等方面所承担的责任与义务的公正。代内公正作为个人之间、区域之间、国家之间的公正，实质是当代人社会利益及责任的公平分配。当代人在利用自然资源满足自己利益的过程中要体现机会平等、责任共担、合理补偿，即强调公平地享有地球，把大自然看成当代人共有的家园，当代人共同地承担起保护它的责任和义务。

代际公正，亦称不同世代人之间的公正，是指人类在世代更替的过程中应兼顾各代人特别是当代人与后代人之间的利益的公正实现，要求当代人在满足自己利益需要的时候，不能剥夺后代人满足他们利益需要的权利。1988 年，佩基首次使用"代际公平"这一概念，并从决策理论的角度提出实现代际公平的"代际多数原则"①。1989 年，美国学者魏伊丝在《公平地对待未来人类》一书中较为系统地阐述了代际公平理

---

① 亦即当一个决策涉及多代人利益的时候，应由这多代人中的多数做出选择。

念，并通过"行星托管"来对之加以论述，认为人类的每一代人都是后代人地球权益的托管人，必须实现每代人之间在开发利用自然资源方面的平等权利。魏伊丝认为代际公平应当由三项基本原则组成：（1）保护选择权原则。遵循这一原则要求各世代保护自然和文化遗产的多样性，这样便不会对后代人解决自身问题和满足自身价值观造成不适当的限制，而且未来世代有权享有同其以前世代相当的多样性。（2）保护质量原则。遵循这一原则要求各世代维持地球的质量，从而使地球质量在留传给未来世代时状态不比其从前代继承时有所下降，并且其有权享有与前世代所享受的相当的地球质量。（3）保护获取原则。这一原则内含着各世代的每个成员都有权公平地获取其从前代继承的遗产，并应当保护后代人的这种获取权。这些原则要求在开发、利用地球的自然、文化资源之际，约束当今世代的行为。①

就代内公正与代际公正的关系而言，要实现代际公正，首先必须做好代内公正。代内公正问题不解决，当代人就很可能不会自觉地关注后代人的生存、发展，甚至还会为当前利益而妨碍后代人的发展。因此，代内公正是实现代际公正的前提。但是，代内公正的实现并不等于代际公正的实现，所以应树立当代人对后代人的伦理道德责任，树立代际关怀主义的价值观和消费观，为后代人的生存、发展预留出足够的环境空间与资源。对后代人负责，还应建立不同世代间的协调、交流机制以维持生态的可持续性，实行代际补偿等。显然，造成代际不公的主体是当代人，促进代际公正的责任自然也要由当代人来承担。

可持续发展伦理的提出是对以往功利主义伦理的深刻反省，是环境危机不断加重条件下的觉醒，它表达了当代人对深陷困境的忧患和摆脱困境的期盼，更体现了当代人勇于对未来承担责任的道德情感。可持续发展伦理的特点在于：赋予非人类的物种内在价值，并把道德对象的范围从人类社会扩展到非人的生命和存在，从当代人类扩展到后代人类。正是由于具备这两个特点，可持续发展伦理才能在一般伦理、生态伦理的基础上，既整合了生态伦理和经济伦理的精华，又凸显了和谐伦理和发展伦理的要义，实现了伦理思想的合规律发展和革命性变革。

---

① ［美］魏伊丝. 公平地对待未来人类. 汪劲，于方，王鑫海，译. 北京：法律出版社，2000：41-42.

四、美丽中国的伦理内涵与价值

生态文明与美丽中国紧密相连。党的十八大明确提出大力推进生态文明建设，努力建设美丽中国，实现中华民族永续发展。这标志着我们对中国特色社会主义建设规律认识的进一步深化，表明了我们加强生态文明建设的坚定意志和坚强决心。"建设美丽中国"这一诗意的概念不仅仅是一个美好憧憬，它所蕴含的是"实现中华民族永续发展"的奋斗目标，是可持续发展必然指向的中国式发展愿景，代表着亿万中国人的伦理理想和希望。

（一）美丽中国的伦理内涵

美丽中国内涵丰富，不仅指建设良好的生态环境，也不仅指保护生物的多样性，最重要的是在全社会树立生态发展并使中华民族永续发展的理念，实现山清水秀与人民幸福、和谐公正的完美统一。山清水秀但贫穷落后不是美丽中国，强大富裕但环境污染同样不是美丽中国。"美丽中国"是自然美、生态美、环境美与人文美、社会美、和谐美的有机结合，即让人民群众在享有丰富物质文化生活的同时，通过大力加强生态建设，为祖国大地披上美丽绿装，实现中华疆域山川秀美，让我们的家园山更绿、水更清、天更蓝、空气更清新，人民生活更和谐、更幸福。

美丽中国首先意味着中国是山清水秀、环境优美的中国。中国自古以来就以"东方巨人"和"神秘东方"闻名于世，毛泽东数次在自己的诗词和文章中尽情讴歌中华之江山土地，"看万山红遍，层林尽染；漫江碧透，百舸争流。鹰击长空，鱼翔浅底，万类霜天竞自由"[①] 的南国自然胜景，"山舞银蛇，原驰蜡象，欲与天公试比高。须晴日，看红装素裹，分外妖娆"的北国风光，不由得让他发出"江山如此多娇"[②] 的心灵感叹与抒怀。他还在《中国革命和中国共产党》一文中指出，"我们中国是世界上最大国家之一，它的领土和整个欧洲的面积差不多相

---

① 蔡清富，黄辉映，编著. 毛泽东诗词大观. 成都：四川人民出版社，2009：38.
② 同①220.

第七章　生态文明与可持续发展伦理思想

等。在这个广大的领土之上，有广大的肥田沃地，给我们以衣食之源；有纵横全国的大小山脉，给我们生长了广大的森林，贮藏了丰富的矿产；有很多的江河湖泽，给我们以舟楫和灌溉之利；有很长的海岸线，给我们以交通海外各民族的方便。从很早的古代起，我们中华民族的祖先就劳动、生息、繁殖在这块广大的土地之上"①。这种对中国江山之爱可以说既自然淳朴又理性执着，凸显出"美丽中国"之丰富含义。方志敏在狱中写出了《可爱的中国》，该文抒发了作者强烈而深厚的爱国主义情感。他把中国比喻为生育我们的"母亲"，认为这位"母亲"是"蛮可爱蛮可爱的"，并从气候、国土、天然风景的美丽等方面说明了祖国母亲的可爱。他写道："以言气候，中国处于温带，不十分热，也不十分冷，好像我们母亲的体温，不高不低，最适宜于孩儿们的偎依。以言国土，中国土地广大，纵横万数千里……至于说到中国天然风景的美丽，我可以说，不但是雄巍的峨嵋，妩媚的西湖，幽雅的雁荡，与夫秀丽甲天下的桂林山水，可以傲睨一世，令人称羡；其实中国是无地不美，到处皆景，自城市以至乡村，一山一水，一丘一壑，只要稍加修饰和培植，都可以成流连难舍的胜景……"②但是，近代以来，我们可爱的母亲、美丽的母亲，却遭受着帝国主义残酷的压迫和剥削，日趋贫困和憔悴。作者喊出了"救救母亲"的呼声。方志敏相信，在中国虽然有汉奸，有傀儡，有卖国贼，他们认贼作父，为虎作伥，但他们终究是少数。大多数的中国人，有良心的、有民族热情的中国人，仍然是热心爱护自己的国家的，他们在那里决死战斗，"决不让中国被帝国主义所灭亡，所奴役，决不让自己和子孙们做亡国奴"③。中国一定会有一个光明的前途。中国在战斗中一旦斩去了帝国主义的锁链，肃清自己阵线内的汉奸卖国贼，得到自由与解放，中国的面貌就会焕然一新。方志敏关于"美丽中国"的理想经过中国共产党带领中国人民进行浴血奋斗，已经成为现实。1949年毛泽东在天安门城楼向全世界庄严宣告"中国人从此站立起来了"④。1954年毛泽东在第一届全国人民代表大会第一次

---

① 毛泽东. 中国革命和中国共产党//毛泽东选集：第2卷. 2版. 北京：人民出版社，1991：621.

② 方志敏. 可爱的中国//方志敏文集. 北京：人民出版社，1985：132.

③ 同②142.

④ 毛泽东. 中国人从此站立起来了//毛泽东文集：第5卷. 北京：人民出版社，1996：343.

333

会议上发出号召"为建设一个伟大的社会主义国家而奋斗"①。以邓小平为主要代表的中国共产党人深刻总结社会主义建设正反两方面的经验教训，做出把党和国家工作重心转移到经济建设上来、实行改革开放的历史性决策，成功开创了中国特色社会主义新局面，彰显了"美丽中国"的富庶和繁荣之美。之后，以江泽民、胡锦涛、习近平为主要代表的几代中国共产党人不断推进中国特色社会主义现代化建设，使中国经济社会发展取得了辉煌的历史性成就，一个人们生活幸福、生态环境良好的"美丽中国"形象呼之欲出。人类与自然之间是相互影响、相互作用、共生共存共赢和互馈的关系。自然是人类社会存在与发展的基础和载体，是人类的衣食父母，人类的衣食住用行等无不直接或间接地来自自然。珍爱、尊重、顺应、呵护自然，实质上就是善待人类自身。大自然生机勃勃，阳光雨露恩泽万物，它们的天然原生态，"美得令人心旷神怡"。在自然、生态、环境中，生产空间集约高效、生活空间宜居适度、生态空间山清水秀，给自然留下更多修复空间，给农业留下更多良田，给子孙后代留下天蓝、地绿、水净的美好家园。

天蓝地绿、山清水净，生动形象地描绘出美丽中国建设的目标图景。良好优美的生态环境是人类赖以生存与发展的重要前提和基础。美丽中国建设的基本要求是拥有优美的生态环境、丰富的自然资源、多样的生物物种和适宜人居的生活空间，是一个天蓝地绿、山清水净、宁静和谐的自然之美的生态家园。"天蓝"意味着城乡粉尘雾霾得到有效治理，可吸入颗粒物和扬尘明显减少，空气质量良好，优良天数增加，人民群众放心畅快地呼吸清新的空气，享受阳光，拥抱蓝天白云。"地绿"意味着城乡绿化良好，绿树成行，绿茵草地随处可见，植被面积增加，森林覆盖显著增多，呈现遍地绿意和勃勃生机。"山清"就是山岭植被得到有效保护，绿色植被覆盖漫山遍野。"水净"就是水质良好达标，水系、水域得到综合整治，水源地得到重点保护，生产废水达标排放，生活污水循环高效利用，做到河畅其流、水复其清，保护海洋环境，维护海洋权益，百姓喝上卫生干净的放心水，拥有健康优质的生命水源。

美丽中国也是经济富饶、社会和谐的中国。建立和谐的社会关系，营造公平的社会环境，使人们的公平感、幸福感不断提升，真正感到生

① 毛泽东. 为建设一个伟大的社会主义国家而奋斗//毛泽东文集：第6卷. 北京：人民出版社，1999：349.

活充满阳光。人们的幸福指数并不总是随着收入水平的提高而提高，当人们的温饱问题解决以后，人们的公平感就会成为制约幸福感的重要条件。随着我国经济持续快速发展和人民生活水平大幅提高，人民群众对清新空气、清澈水质、清洁环境等生态产品的需求越来越迫切，需求强度不断增强。从"求生存"到"求生态"，从"盼温饱"到"盼环保"，群众对干净水质、绿色食品、清新空气、优美环境等生态的需求更为迫切，推进生态文明和美丽中国建设，已成为人民群众的共同愿望和价值追求。人们希望安居、乐业、增收，也希望天蓝、地绿、水净。建设美丽中国是民之所望、政之所向。坚持以人民为中心的发展思想，要做到人民需要什么我们就发展什么。现在，人民群众需要生态产品，就必须顺应人民群众对良好生态环境的期待，把提供生态产品作为发展应有的内涵，为人民提供更多蓝天、净水等生态产品。习近平深刻论述了良好生态环境与老百姓幸福生活的密切关系，指出："良好生态环境是最公平的公共产品，是最普惠的民生福祉。对人的生存来说，金山银山固然重要，但绿水青山是人民幸福生活的重要内容，是金钱不能代替的。你挣到了钱，但空气、饮用水都不合格，哪有什么幸福可言。"①　如果人口、资源、环境出了严重偏差，还有谁能安居乐业，和谐社会又从何谈起？我们要让人民群众喝上干净的水，呼吸上清洁的空气，吃上放心的食物，生活在宜居的环境中，切实感受到经济发展带来的实实在在的环境效益，让中华大地天更蓝、山更绿、水更清、环境更优美，从而走向生态文明新时代。在发展与环保冲突时，不能以牺牲生态环境为代价，必须懂得机会成本，善于选择，学会扬弃，做到有所为有所不为。良好生态环境是人类生存和发展的必备条件，是社会健康发展的重要标志。良好生态环境是最公平的公共产品和最重要的民生福祉，人民群众对干净的水、新鲜的空气、安全的食品、优美的环境的要求越来越强烈。必须把人民群众对良好生态环境的向往作为我们党和国家的奋斗目标，牢固树立生态为民、生态惠民、生态利民的理念，加快推进生态文明建设，切实保护好我们赖以生存的生态环境，建设美好家园。美丽中国建设创造出健康、美观、智慧、环保的居住环境和条件，充分尊重人民的合理需求，满足人民的居住感受，让人民深切体会到生态幸福。

---

①　中共中央文献研究室，编. 习近平关于社会主义生态文明建设论述摘编. 北京：中央文献出版社，2017：4.

美丽中国，是自然美与人文美、生态美与社会美和谐统一的中国。生态良好、环境健康、可持续发展状态和人们生活幸福以及高尚的心灵境界，是构成美丽中国的基本要素。全面建成小康社会，生态环境质量是关键。让绿水青山充分发挥经济社会效益，使经济效益、社会效益、生态效益同步提升，才能实现百姓富、生态美的有机统一。美丽中国是经济、政治、文化、社会、生态文明"五位一体"协调发展的中国。"五位一体"总体布局中，经济建设是根本，政治建设是保障，文化建设是灵魂，社会建设是条件，生态文明建设是基础；"五位一体"总体布局，着眼于统筹兼顾经济基础与上层建筑、生产力与生产关系、物质文明与精神文明、社会环境与自然环境、人的生产生活需要与人的生存环境需要，是一个相互联系、相互协调、相互促进、相辅相成的有机整体。实现美丽中国、民族复兴、永续发展的宏伟蓝图，必须以中国特色社会主义理论为指导，做到经济、政治、文化、社会、生态文明五大建设统筹兼顾、全面推进、协调发展。只有实现经济、政治、文化、社会、生态文明的和谐发展，我们才能真正实现美丽中国的建设目标。

（二）美丽中国的伦理价值观

美丽中国就是要建设好中华民族的生态家园，打造天蓝、地绿、水净的舒适生态宜居环境，让人民群众在优美的环境中进行生产、享受生活，使人民群众充分感受自然美、生态美、环境美及人与自然的和谐美。蓝天常在、青山常在、绿水常在，实现中华民族永续发展是美丽中国建设的应有之义。

习近平2013年9月在哈萨克斯坦纳扎尔巴耶夫大学演讲时的答问中指出："建设生态文明是关系人民福祉、关系民族未来的大计。中国要实现工业化、城镇化、信息化、农业现代化，必须要走出一条新的发展道路。中国明确把生态环境保护摆在更加突出的位置。我们既要绿水青山，也要金山银山。宁要绿水青山，不要金山银山，而且绿水青山就是金山银山。我们绝不能以牺牲生态环境为代价换取经济的一时发展。"[①] 习近平关于绿水青山就是金山银山的重要论断，科学地揭示了生态环境与经济发展的辩证关系。我们在实践中对绿水青山和金山银山

---

① 习近平在哈萨克斯坦纳扎尔巴耶夫大学发表重要演讲——弘扬人民友谊　共同建设"丝绸之路经济带". 人民日报，2013-09-08.

之间关系的认识经过了三个阶段：一是用绿水青山去换金山银山，即用生态环境去赚钱或发展经济；二是既要金山银山，但也要保住绿水青山；三是认识到绿水青山可以源源不断地带来金山银山，绿水青山本身就是金山银山。这三个阶段是经济增长方式转变和发展观念不断进步的过程，也是人与自然的关系不断调整、趋向和谐的过程。绿水青山就是金山银山，从生产和消费、供给和需求两端丰富了发展理念、拓宽了发展内涵，对提高经济发展质量和效益、促进经济持续健康发展具有重大理论意义与现实意义。

绿色发展理念是绿色价值观的集中体现，是对奢侈消费、资源低效高耗、污染高排放的经济发展方式的彻底否定，是科学发展伦理的思想精髓和生态伦理的时代内容与创新。绿色发展的思想渊源主要是中国传统文化的生态智慧、马克思主义自然辩证法和可持续发展理念。培育和树立绿色价值观，是推进美丽中国建设、走绿色发展之路的关键。绿色价值观坚持认为，经济只是生态大系统中的一个子系统，经济发展必须坚持系统性原则、整体性原则、可持续原则、综合公正原则，必须正确处理经济与人口、资源、环境等的关系，必须正确处理义与利、公平与效率、局部与全局、当前与长远等的关系。绿色价值观要求克服或坚决抑制那种不顾生态大系统的经济第一主义（如以 GDP 论英雄）、仅注重当下却忽视长远的短视主义、只顾个人利益或局部利益的本位主义。

2016 年 3 月，习近平参加十二届全国人大四次会议青海代表团审议时指出，"像保护眼睛一样保护生态环境，像对待生命一样对待生态环境，推动形成绿色发展方式和生活方式"[①]；2017 年 5 月，习近平在主持第十八届中共中央政治局第四十一次集体学习时强调，"要充分认识形成绿色发展方式和生活方式的重要性、紧迫性、艰巨性"[②]。绿色发展方式要求坚决摒弃损害甚至破坏生态环境的发展模式，坚决摒弃以牺牲生态环境来换取一时一地经济增长的做法，要求把环境保护、植树造林作为一种自觉的责任担当，让树木成为造福民生、造福千秋万代的"绿色银行"，积极探索一条有别于西方工业文明、超越中国传统增长模

---

① 中共中央文献研究室，编. 习近平关于社会主义生态文明建设论述摘编. 北京：中央文献出版社，2017：34.

② 同①37.

式的绿色发展道路。坚定不移走绿色、低碳、循环发展之路，让绿色成为美丽中国最亮丽的色彩和主色调，才能让中华大地天更蓝、山更绿、水更清、环境更优美。同时要加快推动生活方式绿色化，实现生活方式和消费模式向勤俭节约、绿色低碳、文明健康的方向转变，力戒奢侈浪费和不合理消费。随着经济收入的增加和富裕程度的提高，我国越来越多的人口进入小康阶段，良好的生活环境日益成为人们生活富裕后的诉求，人们对生活质量的要求越来越高，绿色消费正成为一种新的消费方式。倡导绿色生活、反对铺张浪费，是坚持绿色发展、建设生态文明的应有之义和具体体现。节约、节俭是中华民族的传统美德。随着经济社会的发展和生活水平的提高，人们适度享受无可厚非，但过度追求物质享受、铺张浪费甚至暴殄天物则是有悖绿色消费的生活方式和生态伦理要求的。自然资源的有限性要求人类必须有节制地利用资源，做到资源的代际公平配置与公平利用。在自然资源日益减少甚至濒临枯竭的情势下，节约、节俭、节制具有极其深刻的生态道义、生态美德的内涵，确证着生态正义、生态良心的要求。从资源代际公平利用乃至永续发展的视角看，如果说节约、节俭、节制是为子孙为长远谋利的美德和良知之德的话，那么挥霍浪费、无节制地开发利用资源实质上就是断子孙路、断长远发展路的败德行为和缺德行为。因此，应在全社会倡导节约、节俭、节制的美德，狠刹奢靡浪费之风，并有计划、有节制地开发利用资源，延长资源的利用周期，实现资源配置与利用的代际公平和永续发展。推动形成节约适度、绿色低碳、文明健康的生活方式和消费模式，形成全社会共同参与的良好风尚，要求全体公民着眼于日常生活和身边小事，引导人们从节约一滴水、一度电、一张纸入手，培养珍惜资源、文明消费的生活习惯。

培育和树立绿色价值观，将推动形成新的价值诠释体系，丰富社会伦理道德内涵，树立引导人类行为的新标杆。绿色生产和生活方式与我们每个人的日常行为息息相关，体现着人们对绿色价值观的认同度与践行力，直接关系绿色发展和美丽中国建设。保护好青山绿水，让人民享有更多的生态福祉，是建设美丽中国的内在呼唤。推动实现绿色发展、低碳发展、循环发展，是建设美丽中国的重要内容。

（三）建设美丽中国的伦理路径

当前，建设美丽中国不仅有了经济、政治和文化的雄厚基础，而且集中表达了中国人民追求幸福美好新生活的愿景，是中华民族行进在伟大复兴道路上的豪迈畅想和实现经济社会永续发展的目标追求。

建设美丽中国，需要坚持发展与保护并举的基本原则。人类追求发展的需要和地球资源的有限供给是一对永恒的矛盾，必须解决好"天育物有时，地生财有限，而人之欲无极"的矛盾，达到"一松一竹真朋友，山鸟山花好兄弟"的意境。正确处理好经济发展与生态环境保护的关系，牢固树立保护生态环境就是保护生产力、改善生态环境就是发展生产力的理念。坚持以环境保护优化经济发展，把生态环境保护要求传导到经济转型升级上来，通过改善环境质量、增进民生福祉来促进并深化经济改革。脱离环境保护搞经济发展是"竭泽而渔"，离开经济发展抓环境保护是"缘木求鱼"，绝不走先污染后治理、牺牲环境换取经济增长的老路。我们要在推进工业文明进程中建设生态文明，走一条科技含量高、经济效益好、资源消耗低、环境污染少、人力资源优势得到充分发挥的新型工业化道路；在持续保持和享有良好的生态环境中实现工业化、城镇化。要在科学保护的前提下，在环境承载力的范围内，努力促进经济生态化、生态经济化，推动经济发展和环境保护双赢。要按照生态文明发展战略要求，积极探索在发展中保护、在保护中发展的环境保护新道路，以实现经济繁荣、生态良好、人民幸福。通过环境保护来保证发展的可持续性，通过经济社会的可持续发展来创造更加优良的生态环境，实现环境保护与经济发展的协调、融合、统一。环境保护是建设美丽中国的主干线、大舞台和着力点，探索环保新道路是通往美丽中国的一个路标。2013年11月9日，习近平在对《中共中央关于全面深化改革若干重大问题的决定》做说明时指出："山水林田湖是一个生命共同体，人的命脉在田，田的命脉在水，水的命脉在山，山的命脉在土，土的命脉在树。用途管制和生态修复必须遵循自然规律……由一个部门行使所有国土空间用途管制职责，对山水林田湖进行统一保护、统一修复是十分必要的。"[①] 环境保护要采取整体保护、系统修复和综合治理的原则。因为自然生态各要素是一个彼此相互作用、相互影响的有机系统，这就决定保护修复生态不能单打一，必须按照自然生态的整体性、系统性及其内在规律的要求，统筹考虑自然生态的各个要素，坚持

---

① 习近平. 关于《中共中央关于全面深化改革若干重大问题的决定》的说明//中共中央文献研究室，编. 十八大以来重要文献选编：上. 北京：中央文献出版社，2014：507.

山上山下、地上地下、陆地海洋以及流域上下游等联动，只有这样，才能真正将生态环境保护好、修复好和治理好。在生态保护中要坚持以自然恢复为主的原则。生态保护修复工程与其他工程不同，应更多顺应自然，多借用一些自然力，少一些工程干预。历史经验证明，过度的大规模工程措施对遏制生态退化往往难以达到预期效果，有时甚至适得其反。一些依靠自然本身的修复能力、辅以少量人工措施的做法，往往能取得更好的效果。要通过划定生态圈保护区域、减少人类活动来促进自然修复，使被割裂的生态系统逐渐连接起来，使原有的自然生态廊道恢复起来。同时，在生态环境保护中要坚持源头保护的原则。一个区域内生态系统存在的问题可能是多方面的，但追根溯源，总能找到根本症结即"源头"所在。比如，要解决水短缺的问题就要从水源地找，而要保护好水源地就要保护好涵养水源的山地、林地、湖泊、湿地等水生态空间，并防止水源涵养空间被污染。习近平强调，"要把生态环境保护放在更加突出位置，像保护眼睛一样保护生态环境，像对待生命一样对待生态环境，在生态环境保护上一定要算大账、算长远账、算整体账、算综合账，不能因小失大、顾此失彼、寅吃卯粮、急功近利"①。生态保护是一个长期任务，要久久为功。

建设美丽中国，要求加大建设资源节约型和环境友好型社会的力度。建设资源节约型和环境友好型社会是建设美丽中国的必由之路。环境友好型社会就是要以环境承载力为基础，以遵循自然规律为准则，以绿色科技为动力，倡导环境文化和生态文明，开发与生态文明相适应的新技术，发展绿色技术、低碳技术、循环利用技术。大力发展清洁能源，充分利用可再生能源，比如开发水能、风能、太阳能、地热能等，不断提高可再生能源的开发利用水平。以清洁能源技术、资源循环利用技术为主要内容的新的产业和科技革命浪潮已经到来，以提高能源资源利用效率和减少环境污染为核心的生态效率将是未来国际产业竞争的制高点。要构建结构优化、生态高效、资源节约、环境友好的产业体系，开拓生态型新兴产业，增强经济发展的活力、国际竞争力和可持续发展能力；要加强以提高生态效率为核心的自主创新能力，在清洁能源、循环经济、环境保护技术和产业上形成核心竞争力，引领国际技术发展潮

---

① 中共中央文献研究室，编. 习近平关于社会主义生态文明建设论述摘编. 北京：中央文献出版社，2017：8.

流。环境友好型社会将生产、交换、分配、消费的各领域和全过程都限制在生态承载力、环境容量限度之内，通过采取多种措施来降低环境污染、实现污染无害化，最终降低经济社会系统对生态环境系统的负面影响，实现人与自然和谐发展。环境友好型社会既是一种环境伦理观念，也是经济社会发展和环境保护的实践指南。只有努力建设环境友好型社会，促进生态文明建设的全面协调发展，才能不断满足广大人民享受绿色生态环境权利的需要。我们必须遵循代价小、效益好、排放低、可持续的基本要求，形成节约资源和环境保护的空间格局、产业结构、生产方式、生活方式，推进环境保护与经济发展的协调融合。建设美丽中国，实质上就是要建设以可持续发展为目标的资源节约型、环境友好型社会，实现中华民族的永续发展。

建设美丽中国，需要大力发展绿色经济。绿色经济是以维护人类生存环境为目标、以合理使用能源与资源为手段的一种平衡经济形式，它依赖的是绿色技术革命。绿色经济将众多有益于环境的技术转化为生产力，并通过与环境无对抗的经济行为，实现经济的长期稳定增长。绿色经济的出现及其在各个国家、各个领域的广泛开展，标志着人类已经摒弃传统的以利润最大化为经济发展动力的做法，转而形成基于绿色经济、以福利最大化为准则的新价值观。绿色生态是非常宝贵的资源，也是一个国家和地区的核心竞争力。实现绿色发展，建设美丽中国，是中华民族"强起来"的题中应有之义。发展绿色经济，要求推动生产方式绿色化，构建科技含量高、资源消耗低、环境污染少的产业结构和生产方式，大幅提高经济绿色化程度，加快发展绿色产业，形成经济社会发展新的增长点。构建绿色生态产业体系，培育壮大生态经济，是建设美丽中国的内在要求。围绕构建绿色、节能、高效、生态的绿色工业体系，大力培育壮大新能源、新材料、节能环保等新兴产业，推动产业转型升级。为了更好地提升人民群众的生活品质，我们还应当加强宜居宜业生态城市建设，加大对城市生态环境建设的投入，综合治理城市的河流水系，大力修建城市湿地、公园、绿地，把绿水青山留给城市居民。加快推进和谐秀美乡村建设，改善农村经济社会发展环境，提升农民的生活品质。修复陆生生态，还人间以更多绿色。从"大地披绿"到"身边增绿"和"心中播绿"，不断增加的生态产品供给极大地增加了百姓的获得感。

建设美丽中国，需要建立健全资源生态环境管理制度。设立环保红线，就是要建立科学合理的干部政绩考核机制，把资源与经济社会协调发展作为考核的重要内容，把群众评价作为考核干部政绩的重要参考尺度。设立环保红线，更要对环境问题坚决开展迅速、公开、透明的整治和查处，"铁腕执法、铁面问责"。加快建立国土空间开发保护制度，强化水、大气、土壤等污染防治制度，建立反映市场供求和资源稀缺程度、体现生态价值、进行代际补偿的资源有偿使用制度和生态补偿制度。健全生态环境保护责任追究制度，对那些不顾生态环境盲目决策、造成严重后果的人，必须追究其责任，而且应该终生追究。同时要完善经济社会发展考核评价体系，把资源消耗、环境损害、生态效益等体现生态文明建设状况的指标纳入经济社会发展评价体系，使之成为推进生态文明建设的重要导向。只有实行最严格的制度、最严密的法治，才能为生态文明建设提供可靠保障。

建设美丽中国，是中国发展进入新阶段的迫切需要，为提升发展质量、实现永续发展提供新的战略指导，是党深刻把握可持续发展时代潮流和当今世界绿色、低碳、循环发展新趋向而做出的战略抉择，反映人民群众的新期待、新要求，是贯彻落实生态文明发展战略的必然选择。建设美丽中国的目的在于使人民群众获得生态幸福。人民群众期盼天蓝地绿、渴望山清水秀，对清新的空气、清澈的水质、清洁的环境的诉求越来越迫切。建设美丽中国，其实质就是不断满足人民群众日益增长的生态需要，不断改善环境民生；让全体人民享受良好的生态环境，是提高人民生态福祉的民生工程。美丽中国奠基于生态文明发展战略基础之上，必然会成为中华民族伟大复兴的一幅靓丽画卷。

第八章　党的建设文明与执政伦理思想

中国特色社会主义现代化建设是在中国共产党的领导下进行的。如何在新的历史时期加强中国共产党自身的伦理建设，是提升党的执政能力建设的内在要求，是中国特色社会主义现代化建设的必要保障。十一届三中全会以来，在改革开放和社会主义现代化建设进程中，以邓小平、江泽民、胡锦涛、习近平为主要代表的几代中国共产党人创造性地回答了"建设什么样的党、怎样建设党"等关系社会主义现代化建设之根本和全局的问题，形成并发展了以"立党为公、执政为民"为核心要义的中国特色社会主义执政伦理思想，极大地丰富并发展了马克思主义政党执政伦理思想和中国特色社会主义伦理理论体系。执政伦理思想对于保证"五位一体"的中国特色社会主义现代化建设起着领导、保证的独特作用。

一、政党执政伦理的内涵与执政伦理建设的重大意义

推进中国特色社会主义伟大事业必然要求加强和改进执政党的建设，把实现伟大事业与加强党的建设的伟大工程紧密结合起来，实现伟大事业与伟大工程的互相促进，才能保证中国共产党始终成为中国特色社会主义事业的坚强领导核心。执政伦理建设是党的建设伟大工程的重要组成

部分，对于提升党的党德和执政伦理水平，有着非比寻常的意义。

（一）政党执政伦理的内涵与执政伦理建设

政党执政伦理作为政党文明的价值内核和价值基准，对政党的发展与政治文明建设具有导向、规范和终极价值关怀的意义。政党执政伦理是一个政党伦理品格、道德精神和价值取向的集中反映，是党的道德性和先进性的深刻体现。政党虽然是一种政治组织，但与伦理道德有着内在的密切联系。任何政党的成立，都代表着一定阶级或阶层的利益，也都是基于一种道德价值上的认同。一个政党追求什么样的伦理道德，形成着这个政党的党德和伦理精神，制约着这个政党的执政能力和水平，也决定着这个政党是否伟大和先进，能否保持住这种伟大和先进。

政党执政伦理主要由以下三个方面组成：

第一，执政价值理念。这是政党政治的价值基础，关涉政党追求的精神价值和存在意义。执政价值理念的确立，在政党发展与建设中具有优先和基础的地位。政党提出或形成什么样的执政价值理念，代表着它的伦理价值取向，反映着政党的性质及其在政治格局中的地位。马克思、恩格斯在《共产党宣言》中指出："共产党人为工人阶级的最近的目的和利益而斗争，但是他们在当前的运动中同时代表运动的未来"①，"共产党人可以把自己的理论概括为一句话：消灭私有制"②。这里，为无产阶级的眼前利益和未来利益而奋斗，以及消灭私有制即是共产党的伦理理念和价值追求。中国共产党提出的全心全意为人民服务，以及立党为公、执政为民，即是自身的执政价值理念。执政价值理念的确立或形成对政党的性质、政党存在的正当性以及政党建设等起着一种价值导向与根本准则的作用。

第二，执政制度伦理。这是政党活动的组织建构，关乎政党活动的行为原则和运行机制，是政党执政价值理念的具体化和现实贯彻。政党执政制度伦理是保证政党执政价值理念正当存在与付诸实践，并追求可能实现的基本规则体系，它最大的价值在于使政党执政价值理念获得具体的

---

① ［德］马克思，恩格斯. 共产党宣言//马克思恩格斯文集：第 2 卷. 北京：人民出版社，2009：65.

② 同①45.

落实。政党执政理念与政党执政制度伦理的关系就是"价值规定了行为的总方向"①，"价值通过合法与社会系统结构联系的主要参照基点是制度化"②。因此，政党执政价值理念的维系要通过政党执政制度伦理来实现。

第三，党员伦理。这是价值理念与制度伦理的人的载体，表现为政党党员的伦理道德操守和道德品质。党员伦理是在实践政党执政价值理念、政党执政制度伦理的过程中，在开展政党活动的实践中，所遵循的道德规范和行为准则以及由此而形成的道德操守与道德品质。政党党员伦理与政党执政价值理念、政党执政制度伦理之间，应当是始终保持一致的，因为党员是在价值理念与制度伦理的指引下从事党员活动的，理应一脉相承。但现实的情况与理论往往相忤，个别政党领袖乃至某些党员有可能违背党的价值理念与制度伦理，在道德操守和道德品质上与其格格不入。这就需要加强党员伦理建设，使党员伦理与政党执政的价值理念、制度伦理相吻合。

执政伦理，是指在现实的社会政治生活中形成的、执政党在运用国家权力管理国家事务过程中需要遵守的道德规范体系，包含执政理念的先进性、政策制度的伦理性和执政主体的道德性，是执政党世界观、价值观和道德观的集中反映。执政党的执政伦理品格，是指政党在治党治国实践中，将社会生活的客观要求内化于自身，按照一定的伦理观念和伦理准则，在执政行为中表现出来的持续、稳定的倾向。执政党的执政伦理品格是规范、约束自身行为的基本尺度，它综合表现于执政党的思想、作风、纪律以及执政能力和执政水平之中。执政党的执政伦理品格与执政党自身的兴衰存亡相联，并决定着国家、社会、民族的命运与发展方向。一个执政党如果不具备时代要求的执政伦理品格，就会失去生存的基石，从而被其他政党战胜乃至取代，或者失去生命活力和动力而自行灭亡。

执政能力建设是执政伦理持续实现的保证。价值层面的合道德性催生执政党的道德权威。合法性的核心价值基础是合道德性。对合法性的"认可"本身就蕴含着一种道德判断。因此，人们通常所说的"合法的统治""合法的权力"，首先是指被人们从内心"认可"的统治或权力。

---

① ［美］T. 帕森斯. 现代社会的结构与过程. 梁向阳，译. 北京：光明日报出版社，1988：145.

② 同①144.

所谓"得民心者，得天下；失民心者，失天下"，就体现了对政治权力合法性的一种道德判断。

与执政合法性直接相关的问题是执政党的执政责任与执政使命，这是执政合法性的进一步深化与落实。一个没有执政责任感与使命感的政党，注定是要被人民抛弃而最终丧失执政合法基础的。由执政党执政理念和执政合法性内在规定的执政责任与执政使命，要求执政党必须深刻地分析与洞见当下阻碍执政党执政的诸多不利因素，通过提高自身执政能力来满足人民对执政党的情感依托、价值期待与利益需要。

（二）重视党的建设是中国共产党的优秀传统和永葆活力的关键所在

与时俱进地推进党的自我完善和自我革新，不断加强党的执政能力建设和先进性建设，是我们党永葆青春、活力和战斗力的关键所在。从严治党是党始终坚持的一大优良传统，也是党做好一切工作的重要保障。

中国共产党是近现代中国历史发展的必然结晶和人民在救亡图存斗争中深刻呼唤的产物，是马克思主义与中国工人运动相结合的产物。中国共产党以马克思主义为理论指导，代表工人阶级和劳动人民的根本利益，为着国家的独立、民族的富强英勇奋斗，并以坚定的理想信念、严密的组织体系、严格的组织纪律、严肃的党内生活，逐渐成长为 20 世纪上半期中国最具组织能力和动员能力的政党，逐渐成为把一盘散沙的中国民众组织起来向着光明前途迈进的最强大的政治力量。经过 28 年的浴血奋战，中国共产党领导人民推翻了三座大山，建立了中华人民共和国，之后又领导人民建立社会主义制度，开启改革开放和社会主义现代化建设的光辉历程。中国共产党之所以能够领导人民取得一个又一个胜利，"不可逆转地结束了近代以后中国内忧外患、积贫积弱的悲惨命运，不可逆转地开启了中华民族不断发展壮大、走向伟大复兴的历史进军，使具有五千多年文明历史的中国面貌焕然一新"[①]，根本原因在于中国共产党始终保持自己的先进性，坚守全心全意为人民服务的宗旨，

[①]　胡锦涛. 在庆祝中国共产党成立九十周年大会上的讲话//胡锦涛文选：第 3 卷. 北京：人民出版社，2016：524.

在于中国共产党始终把从严治党作为一项伟大工程，从而使自己永葆无产阶级政党的政治本色。

以毛泽东为主要代表的中国共产党人十分注重党的建设，首次提出了党的建设是一个伟大工程的命题，认为中国共产党要领导人民完成把半殖民地半封建的旧中国改造成社会主义新中国的伟大革命，就必须加强党的建设的伟大实践。在1939年10月发表的《〈共产党人〉发刊词》一文中，毛泽东深刻总结了中国共产党建立以来的建党经验，指出，为了中国革命的胜利，迫切需要"建设一个全国范围的、广大群众性的、思想上政治上组织上完全巩固的布尔什维克化的中国共产党"。他把建设这样一个党称为一个"伟大的工程"，并说"这件伟大的工程也正在进行之中"[①]。毛泽东在领导中国革命的过程中把统一战线、武装斗争、党的建设作为战胜敌人的三大法宝。其中，"统一战线和武装斗争，是战胜敌人的两个基本武器"，而党的领导"则是掌握统一战线和武装斗争这两个武器以实行对敌冲锋陷阵的英勇战士"[②]。他强调，正确地理解这三个问题及其相互关系，就等于正确地理解全部中国革命。毛泽东既注重从思想上建党，把克服非无产阶级意识作为思想建设的基础，进而把反对经验主义特别是把反对教条主义作为党的思想建设的根本，重视调查研究，并以实事求是作为党的思想路线，同时又十分重视党的组织建设和作风建设，将民主集中制作为党的组织原则，要求发扬理论联系实际、密切联系群众以及批评和自我批评等优良作风，把党建设成为一个伟大、光荣、正确的无产阶级先锋队。中国共产党由革命党转变为执政党以后，这种地位的变化，既给党创造了更好地为人民服务的新条件，同时也更容易使党内滋生官僚主义、命令主义、骄傲自满等不良风气，为此，毛泽东就执政党的建设发表了一系列高瞻远瞩的言论，强调要大力加强党的执政能力和作风建设。在新中国成立前夕，毛泽东就谆谆告诫全党："夺取全国胜利，这只是万里长征走完了第一步。……中国的革命是伟大的，但革命以后的路程更长，工作更伟大，更艰苦。这一点现在就必须向党内讲明白，务必使同志们继续地保持谦虚、谨慎、不骄、不躁的作风，务必使同志们继续地保持艰苦

---

① 毛泽东.《共产党人》发刊词//毛泽东选集：第2卷. 2版. 北京：人民出版社，1991：602.

② 同①613.

奋斗的作风。"①"两个务必"是中国共产党对"能不能长久执政，能不能为人民执好政"这一历史性课题做出的深刻回答，也是我们党开始探索执政道路和执政规律的历史新起点。

新的伟大工程是基于改革开放和社会主义现代化建设新时期党的建设所面临的新情况、新任务提出来的。十一届三中全会以来，党领导人民开始了一场把中国由不发达的社会主义国家建设成为富强、民主、文明、和谐、美丽的社会主义现代化国家的新的伟大革命。以邓小平为主要代表的中国共产党人在领导这次伟大革命的过程中，围绕改革开放和社会主义现代化建设条件下"建设什么样的党、怎样建设党"的问题，开创了党的建设的新的伟大工程，目标是要把党建设成为领导全国人民建设有中国特色的社会主义现代化的坚强核心。邓小平强调办好中国的事情，关键在党，指出"中国要出问题，还是出在共产党内部"②；强调"要进一步明确党在四个现代化建设中的地位和作用"③，"把我们党建设成为有战斗力的马克思主义政党，成为领导全国人民进行社会主义物质文明和精神文明建设的坚强核心"④。以江泽民、胡锦涛和习近平为主要代表的几代中国共产党人根据新的形势、任务、发展、要求，承前启后，继往开来，领导全党继续推进这个新的伟大工程，谱写了党的建设新的伟大工程的精彩篇章。江泽民正式提出党的建设新的伟大工程的命题，指出："全党要按照新的伟大工程的总目标，从思想上、组织上、作风上全面加强党的建设，不断提高领导水平和执政水平，不断增强拒腐防变的能力，以新的面貌和更强大的战斗力，带领人民完成新的历史任务。"⑤ 把党建设成为用中国特色社会主义理论体系武装起来、全心全意为人民服务、思想上政治上组织上先进坚强、能够经受住各种风险、始终走在时代前列、领导全国人民建设有中国特色社会主义的马克思主义政党，不仅是时代和社会发展的深刻需要，而且是

① 毛泽东. 在中国共产党第七届中央委员会第二次全体会议上的报告//毛泽东选集：第4卷. 2版. 北京：人民出版社，1991：1438-1439.
② 邓小平. 在武昌、深圳、珠海、上海等地的谈话要点//邓小平文选：第3卷. 北京：人民出版社，1993：380.
③ 邓小平. 坚持党的路线，改进工作方法//邓小平文选：第2卷. 北京：人民出版社，1994：276.
④ 邓小平. 党在组织战线和思想战线上的迫切任务//邓小平文选：第3卷. 北京：人民出版社，1993：39.
⑤ 江泽民. 高举邓小平理论伟大旗帜，把建设有中国特色社会主义事业全面推向二十一世纪//江泽民文选：第2卷. 北京：人民出版社，2006：43.

党自身建设的内在要求。在社会主义市场经济条件下，加强党的领导、抓好党的建设，具有十分重要的意义和价值，关系到党能否经受住市场经济的考验和长期执政的考验，也关系到党的生死存亡。江泽民还提出"从严治党"和"保持党的先进性和纯洁性"等命题，坚持认为"从严治党，是保持党的先进性和纯洁性，增强党的凝聚力和战斗力的保证"①。我们越是改革开放、发展经济，就越要加强党的领导、抓好党的建设。这一条任何时候都是绝对不能忽视、不能放松的，否则就会犯历史性的错误。1999年，江泽民在十五届中央纪委四次全会上强调治国必先治党，治党务必从严，并认为"从严治党，是我们党的优良传统和宝贵经验，也是我们党的一贯方针。坚定不移地贯彻好这个方针，是保持党的先进性和纯洁性，增强党的凝聚力和战斗力的重要保证"②。在江泽民看来，"我们党所以赢得人民的拥护，是因为我们党在革命、建设、改革的各个历史时期，总是代表着中国先进生产力的发展要求，代表着中国先进文化的前进方向，代表着中国最广大人民的根本利益，并通过制定正确的路线方针政策，为实现国家和人民的根本利益而不懈奋斗"③。在新的历史条件下，中国共产党如何更好地做到"三个代表"，是一个需要全党特别是高级干部深刻思考和不断践行的重大课题。始终做到"三个代表"，是中国共产党的立党之本、执政之基、力量之源。在迈向21世纪的征途上，我们党面临一系列严重挑战，我们要围绕不断提高领导水平和执政水平、提高拒腐防变和抵御风险的能力这两大历史性课题，全面加强和推进党的建设工作。以胡锦涛为总书记的党中央领导集体在继承邓小平理论、"三个代表"重要思想的基础上，进一步聚焦党的建设，专门开展保持共产党员先进性的教育活动，强调"党的先进性建设是马克思主义政党自身建设的根本任务"④，"加强党的先进性建设，是加强和改进党的建设的长期任务和永恒课题"⑤。党的先进性和

① 江泽民. 高举邓小平理论伟大旗帜，把建设有中国特色社会主义事业全面推向二十一世纪//江泽民文选：第2卷. 北京：人民出版社，2006：46.

② 江泽民. 治国必先治党，治党务必从严//江泽民文选：第2卷. 北京：人民出版社，2006：496.

③ 江泽民. 在新的历史条件下更好地做到"三个代表"//江泽民文选：第3卷. 北京：人民出版社，2006：2.

④ 胡锦涛. 党的先进性建设是关系马克思主义政党生存发展的根本性问题//胡锦涛文选：第2卷. 北京：人民出版社，2016：263.

⑤ 同④270.

党的执政地位都不是一劳永逸、一成不变的，过去先进不等于现在先进，现在先进不等于永远先进。历史证明，任何政党的兴衰存亡归根结底都取决于它在推动人类社会发展和历史前进中的作用，取决于人民群众对这种作用的认识和认可程度。中国共产党之所以能够从一个几十个人的小党发展成为一个有几千万党员的大党，并且能够带领全国各族人民取得新民主主义革命、社会主义革命和建设以及改革开放和社会主义现代化建设的巨大成就，使国家面貌发生举世瞩目的深刻变化，根本原因在于中国共产党具有并始终保持了马克思主义政党的先进性。离开这种先进性，中国共产党就不可能赢得全国各族人民长期以来的衷心拥护和支持，也不可能成为中国革命、建设、改革的坚强领导核心。我们党要带领人民取得社会主义现代化建设的新的成就，还得一如既往地保持自己的先进性。只有不断保持党的先进性，才能提高党的执政能力、巩固党的执政地位。2007 年，在党的十七大报告中，胡锦涛强调以改革创新精神全面推进党的建设新的伟大工程，并就这一伟大工程的主线、重点和要求做出战略部署，指出："必须把党的执政能力建设和先进性建设作为主线，坚持党要管党、从严治党，贯彻为民、务实、清廉的要求，以坚定理想信念为重点加强思想建设，以造就高素质党员、干部队伍为重点加强组织建设，以保持党同人民群众的血肉联系为重点加强作风建设，以健全民主集中制为重点加强制度建设，以完善惩治和预防腐败体系为重点加强反腐倡廉建设，使党始终成为立党为公、执政为民，求真务实、改革创新，艰苦奋斗、清正廉洁，富有活力、团结和谐的马克思主义执政党。"① 以改革创新精神全面推进党的建设新的伟大工程，内容涉及思想建设、作风建设、组织建设以及反腐倡廉建设等诸多方面，本质上是一个系统工程，要求统筹兼顾、突出重点，整体推进，持之以恒，只有这样，才能使党的建设工作更富有时代气息、更富有实际成效。

党和人民事业发展到什么阶段，党的建设就要推进到什么阶段，这是加强党的建设必须把握的基本规律。党的十八大以来，习近平结合我们正在开展的具有许多新的历史特点的伟大斗争，结合我们正在从事的中国特色社会主义伟大事业，旗帜鲜明地主张党要管党，不断把党的建设新的伟大工程推向前进，并以改革创新精神全面推进党的建设新

---

① 胡锦涛. 高举中国特色社会主义伟大旗帜，为夺取全面建设小康社会新胜利而奋斗//胡锦涛文选：第 2 卷. 北京：人民出版社，2016：652.

的伟大工程，围绕全面从严治党主题，集中整饬党风，严厉惩治腐败，净化党内政治生态，使我们党始终保持先进性和纯洁性，始终成为中国特色社会主义事业的坚强领导核心。2012年11月，习近平在第十八届中央政治局常委同中外记者见面会上的讲话中指出："打铁还需自身硬。我们的责任，就是同全党同志一道，坚持党要管党、从严治党，切实解决自身存在的突出问题，切实改进工作作风，密切联系群众，使我们党始终成为中国特色社会主义事业的坚强领导核心。"① 2013年在全国组织工作会议上的讲话中，习近平指出："如果管党不力、治党不严，人民群众反映强烈的党内突出问题得不到解决，那我们党迟早会失去执政资格，不可避免被历史淘汰。这决不是危言耸听。"② 2014年底，习近平在江苏调研时强调，要协调推进全面建成小康社会、全面深化改革、全面推进依法治国、全面从严治党，推动改革开放和社会主义现代化建设迈上新台阶。2016年10月在党的十八届六中全会第一次全体会议上的报告中，习近平指出："坚持严字当头，把严的要求贯穿管党治党全过程，以自我革命的政治勇气着力解决党内存在的突出问题，做到管党有方、治党有力、建党有效。"③ 党的十九大报告指出："我们党要始终成为时代先锋、民族脊梁，始终成为马克思主义执政党，自身必须始终过硬。全党要更加自觉地坚定党性原则，勇于直面问题，敢于刮骨疗毒，消除一切损害党的先进性和纯洁性的因素，清除一切侵蚀党的健康肌体的病毒，不断增强党的政治领导力、思想引领力、群众组织力、社会号召力，确保我们党永葆旺盛生命力和强大战斗力。"④ 治国必先治党，治党务必从严。抓住从严治党，就抓住了治国理政的关键。

　　全面从严治党，进一步深化了我们党对自身建设规律和中国特色社会主义建设规律的认识。"全面"是从广度上讲的。一是内容全面。涵盖党的思想建设、组织建设、作风建设、反腐倡廉建设和制度建设各个方面或领域。二是责任全面。从严管党治党不仅是党中央的责任，而且

　　① 习近平. 人民对美好生活的向往，就是我们的奋斗目标//习近平谈治国理政. 北京：外文出版社，2014：4-5.

　　② 中共中央文献研究室，编. 习近平关于全面从严治党论述摘编. 北京：中央文献出版社，2016：5.

　　③ 同②13.

　　④ 习近平. 决胜全面建成小康社会　夺取新时代中国特色社会主义伟大胜利. 北京：人民出版社，2017：16.

是党的各级组织的责任，从中央到地方都必须贯彻从严治党要求，落实管党治党的责任。三是要求全面。每一位党员都要坚定理想信念，加强党性修养，坚决维护中央权威，真正敬畏法纪、遵守规矩，做"政治上的明白人"。"从严"是从深度上讲的。全面从严治党要在"严"字上下功夫。一是教育要严。要认真解决党员干部世界观、人生观、价值观这个"总开关"问题，深入进行党的宗旨和理想信念教育，使其收到教育的实际成效。二是制度要严。要彻底解决制度"过松""过宽""过虚""过软""过空"等问题，扎紧制度的笼子，把制度建设落到实处。三是标准要严。用更严格的标准管党治党，保持管党治党不松懈，实现从严治党常态化、规范化。党内法规要严于国家法律，要对党员干部有更高标准的要求，真正体现党的先进性和纯洁性。四是执纪要严。坚决维护党章和党内法规的权威性、严肃性，牢记不可触碰的"高压线"。绝不能"鞭子高高举起，轻轻放下"，坚决做到执纪必严、违纪必究。五是惩治要严。要有"利剑悬在头上的感觉"，具有极大的威慑力。全面从严治党，要求我们管党治党既要做到"全面"，又要做到"从严"。党的建设作为一个整体，其内容是相互联系、不能分割的有机整体，只有整体谋划、整体设计、整体推进、整体评价党的建设，党的建设才能取得更大的成效。因此，只有把"全面"和"从严"有机地结合起来，才能使全面从严治党落到实处、治出成效。

坚定不移推进全面从严治党，展现了我们党极大的政治勇气与时代担当，也彰显了我们党强劲的生机活力与深邃的历史使命感。党的十八届六中全会总结了我们党开展党内政治生活的历史经验，分析了全面从严治党面临的形势和任务，认为办好中国的事情，关键在党，关键在党要管党、从严治党。党的这种关键地位，党的建设状况的这种关键影响，是中国共产党成立以来经中国历史验证的一条真理。只有持续推进全面从严治党，坚持思想建党和制度治党紧密结合，集中整饬党风，严厉惩治腐败，净化党内政治生态，才能确保党在世界形势深刻变化的历史进程中始终走在时代前列，在应对国内外各种风险和考验的历史进程中始终成为全国人民的主心骨，在发展中国特色社会主义的历史进程中始终成为坚强领导核心。

（三）党的执政伦理建设的重大意义

党的兴衰存亡始终与党的伦理道德建设密切相关。加强党的执政伦理建设，密切党同人民群众的血肉联系，坚持立党为公、执政为民和全心全意为人民服务，不断提升党的战斗力、凝聚力和向心力，保持党的先进性和纯洁性，无疑具有重大的理论意义和现实意义。党的十六届四中全会通过了《中共中央关于加强党的执政能力建设的决定》，其中指出："党的执政地位不是与生俱来的，也不是一劳永逸的。我们必须居安思危，增强忧患意识，深刻汲取世界上一些执政党兴衰成败的经验教训，更加自觉地加强执政能力建设，始终为人民执好政、掌好权。"①这不仅充分表明了执政党对执政合法性的深切关注、对执政思维的历史总结与现实尊重，而且表达了执政党明确的执政为民的价值归宿，由此更为清晰地彰显了执政能力建设以提升执政伦理为价值取向的原则与立场。

无论是现代化建设事业，还是实现中国社会发展，或是建设中国特色社会主义，都是在党的领导下进行的。国家和社会的创新要求及其实践，决定了执政党的建设必须创新。随着改革开放的深入和社会主义现代化建设的发展，我们党所处的历史条件和历史方位已发生了很大变化，"已经从领导人民为夺取全国政权而奋斗的党，成为领导人民掌握全国政权并长期执政的党；已经从受到外部封锁和实行计划经济条件下领导国家建设的党，成为对外开放和发展社会主义市场经济条件下领导国家建设的党"②。由此，党面临的历史任务也发生了很大变化。一方面，党领导我国人民在改革开放和社会主义现代化建设事业上取得了举世瞩目的伟大成就：我国的经济实力、国防实力、科技实力明显增强；十几亿多中国人不仅解决了温饱问题，而且总体上达到了小康水平；党的队伍日益壮大。另一方面，党在新的历史条件下也面临着许多新情况和新问题。苏东的剧变，国际形势的改变，经济结构的调整，多种经济成分的并存，收入差距的扩大，社会阶层构成的变化，经济犯罪的增加，腐败现象的蔓延等，使得"在新的历史条件下建设什么样的党、怎样建设党"成为我们党必须解决的基本问题，而进一步"提高党的执政能力和领导水平，提高拒腐防变和抵御风险的能力"，则成为党的建设

①　中共中央关于加强党的执政能力建设的决定//中共中央文献研究室，编. 十六大以来重要文献选编：中. 北京：中央文献出版社，2006：273.
②　江泽民. 全面建设小康社会，开创中国特色社会主义事业新局面//江泽民文选：第3卷. 北京：人民出版社，2006：536-537.

所面临的两大历史性课题。只有加强党的执政伦理建设，才能真正提高党拒腐防变和抵御各种风险的能力，才能使党在日益复杂的国际国内环境中始终立于不败之地，才能使党更好地肩负起艰巨而伟大的历史使命，团结与带领全国人民把改革开放和社会主义现代化建设事业不断推向前进。

第一，加强执政伦理建设是中国特色社会主义事业建设的迫切需要。中国特色社会主义道路，是实现我国社会主义现代化的必由之路，是创造人民美好生活的必由之路。中国特色社会主义最本质的特征是中国共产党的领导，中国特色社会主义制度的最大优势是中国共产党的领导。坚持与完善党的领导是党和国家的根本所在、命脉所在，是全国各族人民的利益所在、幸福所在。历史和现实告诉我们，中国特色社会主义是当代中国发展进步的根本方向，是党和人民团结、奋进、胜利的旗帜；党的领导和建设坚强有力，中国特色社会主义建设就会健康发展，人民就会幸福安康，中华民族伟大复兴的中国梦就一定会实现。从伟大工程同伟大斗争、伟大事业、伟大梦想的关系来看，"伟大斗争，伟大工程，伟大事业，伟大梦想，紧密联系、相互贯通、相互作用，其中起决定性作用的是党的建设新的伟大工程"。在当代世界风云变幻的历史条件下，在当代中国改革开放和社会主义现代化建设的伟大变革中，把党建设成为用中国特色社会主义理论体系武装起来、全心全意为人民服务、思想上政治上组织上完全巩固、能够经受住各种风险、始终走在时代前列、领导全国人民建设中国特色社会主义的马克思主义政党，这是一个非常重大、非常艰巨的任务，也是一个前所未有的新课题。在新的历史条件下，"推进伟大工程，要结合伟大斗争、伟大事业、伟大梦想的实践来进行，确保党在世界形势深刻变化的历史进程中始终走在时代前列，在应对国内外各种风险和考验的历史进程中始终成为全国人民的主心骨，在坚持和发展中国特色社会主义的历史进程中始终成为坚强领导核心"①。

第二，加强执政伦理建设是提高党的执政能力的迫切需要。执政党的道德力、公信力是执政党的执政能力的重要基础。一个道德力、公信力强的执政党，必然具有强大的政治领导力、思想引领力、群众组织力、社会号召力，其出台的方针政策能够更容易得到老百姓的认同和接

---

① 习近平. 决胜全面建成小康社会　夺取新时代中国特色社会主义伟大胜利. 北京：人民出版社，2017：17.

受。孔子曰:"政者,正也。子帅以正,孰敢不正?"① 但从目前各种调查来看,老百姓对执政党的认同度还有待加强,而且在个别地方老百姓对党组织的认同度较低,这是值得我们高度重视的一个问题。新形势下,党面临的执政考验、改革开放考验、市场经济考验、外部环境考验是长期的、复杂的、严峻的,精神懈怠危险、能力不足危险、脱离群众危险、消极腐败危险更加尖锐地摆在全党面前。当前,党的执政能力与新形势、新任务的要求还有一定的距离,一些地方的党组织、领导班子、领导干部在党性党风党纪方面还存在这样那样的问题。一是以权谋私。公与私的关系问题,是任何官员都无法回避的问题,而公与私的关系问题又集中表现在如何运用手中的权力方面,如果能够用权为公,就能实实在在地为国家谋利益、为人民谋幸福、为社会谋发展。如果用权为私,就必然是非颠倒、黑白不分,不顾廉耻、失德违规,最终陷入犯罪的泥潭。二是弄虚作假。一些官员为了升迁,不顾当地实际情况,大搞政绩工程、形象工程,专干显山露水、表面风光的事,对百姓疾苦、群众困难漠不关心;有的官员为了名利双收,台上一套、台下一套,当面一套、背后一套。弄虚作假还表现在官员喜欢讲虚话、套话、假话,对组织自吹自擂,讲成绩可以摆一大堆,谈问题却往往轻描淡写,讳莫如深;对群众开空头支票,口惠而实不至。三是腐化堕落。有的官员之所以在权、钱、色等的诱惑下坠马,究其根源无不是为欲所困、为欲所牵、为欲所害,尤其是色欲。一份调查报告显示,腐败的干部60%以上跟包"二奶"有关,被查处贪官中95%有情妇。这说明,色是官员思想防御体系中最薄弱的环节。只有抓紧解决党员干部队伍中存在的突出问题和群众反映强烈的问题,才能提高党的执政能力和水平。提高党的执政能力和水平,迫切需要加强执政伦理建设。执政伦理建设既管方向,又涉及素质,更是一种道德力量,是属于能力系统中目标性、指向性、引领性和全局性都十分突出的能力,或者说是一种没有能力可以形成能力,有了能力可以使能力更优,有了更优的能力可以使能力更持久的本源性能力和创发性能力。只有使广大党员干部始终坚持立党为公、执政为民,始终把人民群众的安危冷暖放在心上,权为民所用、情为民所系、利为民所谋,坚持"讲党性、重品行、作表率",努力在改进作

---

① 论语:颜渊.

风上取得新的成效，才能真正提升党的执政能力。

第三，加强执政伦理建设是树立党的执政形象、巩固党的执政地位的迫切需要。执政能力建设是现代执政党的重要特征，它表征着执政党执政意识的自觉，体现着执政党执政思维的转换，以及执政党对执政绩效、执政合法性基础的关注与落实，对执政未来性的理性判断。是否具备良好的执政道德，关系着执政党的形象和执政地位的稳固，关系着执政党提出的执政理念是否得到民众的认可与支持。20 世纪 80 年代末 90 年代初，苏联解体，东欧剧变，世界上一批执政多年的大党老党相继失去政权，丧失执政地位。总结国际共产主义运动的深刻教训，关键是执政党内部出了问题，严重脱离了人民群众，没有也未能重视党的执政伦理建设。苏共失去执政地位的最深层次的原因就是，执政党执政伦理建设存在问题并且长期未能得到执政党的重视，导致执政的价值目标远离了广大人民群众的需求，甚至走向了人民的反面，最终失去了执政的合法性。"历史和现实都表明，一个政权也好，一个政党也好，其前途命运最终取决于人心向背，不能赢得最广大人民的支持，就必然垮台。"①无产阶级政党夺取政权不容易，执掌好政权尤其是长期执掌好政权更不容易。执政党要巩固自己的执政地位，必须采取切实措施加强执政伦理建设，确确实实让人民群众感觉到共产党始终代表最广大人民的根本利益。当前，党的领导水平和执政水平、党的建设状况、党员队伍素质总体上同党肩负的历史使命是适应的。然而，党内也存在不少不适应新形势新任务要求、不符合党的性质和宗旨的问题。在新的历史时期，我们党面临的执政考验、改革开放考验、市场经济考验、外部环境考验比过去任何时候都更为严峻。部分党员理想信念动摇，对马克思主义信仰不坚定，对中国特色社会主义缺乏信心，党员意识淡化、先锋模范作用不明显；有些领导干部宗旨意识淡薄、脱离群众、脱离实际，不讲原则、不负责任，言行不一、弄虚作假，铺张浪费、奢靡享乐，个人主义突出，形式主义、官僚主义作风严重。这些问题严重削弱了党的创造力、凝聚力、战斗力，严重损害了党同人民群众的血肉联系，严重影响了党的执政地位的巩固和执政使命的实现，极大地破坏了执政党在人民群众心目中的形象，严重影响到执政党群众基础的巩固与扩大。面对新时期

---

① 江泽民. 在新世纪把建设有中国特色社会主义事业继续推向前进//江泽民文选：第 3 卷. 北京：人民出版社，2006：129.

"四大危险"和"四大考验"，只有坚持思想教育从严、干部管理从严、作风要求从严、组织建设从严、制度执行从严，把全面从严治党战略思想贯彻落实到党的建设的各个方面、各个环节，才能不断提高党的领导水平和执政水平。只有全面从严治党，毫不动摇坚持和加强党的领导，使党永远保持自己的先进性、纯洁性和崇高性，才能真正跳出"其兴也勃焉，其亡也忽焉"的历史"周期率"。因此，加强党的执政伦理建设，是我们党巩固自己的执政地位、树立自己良好形象的迫切需要。

第四，加强执政伦理建设是建设社会主义政治文明的深刻需要。建设社会主义政治文明，最根本的是要坚持和改善党的领导。坚持和改善党的领导，就需要加强党的执政伦理建设。党的执政伦理反映着政治文明的趋势和发展要求。其中立党为公、执政为民的价值理念，权为民所用、情为民所系、利为民所谋和拜人民为师的伦理良知与操守，以及理论联系实际、密切联系群众、批评和自我批评的优良作风，无不彰显出政治文明建设的道德指数，确证着政治文明发展的合法性与合道德性。其制度伦理建设也总是对整个国家的制度伦理建设起着示范、引领和制度设计、制度创新的独特作用。在存在政党执政的现代国家，任何一个国家的制度伦理建设都是在政党制度伦理的框架设计和改革创新中迈出自己的步伐的。当代政治文明总是通过执政党的党性党德而呈现出自身的价值理性和发展趋势。党的执政伦理建设，不仅能够有效地引领和统率政治文明建设，而且本身也是一种政治文明，在政治文明建设中起着独特而重要的作用。

第五，加强执政伦理建设是有效转变社会风气的迫切需要。当前，我国已进入全面建成小康社会承前启后的关键时期。这个关键时期既是"黄金发展期"，也是"矛盾凸显期"。伴随经济持续快速发展而来的是资源、环境压力加大，城乡、区域发展不平衡，社会收入分配差距突出，腐败犯罪猖獗。与此同时，经济全球化趋势不断发展、金融风波此起彼伏、科技进步日新月异、各种思想文化相互激荡的复杂国际环境，也对我们党的执政能力提出了严峻挑战。加强执政伦理建设，有利于促进良好社会风气的形成。党员领导干部的行为及其体现出来的价值取向、精神面貌、道德情操，是社会行为规范的风向标，对于全社会良好道德风尚的形成具有重要的示范和导向作用。加强执政伦理建设，有利于协调各方面的利益关系，形成风清气正的社会风气，为改革开放和社会主义现代化建设营造良好的社会氛围与发展环境。

在新的历史条件下，党的执政伦理建设任务艰巨。办好中国的事情，关键在党。以党的执政能力建设为重点，不断推进党的执政伦理建设新的伟大工程，才能使党始终保持先进性和纯洁性，始终成为建设中国特色社会主义的坚强领导核心。

二、立党为公、执政为民的执政价值理念

贯穿中国共产党建党 90 多年的一条主线，就是全心全意为人民服务。在领导中国革命的时候，中国共产党明确提出了为人民服务的党的宗旨，在改革开放和社会主义现代化建设新时期，更把立党为公、执政为民上升为中国共产党的执政价值理念，作为党一切执政活动的最高标准。

（一）立党为公、执政为民执政价值理念的形成

中国共产党是中国工人阶级的先锋队，同时是中国人民和中华民族的先锋队，代表着中国最广大人民的根本利益。人民群众的拥护和支持是党的力量源泉与胜利之本。"党只有一心为公，立党才能立得牢；只有一心为民，执政才能执得好。"[①] 密切党同人民群众的血肉联系，牢记全心全意为人民服务的宗旨，坚持权为民所用、情为民所系、利为民所谋，是中国共产党执政的基本价值理念。

在民主革命时期，以毛泽东为主要代表的中国共产党人，把马克思列宁主义关于人民群众是历史创造者的原理系统地运用于党的全部理论和全部活动，形成了"一切为了群众，一切依靠群众，从群众中来，到群众中去"的群众观点和群众路线。在毛泽东看来，群众中蕴含着无穷的创造力，人民群众是真正的力量之源，"是真正的铜墙铁壁，什么力量也打不破的，完全打不破的"[②]。共产党人只有将自己与人民群众联系起来，才能真正形成自己的优势并获得一种生存和发展的力量。共产

---

① 中共中央关于加强党的执政能力建设的决定//中共中央文献研究室，编. 十六大以来重要文献选编：中. 北京：中央文献出版社，2006：274.

② 毛泽东. 关心群众生活，注意工作方法//毛泽东选集：第1卷. 2版. 北京：人民出版社，1991：139.

党同国民党的本质区别在于共产党坚持群众观点和群众路线。"有无群众观点是我们同国民党的根本区别，群众观点是共产党员革命的出发点与归宿。从群众中来，到群众中去，想问题从群众出发就好办。"① 群众观点、群众路线与党的宗旨是高度密合、有机统一的，共产党把全心全意为人民服务作为自己的宗旨和奋斗目标，"全心全意地为人民服务，一刻也不脱离群众；一切从人民的利益出发，而不是从个人或小集团的利益出发；向人民负责和向党的领导机关负责的一致性；这些就是我们的出发点"②。共产党人的一切言论行动，必须以合乎最广大人民群众的最大利益，为最广大人民群众所拥护为最高标准。群众观点、群众路线和全心全意为人民服务的宗旨构成毛泽东思想活的灵魂。

党的十一届三中全会以来，以邓小平为主要代表的中国共产党人继承与发展毛泽东思想的群众观点和群众路线，指出要尊重群众、热爱人民，时刻关注最广大人民的利益和愿望，把"人民拥护不拥护、人民赞成不赞成、人民高兴不高兴、人民答应不答应"作为制定各项政策的出发点和落脚点。在中国共产党第十一次全国代表大会的闭幕词中，邓小平指出："我们一定要恢复和发扬毛主席为我们党树立的群众路线的优良传统和作风，真正相信和依靠群众，细心倾听群众呼声，关心群众疾苦，一刻也不脱离群众。"③ 1978年12月13日，在中共中央工作会议闭幕会上的讲话中，邓小平强调指出："只要我们信任群众，走群众路线，把情况和问题向群众讲明白，任何问题都可以解决，任何障碍都可以排除。"④ 1980年，在《目前的形势和任务》一文中，邓小平从总结中国共产党历史的高度指出："我们党同广大群众的联系，对中国社会主义事业的领导，是六十年的斗争历史形成的。党离不开人民，人民也离不开党，这不是任何力量所能够改变的。"⑤ 邓小平以人民的根本利

---

① 毛泽东. 切实执行十大政策//毛泽东文集：第3卷. 北京：人民出版社，1996：71.

② 毛泽东. 论联合政府//毛泽东选集：第3卷. 2版. 北京：人民出版社，1991：1094-1095.

③ 中共中央文献研究室，编. 邓小平思想年编（一九七五——一九九七）. 北京：中央文献出版社，2011：66.

④ 邓小平. 解放思想，实事求是，团结一致向前看//邓小平文选：第2卷. 2版. 北京：人民出版社，1994：152.

⑤ 邓小平. 目前的形势和任务//邓小平文选：第2卷. 2版. 北京：人民出版社，1994：266.

益作为社会价值评价的根本标准。社会主义社会的首要特征是人民当家做主，生产力本质上是人民的生产力，综合国力实际上是人民国家的综合实力，而提高人民的生活水平正是社会主义生产的目的。这些都是以人民的主体地位和根本利益为前提的，离开了人民的主体地位和根本利益，就不会有真正的社会主义。

苏联解体、东欧剧变，特别是随着我国改革开放的深入和社会主义市场经济体制的建立，世情、国情、党情发生了深刻而广泛的变化，出现了许多新情况、新特点、新规律。尤为重要的是，我国社会经济成分、组织形式、就业方式、利益关系和分配方式日益多样化，新的社会阶层出现，"人民"的内涵又有新的成分，党"服务"的内容既包括人们的经济发展、政治发展、文化发展，还包括人们的日常生活等。如何保持党的中国工人阶级的先锋队、中国人民和中华民族的先锋队的性质，如何更好地代表和实现最广大人民的根本利益？江泽民围绕"建设什么样的党、怎样建设党"的时代主题，提出"三个代表"重要思想，把"代表最广大人民的根本利益"作为我们党各项工作的出发点和归宿，把它看作我们党的立党之本、执政之基和力量之源。"三个代表"是中国共产党立党为公、执政为民的本质体现，实现了我们党指导思想的与时俱进，同时也丰富和发展了党的根本宗旨。立党为公、执政为民，是我们党同一切剥削阶级政党的根本区别。执政为民要求共产党在执政过程中必须始终把体现人民群众的意志与利益作为一切工作的出发点和归宿，坚持不懈地为人民谋利益，坚定不移地实现人民的根本利益。江泽民指出："我们想事情，做工作，想得对不对，做得好不好，要有一个根本的衡量尺度，这就是人民拥护不拥护，人民赞成不赞成，人民高兴不高兴，人民答应不答应。"[①] 2001 年，在庆祝中国共产党成立八十周年大会上的讲话中，江泽民指出："全心全意为人民服务，立党为公，执政为民，是我们党同一切剥削阶级政党的根本区别。任何时候我们都必须坚持尊重社会发展规律与尊重人民历史主体地位的一致性，坚持为崇高理想奋斗与为最广大人民谋利益的一致性，坚持完成党的各项工作与实现人民利益的一致性。"[②]

---

① 江泽民. 深入进行群众观点和群众路线的教育//论党的建设. 北京：中央文献出版社，2001：193-194.

② 江泽民. 在庆祝中国共产党成立八十周年大会上的讲话//江泽民文选：第 3 卷. 北京：人民出版社，2006：279.

中国共产党的最大政治优势是密切联系群众，党执政后的最大危险是脱离群众。因此，在任何时候、任何情况下，都必须坚持党的群众路线，坚持全心全意为人民服务的宗旨，把实现人民群众的利益作为一切工作的出发点和归宿。执政为民是"三个代表"伦理思想的核心所在，它是一种把人民群众的根本利益视为政治伦理的主旋律和核心的伦理，是一种以人民伦理为最高价值取向的政治伦理。

党的十六大结束不久，胡锦涛在西柏坡学习考察时重新强调"两个务必"的重要性，要求各级领导干部做到"权为民所用、情为民所系、利为民所谋"，充分体现了我们党立党为公、执政为民的根本宗旨和时代特征。"三个代表"重要思想的本质是立党为公、执政为民。怎样实践执政为民？首先是要牢固树立全心全意为人民服务的思想和对人民负责的精神，做到心里装着群众、凡事想着群众、工作依靠群众、一切为了群众。其次，就是坚持"权为民所用、情为民所系、利为民所谋"。最后，要为群众诚心诚意办实事，尽心竭力解难事，坚持不懈做好事。在"三个代表"重要思想理论研讨会上，胡锦涛深刻阐述"三个代表"重要思想的立党为公、执政为民的本质，同时强调，学习贯彻这一思想"必须以最广大人民的根本利益为根本出发点和落脚点"，反复强调"为公""为民"，指出其对党和国家生存与发展的极端重要性，并将其视为"中国共产党全部奋斗的最高目的""判断马克思主义政党的试金石""决定一个政党、一个政权盛衰的根本因素"。以立党为公、执政为民来阐释"三个代表"重要思想的精神实质，体现了中国古已有之传承至今的"先天下之忧而忧，后天下之乐而乐""苟利国家生死以，岂因祸福避趋之"的高尚道德自我要求，也体现了当代政治家"以百姓之心为心"的坦荡胸怀。在党的第十七次全国代表大会上，胡锦涛指出："党的一切奋斗和工作都是为了造福人民。要始终把实现好、维护好、发展好最广大人民的根本利益作为党和国家一切工作的出发点和落脚点，尊重人民主体地位，发挥人民首创精神，保障人民各项权益，走共同富裕道路，促进人的全面发展，做到发展为了人民、发展依靠人民、发展成果由人民共享。"① 在庆祝中国共产党成立九十周年大会上的讲话中，胡锦涛结合党的历史回顾及建设要求对执政为民做出了全面系统的阐释

① 胡锦涛. 高举中国特色社会主义伟大旗帜，为夺取全面建设小康社会新胜利而奋斗//胡锦涛文选：第2卷. 北京：人民出版社，2016：624.

和论述。讲话中，"人民"一词出现多达 136 次。"紧紧依靠人民""拜人民为师""人民是真正的英雄"等充满感情的论述，既是对辉煌成就的科学总结，也提供着开启未来的"钥匙"。只有理解了党与人民的关系，看到了中国共产党人的坚守，才能破译中国共产党的"成功密码"：为什么能够从各种政治力量中脱颖而出？为什么历经挫折还能得到人民的信任与支持？为什么能够不断创造一个又一个奇迹？从一定意义上讲，人民就像一块永恒的试金石，时刻考验着每一位共产党员的政治本色；为人民服务是永远的"生命工程"，关系到中国共产党的根基、血脉和力量。胡锦涛说："只有我们把群众放在心上，群众才会把我们放在心上；只有我们把群众当亲人，群众才会把我们当亲人。"① 立身不忘做人之本、为政不移公仆之心、用权不谋一己之私，解决人民最关心、最直接、最现实的利益问题，我们党才能得到人民的支持，把握前进的航向，始终立于不败之地。胡锦涛在讲话中提出了"拜人民为师"的观点和主张。"拜人民为师"强调人民的主体地位，给予人民最高的尊重，使人民在更大程度上"说了算"。"拜人民为师"，能极大调动民智、民力、民财，加速实现到建党一百年和建国一百年时的奋斗目标。"拜人民为师"，让人民当家做主，能够增加人民的责任感和风险共担意识，能使党和人民达成最广泛的共识，建立最紧密的联系，避免党可能存在的高处不胜寒的窘境，并能获得人民的进一步理解、支持和信任。

党的十八大报告强调，"坚持以人为本、执政为民，始终保持党同人民群众的血肉联系"，同时指出，"以人为本、执政为民是检验党一切执政活动的最高标准"②。十八大报告 145 处提到"人民"，每一个词都丈量着人民在共产党人心目中沉甸甸的分量。十八届中共中央政治局常委会见中外记者，习近平一句"人民对美好生活的向往，就是我们的奋斗目标"，再次标注出党和人民牢不可破的血肉联系。习近平深情地指出："人民是历史的创造者，群众是真正的英雄。人民群众是我们力量的源泉。我们深深知道，每个人的力量是有限的，但只要我们万众一

---

① 胡锦涛. 在庆祝中国共产党成立九十周年大会上的讲话//胡锦涛文选：第 3 卷. 北京：人民出版社，2016：532.

② 胡锦涛. 坚定不移沿着中国特色社会主义道路前进，为全面建成小康社会而奋斗//胡锦涛文选：第 3 卷. 北京：人民出版社，2016：654.

心、众志成城，就没有克服不了的困难；每个人的工作时间是有限的，但全心全意为人民服务是无限的。"① 人心向背关系党的生死存亡。党只有始终与人民心连心、同呼吸、共命运，始终依靠人民推动历史前进，才能做到坚如磐石。"党要继续经受住执政考验、改革开放考验、市场经济考验、外部环境考验，就必须始终密切联系群众。在任何时候任何情况下，与人民同呼吸共命运的立场不能变，全心全意为人民服务的宗旨不能忘，群众是真正英雄的历史唯物主义观点不能丢，始终坚持立党为公、执政为民。"② 在参加河北省委常委班子专题民主生活会时的讲话中，习近平指出："衡量党性强弱的根本尺子是公、私二字。……作为党的干部，就是要全心全意为人民服务，就是要诚心诚意为党和人民事业奋斗，就是要讲大公无私、公私分明、先公后私、公而忘私。如果连这一点都不讲了，我们党还是中国工人阶级先锋队吗？还是中国人民和中华民族先锋队吗？作为共产党员，作为党的干部，只有一心为公，事事出于公心，才能有正确的是非观、义利观、权力观、事业观，才能把群众装在心里，才能坦荡做人、谨慎用权，才能光明正大、堂堂正正。"③ 在习近平看来，"'政之所兴在顺民心，政之所废在逆民心。'全心全意为人民服务，是我们党一切行动的根本出发点和落脚点，是我们党区别于其他一切政党的根本标志"④。十八大以后全党深入开展了群众路线教育。群众路线是我们党的生命线，是我们党的传家宝，我们党的群众路线是：一切为了群众，一切依靠群众，从群众中来，到群众中去。坚持群众路线就是要坚持全心全意为人民服务的根本宗旨，其最终的目的都是"服务"，是为人民办实事、办好事。党的一切工作必须以服务于、服从于人民群众的根本利益为最高标准，检验党的一切工作之成效的标准就是看人民群众的利益是否得到了实现和保障。

---

①　习近平. 人民对美好生活的向往，就是我们的奋斗目标//习近平谈治国理政. 北京：外文出版社，2014：5.

②　中共中央文献研究室，中央党的群众路线教育实践活动领导小组办公室，编. 习近平关于党的群众路线教育实践活动论述摘编. 北京：中央文献出版社，2014：3.

③　同②38.

④　习近平. 坚持和运用好毛泽东思想活的灵魂//习近平谈治国理政. 北京：外文出版社，2014：28.

（二）立党为公、执政为民的具体要求

坚持立党为公、执政为民，始终保持同人民群众的血肉联系，是我们党执政 60 多年来的主要经验之一。党的执政地位从根本上说来自人民，人民群众的拥护和支持，是党执政最牢固的政治基础和最深厚的力量源泉。离开人民群众的拥护和支持，党的执政地位就会成为无源之水、无本之木。因此，能否始终保持同人民群众的血肉联系，是对党的执政能力和执政地位的最根本的考验。执政为民就是党领导、支持、保证人民当家做主，带领全国人民实现国家富强、民族振兴、社会和谐、生活幸福。党的执政能力，说到底，就是党为了人民、依靠人民、领导人民治国理政的能力。

尽管当今社会价值观出现了多样化的走向，但共产党员的价值观必须恪守立党为公、执政为民，这是由党的宗旨和共产党人的党性决定的。能不能落实立党为公、执政为民的要求，是衡量当代共产党员价值观的最重要的标志。立党为公、执政为民，应当贯穿于我们党的全部工作中，体现在每一个党员和干部的思想行动上。

立党为公、执政为民要求共产党人在实际的生活和社会实践中做到以下几点：

第一，坚持我们党的根基在人民、血脉在人民、力量在人民的基本观点。是否明白相信谁、为了谁、依靠谁，是否站在最广大人民的立场上，是区分唯物史观和唯心史观的分水岭，也是判断马克思主义政党的试金石，是判断有无执政伦理和执政伦理高下的界尺。对于马克思主义执政党来说，坚持立党为公、执政为民，实现好、维护好、发展好最广大人民的根本利益，是其党德党性的集中表现，确证着党的执政良心，也彰显着党的执政荣誉，始终具有最根本、最重要的意义和价值。一个政党，如果不能保持同人民群众的血肉联系，如果得不到人民群众的支持和拥护，就会失去自身的生命力，更谈不上先进性。始终保持并密切党同人民群众的血肉联系，是我们党能够从革命党转变为执政党并且能够在中国这样一个东方大国长期执政的最根本的原因，也是我们党始终保持先进性和赢得人民群众拥护的法宝。

第二，坚持问政于民、问需于民、问计于民，尊重人民主体地位，发挥人民首创精神。中国特色社会主义事业是亿万人民自己的事业，人

民群众是国家和社会的主人。执政为民要求真诚倾听群众呼声，真实反映群众愿望，真情关心群众疾苦，多做知民情、解民忧、暖民心的事，在同群众朝夕相处中增进对群众的感情、增强服务群众的本领，当好群众的领路人、主心骨。"坚持群众路线，就要坚持人民是决定我们前途命运的根本力量。坚持人民主体地位，充分调动人民积极性，始终是我们党立于不败之地的强大根基。在人民面前，我们永远是小学生，必须自觉拜人民为师，向能者求教，向智者问策；必须充分尊重人民所表达的意愿、所创造的经验、所拥有的权利、所发挥的作用。"[1] 执政党要建立健全深入了解民情、充分反映民意、广泛集中民智、切实珍惜民力、真心为民服务的决策机制和工作机制，保证决策符合人民利益和愿望，使工作方法科学有效，使出台的工作措施立竿见影、取得实效、惠及百姓。

第三，坚持实干富民、实干兴邦，多干让人民满意的好事、实事。实事求是是党的思想路线的核心内容，真抓实干是做好一切工作的根本途径。实干要求坚持深入基层、深入群众、深入实际，倾听群众呼声，关心群众疾苦，带领群众创造自己的幸福生活。实干富民要求克服主观主义、个人主义和"官本位"意识，坚决克服形式主义、官僚主义，坚决防止急功近利、急于求成的短期行为和不良心态，不搞脱离实际的政绩工程和劳民伤财的"形象工程"，多办一些顺民意、解民忧、惠民生的好事实事，把好事做好、实事做实，尽量或尽最大努力去实现人民的愿望、满足人民的需要、维护人民的利益。坚守宗旨意识，坚持执政为民，就是要对人民有感情、有热情、有激情，在人民最盼的地方赢民心，在人民最急的地方见真情，在人民最怨的地方改作风，我们只有把人民放在心上，人民才能让我们坐在台上。

第四，切实转变工作作风，时刻把群众的安危冷暖放在心上。我们党在长期的发展中形成了理论联系实际、密切联系群众、批评与自我批评等优良作风。理论联系实际，其实就是实事求是的作风，这是党的思想建设的根本目的，最集中地体现了中国化的特色，并构成党的根本的思想路线；密切联系群众，其实就是群众路线的作风，是民主集中制在中国应用的最基本的体现，并构成党的根本的政治路线和组织路线；批

---

① 习近平. 坚持和运用好毛泽东思想活的灵魂//习近平谈治国理政. 北京：外文出版社，2014：27.

评与自我批评，把发扬民主与思想教育结合起来，把接受群众的意见和自我反省结合起来，把党内的思想斗争和路线斗争纳入学习与批评的轨道，这是党的作风建设的基本方式。党的作风建设，体现着根本的思想路线、政治路线和组织路线，又必然贯穿于党的思想建设和组织建设之中。党的三大作风，既是认识论又是价值论，既是对党员干部的工作要求又是对其的道德要求。加强作风建设，要求努力做到思想上尊重群众、感情上贴近群众、行动上深入群众、工作上依靠群众，时刻把群众的安危冷暖放在心上，多为群众办好事、办实事，真正做到为民、务实、清廉。

爱民、亲民、敬民的政治伦理，是我们党获得人民群众拥戴和战胜一切艰难险阻的宝贵财富。广大共产党员特别是各级领导干部要身体力行立党为公、执政为民的执政价值理念，努力克服脱离群众的行为倾向，高度重视并切实做好群众工作，深入实际、深入基层、深入群众，真正做到倾听民意、化解民怨、关心民瘼，解决群众的实际问题，为凝聚人心、促进和谐贡献力量。

（三）树立权为民所用的权力观

加强党的执政伦理建设，要求共产党人特别是各级领导干部树立正确的权力观，坚持为人民掌好权、用好权。我们党是在人民群众的拥护和支持下执政的，是在人民群众当家做主的条件下为人民执政的。权力来自人民，理应为人民服务。权为民所用是中国共产党执政伦理的基本理念，也是正确权力观的本质内涵。

马克思主义政党执政以后，能否正确看待和行使人民赋予的权力，始终保持同人民群众的血肉联系，是一个必须长期经受的根本性考验，也是一个关系社会主义事业前途命运的根本性课题。我们党已经从领导人民为夺取全国政权而奋斗的党成为领导人民掌握全国政权并长期执政的党，从在受到外部封锁的状态下领导国家建设的党成为在全面改革开放条件下领导国家建设的党。这种客观实际向我们提出了两个问题，需要全党同志尤其是领导干部保持清醒的认识。一是各级领导干部手中掌握着这样那样的权力，这同我们党执政以前的情况是完全不同的。二是社会环境复杂，领导干部受到外部各种消极东西的影响会日益增多。

当前一些干部在权力是谁给予的问题上存在模糊认识，主要有以下几种：一是认为权力是上级给的，所以只想对上级负责、为上级服务，从根本上忘记了权力应当为人民服务。二是认为权力是自己用血汗换来的，过去流血流汗，今天一旦步入领导层，就鸡犬升天，还认为这是理所当然的；有的认为权力是自己凭本事争来的，自己在竞争中得胜了，掌权后就忘乎所以，骄横跋扈，独断专行；有的认为权力是论资排辈上来的，"多年的媳妇熬成婆"，信奉有权不用，过期作废。三是认为权力是靠计谋和势力夺取的，于是拉选票，拉帮结伙，搞阴谋，进行贿选，企图占有更大的权力。四是认为权力是可以用钱买来的，一旦掌权就用权力捞取更多的钱；有的甚至认为，权力是可以交换的商品，将等价交换由商品规则引入人际关系和工作交往之中。弄不清权力是谁给予的，权力观不正确，在工作中就会出现不思进取、得过且过、作风漂浮、弄虚作假、好大喜功、急功近利、随心所欲、贪图享受、心态浮躁、追名逐利、以权谋私、脱离群众等严重违背党的宗旨的现象，最终必将害党、害国、害民、害己。

在这样的情况下，领导干部要坚持正确的权力观，为人民掌好权、用好权，的确很不容易。不牢固树立正确的权力观，难免要犯错误，甚至走向犯罪的道路。对此，江泽民指出："在权力观、地位观、利益观中，权力观是基础，是起决定作用的，有什么样的权力观，就有什么样的地位观、利益观。"[1] "努力使各级领导干部树立正确的权力观，要作为党的一项长期的重大任务，坚持不懈地抓下去。"[2] 胡锦涛指出："要树立正确的权力观，坚持立党为公、执政为民，真正为人民掌好权、用好权，做到夙兴夜寐、勤奋工作。"[3] 习近平强调，领导干部树立正确的权力观，最根本的是要解决好始终保持党同人民群众的血肉联系的问题，正确认识手中权力的性质，坚持为人民掌好权、用好权，使权力真正为人民服务。他不仅主张把权力关进制度的笼子，依法设定权力、依法规范权力、依法制约权力、依法监督权力，而且将"严以用权"纳入"三严三实"的作风建设和党性教育中来加以强调，指出："严以用权，

① 江泽民. 领导干部要牢固树立正确的权力观//江泽民文选：第3卷. 北京：人民出版社，2006：419.

② 同①421.

③ 胡锦涛. 坚持发扬艰苦奋斗的优良作风，努力实现全面建设小康社会的宏伟目标//中共中央文献研究室，编. 十六大以来重要文献选编：上. 北京：中央文献出版社，2005：85.

就是要坚持用权为民，按规则、按制度行使权力，把权力关进制度的笼子里，任何时候都不搞特权、不以权谋私。"① 树立正确的权力观与"严以用权"相辅相成、相互促进，本质上是正确价值观、道德观和人生观的集中表现。

树立正确的权力观，必须自觉摆正同人民群众的关系，增强公仆意识。一个真正的共产党人，必须而且应该把心思用在工作上，用在为人民群众谋利益和服务上，"要经常想一想，过去参加革命是为什么，现在当干部应该做什么，将来身后留点什么?"② 人为什么而活着，是一个需要弄清的重大问题，它涉及人生的目的和意义。"如果只是为自己、为家庭而活着，意义是很有限的。只有为国家、为社会、为民族、为集体、为他人的利益，尽心竭力地工作，毫无保留地贡献自己的聪明才智，这样的人生才有真正的意义，才是光荣的人生、闪光的人生。"③ 为人民服务既是党的宗旨，也是党的优良传统和作风。

树立正确的权力观，必须破除"官本位"意识，肃清封建主义的残余思想。一些人"官本位"思想严重，脑子里装满了个人升官发财的思想，有的到处拉关系、找靠山，跑官要官，买官卖官，造假骗官，结果演出了一幕幕人生的悲剧，使党的事业受到损失。"各级领导干部必须明白，我们是共产党人，要立志做大事，不要立志当大官，千万要防止把升官发财作为自己的人生目的。如果你的'官'不是为国家和人民的利益服务干出来的，而是靠'跑'、'要'、'买'得来的，那不仅不光彩，最后还要栽跟头。"④ 领导干部要把心思用在工作上，用在为人民群众谋利益、促发展上。

树立正确的权力观，应不断加强党性修养和道德修养，运用人民赋予的权力来为国家的富强、发展和安全服务，为人民群众的团结、富裕、安宁服务。各级领导干部必须从巩固党的执政地位的高度出发，

---

① 中共中央文献研究室，编. 习近平关于全面从严治党论述摘编. 北京：中央文献出版社，2016：158.

② 中共中央文献研究室，编. 江泽民论有中国特色社会主义（专题摘编）. 北京：中央文献出版社，2002：669.

③ 中共中央宣传部，编. 毛泽东邓小平江泽民论社会主义道德建设. 北京：学习出版社，2001：138-139.

④ 江泽民. 领导干部要牢固树立正确的权力观//江泽民文选：第3卷. 北京：人民出版社，2006：423.

"深怀爱民之心，恪守为民之责，善谋富民之策，多办利民之事，更好地为广大人民群众服务"①，才能不负人民的期望并得到人民的拥护，才能使自己的人生有价值。权力是人民赋予的，理当为人民服务，只有充分依靠人民、相信人民，才能打牢党的执政基础。只有把关心爱护人民群众和服务方便人民群众的工作切实做好，我们的党才会受到人民群众的欢迎和拥护，党的执政伦理建设才算落到实处，我们的事业才能无往不胜。

树立正确的权力观，必须恪守掌权必须为民所掌、用权必须为民所用，自己手中的权力只能用来为人民服务、为人民谋利益的原则。权为民所用，不仅要为群众办好事、办实事，而且要敢于管坏事，理直气壮地同损害人民群众根本利益的坏人坏事做斗争。党员领导干部一定要牢记和坚守权为民所用，常修为政之德、常思贪欲之害，常怀律己之心，自觉地真诚对待所有的服务对象，包括普通群众，这是全心全意为人民服务的道德要求。

此外，树立正确的权力观，要求领导干部树立正确的政绩观。领导干部的政绩观，影响着领导干部的健康成长，关系到党和国家事业的发展，关系到党在人民群众中的威信和形象。正确的政绩观是始终坚持为人民服务的宗旨，把为人民解难事、办成事作为评价有无政绩和政绩好坏的标尺，切实按照客观规律谋划发展。树立正确的政绩观，要求做到求真务实、埋头苦干，察实情、讲实话，鼓实劲、出实招，办实事、求实效，努力做出经得起实践、人民、历史检验的实绩。树立正确的政绩观，要求领导干部在实践活动中体现出公共意志和优秀的公共精神。领导干部政绩涵盖的公共精神主要包括社会公德意识、公仆意识、奉献意识、民本意识以及公平正义、共享共建、自治自律的行为规范等社会价值理念。树立正确的政绩观，必须正确理解"君子惠而不费"②、"俭节则昌，淫佚则亡"③、"有德，皆由俭来也"④、"历览前贤国与家，成由勤俭破由奢"⑤ 等千古名句的真正内涵与外延，保持高尚的道德水准，不断提升自己的精神境界，保持良好的、严肃的生活作风和工作作风，

---

① 中共中央文献研究室，编. 江泽民论有中国特色社会主义（专题摘编）. 北京：中央文献出版社，2002：646.

② 论语：尧曰.

③ 墨子：辞过.

④ 司马光. 训俭示康.

⑤ 李商隐. 咏史.

自觉抵御资产阶级腐朽思想和生活作风的侵蚀与诱惑。良好的道德素质是每一位干部特别是领导干部发挥自己的才能、取得事业成功的基础，是克服前进道路上各种艰难险阻的思想武器，是抵御各种腐朽思想乃至金钱、女色诱惑的精神支柱。

三、科学、民主、依法的执政制度伦理

加强党的执政伦理建设，除了确立正确的伦理价值目标和执政理念，更需要建立健全执政伦理的各项制度，坚持用制度管权、管事、管人，坚持科学执政、民主执政和依法执政，建立健全惩防并举的反腐败伦理体系。坚持和强化制度治党，是全面从严治党的治本之策，是着力解决管党治党宽松软问题的根本措施。注重制度治党，是对党的建设历史经验的深刻总结；凸显制度治党，是净化、优化党内政治生态的迫切要求；深化制度治党，是积极稳妥推进政治体制改革的重要任务。制度建设"更带有根本性、全局性、稳定性和长期性"。因此，必须严格政治纪律和政治规矩，提高管党治党的制度化水平。

（一）推进党的建设科学化、制度化、规范化

提高党的建设的科学化水平，是加强党的建设新的伟大工程的重要目标。党的建设科学化，是指党的建设走上科学化轨道的状态、过程与结果，意味着党通过一系列科学理论、科学制度、科学方法的运用，努力使党的建设体现时代性、把握规律性、富于创造性，以达到切实推进党的建设新的伟大工程和完善党的建设总体布局、切实推进中国特色社会主义伟大事业，不断提升党的建设水平、执政水平和领导水平，不断巩固党的执政地位与领导地位的目的。"提高党的建设科学化水平，必须坚持解放思想、实事求是、与时俱进，大力推进马克思主义中国化时代化大众化，提高全党思想政治水平"[①]。党的建设科学化，就是既要坚持马克思主义基本原理是颠扑不破的科学真理的立场，永远坚持马克思主义对党的建设的指导地位，不搞指导思想的多元化，又要与时俱进

[①] 胡锦涛. 在庆祝中国共产党成立九十周年大会上的讲话//胡锦涛文选：第 3 卷. 北京：人民出版社，2016：528–529.

地发展马克思主义，推动马克思主义中国化取得新进步、进入新境界，坚信马克思主义的生命力在于随实践的发展而发展，所以千万不能把马克思主义教条化、形式化。"马克思主义，理论源泉是实践，发展依据是实践，检验标准也是实践。"① 在新的历史条件下坚持马克思主义，关键是要以马克思主义为指导，及时回答生动丰富的社会实践所提出的新课题，为社会实践提供科学指导。我们要牢固树立辩证唯物主义和历史唯物主义的世界观与方法论，深入学习和掌握中国特色社会主义理论体系，并且在实践中不断发展和完善这一理论体系。

推进党的建设科学化，内在地要求制度化、规范化和程序化。制度化是指党的建设各项工作都要严格按照规章制度办事。规范化是指党的建设各项工作要有相应的标准、要求。程序化是指党的建设各项工作的不同环节或步骤要规范、有序地运行。在制度化、规范化、程序化三者关系中，制度化是前提，为规范和程序的存在提供基础；规范化是手段，使制度有章可循、程序有条不紊；程序化是保证，确保制度的严肃性和规范的有效性。三者相互作用，相辅相成，共同构成制度建设的完整体系。

党的建设之科学化水平的衡量必须有一个标准，这个标准的制定不能依赖"领导人的看法和注意力"，也不能依赖约定俗成、心照不宣的"潜规则"，它必须上升到制度安排和制度设计层面，即以制度的形式明确规定什么样的党建模式、党建思维、党建做法才是科学的，才是符合推进党的建设科学化运行模式之要求的。党的建设科学化包含了制度的建立健全过程，它同时意味着党的建设的制度化、规范化和程序化。加强党的制度建设是我们党 90 多年经验教训的深刻总结。邓小平在分析总结"文化大革命"的深刻教训时指出，"制度问题，关系到党和国家是否改变颜色，必须引起全党的高度重视"②，要"从制度上解决问题"③。江泽民指出，从严治党，党要管党，必须严格执行党的制度，"对党内已经确立的制度要严格执行，同时要根据实践的发展，不断健

① 胡锦涛. 在庆祝中国共产党成立九十周年大会上的讲话//胡锦涛文选：第 3 卷. 北京：人民出版社，2016：529.

② 邓小平. 党和国家领导制度的改革//邓小平文选：第 2 卷. 2 版. 北京：人民出版社，1994：333.

③ 邓小平. 答意大利记者奥琳埃娜·法拉奇问//邓小平文选：第 2 卷. 2 版. 北京：人民出版社，1994：349.

全各项制度，形成一套从严治党的制度和机制"①，并且主张建立并完善思想道德建设和党纪国法约束两道防线，强化用制度管权、管事、管人。胡锦涛强调指出："制度建设既是党的建设的重要组成部分，又是党的建设的重要保证。要增强党内生活和党的建设制度的严密性和科学性，既要有实体性制度又要有程序性制度，既要明确规定应该怎么办又要明确违反规定该怎么处理，减少制度执行的自由裁量空间，推进党的建设科学化、制度化、规范化。"② 习近平提出全面从严治党和把权力关进制度的笼子里等观点，主张使党的建设走上制度化、法制化的轨道。

提高管党治党的制度化水平，必须讲求政治纪律和政治规矩。马克思最早提出党的纪律的科学概念，恩格斯进一步阐述了党的纪律的重要性。1859 年 5 月 18 日，马克思在致恩格斯的信中就鲜明而尖锐地指出："我们现在必须绝对保持党的纪律，否则将一事无成。"③ 1872 年 1 月，恩格斯在《桑维耳耶代表大会和国际》一文中，深刻揭露了巴枯宁否认党的纪律的目的和实质，深刻阐明了坚持党的纪律对坚持党的性质、加强党的建设的重要性，明确指出："没有任何服从纪律的支部！没有任何党的纪律，没有任何力量在一点的集中，没有任何斗争的武器！那末未来社会的原型会变成什么呢？简而言之，我们采用这种新的组织会得到什么呢？会得到一个早期基督教徒那样的畏缩胆怯的而又阿谀奉承的组织"④。毛泽东发展了马克思主义加强党的纪律的思想，并将之用于中国革命实践。在井冈山斗争时期，毛泽东就意识到，加强纪律和组织建设才能使中国共产党真正成为一个有战斗力的政党，因此，必须加强纪律而不应减弱纪律，应当理直气壮地反对自由主义和极端民主化倾向。1938 年 9 月至 11 月，党的扩大的六届六中全会在延安召开，毛泽东代表政治局向会议做了题为《论新阶段》的政治报

---

① 江泽民. 始终做到"三个代表"是我们党的立党之本、执政之基、力量之源//江泽民文选：第 3 卷. 北京：人民出版社，2006：29.

② 胡锦涛. 深入贯彻党的十七届四中全会精神，加强和改进新形势下党的建设//中共中央文献研究室，编. 十七大以来重要文献选编：中. 北京：中央文献出版社，2011：169.

③ ［德］马克思. 马克思致恩格斯//马克思恩格斯全集：第 29 卷. 1 版. 北京：人民出版社，1972：413.

④ ［德］恩格斯. 桑维耳耶代表大会和国际//马克思恩格斯全集：第 17 卷. 1 版. 北京：人民出版社，1963：519.

告，专门强调党的纪律，并认为纪律是执行路线的保证，没有纪律，党就无法率领群众与军队进行胜利的斗争。党的纪律对于执行党的路线、确保党的建设取得伟大胜利有着非比寻常的作用。没有严明的纪律，我们的党就会一盘散沙，毫无战斗力可言。1945 年 4 月 24 日在《论联合政府》中，毛泽东指出，"我们要把我们党的一切力量在民主集中制的组织和纪律的原则之下，坚强地团结起来"①，并认为党的纪律是党团结统一的保证。1949 年 6 月 30 日在《论人民民主专政》中，毛泽东指出，中国共产党的 28 年有许多宝贵的经验，其中最重要的是建立了"一个有纪律的，有马克思列宁主义的理论武装的，采取自我批评方法的，联系人民群众的党"②。我们党从革命党成为执政党以后，毛泽东更加强调党的纪律，认为只有加强党的纪律和组织建设才能确保党的路线方针政策的贯彻执行，才能确保社会主义革命和建设事业的胜利。

进入改革开放以后，邓小平强调："为了坚持和改善党的领导，必须加强党的纪律。""要坚持和改善党的领导，必须严格地维护党的纪律，极大地加强纪律性。个人必须服从组织，少数必须服从多数，下级必须服从上级，全党必须服从中央。必须严格执行这几条。否则，形成不了一个战斗的集体，也就没有资格当先锋队。"③ 1985 年，邓小平在论及有理想、有道德、有文化、有纪律的"四有新人"时，坚持认为"这四条里面，理想和纪律特别重要"④；并认为在我们这样人口众多的国家执政，怎样才能团结起来、组织起来呢？"一靠理想，二靠纪律。组织起来就有力量。没有理想，没有纪律，就会像旧中国那样一盘散沙，那我们的革命怎么能够成功？我们的建设怎么能够成功？"⑤十三届四中全会以后，以江泽民为主要代表的中国共产党人继承与发展

---

① 毛泽东. 论联合政府//毛泽东选集：第 3 卷. 2 版. 北京：人民出版社，1991：1097.

② 毛泽东. 论人民民主专政//毛泽东选集：第 4 卷. 2 版. 北京：人民出版社，1991：1480.

③ 邓小平. 目前的形势和任务//邓小平文选：第 2 卷. 2 版. 北京：人民出版社，1994：271.

④ 邓小平. 一靠理想二靠纪律才能团结起来//邓小平文选：第 3 卷. 北京：人民出版社，1993：110.

⑤ 同④111.

毛泽东、邓小平重视党的纪律建设的思想，用心思考"建设什么样的党、怎样建设党"的问题，创造性地提出了"三个代表"重要思想，并在其中凸显了党的纪律建设的重要性。江泽民在《坚决维护党的纪律的严肃性》一文中明确指出："党的纪律极为重要。它的政治作用，就是维护党的团结统一，保持党的先进性和纯洁性，增强党的凝聚力和战斗力，保证党的纲领、路线和任务的实现。"① 在庆祝中国共产党成立八十周年大会上的讲话中，江泽民提出了"党要管党，从严治党"的命题，强调"各级党组织和每个党员都要严格按照党的章程和党内法规行事，严格遵守党的纪律"②。十六大以来，以胡锦涛为主要代表的中国共产党人也十分注重党的纪律精神和组织建设，明确要求共产党员必须坚持遵守党的纪律，身体力行地维护党的团结统一。2009 年，在十七届中央纪委三次全会上，胡锦涛指出，"着力增强党的纪律观念，切实维护党的团结统一。纪律严明和党性坚强密不可分，党性坚强的人必定是模范遵守纪律的人。加强党性修养，严守党的纪律，是对领导干部的基本要求，也是弘扬优良作风、保证党的路线方针政策贯彻执行的前提条件。我们党要始终成为团结带领全国各族人民发展中国特色社会主义的坚强领导核心，战胜前进道路上可能出现的各种困难和风险，必须发挥纪律严明这个优势"③。越是发展社会主义市场经济，越是推进改革开放，就越要自觉遵守和维护党的纪律，保证中央政令畅通。党的十八大报告主张严明党的纪律，自觉维护党的集中统一，强调指出："党面临的形势越复杂，肩负的任务越艰巨，就越要加强党的纪律建设，越要维护党的集中统一。各级党组织和广大党员、干部特别是主要领导干部一定要自觉遵守党章，自觉按照党的组织原则和党内政治生活准则办事，任何人都不能凌驾于组织之上……严肃党的纪律特别是政治纪律，对违反纪律的行为必须认真处理，切实做到纪律面前人人平等、遵守纪律没有特权、执行纪律没有例外，形成全党上下步调一致、奋发进取的强大力量。"④ 党的十八大以来，以

---

① 江泽民. 坚决维护党的纪律的严肃性//论党的建设. 北京：中央文献出版社，2001：337.

② 江泽民. 在庆祝中国共产党成立八十周年大会上的讲话//江泽民文选：第 3 卷. 北京：人民出版社，2006：290-291.

③ 胡锦涛. 党性修养是每个领导干部的终身课题//胡锦涛文选：第 3 卷. 北京：人民出版社，2016：202-203.

④ 胡锦涛. 坚定不移沿着中国特色社会主义道路前进，为全面建成小康社会而奋斗//胡锦涛文选：第 3 卷. 北京：人民出版社，2016：658.

习近平为核心的党中央十分注重党的纪律建设，在十八届中央纪委三次全会上，他指出："党要管党、从严治党，靠什么管，凭什么治？就要靠严明纪律。"① 在十八届中央纪委五次全会上，习近平做了题为《加强纪律建设，把守纪律讲规矩摆在更加重要的位置》的讲话，指出："讲规矩是对党员、干部党性的重要考验，是对党员、干部对党忠诚度的重要检验。"② 广大党员干部必须以牢固的纪律和规矩意识砥砺自身，保持坚强的政治定力。没有规矩，不成政党，更不成其为马克思主义政党。党的纪律和党内规矩是党的各级组织、全体党员必须遵守的行为规范与准则，是党的生命线。党在长期实践中形成的优良传统和工作惯例是党用以自我约束的不成文的纪律，党章、党纪、国法，还有党的优良传统，都是全党必须遵守的规矩。我们党是靠革命理想和铁的纪律组织起来的马克思主义政党。党的发展历程告诉我们，纪律严明是党的优良传统和独特优势，也是党各项事业发展的根本保证。懂得并自觉遵守这些纪律和规矩，个人才能不触雷、不踩线，党才更有创造力、凝聚力、战斗力。习近平一再强调，要立规明矩，把纪律规矩立起来、严起来，使各项纪律规矩真正成为"带电的高压线"，防止出现"破窗效应"。要把纪律建设摆在更加重要的位置，坚持纪严于法、纪在法前，健全完善制度，深入开展纪律教育，狠抓执纪监督，养成纪律自觉，用纪律管住全体党员。把纪律挺在法律前面，就是要对纪律的内涵了然于胸，把纪律的执行落实到位，立起来、严起来，真正使纪律成为管党治党的尺子、不可逾越的底线、通了电的高压线。特别是领导干部要充分认识主体责任和监督责任，以敢担当、善作为的作风，既挂帅又出征，既领好班子又管住干部，把严明纪律体现在日常管理监督中，抓早抓小抓细，严格执纪，使广大党员真正敬畏纪律、遵守纪律。

党的制度建设的目的，就是按照党章的根本要求，建立起规范党内各种关系、保证党内正常生活、有利于党的领导作用实现的制度和机制，使党的建设和党的工作逐步实现制度化、规范化、程序化，保证权力科学配置、规范运行，正确行使人民赋予的权力。在新的历史条件

---

① 习近平. 严明党的组织纪律，增强组织纪律性//中共中央文献研究室，编. 十八大以来重要文献选编：上. 北京：中央文献出版社，2014：764.

② 习近平. 加强纪律建设，把守纪律讲规矩摆在更加重要的位置//中共中央文献研究室，编. 十八大以来重要文献选编：中. 北京：中央文献出版社，2016：350.

下，不断推进党的建设制度化、规范化、程序化，深入推动反腐败斗争，全面提高党的建设科学化水平，一是必须坚持用制度管权、管事、管人，健全落实民主集中制的各项具体制度，并将其体现到制定决策、选人用人等各个环节。二是必须始终把制度建设贯穿党的政治建设、思想建设、组织建设、作风建设和纪律建设之中，努力形成系统完备的党内法规制度体系。三是推进党的制度建设，要以民主集中制为核心，坚持与完善党的领导制度，改革与完善党的领导方式和执政方式，完善党代表大会制度和党内选举制度，完善党内民主决策机制，保障党的团结统一，增强党的创造活力，坚决克服违反民主集中制原则的个人独断专行和软弱涣散现象。四是全体党员要牢固树立法律面前人人平等、制度面前没有特权、制度约束没有例外的观念，认真学习制度，严格执行制度，自觉维护制度。五是增强制度执行力，坚决维护制度的严肃性和权威性，不能让制度成为"橡皮筋""稻草人"，坚决防止"破窗效应"。

拥有一套完整的党内法规是我们党的一大政治优势。经过 90 多年的实践探索，我们党已经形成包括党章、准则、条例、规则、规定、办法、细则在内的党内法规制度体系。习近平强调以踏石留印、抓铁有痕的态度狠抓党的建设，真正把从严治党贯穿到党的建设的各个方面：严格按党的制度和规定办事，牢固树立纪律面前人人平等、制度面前没有特权、制度约束没有例外的观念，认真学习制度、严格执行制度、自觉维护制度。制度有没有威力、能不能发挥作用，关键在于能不能对每一个当事人都具有同等的效力和威力。对党员特别是领导干部严格要求、严格教育、严格管理、严格监督，以尊重和维护制度的模范行为推动形成崇尚制度、敬畏制度、遵守制度、维护制度的良好氛围。在党内生活中讲党性、讲原则，开展积极的批评与自我批评。严格按照党章规定的标准发展党员，增强法规制度的约束力，加大查处违反法规制度行为的力度，严肃处理不合格党员，坚决惩处党内腐败分子，真正使党内法规制度成为全党共同遵守的行为准则。

（二）科学执政、民主执政和依法执政是执政制度伦理的集中表现

执政制度伦理是执政党建构的制度伦理，在制度伦理总体框架中起着统率、支配和引领的作用，决定其他制度伦理的发展态势、格局和走

向。以邓小平、江泽民、胡锦涛、习近平为主要代表的几代中国共产党人基于改革开放和社会主义现代化建设的新的实践与任务要求，不断探索党的建设的重大问题，提出了一系列加强执政制度伦理建设的命题、观点和要求，极大地深化了党的执政伦理建设思想，促进了马克思主义政党伦理理论的新发展。

当代中国马克思主义提出的执政制度伦理，涉及党和国家经济模式和政治体制的改革，涉及社会主义制度本身的自我完善和发展，内容博大精深，境界超越豪迈，并在实践中取得了重大成就，成为党的建设伟大工程的有机组成部分。概括说来，这种执政制度伦理集中表现为科学执政、民主执政和依法执政三大方面，既彰显了执政制度伦理化的要求，更具有把执政伦理制度化的特色，是马克思主义执政制度伦理在当代的新发展。

科学执政，作为一种执政制度伦理设计，其本质是按共产党执政规律、社会主义建设规律和人类社会发展规律执政，赋予科学理性制度伦理的崇高价值和规范意义。认识执政规律不容易，驾驭执政规律更不容易。必须坚持党在指导思想上的与时俱进，用发展着的马克思主义指导新的实践。科学执政，必须坚持以马克思主义的科学理论为指导，不断探索共产党执政规律、社会主义建设规律和人类社会发展规律，以科学的思想、制度、方法为人民执掌好政权。科学给人们指明了由必然王国进入自由王国的必由之路。科学执政，就必须了解执政科学、尊重执政科学，按科学规律执政。科学执政，必须坚持科学思想理论的指导。科学的思想理论决定执政目标的科学性和执政实践的科学性。坚持马克思主义、毛泽东思想和中国特色社会主义理论体系的指导，这是实现科学执政的思想基础和行动指南。科学执政，还必须有科学的制度来保障，必须而且应当建立"结构合理、配置科学、程序严密、制约有效"的权力运行机制。结构合理是建立权力运行机制的基础和前提；配置科学亦即在合理的权力结构中对不同权力主体在权力运行中的角色和权限进行科学的划分与有效的配置，是建立健全权力运行机制的核心要素；程序严密是建立健全权力运行机制的规章和规则保障；制约有效主要指通过有效的途径和措施对权力运行过程中决策与执行环节进行监督，是建立健全权力运行机制的重点和难点。科学执政，必须建立健全权力运行机制，加强对权力的制约和监督，确保权力运行机制在制度化、规范化和程序化的轨道上不断完善。科学的制度能够有效防止执政活动的随意性和盲目性，起到优化执政资源配置、减少执政成本、提高执政效率、保证执政科学的作用。科学执政，必须通过科学方法来实现。提高决策的科学化水平，减少或杜绝凭经验、"拍脑袋"的决策方式，是实现科学执政的直接体现。要科学规范决策程序，合理划分决策范围，明确决策权限，制定合理的议事规则，健全决策组织机构的设置和职能定位，建立健全重大事项集体决策制度、社情民意反映制度、专家咨询制度、公示听证制度和决策责任追究制度，建立多种形式的决策信息支持系统。科学的执政方法是党的执政思想、执政制度在执政实践中的具体体现，也是提高党的执政能力、实现科学执政的有效途径和手段。我们应在不断总结实践经验的基础上，改进党的执政方式和方法，以提高科学执政的水平。

民主执政，作为执政制度伦理设计和行为实践，强调执政是为了人民，执政的方式是依靠人民。党内民主是党的生命，我们党就是在民主的旗帜下成熟起来和不断进步的，没有民主就没有共产党。人民民主是社会主义的生命，社会主义制度建立和巩固的过程，就是社会主义民主不断发展和健全的过程。社会主义民主是社会主义社会中人们之间的政治关系的基础。它既是一种国家制度，又是一个政治伦理原则，其实质就是人民当家做主。广大人民群众享有管理国家、直接参与各企事业单位民主管理的平等权利，各级党政干部必须向人民群众负责，接受其批评和监督。只有这样，才能使各项事业的发展符合人民的利益、愿望和要求，使人民群众以高度的主人翁责任感来发挥主动性、积极性和创造性。没有制度保证的民主只不过是一句空话。真正由制度保证的民主，其民主的合法性根基来自民众，来自民众对制度程序层面的信任，这种信任体现了制度与程序背后的道德共识和信念。在当代中国，发展社会主义民主，还要强调发展中国式民主。这是邓小平一再强调的我国政治制度、政治伦理的一个基本原则。邓小平认为，一方面，必须强调"没有民主就没有社会主义，就没有社会主义的现代化"[①]；另一方面，必须从中国经济文化比较落后的现实出发，强调社会稳定、经济发展与民主建设的有机结合，通过加强法治建设来促进社会主义民主发展，并且首

---

① 邓小平. 坚持四项基本原则//邓小平文选：第 2 卷. 2 版. 北京：人民出版社，1994：168.

先通过坚持和改善党的领导来推进政治民主建设。这就是说，只有在发展中国式民主的基础上，才能较好地处理发扬人民民主过程中的各种关系。民主执政要求坚持和发扬民主集中制。民主集中制是社会主义国家政治生活的一项基本原则，历来受到革命导师和各国共产党的关注。坚持乃至坚持好这一原则，已成为社会主义条件下政治伦理的一个重要方面。邓小平指出："我们需要集中统一的领导，但是必须有充分的民主，才能做到正确的集中。""在过去一个相当长的时间内，民主集中制没有真正实行，离开民主讲集中，民主太少"①。为了保证民主集中制的贯彻，必须始终坚持集体领导，反对个人专权；必须坚持树立集体权威，反对个人崇拜。坚持和发展社会主义制度下的人民民主，是亿万中国人民掌握自己的命运、焕发建设国家的强大创造力的必由之路，是实现国家富强、人民幸福和社会长治久安的必由之路，是团结海内外中华儿女共同为中华民族伟大复兴而奋斗的必由之路，也是中国共产党始终保持同人民群众的血肉联系、永远保持马克思主义政党的性质和作风的必由之路。

依法执政，作为执政制度伦理设计，强调依照宪法和法律的规定，依照党章和民主集中制的规定执政，凸显的是法律的合道德性和尊严。坚持公民在宪法和法律面前人人平等，党员在党章和党的纪律面前人人平等，保证党和国家的各项工作依法进行，逐步实现社会主义民主和党的领导的制度化、法律化，使这种制度和法律不因领导人的改变而改变，不因领导人的看法和注意力的改变而改变。法治是规范与约束权力、防止权力腐败的最有效和最理性的社会政治机制，执政党只有依法执政，才能使人民授予的权力真正用来为人民谋利益。依法执政，还可以避免个人专断，避免出现大的决策失误，即使出现决策失误也可以得到及时纠正，从而保证执政党的施政方针政策的正确性，最终有利于改善执政党的形象、提高执政党的合法性。依法执政，要求执政党切实遵守宪法和法律，不能以党的政策代替宪法和法律的规定，更不能以改革为由做出任何违反宪法和法律的政策、决定、决议，对合理而不合法的政策可通过建议修改宪法和法律的途径使其获得合法性；要求执政党在执政活动中出现失误时应勇于承担法律责任和政治责任，确保一切公民

---

①　邓小平. 解放思想，实事求是，团结一致向前看//邓小平文选：第2卷. 2版. 北京：人民出版社，1994：144.

和组织在法律面前一律平等；要求执政党认真学习宪法和法律，学习党章和党的纪律，把增强党的观念同增强法治观念统一起来，带头树立宪法和法律的权威。执政党坚持依法执政，树立了对宪法和法律权威的尊重，必然进一步推动政治文明建设，提高自身的执政能力和执政水平。

科学执政、民主执政、依法执政是一个有机联系的体系，三者相互联系、相辅相成。在这一有机体系中，科学执政是基本前提，民主执政是本质所在，依法执政是基本途径，三者统一于共产党执政的科学化、民主化、法制化的实践活动和历史进程中。

（三）建立健全惩防并举的反腐败伦理体系

加强党的执政伦理建设和执政制度伦理建设，必须坚持党要管党、从严治党的方针，深入推进党风廉政建设和反腐败工作，着力构建标本兼治、综合治理，教育、制度、监督三者并重的反腐败体系。历史与现实的经验教训警示我们，中国历史上一个个封建王朝的覆灭，世界历史上一个个不可一世的列强帝国的崩溃，当今世界一个个长期执政的老党、大党的下台，腐败是最主要的原因之一。一个政党在和平环境、长期执政过程中，如果听任自身腐败滋长，必然会导致风气败坏、民心丧失，最终丢掉政权。所以，腐败是国之大敌、民之大敌、党之大敌。党越是长期执政，反腐倡廉的任务越艰巨。胡锦涛指出："反对腐败、建设廉洁政治，是党一贯坚持的鲜明政治立场，是人民关注的重大政治问题。这个问题解决不好，就会对党造成致命伤害，甚至亡党亡国。反腐倡廉必须常抓不懈，拒腐防变必须警钟长鸣。要坚持中国特色反腐倡廉道路，坚持标本兼治、综合治理、惩防并举、注重预防方针，全面推进惩治和预防腐败体系建设，做到干部清正、政府清廉、政治清明。"[①]党的十八大以来，以习近平为核心的党中央深刻认识到反腐败斗争的长期性、复杂性、艰巨性，坚持以零容忍态度治理腐败，以猛药去疴、重典治乱的决心，以刮骨疗毒、壮士断臂的勇气，坚持有案必查、有腐必惩的原则立场，严肃查处了一批腐败分子。习近平强调："腐败是社会毒瘤。如果任凭腐败问题愈演愈烈，最终必然亡党亡国。我们党把党风

---

① 胡锦涛. 坚定不移沿着中国特色社会主义道路前进，为全面建成小康社会而奋斗 // 胡锦涛文选：第 3 卷. 北京：人民出版社，2016：657.

廉政建设和反腐败斗争提到关系党和国家生死存亡的高度来认识，是深刻总结了古今中外的历史教训的。中国历史上因为统治集团严重腐败导致人亡政息的例子比比皆是，当今世界上由于执政党腐化堕落、严重脱离群众导致失去政权的例子也不胜枚举啊!"① 因此，只有坚决把党风廉政建设和反腐败斗争进行到底，党才能巩固自己的执政地位。所以，党内绝不允许腐败分子有藏身之地，反腐败高压态势必须继续保持，对腐败分子，发现一个就要坚决查处一个。任何人触犯了党纪国法都要依纪依法严肃查处，决不姑息。反腐倡廉制度建设是惩治和预防腐败体系建设的重要内容，我们要紧紧围绕教育、制度、监督、改革、纠风、惩治等工作，加快构建惩治和预防腐败体系的基本框架，努力形成一整套用制度管权、按制度办事、靠制度管人的有效机制，最大限度减少体制障碍和制度漏洞，提高反腐倡廉制度化、规范化水平。② 加强反腐倡廉制度建设，是对历史教训的总结与反思，是对执政规律的深刻把握。

在社会主义市场经济条件下开展反腐败斗争，不但要从严治标，而且必须从严治本，从源头上预防和治理腐败。只有加大治本力度，强化防腐机制建设，才能有效地遏制腐败现象的滋生蔓延。在加强党风廉政建设和反腐败斗争的实践中，反腐倡廉工作一定要紧紧抓住教育、制度、监督这三个关键环节，做到标本兼治。建立健全教育、制度、监督并重的惩治和预防腐败体系，是从源头上防治腐败的根本举措：通过理想信念教育和共产主义世界观人生观教育，解决"不想腐"；通过扎紧制度的笼子，强化制度监管，解决"不能腐"；通过严厉惩处、依法追究，解决"不敢腐"。在习近平看来，理想信念是共产党人精神上的"钙"，缺失理想信念，精神上就会"缺钙"，就会得"软骨病"。"现实生活中，一些党员、干部出这样那样的问题，说到底是信仰迷茫、精神迷失"③。坚定的共产主义理想和人生信念，对马克思主义的执着信仰

① 中共中央纪律检查委员会，中共中央文献研究室，编. 习近平关于党风廉政建设和反腐败斗争论述摘编. 北京：中国方正出版社，中央文献出版社，2015：5.
② 胡锦涛. 深入推进党风廉政建设和反腐败斗争，必须重点抓好反腐倡廉制度建设//中共中央文献研究室，编. 十七大以来重要文献选编：中. 北京：中央文献出版社，2011：415-416.
③ 习近平. 紧紧围绕坚持和发展中国特色社会主义学习宣传贯彻党的十八大精神//习近平谈治国理政. 北京：外文出版社，2014：15.

是共产党人的政治灵魂和安身立命的根本，也是共产党人经受住各种考验的精神支柱。"有了坚定的理想信念，站位就高了，眼界就宽了，心胸就开阔了，就能坚持正确政治方向，在胜利和顺境时不骄傲不急躁，在困难和逆境时不消沉不动摇，经受住各种风险和困难考验，自觉抵御各种腐朽思想的侵蚀，永葆共产党人政治本色。"①

在惩治与预防相结合的反腐败体系中，制度是保证。建立"用制度管权、按制度办事、靠制度管人"的体制机制，是预防和惩治腐败的必要措施。在制度方面，要进一步健全法制和党内制度，不断完善纪检监察工作制度和巡视制度，加强对广大党员干部的监督管理制度建设，在"权、钱、人、事"等方面狠抓制度落实，不断深化行政审批制度、财政管理制度、投资体制、干部人事制度以及司法体制、金融体制等方面制度的改革和创新，充分发挥制度在防范和克服腐败现象中的重要作用。不断创新制度规范，建立健全防腐治腐、保廉促廉的制度体系，形成一种制度规范健全、运行状态良好、信息反馈及时、有令必行、有禁必止的工作局面。

加强对权力运行的监督制约，保证把人民赋予的权力用来为人民服务，始终是我们党执政所面临的一个重大课题。这个问题解决得如何，直接关系到坚持和巩固党的执政地位，直接关系到党风廉政建设和反腐败斗争的成效。江泽民指出："我们的权力是人民赋予的，一切干部都是人民的公仆，必须受到人民和法律的监督。要深化改革，完善监督法制，建立健全依法行使权力的制约机制。……把党内监督、法律监督、群众监督结合起来，发挥舆论监督的作用。加强对宪法和法律实施的监督，维护国家法制统一。加强对党和国家方针政策贯彻的监督，保证政令畅通。加强对各级干部特别是领导干部的监督，防止滥用权力，严惩执法犯法、贪赃枉法。"② 每个党员干部都要自觉接受监督，党内不允许有任何不接受监督的特殊党员。在构筑反腐败体系中，监督是关键。"没有监督的权力必然导致腐败"，进而言之，监督不到、无法监督、不能监督和不敢监督的权力也势必会滋生腐败。强化监督机制，要求以加

---

① 习近平. 关于坚持和发展中国特色社会主义的几个问题//中共中央文献研究室，编. 十八大以来重要文献选编：上. 北京：中央文献出版社，2014：117.

② 江泽民. 高举邓小平理论伟大旗帜，把建设有中国特色社会主义事业全面推向二十一世纪//江泽民文选：第2卷. 北京：人民出版社，2006：31-32.

强监督领导干部特别是主要领导干部为重点，建立健全决策权、执行权、监督权既相互制约又相互协调的权力结构和运行机制，推进权力运行程序化和公开透明。凡是涉及群众切身利益的重大决策都必须向社会公开，接受群众监督。

惩治腐败与预防腐败是辩证的统一，强调注重预防，并不否定惩治腐败的重要性。惩治腐败是为了预防腐败，从某种意义上讲惩治腐败是一种最重要、最直接的预防。建立惩防并举的反腐败体系，既要建立和完善具备强大约束力的事前防范机制，从源头上预防和解决腐败问题，又要建立和健全严厉惩治腐败的事后惩治机制，警示党员干部，并通过查办典型案件，分析发案原因，发现体制机制及管理上存在的漏洞和薄弱环节，建章立制，预防腐败发生。

四、强化领导干部的从政道德修养

党的执政伦理建设需要加强领导干部的从政道德修养，借以使之锻铸优秀的道德品质、培育崇高的道德操守、形成健全的道德人格。党员领导干部的道德修养亦即官德修养，事关党的建设的各个方面，与党的思想道德建设、作风建设和党性修养关系尤其密切，是促进党的执政伦理建设的重要内容，也是使党始终保持先进性与创造力的基础和保证。

（一）坚定共产主义的理想信念

坚定理想信念，解决的是"举什么旗、走什么路"的问题。"对马克思主义的信仰，对社会主义和共产主义的信念，是共产党人的政治灵魂，是共产党人经受住任何考验的精神支柱。"[①] 是否信仰马克思主义，是区分一个政党是不是马克思主义政党、一个党员是不是共产党员的根本依据。理想是人们对美好未来的向往和追求。崇高的理想、坚定的信念，历来是推动党和人民事业前进的精神动力。实践证明，理想信念是精神支柱、立身之本。我们党从成立那天起，就把建立共产主义的美好

---

① 胡锦涛. 坚定不移沿着中国特色社会主义道路前进，为全面建成小康社会而奋斗// 胡锦涛文选：第3卷. 北京：人民出版社，2016：654.

制度作为自己的崇高理想。邓小平指出："为什么我们过去能在非常困难的情况下奋斗出来，战胜千难万险使革命胜利呢？就是因为我们有理想，有马克思主义信念，有共产主义信念。"① 又说："我们过去几十年艰苦奋斗，就是靠用坚定的信念把人民团结起来，为人民自己的利益而奋斗。没有这样的信念，就没有凝聚力。没有这样的信念，就没有一切。"② 在新的历史条件下，共产党人更应把理想信念作为一种传承、一种坚守，化作一种自觉行动。只有具有坚定的理想信念，才能在大是大非面前把握住原则、辨得明方向，在金钱物欲面前守得住底线、抗得住诱惑，在各种社会思潮面前做到立场坚定、旗帜鲜明。江泽民多次强调指出，理想信念十分重要，是党的思想建设和作风建设的重要组成部分。广大党员干部在新形势下应当"坚定对马克思主义的信仰、对社会主义的信念，增强对改革开放和现代化建设的信心，增强对党和政府的信任"③，只有树立崇高的理想和坚定的信念，才能提高广大党员干部的思想道德素质。胡锦涛强调指出："崇高的理想、坚定的信念，历来是推动党和人民事业前进的力量源泉。……背弃理想信念，思想蜕化变质，是一些人堕落为腐败分子的根本原因。理想信念是思想和行动的'总开关'、'总闸门'，理想的滑坡是最致命的滑坡，信念的动摇是最危险的动摇。"④ 坚定而崇高的理想信念，是共产党人的终生追求，需要为之付出一生的奋斗。先进坚强的党性，是中国共产党由小到大、由弱到强的基因和密码。习近平说，理想的动摇是最危险的动摇，信念的滑坡是最致命的滑坡；并指出，理想信念就是人精神上的"钙"，没有理想信念，或者理想信念不坚定，精神上就会"缺钙"，就会得"软骨病"。坚强的党性、伟大的精神，铸造了我们的"党魂"，创造了伟大的奇迹。只有始终不渝树立崇高共产主义理想和中国特色社会主义信念，只有始终加强党性修养，才能明确奋斗

① 邓小平. 一靠理想二靠纪律才能团结起来//邓小平文选：第3卷. 北京：人民出版社，1993：110.
② 邓小平. 用坚定的信念把人民团结起来//邓小平文选：第3卷. 北京：人民出版社，1993：190.
③ 江泽民. 在全国宣传部长会议上的讲话//论"三个代表". 北京：中央文献出版社，2001：127.
④ 胡锦涛. 认真学习贯彻党章，为加强党风廉政建设和反腐败工作奠定坚实基础//中共中央文献研究室，编. 十六大以来重要文献选编：下. 北京：中央文献出版社，2008：176.

目标和方向，才能自觉履行党员义务，才能有效应对"考验"、化解"危险"。

党和政府越是实行各项改革开放与发展市场经济的政策，广大党员干部就越需要坚定理想信念，在任何时候、任何情况下都确保在理想信念上不犹豫、不含糊、不动摇，并把坚定的理想信念转化为社会主义现代化建设的实际行动，既胸怀共产主义远大理想又坚定不移走中国特色社会主义道路，矢志不渝地为实现党在社会主义初级阶段的基本路线、基本纲领而奋斗。

（二）增强忧患意识、创新意识、宗旨意识和使命意识

加强党的执政伦理建设，必须增强全体党员和领导干部的四种意识，即忧患意识、创新意识、宗旨意识和使命意识。

增强忧患意识。忧患意识是一种对形势与任务的清醒认识和居安思危、防患于未然的精神状态，表现出对诸多不确定因素与风险的高度担忧和价值洞悉，有一种未雨绸缪、直面困难的冷静思维和谦虚谨慎的精神品质。忧患意识来自对现实困难的直面，来自迎难而上的实践，激励人们不因成功而忘乎所以，不因胜利而骄傲自满。早在延安时期，毛泽东就向全党推荐过一篇文章——郭沫若的《甲申三百年祭》。斗转星移，党由革命党转为执政党，但忧患意识不能丢，党的领导干部和广大党员要清醒地认识到我们所面临的挑战。面对纷繁复杂的国际国内环境的严峻挑战，以什么样的姿态、什么样的作风来应对，对我们党来说，是生死存亡的考验。改革开放，我国经济社会发展取得翻天覆地的变化，取得了举世瞩目的成绩，但在成绩面前，部分党员干部出现了骄傲自满、贪图享乐的情绪，工作中思想涣散、精神懈怠。因此，我们要常怀忧患意识，时刻保持头脑清醒，清醒地看到我们发展不平衡的现状，清醒地看到我们前进中面临的困难和风险，以昂扬向上的精神状态参与到全面建成小康社会的进程中去。唯有始终保持忧患意识，居安思危、戒骄戒躁、谦虚谨慎、艰苦奋斗、同心同德，才能将党和国家的事业不断推向前进。

增强创新意识。创新是一个民族进步的灵魂，是国家兴旺发达的不竭动力。古今中外，历来有创业容易守业难之说。这是因为，创业成功之后得到了很多实际利益，于是便渐渐倦怠起来，不思进取，懒于作

为，思想慢慢僵化，作风逐渐腐化，缺乏了开拓进取的锐气。世情、国情、党情深刻变化，新情况、新问题层出不穷。中国特色社会主义道路没有现成答案，没有现成方法，党员干部必须常怀创新意识，要通过不断学习，用知识武装头脑，结合本地本单位的实际，因地制宜地大胆创新，制定相应的政策，采取相应的措施，使各自的工作在切合实际的创新中不断发展壮大。增强创新意识，就要永不满足于守成、永远不满足于现状、永远不满足于过去的成绩，坚持不懈地追求更高、更新、更优的目标。

增强宗旨意识。我们党的根本宗旨是全心全意为人民服务。党员干部要常怀宗旨意识，牢固树立立党为公、执政为民的理念，把工作岗位作为党和人民为自己提供的施展才华的舞台，把群众放在心中最高的位置，设身处地地站在群众的角度想问题、做决策，努力为群众办好事、办实事，切实让群众满意。

增强使命意识。使命意识表现为一种富有情感因素的自觉意识和自觉行动，是一种爱党爱国的品质、一种爱岗敬业的精神。使命意识是民族文明进步的精神之本，是人民团结奋斗的力量之源，也是党员干部对自身存在目的和价值的深刻认识。共产党人应当牢记使命不怀疑，执行使命不抱怨，敬畏使命不消极，落实使命不懒散。党员干部要常怀使命感，以等不起的危机感、慢不得的责任心，真正把心思和精力全部用在干事创业上，为全面建成小康社会和富强民主文明和谐美丽的社会主义现代化强国而努力奋斗。

增强四种意识，是新形势下对广大党员领导干部提出的新要求，是应对风险挑战、战胜四种危险的重要思想保障，是实现我们党自我净化、自我完善、自我革新、自我提升的有力武器。我们相信，在这种清醒意识的指引下，我们的党必将凝聚起全国人民的力量，以更富生机和活力的姿态行进于中国发展之路，推动中华民族伟大复兴。

（三）加强党员干部的从政道德修养

党员干部的从政道德修养是党员伦理建设的重要内容，事关党员干部的道德形象、道德威信和道德影响力。"党员、干部的道德情操和人格力量对全社会有着重要示范作用。领导干部必须坚持讲学习、讲政治、讲正气，还必须讲修养、讲道德、讲廉耻，要把人做好。人做不好，有再大的本事也没有用。"① 做官先做人，做人是做官的基础和根本。"做一个纯粹的人，一个脱离了低级趣味的人，一个有道德的人，一个有益于人民的人"，是毛泽东在《纪念白求恩》一文中提出的做人的理想目标。"人格的力量很重要"，各级领导干部"一定要树立和保持共产党人的高尚情操和革命气节，追求积极向上的生活情趣，养成共产党人的高风亮节"②。党员的思想道德建设事关党的形象，是党的创造力、凝聚力、战斗力的源泉。共产党人特别是领导干部尤其要加强党性修养，做到在拜金主义、享乐主义、极端个人主义和灯红酒绿的侵蚀影响面前，一尘不染、一身正气。胡锦涛要求全体党员干部必须常修为政之德、常思贪欲之害、常怀律己之心，真正经受住权力、金钱、美色的诱惑，永葆共产党人和人民公仆的革命本色。习近平主张大力加强党员特别是领导干部的道德教育，"教育引导广大党员、干部模范践行社会主义荣辱观，树立良好道德风尚，争做社会主义道德的示范者、诚信风尚的引领者、公平正义的维护者，始终保持共产党人的高尚品格和廉洁操守"③。

做官要有官德，而且要常修为政之德，这是当代中国共产党人提出的一个十分重要而又具有长期性、基础性的问题。常修为政之德，就是要求党员干部常常自重、自省、自警、自励，弃谋私之念，去非分之想，培养良好的政治品格、从政道德、廉洁意识，在思想道德上牢固树立勤政为民的观念，筑牢拒腐防变的防线。

与老一辈革命家相比，目前一些党员干部的道德修养不仅差距很大，而且正在逐渐淡忘为政之德的修养，扭曲自己的世界观、人生观、价值观，甚至成为拜金主义、享乐主义、极端个人主义等腐朽思想文化的俘虏。反腐倡廉、拒腐防变，思想道德防线是第一道防线。在分析腐败的思想道德根源时，胡锦涛指出："一些人认为道德修养方面的问题是'细节问题'，没有必要在这个问题上小题大做。这种认识是十分错误的、有害的。'千里之堤，溃于蚁穴'。从近年来查处的领导干部违纪违法案件看，腐败分子走上违法犯罪的道路，大都是从道德品质上出问

---

　　①② 江泽民. 党的作风是党的形象//江泽民文选：第 3 卷. 北京：人民出版社，2006：330.

　　③ 中共中央纪律检查委员会，中共中央文献研究室，编. 习近平关于党风廉政建设和反腐败斗争论述摘编. 北京：中国方正出版社，中央文献出版社，2015：141.

题开始的。切实加强广大党员、干部的道德修养，可以为党风廉政建设和反腐败工作奠定重要基础。"① 他强调，一定要把加强党员干部的道德修养作为反腐倡廉抓源头的一个重点。一个人如果不能静下心来，常修为政之德，欲壑难填，对己放纵，思想道德防线的闸门就不能坚守，党纪国法的防线也会溃堤。在改革开放新时期，党员干部一定要高度重视自身的思想道德修养，筑牢拒腐防变的思想防线，从思想源头上预防和解决腐败问题。党员干部的道德修养，不仅关系他们个人的品行和人格，而且关系党的整体形象，因此要抓紧、抓好、抓出成效。

领导干部为政之德的修养源于学习、自律和行为实践。通过学习可以培养优秀的道德品质，学习本身也是一种美德。常修为政之德要求加强学习，以学立德。学习是加强道德修养的基本方法。善于学习是我们党始终走在时代前列的重要武器。我们党是一个始终不渝地为实现远大理想和目标而奋斗的党，重视学习、勤于学习、善于学习是党的优良传统，是党与时俱进、始终走在时代前列引领中国发展进步的决定性因素。改革开放以来，邓小平强调指出，实现四个现代化是一场深刻的伟大的革命，面临新情况，解决新问题，要求我们党"一定要善于学习，善于重新学习"，他倡导"全党必须再重新进行一次学习"，并说："学习什么？根本的是要学习马列主义、毛泽东思想，要努力把马克思主义的普遍原则同我国实现四个现代化的具体实践结合起来。"② 学习是前进的基础，是党的事业发展的需要，也是每个党员特别是党员干部修身立德的需要。江泽民曾经指出，学风问题是一个关系党的兴衰和事业成败的重大政治问题，要坚持不懈地学习、学习、再学习。"讲学习"是"三讲"的第一讲，具有为"讲政治""讲正气"打基础的作用。他在《论加强和改进学习》一文中讲到，中国共产党之所以能够领导中国人民取得革命、建设、改革的胜利，关键就在于中国共产党人"学习和掌握了马克思主义基本原理，并把它同中国具体实际相结合"③。"历史给我们揭示了一条千真万确的真理：我们党要领导全国人

---

① 胡锦涛. 认真学习贯彻党章，为加强党风廉政建设和反腐败工作奠定坚实基础//中共中央文献研究室，编. 十六大以来重要文献选编：下. 北京：中央文献出版社，2008：177.

② 邓小平. 解放思想，实事求是，团结一致向前看//邓小平文选：第 2 卷. 2 版. 北京：人民出版社，1994：153.

③ 江泽民. 论加强和改进学习//江泽民文选：第 2 卷. 北京：人民出版社，2006：283.

民实现中华民族的伟大复兴，必须始终坚持学习，并把学到的科学理论和先进知识用于中国实际，不断推动经济持续发展和社会全面进步。"①进入21世纪新阶段以来，我们党把学习提到了一个新的高度。胡锦涛强调，党员领导干部都要重视学习、善于学习，把学习作为一种精神追求，应当做到先学一步、多学一些、学深一点，真正做到学以立德、学以增智、学以创业。在党的十七大报告中，胡锦涛强调深入学习中国特色社会主义理论体系，用马克思主义中国化最新成果武装全党，"要按照建设学习型政党的要求，紧密结合改革开放和现代化建设的生动实践，深入学习马克思列宁主义、毛泽东思想、邓小平理论和'三个代表'重要思想，在全党开展深入学习实践科学发展观活动，坚持用发展着的马克思主义指导客观世界和主观世界的改造，进一步把握共产党执政规律、社会主义建设规律、人类社会发展规律，提高运用科学理论分析和解决实际问题能力"②。十八大以来，习近平多次强调领导干部要加强读书学习，要形成爱读书、读好书、善读书的学习习惯，把学习作为一种追求、一种爱好、一种健康的生活方式，做到好学乐学。他说："无数事实证明，对共产党人来说，只有理论上清醒才能有政治上清醒，只有理论上坚定才能有政治上坚定。所以，要全面提高马克思主义理论素养，掌握辩证唯物主义和历史唯物主义思想武器，学懂弄通中国特色社会主义理论体系，弄明白历史怎样走来、又是怎样走下去，从而不断增强中国特色社会主义道路自信、理论自信、制度自信。"③ 学习既是共产党人的伦理美德，也是提升其执政能力和执政水平的重要途径。不仅坚定正确的政治方向要求我们加强理论学习，而且解决理想信念的问题"也要加强对马克思主义的学习，不断补精神之钙、固思想之元、培为政之本，做到内化于心，外化于行"④。

常修为政之德需要严于自律，充分发挥反躬内求、省察克治的自省功能，以律立德。"君子为政之道，以修身为本。"修身立德是党员干部的立身之本，也是人生事业的成功之基。所以，党员干部做官、做事、

————————————

①　江泽民. 论加强和改进学习//江泽民文选：第2卷. 北京：人民出版社，2006：283.

②　胡锦涛. 高举中国特色社会主义伟大旗帜，为夺取全面建设小康社会新胜利而奋斗//胡锦涛文选：第2卷. 北京：人民出版社，2016：652-653.

③　中共中央文献研究室，编. 习近平关于全面从严治党论述摘编. 北京：中央文献出版社，2016：62.

④　同③67.

做人，都要始终保持自省修德的操守。中国传统伦理文化历来重视修身，"把自律看作做人、做事、做官的基础和根本。《论语》中就说，要'修己以敬'、'修己以安人'、'修己以安百姓'。古人所推崇的修身齐家、治国平天下，修身是第一位的。我们共产党人更应该强化自我修炼、自我约束、自我塑造，在廉洁自律上作出表率"①。习近平对党员干部提出"三严三实"的道德要求，不仅强调严以修身和严以律己，而且强调做人要实、做事要实，指出："严以修身，就是要加强党性修养，坚定理想信念，提升道德境界，追求高尚情操，自觉远离低级趣味，自觉抵制歪风邪气。""严以律己，就是要心存敬畏、手握戒尺，慎独慎微、勤于自省，遵守党纪国法，做到为政清廉。"② 党员领导干部严以修身和严以律己是做好人、做好领导干部的基本功，修身就是要对照党章、党的宗旨来修养身心，自觉检查自己的不足，做到择善而从、博学于文并约之以礼。严以修身、严以律己是同做人要实、做事要实以及严以用权密切联系在一起的。"做人要实，就是要对党、对组织、对人民、对同志忠诚老实，做老实人、说老实话、干老实事，襟怀坦白，公道正派。"③ 干部的党性修养和道德水平不会随着党龄的增加而自然提高，也不会随着职务的升迁而自然提高，而需要不断加强自己的道德修养，不断改造自己的主观世界，加强品格陶冶和道德修炼。"要时刻用党章、用共产党员标准要求自己，要有'与人不求备，检身若不及'的精神，时刻自重自省自警自励，努力做到'心不动于微利之诱，目不眩于五色之惑'，老老实实做人，踏踏实实干事，清清白白为官。"④ 常修为政之德，关键在"常修"，持之以恒，坚持不懈。刘少奇在《论共产党员的修养》中特别提倡"吾日三省吾身"，指出人皆可以为尧舜，但必须经常下苦功夫，郑重其事地进行自我修养。敢于横刀立马的彭大将军，为了永葆坚定的马克思主义者的英雄本色，一生始终坚守着一个习惯，无论战事和工作多么繁忙，每周总要在一个晚上挤出一定的时间，"闭门谢客，闭门思过"，坚持正确，修正错误。

---

① 中共中央纪律检查委员会，中共中央文献研究室，编. 习近平关于党风廉政建设和反腐败斗争论述摘编. 北京：中央文献出版社，2015：145.

② 同①143.

③ 同①144.

④ 同①142.

　　常修为政之德要求化德性为实践，以行立德。道德具有强烈的实践性，不仅来自实践，而且要行于实践。人民群众对干部总是听其言、观其行的。一个领导者，要有效地实现领导目标，不但要有权力，而且要有威信，而真正的威信总是靠领导干部修德才能建立起来的，因此必须做到以"德"立威。古语有言：凡举大事者，必以人为本；凡择贤良者，必以德为先。党员干部要以"德"立威，既要注重修心立德，注意非权力影响，力求品德高尚，做到平民化；又要"仰以畏天，俯以畏民"，起心动念都要以党和人民的利益为重，克己奉公，报效祖国，心地善良，为民谋利。领导干部只有把共产党人的道德要求，"体诸身、见诸行"，经受苦与乐、荣与辱、公与私、权与法等各方面的考验，才能不断锤炼道德品质、树立良好道德形象。

　　常修为政之德，就要常思贪欲之害、常怀敬畏之心。常思贪欲之害，亦即常常思考贪欲对党和人民以及对自己对家庭的危害。贪欲一起，祸害无穷。古人云：贪如火，不遏则自焚；欲如水，不遏则自溺。有贪欲者往往经不起诱惑，违背原则，以权谋私，到头来锒铛入狱，前程尽毁，给家庭造成毁灭性的灾难，也给党和人民带来巨大危害。如果常思贪欲之害，自觉拒绝各种诱惑，以德润身，一身正气，便可给继任者留下好的作风，给子女留下好的名声，这是一笔宝贵的财富。习近平在安徽调研时谆谆告诫广大党员干部"要常怀敬畏之心"。"敬畏之心"即"敬重和畏惧之心"。每个党员干部做人做事、修身养性，其人品官德贵在敬畏。人是要有一点敬畏之心的，我们的先人古来就有"举头三尺有神明"的朴素敬畏心。古人云：君子之心，常存敬畏。心有敬畏，行有所止。敬畏体现的是一种为政态度与为人境界。领导干部只有对自己岗位的权力有一种敬畏，才能常思贪欲之害、常除非分之想、常怀律己之心，做到警钟长鸣，防微杜渐，严守党纪国法，自觉做到秉公用权、依法用权、廉洁用权。常怀敬畏之心，就不易浮躁、不易轻忽，内心自然生养一些正气、庄严与崇高。领导干部要主动接受监督，常怀敬畏之心，敬畏法律、敬畏组织、敬畏人民、敬畏舆论。一个人如果失去敬畏之心，为人处世就可能狂妄自大、肆无忌惮，甚至贪得无厌、无法无天，最终吞下自酿的苦果。领导干部只有常存敬畏之心，才会时刻有一种如临深渊、如履薄冰的感觉，才会时刻警醒自己，摆正位置，看清方向，把握好手中的权力，真正做到权为民所用、情为民所系、利为民所谋。要把事业看重一点，把得失看轻一点，要甘于吃苦、乐于奉献，要耐得住寂寞、经得起诱惑。时刻怀有敬畏之心，才会在道德修养、生活情趣上注意小节，做到防微杜渐，自励自省，真正做到"以德修身、以德立威、以德服众"，做到"心中有党、心中有民、心中有责、心中有戒，把为党和人民事业无私奉献作为人生的最高追求"①。

党的执政伦理建设，是新形势下拓展执政合法性资源、强化执政合法性基础和发展执政合法性要义的重要工作，关系党的执政地位的稳固和执政形象的建树，也是社会主义政治文明建设的重点和突破口。自邓小平以来，中国共产党人就已经意识到必须下大力气抓党的执政伦理建设，并且把密切党同人民群众的血肉联系作为执政伦理建设的核心内容。以江泽民为核心的党的第三代中央领导集体创造性地提出"三个代表"伦理思想，强调贯彻落实"三个代表"重要思想，关键在发扬党的先进性，核心在执政为民，凸显了执政党伦理建设的极端重要性。以胡锦涛为总书记的党中央领导集体，继承并发展"三个代表"伦理思想，更加突出地强调党的执政伦理建设，创造性地提出"权为民所用、情为民所系、利为民所谋"以及"常修为政之德、常思贪欲之害、常怀律己之心"等思想观点，将马克思主义执政党思想建设伦理发展到新的境界和新的水平。十八大以来，以习近平为核心的党中央以更加务实的举措、更加过硬的手段，全面从严治党，提出了一系列关于党的思想道德建设、制度伦理建设、作风建设和反腐倡廉建设等的命题和理论，将马克思主义执政党思想建设伦理推到一个新的阶段和新的水平，使党的执政伦理建设与经济建设、政治建设、文化建设、社会建设、生态文明建设相得益彰，汇聚成中国特色社会主义现代化建设的大格局、大框架、大气量。党的执政伦理建设，是中国特色社会主义伦理建设的重心和保障，理所当然地成为马克思主义伦理思想中国化最新成果的重要内容。

---

① 中共中央文献研究室，编. 习近平关于全面从严治党论述摘编. 北京：中央文献出版社，2016：142.

第九章　马克思主义伦理思想中国化最新成果的理论品格与历史地位

　　马克思主义伦理思想中国化最新成果，是马克思主义伦理思想基本原理与改革开放和中国特色社会主义现代化建设新时期中国具体道德生活实践相结合、与中华优秀传统伦理文化相结合的产物。这一伦理思想是以邓小平、江泽民、胡锦涛、习近平为主要代表的几代中国共产党人，在改革开放和社会主义现代化建设新形势下，对社会主义伦理文明和道德建设的不断探索与理论创新的成果总汇，代表着继毛泽东伦理思想之后马克思主义伦理思想同中国道德生活实践的又一次成功结合和对马克思主义伦理思想的新发展，标志着中国马克思主义伦理思想发展的新阶段、新水平和新境界。

一、马克思主义伦理思想中国化最新成果的基本特征

　　马克思主义伦理思想中国化最新成果，是一个内容博大精深且不断发展的开放的理论体系。从邓小平伦理思想到"三个代表"伦理思想，到科学发展伦理思想，再到习近平新时代中国特色社会主义伦理思想，我们党对中国特色社会主义道德建设发展规律和伦理文明建设规律的把握越来越深刻、认识越来越丰富、阐述越来越系统、实践越来越自觉。以马克思主义的世界眼光，观察不断发展变化的道德生活发展形势，牢牢把握社会主义伦理文明发展的大方向，使马克思主义伦理思想中国化

最新成果不断与中国具体的道德国情相结合、与时代发展的伦理要求同进步、与人民群众的道德生活期待相契合，不断焕发出强大的生命力、创造力和感召力。

（一）科学精神与人民导向有机统一的伦理思想

马克思主义伦理思想中国化最新成果，继承并发展了马克思主义科学性与人民性相统一的精神品质，并将其推进到新的阶段和新的水平，实现了严谨的科学性与鲜明的人民性的有机结合，实现了求真务实之科学精神与服务人民之价值核心的有机统一，亦即合规律性与合目的性的有机统一。科学性与人民性的统一，也就是求真理与求价值的统一。①

马克思主义伦理思想中国化最新成果具有严谨的科学性，是指它始终以道德生活的客观事实为根据，以科学的立场、观点和方法来揭示中国特色社会主义伦理文明建设的本质规律，并以严整的逻辑形式加以科学的理论表达。马克思主义伦理思想中国化最新成果的形成是对中国改革开放以来道德生活和道德建设的正确反映，全面、系统地反映了中国特色社会主义伦理文明发展过程中的本质联系和必然趋势，是对社会主义道德建设客观规律和伦理文明建设规律的科学把握。因此，具有严谨的科学性。马克思主义伦理思想中国化最新成果从对共产党执政规律、社会主义建设规律、人类社会发展规律的科学认识与总体把握出发，深刻探讨并论述了人类道德生活发展进化的规律和社会主义伦理文明建设的规律，揭示出社会主义道德战胜资本主义道德的必然性和不可抗拒性，既深刻阐述了中国特色社会主义伦理思想的丰富内涵，又深刻阐述了以社会主义核心价值体系引领社会思潮，在包容多样的基础上建立主导的价值理念等问题，实现了科学真理与价值追求的辩证结合。这一伦理思想的科学性还具体体现在求真性，求真性即是勇于探索真理、敢于追求真理、善于把握事物发展的内在规律。改革开放以来，我们党推进的马克思主义伦理思想中国化理论创新过程，本质上就是在坚持马克思主义伦理思想基本原理的基础上，根据中国当代道德生活的实际情况，大胆探索真理、追求真理、把握真理的理论创新实践过程。

---

① 董德刚. 马克思主义哲学中国化的三维审视. 理论视野，2012 (8).

　　马克思主义伦理思想中国化最新成果具有鲜明的人民性，是指马克思主义伦理思想在最根本的意义上是为了无产阶级的解放和自由，为了广大人民群众的自由全面发展服务的，始终把人民群众视为历史的创造者和国家建设的主人，在伦理思想上推崇为人民大众服务的价值观念。马克思主义经典作家在科学阐明人类历史发展规律的同时，也科学论述了人民群众创造历史的主体作用，创立了群众史观。在《神圣家族》中，马克思、恩格斯指出："历史活动是群众的活动，随着历史活动的深入，必将是群众队伍的扩大"①。共产主义运动从一开始就是广大群众的运动，广大群众在共产主义运动中放射出来的道德光芒是过去的历史上未曾有过的。"人们只有了解英法两国工人的钻研精神、求知欲望、道德毅力和对自己发展的孜孜不倦的追求，才能想象这个运动的**合乎人道的**崇高境界。"② 恩格斯在《英国工人阶级状况》一文中，对英国无产阶级的道德品质充满敬意地写道："我确信，你们是认识到自己的利益和全人类的利益相一致的**人**，是伟大的人类大家庭的成员。对你们作为这样的人，作为这个'统一而不可分的'人类**家庭**的成员，作为真正符合人这个词的含义的**人**，我以及大陆上其他许多人祝贺你们在各方面的进步，并希望你们很快获得成功。"③ 在恩格斯看来，拯救英国脱离苦难，必须而且只有依靠工人阶级，工人阶级的道德是人类进步的希望。《共产党宣言》直接号召无产阶级推翻资产阶级的统治，在解除套在自己身上的锁链的同时维护自己的利益并确立自己的统治地位。马克思主义伦理思想中国化最新成果继承并发展了马克思主义经典作家的伦理思想传统，具有鲜明的人民性，始终坚持人民利益至上和为人民服务的价值取向，尊重人民群众的首创精神，以最广大人民的根本利益为本，以实现人的全面发展为目标，坚持发展为了人民、发展依靠人民、发展成果由人民共享，从而使社会主义道德建设的价值追求更加明确。马克思主义伦理思想中国化最新成果饱含民本情怀、民生情愫和执政为民理念，把尊重人民主体地位，实现好、维护好、发展好最广大人民的

　　① ［德］马克思，恩格斯. 神圣家族//马克思恩格斯文集：第1卷. 北京：人民出版社，2009：287.

　　② 同①290.

　　③ ［德］恩格斯. 英国工人阶级状况//马克思恩格斯文集：第1卷. 北京：人民出版社，2009：384.

根本利益，保障人民各项权益，确保社会公平正义，不断促进社会和谐，作为党和国家一切工作的出发点与落脚点，把全体人民幼有所育、学有所教、劳有所得、病有所医、老有所养、住有所居、弱有所扶视为社会的普遍幸福，并以人民满意不满意、高兴不高兴、幸福不幸福作为价值判断的基本标准。"为人民服务是党的根本宗旨，以人为本、执政为民是检验党一切执政活动的最高标准。任何时候都要把人民利益放在第一位，始终与人民心连心、同呼吸、共命运，始终依靠人民推动历史前进。"① 这种人文关怀彰显的关怀伦理符合伦理发展的大趋势，本质上是人民至上伦理，体现出坚持以人为本，尊重人民主体地位，发挥人民首创精神，把实现好、维护好、发展好最广大人民的根本利益作为党和国家一切工作的出发点与落脚点的特质，以其突出的人民性赢得了人民群众的拥戴和好评，成为凝聚人心、催人奋进的旗帜和灯塔。

（二）民族特色与时代意识有机统一的伦理思想

马克思主义伦理思想中国化最新成果，本质上是马克思主义伦理思想基本原理与改革开放和中国特色社会主义现代化建设新时期中国具体道德生活实践相结合、与中华优秀传统伦理文化相结合的产物，它的形成与发展具有鲜明的民族特色和深厚的历史文化根基，吸收了中国五千多年的优秀传统伦理文化。我们党十分重视中华优秀传统伦理文化的历史意义和现实价值，把当代马克思主义伦理思想与中华民族的伦理文化特质、思维模式、价值取向、行为方式结合起来，汲取其思想精华，赋予其新的时代内涵，使之与当代社会相适应、与现代文明相协调。邓小平伦理思想、"三个代表"伦理思想、科学发展伦理思想和习近平新时代中国特色社会主义伦理思想等马克思主义伦理思想中国化最新成果，都是马克思主义伦理思想基本原理与中华优秀传统伦理文化相结合的产物，因而与中华优秀传统伦理文化中许多进步思想观点有某种契合之处、相通之处。如传统伦理文化中提倡的"天下兴亡，匹夫有责"的爱国传统，天地之间"莫贵于民"的民本思想，"以和为贵""协和万邦""和而不同"的和合理念，革故鼎新、因势而变的创新精神，扶正扬善、

---

① 胡锦涛. 坚定不移沿着中国特色社会主义道路前进，为全面建成小康社会而奋斗//胡锦涛文选：第 3 卷. 北京：人民出版社，2016：654.

恪守信义的浩然正气等，都在马克思主义伦理思想中国化最新成果中直接或间接地有所反映、有所体现，彰显出马克思主义伦理思想中国化最新成果深厚的传统伦理文化底蕴。习近平指出："中华文明绵延数千年，有其独特的价值体系。中华优秀传统文化已经成为中华民族的基因，植根在中国人内心，潜移默化影响着中国人的思想方式和行为方式。今天，我们提倡和弘扬社会主义核心价值观，必须从中汲取丰富营养，否则就不会有生命力和影响力。"① 中华文化强调"民惟邦本""天人合一""和而不同"，强调"天行健，君子以自强不息""大道之行也，天下为公"等，习近平说："像这样的思想和理念，不论过去还是现在，都有其鲜明的民族特色，都有其永不褪色的时代价值……我们生而为中国人，最根本的是我们有中国人的独特精神世界，有百姓日用而不觉的价值观。我们提倡的社会主义核心价值观，就充分体现了对中华优秀传统文化的传承和升华。"② 邓小平伦理思想既通俗易懂又博大精深，中华传统文化中的"重民""安民""富民"的民本思想，"革故鼎新"的改革精神，"和而不用"和"执两用中"的思维方式，在邓小平伦理思想中有突出的体现。"三个代表"伦理思想渗透着中华优秀传统伦理文化，如以德治国与依法治国的有机结合、建设与传统美德相承接的社会主义道德体系以及推崇中华民族的浩然正气等都是很好的体现。科学发展伦理思想深深扎根于民族伦理文化的土壤中，与传统伦理文化有着复杂的、千丝万缕的联系，坚持"以人为本"是科学发展观的本质和核心，它与影响中国政治文化长达两千多年的"人文精神"脉脉相连；"科学发展观"强调发展的"全面、协调和可持续性"，这不仅体现了"中国式的智慧——中庸协和"，而且体现了"自然法则与处世结晶——天人合一与和合精神"。习近平新时代中国特色社会主义伦理思想更是注重汲取中华优秀传统伦理文化的营养，旗帜鲜明地指出培育和弘扬社会主义核心价值观必须立足中华优秀传统伦理文化。"牢固的核心价值观，都有其固有的根本。抛弃传统、丢掉根本，就等于割断了自己的精神命脉。博大精深的中华优秀传统文化是我们在世界文化激荡中站稳脚跟的根基。中华文化源远流长，积淀着中华民族最深层的精神追求，代

① 习近平. 青年要自觉践行社会主义核心价值观//习近平谈治国理政. 北京：外文出版社，2014：170.
② 同①171.

表着中华民族独特的精神标识，为中华民族生生不息、发展壮大提供了丰厚滋养。中华传统美德是中华文化精髓，蕴含着丰富的思想道德资源。不忘本来才能开辟未来，善于继承才能更好创新。"① 这些重要论述，标志着马克思主义伦理思想中国化最新成果具有鲜明的中国特色、中国风格、中国气派，彰显着中华民族伦理文化现代化的价值特质。

马克思主义伦理思想中国化最新成果因为立足当代而必然具有鲜明的时代性，它始终站在时代前列，敏锐把握时代特征，准确反映时代要求，合理引导时代潮流，是时代伦理精神精华的集中体现，反映着当代伦理文明创造和当代公民道德建设的内在要求，充满了浓郁的时代气息，体现出鲜明的时代特色。其一，对和平与发展这一时代主题的伦理认知和价值自觉。马克思主义伦理思想中国化最新成果认为，冷战以后的世界是以和平与发展为主题的时代，各国人民要和平、盼发展成为一种潮流和趋势。中国马克思主义者在深刻认识这一时代主题的基础上提出了和谐发展、和平崛起以及突出发展等思想观念，从"发展是硬道理"，到"发展是执政兴国的第一要务"，到"科学发展观的第一要义是发展"，再到"发展是解决我国一切问题的基础和关键"等论断，形成了颇具中国特色、代表世界发展伦理最高水平的科学发展伦理思想，把中国的发展与实现社会主义现代化、实现中华民族伟大复兴紧密联系在一起，把中国的发展进步与世界的发展进步联系在一起，使中国经济社会发展取得了举世瞩目的伟大成就，为实现中华民族伟大复兴的中国梦奠定了坚实的基础。其二，形成并崇尚改革创新的时代精神。解放思想、求真务实、锐意改革、开拓创新，这既是对改革开放和社会主义现代化建设实践的高度概括，也是当代中国人民精神状态的深刻反映，是时代伦理精神的集中体现。在新的发展阶段，我们要继续奋力开拓中国特色社会主义建设新局面，根本动力仍是改革创新。以改革创新为核心的时代精神，既是社会主义核心价值体系的有机构成，也是中国精神的重要内容。习近平指出："实现中国梦必须弘扬中国精神。这就是以爱国主义为核心的民族精神，以改革创新为核心的时代精神。这种精神是凝心聚力的兴国之魂、强国之魂。爱国主义始终是把中华民族坚强团结在一起的精神力量，改革创新始终是鞭策我们在改革开放中与时俱进的

---

① 习近平. 培育和弘扬社会主义核心价值观//习近平谈治国理政. 北京：外文出版社，2014：164.

精神力量。"① 伟大的时代需要伟大的精神，改革创新就是我们时代的伟大精神。我们依靠改革创新精神开创了改革开放和社会主义现代化建设的新局面，使我国国民经济从一度崩溃的边缘发展到国内生产总值稳居世界第二，进出口总额位居世界第一，人民生活从温饱不足发展到总体小康，取得了一个又一个伟大胜利。"中国的发展，不仅使中国人民稳定地走上了富裕安康的广阔道路，而且为世界经济发展和人类文明进步作出了重大贡献。"② 改革创新是促进中国特色社会主义现代化建设事业不断进入新境界、取得新成就的动力源泉，也是推动中国马克思主义伦理思想不断创新、不断形成新理论、推出新成果的精神支撑。

　　当今的时代是一个大发展、大变革、大调整的新时代。不断推进马克思主义伦理思想中国化进程，就必须深刻把握马克思主义伦理思想发展面临的新的时代特色，不断延伸马克思主义伦理思想中国化的时代性，在新的历史语境中为马克思主义伦理思想注入新鲜的时代血液。每个时代都有自己需要解决的特殊的时代任务、时代课题。时代性彰显了马克思主义伦理思想中国化的宏大视野。中国共产党人当前面临的时代任务就是在坚持改革开放的前提下，全面建成小康社会，开创中国特色社会主义现代化建设的新局面，实现中华民族伟大复兴。"当代中国正经历着我国历史上最为广泛而深刻的社会变革，也正在进行着人类历史上最为宏大而独特的实践创新。这种前无古人的伟大实践，必将给理论创造、学术繁荣提供强大动力和广阔空间。这是一个需要理论而且一定能够产生理论的时代，这是一个需要思想而且一定能够产生思想的时代。"③ 马克思主义伦理思想中国化最新成果的形成与发展，就是对时代伦理精神和人民群众道德生活实践的总结与创新，本质上是在解放思想、实事求是、与时俱进、求真务实的思想路线指引下的思想和理论创造，反映了当代中国共产党人和马克思主义者对当代中国正在经历的最为广泛而深刻的社会变革的深度思考与理论总结，凝结着以邓小平、江泽民、胡锦涛、习近平为主要代表的几代中国共产党人建构当代中国伦

---

　　① 习近平. 在第十二届全国人民代表大会第一次会议上的讲话//习近平谈治国理政. 北京：外文出版社，2014：40.

　　② 胡锦涛. 高举中国特色社会主义伟大旗帜，为夺取全面建设小康社会新胜利而奋斗//胡锦涛文选：第2卷. 北京：人民出版社，2016：619.

　　③ 中共中央文献研究室，编. 习近平关于社会主义文化建设论述摘编. 北京：中央文献出版社，2017：72-73.

理文明的思想智慧。

（三）立足本土与面向世界有机统一的伦理思想

马克思主义伦理思想中国化最新成果，立足中国改革开放和社会主义现代化建设的道德生活实践，坚持从社会主义初级阶段具体的道德国情出发，强调伦理道德是经济基础的反映和集中表现，同时又对经济基础起着能动作用和反作用。它是在中国改革开放和社会主义现代化建设的具体实践中形成与发展起来的，有着鲜明的本土特色，打上了中国社会主义初级阶段的烙印。当前我国最大的道德国情是处在社会主义初级阶段，社会主义初级阶段是说中国已经进入社会主义，建立了社会主义制度，走在中国特色社会主义道路上，但是这种社会主义还不是高级阶段或中级阶段的社会主义，而是初级阶段的社会主义。初级阶段的社会主义一是生产力发展不充分不平衡；二是生产关系和上层建筑还存在许多不适应生产力状况的现象，还需要大力进行经济体制、政治体制和文化体制的改革；三是意识形态虽然确立了马克思主义的指导地位，但是人们的思想觉悟、道德情操离马克思主义的要求还有相当距离。在社会主义初级阶段实施社会主义现代化建设，有一个既要尊重现实又要引领人们追求远大理想的问题。邓小平指出："我们搞社会主义才几十年，还处在初级阶段。巩固和发展社会主义制度，还需要一个很长的历史阶段，需要我们几代人、十几代人，甚至几十代人坚持不懈地努力奋斗，决不能掉以轻心。"① 邓小平强调要根据中国的现实国情来开展社会主义现代化建设，绝不能不顾初级阶段这一具体国情。他指出："社会主义本身是共产主义的初级阶段，而我们中国又处在社会主义的初级阶段，就是不发达的阶段。一切都要从这个实际出发，根据这个实际来制订规划。"② 社会主义初级阶段是逐步摆脱不发达状态，基本实现社会主义现代化的历史阶段；是逐步缩小同世界先进水平的差距，在社会主义基础上实现中华民族伟大复兴的历史阶段。在社会主义初级阶段，不但必须大力发展社会主义市场经济，在公有制为主体的前提下发展多种

---

① 邓小平. 在武昌、深圳、珠海、上海等地的谈话要点//邓小平文选：第3卷. 北京：人民出版社，1993：379-380.

② 邓小平. 一切从社会主义初级阶段的实际出发//邓小平文选：第3卷. 北京：人民出版社，1993：252.

所有制经济成分，实行按劳分配为主体、多种分配方式并存的分配制度，而且还应当肯定人们在分配方面的合理差别以有效调动人们的生产积极性和创造性，让一切创造财富的潜能得到充分释放，让一切创造社会财富的源泉充分涌流，形成大众创业、万众创新的热潮。因此，"全民范围的道德建设，就应当肯定由此而来的人们在分配方面的合理差别，同时鼓励人们发扬国家利益、集体利益、个人利益相结合的社会主义集体主义精神，发扬顾全大局、诚实守信、互助友爱和扶贫济困的精神。社会主义道德所要反对的，是一切损人利己、损公肥私、金钱至上、以权谋私、欺诈勒索的思想和行为，而决不是否定按劳分配和商品经济，决不能把平均主义当作我们社会的道德准则"①。坚持从社会主义初级阶段的具体道德国情来谈道德建设，坚持一切从实际出发，实事求是，既不降低社会主义道德建设的标准，也不过分拔高社会主义道德建设的标准，形成鼓励先进，照顾多数，把先进性的要求和广泛性的要求结合起来的道德建设局面，才能连接和引导不同觉悟程度的人们一起向上，形成凝聚亿万人民的精神力量。马克思主义伦理思想中国化最新成果自始至终是从我国当代道德生活实践出发的，是立足社会主义初级阶段具体的道德国情来思考和求索当代新型伦理文明的建构与建设的。

马克思主义伦理思想中国化最新成果不仅有着鲜明的本土性，而且有着突出的世界性，因此我们可以说它是立足中国的也是面向世界的，是立足中国与面向世界的有机结合。党的十一届三中全会以后，我们开始了在与世界互动中建设中国特色社会主义的新征程。注意从世界和中国双重维度去观察、思考、解决伦理道德问题，把握国际道德形势及其发展趋势，推动中国新型伦理文明和公民道德建设不断发展，不断为中国特色社会主义伦理思想注入新的内涵，是马克思主义伦理思想中国化最新成果的精神特质。首先，马克思主义伦理思想中国化最新成果具有面向世界的开放性特征表现在，这一理论体系是面向世界、面向时代诉求的理论创新成果，是在当今全球化浪潮日趋高涨的条件下对我国如何面对世界、如何融入世界、如何营造良好的国际合作氛围、如何为中国的发展创造适宜的国际环境等重大时代命题的科学破解，是我们党在国际合作等重大问题上的重大理论创新。这一理论创新成果的形成，标志

---

① 中共中央关于社会主义精神文明建设指导方针的决议//中共中央文献研究室，编. 十二大以来重要文献选编：下. 北京：中央文献出版社，2011：127-128.

着中国马克思主义者具备了视野的开拓性、思维的开放性，标志着中国共产党人既立足本国的基本国情，又善于睁大眼睛看世界，追踪世界的发展轨迹，顺应时代的发展潮流，将中国的发展融入世界的发展之中。其次，马克思主义伦理思想中国化最新成果的开放性特征表现在，它指导着的中国特色社会主义精神文明和道德建设面向世界、面向未来。邓小平、江泽民、胡锦涛、习近平等坚持用宽广的眼界观察世界，对世界新格局和时代特征，对发展中国家谋求发展的得失、发达国家发展态势以及国家关系，对经济全球化等问题，都做出过科学的分析判断，提出过许多合理的建议和主张。江泽民在美国哈佛大学的演讲中讲："中国人民一向钦佩美国人民的求实精神和创造精神……我们在扩大开放、实现现代化的进程中，重视学习和吸收美国人民创造的一切优秀文化成果。"[①] 胡锦涛在耶鲁大学的演讲中指出："世界是一座丰富多彩的艺术殿堂，各国人民创造的独特文化都是这座殿堂里的瑰宝……我们应该积极维护世界多样性，推动不同文明对话和交融，相互借鉴而不是相互排斥，使人类更加和睦幸福，让世界更加丰富多彩。"[②] 十八大以来，习近平多次强调，要树立世界眼光，"更好把国内发展与对外开放统一起来，把中国发展与世界发展联系起来，把中国人民利益同各国人民共同利益结合起来，不断扩大同各国的互利合作，以更加积极的姿态参与国际事务，共同应对全球性挑战，努力为全球发展作出贡献"[③]。他主张世界各国政治上应相互尊重主权和领土完整，平等协商有关事务；经济上应加强相互合作，优势互补，共同推动经济全球化朝着均衡、普惠和共赢的方向发展；文化上应相互借鉴，求同存异，尊重多样性，共同促进人类文化繁荣进步，并提出构建人类命运共同体，建设持久和平、普遍安全、共同繁荣、开放包容、清洁美丽的世界等理论和主张。这些伦理理论和主张，既丰富和发展了马克思主义伦理思想的内涵，也极大地提升了中国的国际形象、地位和影响力，营造了良好的外部环境和条件。

---

① 江泽民. 增进相互了解，加强友好合作//江泽民文选：第2卷. 北京：人民出版社，2006：64.

② 胡锦涛. 在美国耶鲁大学的演讲//胡锦涛文选：第2卷. 北京：人民出版社，2016：441.

③ 习近平. 更好统筹国内国际两个大局，夯实走和平发展道路的基础//习近平谈治国理政. 北京：外文出版社，2014：248-249.

（四）理论研究与注重实践有机统一的伦理思想

马克思主义伦理思想中国化最新成果，既源于当代中国火热的道德生活实践，又是对人民群众道德生活实践的理论总结，具有引领道德生活发展潮流，使其不断迈向新台阶、开拓新局面的独特功能。改革开放以来，我国社会主义精神文明和道德建设的历史进程就是一个道德生活实践催生理论又呼唤理论的过程。唯物史观不同于唯心史观的一个地方就在于，"不是在每个时代中寻找某种范畴，而是始终站在现实历史的**基础**上，不是从观念出发来解释实践，而是从物质实践出发来解释各种观念形态"①。唯物史观坚持道德观念来自道德生活实践，并认为人们的道德生活实践永远是伦理思想的源头活水。马克思、恩格斯在《德意志意识形态》中指出："个人怎样表现自己的生命，他们自己就是怎样。因此，他们是什么样的，这同他们的生产是一致的——既和他们生产**什么**一致，又和他们**怎样**生产一致。因而，个人是什么样的，这取决于他们进行生产的物质条件。"② 马克思主义之所以能和中国实践紧密结合，焕发出勃勃生机，不断开拓出马克思主义理论发展的新境界，正是源于其实践性的提升。马克思主义科学地阐明了实践的观点在自身理论体系中的基础和核心作用。与那些脱离实践的抽象教条截然不同，马克思主义是在实践中产生又经过实践检验并随着实践的发展而发展的科学真理。马克思主义特别强调其改造世界的实践功能。马克思主义理论绝不仅仅是黑格尔所比喻的那种黄昏时才起飞的"猫头鹰"，即事后才进行反思的科学，而主要是马克思自己所比喻的迎接人类黎明即人类解放的"高卢雄鸡"，即批判旧世界、建设新世界的科学理论。它的"全部问题都在于使现存世界革命化，实际地反对并改变现存的事物"③。

马克思主义伦理思想中国化最新成果，是我们党的精神旗帜，又是中国各族人民团结奋斗的共同思想基础，是党的执政理念、价值追求与人民群众的普遍心愿和更高期待的统一。在马克思主义伦理思想中国化最新成果的创立过程中，人民群众始终是推进中国特色社会主义伟大实

---

① ［德］马克思，恩格斯. 德意志意识形态//马克思恩格斯文集：第1卷. 北京：人民出版社，2009：544.

② 同①520.

③ 同①527.

践的根本动力，是马克思主义伦理思想创新的主体；尊重群众的首创精神，善于发现群众的创造、集中群众的智慧，则是我们党的优秀品质。在马克思主义伦理思想中国化最新成果的形成过程中，始终贯穿着党的领导与群众创造相互联系、互相促进的辩证统一关系。邓小平曾经深刻地揭示了这种关系，他说："改革开放中许许多多的东西，都是群众在实践中提出来的。""绝不是一个人脑筋就可以钻出什么新东西来"，"这是群众的智慧，集体的智慧。我的功劳是把这些新事物概括起来，加以提倡"①。在改革开放和社会主义现代化建设的新形势下，人民群众的积极性、主动性和创造性被极大地调动起来，他们在实践中创造了许多新事物、新经验，这正是马克思主义伦理思想中国化最新成果得以形成的实践基础。马克思主义伦理思想中国化最新成果的重大理论观点，无不与激发社会各阶层、各领域的创造活力密切相关，而这些举措的成功，又无一不是人民群众的创造活力和创造才能充分发挥的结果。

马克思主义伦理思想中国化最新成果的形成与发展，扎根于广大人民群众道德生活实践的沃土，是在中国特色社会主义伟大实践中创立起来的，是以邓小平、江泽民、胡锦涛、习近平为主要代表的几代中国共产党人根据马克思主义伦理思想基本原理，如实、及时地反映社会主义道德生活实践的发展变化，对人民群众创造的道德生活新经验进行抽象概括，从中寻找发现规律并将其升华为科学理论的结果。同时，也是当代中国共产党人从道德生活实践发展的需要出发，用不断创新的理论指导新的实践，从战略和全局的高度对不同时期、不同阶段社会主义道德建设实践所面临的重大现实问题做出科学回答，对改革开放过程中的深层利益矛盾进行深入剖析，对人民群众的思想困惑给予合理解释的智慧结晶，本质上是理论联系实践的产物。胡锦涛在十七大报告中指出："《共产党宣言》发表以来近一百六十年的实践证明，马克思主义只有与本国国情相结合、与时代发展同进步、与人民群众共命运，才能焕发出强大的生命力、创造力、感召力。"② 马克思主义伦理思想中国化最新

---

① 中共中央文献研究室，编. 邓小平年谱（一九七五——一九九七）：下册. 北京：中央文献出版社，2004：1350.

② 胡锦涛. 高举中国特色社会主义伟大旗帜，为夺取全面建设小康社会新胜利而奋斗//胡锦涛文选：第2卷. 北京：人民出版社，2016：621.

成果的创立是人类伦理思想史上的伟大变革，确证着马克思主义伦理思想实现了从西方到东方、从近代到现当代的创造性发展和成功转型。它强大的生命力、创造力、感召力就在于始终与当代中国火热的道德生活实践相结合，与中华优秀传统伦理文化相结合，由此推动中国特色社会主义事业不断向前发展，成功地实现了伦理思想与道德生活实践的高度统一。

（五）批判继承与超越创新有机统一的伦理思想

马克思主义伦理思想中国化最新成果，继承发扬中华优秀传统伦理文化而又充分体现社会主义的时代伦理精神，立足本国而又充分吸收世界伦理文化优秀成果，既同伦理文化上的民族虚无主义倾向做斗争，又坚决反对闭关自守和不思进取的复古主义。马克思主义伦理思想中国化最新成果主张继承中华民族优秀的伦理精神，继承近代以来形成的革命道德传统。中华民族历史悠久，我们的祖先在这块土地上创造了灿烂的物质文明和精神文明，形成了具有民族特色的伦理文化传统，为人类文明做出了卓越的贡献。在中国革命、建设、改革过程中形成的井冈山精神、长征精神、延安精神、雷锋精神、"两弹一星"精神、航天精神等，都是中华民族精神的宝贵财富，值得我们珍惜和大力弘扬。社会主义道德建设离不开对人类一切优秀道德成果的借鉴与吸收，我们不仅要反对全盘西化和民族伦理虚无主义，而且要对伦理文化观上的保守主义倾向和盲目排外倾向持否定态度，要批判地继承人类社会包括西方资本主义社会创造的一切先进的伦理文明成果。

马克思主义伦理思想中国化最新成果，是一个由邓小平伦理思想、"三个代表"伦理思想、科学发展伦理思想和习近平新时代中国特色社会主义伦理思想组合起来的伦理理论体系，它具有相对稳定的理论基础、理论立场和理论主题。所谓相对稳定的理论基础，指的是马克思主义的辩证唯物主义和历史唯物主义的理论基础。无论邓小平伦理思想，还是"三个代表"伦理思想或科学发展伦理思想，抑或习近平新时代中国特色社会主义伦理思想，都建立在唯物主义辩证法和唯物史观的基础之上，坚持用辩证唯物主义和历史唯物主义的立场、观点、方法去分析当今世界和中国道德生活的实际，总结社会主义伦理文明建设经验，汲取当代人类伦理文明的优秀成果，在新的历史条件下认识与把握人类道德生活发展规律、社会主义道德建设规律和中国特色社会主义道德建设规律，不断对中国特色社会主义精神文明和道德建设做出新的概括。所谓相对稳定的理论立场，是指无论邓小平伦理思想，还是"三个代表"伦理思想或科学发展伦理思想，抑或习近平新时代中国特色社会主义伦理思想，其立足点和出发点都是为广大人民群众服务，代表着人民群众最现实、最根本、最长远的利益和价值诉求。从人民群众根本利益出发来谋发展、促发展，不断满足人民群众日益增长的物质文化需要，是马克思主义伦理思想中国化最新成果，不变的立场和态度。所谓相对稳定的理论主题，是指马克思主义伦理思想中国化最新成果是围绕同一理论主题——建设中国特色社会主义伦理文明和实现中华民族伟大复兴——而展开理论思考和理论创新的。它全面继承并发展了马克思主义经典作家的伦理思想和毛泽东伦理思想，与马克思主义经典作家的伦理思想和毛泽东伦理思想有着一种一脉相承的关系。

马克思主义伦理思想中国化最新成果，是一个不断创新的伦理理论体系。创新性是马克思主义伦理思想中国化最新成果的本质要求，没有创新性，就会因缺少新思想、新见解、新要求而丧失理论的生机和活力。马克思主义伦理思想中国化最新成果的形成与发展，就是一个面向丰富多彩的道德生活实践，总结新理论、创造新成果的过程。着眼于世界伦理文明发展的前沿，站在人类和当代中国先进文化发展的战略制高点，在中国与世界的交往中学习、借鉴不同伦理文明的有益成果，吸纳百家之长，内不失自己固有的血脉，外能适应世界浩荡之潮流，使发展着的马克思主义伦理思想不断达到新境界、开辟新局面，是马克思主义伦理思想中国化最新成果的优良品质和一贯传统。马克思主义伦理思想中国化最新成果坚持认为，我国公民道德建设只有紧密结合建设中国特色社会主义的新实践，创造出既体现优良传统又反映时代特点的道德规范，才能切实有效地推进公民道德建设。当前我国公民道德建设的一项重要任务就是，要在全社会大力倡导和培育一种创新精神、创新意识。因此，必须在道德建设实践中坚持解放思想、实事求是、与时俱进、求真务实，勇于创新、知难而进、一往无前，认真研究新情况、解决新问题、创造新经验，不断推动公民道德建设取得新成就、进入新境界，为中国特色社会主义现代化建设做出新的、更大的贡献。"实践发展永无止境，认识真理永无止境，理论创新永无止境。党和人民实践是不断前进的，指导这种实践的理论也要不断前进。"① 马克思主义伦理思想中国化最新成果必将在党和人民的创造性实践中不断发展，中国马克思主义者的一个光荣使命就是在总结实践经验的基础上创新理论，以指导新的实践。

此外，注重效率与维护社会公平的有机统一，也是马克思主义伦理思想中国化最新成果的一个重要特征。效率与公平的统一是社会主义道德建设的重要目标，也是马克思主义伦理思想中国化最新成果的基本特点。从邓小平伦理思想到"三个代表"伦理思想，到科学发展伦理思想，再到习近平新时代中国特色社会主义伦理思想，在物质文明和精神文明"两手抓、两手都要硬"的认识中，不断凸显既注重效率又讲求公平的价值追求。社会主义的本质决定了效率与公平相统一是社会主义道德的基本属性，也提出了加强社会主义道德建设的根据、方向和归宿，展现了幸福、正义、公平的实际内涵。因此，要努力在全社会形成注重效率、维护公平的价值观念，把效率与公平结合起来，使每个公民既有平等的参与机会又能充分发挥自身的潜力，促进经济发展，保持社会稳定；要积极引导人们正确认识改革开放中的有利条件和不利因素，正确处理眼前利益和长远利益、局部利益和整体利益、个人利益和国家利益的关系，引导人们增强法治观念，自觉履行宪法和法律规定的各项义务，积极承担自己应尽的社会责任；要把权利与义务结合起来，树立把国家利益和人民利益放在首位而又充分尊重公民个人合法利益的社会主义义利观。

二、马克思主义伦理思想中国化最新成果的独特贡献

一个国家和民族的崛起，必然伴随并必将有道德文化和伦理文明的发展与繁荣。没有道德文化和伦理文明的发展与繁荣，一个国家和民族是很难实现真正的崛起或振兴的。以邓小平、江泽民、胡锦涛、习近平为主要代表的几代中国共产党人立足社会主义建设的实际，以面向现代化、面向世界、面向未来的宽阔视野，在科学把握共产党执政规律、社会主义建设规律、人类社会发展规律的基础上，创造性提出了一系列关

---

① 胡锦涛. 在庆祝中国共产党成立九十周年大会上的讲话//胡锦涛文选：第3卷. 北京：人民出版社，2016：529.

于中国特色社会主义伦理文明建设的新思想、新观点、新论述，极大地促进了马克思主义伦理思想在当代中国的发展，为人类伦理文明的发展与完善做出了独创性的贡献。

（一）"五位一体"总体布局支撑起新型伦理文明的基本架构

"五位一体"是党的十八大报告对中国特色社会主义事业做出的一种整体布局，也是对十一届三中全会以来社会主义现代化建设事业的全面系统的总结和新的战略部署。习近平指出："深刻领会和把握这个新概括，有助于我们深刻领会和把握中国特色社会主义的真谛和要义。"① "五位一体"作为中国特色社会主义的总体布局，支撑起新型伦理文明的基本架构，具有极其重要的伦理意义。

从"两个文明一起抓"发展到物质文明、政治文明、精神文明"三位一体"，到经济建设、政治建设、文化建设和社会建设"四位一体"，到十八大提出经济建设、政治建设、文化建设、社会建设、生态文明建设"五位一体"，是一个历史的发展过程，标志我们党对中国特色社会主义新型文明包括伦理文明的认识不断深化、思考不断深入、见解不断深刻，无疑是对马克思主义社会主义建设理论的巨大发展。

改革开放初期，邓小平提出了"一手抓物质文明，一手抓精神文明"的两个文明建设命题。1983年他在会见印度共产党中央代表团时指出："在社会主义国家，一个真正的马克思主义政党在执政以后，一定要致力于发展生产力，并在这个基础上逐步提高人民的生活水平。这就是建设物质文明……与此同时，还要建设社会主义的精神文明，最根本的是要使广大人民有共产主义的理想，有道德，有文化，守纪律。国际主义、爱国主义都属于精神文明的范畴。"② 江泽民在十五大报告中提出建设有中国特色社会主义经济、政治、文化的任务，指出："建设有中国特色社会主义的经济，就是在社会主义条件下发展市场经济，不断解放和发展生产力。……建设有中国特色社会主义的政治，就是在中国共产党领导下，在人民当家作主的基础上，依法治国，发展社会主义

---

① 习近平. 紧紧围绕坚持和发展中国特色社会主义学习宣传贯彻党的十八大精神//习近平谈治国理政. 北京：外文出版社，2014：10.
② 邓小平. 建设社会主义的物质文明和精神文明//邓小平文选：第3卷. 北京：人民出版社，1993：28.

民主政治。……建设有中国特色社会主义的文化，就是以马克思主义为指导，以培育有理想、有道德、有文化、有纪律的公民为目标，发展面向现代化、面向世界、面向未来的，民族的科学的大众的社会主义文化。"① 建设具有中国特色的社会主义物质文明、政治文明和精神文明，是中国共产党人在世纪之交的重要历史使命。随着中国特色社会主义现代化建设事业的深入发展，我们党对中国特色社会主义现代化建设事业的认识不断向前发展，十六大之后社会建设的地位和作用进一步凸显，建设社会主义和谐社会得到党和人民的高度认同。"四位一体"的布局提出于 2005 年。胡锦涛于 2005 年 2 月 19 日在省部级主要领导干部提高构建社会主义和谐社会能力专题研讨班上指出："我们党明确提出构建社会主义和谐社会的重大任务，就是要求全党同志在建设中国特色社会主义伟大实践中更加自觉地加强社会主义和谐社会建设，使社会主义物质文明、政治文明、精神文明建设与和谐社会建设全面发展。这表明，随着我国经济社会不断发展，中国特色社会主义事业总体布局更加明确地由社会主义经济建设、政治建设、文化建设三位一体发展为社会主义经济建设、政治建设、文化建设、社会建设四位一体。"② 十七大报告明确地将"三位一体"的社会主义现代化建设拓展为经济建设、政治建设、文化建设、社会建设"四位一体"，增加了社会建设。十八大报告又从"四位一体"拓展到"五位一体"，将生态文明建设与经济建设、政治建设、文化建设、社会建设四种建设并列，明确指出："建设中国特色社会主义，总依据是社会主义初级阶段，总布局是五位一体，总任务是实现社会主义现代化和中华民族伟大复兴。"③ 习近平在主持十八届中央政治局第一次集体学习时发表讲话，指出："强调总布局，是因为中国特色社会主义是全面发展的社会主义。我们要……坚持以经济建设为中心，在经济不断发展的基础上，协调推进政治建设、文化建设、社会建设、生态文明建设以及其他各方面建设。……党的十八大把生态文明建设纳入中国特色社会主义事业总体布

①　江泽民. 高举邓小平理论伟大旗帜，把建设有中国特色社会主义事业全面推向二十一世纪//江泽民文选：第 2 卷. 北京：人民出版社，2006：17-18.
②　胡锦涛. 构建社会主义和谐社会//胡锦涛文选：第 2 卷. 北京：人民出版社，2016：274.
③　胡锦涛. 坚定不移沿着中国特色社会主义道路前进，为全面建成小康社会而奋斗//胡锦涛文选：第 3 卷. 北京：人民出版社，2016：622.

局，使生态文明建设的战略地位更加明确，有利于把生态文明建设融入经济建设、政治建设、文化建设、社会建设各方面和全过程。这是我们党对社会主义建设规律在实践和认识上不断深化的重要成果。"①"五位一体"的提法，可从两个角度去考察。一是从"四"到"五"，二是"一体"。从"四位一体"到"五位一体"，表明我们党将生态环境保护上升到国家意志的战略高度；就"五位一体"而言，则表明将生态环境保护融入经济社会发展的全局中。以"一体"来概括，表明各个领域的建设不可人为割裂，需要和谐推进、全民建设。中国特色社会主义的发展这些年来成就巨大，但是在取得巨大成就的同时也面临越来越多的挑战和问题。如何实现经济的可持续发展，建设生态文明是必由之路和必然选择。必须把生态文明建设的观念贯穿到中国特色社会主义的经济建设、政治建设、文化建设、社会建设的全过程和始终，使物质文明、政治文明、精神文明、社会文明、生态文明相辅相成、相互促进。"五位一体"总体布局使中国特色社会主义布局结构体系更加丰满、更加立体，而且更加有利于社会主义现代化建设的持续发展和均衡发展。经济建设、政治建设、文化建设、社会建设、生态文明建设"五位一体"总体布局，体现了中国共产党对社会主义现代化强国建设内涵的深度把握。

当代中国新型伦理文明建设渗透并贯穿于"五位一体"总体布局之中，并具体体现在物质文明所内含的经济伦理思想、政治文明所内含的政治伦理思想、精神文明所内含的文化伦理思想、社会文明所内含的和谐伦理思想、生态文明所内含的可持续发展伦理思想以及党的建设文明所内含的执政伦理思想等领域或方面。社会主义物质文明要通过发展社会主义市场经济来实现国家的富强和人民生活的富裕；社会主义政治文明要通过发展社会主义民主来保证人民当家做主的权利；社会主义精神文明要通过先进文化建设和公民道德建设来培育一代又一代有理想、有道德、有文化、有纪律的"四有新人"；社会主义社会文明要通过社会主义和谐社会建设来切实改善和保障民生，助推各项社会事业健康发展；社会主义生态文明要在确立"绿水青山就是金山银山"价值观念的基础上建设美丽中国，实现人与环境的协调和持续发展。可以说，五大文明建设及其所内含和彰显的伦理思想支撑起新型伦理文明的基本架构，总体上

---

① 习近平. 紧紧围绕坚持和发展中国特色社会主义学习宣传贯彻党的十八大精神//习近平谈治国理政. 北京：外文出版社，2014：11.

证成着中国特色社会主义伦理文明的义理及其范式，是马克思主义伦理思想中国化最新成果对中国社会、中华民族和世界做出的重大理论贡献。

（二）与时俱进的理论创新为新型伦理文明提供义理支撑

在改革开放和社会主义现代化建设的伟大征程中，以邓小平、江泽民、胡锦涛、习近平为主要代表的几代中国共产党人坚持把马克思主义伦理思想基本原理与中国具体道德生活实践相结合，与中华优秀传统伦理文化相结合，创造性地提出了一系列新的伦理命题、伦理观念和伦理思想，促进了马克思主义伦理思想中国化的最新发展。

第一，提出并在实践中坚持解放思想、实事求是、与时俱进、求真务实的思想路线，将坚持马克思主义伦理思想与发展马克思主义伦理思想有机结合起来，既秉承"老祖宗不能丢"，又强调冲破教条主义的禁锢，体现了在新的实践基础上既继承前人又突破成规的开拓创新精神，极大地促进了马克思主义伦理思想中国化的新发展。解放思想、实事求是、与时俱进、求真务实，是中国共产党思想路线的集中体现，也是中国马克思主义者最为崇奉的理论品质和伦理精神，是推动党和人民事业发展的强大思想武器。推动中国特色社会主义事业继续前进，必须勇于突破"思维惰性""路径依赖""利益纠葛"的枷锁，永不僵化、永不停滞，勇于实践、勇于变革、勇于创新，不断提出体现时代性、把握规律性、富于创造性的新论断和新观点，为推动经济社会科学发展拓展思想空间，为改革创新扫除教条束缚。

第二，提出并论证了社会主义核心价值体系和社会主义核心价值观及其建设任务，凸显了社会主义意识形态的价值聚合和价值引领功能，为推进中国特色社会主义现代化建设提供了兴国之魂和强国之基。社会主义核心价值体系和核心价值观是社会主义意识形态的本质体现，是社会主义先进文化的精髓和建设社会主义和谐文化的根本。我们要通过建设社会主义核心价值体系，培育和弘扬社会主义核心价值观，进一步巩固马克思主义在意识形态领域的指导地位，牢牢把握社会主义先进文化的前进方向，全面提升国家文化软实力，为社会主义现代化建设提供思想引领和价值支持。

第三，创造性地探索与回答了在改革开放和社会主义现代化建设的条件下"如何建设社会主义精神文明和伦理文明"等重大理论和实践问题，提出了一系列崭新的伦理学命题和观点，如"社会主义四有新人""社会主义义利观""社会主义荣辱观""以人为本""全面协调可持续发展""生态文明""美丽中国"等。这些命题和观点的提出及科学论证，是对社会主义精神文明和道德建设经验的深刻总结，同时又为社会主义精神文明和道德建设指明了方向。

第四，提出并建构了一种纳和谐于发展之中并以发展来促进和谐的新型道德观，引领并推动着人类道德生活的变迁。马克思主义伦理思想中国化最新成果，从当今世界和道德生活的实际出发，崇尚和谐，注重发展，并自觉地将和谐与发展有机统一起来，主张在发展中追求和谐，在和谐中追求发展，实现经济社会和人类的永续发展。随着人类道德生活的发展变化，人类对和谐道德与发展道德的需要越来越由分立走向融合，单方面的和谐道德或单方面的发展道德很难适应人类现实的道德生活需要，人类需要一种既能兼顾和谐道德又能注重发展道德的和谐发展道德。这一道德观的提出已经并将继续成为引领当代道德生活发展变迁的伟大旗帜。

第五，提出并建构了一种"立党为公、执政为民"的执政伦理观，极大地丰富与发展了马克思主义的政党伦理和政府伦理。马克思主义伦理思想中国化最新成果，依据我们党从革命党成为执政党所面临的新形势和新任务，从开创中国特色社会主义事业新局面关键在党的认识出发，强调党自身的建设包括伦理道德建设的极端重要性，坚持用时代发展的要求审视自己，以改革的精神加强和完善自己，把保持党的先进性与执政为民有机地统一起来。它强调"立党为公、执政为民"以及"权为民所用、利为民所谋、情为民所系"等观点，以代表最广大人民群众的根本利益为基本的价值导向和判断善恶是非的标准，是一种把人民群众的根本利益视为政治伦理的主旋律和核心的伦理，是一种以人民伦理为最高价值取向的政治伦理。

第六，提出并论述了一系列关于中国特色社会主义经济伦理、政治伦理、文化伦理、社会伦理、生态伦理的新命题、新论断和新观点，使中国特色社会主义伦理思想日趋深化、系统和完善，体现了我们党对当代道德生活和人类伦理文明发展规律的深刻认识，已经成为并将继续成为推动中国特色社会主义事业不断发展和促进中华民族伟大复兴的伦理价值基础与精神保障。

（三）以人为本、公平正义、和谐发展等理念凸显新型伦理文明的核心要义

马克思主义伦理思想中国化最新成果，不仅创造性地提出了"五位一体"的新型伦理文明建构思想，而且提出了一系列既源于中国特色社会主义建设的内在需要又能引领其健康发展的价值理念和伦理命题，从而使得新型伦理文明不只有基本架构，更有核心要义，使其形神兼备，可以触摸到其所应有的热度、温度和力度。

1. 以人为本与人民主体的理念和精神

马克思主义伦理思想中国化最新成果，提出了以人为本和人民主体的伦理理念和精神，把实现好、维护好、发展好人民群众的根本利益，促进人的全面发展作为根本的价值目标。以人为本是对以物为本、以权为本、以神为本等的批判和超越，反映着为人民服务的基本要求，也是人民主体地位的深刻体现。从邓小平"人民拥护不拥护、人民赞成不赞成、人民高兴不高兴、人民答应不答应"的评价标准，到江泽民"代表最广大人民群众的根本利益"的价值导向，到胡锦涛"权为民所用、情为民所系、利为民所谋"以及"拜人民为师""把人民当亲人"，到习近平"发展社会主义民主政治就是要体现人民意志、保障人民权益、激发人民创造活力，用制度保证人民当家作主"等论述，充分彰显了人民在国家建设、民族崛起中的主体地位和伦理尊严。"坚持人民主体地位，充分调动人民积极性，始终是我们党立于不败之地的强大根基。在人民面前，我们永远是小学生，必须自觉拜人民为师，向能者求教，向智者问策；必须充分尊重人民所表达的意愿、所创造的经验、所拥有的权利、所发挥的作用。"① 中国特色社会主义伟大事业是亿万人民群众自己追求和创造的事业，人民群众在党的领导下发挥自己的积极性、能动性、主体性和创造性，整体改变了中国社会的面貌，使其发生了天翻地覆的巨大变化，使中国崛起成为现实。"人民，只有人民，才是创造世界历史的动力"②，是被中国特色社会主义事业证明的一条颠扑不破的真理。建设和发展中国特色社会主义，实现全面建

① 习近平. 坚持和运用好毛泽东思想活的灵魂//习近平谈治国理政. 北京：外文出版社，2014：27.

② 毛泽东. 论联合政府//毛泽东选集：第3卷. 2版. 北京：人民出版社，1991：1031.

成小康社会的伟大目标，必须牢固树立以人为本的理念，尊重人民群众的历史主体地位，尊重人民群众的首创精神，尊重人的发展需要，实现好、维护好、发展好人民群众的根本利益，促进人的全面发展。

2. 共同富裕与公平正义的理念和价值目标

共同富裕是中国特色社会主义的根本原则和根本价值追求，也是社会主义和资本主义的本质区别。消灭剥削，消除两极分化，最终实现共同富裕，是中国特色社会主义的本质属性和内在要求。我们党以共同富裕为目标，把理顺分配关系、规范分配秩序作为工作重点，致力健全完善养老、医疗、失业等社会保障体系，深入开展扶贫济困工作，逐步解决上学难、就医难、就业难等问题，使经济发展成果更多体现到改善民生上。同时，实施西部大开发、东北振兴、中部崛起等战略，使区域经济、城乡经济开始趋向协调发展，人民生活水平显著改善，基本实现了从贫困到温饱、再从温饱到小康的两次历史性飞跃。建设中国特色社会主义，人民普遍受惠而不是极少数人得益，是共同富裕而不是产生两极分化，体现了社会主义制度的无比优越性，为中国特色社会主义伟大事业奠定了坚实的群众基础。公平正义是中国特色社会主义的内在要求，也是社会主义制度优越性的集中体现。"全面深化改革必须着眼创造更加公平正义的社会环境，不断克服各种有违公平正义的现象，使改革发展成果更多更公平惠及全体人民"①，"要把促进社会公平正义、增进人民福祉作为一面镜子，审视我们各方面体制机制和政策规定，哪里有不符合促进社会公平正义的问题，哪里就需要改革"②。社会主义的公平正义要求涵盖经济、政治、文化和生态，是权利公平、机会公平、规则公平和分配公平的有机统一，它要求正确对待人民群众的利益诉求、劳动权益、就业保障等，使社会成员生活在一个自由、平等、公正的社会环境里，充分发挥自己的聪明才智和创造性，共享社会文明和进步的好处。

3. 和谐发展与和平崛起的理念和精神

西方国家普遍采用过的对内剥削压迫、对外侵略扩张的崛起模式，

① 习近平. 切实把思想统一到党的十八届三中全会精神上来//习近平谈治国理政. 北京：外文出版社，2014：96.
② 同①97.

产生于被马克思描述为资本的"每个毛孔都滴着血和肮脏的东西"① 的时代。中国的历史与现状以及所面临的国际环境决定了中国的崛起只能走和谐发展、和平崛起的道路，只能走协调发展、永续发展的道路。马克思主义伦理思想中国化最新成果最先提供了这样的发展理念和精神指引。

中国的发展是和平发展，中国的崛起是和平崛起，中国传统伦理文化是崇尚和谐、追求和平、希望和睦相处与宽容并包的伦理文化。厚德载物、协和万邦、和而不同是中国文化自古以来就有的基本理念和伦理精神，也是当代中国共产党人不断践行并在实践中予以推陈出新的优秀理论成果。胡锦涛在美国耶鲁大学的演讲中阐释了中华文明的四个重要传统，其中两个都与和谐相关：一个是注重社会和谐，强调团结互助；一个是注重亲仁善邻，讲求和睦相处。他说："中国人早就提出了'和为贵'的思想，追求天人和谐、人际和谐、身心和谐，向往'人人相亲，人人平等，天下为公'的理想社会。今天，中国提出构建和谐社会，就是要建设一个民主法治、公平正义、诚信友爱、充满活力、安定有序、人与自然和谐相处的社会，实现物质和精神、民主和法治、公平和效率、活力和秩序的有机统一。"又说："中华文明历来注重亲仁善邻，讲求和睦相处。中华民族历来爱好和平。中国人在对外关系中始终秉承'强不执弱'、'富不侮贫'的精神，主张'协和万邦'。中国人提倡'海纳百川，有容乃大'，主张吸纳百家优长、兼集八方精义。今天，中国高举和平、发展、合作的旗帜，奉行独立自主的和平外交政策，坚定不移走和平发展道路，既通过维护世界和平来发展自己，又通过自身发展来促进世界和平。"② 在世界各民族中，中华民族的"和合"思想最早生发、最富内涵、最具影响。这不仅是历史传承，而且是一直指导中国对外交往的哲学思想和行为准则。封建王朝把"协和万邦""万国咸宁""天下太平"作为治国安邦的崇高境界，继承优秀传统文化的中国共产党，更是把它化为马克思主义追求世界和平的博大情怀。中国走和平发展道路，不是为外力所迫，而是基于历史的自觉和文化的传统。走和平发展道路，是民族深邃厚重的文化所系，是人民诚心诚意的愿望

---

① ［德］马克思. 资本论：第 1 卷//马克思恩格斯文集：第 5 卷. 北京：人民出版社，2009：871.

② 胡锦涛. 在美国耶鲁大学的演讲//胡锦涛文选：第 2 卷. 北京：人民出版社，2016：439.

所归，是国家实实在在的利益所在。"和平崛起"要以"和而不同"为条件和目标；和谐而不千篇一律，不同但又不冲突；和谐以共生共长，不同以相辅相成。在"和为贵"的理念和价值观的影响下，中国人民形成了崇尚和平、反对暴力和战争的历史传统。2014年3月28日，习近平在德国科尔伯基金会发表演讲，专门阐述了中国走和平发展道路的理由，指出："中国坚定不移走和平发展道路，既通过维护世界和平发展自己，又通过自身发展维护世界和平。走和平发展道路，是中国对国际社会关注中国发展走向的回应，更是中国人民对实现自身发展目标的自信和自觉。"① 走和平发展道路，既根源于中华文明源远流长的爱好和平的传统，也源于对实现中国发展目标之条件的认知，源于对世界发展大势的把握。习近平强调，中华民族是爱好和平的民族，中华文明是崇尚和平的文明。"有着5000多年历史的中华文明，始终崇尚和平，和平、和睦、和谐的追求深深植根于中华民族的精神世界之中，深深溶化在中国人民的血脉之中。中国自古就提出了'国虽大，好战必亡'的箴言。'以和为贵'、'和而不同'、'化干戈为玉帛'、'国泰民安'、'睦邻友邦'、'天下太平'、'天下大同'等理念世代相传。中国历史上曾经长期是世界上最强大的国家之一，但没有留下殖民和侵略他国的记录。我们坚持走和平发展道路，是对几千年来中华民族热爱和平的文化传统的继承和发扬。"② 和合理念与和谐精神是贯穿五千多年中华文明发展史的"风骨"，是中国传统文化的精髓和首要价值。中国传统伦理文化讲究整体和谐，包括人与自然的和谐、人与社会的和谐、人际关系的和谐以及人自我身心内外的和谐四个方面，注重"和而不同"，强调世界上任何事物都有自身相对独立的、特殊的生存发展方式，尊重事物之间的差异，指出"和实生物，同则不继"。中华传统和谐精神作为民族智慧的源泉、文化传承的载体，既是历史发展的内在动力，也是我们建设中国特色社会主义文化的宝贵资源。改革开放以来，在处理国际关系和国际事务中，中国始终坚持在和平共处五项原则的基础上推动建立国际新秩序，主张用和平手段解决国际争端，为维护世界和平做出了应有的贡献。

4. 艰苦奋斗与开拓创新的理念和精神

艰苦奋斗与开拓创新既是中华民族的传统美德和伦理精神，也是时

---

①② 习近平. 走和平发展道路是中国人民对实现自身发展目标的自信和自觉//习近平谈治国理政. 北京：外文出版社，2014：265.

代伦理精神的集中反映。改革开放与社会主义现代化建设的伟大事业，需要弘扬艰苦奋斗与开拓创新的精神。伟大的事业、伟大的时代和创业实践，需要有伟大的创业精神来支持和鼓舞。胡锦涛在十七大报告中论述中国崛起的精神原因时指出："一九七八年，我们党召开具有重大历史意义的十一届三中全会，开启了改革开放历史新时期。从那时以来，中国共产党人和中国人民以一往无前的进取精神和波澜壮阔的创新实践，谱写了中华民族自强不息、顽强奋进新的壮丽史诗，中国人民的面貌、社会主义中国的面貌、中国共产党的面貌发生了历史性变化。"[1]中国特色社会主义现代化建设事业需要大力弘扬艰苦奋斗、自强不息、顽强奋进、开拓创新的精神，到建党一百年时实现全面建成小康社会的目标需要我们弘扬这种精神，到新中国成立一百年时实现全面建成社会主义现代化强国的目标还需要我们弘扬这种精神，巩固和发展社会主义制度需要几代人、十几代人甚至几十代人坚持不懈地努力奋斗。2013 年 4 月 28 日，习近平在同全国劳动模范代表座谈时指出："幸福不会从天而降，梦想不会自动成真。实现我们的奋斗目标，开创我们的美好未来……必须依靠辛勤劳动、诚实劳动、创造性劳动。我们说'空谈误国，实干兴邦'，实干首先就要脚踏实地劳动。"[2]"人世间的美好梦想，只有通过诚实劳动才能实现；发展中的各种难题，只有通过诚实劳动才能破解；生命里的一切辉煌，只有通过诚实劳动才能铸就。劳动创造了中华民族，造就了中华民族的辉煌历史，也必将创造出中华民族的光明未来。'一勤天下无难事。'必须牢固树立劳动最光荣、劳动最崇高、劳动最伟大、劳动最美丽的观念，让全体人民进一步焕发劳动热情、释放创造潜能，通过劳动创造更加美好的生活。"[3]"空谈误国，实干兴邦"是中国特色社会主义内含的基本理念和伦理精神。只有这种精神才能把中国特色社会主义事业推向新的发展阶段和水平，才能实现中华民族伟大复兴。

5. 创新、协调、绿色、开放、共享五大发展理念和精神

创新、协调、绿色、开放、共享这五大发展理念，是我们党在深刻总结国内外发展经验教训的基础上形成的，集中反映了我们党对经济社

---

① 胡锦涛. 高举中国特色社会主义伟大旗帜，为夺取全面建设小康社会新胜利而奋斗// 胡锦涛文选: 第 2 卷. 北京: 人民出版社，2016: 616—617.

② 习近平. 实干才能梦想成真//习近平谈治国理政. 北京: 外文出版社，2014: 44.

③ 同②46.

会发展规律认识的深化，也是针对我国发展中的突出矛盾和问题提出来的。发展理念是发展行动的先导，是管全局、管根本、管方向、管长远的东西，是发展思路、发展方向、发展着力点的集中体现。破解发展难题，厚植发展优势，必须牢固树立并切实贯彻创新、协调、绿色、开放、共享的发展理念。

创新发展，要求把创新作为引领发展的第一动力，摆在国家发展全局的核心位置，不断推进理论创新、制度创新、科技创新、文化创新等各方面创新，加快形成有利于创新的体制架构，塑造更多依靠创新驱动、更多发挥先发优势的引领型发展，把发展动力主要依靠资源和低成本劳动力等要素投入转向创新驱动，让创新贯穿党和国家的一切工作，让创新在全社会蔚然成风。创新发展既是一种新的发展理念，又是一种新型工业化和生态文明时代的伦理美德与优秀品质。这一伦理美德与优秀品质内含大力弘扬人的主体性精神，积极推动大众创业、万众创新，激发全社会的创业创新活力，努力拓展发展新空间，培育发展新动力，加快实现发展动力转换，为国家、民族、社会创造更多更好的物质和精神文化财富。协调发展，就是要注重解决发展不平衡问题，使社会主义"五位一体"总体布局更加协调、更加合理。它内含坚持区域协调、城乡一体、物质文明精神文明并重、经济建设国防建设融合，在协调发展中拓展发展空间，在加强薄弱领域中平衡发展结构；要求重点促进城乡区域协调发展，促进经济社会协调发展，促进新型工业化、信息化、城镇化、农业现代化同步发展，在增强国家硬实力的同时注重提升国家软实力，不断增强发展整体性。协调发展作为一种伦理美德与优秀品质，本质上是全面协调可持续和统筹兼顾原则的伦理化凝结，内含"补短板"以及社会主义现代化建设各要素协同发展的伦理要义。绿色发展是永续发展的必要条件和人民对美好生活追求的重要体现，内含坚持"绿水青山就是金山银山"的理念，注重处理好人与自然和谐共生的问题，要从无节制地向自然单向索取，转向有序有度利用自然，促进人与自然和谐共生。坚持绿色发展，就是要坚持节约资源和保护环境的基本国策，形成人与自然和谐发展现代化建设新格局，为全球生态安全做出新贡献。开放发展，就是要在"引进来""走出去"上双向发力，注重解决好发展的内外联动问题。当前经济全球化深入发展，世界经济深度调整，我国经济与世界经济的相互联系和相互影响日益加深，对外开放必须从软件、硬件上全面"提速升级"，充分考虑国际国内经济联动效应。坚持开放发展，就是要奉行互利共赢的开放战略，发展更高层次的开放型经济，积极参与全球经济治理和公共产品供给，构建广泛的利益共同体。共享发展，就是要把"蛋糕"分配好，注重解决好社会公平正义问题。让广大人民群众共享发展成果，是我们党坚持全心全意为人民服务根本宗旨的重要体现。发展成果共享主要体现在二次分配中，二次分配是对初次分配结果的系统性纠偏和调整，属于政府兜底行为，主要用以保障基本民生需要。基本民生是民生的最大公约数，是人民群众最关心、最直接、最现实的民生福祉，也是民生保障的底线阈值和最低标准。"坚持共享发展，就是要坚持发展为了人民、发展依靠人民、发展成果由人民共享，使全体人民在共建共享发展中有更多获得感，朝着共同富裕方向稳步前进。"①

五大发展理念是一个有机联系的整体，创新发展注重的是解决发展动力问题，协调发展注重的是解决发展不平衡问题，绿色发展注重的是解决人与自然的关系问题，开放发展注重的是解决发展内外联动问题，共享发展注重的是解决社会公平正义问题。这五大发展理念相互贯通、相互促进，是具有内在联系的集合体。五大发展理念，根本解决的是"怎样发展、发展为了谁"的问题。"创新、协调、绿色、开放"着力于怎样发展，但最后一定要落到"共享"这一发展"为了谁"的问题上。没有前四者便没有物质成果供社会大众享有。不能实现共享，发展必将因失衡而不可持续。共享既是五大发展理念之一，也贯穿于其他四大发展理念之中。缺乏共享，创新的原动力就会枯竭；缺乏共享，所谓协调便无从说起；缺乏共享，绿色发展就失去了必要性；缺乏共享，开放的空间将会大大缩小。共享揭示了社会主义制度的本质属性和目的性价值。所以，只有坚定不移贯彻执行创新、协调、绿色、开放、共享的发展理念，才能真正使中国特色社会主义现代化实现科学发展、和谐发展、持续发展。

（四）"八个必须坚持"彰显新型伦理文明建设的精湛智慧

十八大报告从不断变化的世情、国情、党情出发，总结中国特色社

---

① 习近平. 深化合作伙伴关系　共建亚洲美好家园——在新加坡国立大学的演讲. 人民日报，2015-11-08.

会主义现代化建设经验，提出"八个必须坚持"，即必须坚持人民主体地位，必须坚持解放和发展社会生产力，必须坚持推进改革开放，必须坚持维护社会公平正义，必须坚持走共同富裕道路，必须坚持促进社会和谐，必须坚持和平发展，必须坚持党的领导。"八个必须坚持"，回答了中国特色社会主义现代化建设过程中遇到的新问题，回应了人民群众的新期待、新要求，深化了对如何建设中国特色社会主义的认识，本质上是对中国特色社会主义伦理文明建设经验的总结，凸显了中国特色社会主义伦理文明特有的价值风骨和神韵，显示了马克思主义伦理思想中国化最新成果的创造性魅力。

第一，在中国特色社会主义为谁建设、靠谁建设问题上，提出必须坚持人民主体地位的思想和原则，凸显了人民伦理的主体性和主导性。人民是社会主义国家的主人，中国特色社会主义是亿万人民自己的事业，因此必须以人为本，发挥人民主人翁精神，最广泛地动员人民依法管理国家事务和社会事务、管理经济文化事业，坚持建设为了人民、建设依靠人民、建设成果由人民共享，更好地保障人民权益，更好地保证人民当家做主。

第二，在建设中国特色社会主义的根本任务上，提出必须坚持解放和发展社会生产力的命题与主张，凸显了以经济建设为中心的国家导向和价值建构。解放和发展生产力是中国特色社会主义的根本任务。只有解放和发展生产力，才能在综合国力竞争中立于不败之地。只有坚持解放和发展社会生产力，才能解决经济社会发展的许多难题，才能将中国特色社会主义事业推向前进。

第三，在建设中国特色社会主义的根本动力上，提出必须坚持推进改革开放的战略设想与主张，凸显了改革开放对中国特色社会主义伦理文明建设的巨大意义。改革开放是坚持和发展中国特色社会主义的必由之路，是强国之路，40年的实践证明，只有改革开放才能发展中国，只有坚持改革开放的基本国策，才能不断推进理论创新、制度创新、文化创新及其他各个方面的创新，才能将中国特色社会主义不断推向新的阶段和水平，才能实现中华民族伟大复兴。

第四，在建设中国特色社会主义的价值追求上，提出必须坚持维护社会公平正义的伦理原则与价值主张，凸显了公平正义之为社会主义内在要求的伦理属性。公平正义是社会主义社会最重要的特征，是中国特色社会主义的内在要求。只有逐步建立起以权利公平、机会公平、规则公平和分配公平为主要内容的社会保障体系，才能进一步彰显社会主义的本质和优越性。

第五，在建设中国特色社会主义的路径选择上，提出必须坚持走共同富裕道路的价值目标与伦理主张，凸显了共同富裕对于社会主义现代化建设的目的性意义。富裕并不是社会主义社会的专利，共同富裕才是社会主义与资本主义的根本区别。共同富裕是中国特色社会主义的根本原则，也是社会主义的本质和目的性价值之所在。

第六，在建设中国特色社会主义的动态目标上，提出必须坚持促进社会和谐的伦理主张与价值命题，凸显了社会和谐对于中国特色社会主义现代化建设事业的伦理意义。人类社会要实现持久发展，就必须处理好人与自我、人与人、人与社会、人与自然之间的关系，建构和谐社会。社会和谐是中国特色社会主义的本质属性。

第七，在建设中国特色社会主义的外部环境上，提出必须坚持和平发展的重要主张与发展战略，凸显了和平发展对于中国崛起和中华民族伟大复兴的伦理意义与价值。世界和平是人类社会发展和进步的首要条件，是人类共同追求的目标，社会主义者最热爱和平，中国特色社会主义只有在和平环境中才能得到更好更快的发展。和平发展是中国特色社会主义的必然选择。我们必须"坚持开放的发展、合作的发展、共赢的发展，通过争取和平国际环境发展自己，又以自身发展维护和促进世界和平，扩大同各方利益汇合点，推动建设持久和平、共同繁荣的和谐世界"①。

第八，在建设中国特色社会主义的领导力量上，提出必须坚持党的领导的价值主张与建设方略，凸显了党的建设对于引领和保障中国特色社会主义现代化建设的伦理意义。中国共产党成立以来 90 多年的实践证明，办好中国的事，关键在党，今后继续办好中国的事，关键还在党。中国共产党是中国特色社会主义事业的领导核心。只有坚持党的领导，才能使中国特色社会主义有组织、有计划、有步骤地深度推进，取得最后的胜利。

"八个必须坚持"，是改革开放 40 年来我们在坚持和发展中国特色社会主义伟大实践中取得的宝贵经验，每一条都有现实针对性和长远指

① 胡锦涛. 坚定不移沿着中国特色社会主义道路前进，为全面建成小康社会而奋斗// 胡锦涛文选：第 3 卷. 北京：人民出版社，2016：624.

导性，是未来中国发展的重要保障，更是十八大报告对中国特色社会主义做出的新的理论概括。"八个必须坚持"，最接近社会主义制度的本质，最符合科学发展观的要求，最能体现对人类社会发展规律和社会主义建设规律的遵循，最符合广大人民群众的利益和愿望。

"八个必须坚持"，科学回答了中国特色社会主义的主体力量、根本任务、必由之路、内在要求、根本原则以及领导核心等问题，既是历史经验的总结，又是开拓未来的启示；既是我们党治国理政的实践遵循，又是全党全国人民的共同信念。"八个必须坚持"，作为全党全国人民的共同信念，有助于我们继续解放思想、改革开放、凝聚力量、攻坚克难，在新的历史条件下夺取中国特色社会主义新胜利，奋力开拓中国特色社会主义更为广阔的发展前景。按照"八个必须坚持"建设中国特色社会主义，才能不断丰富中国特色社会主义的实践特色、理论特色、民族特色、时代特色，不断夺取中国特色社会主义新胜利，共同创造中国人民和中华民族更加幸福美好的未来。"八个必须坚持"的提出，是马克思主义伦理思想中国化最新成果对中国特色社会主义现代化建设做出的理论总结和理论概括，本质上是理论创新的产物，是对马克思主义伦理思想的杰出贡献，在马克思主义伦理思想发展史上具有重要的地位。党的十九大报告对"八个必须坚持"做了进一步强调，将其纳入新时代中国特色社会主义思想和基本方略中加以论述，成为"八个明确"和"十四个坚持"的重要组成部分，也因此成为习近平新时代中国特色社会主义伦理思想的重要内容。

三、马克思主义伦理思想中国化最新成果的历史地位

马克思主义伦理思想中国化最新成果，是马克思主义伦理思想基本原理与改革开放和中国特色社会主义现代化建设新时期中国具体道德生活实践相结合、与中华优秀传统伦理文化相结合而形成的第二大飞跃和杰出理论成果，全面地继承并极大地发展了马克思主义伦理思想和毛泽东伦理思想，并以其特有的价值观念和思想引领形塑着中国模式、助推着中国崛起，从而在人类伦理思想史上绝好地发挥了"化理论为德性""变哲思为人格"的改造世界的功能，为人类伦理思想宝库增添了许多

中国元素、中国内容，是迄今为止最具创发力和理论感召力的伦理思想。

（一）开辟了马克思主义伦理思想中国化发展的新局面

马克思主义伦理思想中国化最新成果，实现了坚持马克思主义伦理思想与发展马克思主义伦理思想的有机统一，故此成为当代马克思主义伦理思想发展的典型形态，既推动着当代马克思主义伦理思想的发展，又开辟了中国马克思主义伦理思想发展的新局面。

马克思主义伦理思想本质上是一个开放的、与时俱进的理论体系，它必然要求正视道德生活的实际，反映人民道德生活的新期待，总结并提炼人民道德生活的新经验，并使其形成理论，以此指导变化了的道德生活。

马克思主义伦理思想中国化最新成果，是马克思主义伦理思想在中国发展新阶段的伟大成果。把马克思主义伦理思想基本原理与改革开放和中国特色社会主义现代化建设新时期中国具体道德生活实践相结合，与中华优秀传统伦理文化相结合，实现马克思主义伦理思想的中国化，是中国共产党人在深刻把握马克思主义伦理思想的理论品质、清醒认识中国伦理文明发展的具体国情和时代特征的基础上得出的科学结论。中国共产党在 90 多年的奋斗历程中，坚持把马克思主义伦理思想基本原理与中国具体道德生活实践相结合，与中华优秀传统伦理文化相结合，实现了两次历史性飞跃，产生了两大理论成果。以毛泽东为主要代表的中国共产党人，在新民主主义革命中，实现了第一次历史性飞跃，形成了毛泽东伦理思想，系统回答了在中国这样一个经济文化落后的东方大国如何实现新民主主义革命、走社会主义道路所需的伦理品质和价值选择问题，并对发展无产阶级道德、建设社会主义伦理进行了艰辛探索，以创造性的内容为马克思主义伦理思想宝库增添了新的财富。毛泽东伦理思想开辟了马克思主义伦理思想中国化的伟大历程，对中国革命道德和共产主义道德的形成、发展产生了巨大的引领与推动作用。马克思主义伦理思想中国化最新成果，开辟了在改革开放和社会主义现代化建设新形势下马克思主义伦理思想发展的新局面，对中国社会主义伦理文明和公民道德建设发挥了理论指导与价值导向的作用。马克思主义伦理思想中国化最新成果，既破除了以往人们对马克思主义伦理思想教条式的理解，又抵制了当下某些企图背离马克思主义伦理思想的错误主张。它紧密地结合我国社会主义现代化的道德生活实践,生动而具体地坚持与发展了马克思主义伦理思想和毛泽东伦理思想。在当代中国,坚持马克思主义伦理思想中国化最新成果,就是真正坚持马克思主义伦理思想。只有坚持和丰富马克思主义伦理思想中国化最新成果,才能更好地坚持和巩固社会主义核心价值体系,才能真正高举中国特色社会主义伦理文明的伟大旗帜。

马克思主义伦理思想博大精深,其精髓是解放思想、实事求是、与时俱进、求真务实。实事求是是马克思主义哲学和伦理学的活的灵魂,实际上也是马克思主义伦理思想中国化的实质。以邓小平、江泽民、胡锦涛、习近平为主要代表的几代中国共产党人,强调全党要自觉地把思想认识从那些不合时宜的观念、做法和体制中解放出来,从对马克思主义的错误的和教条式的理解中解放出来,从主观主义和形而上学的桎梏中解放出来,主张在坚持马克思主义伦理思想基本原理的同时,更要解放思想、实事求是、与时俱进、求真务实,根据新的时代特征和变化发展的状况,不断推动马克思主义伦理思想的创新,以新的理论命题和观点丰富与发展马克思主义伦理思想,使其不断取得新成就、开拓新局面、提升新境界。

马克思主义伦理思想中国化最新成果,是对时代伦理精神精华的总结和汇聚,反映着时代伦理精神的本质和内在要求。伦理精神是一种实践精神,是一种从人的目的性出发来改造世界包括改造人自身的自觉自为精神,体现了人对世界的能动把握、人对自己生命的深刻认识和价值把握。伦理精神不是让人盲目听从外界权威、屈从于现实中的邪恶势力,而是增强人的主体意识和选择能力,动员全部身心力量克服恶行、培养德行,既提高自身的道德境界,又实现社会的道德理想。伦理精神既包含一般伦理的内在概念和普遍可能性,又包含个体成员的自我意识或个体道德意识,或者说是民族伦理精神和个体伦理精神的辩证结合,体现着普遍性与特殊性的矛盾统一。"伦理精神是道德体系的核心,它既是时代道德意识的精华,又是最根本的道德准则,它在一定的意义上,对于规范人们的行为,具有极其广泛性和极为深远性的重大价值。"[①] 伦理精神不仅具有历史性和民族性,而且具有时代性和现实性,

---

① 吴灿新. 当代中国伦理精神. 广州:广东人民出版社,2001:53-54.

所以能够比较深刻地集聚与兼容民族精神和时代精神，并且能够面向未来，通过向历史扎根、向现实贴近来更好地向未来探求，彰显出承前启后、继往开来的价值特质。马克思主义伦理思想中国化最新成果从和平与发展的时代主题出发，正确认识时代伦理精神的深刻变化并促进其不断发展和完善，提出了一系列反映时代伦理精神的命题、观点和理论，开辟了马克思主义伦理思想发展的新局面。

（二）开辟了社会主义伦理文明建设的新局面

马克思主义伦理思想中国化最新成果，用一系列紧密联系、相互贯通的新思想、新观点和新论断，科学而系统地回答了在改革开放和发展社会主义市场经济的条件下如何坚持与发展马克思主义伦理思想、如何建设社会主义伦理文明、如何发展中国特色社会主义伦理文化体系等问题，给人类伦理思想宝库贡献了许多精湛深幽的道德智慧。自马克思、恩格斯创立科学社会主义学说以来，社会主义从空想走向科学。从 19 世纪的社会主义工人运动到 20 世纪苏联建立第一个社会主义国家，科学社会主义在 100 多年间从思想走向现实，从运动形态发展成为一种社会制度，并在 20 世纪中期产生了占世界人口 1/3 的社会主义阵营。然而，在社会主义制度的发展过程中，苏联创造的社会主义制度长期成为各个社会主义国家唯一可以选择的样板，单一僵化的社会主义模式阻碍了各国社会主义道路和模式的选择，在实践中导致了社会主义发展的停滞现象。20 世纪末，苏联、东欧社会主义阵营在剧变中瓦解的历史教训，为社会主义制度在全世界的发展蒙上了阴影。然而，中国共产党人却在世界社会主义遭遇挫折之际，通过改革开放，举起了中国特色社会主义的鲜明旗帜。从中国社会主义演进发展的视角看，中国共产党在 20 世纪 50 年代基本完成社会主义改造之后，建立了社会主义制度。但是，对于如何在一个半殖民地半封建的大国建立社会主义制度，对于如何在实践中不断地丰富、完善社会主义制度，马克思主义的经典中没有现成答案，苏联社会主义的制度模式不完全符合中国现实。中国共产党人对建设什么样的社会主义、怎样建设社会主义进行了长期艰辛的探索。尤其是党的十一届三中全会以来，我们党坚持解放思想、实事求是、与时俱进、求真务实，一切从实际出发，从社会主义初级阶段这个最大的国情出发，自觉地把思想认识从那些不合时宜的观念、做法和体制中解放出来，不断把改革开放和社会主义现代化建设推向前进，走出了一条中国特色社会主义道路，形成了中国特色社会主义理论体系。

以邓小平、江泽民、胡锦涛、习近平为主要代表的几代中国共产党人，在十一届三中全会以后改革开放和社会主义现代化建设的伟大征途中，坚持把马克思主义基本原理与社会主义现代化建设的具体道德生活实践相结合，与中华优秀传统伦理文化相结合，先后形成了邓小平伦理思想、"三个代表"伦理思想、科学发展伦理思想和习近平新时代中国特色社会主义伦理思想，即马克思主义伦理思想中国化最新成果。这一马克思主义伦理思想中国化最新理论成果，系统回答了在中国这样一个十几亿人口的发展中大国如何建设社会主义伦理文明、如何发展中国特色社会主义伦理文明等一系列重大问题。马克思主义伦理思想中国化最新成果，"既坚持了科学社会主义基本原则，又根据时代条件赋予其鲜明的中国特色，以全新的视野深化了对共产党执政规律、社会主义建设规律、人类社会发展规律的认识，从理论和实践结合上系统回答了在中国这样人口多底子薄的东方大国建设什么样的社会主义、怎样建设社会主义这个根本问题，使我们国家快速发展起来，使我国人民生活水平快速提高起来"①。

马克思主义伦理思想中国化最新成果，是当代伦理学理论创新的集中体现，彰显着中国马克思主义者在改革开放和发展社会主义市场经济条件下对伦理道德的认识智慧，其中涉及对人类伦理文明发展规律和社会主义伦理文明发展规律的深刻认识，对社会主义道德核心、原则、规范、范畴等的科学概括和论述，对社会主义公民道德建设包括社会公德、职业道德、家庭美德、个人品德建设的科学概括和论述，对社会主义"四有新人"及其培育等的阐释和论述。这些既反映着伦理学理论认识的深化和拓展，也必然成为伦理学基础理论研究的标志性成果。马克思主义伦理思想中国化最新成果，鲜明地体现了伦理思想的合规律性与合目的性的统一。它从当代中国与世界的现实出发，把对我国精神文明和社会主义伦理文明建设的探索建立在马克思主义关于人类道德发展规律、社会主义道德建设规律和中国特色社会主义道德建设规律的基础上，具有洞观人类伦理文明发展趋势和把握道德生活发展潮流的深刻智

---

① 胡锦涛. 坚定不移沿着中国特色社会主义道路前进，为全面建成小康社会而奋斗//胡锦涛文选：第3卷. 北京：人民出版社，2016：622.

慧。它坚持尊重道德建设发展规律与尊重道德主体地位的一致性，坚持为崇高理想奋斗与为最广大人民谋利益的一致性，坚持保障人民利益与促进人的全面发展的一致性，鲜明地体现了伦理思想的先进性、崇高性、人民性、实践性。

马克思主义伦理思想中国化最新成果，是推进社会主义伦理文明和公民道德建设的正确理论。它适应社会主义初级阶段道德建设的需要而产生，并指引着社会主义伦理文明建设和公民道德建设的实际进行与具体展开，与社会主义伦理文明建设和公民道德建设形成了一种相辅相成、相互联系的关系。实践证明，马克思主义伦理思想中国化最新成果是指引中国人民在改革开放和社会主义现代化建设征程中，顺利推进社会主义伦理文明建设和公民道德建设的正确理论。在当代中国，只有这一理论而没有别的理论，能够指引我们实现国家富强和人民幸福、完成实现中华民族伟大复兴的历史任务。只有坚持以马克思主义伦理思想中国化最新成果为指导，才能对道德生活中出现的系列问题做出科学回答，才能深入推进社会主义伦理文明建设和公民道德建设的进程，不断发展中国特色社会主义伦理文明。

马克思主义伦理思想中国化最新成果，把社会主义发展与民族复兴的历史任务紧密联系在一起，把实现社会主义现代化与人民共同富裕紧密联系在一起，把国家的兴盛和个人的幸福紧密联系在一起，从而使其获得了引领、激励全党全国各族人民共同奋斗的强大精神力量。改革开放以来，我们之所以能够经受住来自经济、政治、文化、社会领域和自然界的各种困难与挑战，取得一个又一个重大胜利，从根本上说，就是因为我们有了马克思主义伦理思想中国化最新成果的引领和指导。

（三）开辟了执政党伦理建设的新局面

马克思主义伦理思想中国化最新成果，是中国共产党人长期探索社会主义伦理文明建设和公民道德建设的理论成果，是中国共产党和中国人民最可珍贵的政治财富与精神财富。它凝结了几代中国共产党人带领人民不懈探索道德生活实践和伦理文明建设的智慧与心血，凝结着全党和全国人民渴望幸福美好生活、建设共有精神家园和促进人的全面发展等的认识智慧，体现了党与时俱进、以人为本、执政为民等最可宝贵的伦理品质，也彰显着中国共产党从严治党、加强自身建设、不断提升执政伦理建设水平和境界的党性自觉，开辟了执政党伦理建设的新局面。一些社会主义国家执政党走向垮台的教训告诉我们，不坚持马克思主义不行，不发展马克思主义、不用发展着的马克思主义统一思想和指导实践也不行。21世纪新阶段，面对深刻变化的国际国内环境，面对人们思想观念多元、多样、多变的新情况，只有坚持用马克思主义中国化最新成果武装全党、教育人民，用中国特色社会主义的共同理想凝聚力量，才能真正统一全党全国各族人民的思想，才能最大限度地团结和凝聚不同社会阶层、不同利益群体的人们，为实现我们的伟大目标而共同奋斗。

20世纪70年代末，中国社会面临着"向何处去"的重大历史选择：要么继续坚持"文化大革命"的理论和实践走老路，要么走出一条坚持和发展社会主义的新路。在这样的历史关头，以邓小平为主要代表的中国共产党人以坚定的理想信念和超强的勇气智慧，解放思想、实事求是，自我纠错、自主创新，创造性地解决了科学评价毛泽东的历史地位和毛泽东思想，根据新的实际和发展要求确立中国社会主义现代化建设的正确道路这样两个相互联系的重大历史课题，不走封闭僵化的老路，实现了思想路线、政治路线的拨乱反正，成功开创了中国特色社会主义道路。

党和人民的事业发展到什么阶段，党的建设就要推进到什么阶段，这是加强党的建设必须把握的基本规律。十一届三中全会以来，邓小平、江泽民、胡锦涛、习近平都十分重视党的执政伦理建设，强调把坚持党的领导与改善党的领导有机地结合起来，提出了从严治党和全面从严治党的战略任务。2000年，江泽民在十五届中央纪委四次全会上提出，"治国必先治党，治党务必从严"[①]，强调"落实好从严治党的方针，必须坚持党要管党"，"对领导干部一定要严格要求、严格教育"[②]，要把从严治党全面贯彻于党的建设的一切方面，要从关系人心向背和党的生死存亡的战略高度加强党风廉政建设。胡锦涛在纪念党的十一届三中全会召开三十周年大会上的讲话中指出，"党的先进性和党的执政地位都不是一劳永逸、一成不变的，过去先进不等于现在先进，现在先进

---

① 江泽民. 治国必先治党，治党务必从严//江泽民文选：第2卷. 北京：人民出版社，2006：496.

② 同①499.

不等于永远先进"，因此必须把党的先进性教育摆在重要地位，坚持不懈地"加强党的自身建设，在不断解放思想中统一全党思想，在加强党的执政能力建设和先进性建设中推进高素质干部队伍建设，在增强党的阶级基础的同时扩大党的群众基础，在继承党的优良传统的同时弘扬时代精神，使党始终坚持工人阶级先锋队、中国人民和中华民族先锋队的性质，坚持马克思主义指导地位，坚持全心全意为人民服务的宗旨，发扬优良传统和作风，不断增强创造力、凝聚力、战斗力"[①]。十八大以来，以习近平为核心的党中央根据我们党所处的历史方位、形势任务和自身状况指出，党要领导人民进行具有许多新的历史特点的伟大斗争，实现"两个一百年"奋斗目标和中华民族伟大复兴的中国梦，就必须坚持全面从严治党，不断把党的建设新的伟大工程推向前进，确保始终保持党的先进性和纯洁性，确保党始终成为中国特色社会主义事业的坚强领导核心。习近平认为，在前进道路上，我们党既面临着重要的发展机遇，也面临着诸多矛盾和问题，特别是面临着长期复杂严峻的执政考验、改革开放考验、市场经济考验、外部环境考验，以及精神懈怠危险、能力不足危险、脱离群众危险、消极腐败危险。我们要始终保持党的先进性和纯洁性，着力提高党的执政能力和领导水平，着力增强抵御风险和拒腐防变的能力，不断把党的建设新的伟大工程推向前进。他多次强调，我们党的根基在人民、力量在人民，因此必须坚持一切为了人民、一切依靠人民，充分发挥广大人民群众的积极性、主动性、创造性，不断把为人民造福事业推向前进。我们必须始终坚持以改革创新精神来加强党的建设，把党的执政能力建设和先进性建设作为主线，坚持党要管党、从严治党，贯彻为民、务实、清廉的要求，以坚定理想信念为重点加强思想建设，以造就高素质党员、干部队伍为重点加强组织建设，以保持党同人民群众的血肉联系为重点加强作风建设，以健全民主集中制为重点加强制度建设，以完善惩治和预防腐败体系为重点加强反腐倡廉建设，使党始终成为立党为公、执政为民，求真务实、改革创新，艰苦奋斗、清正廉洁，富有活力、团结和谐的马克思主义执政党。

马克思主义伦理思想中国化最新成果，表达了党和人民的共同愿望

[①] 胡锦涛. 在纪念党的十一届三中全会召开三十周年大会上的讲话//胡锦涛文选：第3卷. 北京：人民出版社，2016：169.

与目标追求，集中体现了中国最广大人民的根本利益，具有强大的感召力、亲和力和凝聚力，是引领、激励我们团结奋斗的巨大精神力量。

（四）开创了中国经济社会科学发展、和谐发展的新局面

改革开放以来，我们党的全部理论和全部实践，归结起来就是创造性地探索与回答了"什么是马克思主义、怎样对待马克思主义""什么是社会主义、怎样建设社会主义""建设什么样的党、怎样建设党""新形势下实现什么样的发展、怎样发展""新时代坚持和发展什么样的中国特色社会主义、怎样坚持和发展中国特色社会主义"等重大理论和实践问题。就马克思主义伦理思想中国化最新成果而言，除创造性地探索与回答了"什么是马克思主义伦理思想、怎样对待马克思主义伦理思想""什么是社会主义伦理思想、怎样建设社会主义伦理思想""什么是党的执政伦理、怎样建设党的执政伦理"等重大理论和实际问题外，还创造性地回答了"实现什么样的发展伦理、怎样建设中国特色社会主义发展伦理"等重大问题，提出了以人为本、全面协调可持续和统筹兼顾以及创新、协调、绿色、开放、共享的发展理念，强调"激发全社会创造力和发展活力，努力实现更高质量、更有效率、更加公平、更可持续的发展"[①]，形成了中国特色社会主义的科学发展伦理思想。

科学发展伦理思想是马克思主义伦理思想中国化最新成果的重要组成部分，它是在对国内外经济社会发展正反两方面经验教训深刻总结的基础上提出来的，是对西方发展伦理思想的借鉴和中国化改造。它坚持第一要义是发展、核心是以人为本、基本要求是全面协调可持续、根本方法是统筹兼顾，并提出和谐发展、民生幸福以及建设生态文明等新命题、新观点，极大地丰富和发展了马克思主义伦理思想。

科学发展伦理思想主张经济发展并不是目的，以物为本、为经济而经济无疑是错误的，因此坚持经济发展是服务于人的，人是经济发展的目的，实现好、维护好、发展好人民群众的根本利益是社会主义现代化建设和经济社会发展的目的。因此，在现代化建设过程中，必须正确处理人的需要和经济社会发展的关系，始终把满足人民群众的需要放在第一位，把提升人民群众的幸福感与获得感放在重要位置，千万不能本末

---

① 习近平. 决胜全面建成小康社会　夺取新时代中国特色社会主义伟大胜利. 北京：人民出版社，2017：35.

倒置、重物轻人。

科学发展伦理思想既强调人和社会发展的特殊性，又强调自然因素对人和社会发展的制约性，坚持认为人必须而且应该与自然和谐相处，从而使人与自然和谐发展。那种竭泽而渔、杀鸡取卵式的发展只能导致经济生活的危机或不可持续，本质上是短视行为和狭隘功利主义的表现，必须予以制止。

在科学发展伦理思想指导下，中国经济社会发展步入了科学发展、和谐发展和持续发展的正道，全国各地在加快转型升级中保持了经济平稳较快增长，在推进改革发展中实现了人民生活持续改善，在破解难题中发展的全面性、协调性、可持续性显著增强，在正确处理利益关系中促进了和谐发展与社会稳定。事实证明，坚持并弘扬科学发展伦理思想，才能很好地加快经济结构调整与发展方式转变，应对各种严峻挑战、渡过发展难关，才能更好地加大统筹兼顾的力度，实现经济社会全面协调可持续发展，才能更加注重保障和改善民生，不断提高人民群众的幸福感、获得感，才能促进社会主义现代化建设健康全面发展。

（五）开辟了中华民族走向伟大复兴的新征程

在马克思主义伦理思想中国化最新成果指引下，中国的改革开放和社会主义现代化建设事业取得了历史性的伟大成就。"神舟"飞天、"嫦娥"揽月、"天宫"对接、"蛟龙"探海、超级计算机等前沿科技实现重大突破，青藏铁路、南水北调、"一带一路"等捷报频传，中国的经济总量先后超过德国和日本，攀升至世界第二，经济发展质量不断提高并向着内生自主、创新引领增长方向转变，成为世界经济恢复的重要引擎和稳定器。中国与其他各大国开启了构建新型大国关系的历史进程，同周边国家利益交融进一步深化，在国际舞台上的影响力日益增强。中国40年的改革开放和社会主义现代化建设，使中国由一个落后的农业国发展成为社会主义现代化强国，经济建设、政治建设、文化建设、社会建设、生态文明建设以及党的建设均取得了光耀史册的伟大成就，今天的中国比历史上任何时期都更接近中华民族伟大复兴的价值目标。中国的综合国力不断提升，带来的是中国国际影响力的扩大和国际地位的提高。2005年5月9日美国《新闻周刊》写道："400年来，全球重心发生过三次转移，第一次是欧洲的崛起，第二次是美国的崛起，如今是中国的崛起，外加印度的崛起和日本持续的影响力，标志着全球力量的第三次巨大变化，即以中国为核心的亚洲的崛起。"2008年8月15日美国《生活科学》指出："皮尤调查报告写道：在日本、德国、西班牙、法国、英国和澳大利亚，接受调查的大多数人要么认为中国已经取代了美国，要么认为中国在将来会取代美国。"2008年10月6日英国《金融时报》感言："金融资本主义接近崩溃，加速了国际政治的革命。在目前的金融动荡中，西方是输家，历史的火炬似乎正从西方传给东方。东方在增长，西方在衰退；东方满怀希望，西方充满担忧。"并说："中国的崛起是当今时代最重要的事件"，"中国的崛起已不再是预测，而是事实"。2009年英国学者马丁·雅克出版了《当中国统治世界》[①]一书，书中强调必须从文明国家而不是普通民族国家的角度来分析中国，认为中华文明的延续性主要体现在两个方面——国家和教育。不管过去还是共产党执政后，国家均被视为中华文明的象征和守护者。抓住了"国家"的秘密，在马丁看来也就抓住了中国模式的核心。"这可以归结为中国古老传统的一部分，国家在经济中通常发挥关键性的作用，被广大人民当作社会的保护神和化身。虽然中国已经推行市场改革，但各级政府在经济中仍然发挥着非常重要的作用。"[②]

马克思主义伦理思想中国化最新成果，已经成为并将继续成为促进中华民族伟大复兴的精神旗帜和思想动能。邓小平曾说，按照"三步走"战略目标，解决温饱只是"小变化"，实现小康是"中变化"，基本实现社会主义现代化才是"大变化"。中国基本实现社会主义现代化，"这不但是给占世界总人口四分之三的第三世界走出了一条路，更重要的是向人类表明，社会主义是必由之路，社会主义优于资本主义"[③]。

马克思主义伦理思想中国化最新成果，是中国特色社会主义理论体系的重要组成部分，它以厚重而鲜明的中国品格、源远流长而又不断与时俱进的中国精神以及立足本国走向世界的核心价值体系和核心价值

---

① 这部书于2009年6月首先在英国出版，同年11月在美国出版，2010年在中国出版。
② 瞭望东方周刊，2010-07-12.
③ 邓小平.社会主义必须摆脱贫穷//邓小平文选：第3卷.北京：人民出版社，1993：225.

观，形塑中国模式，助推中国崛起，创造中国经验，成为中国模式、中国崛起、中华文化软实力的重要构成。习近平指出："没有中华文化繁荣兴盛，就没有中华民族伟大复兴。一个民族的复兴需要强大的物质力量，也需要强大的精神力量。没有先进文化的积极引领，没有人民精神世界的极大丰富，没有民族精神力量的不断增强，一个国家、一个民族不可能屹立于世界民族之林。"[①] 中国的崛起不是一个普通国家的崛起，而是一个五千多年连绵不断的伟大文明的复兴，是一个"文明型国家"的崛起。英国学者马丁·雅克曾在《洛杉矶时报》撰文，指出："中国本质上是一个文明国家，其身份认同感源自作为文明国家的悠久历史。当然，世界上有许多种文明，比如西方文明，但中国属于唯一的文明国家。"[②] 中国作为"文明型国家"，有自己悠久的历史和文化传统，这种悠久的历史和文化传统强化着中国人对自己国家与民族的认同，因此中国人不会跟着别人亦步亦趋，不会照搬西方或者其他国家的任何模式，而会根据自己的具体国情和文化传统选择最适合自己发展的道路，创新自己的传统文化和民族文化。"这种'文明型国家'有能力汲取其他文明的一切长处而不失去自我，并对世界文明做出原创性的贡献，因为它本身就是不断产生新坐标的内源性主体文明。"[③] "文明型国家"崛起的深度、广度和力度，都是人类历史上前所未见的。马克思主义伦理思想中国化最新成果，作为中国改革开放和社会主义现代化建设的精神旗帜，在形塑中国模式、助推中国崛起方面产生了绝妙的作用，开辟了中华民族走向伟大复兴的新征程。

---

① 中共中央文献研究室，编. 习近平关于社会主义文化建设论述摘编. 北京：中央文献出版社，2017：7.

② ［英］马丁·雅克. 理解中国：西方错估中国已数十年了. 洛杉矶时报，2009-11-22.

③ 张维为. 中国震撼：一个"文明型国家"的崛起. 上海：世纪出版集团，上海人民出版社，2011：2.

结束语　民族复兴与新型伦理文明发展展望

　　中华民族伟大复兴是全体中华儿女的崇高理想，是中华民族和中国人民的整体利益、根本利益、长远利益之所在，是中国共产党的庄严使命，也是中国其他一切进步党派和海内外中华儿女共同的价值期盼与历史责任。中华民族伟大复兴是中国人民为改变近代悲惨命运和落后面貌而进行的一次长征，将是中国乃至人类历史上最伟大的事件和创举之一。习近平在纪念毛泽东同志诞辰120周年座谈会上的讲话中指出："站立在960万平方公里的广袤土地上，吸吮着中华民族漫长奋斗积累的文化养分，拥有13亿中国人民聚合的磅礴之力，我们走自己的路，具有无比广阔的舞台，具有无比深厚的历史底蕴，具有无比强大的前进定力。"[①] 当今中华民族复兴以中国化的马克思主义为理论指导，以中国共产党为领导核心，以人民幸福、社会和谐、国家富强、民族昌盛、人类进步为战略目的，以世界最先进国家为赶超对象，以改革开放和社会主义现代化建设为基本路径，其战略目标是使中国在社会主义现代化道路上成为富强、民主、文明、和谐、美丽的世界一流强国，使中华民族成为世界先进民族，使中国为人类进步做出不可替代的贡献。中华民族伟大复兴是现代化建设、社会转型和提升国民素质的一个历史过程。

---

　　① 习近平. 坚持和运用好毛泽东思想活的灵魂//习近平谈治国理政. 北京：外文出版社，2014：29.

一、民族复兴是近代以来中国人民
最伟大的梦想和追求

民族复兴是一个曾经在历史上创造过辉煌的民族在经历坎坷和困境后的重新崛起，这种重新崛起不是向历史上所创造的辉煌的简单回归或类比，而是再创辉煌或者说创造更加辉煌的史诗，推动整个民族和国家历史不断前进，也意味着对人类历史和文明的新的贡献。西方近代的文艺复兴以复兴古希腊罗马思想和精神为旗帜，产生了一批多才多艺和学识渊博的巨人，不仅摧毁了教会的精神独裁，而且确立了理性的权威，"在罗曼语族各民族那里，从阿拉伯人那里吸收过来并从新发现的希腊哲学那里得到营养的一种开朗的自由思想，越来越深地扎下了根，为18世纪的唯物主义作了准备"①。费希特、韦伯都探讨过德意志民族复兴的路径和前景，认为德意志民族复兴取决于一代新人的培育和创造一个由自觉的理性支配的新世界，过一种由自觉的理性支配的新生活。韦伯在《民族国家与经济政策》的演讲中讲："一个伟大的民族并不会因为数千年光辉历史的重负就变得苍老！只要她有能力有勇气保持对自己的信心，保持自己历来具有的伟大本能，这个民族就能永远年轻。"②中华民族是一个如同韦伯所说的有着数千年光辉历史的伟大民族，创造了长期领先世界的辉煌成就。只是到了近代，由于封建主义和帝国主义的双重压迫与剥削，中华民族落后了。先进的中国人，从鸦片战争失败时起，就开始了救亡图存、志在复兴的上下求索与艰苦斗争，并在中国共产党的带领下，成功书写了一部衰而复兴、阙而复振的辉煌史诗。

（一）民族复兴思想的萌生、形成与发展

费孝通认为："中华民族作为一个自觉的民族实体，是近百年来中国和西方列强对抗中出现的，但作为一个自在的民族实体则是几千年的

---

① 〔德〕恩格斯. 自然辩证法//马克思恩格斯选集：第4卷. 2版. 北京：人民出版社，1995：261.

② 〔德〕马克斯·韦伯. 民族国家与经济政策. 甘阳，等译. 北京：三联书店，1997：108.

历史过程所形成的。"① 近代以来，中国遭受西方列强的欺凌与侵略，先进的中国人意识到中华民族面临灭顶之灾，自觉地意识到只有真诚地团结起来作为一个整体才能救亡图存，从而产生并形成了中华民族的整体意识和整体民族的自我觉醒，并在这种民族整体意识和整体民族自我觉醒的引领下开启了中华民族追求民族独立和解放的艰苦历程。

1901 年，梁启超发表《中国史叙论》，首次提出了"中国民族"的概念，并将中国民族的历史划分为三个时代。② 同年，他在《国家思想变迁异同论》一文中率先介绍了"民族主义"和"民族帝国主义"这两个概念。他指出，"民族主义者，世界最光明、正大、公平之主义也"，因为它"不使他族侵我之自由，我亦毋侵他族之自由。其在于本国也，人之独立；其在于世界也，国之独立"③。1902 年，梁启超在《论中国学术思想变迁之大势》一文中正式提出"中华民族"的概念。④ 1905 年，梁启超写了《历史上中国民族之观察》一文，从历史演变的角度重点分析了中国民族的多元性和混合性，中华民族指中国境内的所有民族，汉、满、蒙、回、藏等为一家，是多元混合的。中国以地球上最大之民族建造一个民族主义的国家是民族复兴的希望所在，中华民族如果有能力建造这样一个民族主义的国家，那么它就会由此走上富强昌盛，如果不能，那么它就会走向自取灭亡的道路，这是梁启超从论民族竞争之大势所得出的必然结论。

孙中山于 1894 年 11 月在美国檀香山创建兴中会。兴中会成立宣言明确指出：设立本会的目的"专为振兴中华"，该口号成了中华民族复兴观念的先声。孙中山在清末奔走革命的过程中，多次阐释了实现民族复兴、赶超西方列强的思想。例如，他在 1905 年的《在东京中国留学生欢迎大会的演说》中指出，中国通过学习西方，可实现超常规发展，不仅"突驾日本无可疑也"，而且在"十年、二十年之后不难举西人之文明而尽有之，即或胜之焉，亦非不可能之事也"⑤，希望"诸君将振兴

---

① 费孝通，主编. 中华民族多元一体格局. 北京：中央民族大学出版社，1999：3.

② 梁启超. 中国史叙论//饮冰室合集：文集六. 北京：中华书局，1989：11-12.

③ 梁启超. 国家思想变迁异同论//饮冰室合集：文集六. 北京：中华书局，1989：20.

④ 梁启超. 论中国学术思想变迁之大势//饮冰室合集：文集七. 北京：中华书局，1989：21.

⑤ 孙中山. 在东京中国留学生欢迎大会的演说//孙中山全集：第 1 卷. 北京：中华书局，1981：282.

中国之责任，置之于自身之肩上"①。他在 1906 年给外国友人的信中提到，中国这一占世界人口四分之一的国家的复兴，将是全人类的福音。孙中山在晚年继续关注民族复兴问题。他在《民族主义》的演讲中强调，民族复兴就是要恢复民族的地位，恢复到"世界中头一个强国"，而要恢复民族地位，就要恢复固有道德、恢复民族主义，"到民族主义恢复了之后，我们便可以进一步去研究怎么样才可以恢复我们民族的地位"②，"有了固有的道德，然后固有的民族地位才可以图恢复"③。他在讲演中直接使用了"民族复兴"一词，批评列强想维持垄断地位，不准弱小民族复兴。

李大钊"自束发受书，即矢志努力于民族解放之事业"，"忧国之所忧，哀民之所哀，为挽救'神州陆沉'、'再造中华'"，毅然决然地走上探索救国救民的寻梦之路。他率先在中国大地上高举起马克思列宁主义的旗帜，为中国昭示了新的社会主义的发展方向。1916 年 8 月 15 日，李大钊在《晨钟报》创刊号上发表《〈晨钟〉之使命》一文，第一次正式向国人公开阐述他建立一个崭新民族国家的思想理念——"索我理想之中华，青春之中华"。在李大钊看来，中国的出路就是要摆脱旧传统、旧观念的束缚，建立一个青春的国家。1916 年 9 月 1 日，他在《新青年》第 2 卷第 1 号公开发表《青春》一文。该文论述"青春"的人生观，认为能够担当"中华再造"重任的必定是青年，断言"吾族今后之能否立足于世界，不在白首中国之苟延残喘，而在青春中国之投胎复活"，"吾族青年所当信誓旦旦，以昭示于世者，不在龈龈辩证白首中国之不死，乃在汲汲孕育青春中国之再生"④。《青春》是李大钊民族意识觉醒的标志，他号召青年"冲决历史之桎梏，涤荡历史之积秽，新造民族之生命，挽回民族之青春"⑤，"进前而勿顾后，背黑暗而向光明，为世界进文明，为人类造幸福，以青春之我，创建青春之家庭，青春之国家，青春之民族，青春之人类，青春之地球，青春之宇宙，资以乐其无涯之生"⑥。这是对中国向何处去等重大现实问题进行的深入思考和理

① 孙中山. 在东京中国留学生欢迎大会的演说//孙中山全集：第 1 卷. 北京：中华书局，1981：283.
② 孙中山. 三民主义：民族主义//孙中山全集：第 9 卷. 北京：中华书局，1986：242.
③ 同②243.
④ 李大钊. 青春//李大钊文选. 上海：上海远东出版社，1995：56.
⑤ 同④57.
⑥ 同④61.

论探索。1917 年初，李大钊又写出《新中华民族主义》和《大亚细亚主义》两文，不仅自觉地"揭新中华民族之赤帜"，而且声言大亚细亚主义者"当以中华国家之再造，中华民族之复活为绝大关键"。"青春中华之创造""中华民族之复活"形象地揭示了李大钊民族复兴的发展愿景。1924 年，李大钊在北京大学政治学会演讲"人种问题"，他说："我们中华民族在世界上贡献，大都以为是老大而衰弱。今天我要问一句，究竟他果是长此老大衰弱而不能重振复兴吗？不的！从'五四'运动以后，我们已经感觉得这民族复活的动机了！……我们无论如何，都要猛力勇进，要在未来民族舞台施展我们的民族特性，要再在我们的民族史以及世界史上表扬显着我们的民族精神！"①用"中华民族""重振复兴"两个词表达出"中华民族复兴"的思想，更指出中华民族应对人类文明有新的更大的贡献，彰显了中华民族自立于世界民族之林的信心和决心。

毛泽东致力于民族复兴的伟大事业，为此做出了彪炳史册的杰出贡献。早在 1919 年 8 月，他就在《民众的大联合》一文中指出："我们中华民族原有伟大的能力！压迫愈深，反动愈大，蓄之既久，其发必速。我敢说一怪话，他日中华民族的改革，将较任何民族为彻底。中华民族的社会，将较任何民族为光明。中华民族的大联合，将较任何地域任何民族而先告成功。"② 1938 年，毛泽东在《中国共产党在民族战争中的地位》一文中指出，"我们有一个光明的前途；我们必须战胜日本帝国主义，必须建设新中国，也一定能够达到这些目的"③，并认为中国共产党的任务是"领导一个几万万人口的大民族，进行空前的伟大的斗争"④，强调"成为伟大中华民族的一部分而和这个民族血肉相联的共产党员"应当把马克思主义基本原理与中国革命的具体实践相结合，使马克思主义在"每一表现中带着必须有的中国的特性"和"为中国老百姓所喜闻乐见的中国作风和中国气派"⑤。在《中国革命和中国共产党》一文中，毛泽东论述了中华民族从古代辉煌经近代沉沦，并将再次走向

① 李大钊. 人种问题//李大钊全集：第 4 卷. 北京：人民出版社，2006：452-453.
② 毛泽东. 民众的大联合（三）//毛泽东早期文稿. 长沙：湖南出版社，1990：393-394.
③ 毛泽东. 中国共产党在民族战争中的地位//毛泽东选集：第 2 卷. 2 版. 北京：人民出版社，1991：519.
④ 同③533.
⑤ 同③534.

伟大复兴的发展历程。他指出，中华民族是一个古老而伟大的民族，和世界上许多民族一样，经历过原始社会、奴隶社会和封建社会，创造过灿烂的古代文明。"在中华民族的开化史上，有素称发达的农业和手工业，有许多伟大的思想家、科学家、发明家、政治家、军事家、文学家和艺术家，有丰富的文化典籍"①，"中国是世界文明发达最早的国家之一，中国已经有了将近四千年的有文字可考的历史"，"中华民族不但以刻苦耐劳著称于世，同时又是酷爱自由、富于革命传统的民族"，"中华民族的各族人民都反对外来民族的压迫，都要用反抗的手段解除这种压迫。他们赞成平等的联合，而不赞成互相压迫"，"所以，中华民族又是一个有光荣的革命传统和优秀的历史遗产的民族"②。1949 年 6 月 15日，毛泽东在新政治协商会议筹备会议上发表讲话，以诗一般的语言向人们描述："中国的命运一经操在人民自己的手里，中国就将如太阳升起在东方那样，以自己的辉煌的光焰普照大地，迅速地荡涤反动政府留下来的污泥浊水，治好战争的创伤，建设起一个崭新的强盛的名副其实的人民共和国"③。同年 9 月 21 日，毛泽东在中国人民政治协商会议第一次全体会议上所致的开幕词中指出，新中国的成立标志着"占人类总数四分之一的中国人从此站立起来了"。他回溯中华民族的历史，充满深情地说："中国人从来就是一个伟大的勇敢的勤劳的民族，只是在近代是落伍了。这种落伍，完全是被外国帝国主义和本国反动政府所压迫和剥削的结果。"④ 一百多年来，中国人民进行了不屈不挠的英勇斗争，终于在中国共产党的领导和全国各族人民的共同努力下打败了内外反动者，建立了中华人民共和国。毛泽东描绘了一幅中华民族获得解放和独立后的发展前景，"我们的民族将从此列入爱好和平自由的世界各民族的大家庭，以勇敢而勤劳的姿态工作着，创造自己的文明和幸福，同时也促进世界的和平和自由。我们的民族将再也不是一个被人侮辱的民族了，我们已经站起来了……中国人被人认为不文明的时代已经过去了，

① 毛泽东. 中国革命和中国共产党//毛泽东选集：第 2 卷. 2 版. 北京：人民出版社，1991：622.

② 同①623.

③ 毛泽东. 在新政治协商会议筹备会上的讲话//毛泽东选集：第 4 卷. 2 版. 北京：人民出版社，1991：1467.

④ 毛泽东. 中国人从此站立起来了//毛泽东文集：第 5 卷. 北京：人民出版社，1996：343-344.

我们将以一个具有高度文化的民族出现于世界"①。新中国成立后，毛泽东提出经过几个五年计划，将经济上文化上落后的国家，建设成为一个工业化的、具有高度现代文明的伟大的国家。1957 年，毛泽东提出要"建设一个具有现代工业、现代农业和现代科学文化的社会主义国家"②，并说："要使几亿人口的中国人生活得好，要把我们这个经济落后、文化落后的国家，建设成为富裕的、强盛的、具有高度文化的国家，这是一个很艰巨的任务。"③ 1959 年底 1960 年初，他又指出："建设社会主义，原来要求是工业现代化，农业现代化，科学文化现代化，现在要加上国防现代化。"④ 这样，毛泽东第一次比较完整地表述了比较规范的"四个现代化"思想。

进入改革开放和社会主义现代化建设新时期以来，以邓小平、江泽民、胡锦涛、习近平为主要代表的几代中国共产党人继承并发展毛泽东的民族复兴思想，不仅成功地走出一条中国特色社会主义现代化道路，而且创立了中国特色社会主义理论体系，发展起中国特色社会主义制度，使中国社会的面貌发生了历史性的巨变，中国人民实现了从"站起来"到"富起来"再到"强起来"的巨大转折，中国一跃而成为世界第二大经济体。邓小平的民族复兴思想集中表现在：深刻阐述社会主义本质论的科学内涵，为沿着科学社会主义方向实现民族复兴提供了理论支撑；做出我国处于社会主义初级阶段的科学判断，为正确制定民族复兴之策提供了国情依据；创立社会主义市场经济的崭新论断，为拓宽民族复兴之路提供了创新活力；提出实现现代化的"三步走"战略目标，为实现复兴伟业谋划了宏伟愿景。"三步走"战略目标为：第一步，到 20 世纪 80 年代末，国民生产总值比 1980 年翻一番，解决人民的温饱问题；第二步，到 20 世纪末，使国民生产总值再翻一番，人民生活达到小康水平；第三步，到 21 世纪中叶，人均国民生产总值达到中等发达国家水平，人民生活比较富裕，基本实现现代化。"三步走"战略目标

① 毛泽东. 中国人从此站立起来了//毛泽东文集：第 5 卷. 北京：人民出版社，1996：344-345.
② 毛泽东. 在中国共产党全国宣传工作会议上的讲话//毛泽东文集：第 7 卷. 北京：人民出版社，1999：268.
③ 同②275.
④ 毛泽东. 读苏联《政治经济学教科书》的谈话（节选）//毛泽东文集：第 8 卷. 北京：人民出版社，1999：116.

为当代中国的发展进步明确了大致的时间表，是一个体现和激发中华民族追赶先进的雄心壮志的发展战略。

以江泽民为核心的党的第三代中央领导集体细化了邓小平的"三步走"战略目标，将小康社会分为总体小康和全面小康两个步骤，提出"两个一百年"奋斗目标和"实现中华民族伟大复兴"的概念。在新中国成立 50 周年大庆的日子里，江泽民在天安门城楼庄严宣告："我们伟大的祖国已经走过了五千年的历程。在五千年的历史长河中，中华民族以自己的聪明才智和卓越创造，为世界文明作出了不可磨灭的贡献。在新的千年中，中华民族必将以自己新的灿烂成就，为世界文明作出更大贡献。"又说："从上世纪中叶到本世纪中叶，中国人民经过一百年的浴血斗争，终于实现了民族独立和人民解放，根本改变了自己的命运。从本世纪中叶到下世纪中叶，中国人民经过一百年的艰苦创业，将基本实现社会主义现代化。中华民族将以更加强劲的英姿屹立于世界民族之林。"① 中华民族有信心、有能力、有办法再经过半个世纪的奋斗，将中国建设成一个富强、民主、文明的社会主义现代化国家，从而基本完成复兴中华民族的历史任务。

以胡锦涛为总书记的党中央领导集体，提出科学发展观，明确由全面建设小康社会进至全面建成小康社会的内涵要求，进一步强化"两个一百年"的奋斗目标和实现民族复兴的历史使命，明确提出中国共产党担负着团结带领人民全面建成小康社会、推进社会主义现代化、实现中华民族伟大复兴的重任。胡锦涛在纪念辛亥革命一百周年大会上的讲话中高度肯定孙中山先生和辛亥革命对民族复兴的伟大意义，强调指出，"中国共产党人是孙中山先生开创的革命事业最坚定的支持者、最亲密的合作者、最忠实的继承者"②，"孙中山先生振兴中华的深切夙愿……今天已经或正在成为现实，中华民族伟大复兴展现出前所未有的光明前景"③；同时也指出，实现中华民族伟大复兴任重道远，我们一定要抓住重要战略机遇期，"坚持改革开放，推动科学发展，促进社会和谐，

---

① 江泽民. 在庆祝中华人民共和国成立五十周年大会上的讲话//江泽民文选：第 2 卷. 北京：人民出版社，2006：419.

② 胡锦涛. 在纪念辛亥革命一百周年大会上的讲话//胡锦涛文选：第 3 卷. 北京：人民出版社，2016：558.

③ 同②559.

为实现中华民族伟大复兴继续团结奋斗"①。实现中华民族伟大复兴,必须坚定不移高举爱国主义伟大旗帜,高举和平、发展、合作旗帜。

十八大以来,习近平不仅正式提出实现中华民族伟大复兴的中国梦思想,而且指出:"经过鸦片战争以来170多年的持续奋斗,中华民族伟大复兴展现出光明的前景。现在,我们比历史上任何时期都更接近中华民族伟大复兴的目标,比历史上任何时期都更有信心、有能力实现这个目标。"② 他坚信,只要我们坚定不移地沿着中国特色社会主义道路前进,坚定不移地坚持和改善中国共产党的领导,坚定不移地依靠人民群众并同其共同奋斗,我们就一定能够实现"两个一百年"奋斗目标,"中华民族伟大复兴的梦想一定能实现"③。习近平新时代中国特色社会主义民族复兴思想内涵丰富、博大精深,主要包括以下几个方面的内容:(1)民族复兴内涵论。习近平将其概括为国家富强、民族振兴、人民幸福。他说:"中国梦凝结着无数仁人志士的不懈努力,承载着全体中华儿女的共同向往,昭示着国家富强、民族振兴、人民幸福的美好前景。"④ 由此可知,国家富强、民族振兴、人民幸福是实现中华民族伟大复兴的科学内涵和基本主旨。"中国梦归根到底是人民的梦,必须紧紧依靠人民来实现,必须不断为人民造福。"⑤ 因此,人民幸福是中华民族伟大复兴的中国梦的本质内涵。(2)民族复兴步骤论。习近平指出:"我坚信,到中国共产党成立100年时全面建成小康社会的目标一定能实现,到新中国成立100年时建成富强民主文明和谐的社会主义现代化国家的目标一定能实现,中华民族伟大复兴的梦想一定能实现。"⑥ 实现中华民族伟大复兴的中国梦的过程也就是实现"两个一百年"奋斗目标的具体过程。(3)民族复兴途径论。习近平指出:"我们的责任,就是要团结带领全党全国各族人民,接过历史的接力棒,继续为

---

① 胡锦涛. 在纪念辛亥革命一百周年大会上的讲话//胡锦涛文选:第3卷. 北京:人民出版社,2016:559.

② 习近平. 实现中华民族伟大复兴是中华民族近代以来最伟大的梦想//习近平谈治国理政. 北京:外文出版社,2014:35-36.

③ 同②36.

④ 习近平. 在实现中国梦的生动实践中放飞青春梦想//习近平谈治国理政. 北京:外文出版社,2014:49.

⑤ 习近平. 在第十二届全国人民代表大会第一次会议上的讲话//习近平谈治国理政. 北京:外文出版社,2014:40.

⑥ 同②36.

实现中华民族伟大复兴而努力奋斗，使中华民族更加坚强有力地自立于世界民族之林，为人类作出新的更大的贡献。"① 如何完成这一崇高历史使命？习近平认为，一要"坚持中国道路"，二要"弘扬中国精神"，三要"凝聚中国力量"。他还特别强调实现中华民族伟大复兴是一项光荣而艰巨的事业，需要一代又一代中国人共同为之努力，靠艰苦奋斗、开拓创新和诚实劳动来实现。"空谈误国，实干兴邦"，这是习近平反复讲的道理。2012 年 12 月他在广东考察工作时说："我国改革开放三十多年的实践充分证明了这个真理。面向未来，全面建成小康社会要靠实干，基本实现现代化要靠实干，实现中华民族伟大复兴要靠实干。"② 同年 12 月 15 日，他在中央经济工作会议上的讲话中指出："这个道理，我们都要牢记在心。各级领导干部要坚持为民务实清廉，切实转变工作作风，做到讲实话、干实事，敢作为、勇担当，言必信、行必果。"③ 只有在艰苦奋斗、诚实劳动和开拓创新中才能实现中华民族伟大复兴。

（二）马克思主义的传入和中国化发展对中华民族伟大复兴的指导性意义

毛泽东在《论人民民主专政》和《唯心史观的破产》等文章中，深刻总结中国革命胜利与马克思主义以及中国人学会马克思主义的关系，认为学会了马克思列宁主义普遍真理以后的中国人精神由被动变为了主动。"中国人找到了马克思列宁主义这个放之四海而皆准的普遍真理，中国的面目就起了变化了。"④ "自从中国人学会了马克思列宁主义以后，中国人在精神上就由被动转入主动。从这时起，近代世界历史上那种看不起中国人，看不起中国文化的时代应当完结了。伟大的胜利的中国人民解放战争和人民大革命，已经复兴了并正在复兴着伟大的中国人民的文化。"⑤ 这一论述，深刻揭示了马克思主义与中国人精神状况的关系，认为中国人在精神上由被动转变为主动，是从学会马克思主义开

---

①　中共中央文献研究室，编. 习近平关于实现中华民族伟大复兴的中国梦论述摘编. 北京：中央文献出版社，2013：3.

②③　同①78.

④　毛泽东. 论人民民主专政//毛泽东选集：第 4 卷. 2 版. 北京：人民出版社，1991：1470.

⑤　毛泽东. 唯心历史观的破产//毛泽东选集：第 4 卷. 2 版. 北京：人民出版社，1991：1516.

始的。中国人学会并掌握了马克思列宁主义之后获得了精神上的主动，组建了中国共产党，提出了中国革命的目标、任务和前途，使马克思主义中国化，取得了中国革命的伟大胜利，近代世界历史上那种看不起中国人、看不起中国文化的时代随之宣告终结。毛泽东从历史、现实和理论三个角度，论述了马克思列宁主义的正确以及掌握马克思列宁主义真理对于中国革命和中国人民的巨大意义与价值。从历史的角度来说，1840 年鸦片战争到 1919 年五四运动前夜，共计 70 多年中，中国人用封建主义的思想武器抵御资本主义，打了败仗，不得已，中国人被迫从帝国主义的老家即西方资产阶级革命时代的武器库中学来了进化论、天赋人权论、资产阶级共和国等思想武器和政治方案，以为可以用之外御列强、内建民国，但同样抵不住，败下阵来。在《论人民民主专政》一文中，毛泽东指出："自从一八四〇年鸦片战争失败那时起，先进的中国人，经过千辛万苦，向西方国家寻找真理。洪秀全、康有为、严复和孙中山，代表了在中国共产党出世以前向西方寻找真理的一派人物。那时，求进步的中国人，只要是西方的新道理，什么书也看。向日本、英国、美国、法国、德国派遣留学生之多，达到了惊人的程度。国内废科举，兴学校，好像雨后春笋，努力学习西方。"① 他还谈到自己青年时代在长沙求学，学的也是西方的新道理。中国人向西方学得很不少，但却总是行不通，根本原因就在于帝国主义侵略中国的目的不是想帮助中国发展资本主义，而是想把中国变成自己的原料产地和殖民地。"帝国主义的侵略打破了中国人学西方的迷梦。"② 1917 年俄国十月革命唤醒了迷茫中的中国人，给中国人民送来了马克思列宁主义，使中国人学到了马克思列宁主义这个新的武器。

从理论的角度来说，"马克思列宁主义来到中国之所以发生这样大的作用，是因为中国的社会条件有了这种需要，是因为同中国人民革命的实践发生了联系，是因为被中国人民所掌握了"③。在中国，自从鸦

---

① 毛泽东. 论人民民主专政//毛泽东选集：第 4 卷. 2 版. 北京：人民出版社，1991：1469.

② 同①1470.

③ 毛泽东. 唯心历史观的破产//毛泽东选集：第 4 卷. 2 版. 北京：人民出版社，1991：1515.

片战争失败以来，西方列强和中国封建统治者勾结在一起，中国人民遇到的问题非常复杂，不仅要解决中国人民同封建主义的矛盾，而且要解决中华民族同帝国主义的矛盾。这就要求有一种既高于封建主义又强于资本主义的思想武器，才能指导中国革命赢得胜利。马克思主义就是这样一种中国社会最需要的思想武器。马克思主义虽然诞生在欧洲，但它是无产阶级获得解放的科学武器，科学真理对于世界范围内任何一个国家无产阶级求解放都会有实际的指导意义。马克思主义是同工人阶级相联系的，是比封建主义和资本主义等任何思想武器都更为先进的科学思想。更重要的是，如同毛泽东所说，是中国人民"学会"了这个新的思想武器。这里讲的"学会"，不仅是"学"，而且"会"把马克思主义和中国实践结合起来，掌握这一思想武器。中国人找到了马克思主义这个放之四海而皆准的普遍真理，中国的面目就起了变化，中国人在精神上就由被动转入主动。在被马克思主义武装了的中国人面前，帝国主义打了败仗。

从现实的角度来说，中国共产党成立后，就把马克思主义写在自己的旗帜上，领导中国人民进行新民主主义革命。但是，什么是马克思主义和怎样坚持马克思主义这个基本问题，并不是从一开始就得到了很好的解决的。大革命和土地革命时期，由于组织上、政治上、思想上的不成熟，党没能把马克思主义基本原理同中国具体实践创造性地结合起来，形成独立自主的科学思想理论体系，所以连续出现了多次重大失误，给党和革命事业带来了严重后果。

基于这样的经验教训，毛泽东明确提出，要使马克思主义在中国具体化，要使之在每一表现中带着必须有的中国的特性。经过艰苦的实践斗争和深入的理论探索，以毛泽东为主要代表的中国共产党人，把马克思主义基本原理同中国的历史文化、现实实践和时代特征创造性地结合起来，形成了中国化马克思主义的立场、观点和方法，即实事求是、群众路线和独立自主，对中国实践的独创性经验进行理论升华，提出了关于中国革命的系统完整的科学理论、战略策略和路线方针政策，实现了马克思主义中国化的第一次历史性飞跃，创立了中国化马克思主义的第一个重大理论成果即毛泽东思想。

改革开放以来，在建设和发展中国特色社会主义的历史进程中，中国共产党人坚持解放思想、实事求是，及时总结实践经验，把对社会主义的认识提高到新的科学水平，实现和不断推进马克思主义中国化的第二次历史性飞跃，形成了包括邓小平理论、"三个代表"重要思想、科学发展观和习近平新时代中国特色社会主义思想的中国特色社会主义理论体系，中华民族伟大复兴的行动指南日益丰富完善。

从一定意义上说，掌握马克思主义理论的深度，决定着政治敏感的程度、思维视野的广度、思想境界的高度。马克思主义是我们共产党人的"真经"，不了解、不熟悉马克思主义基本原理，就不能真正了解和掌握中国特色社会主义理论体系。中国特色社会主义理论体系归根到底是以马克思主义基本原理为指导的，是把这些基本原理同中国具体实践相结合的结果。习近平指出："坚持和发展中国特色社会主义是一篇大文章，邓小平同志为它确定了基本思路和基本原则，以江泽民同志为核心的党的第三代中央领导集体、以胡锦涛同志为总书记的党中央在这篇大文章上都写下了精彩的篇章。现在，我们这一代共产党人的任务，就是继续把这篇大文章写下去。"① 这是以习近平为核心的党中央做出的庄严宣示。

（三）中国共产党和中国特色社会主义开辟了民族复兴的光明前景

中华民族是一个勤劳勇敢、开拓创新并富于革命传统的伟大民族，中华民族创造了灿烂的文化和独具特色的东方文明，中华文明在人类历史上的大部分时间里处于世界领先地位。可是，近代以来，中华民族经历了世所罕见的灾难，遭遇了前所未有的厄运和打击。帝国主义列强在1840年后的百余年间，悍然发动了第一次鸦片战争和第二次鸦片战争、中法战争、中日甲午战争、八国联军侵华战争等多次侵略战争，先后逼迫中国签订了1 000多个不平等条约，肆无忌惮地割占中国领土、掠夺中国财富、屠杀中国民众，中国一步步沦为半殖民地半封建社会。《南京条约》《北京条约》《马关条约》《辛丑条约》等数以千计的不平等条约的签订，使国家主权沦丧，领土被瓜分豆剖、蚕食鲸吞，无尽的财富被掠夺，广大中国人民生活在苦难之中，致使爱国志士发出"四万万人齐下泪，天涯何处是神州"的悲愤呐喊。面对亡国灭种的危机，实现民族复兴成为中国人民最为急切的共同梦想。第一次鸦片战争后，林则

---

① 习近平. 毫不动摇坚持和发展中国特色社会主义//习近平谈治国理政. 北京：外文出版社，2014：23.

徐、魏源等人睁开眼睛看世界，倡导"师夷长技以制夷"，开始了对国家前途、民族命运的早期探索。但是，这一设想曲高和寡、应者寥寥。第二次鸦片战争后，曾国藩、李鸿章、左宗棠、张之洞等人主张"中体西用"，发起并推动"自强""求富"的洋务运动，但是甲午战败和《马关条约》的签订"撕碎"了他们的梦想。甲午战争后，康有为、梁启超等人推动维新变法，但最后落得戊戌六君子喋血菜市口的悲惨境遇。1894 年，孙中山在檀香山创建兴中会，首先发出了"振兴中华"的呐喊。1911 年爆发的辛亥革命是一次比较完整意义上的资产阶级民主革命，打开了中华民族发展进步的闸门。但是，袁世凯的复辟和北洋军阀的混战使得辛亥革命最终归于失败。诚如胡锦涛在庆祝中国共产党成立九十周年大会上的讲话中所指出的，先进的中国人，自鸦片战争失败后，孜孜不倦地寻找救国救民的真理，"进行了千辛万苦的探索和不屈不挠的斗争。太平天国运动，戊戌变法，义和团运动，不甘屈服的中国人民一次次抗争，但又一次次失败。孙中山先生领导的辛亥革命，结束了统治中国几千年的君主专制制度，对推动中国社会进步具有重大意义，但也未能改变中国半殖民地半封建的社会性质和中国人民的悲惨命运"①。

中国共产党的诞生是中华民族历史上的重大事件，它将马克思主义基本原理与中国革命的具体实践相结合，创造性地提出反帝反封建的民族民主革命纲领，并形成马克思主义中国化的第一大理论成果，"从此，中国革命有了正确前进方向，中国人民有了强大精神力量，中国命运有了光明发展前景"②。只有中国共产党才能救中国，才能肩负起民族复兴的历史重任。1921 年中国共产党的成立，是开天辟地的大事变，近代以来中国人民的反帝反封建斗争有了新的坚强领导力量。大革命时期，共产党积极投身北伐战争，广泛开展工农运动，扩大了自己的影响，宣传了自己的主张。1927 年，以蒋介石、汪精卫为代表的国民党反动派背叛革命，先后发动了"四一二政变"和"七一五政变"，向共产党人和革命群众举起了罪恶的屠刀。然而，中国共产党人并没有被血雨腥风吓倒，更没有忘记自己对国家和民族的责任，毅然独立承担起领导中国革命的重任。随着秋收起义、南昌起义、广州起义枪声的打响和

①②　胡锦涛. 在庆祝中国共产党成立九十周年大会上的讲话//胡锦涛文选：第 3 卷. 北京：人民出版社，2016：522.

井冈山星星之火的点燃，中国共产党为实现国家进步和民族振兴找到了一条以争取社会主义前途为方向的崭新道路。抗日战争爆发后，日本帝国主义与中华民族的矛盾上升为中国社会的主要矛盾。中国共产党在国难当头的危急时刻，不计前嫌，主动提出并积极促成了与国民党的第二次合作，组建了最广泛的抗日民族统一战线。经过长达 14 年的浴血奋战，中国人民夺取了抗日战争的伟大胜利。抗日战争的胜利，是开辟中华民族伟大复兴光明前景的根本前提和关键所在，是中华民族的历史转折点。中华民族在中国共产党倡导建立的抗日民族统一战线旗帜下空前团结，焕发出旺盛的生命力，汇集成实现民族伟大复兴的强大动力。中国共产党以自己的政治主张、坚定意志、模范行动，赢得了民心，为实现民族独立、人民解放和国家富强、人民幸福，准备了坚强领导核心。正是中国共产党中流砥柱作用的发挥和坚强领导核心的形成，正是中国人民的巨大民族觉醒、空前民族团结和英勇民族抗争，向世人展示了中国力量、中国精神。抗战胜利后，中国共产党又领导广大人民经过艰苦的解放战争，推翻了压在中国人民头上的三座大山，建立起中华人民共和国，使中华民族的复兴站在了一个新的历史起点上。

90 多年来，先进的中国共产党人团结带领全国各族人民在中国这片古老的土地上完成了民族民主革命的任务，建立了中华人民共和国，实现了民族独立、人民解放，中国人民真正当家做主站起来了。同时，中国共产党人紧紧依靠人民完成了社会主义革命，建立了社会主义制度，并在此基础上进行了改革开放和社会主义现代化建设的新的伟大革命，创造、坚持和发展了中国特色社会主义，中国人民实现了从"站起来"到"富起来"再到"强起来"的历史性伟大转变。在改革开放初期，出现了一股否定中国共产党领导、否定社会主义制度、主张走西方资本主义道路的错误思潮。邓小平旗帜鲜明地指出："只有社会主义才能救中国，这是中国人民从五四运动到现在六十年来的切身体验中得出的不可动摇的历史结论。"① 在后来的整个改革开放过程中，邓小平一再指出，中国的发展始终要讲两条：一条是坚持社会主义，一条是坚持改革开放。中华民族的伟大复兴是同中国特色社会主义的历史命运紧紧

---

① 邓小平. 坚持四项基本原则//邓小平文选：第 2 卷. 2 版. 北京：人民出版社，1994：166.

连在一起的。江泽民在庆祝中华人民共和国成立五十周年大会上的讲话中指出："经过五十年特别是改革开放二十年来艰苦卓绝的奋斗，昔日积贫积弱的中国发生了翻天覆地的历史巨变。勤劳、勇敢、智慧的中国人民在党的领导下，在古老的华夏大地上创造了举世惊叹的人间奇迹。实践已经充分证明，只有社会主义才能救中国，只有社会主义才能发展中国。实践也充分证明，建设有中国特色社会主义，是实现中国经济繁荣和社会全面进步的康庄大道。"[1] 胡锦涛在纪念辛亥革命一百周年大会上的讲话中指出："实现中华民族伟大复兴，必须坚定不移高举中国特色社会主义伟大旗帜。辛亥革命一百年来的历史表明，实现中华民族伟大复兴，必须找到引领中国人民前进的正确道路和核心力量。中国人民付出艰辛努力、作出巨大牺牲，终于找到了实现中华民族伟大复兴的正确道路和核心力量。这条正确道路就是中国特色社会主义道路，这个核心力量就是中国共产党。"[2] 中国特色社会主义道路是实现中华民族伟大复兴的正确道路，中国共产党是实现中华民族伟大复兴的坚强领导核心。2013 年 3 月，习近平在第十二届全国人民代表大会第一次会议上的讲话中强调指出，中国特色社会主义"道路来之不易，它是在改革开放三十多年的伟大实践中走出来的，是在中华人民共和国成立六十多年的持续探索中走出来的，是在对近代以来一百七十多年中华民族发展历程的深刻总结中走出来的，是在对中华民族五千多年悠久文明的传承中走出来的，具有深厚的历史渊源和广泛的现实基础"[3]。我们要有道路自信、理论自信、制度自信、文化自信，既不走封闭僵化的老路，也不走改旗易帜的邪路。现在，最关键的是坚定不移走这条道路、与时俱进拓展这条道路，推动中国特色社会主义道路越走越宽广。

习近平在纪念中国共产党成立九十五周年大会上强调指出，中国共产党登上历史舞台，"深刻改变了近代以后中华民族发展的方向和进程，深刻改变了中国人民和中华民族的前途和命运，深刻改变了世界发展的

① 江泽民. 在庆祝中华人民共和国成立五十周年大会上的讲话//江泽民文选：第 2 卷. 北京：人民出版社，2006：418-419.

② 胡锦涛. 在纪念辛亥革命一百周年大会上的讲话//胡锦涛文选：第 3 卷. 北京：人民出版社，2016：559.

③ 中共中央文献研究室，编. 习近平关于实现中华民族伟大复兴的中国梦论述摘编. 北京：中央文献出版社，2013：26.

趋势和格局"①。90 多年来，中国共产党紧紧依靠人民，筚路蓝缕，开拓前进，不懈奋斗，跨过一道又一道沟坎，取得一个又一个胜利，为中华民族做出了伟大的历史贡献，是实现中华民族伟大复兴的中国梦的中流砥柱。

在我们党处于执政地位并将长期执政的历史条件下，"建设什么样的党、怎样建设党"，始终是一个重大理论和实践课题。这个问题解决得如何，直接关系到我们党的生死存亡，关系到我们国家和民族的前途命运，关系到广大人民群众的生活安康。改革开放以来，以邓小平、江泽民、胡锦涛、习近平为主要代表的几代中国共产党人在社会主义现代化建设过程中深刻思考并回答了"建设什么样的党、怎样建设党"的问题，提出并发展了中国马克思主义执政党建设的理论。实践没有止境，创新也没有止境。在新的历史条件下，我们一定要适应实践的发展，以实践来检验一切，以改革创新的精神推进党的建设，用发展着的马克思主义指导新的实践，继续推进党的建设的新的伟大工程。党的建设的新的伟大工程是同民族复兴的伟大事业息息相关的，只有把党建设成为中国特色社会主义事业的坚强领导核心，才能实现中华民族伟大复兴。

二、民族复兴必然要求并呼唤民族文化的复兴

从人类文明史考察，民族复兴与文化复兴是不可分割、相辅相成的关系。文化的核心是价值观念，民族复兴的提出，反映的是人民的意愿和社会的发展趋向。没有整个民族复兴的需要，就没有文化复兴的动力。同样，文化是一个民族的标识，反映着民族的内在特质与精神，没有文化复兴，就没有民族复兴的精神引领和持久发展。没有民族复兴的理想信念和价值目标，没有整个国民文化素质的提高，民族复兴的理想就很难实现。

（一）文化复兴对于民族复兴的意义和价值

强调文化复兴在民族复兴中的重要地位这样的理想观念和价值认

---

① 习近平. 在庆祝中国共产党成立 95 周年大会上的讲话. 人民日报，2016-07-02.

识，在辛亥革命前后即已萌生。梁启超的中国学术史观和再造新文明论
对此做出了一定的研究。梁启超首先从中西比较的视角论中华学术，指
出，"故合世界史通观之，上世史时代之学术思想，我中华第一也"，
"中世史时代之学术思想，我中华第一也"，"惟近世史时代，则相形之
下，吾汗颜矣"。然而，"近史之前途，未有艾也"，又安知我们不能恢
复"乃祖乃宗所处最高尚最荣誉之位置"①? 他认为，只要我们不妄自
菲薄、自暴自弃，"汇万流而剂之，合一炉而冶之"②，那么中国文化之
前途就是不可估量的。他既反对"以本国固有之学而始为学"③ 的保守
思想，也反对"脱崇拜古人之奴隶性，而复生出一种崇拜外人、蔑视本
族之奴隶性"的不良倾向。针对一些人从盲目排外走向民族虚无、鼓吹
全盘西化的思潮，他告诫说："凡一国之立于天地，必有其所以立之特
质，欲自善其国者，不可不于此特质焉，淬厉之而增长之。今正过渡时
代苍黄不接之余，诸君如爱国也，欲唤起同胞之爱国心也，于此事必非
可等闲视矣"；"且诸君皆以输入文明自任者也，凡教人必当因其性所近
而利导之，就其已知者而比较之，则事半功倍焉。不然，外国之博士鸿
儒亦多矣，顾不能有裨于我国民者何也? 相知不习，而势有所扞格
也"④。"合泰西各国学术思想于一炉而冶之，以造成我国特别之新文
明。"⑤ 我国特别之新文明有三个显著特点：其一，它是一种"新文
明"，既不是中国传统文明，也不是西方近代文明；其二，它是"我国
特别"的，即具有中国特色和中国风格的文明；其三，这种"新文明"
没有简单地重蹈张之洞"中学为体，西学为用"的主张，而是择取各国
文化精华"合而冶之"的有机融合体。⑥

　　1905 年 10 月，邓实在《国粹学报》上发表《古学复兴论》，预言
"十五世纪为欧洲古学复兴之世。而二十世纪则为亚洲古学复兴之
世⑦。其所谓"亚洲古学复兴"，重点即先秦时期中华元典文化的复
兴。此时，中华民族复兴话语虽未定型，但该观念所包含的基本含义已

① 梁启超. 论中国学术思想变迁之大势//饮冰室合集：文集七. 北京：中华书局：2.
② 同①1.
③ 同①63.
④ 同①3.
⑤ 同①73.
⑥ 梁启超. 新民说//梁启超文选. 上海：上海远东出版社，2011：45-47.
⑦ 邓实. 古学复兴论. 国粹学报，1905（9）.

经比较清晰。新文化运动时期，伧父（即杜亚泉）把民族复兴归结为中华民族文化的复兴，尤其是儒家文化的复兴。他在《新旧思想之折衷》一文中认为，中国固有文化"颇有足以证明西洋现代文明之错误，为世界未来文明之指导者"[①]。梁漱溟在1922年出版的《东西方文化及其哲学》一书中提出"中国文化复兴"的概念，指出：在中、西、印三大系文化中，西方化已过时，印度化还早，"世界未来文化就是中国文化的复兴"[②]，中国文化的复兴就是儒家文化的复兴。蔡元培1923年10月发表了《中国的文艺中兴》的演说，他说："照我个人推想，再加四十年的功夫，则欧洲自16世纪至17世纪所得的进步当可实现于中国。那时候中国文化，必可以与欧洲文化齐等，同样的有贡献于世界。"[③] 中国文化复兴后，不仅对欧洲没什么危害，反倒会与欧洲相互合作，实现共同繁荣发展。

新文化运动时期，李大钊发表了一系列文章，创造性地提出"中华再造""中华再生""民族复活更生"等命题，隐含了"民族复兴"的思想，彰显出其救亡图存、建立现代民族国家、谋求国家统一等思想。成为马克思主义者以后，李大钊更强烈地认识到"我们应该去做民族独立的运动，把中国从列强压迫下救济出来"，更指出中华民族应对人类文明有新的更大的贡献，彰显了中华民族要自立于世界民族之林的信心和决心。

民族文化复兴对民族复兴的意义和价值，具体体现在以下几个方面：

首先，文化是民族凝聚力和创造力的重要源泉。文化本身就像人类的血脉一样，在文化的传承发展中始终保持祖先的基因。一部人类文明发展史，就是各个民族、各个地域文化创造的历史。文化积淀着一个民族的集体记忆，是民族文化身份和独特个性的象征，是培育民族精神的土壤，是人们代代相传、赖以栖息的精神家园。文化是一个国家和民族的灵魂、精神支柱和赖以存在与发展的基础，更是一个民族凝聚力和创造力的不竭源泉，集中体现了国家和民族的品格、价值观念，没有统一的文化就没有统一的国家和民族。

---

① 伧父. 新旧思想之折衷//五四前后东西文化问题论战文选. 北京：中国社会科学出版社，1985：162.

② 梁漱溟. 东西文化及其哲学. 影印本. 北京：商务印书馆，1987：199.

③ 蔡元培. 中国的文艺中兴. 东方杂志，1924，21（3）.

其次，文化是经济社会发展的不竭动力。一定的文化是一定历史条件下经济、政治的反映，又反过来给经济、政治以能动的影响。进步、科学的文化能够给社会发展提供强大而正向的精神动力，提高整个社会的文明程度，并能启迪思考、推动创新、引领社会进步。同时，文化也直接参与经济价值的创造。

再次，文化是满足人民精神生活需要的重要途径。文化是人类文明的结晶，也是人类生存的一种形态。人类在生存所需的物质需要获得满足之后，就产生了精神生活需要，产生了科学、艺术方面的追求。文化能够启迪心灵、愉悦身心、陶冶情操、增进知识，丰富人们的精神世界，提升人们的素养，最终实现人的全面发展。

最后，文化是综合国力的重要标志。文化代表着一个国家和民族的文明程度、发展水平，既是综合国力的重要组成部分，也是综合国力特别是软实力的集中体现。在政治、经济、军事、文化、社会和自然诸要素之中，文化是协调各个要素协同发展、相互耦合的关键。实践证明，没有文化，就难以正确行使国家权力；没有文化，就无法处理好人与人、人与自然之间的关系。精神文化因素在一个国家的综合实力中起着很大的作用。如果在经济社会这个大系统之中，文化与其他要素不相匹配，那么其他方面发展得再好，迟早也会发生停滞甚至倒退。古巴比伦曾经是一颗璀璨的明珠，但文化的不匹配使这颗明珠最终如一颗流星，在人类历史的天幕中倏忽而逝。可以说，没有文化的繁荣，只有经济和军事的强大，这样的民族复兴只是一种表面的复兴。一个国家离开了文化的支撑，即使经济繁荣，它的强国地位也难以巩固。

人类发展的历史表明，民族复兴以文化繁荣为前提条件和根本的价值引领。任何一个大国的崛起，不仅伴随经济的强盛，而且伴随文化的兴盛。任何一个民族的复兴，如果没有文化的支撑，都不可能持久。

（二）中华文化复兴是中华民族伟大复兴的本质内容

冯友兰在《中国哲学史·自序》中指出："在世界上，中国是文明古国之一。其他古国，现在大部分都衰微了，中国还继续存在，不但继续存在，而且还进入了社会主义社会。中国是古而又新的国家。《诗经》上有句诗说：'周虽旧邦，其命维新。'旧邦新命，是现代中国的特点。"① 从文明的角度说，中华文明作为世界主要文明体系之一，数千年连续发展、博大精深，支撑了中华民族在广大地域上的众多人口，以高度成熟的文明发育，可持续地在亚洲大地上发展壮大，并深刻影响了整个东亚地区。它的文明积累与智慧不仅在过去为世界人类文明发展做出了重大贡献，而且必能为当今世界做出自己的贡献。

中华民族伟大复兴以中国化的马克思主义为理论指导，以中国共产党为领导核心，以人民幸福、社会和谐、国家富强、民族昌盛、人类进步为战略目的，以世界最先进国家为赶超对象，其战略目标是使中国在社会主义现代化道路上成为富强、民主、文明、和谐、美丽的世界一流强国，使中华民族成为世界先进民族，使中国为人类进步做出不可替代的贡献。中华民族伟大复兴是现代化建设、社会转型和提升国民素质的一个历史过程。中华民族伟大复兴，需要全民族树立起崇高的理想和坚定的信念，形成对"以人为本"幸福生活的强烈追求，尊重人的尊严和权利，确立人的主体地位，这就需要大力消除与此不相容的价值观念，建立人本理念的价值体系。中华民族的伟大复兴，不是复古，而是创新，是经过否定之否定的历史变化后的民族整体提升，包括经济、政治、文化、社会、生态的全面发展。

中华民族伟大复兴内含着民族文化的伟大复兴，并且要求、呼唤民族文化的伟大复兴。民族文化不仅是民族的魂魄，而且是民族的集体人格特征。人类发展的历史告诉我们：一个民族的崛起或复兴，常常以民族文化的复兴和民族精神的崛起为先导；一个民族的衰落或覆灭，往往以民族文化的颓废和民族精神的萎靡为先兆。中华民族伟大复兴，要在现代化的艰难进程中实现，现代化则依靠民族精神的坚实支撑和强力推动。文化，是一个国家、民族思想深邃和精神信仰的标志，更是一种内化和外化的力量。文化虽然可以超越国家、民族，但一个国家、民族所固有的主体文化却不可以被外来文化所取代，否则必然是民族的消失和国家意识的泯灭，故而中国历史上从来就有"灭种先灭文""灭国先灭史"的说法。但凡国家自信、民族自信，皆源于文化自信。优秀的文化不怕被一时否定，反而会因遭遇过否定之否定而愈显伟大。"千淘万漉虽辛苦，吹尽狂沙始到金"，毋庸置疑，中华优秀传统文化确是一种为

① 冯友兰.中国哲学史新编：上.北京：人民出版社，1998：1.

民族复兴提供精神动能和价值引领并且能够使自己随民族复兴而实现伟大复兴的文化。

中华文化复兴是推动中国崛起和民族振兴的重要思想基础、精神动力、心理支撑，中华文化复兴是实现中国梦的核心要素。2013年11月，习近平在山东曲阜孔府考察时指出，"一个国家、一个民族的强盛，总是以文化兴盛为支撑的，中华民族伟大复兴需要以中华文化发展繁荣为条件"①。2014年10月，习近平在文艺工作座谈会上的重要讲话中谈到的第一个问题就是，"实现中华民族伟大复兴需要中华文化繁荣兴盛"②。这明确、有力和系统地阐述了中华民族复兴与中华文化复兴之间的内在联系。中华民族之所以能生生不息、为人类文明进步做出杰出贡献，正是立基于深厚的文化底蕴和丰富的文化资源。今天，中华民族伟大复兴需要并深刻地呼唤中华文化的伟大复兴。在中国崛起的重要历史节点，更需要强调经济崛起与文化复兴相互促进和有效互动的重要性。中国要成为世界级的大国、强国，不仅要在经济上崛起，而且要在文化上崛起，也就是文化复兴。仅仅经济发展速度快、物质充裕，但精神匮乏、灵魂空虚，这对一个民族来讲并不是一件好事。从准确、完整的意义上讲，中华文化的伟大复兴是中华民族伟大复兴的重要组成部分，并且是基础性的、根基性的和保障性的重要组成部分。中国崛起并不仅仅是经济上的崛起，也不仅仅是物质性的飞跃，而是经济与文化、物质与精神、体能与心理的全面跃迁发展。正因如此，唯有经济发展与文化建设双轮驱动，中华民族伟大复兴才能全面推进、实至名归。习近平强调："没有中华文化繁荣兴盛，就没有中华民族伟大复兴。一个民族的复兴需要强大的物质力量，也需要强大的精神力量。没有先进文化的积极引领，没有人民精神世界的极大丰富，没有民族精神力量的不断增强，一个国家、一个民族不可能屹立于世界民族之林。"③

在对待民族文化问题上，我们必须旗帜鲜明地反对两种偏颇主张：一是民族文化虚无主义的倾向。这种观点从整体上根本否定中国文化的

---

① 中共中央文献研究室，编. 习近平关于社会主义文化建设论述摘编. 北京：中央文献出版社，2017：3-4.

② 同①171.

③ 同①7.

现代价值，主张抛弃民族文化传统而全盘照搬西方现代文化。这种数典忘祖、蔑视传统、一味丑化民族文化的做法，是十分有害的。抛弃传统、丢掉根本，就等于割断自己的精神命脉，就会丧失文化的特质。二是中华文化优越论。这种观点不加反省地全盘肯定甚至盲目崇拜传统文化，以为中华文化高于并优于世界上任何其他文化，并反对学习世界现代文化的优长，其结果只能是中华文化走向枯萎，失去生命力。正确的态度是，在马克思主义的指导下，在弘扬民族文化主体精神的基础上，立足中国特色社会主义的实践，根据中华民族伟大复兴的需要，对民族传统文化进行科学梳理、精心萃取，去其糟粕、取其精华，深入挖掘和提炼有益的思想价值，使之不断发扬光大。中华民族创造了源远流长的优秀文化，在今天，通过不断的"综合创造"与"创造综合"，中华民族一定能够以面向现代化、面向世界、面向未来的胸怀与气度铸造中华文化新的辉煌。

推动中华文化复兴，应该礼赞中华优秀传统文化，倍加珍惜、发扬中华优秀传统文化以人为本的人文传统，在中国经济崛起、政治影响扩大的背景下，重新认识和反思中国的传统文化，挖掘、弘扬中国传统文化的当代价值，促进传统文化向现代文化的创造性转化，将传统的文化资源转化成中国现实的软实力，在进一步与世界其他优秀文化的交流、融合中，不断增进中华民族的文化认同，通过国家文化主权，逐渐扩展中华文化的对外影响，提升中华文化在世界文化价值体系中的主导地位，实现中华民族伟大复兴。

中国一脉相承、独领风骚的文明传统是与博大精深、特色鲜明的中华文化互为表里的。中国特色社会主义植根于中华文化沃土，独特的文化传统、独特的历史命运、独特的基本国情，注定我们必然要走适合自己特点的发展道路。以马克思主义为指导、以中华文化为根基、吸收现代文化之优长的当代中华文化，是民族生命力的精神支柱、民族创造力的精神源泉、民族凝聚力的精神纽带，是民族生生不息、"可久可大"的精神动力，更是民族安顿心灵、寻求意义的精神归属。

（三）中华文化复兴展现了世界文化复兴的又一光明路径

中华文化复兴实质上是在不忘本来、吸收外来、面向未来基础上的文化整合与文化再造，是一个伟大文明精神和价值的现代复兴，这样一种复兴，既根源于马克思主义的价值立场和宽阔视野，根源于社会主义的价值追求和文化创化，也根源于中华传统文化的优秀基因和精神血脉。这一文化复兴是能够解码中国道路、破译"中国奇迹"、助推中国崛起的文化密码，是不同于马克斯·韦伯所言的新教伦理铸就资本主义精神和西方价值体系的文明建构，是对西方价值观念特别是西方崛起模式构成巨大挑战并成功实现精神超越的文化系统，已经展现出对西方自由民主制度及其文化价值观具有比较优势的精神品质和价值追求。中国崛起，走出了一条中国道路。这条道路，"独善其身且兼善天下"，其正向溢出效应正在源源不断地涌现。2013年，习近平提出了建设"丝绸之路经济带""21世纪海上丝绸之路"的倡议。"一带一路"倡议展示出中国将自身发展的宏伟愿景与相关国家和地区的发展愿景相结合，将"中国梦"和"亚洲梦""欧洲梦"相连接，支持有关国家改善民生、增加就业和实现工业化的努力，积极为沿线地区提供国际公共产品，让有关国家安心、舒心、开心。中国成功开辟近代以来新兴大国和平崛起的先河，并以切实推进世界和平事业的中国行动，完全颠覆了西方社会"国强必霸"的陈旧逻辑。更为重要的是，在大国崛起方式上，中国实现了对历史上任何大国崛起的真正超越。它不曾通过武力扩张和殖民掠夺获取非法收益，中国的崛起是一种内敛式、和平式、内源性的崛起。中国通过发展经济和运作市场的方式进入国际体系，也不曾破坏既有国际政治经济格局。相反，中国早已成为国际体系的积极建设者和重要贡献者。

中华文化有着能够处理好与世界其他各国文化关系问题的优秀品质和伦理精神。在中华文化发展演进的历史进程中，"万物并育而不相害，道并行而不相悖"的价值信念和文化胸襟始终受到人们的称颂，"协和万邦""和而不同""礼尚往来""天下大同"的伦理观念一直占据着主导和主流的地位。中华民族有着善于向其他民族、其他文化学习的传统，"海纳百川，有容乃大"自古以来就被视为有气量的表征。故此，中华文化总是能够在学习、吸收、借鉴其他文化优秀成果中实现自身的发展与更新。中华文化始终坚持认为，人类文明是由世界各国人民共同创造的，各国文化都对人类文明做出过重要贡献，也以多样形式为世界文化注入了丰富内涵，并在整体上形成了多元多彩的景观。"一花独放不是春，百花齐放春满园。"中华文化五千多年生生不息、绵延不断，它有自强的力量、兼容的气度和通达的智慧，并通过学习和吸收世界其他各国文化的优长，不断促进自己的发展和完善。

如果没有中华文化的伟大复兴，那么人类就不可能昭示出不同于西方文明的现代化道路和文明范式，很多国家就可能还要在"西方中心主义"和文明范式的思维惯性中沉沦，并失去独立思考、独立自主的创新能力，就会永远无法冲破西方现代性的"牢笼"，永远只能扮演西方文明追随者、模仿者的角色。当代崛起的中华文化，不仅对中国发展产生了深刻影响，而且为人类文明进步做出了重大贡献。

三、文化复兴必然要求建设中国特色、中国风格、中国气派的伦理文明

中华文化强调以德治国、以德化人，在历史上形成了一套道德文化的完整体系。中国在历史上素以礼仪之邦著称于世，高度成熟的道德文化是中华文化的突出特征和重要组成部分，致力于稳定和谐的社会关系是中华文化的重要特点。传承发展这一道德文化体系是当代精神文明建设的内在要求。中华优良道德传统文化是社会主义核心价值观的源泉和根系，不继承、不弘扬中华文化的美德传统，社会主义核心价值观的建立就没有基础，就不能形成当代中国的共同价值观。

（一）承继并弘扬中华传统美德

习近平指出："中华传统美德是中华文化精髓，蕴含着丰富的思想道德资源。"[①] 中华伦理文化把立德视为"三不朽"之首，有"大上有立德，其次有立功，其次有立言。虽久不废，此之谓不朽"[②] 的价值设定和目的性追求。重"德"是中华文化源远流长的传统。经过殷周之际的变革后，周人就有了"天命靡常，惟德是辅"的认识。在春秋战国时代，中华文化就形成了从人与动物的区别来看待人、要求人的思维方式，并把人区别于动物的根本点归结为是否有德。孔子说："朝闻道，

---

① 习近平. 培育和弘扬社会主义核心价值观//习近平谈治国理政. 北京：外文出版社，2014：164.

② 左传：襄公二十四年.

夕死可矣"①，坚持认为人的价值在于讲求仁义道德。孟子说，人之所以异于禽兽者就只有那么一点点，此即人伦道德。他把仁比喻为"人之安宅"，把义比喻为"人之正路"。人如果舍弃仁之安宅、义之正路，那就无异于动物。荀子有言："水火有气而无生，草木有生而无知，禽兽有知而无义，人有气有生有知亦且有义，故最为天下贵也。"② 意思是说，人之不同于禽兽的地方在于人能讲求并信守道义。人如果不讲求道义，那么就无法同动物区别开来。儒家推崇"天人合一"的境界，讲究"以德配天"。《周易》中提出"天行健，君子以自强不息""地势坤，君子以厚德载物"，使得中华文化特别强调人的主体性、自觉性，把主体精神提升到和宇宙本体一样的高远境界，强调人的道德主体能动性的发挥和精神境界的追求。

中华传统美德肯定人的主体价值和内在尊严。中华文化讲求以人为本，肯定人的内在价值和人格尊严，主张把人当人看，形成并发展起一种源远流长的人文主义和人本主义精神。孔子、孟子、荀子等都尊崇人在天地之间的地位，肯定人的独立人格、内在尊严和人人都具有内在的价值。儒家认为，人是万物中的一员，但又不是与万物中其他事物平起平坐的一员，而是高于和优于万物中其他事物的自为性存在。《孝经》引述孔子的话说："天地之性，人为贵。"董仲舒说："天地之精所以生物者，莫贵于人。"③ 这些论述表达的一个共同的意思是，"人为万物之灵"，集天地之精华、五行之秀气。既然人的存在有如此之高的地位和价值，那么人的生命就应该被尊重。人活在世界上，最高的人生追求就是成为占有自己内在精神本质的真正的人。

"仁、义、礼、智、信"是儒家推崇的中华文化的核心价值，也是中华传统美德的重要组成部分。"仁、义、礼、智、信"凝聚着中华民族的价值认同、道德共识、处世观念，是中华民族安身立命之道的价值确证和精神建构。"仁"的根本意义是承认他人与自己是同类，因此要把他人视为与自己一样的道德主体来对待。积极意义上的"仁"是能对他人有所助益和关怀，此即"己欲立而立人，己欲达而达人"；消极意义上的"仁"是要以将心比心的态度对待他人，不能把自己不喜欢的东西强加

---

① 论语：里仁.
② 荀子：王制.
③ 春秋繁露：人副天数.

于人，此即"己所不欲，勿施于人"。儒家仁学建立了中华古典人道主义，对于建构良好的人际关系，使自己真正成为人具有重要的精神引领和伦理规范的价值。"义"的根本意义是适宜、正当与合理，要求正确对待自己、他人和社会共同体的利益，坚持得所当得、取之有道的伦理原则。同时，"义"还是人们"羞恶之心"的集中体现，要求人们善善恶恶、抑恶扬善。尊重公共利益，维护社会正义，不侵犯他人的利益，也是"义"的内在要求。"礼"的根本意义是人与人的相互交往应遵守一定的仪式规矩，既尊重自己，也尊重他人，同时还敬畏生命、天地、圣人之言。"礼"亦是"辞让之心"和"恭敬之心"的价值呈现，要求人们在处理人际关系时能够先人后己、宽厚礼让，以尊重他人的友善态度赢得他人对自己的尊重。"智"的根本意义是肯定是非善恶的分别，对人们的道德行为和道德心理做出正确的价值判断，"勿以善小而不为，勿以恶小而为之"，并能在此基础上树立坚定的道德信念，培育崇高的道德理想，进而实现自身的发展和完善。"智"既是人的道德觉悟，也是人的道德智慧，同时也包含人的道德认知和道德学习。"信"的根本意义是对别人应当遵守诺言，言而有信，在实际生活中做到知行合一、表里如一。"信"与"诚"是人与人之间相互对待的基本原则。孔子说："人而无信，不知其可也。"[1] 人只有重视并讲求诚信，才能赢得他人的信任，才能在社会生活中立足。

中华伦理文化形成了"自强不息，厚德载物"的人生态度与"修身、齐家、治国、平天下"的社会理想。超越物欲与私利的诱惑，甚至不惜以牺牲生命为代价，成就以德性精神为依归的理想人格，构成了中华先民精神追求的一个重要特色。儒家理想是"修身、齐家、治国、平天下"，这里有修己和治人两个层面，但不管修己还是治人，儒家都以"君子的理想"作为枢纽观念。修己就是要成为"君子"，而治人的前提条件是自己必须先成为"君子"，故儒学也被称为"君子之学"。"修己以安百姓"[2]，"为政以德"[3]，"政者，正也。子帅以正，孰敢不正"[4]，

---

① 论语：为政.
② 论语：宪问.
③ 同①.
④ 论语：颜渊.

"其身正，不令而行；其身不正，虽令不从"①，"国而忘家，公而忘私"，"鞠躬尽瘁，死而后已"，"苟利国家生死以，岂因祸福避趋之"②等，都体现了这一思想。孔子曰："为仁由己，而由人乎哉？"③ 意思是说，一切道德的行为都出自内心的自然要求，强调个人的正心诚意、修齐治平，乃至杀身成仁。曾子曰："士不可以不弘毅，任重而道远。仁以为己任，不亦重乎？死而后已，不亦远乎？"④ 孟子提出大丈夫的人格，"居天下之广居，立天下之正位，行天下之大道。得志与民由之，不得志独行其道。富贵不能淫，贫贱不能移，威武不能屈。此之谓大丈夫"⑤。这些都是对人的主体性和独立人格的明确表达。将内在的善端扩充，使之变为主体的道德意志，就能以"大丈夫"气概立于天地之间。中华民族是一个高度注重克己修身的民族，高尚的道德是中华民族一以贯之的精神追求。儒家高扬人的主体意识，强调道德人格的养成，关注人的自觉自立、人格的成长与发展。儒家高度赞扬"不降其志，不辱其身"⑥ 的仁人志士，这对形成中华民族精神起到了巨大的积极作用。

习近平指出："深入挖掘和阐发中华优秀传统文化讲仁爱、重民本、守诚信、崇正义、尚和合、求大同的时代价值，使中华优秀传统文化成为涵养社会主义核心价值观的重要源泉"⑦。"仁爱"是中华民族最核心的价值理念。孔子明确地把"仁爱"作为礼乐文明的核心精神，把"仁"界定为"爱人"："樊迟问仁。子曰：'爱人。'"⑧ 儒家的仁爱美德包含修身成己的个体之仁、推己及人的类性之仁、推人及物的成物之仁和生生不息的本体之仁四个内在贯通并不断扩展的层面。"讲仁爱"，不仅是人们进行自我德性修养的始基，而且是建构良好人际关系和社会秩序的内在要求。"重民本"是中华文化的一贯传统。在几千年的中国政

---

① 论语：子路.

② 林则徐．赴戍登程口占示家人.

③ 论语：颜渊.

④ 论语：泰伯.

⑤ 孟子：滕文公下.

⑥ 论语：微子.

⑦ 习近平．培育和弘扬社会主义核心价值观//习近平谈治国理政．北京：外文出版社，2014：164.

⑧ 论语：颜渊.

治思想传统中，"民惟邦本，本固邦宁"①始终是核心的价值理念和伦理美德。《荀子·大略》载："天之生民，非为君也；天之立君，以为民也。"天下黎民百姓的存在不是为君王服务的，相反"天之立君"最终是为了人民。孟子说："民为贵，社稷次之，君为轻。是故得乎丘民而为天子，得乎天子为诸侯，得乎诸侯为大夫。"②民众是国家的根本，只有坚持"民惟邦本"的核心价值理念和伦理原则，国家政权才能得以稳定。"天视自我民视，天听自我民听"③，"民之所欲，天必从之"④。最终决定国家体系、政治稳定的基础的，只有人民。"守诚信"自古以来一直受到人们的推崇和肯定。孔子从多个方面阐述"信"的丰富内涵和重要价值，并将"信"作为教育学生的四大科目（文、行、忠、信）之一。"信"被列入为人最基本的"五德"："恭、宽、信、敏、惠"。以子思、孟子为代表的思孟学派，对诚信这一伦理美德的内在精神做出了深度的开掘并对其价值予以高度肯定。子思在《中庸》中对"诚"做了哲理、伦理的深入阐释，将其提升到"天人之道"来认识，指出"诚者，天之道也；诚之者，人之道也"。《孟子》传承发展子思"诚"的天人之道，将天人合一统一于至诚之境，并提出："诚身有道，不明乎善，不诚其身矣。"⑤他还发展了孔子的诚信思想，将"朋友有信"提升到与"父子有亲，君臣有义，夫妇有别，长幼有序"⑥并列的"五伦"之中。中华文化不仅视诚信为立人之本，而且视诚信为立业之本和立国之本。孔子有言："人而无信，不知其可也。"与人交往，要"言而有信"⑦，"守之以信，守之以礼"⑧。作为个人的道德修养，要"身致其诚信"⑨，"意诚而后心正，心正而后身修"⑩。为政者，要明白"民无信不立"⑪。总之，诚信既是治国为政之本，也是进德修业之根。"崇正义"

---

① 尚书：五子之歌.
② 孟子：尽心下.
③ 周书：泰誓中.
④ 春秋繁露：遏利.
⑤ 孟子：离娄上.
⑥ 孟子：滕文公上.
⑦ 论语：学而.
⑧ 左传：昭公五年.
⑨ 礼记：祭统.
⑩ 大学.
⑪ 论语：颜渊.

是中华伦理文明的基本精神和价值取向。正义是公道正直、公平公正、正当合理的集中体现，它既是社会生活的伦理原则，也是个人应该讲求和培育的伦理美德。孔孟儒家追求"天下为公"，崇尚公平正义，主张"不独亲其亲，不独子其子"①，"公则不为私所惑，正则不为邪所媚"，"唯公然后可正天下"。"尚和合"亦即崇尚、推崇和合精神，以和为贵。《管子·幼官》指出："畜之以道则民和，养之以德则民合。和合故能习，习故能偕，偕习以悉，莫之能伤。"意思是说，养兵以道则人民和睦，养兵以德则人民团结。和睦团结就能使力量聚合，聚合就能协调，普遍地协调一致，就会产生一种战无不胜的力量。《管子·兵法》又说："畜之以道则民和，养之以德则民合。和合故能谐。"这里明确提出和合就能形成和谐的局面，而这种和谐局面恰恰是理想的人际关系和社会关系所向往与追求的。《尚书·洪范》最早提到"大同"一词，用来描述王、卿士、庶民和天地鬼神同心同德的状态。"求大同"是中华伦理文明所崇尚与追求的社会理想和道德理想。《礼记·礼运》对大同社会做出了较为明确的界定，指出："大道之行也，天下为公，选贤与能，讲信修睦。故人不独亲其亲，不独子其子，使老有所终，壮有所用，幼有所长，矜寡孤独废疾者皆有所养，男有分，女有归。货恶其弃于地也，不必藏于己。力恶其不出于身也，不必为己。是故谋闭而不兴，盗窃乱贼而不作，故外户而不闭。是谓大同。"大同社会具有天下为公、选贤与能、讲信修睦、各得其所和世界太平的本质特征。孙中山曾指出："我们三民主义的意思，就是民有、民治、民享。这个民有、民治、民享的意思，就是国家是人民所共有，政治是人民所共管，利益是人民所共享。照这样的说法，人民对于国家不只是共产，一切事权都是要共的。这才是真正的民生主义，就是孔子所希望之大同世界。"②

中华传统美德支撑中华民族走过数千年风雨岁月并创造了卓尔不群的历史与文化，成就了中国人和中国文化。承继并弘扬中华传统美德，对于增强中国人的文化自信和价值观自信，形成崇德向善的社会风尚，具有极其重要的伦理文明建构和以德立人的意义。

---

① 礼记：礼运.

② 孙中山. 三民主义：民族主义//孙中山全集：第 9 卷. 北京：中华书局，1986：394.

（二）光大中国精神和社会主义核心价值观

中国人之所以为中国人的特性，中华民族之所以为中华民族的特性，不是生理的，而是文化的、精神的。没有中华文化和中国精神，中国人就不成其为中国人，中华民族就不成其为中华民族。中华文化的精神品格与价值追求，支撑了几千年来中华民族的生生不息和薪火相传，今天仍然是而且未来也必将是我们国家和民族发展壮大的强大精神力量。中华文化的精髓就是我们今天要大力弘扬的中国精神，弘扬中国精神，是凝聚中国力量、坚持走中国道路的关键。

中国精神是中华民族优秀传统与时代精神的有机结合，是中国道路、中国模式的精神内涵，代表着中国各民族的形象，彰显着中国人的精神风貌。中国精神就是以爱国主义为核心的民族精神和以改革创新为核心的时代精神的有机统一，是凝心聚力的兴国之魂、强国之魂。只有用中国精神振奋起全民族的精气神，不断增强团结一心的精神纽带、自强不息的精神动力，中华民族才能永远朝气蓬勃地迈向未来。

民族精神是一个民族在长期共同生活和共同实践的基础上形成与发展起来的富有生命力的优秀思想、高尚品格、坚定志向等的总和。民族精神是民族文化的核心和灵魂，是一个民族心理特征、文化传统、精神风貌、价值取向的集中体现，具有对内动员和聚集民族力量、对外展示和树立民族形象的重要功能。法国启蒙思想家孟德斯鸠是最早论述民族精神的学者。他在《论法的精神》一书中指出："人类受多种事物的支配，就是：气候、宗教、法律、市政准则、先例、风俗习惯，结果就是在这里形成了一种一般的精神。"[1] 德国哲学家赫尔德于 1774 年在他的《另一种历史哲学》一书中，从"一般精神"引申到"时代精神"和"民族精神"。他认为，每一个民族的文化都有民族精神和各自发展的权利，民族的古老性格源于家族的特性，源于气候，源于生活方式和所接受的教育，源于其人们独有的事件和行为，父辈的惯例深深扎根于种族中，并成为这个民族内在的原型。黑格尔继承了赫尔德关于"民族精神"的概念，从"世界民族精神"的角度阐发了民族精神。他认为"取得普遍性的形式，并且存在于那个叫做国家的具体现实里的——

---

[1] ［法］孟德斯鸠. 论法的精神. 张雁深，译. 北京：商务印书馆，1961：305.

那个确定的内容就是民族精神本身。现实的国家在它的一切特殊事务中——它的战争、制度等等中，都被这个民族精神所鼓舞"①。黑格尔对希腊民族精神、罗马民族精神、日耳曼民族精神以及中国民族精神都做出了自己的分析与比较，坚持认为民族的宗教、民族的政体、民族的伦理、民族的风俗，甚至民族的科学、艺术，都具有民族精神的标记。民族精神"乃是一种决定的精神……这种精神便构成了一个民族意识的其他种种形式的基础和内容"②。马克思、恩格斯批判地改造黑格尔的普遍民族精神，认为民族精神是一个民族性格的特征，是民族自觉和民族解放的必要精神条件。民族精神是一个民族悠久历史的积淀、光荣传统的升华和时代文明的结晶。它是一个民族的思维方式和行为方式所体现的理想信念与性格特征。江泽民在党的十六大报告中指出："民族精神是一个民族赖以生存和发展的精神支撑……面对世界范围各种思想文化的相互激荡，必须把弘扬和培育民族精神作为文化建设极为重要的任务，纳入国民教育全过程，纳入精神文明建设全过程，使全体人民始终保持昂扬向上的精神状态。"③ 面对"非典"疫情，胡锦涛强调指出："中华民族是具有伟大精神的民族，千百年来，中华民族之所以能够历经磨难而不衰，饱尝艰辛而不屈，千锤百炼而愈加坚强，靠的就是这种威力无比的民族精神，靠的就是各族人民的团结奋斗。越是困难的时候，越是要大力弘扬民族精神，越是要大力增强中华民族的民族凝聚力。"④ 这些重要论述，不仅把弘扬和培育民族精神提到了一个新的历史高度，而且为新时期精神文明建设指明了方向。在建设中国特色社会主义的伟大实践中，只有大力弘扬和培育民族精神，才能凝聚和鼓舞全国各族人民，从而不断推进改革开放和社会主义现代化建设，实现全面建成小康社会和中华民族伟大复兴的宏伟目标。

素以勤劳、勇敢、智慧著称于世的中华民族，在五千多年的发展中形成了以爱国主义为核心的团结统一、爱好和平、勤劳勇敢、自强不息

---

① ［德］黑格尔. 历史哲学. 王造时，译. 上海：世纪出版集团，上海书店出版社，2006：46.

② 同①48.

③ 江泽民. 全国建设小康社会，开创中国特色社会主义事业新局面//江泽民文选：第3卷. 北京：人民出版社，2006：559-560.

④ 弘扬中华民族精神 运用科学技术力量 万众一心 众志成城 科学防治 战胜非典. 人民日报，2003-04-30.

的伟大民族精神。在中华民族几千年绵延发展的历史长河中，爱国主义始终是中华民族坚强团结在一起的精神力量。不论是民族危亡关头的同仇敌忾，还是众志成城抵御重大自然灾害，凝聚在爱国主义旗帜下，个人命运才会与民族命运紧密相连，滴水之微才能汇聚成无坚不摧的磅礴力量。爱国主义从来都是动员和鼓舞中华儿女团结奋斗的光辉旗帜，是筑牢全国各族人民团结奋斗的思想基础，是把中华民族坚强团结在一起的精神力量。它始终激励着无数仁人志士、英雄豪杰为了中华民族的生存与发展而前仆后继、奋斗不息。大力弘扬爱国主义精神，就能最大限度凝聚共识，团结一切可以团结的力量，汇聚每个人的梦想成就伟大的中国梦，形成推动经济社会发展的正能量。团结统一，是中华民族生存、聚集、延续和发展的精神支柱，它已经深深地烙印在中华儿女的民族意识之中，成为维护和促进祖国统一、民族团结的牢固纽带。爱好和平，是中华民族的固有天性，它自古以来就主张天下太平、同世界各国和睦相处。勤劳勇敢，是中华民族的优秀品质，依靠这种优秀品质，中华儿女创造了灿烂的中华文明，为世界文明做出了杰出贡献。自强不息，是中华民族的精神脊梁，它激励着中华儿女变革创新、不懈奋斗，战胜各种艰难险阻、经受住各种考验，矢志不渝，勇往直前。以爱国主义为核心的伟大民族精神，是维系中华民族强大生命力的血脉，它在历史传承中孕育，在不断扬弃中升华，在紧要关头中彰显，成为中华民族安身立命的"根"和"魂"，必须予以很好的传承和弘扬。

时代精神是一个社会在最新的创造性实践中激发出来的，反映社会进步的发展方向、引领时代进步潮流、为社会成员普遍认同和接受的思想观念、价值取向、道德规范和行为方式的总和，是一个社会最新的精神气质、精神风貌和社会时尚的综合体现。黑格尔认为，时代精神属于客观精神范畴，是"绝对精神"在每一个时代的化身，是每一个历史时代特有的普遍精神实质，是一种超越个人的共同的集体意识，它体现了时代发展的潮流与方向，是激励一个民族和国家发展的动力。马克思根据唯物史观基本原理，对黑格尔的论述做出修正，认为时代精神不是由"绝对精神"决定的，而是由一定历史发展的不同阶段决定的。时代精神是历史的产物，是历史时代的本质特征及其发展趋势在社会心理、群众情绪以及精神文化等方面的反映，以整体性和普遍性的形式综合地表现人们的共同愿望和要求，是理论体系反映社会经济关系和政治制度的一个重要环节。任何一个时代都有一种特有的时代精神，都需要铸造一种能够反映那个时代的主题和要求的时代精神。我们正处在科技革命日新月异、和平与发展成为时代主题、改革开放和社会主义现代化建设如火如荼地进行的这样一个大发展、大变革、大调整的时代，时代的新变化和新发展迫切要求提炼与张扬能够适应时代要求的时代精神。以改革创新为核心的时代精神，是中华民族富于进取的思想品格、马克思主义与时俱进的理论特征同中国改革开放和社会主义现代化建设实践相结合的伟大成果，是中华民族进步的不竭动力。改革创新始终是激励和鞭策我们在改革开放中与时俱进的精神力量，是中华民族最深沉的民族禀赋。40 年来，从农村改革的兴起到深圳特区的创立，从沿海沿江的振兴到内陆的开发开放，从社会主义市场经济体制的发展到中国特色社会主义多项事业的开拓，改革创新精神激荡神州，造就了历史的巨变，成就了今天的中国。改革没有完成时，站在历史新起点上的中国，无论冲破思想观念障碍还是打破利益固化藩篱，无论破解发展难题还是释放改革红利，都需要发扬改革创新精神，以敢为人先的锐气，逢山开路、遇水搭桥，迈过沟沟坎坎、越过发展陷阱，以探索真知、求真务实的态度，创新创造而勇往直前。中国共产党一贯重视时代精神的培育，并结合时代特点不断创新。在中国革命、建设、改革的实践中，党领导人民先后形成了井冈山精神、长征精神、延安精神、西柏坡精神、红岩精神、抗美援朝精神、雷锋精神、大庆精神、"两弹一星"精神，在改革开放和社会主义现代化建设新时期又形成创业精神、抗洪精神、航天精神等，为中华民族的民族精神增添了新的内容。

时代精神强调时代的理性认同，而民族精神却立足民族的情感认同。民族认同不是逻辑推理或理性构造的结果，而是民族传统中历史和文化长期积淀的产物。现代化呼唤时代精神，民族复兴呼唤民族精神。时代精神要在全民族中张扬，民族精神就要从传统文化的深厚积淀中重铸。实现中华民族伟大复兴，是一场震古烁今的伟大事业，需要坚韧不拔的伟大中国精神。中国精神是国家和民族发展的凝结剂与推进器，也是中华民族超越自我、自觉自信、走向辉煌的强大动力。

弘扬中国精神与培育中国特色社会主义核心价值观有着最为内在而密切的联系。从根本价值上讲，核心价值观既是一个国家、一个民族文化的核心，也是其认同力与凝聚力的来源和保证；拥有一个全社会、全民族普遍认同的核心价值观，是一个国家、一个民族文化繁荣兴盛的标志。社会主义核心价值观是兴国之魂，是全国人民根本利益的体现，是中华儿女团结奋斗的思想道德基础。它反映了社会主义基本制度的本质要求，渗透于经济建设、政治建设、文化建设、社会建设和生态文明建设的各个方面，在社会主义所有价值目标中处于统摄和支配地位，决定着中国特色社会主义的发展方向。社会主义文化建设，必须把培育和践行社会主义核心价值观作为根本方向，毫不动摇地加以坚持，不断增强人民对社会主义制度的认同感、归属感和自豪感，保证全国人民在政治上道义上精神上团结一致、克服困难、共同前进，把智慧和力量凝聚到实现中华民族伟大复兴的中国梦上来。

（三）吸收人类伦理文明的优秀成果并予以创造性转化

建设具有中国特色的新型伦理文明，要求弘扬中华传统美德，学习和继承中华民族在数千年峥嵘岁月中创造的宝贵思想财富，激发人们形成善良的道德意愿、道德情感，培育正确的道德判断和道德责任，提高道德实践能力尤其是自觉践行能力，引导人们向往和追求讲道德、尊道德、守道德的生活，形成向上、向善的力量。形成向上、向善的力量，是中华文化发展繁荣的重要标志。伦理文明建设的目标即是要形成"向上的力量"和"向善的力量"。事实上，无论"向上"还是"向善"，都与中华传统美德一脉相承。向上，就是"天行健，君子以自强不息"的道德精神；向善，就是"朝闻道，夕死可矣"，就是"厚德载物""民胞物与"的道德境界。可以说，复兴这一伟大的传统和道德精神需要全体人民付出艰苦的努力，只有整个民族积极向上、唯善是从、从善如流，才能形成"向上""向善"的文明品质并不断增强其吸引力、感召力和向心力。

推动中华伦理文明复兴，需要吸收世界各国伦理文明的优秀成果，并对之做出创造性整合与转化，以不断拓新其精神气象。人类伦理文明是由世界各国人民共同创造的，各国伦理文明都对人类伦理文明做出过重要贡献，也以多样形式为世界伦理文明注入了丰富内涵，并在整体上形成了多元多彩的景观。中华伦理文明，不仅对中国发展产生了深刻影响，而且对人类伦理文明进步做出了重大贡献。今天，中华伦理文明复兴既有自身内在发展的动力，又有世界伦理文明共同发展的需要。当今世界处于价值多元化、政治多极化和文化交流冲撞不断深化的时代，各个国家和民族都在创造独特的伦理文明成果。对于不同国家、不同民族在不同政治制度下产生的伦理文明成果，我们有一个怎么正确对待特别是在多大程度上借鉴和吸收其有益成分的问题。经验表明，仅以一己之力，或许能满足本国伦理文明的发展需要，但却无法引领世界伦理文明。

所以，吸收世界各国包括西方资本主义国家创造的伦理文明成果，建构博采众长而又能包容诸多伦理文明成果的新型伦理文明，是中华民族伦理文明发展和复兴的内在要求。这就需要确立"为天地立心，为生民立命，为往圣继绝学，为万世开太平"的伦理文明抱负，需要有一种海纳百川的伦理文明气量。当下应着力做的工作是，塑造我国国民的大国思维、大国胸怀、大国气量、大国格局，改变和消除狭隘民族主义与民族虚无主义的消极影响，破除欧洲中心论和中国中心论的消极影响，弘扬"万物并育而不相害，道并行而不相悖"的伦理品质和精神，在交流互鉴、兼容并包中彰显中华伦理文明的独特神韵和魅力。只有这样，中华文明的伟大复兴才会显示出盛唐海纳百川的气度，而非晚清盲目排外的狭隘。理想的中华伦理文明应当既能引领和凝聚中华民族全体成员的精气神，又能被全球化时代的人类社会广泛认同；既能促进本国国民的福祉与社会和谐，又能引领人类社会走向持久的和平繁荣。这是一种立足本国而又面向世界、立足传统而又面向未来的伦理文明，是一种既能保存并复兴中华传统文明，适合中国国情，又能兼收并蓄世界文明精华，与世界融为一体的伦理文明。这样的伦理文明，无论对中国还是对世界，都是一种福音、福惠和福泽！

梁启超的《少年中国说》中有着对中华民族和文明伟大复兴的生动描画："红日初升，其道大光；河出伏流，一泻汪洋；潜龙腾渊，鳞爪飞扬；乳虎啸谷，百兽震惶；鹰隼试翼，风尘吸张；奇花初胎，矞矞皇皇；干将发硎，有作其芒；天戴其苍，地履其黄；纵有千古，横有八荒；前途似海，来日方长。美哉，我少年中国，与天不老！壮哉，我中国少年，与国无疆！"[①] 生活于最接近中华民族伟大复兴目标的当代国

---

① 梁启超. 少年中国说//饮冰室合集：文集五. 北京：中华书局，1989：12.

人，无疑是最幸运同时也是责任最重大的人，唯有坚定的道路自信、理论自信、制度自信、文化自信，再加以实干兴邦、艰苦奋斗，不断开拓创新，才能真正实现中华民族和中华文明伟大复兴这一数百年来无数仁人志士梦寐以求的伟大梦想！

参考文献

中文文献

马克思恩格斯文集：1—10 卷［M］. 北京：人民出版社，2009.

马克思恩格斯选集：1—4 卷［M］. 2 版. 北京：人民出版社，1995.

列宁专题文集：1—5 卷［M］. 北京：人民出版社，2009.

毛泽东选集：1—4 卷［M］. 2 版. 北京：人民出版社，1991.

毛泽东文集：1—8 卷［M］. 北京：人民出版社，1993—1999.

邓小平文选：第 2 卷［M］. 2 版. 北京：人民出版社，1994.

邓小平文选：第 3 卷［M］. 北京：人民出版社，1993.

江泽民文选：1—3 卷［M］. 北京：人民出版社，2006.

中共中央文献研究室，编. 江泽民论有中国特色社会主义（专题摘编）［G］. 北京：中央文献出版社，2002.

江泽民. 论"三个代表"［M］. 北京：中央文献出版社，2001.

中共中央宣传部，编. 毛泽东邓小平江泽民论社会主义道德建设［M］. 北京：学习出版社，2001.

胡锦涛文选：1—3 卷［M］. 北京：人民出版社，2016.

习近平. 习近平谈治国理政［M］. 北京：外文出版社，2014.

习近平. 习近平谈治国理政：第 2 卷［M］. 北京：外文出版社，2017.

中共中央文献研究室，编. 习近平关于社会主义文化建设论述摘编

［M］. 北京：中央文献出版社，2017.

中共中央文献研究室，编. 十八大以来重要文献选编：上、中
［M］. 北京：中央文献出版社，2014，2016.

中共中央文献研究室，编. 毛泽东思想年编（一九二一——一九七
五）［M］. 北京：中央文献出版社，2011.

中共中央文献研究室，编. 邓小平年谱（一九七五——一九九七）：
上、下册［M］. 北京：中央文献出版社，2004.

中共中央文献研究室，编. 邓小平思想年谱（一九七五——一九九
七）［M］. 北京：中央文献出版社，1998.

庄福龄，主编. 马克思主义发展史：第1卷　马克思主义的形成和
奠基［M］. 北京：人民出版社，1996.

何萍，李维武. 马克思主义中国化探论［M］. 北京：人民出版
社，2002.

顾海良，主编. 马克思主义的历史命运［M］. 长春：吉林人民出
版社，1996.

肖浩辉，等. 马克思主义中国化的理论与实践［M］. 长沙：湖南
人民出版社，2001.

徐崇温. 中国特色社会主义理论体系研究［M］. 重庆：重庆出版
社，2011.

郑永廷，等主编. 中国化马克思主义发展概论［M］. 北京：中国
人民大学出版社，2007.

田克勤. 马克思主义中国化的理论轨迹［M］. 北京：中共党史出
版社，2006.

聂运麟，等主编. 中国特色社会主义理论体系研究［M］. 北京：
人民出版社，2011.

崔常发，主编. 中国特色社会主义理论体系学习读本［M］. 北京：
人民日报出版社，2008.

李安增，主编. 马克思主义中国化研究［M］. 北京：中央编译出
版社，2009.

李声禄，等. 马克思主义理论中国化：从毛泽东邓小平到江泽民
［M］. 成都：四川人民出版社，2001.

邓剑秋. 马克思主义中国化思想［M］. 北京：人民出版社，2009.

曾长秋，主编. 马克思主义中国化的基本理论 [M]. 长沙：湖南大学出版社，2003.

辛鸣，杨海英. 马克思主义中国化的最新成果 [M]. 北京：中共中央党校出版社，2007.

唐家柱. 现代化进程中的中国特色社会主义理论体系研究 [M]. 北京：人民出版社，2008.

铁省林，房德玖，主编. 国外马克思主义概论 [M]. 济南：山东人民出版社，2012.

成龙. 海外马克思主义中国化理论研究 [M]. 广州：广东人民出版社，2009.

黄楠森，主编. 马克思主义哲学史 [M]. 北京：高等教育出版社，1999.

郭湛，安启念. 马克思主义哲学中国化教程 [M]. 北京：人民出版社，2008.

郭建宁. 20 世纪中国马克思主义哲学 [M]. 北京：北京大学出版社，2005.

李德学，于景洋，姜思学. 不灭的天火——马克思主义哲学在中国 [M]. 哈尔滨：黑龙江人民出版社，2002.

毕国明，许鲁洲. 中国哲学与马克思主义哲学中国化 [M]. 北京：人民出版社，2010.

杨楹，王福民，蒋海怒. 马克思生活哲学引论 [M]. 北京：人民出版社，2008.

夏伟东，主编. 中国共产党思想道德建设史略 [M]. 济南：山东人民出版社，2006.

任映红，戴海东. 中国共产党的社会公正观研究 [M]. 北京：人民出版社，2009.

周永学. 科学发展观与构建社会主义和谐社会 [M]. 北京：民族出版社，2005.

章海山. 马克思主义伦理思想发展的历程 [M]. 上海：上海人民出版社，1991.

安启念. 马克思恩格斯伦理思想研究 [M]. 武汉：武汉大学出版社，2010.

余达淮. 马克思经济伦理思想研究［M］. 南京：江苏人民出版社，2006.

王泽应. 20 世纪中国马克思主义伦理思想研究［M］. 北京：人民出版社，2008.

王泽应. 道莫盛于趋时——新中国伦理学研究 50 年的回溯与前瞻［M］. 北京：光明日报出版社，2003.

王小锡，等. 新中国伦理学 60 年［M］. 上海：上海人民出版社，2009.

蔡元培. 中国伦理学史［M］. 上海：商务印书馆，1925.

张岱年. 中国伦理思想研究［M］. 上海：上海人民出版社，1989.

徐复观. 中国人性论史［M］. 上海：华东师范大学出版社，2005.

朱伯崑. 先秦伦理学概论［M］. 北京：北京大学出版社，1984.

张岂之，陈国庆. 近代伦理思想的变迁［M］. 北京：中华书局，2000.

朱贻庭，主编. 中国传统伦理思想史［M］. 上海：华东师范大学出版社，1989.

张锡勤，柴文华，主编. 中国伦理道德变迁史稿：上、下卷［M］. 北京：人民出版社，2008.

樊浩. 中国伦理精神的历史建构［M］. 南京：江苏人民出版社，1992.

肖群忠. 中国道德智慧十五讲［M］. 北京：北京大学出版社，2008.

陈来. 古代宗教与伦理：儒家思想的根源［M］. 北京：三联书店，2009.

唐凯麟，王泽应. 20 世纪中国伦理思潮［M］. 北京：高等教育出版社，2003.

阮元，校刻. 十三经注疏：上、下册［M］. 北京：中华书局，1979.

杨伯峻，译注. 论语译注［M］. 北京：中华书局，1980.

杨伯峻，译注. 孟子译注［M］. 北京：中华书局，1984.

朱谦之. 老子校释［M］. 北京：中华书局，1984.

高明. 帛书老子校注［M］. 北京：中华书局，1996.

王先谦. 庄子集解［M］. 北京：中华书局，2006.

王先谦. 荀子集解［M］. 北京：中华书局，1988.

吴毓江. 墨子校注：上、下册［M］. 2 版. 北京：中华书局，2006.

王先慎. 韩非子集解［M］. 北京：中华书局，1998.

司马迁. 史记：1—10 册［M］. 2 版. 北京：中华书局，1982.

董仲舒. 春秋繁露：上、中、下册［M］. 北京：中华书局，1975.

刘向. 说苑校证［M］. 北京：中华书局，1987.

班固. 汉书：1—20 册［M］. 线装本. 北京：中华书局，1962.

陈立. 白虎通疏证：上、下册［M］. 北京：中华书局，1994.

黄晖. 论衡校释：1—4 册［M］. 北京：中华书局，1990.

司马光. 资治通鉴：1—20 册［M］. 北京：中华书局，1956.

朱熹. 四书章句集注［M］. 北京：中华书局，1983.

王守仁. 王阳明全集：上、下册［M］. 上海：上海古籍出版社，
1992.

王夫之. 读通鉴论：1—10 册［M］. 北京：中华书局，1975.

黄宗羲. 宋元学案［M］. 北京：中华书局，1986.

梁启超. 梁启超全集：第 2 卷［M］. 北京：北京出版社，1999.

孙中山. 孙中山全集：第 9 卷［M］. 北京：中华书局，1986.

冯友兰. 中国哲学史新编：上［M］. 北京：人民出版社，1998.

费孝通，主编. 中华民族多元一体格局［M］. 北京：中央民族大
学出版社，1999.

罗国杰，主编. 马克思主义伦理学［M］. 北京：人民出版社，
1982.

罗国杰，主编. 伦理学［M］. 北京：人民出版社，1989.

罗国杰，主编. 道德建设论［M］. 长沙：湖南人民出版社，1997.

罗国杰. 罗国杰文集：上、下册［M］. 保定：河北大学出版社，
2000.

唐凯麟. 伦理大思路［M］. 长沙：湖南人民出版社，2000.

唐凯麟，编著. 伦理学［M］. 北京：高等教育出版社，2001.

魏英敏. 当代中国伦理与道德［M］. 北京：昆仑出版社，2001.

魏英敏，主编. 新伦理学教程［M］. 北京：北京大学出版社，
1993.

万俊人. 伦理学新论——走向现代伦理［M］. 北京：中国青年出

版社，1994.

万俊人. 寻求普世伦理 ［M］. 北京：商务印书馆，2001.

李奇，主编. 道德学说 ［M］. 北京：中国社会科学出版社，1989.

周原冰. 共产主义道德通论 ［M］. 上海：上海人民出版社，1986.

冯定. 共产主义人生观 ［M］. 北京：中国青年出版社，1956.

黄建中. 比较伦理学 ［M］. 济南：山东人民出版社，1998.

何怀宏. 良心论 ［M］. 上海：上海三联书店，1994.

何怀宏. 伦理学是什么？［M］. 北京：北京大学出版社，2005.

江畅. 理论伦理学 ［M］. 武汉：湖北人民出版社，2000.

江畅. 幸福与和谐 ［M］. 北京：人民出版社，2005.

江畅. 德性论 ［M］. 北京：人民出版社，2011.

周中之，主编. 伦理学 ［M］. 北京：人民出版社，2004.

郭广银，主编. 伦理学原理 ［M］. 南京：南京大学出版社，1995.

倪愫襄，编著. 伦理学导论 ［M］. 武汉：武汉大学出版社，2002.

陈泽环. 道德结构与伦理学 ［M］. 上海：上海人民出版社，2009.

龚群. 现代伦理学 ［M］. 北京：中国人民大学出版社，2010.

赵汀阳. 论可能生活——一种关于幸福和公正的理论（修订版）［M］. 北京：中国人民大学出版社，2004.

李建华. 道德情感论 ［M］. 长沙：湖南人民出版社，2001.

何建华. 道德选择论 ［M］. 杭州：浙江人民出版社，2000.

宋希仁，主编. 道德观通论 ［M］. 北京：高等教育出版社，2000.

夏伟东. 道德本质论 ［M］. 北京：中国人民大学出版社，1991.

樊浩. 伦理精神的价值生态 ［M］. 北京：中国社会科学出版社，2001.

葛晨虹，主编. 新中国 60 年·学界回眸：伦理学与道德建设卷 ［M］. 北京：北京出版社，2009.

韦政通. 伦理思想的突破 ［M］. 成都：四川人民出版社，1988.

卢风，肖巍，主编. 应用伦理学导论 ［M］. 北京：当代中国出版社，2002.

甘绍平. 应用伦理学前沿问题研究 ［M］. 南昌：江西人民出版社，2002.

周辅成，编. 西方伦理学名著选辑：上、下卷 ［M］. 北京：商务印书馆，1964，1986.

万俊人，主编. 20世纪西方伦理学经典［M］. 北京：中国人民大学出版社，2004.

章海山. 西方伦理思想史［M］. 沈阳：辽宁人民出版社，1984.

罗国杰，宋希仁. 西方伦理思想史：上、下卷［M］. 北京：中国人民大学出版社，1985，1988.

万俊人. 现代西方伦理学史：上、下卷［M］. 北京：北京大学出版社，1990，1992.

宋希仁，主编. 当代外国伦理思想［M］. 北京：中国人民大学出版社，2000.

田海平. 西方伦理精神——从古希腊到康德时代［M］. 南京：东南大学出版社，1998.

龚群. 当代西方道义论与功利主义研究［M］. 北京：中国人民大学出版社，2002.

姚大志. 现代之后——20世纪西方晚期哲学［M］. 北京：东方出版社，2000.

杨明，等. 现代西方伦理思潮［M］. 合肥：安徽人民出版社，2009.

［古希腊］柏拉图. 理想国［M］. 郭斌和，张竹明，译. 北京：商务印书馆，2009.

［古希腊］亚里士多德. 尼各马可伦理学［M］. 廖申白，译. 北京：商务印书馆，2003.

［古希腊］亚里士多德. 亚里士多德选集：伦理学卷［M］. 苗力田，译. 北京：中国人民大学出版社，1999.

［古希腊］亚里士多德. 政治学［M］. 吴寿彭，译. 北京：商务印书馆，1965.

［古罗马］西塞罗. 论至善和至恶［M］. 石敏敏，译. 北京：中国社会科学出版社，2005.

［古罗马］西塞罗. 论共和国 论法律［M］. 王焕生，译. 北京：中国政法大学出版社，1997.

［古罗马］西塞罗. 西塞罗三论：老年·友谊·责任［M］. 徐奕春，译. 北京：商务印书馆，1998.

［古罗马］塞涅卡. 道德和政治论文集［M］. ［美］库珀，［英］普

罗科佩，编译. 袁瑜琤，译. 北京：北京大学出版社，2010.

［古罗马］马可·奥勒留. 沉思录［M］. 何怀宏，译. 北京：中国社会科学出版社，1989.

［荷兰］斯宾诺莎. 伦理学［M］. 贺麟，译. 北京：商务印书馆，1983.

［荷兰］斯宾诺莎. 神、人及其幸福简论［M］. 洪汉鼎，孙祖培，译. 北京：商务印书馆，1987.

［英］亚当·斯密. 道德情操论［M］. 蒋自强，等译. 北京：商务印书馆，1997.

［英］休谟. 人性论［M］. 关文运，译. 北京：商务印书馆，1980.

［英］休谟. 道德原则研究［M］. 曾晓平，译. 北京：商务印书馆，2001.

［英］葛德文. 政治正义论［M］. 何慕李，译. 北京：商务印书馆，1980.

［英］边沁. 道德与立法原理导论［M］. 时殷弘，译. 北京：商务印书馆，2000.

［英］约翰·斯图亚特·穆勒. 功利主义［M］. 叶建新，译. 北京：九州出版社，2007.

［英］塞缪尔·斯迈尔斯. 品格的力量［M］. 刘曙光，宋景堂，李柏光，译. 北京：北京图书馆出版社，1999.

［英］威廉·汤普逊. 最能促进人类幸福的财富分配原理的研究［M］. 何慕李，译. 北京：商务印书馆，1997.

［英］E.F. 舒马赫. 小的是美好的［M］. 虞鸿钧，郑关林，译. 北京：商务印书馆，1984.

［英］汤因比. 历史研究（插图书）［M］. 刘北成，郭小凌，译. 上海：上海人民出版社，2005.

［法］孟德斯鸠. 罗马原因盛衰论［M］. 婉玲，译. 北京：商务印书馆，1962.

［法］孟德斯鸠. 论法的精神［M］. 张雁深，译. 北京：商务印书馆，1961.

［法］卢梭. 论人类不平等的起源和基础［M］. 李常山，译. 北京：商务印书馆，1962.

［法］卢梭. 爱弥儿：上、下卷［M］. 李平沤，译. 北京：商务印

书馆，1978.

〔法〕基佐. 欧洲文明史〔M〕. 程洪逵，沅芷，译. 北京：商务印书馆，2005.

〔法〕皮埃尔·勒鲁. 论平等〔M〕. 王允道，译. 北京：商务印书馆，1988.

〔法〕爱弥尔·涂尔干. 道德教育〔M〕. 陈光金，沈杰，朱谐汉，译. 上海：上海人民出版社，2001.

〔法〕阿尔贝特·史怀泽. 敬畏生命〔M〕.〔德〕汉斯·瓦尔特·贝尔，编. 陈泽环，译. 上海：上海社会科学院出版社，1995.

〔德〕康德. 道德形而上学原理〔M〕. 苗力田，译. 上海：上海人民出版社，1986.

〔德〕康德. 实践理性批判〔M〕. 韩水法，译. 北京：商务印书馆，1999.

〔德〕费希特. 伦理学体系〔M〕. 梁志学，李理，译. 北京：商务印书馆，2009.

〔德〕黑格尔. 法哲学原理〔M〕. 范扬，张启泰，译. 北京：商务印书馆，1961.

〔德〕黑格尔. 历史哲学〔M〕. 王造时，译. 上海：世纪出版集团，上海书店出版社，2006.

〔德〕叔本华. 伦理学的两个基本问题〔M〕. 任立，孟庆时，译. 北京：商务印书馆，1996.

〔德〕石里克. 伦理学问题〔M〕. 张国珍，赵又春，译. 北京：商务印书馆，1997.

〔德〕马克斯·韦伯. 新教伦理与资本主义精神〔M〕. 于晓，等译. 北京：三联书店，1987.

〔德〕弗里德里希·包尔生. 伦理学体系〔M〕. 何怀宏，廖申白，译. 北京：中国社会科学出版社，1988.

〔德〕T.W. 阿多诺. 道德哲学的问题〔M〕. 谢地坤，王彤，译. 北京：人民出版社，2007.

〔德〕朋霍费尔. 伦理学〔M〕. 胡其鼎，译. 上海：上海人民出版社，2007.

〔德〕孔汉思，库舍尔，编. 全球伦理：世界宗教议会宣言〔M〕.

何光沪，译. 成都：四川人民出版社，1997.

［德］赫费. 作为现代化之代价的道德——应用伦理学前沿问题研究［M］. 邓安庆，朱更生，译. 上海：世纪出版集团，上海译文出版社，2005.

［美］R. W. 米勒. 分析马克思——道德、权力和历史［M］. 张伟，译. 北京：高等教育出版社，2009.

［英］史蒂文·卢克斯. 马克思主义与道德［M］. 袁聚录，译. 北京：高等教育出版社，2009.

［英］肖恩·塞耶斯. 马克思主义与人性［M］. 冯颜利，译. 北京：东方出版社，2008.

［美］特里尔. 毛泽东传［M］. 何宇光，等译. 北京：中国人民大学出版社，2010.

［美］傅高义. 邓小平时代［M］. 冯克利，译. 北京：三联书店，2013.

［美］罗伯特·劳伦斯·库恩. 他改变了中国：江泽民传［M］. 谈峥，等译. 上海：上海译文出版社，2005.

［美］费正清. 伟大的中国革命［M］. 刘尊棋，译. 北京：世界知识出版社，2000.

［美］艾德勒. 六大观念［M］. 郗庆华，等译. 北京：三联书店，1998.

［美］道格拉斯·C. 诺斯. 经济史中的结构与变迁［M］. 陈郁，等译. 上海：上海三联书店，1991.

［德］赫尔曼·海因里希·戈森. 人类交换规律与人类行为准则的发展［M］. 陈秀山，译. 北京：商务印书馆，1997.

［美］道格拉斯·C. 诺斯. 制度、制度变迁与经济绩效［M］. 刘守英，译. 上海：上海三联书店，1994.

［美］特里·L. 库珀. 行政伦理学：实现行政责任的途径（第四版）［M］. 张秀琴，译. 北京：中国人民大学出版社，2001.

［美］珍妮特·V. 登哈特，罗伯特·B. 登哈特. 新公共服务：服务，而不是掌舵［M］. 丁煌，译. 北京：中国人民大学出版社，2004.

［美］罗·庞德. 通过法律的社会控制——法律的任务［M］. 沈宗灵，董世忠，译. 北京：商务印书馆，1984.

〔美〕德尼·古莱. 残酷的选择：发展理念与伦理价值〔M〕. 高铦，高戈，译. 北京：社会科学文献出版社，2008.

〔美〕阿瑟·奥肯. 平等与效率：重大的抉择〔M〕. 王奔洲，叶南奇，译. 北京：华夏出版社，1987.

〔美〕沃尔泽. 正义诸领域〔M〕. 褚松燕，译. 南京：译林出版社，2002.

〔美〕乔·萨托利. 民主新论〔M〕. 冯克利，阎克文，译. 北京：东方出版社，1998.

〔美〕彼得·S. 温茨. 现代环境伦理〔M〕. 宋玉波，朱丹琼，译. 上海：世纪出版集团，上海人民出版社，2007.

〔美〕亨利·梭罗. 瓦尔登湖〔M〕. 徐迟，译. 长春：吉林人民出版社，1997.

〔美〕纳什. 大自然的权利：环境伦理学史〔M〕. 杨通进，译. 青岛：青岛出版社，1999.

〔美〕R. 卡逊. 寂静的春天〔M〕. 吕瑞兰，译. 北京：科学出版社，1979.

〔美〕丹尼斯·米都斯，等. 增长的极限——罗马俱乐部关于人类困境的报告〔R〕. 李宝恒，译. 长春：吉林人民出版社，1997.

〔美〕霍尔姆斯·罗尔斯顿. 环境伦理学——大自然的价值以及人对大自然的义务〔M〕. 杨通进，译. 北京：中国社会科学出版社，2000.

〔美〕芭芭拉·沃德，勒内·杜博斯. 只有一个地球——对一个小小行星的关怀和维护〔M〕.《国外公害丛书》编委会，译校. 长春：吉林人民出版社，1997.

〔美〕戴斯·贾丁斯. 环境伦理学〔M〕. 林官明，杨爱明，译. 北京：北京大学出版社，2002.

〔美〕艾伦·杜宁. 多少算够——消费社会与地球的未来〔M〕. 毕聿，译. 长春：吉林人民出版社，1997.

〔美〕弗兰克·梯利. 伦理学概论〔M〕. 何意，译. 北京：中国人民大学出版社，1987.

〔美〕雅克·蒂洛，基思·克拉斯曼. 伦理学与生活（第9版）〔M〕. 程立显，等译. 北京：世界图书出版公司，2008.

［美］休·拉福莱特，主编. 伦理学理论［M］. 龚群，主译. 北京：中国人民大学出版社，2008.

［美］史蒂尔·卢坡尔. 伦理学导论［M］. 陈燕，译. 北京：中国人民大学出版社，2008.

［美］克里斯蒂娜·科尔斯戈德. 规范性的来源［M］. 杨顺利，译. 上海：上海译文出版社，2010.

［美］詹姆斯·M. 布坎南. 宪法秩序的经济学与伦理学［M］. 朱泱，毕洪海，李广乾，译. 北京：商务印书馆，2008.

［美］路德·宾克莱. 二十世纪伦理学［M］. 孙彤，孙楠桦，译. 石家庄：河北人民出版社，1988.

［美］路德·宾克莱. 理想的冲突——西方社会中变化着的价值观念［M］. 马元德，等译. 北京：商务印书馆，1983.

［美］托德·莱肯. 造就道德——伦理学理论的实用主义重构［M］. 陶秀璈，等译. 北京：北京大学出版社，2010.

［美］詹姆斯·P. 斯特巴，编. 实践中的道德（第6版）［M］. 程炼，等译. 北京：北京大学出版社，2006.

［美］德马科，福克斯，编. 现代世界伦理学新趋向［M］. 石毓彬，廖申白，程立显，译. 北京：中国青年出版社，1990.

［美］唐纳德·帕尔玛. 为什么做个好人很难?:伦理学导论［M］. 黄少婷，译. 上海：上海社会科学院出版社，2010.

［美］弗吉利亚斯·弗姆，主编. 道德百科全书［M］. 戴杨毅，等译. 长沙：湖南人民出版社，1988.

［美］弗兰克纳. 伦理学［M］. 关键，译. 北京：三联书店，1987.

［美］S. N. 艾森斯塔特. 反思现代性［M］. 旷新年. 王爱松，译. 北京：三联书店，2006.

［美］伯恩斯，拉尔夫. 世界文明史：第1卷［M］. 罗经国，译. 北京：商务印书馆，1990.

［美］保罗·库尔兹，编. 21世纪的人道主义. 肖峰，等译. 北京：东方出版社，1998.

［瑞士］汉斯·昆. 世界伦理构想［M］. 周艺，译. 北京：三联书店，2002.

［苏］季塔连科，主编. 马克思主义伦理学［M］. 愚生，重耳，

译. 上海：上海译文出版社，1981.

[苏] 古谢伊诺夫，伊尔利特茨. 西方伦理学简史 [M]. 刘献洲，等译. 北京：中国人民大学出版社，1992.

外文文献

R. Peffer. Marxism, Morality and Social Justice [M]. Princeton University Press，1990.

Benjamin Isadore Schwartz. Chinese Communism and the Rise of Mao [M]. Cambridge, Massachusetts：Harvard University Press，1952.

Joseph Fewsmith. China since Tiananmen：From Deng Xiaoping to Hu Jinbtao [M]. New York：Cambridge University Press，2008.

Bruce Gilley. Jiang Zemin and China's New Elite [M]. Berkeley：University of California Press，1988.

Patrick Tyler. A Great Wall：Six Presidents and China；An Investigative History [M]. New York：Public Affairs，1999.

Richard Evans. Deng Xiaoping and the Making of Modern China [M]. New York：Viking，1994.

Richard Baum. Burying Mao：Chinese Politics in the Age of Deng Xiaoping [M]. Princeton：Princeton University Press，1994.

L. P. Pojman ed. Environmental Ethics：Reagings in Theory and Application [M]. Wadsworth，2000.

P. W. Taylor. Respect for Nature：A Theory of Environmental Ethics [M]. Princeton University Press，1986.

John Rawls. Political Liberalism [M]. New York：Columbia University Press，1996.

John Rawls. A Theory of Justice [M]. Cambridge, Massacusetts：The Belknap Press of Harvard University Press，1999.

Ronald Dworkin. Taking Rights Seriously [M]. Cambridge, MA：Harvard University Press，1977.

J. R. Desjardins. Environmental Ethics：An Introduction to Environmental Philosophy [M]. Wadsworth Publishing Company, 1992.

H. Rolston. Environmental Ethics: Duties and Values in Natural World [M]. Temple Univerisity Press, 1988.

S. Amstrong, R. Botzler eds. Environmental Ethics: Divergence and Convergence [M]. N. Y.: McGraw-Hill, 1993.

IUCN, UNEP, WWF. World Conservation Strategy: Living Resources Conservation for Sustainable Development [M]. Gland: Switzerland, 1980.

Spencer. The Principles of Ethics [M]. London, 1907.

Sidgwick. Outlines of the History of Ethics [M]. London, 1892.

Sidgwick. The Methods of Ethics [M]. London, 1922.

T. H. Green. Prolegomena to Ethics [M]. Oxford, 1899.

George E. Moore. Principia Ethica [M]. Cambridge University Press, 1922.

Alasdair Macintyre. A Short History of Ethics [M]. London, 1967.

Roger N. Hancock. Twentieth Century Ethics [M]. Columbia University Press, 1974.

John Finnis. Fundamentals of Ethics [M]. Oxford, 1983.

Michael Sandel. Liberalism and the Limits of Justice [M]. Cambridge University Press, 1982.

T. E. Hill. Contemporary Ethical Theories [M]. New York, 1950.

Luther Binkley. Contemporary Ethical Theories [M]. New York, 1961.

G. J. Warnock. Contemporary Moral Philosophy [M]. New York, 1967.

后　记

　　本书是我主持的国家社会科学基金重点项目"马克思主义伦理思想中国化最新成果研究"（08AKS001）的最终研究成果。在该项目 2008 年获准立项后，我和课题组成员先后在《马克思主义研究》《社会主义研究》《哲学动态》《当代世界与社会主义》《道德与文明》等刊物上发表了 40 多篇专题学术论文，后来我本人在这些专题学术论文的基础上撰写了成果送审稿，并于 2012 年底顺利结项。结项后，原本想马上出版，但是后来由于教学、科研和行政事务繁忙，所以一拖再拖。2016 年中国人民大学出版社申报该年度国家出版基金资助项目"马克思主义研究论库·第二辑"，将这一成果一并纳入，获得成功。我已经主持了"20 世纪中国马克思主义伦理思想研究"（2004 年国家社会科学基金一般项目）和"马克思主义伦理思想中国化研究"（教育部文科基地重大项目），并已出版两部中国马克思主义伦理思想研究的学术专著，为了尽可能地避免重复，并且能够有所创新，我对结项成果进行了历时一年多的修改，补充完善了十八大以来以习近平为主要代表的当代中国共产党人的一系列伦理思想新论断、新观点，并对原有框架予以调整，将以人物为重点的研究框架改为以问题为中心的研究框架，以与此前两部著作起到相互补充、相辅相成的作用。

　　近年，在研究马克思主义伦理思想和中国化马克思主义伦理思想的过程中，我深深地体会到习近平总书记在全国哲学社会科学工作座谈会上的讲话中关于马克思主义对现代中国哲学社会科学形成与发展的重要意义的论述的合理性，认识到坚持以马克思主义为指导来繁荣发展中国特色社会主义哲学社会科学的极端重要性，感受到在当代中国只有坚持马克思主义的指导和主导地位才能真正建构具有中国特色、中国风格、中国气派的哲学社会科学。马克思主义伦理思想中国化最新成果，是马克思主义伦理思想基本原理与改革开放和中国特色社会主义现代化建设新时期中国具体道德生活实践相结合、与中华优秀传统伦理文化相结合的产物，代表了几代中国共产党人对新型伦理文明的求索与思想智慧，已经成为并将继续成为中国特色社会主义伦理文明建构的精神旗帜和思想指南。研究近代以来中华民族救亡图存和走向伟大复兴的历史进程，我们会对中国共产党的领导、社会主义道路和马克思主义理论的指导有更加深刻而自觉的认识，会对积淀并呈现于中国马克思主义者著述文献中的伦理智慧、道德思考、价值理念有更多的历史理性和价值理性认同。这也许就是马克思所言的理论只要深刻它就能征服人的根由所在。

本书以新型伦理文明的求索与精神建构立意，较为全面系统地揭示了马克思主义伦理思想中国化最新成果的历史背景、思想渊源、主要内容和本质特征，也较为全面系统地展示了以"五位一体"的文明架构为主体，以党的建设文明为引领和保障的新型伦理文明的完整体系，并对其在中华伦理文明史和世界伦理文明史上的理论贡献、历史地位，特别是结合中华民族伟大复兴和文明复兴的发展愿景做出了较为全面系统的分析论证，从而在更为宽广、更为宏大的视域中展示了马克思主义伦理思想中国化最新成果独特的神韵和魅力。

毛泽东有言："自从中国人学会了马克思列宁主义以后，中国人在精神上就由被动转入主动。从这时起，近代世界历史上那种看不起中国人，看不起中国文化的时代应当完结了。"[1] 习近平在纪念毛泽东同志诞辰120周年座谈会上的讲话中指出："站立在960万平方公里的广袤土地上，吸吮着中华民族漫长奋斗积累的文化养分，拥有13亿中国人民聚合的磅礴之力，我们走自己的路，具有无比广阔的舞台，具有无比深厚的历史底蕴，具有无比强大的前进定力。"[2] 中华民族应该有坚定

---

[1] 毛泽东. 唯心历史观的破产//毛泽东选集：第4卷. 2版. 北京：人民出版社，1991：1516.

[2] 习近平. 坚持和运用好毛泽东思想活的灵魂//习近平谈治国理政. 北京：外文出版社，2014：29.

的文化自信、伦理文明自信和伦理精神自信。马克思主义伦理思想中国化最新成果，凝聚着中国共产党人的伦理智慧，本质上是对建设中国特色社会主义伦理文明的深刻思考和价值追求。我们相信，这一蕴含当代中国共产党人伦理智慧，积淀和凝聚着对建设中国特色社会主义伦理文明精湛思考的马克思主义伦理思想，一定能够也完全能够引领中华民族书写伟大复兴的壮丽史诗，为人类伦理文明做出应有的贡献！

王泽应

2018 年 1 月 1 日于长沙岳麓山下景德楼

图书在版编目（CIP）数据

马克思主义伦理思想中国化最新成果研究/王泽应著. —北京：中国人民大学出版社，2018.9

（马克思主义研究论库. 第二辑）

ISBN 978-7-300-26105-8

Ⅰ.①马… Ⅱ.①王… Ⅲ.①马克思主义-伦理思想-研究-中国 Ⅳ.①B82

中国版本图书馆 CIP 数据核字（2018）第 191298 号

国家出版基金项目

马克思主义研究论库·第二辑

马克思主义伦理思想中国化最新成果研究

王泽应　著

Makesizhuyi Lunli Sixiang Zhongguohua Zuixin Chengguo Yanjiu

出版发行	中国人民大学出版社				
社　　址	北京中关村大街 31 号		**邮政编码**	100080	
电　　话	010－62511242（总编室）		010－62511770（质管部）		
	010－82501766（邮购部）		010－62514148（门市部）		
	010－62515195（发行公司）		010－62515275（盗版举报）		
网　　址	http://www.crup.com.cn				
	http://www.ttrnet.com（人大教研网）				
经　　销	新华书店				
印　　刷	北京联兴盛业印刷股份有限公司				
规　　格	160 mm×235 mm　16 开本		**版　　次**	2018 年 9 月第 1 版	
印　　张	31 插页 3		**印　　次**	2018 年 9 月第 1 次印刷	
字　　数	485 000		**定　　价**	99.80 元	